U0598490

"十二五"国家重点图书
国家出版基金项目

马克思主义基础研究和建设工程

经济学系列

百年论争
——20世纪西方学者马克思经济学研究述要

Debate over the Century

*An Overview of Western Scholars' Research on Marxian Economics
in the 20th Century*

下

主　编　顾海良
副主编　常庆欣

经济科学出版社
Economic Science Press

编 审 委 员 会 成 员

郭兆旭　吕　萍　柳　敏

前　言

　　编写《百年论争——20 世纪西方学者马克思经济学研究述要》，是我们多年来一直努力在做的一项与马克思主义经济思想史教学和研究密切相联系的工作。从 2004 年开始筹划，到现在已经过去整整 10 年了！

　　自 19 世纪中叶马克思主义经济学形成以后，20 世纪是马克思主义经济思想发展经历的第一个完整的世纪。我们可以毫不夸张地认为，在 20 世纪的经济思想发展中，没有哪一种经济学说，能像马克思主义经济学这样，如此密切地贴近人类经济、政治和社会发展的实际，如此深刻地影响着百年来人类社会经济关系的发展，如此长久地萦绕在经济思想论争和探索的主题之中。回顾百年历史，作为一种指导思想，马克思主义经济学经历过凯歌行进的辉煌岁月，也曾度过如磐风雨摧折的艰难时辰，但却始终保持其强大的生命力和影响力；作为一种经济思想流派，马克思主义经济学既几度辉煌而展示其思想光彩，也受过多方"责难"而被宣布为"过时"的境地，但却一再"复兴"而永葆其思想活力和学术魅力。

　　在回顾 20 世纪马克思主义经济学的命运时，不免使人想起 20 世纪中叶西方一位著名的经济学家（同时也是一位顽固的马克思经济学的反对者）约瑟夫·熊彼特（J. A. Schumpeter），在感慨于马克思经济学的"伟大"时所说的一番话。他谈到："大多数智力或想象力的创作，经过短的不过饭后一小时，长的达到一个世纪的时间，就永远消失了。但有一些创作却不是这样，它们遭受几度隐没，复又出现，它们不是作为文化遗产中不可辨认的成分而出现，而是穿着自己的服装，带着人们能看到的、摸到的自己的瘢痕而重现。这些创作，我们完全可以称之为伟大的创作——这个把伟大与生命力联结一起的称谓不会不恰当。从这个意义上说，无疑这伟大一词适合于马克思的理论。"[①] 确实，马克思经济学正是在其曲折的发展过程中，显示其"伟大的"理论的和学术的感召力。

---

　　①　熊彼特著，吴良健译：《资本主义、社会主义和民主》，商务印书馆 1999 年版，第 43 页。

对 20 世纪这一百年间马克思经济学的历史发展作出回顾，探寻马克思主义经济思想发展的"历史路标"，对于我们理解马克思经济学的现时代意义是极其重要的。对 20 世纪马克思主义经济学的历史回顾，显然不能只限于中国学者的理论成就和学术成果，也要关顾国外学者，特别是西方学者的学术探索和理论建树。在我国学术界，马克思主义经济学研究视阈的"盲区"，就在于对西方学者关于马克思经济学的多方面、多视野研究的缺乏和偏见。特别是在经济思想史和马克思主义经济思想史的教学中，缺乏对西方学者研究成果的了解和理解，就难以对 20 世纪经济思想史和马克思主义经济学发展作出整体的理解，也难以对 20 世纪马克思主义发展历史作出整体的把握。这就是我们编写《百年论争》的初衷，也是我们力求形成《百年论争》特色的基本设想。

1. 对《百年论争》中涉及的"西方学者"的理解

《百年论争》注重于 20 世纪"西方学者"对马克思经济思想的研究，这里的"西方学者"，是一个较为宽泛的概念，不仅包括西方国家的马克思主义经济学的赞成者，也包括马克思主义经济学的反对者，还包括那些热心于"沟通"马克思经济学和西方主流经济学的研究者，以及那些自称"价值无涉"的所谓"纯粹学术性"的马克思经济学的研究者。这些由不同学术流派构成的"西方学者"，对马克思经济思想作出的不同方面、不同倾向、不同观点的解说和理解，对 20 世纪马克思主义经济学的发展起着不同的作用。特别是这些"西方学者"之间在不同方面进行的不同倾向和不同观点的交流、交锋和交融，对 20 世纪马克思主义经济学的发展更是起着重要的影响。

即使在赞成马克思主义经济学的"西方学者"中，学术倾向也色彩斑斓、学术观点更莫衷一是。如果从他们的政治立场、学术观点和研究方法等差异上来看，大体可以区分出三种主要的理论倾向或者说主要的理论流派的学者。

一是"正统的"马克思主义经济学家。这些学者在政治上大多参加本国的或国际的工人运动组织或类似性质的组织、团体，有的甚至是这些组织、团体的领导人和主要的理论家。在理论研究和学术探讨中，这些学者自视能坚持马克思的唯物史观和剩余价值理论，能坚信资本主义必然灭亡和社会主义必然胜利的历史发展趋势，能在坚守马克思经济学基本原理的前提下研究和探讨问题。但是，在一些重要的理论结论及主要的研究方法上，他们则从属于他们所在的组织、团体的理论上的需要，为他们所在的组织、团体的路线、方针或政策寻求理论根据。如莫里斯·多布（M. Dobb）自20世纪20年代末之后的40余年间，一直是英国共产党的重要理论家；埃内斯特·曼德尔（E. Mandel）在20世纪60年代以后，一直是"第四国际"的重要理论家之一。

二是"激进的"社会主义者或"新"马克思主义经济学家。他们自认为也能够坚持和运用马克思经济学原理，分析和研究当代资本主义和社会主义经济制度和经济关系。在政治上，他们同西方国家的工人运动和政党组织，只在理论研究论题上有着某种联系，在组织上并不相关。他们中的一些人，早年可能参加过某种无产阶级政党或激进的政治组织，但后来就完全与之相脱离了；还有一些人至多只是通过某些"在政治上基本是边缘性的团体"，而同有组织的工人运动保持某些联系。在学术观点上，他们一般都认为："第二国际和第三国际在理论上的推动力现已耗尽，理论上的停滞只有通过新的探讨才能加以克服，这种新的探讨既包括直接回到马克思那里，也包括直接同资产阶级理论的对抗。"① 在研究方法上，他们与西方其他马克思主义经济学家相比较，更强调对马克思经济学的"重新研究"（restudying）和"重新塑造"（reshaping）。他们试图在对当代资本主义社会制度和经济关系的研究中，既主张恢复马克思经济学的"传统"，更倡导"马克思主义必须对世界作出重新解释，并在这一重新解释中，批判它过去已经提出的旧的解释"。② 在这一类型的学者中，最有影响的有保罗·巴兰（P. Baran）和保罗·斯威齐（P. M. Sweezy）。

三是"教授的"或"校园的"马克思主义经济学家。他们最大特点在于，自认为是以"纯粹"的学者、教授来看待和研究马克思经济学的。他们与西方国家的任何具有政治性质的组织或团体没有丝毫的联系：在学术探讨上，他们也不打算为认识当代资本主义和社会主义经济关系提供什么新的理论见解和思想基础。他们主张"赞成"（for）马克思经济学的科学成就、"反对"（against）马克思经济学本身的缺损和对马克思经济学的非科学的理解，包括剔除他们认为的马克思经济学中的已经"过时"或者"被扭曲"的成分。持这种倾向的较有影响的学者及著作有：M. C. 霍华德（M. C. Howard）、J. E. 金（J. E. King）及他们合著的《马克思主义经济思想

---

① 格·哈达赫（G. Hardack）：《社会主义经济思想简史》，伦敦爱德华·安诺出版公司1978年英文版，第60页。

② Sweezy, Paul M., Review of the Month: Marxism and Revolution 100 Years after Marx, *Monthly Review*, Vol. 34, No. 10, March 1983.

史》（两卷本）；安·布鲁厄（A. Brewer）及他的《马克思主义的帝国主义的理论：一个评论性的考察》；查里斯·巴罗纳（C. A. Barone）及他的《马克思主义的帝国主义思想：总结和评论》等。

对"西方学者"中的那些马克思经济学的反对者，从其理论倾向上，也可以作出类似的理解。卡尔·屈内（Karl Kühne）对"学术圈"内马克思经济学反对者的理论倾向分为四类。第一类是那些讨论马克思的著述是为了驳斥马克思并指责他的固有的错误的经济学家，其中重要的有庞巴维克（E. von Böhm – Bawerk）、萨缪尔森（P. A. Samuelson）等。第二类是那些追随罗宾逊（J. V. Robinson）夫人的"著名评论"的经济学家。罗宾逊夫人的"著名评论"就是，"向一个被认为是科学家的经济学家学习，必须把他对经济体系进行的描述中有效的内容和他服务于自己的意识形态而进行的公开的或无意识的宣传区分开来"①。这一经济学家群体在贬斥马克思经济学在社会和政治领域阐述的重要原则的同时，也力求使用马克思经济学思想内涵和结构中蕴含的启发性建议。第三类是接受马克思经济学提出的基本问题，从而也在很大程度上接受马克思主义经济学观点的经济学家，但他们并没有成为真正意义上的马克思主义者，这类经济学家中较为著名的有卡莱斯基（M. Kalecki）、里昂惕夫（W. W. Leontief）等。第四类是那些最初的思想源自于马克思主义经济学的经济学家，随后开始朝着其他的方向发展，有的越来越疏远了马克思经济学，这类经济学家中包括 M. 布朗芬布伦纳（M. Bronfenbrenner）和 R. L. 米克（R. L. Meek）等。

这里所说的"西方学者"，在马克思经济学理论倾向上的这些复杂组合，同 20 世纪马克思经济学命运的变化有着直接的关系。屈内指出：19 世纪末和 20 世纪初以后的专业经济学家，试图忽视马克思已经不再是荣耀的标志，因为"试图忽视马克思的，并不是由那些真正伟大的经济学家作出的。比如，熊彼特、里昂惕夫和马歇尔（A. Marshall）等都对马克思的成就表示了极大的钦佩"②。屈内特别强调："必须注意到，马克思的思想曾在保守主义思想界引起过一定的反响。作为重要的保守分子，哈耶克（F. A. Hayek）就曾鼓足勇气承认，通过杜冈－巴拉诺夫斯基（M. I Tugan – Bara-

---

① Joan Robinson, Marx, Marshall and Keynes, Three Views of Capitalism, In Joan Robinson, *Collected economic papers*, Vol. 2, Oxford：Blackwell, 1960. P. 2.

② Karl Kühne, *Economics and Marxism*, Vol. 1, English Translation Edition, Translated by Robert Shaw, Macmillan Press Ltd 1979, P. 43.

nowsky）和施皮特霍夫（A. Spiethoff），他受到过马克思的影响。"① 屈内还认为："马克思主义理论中有一部分就是资本过剩理论，而真正继承了这一理论的，却是一位铁杆保守主义者冯·哈耶克，他略有反常地但却是坦率地承认自己受到过马克思的影响……重要的不只是注意哈耶克的保守主义的结论，而要看到他对繁荣和萧条的原因的分析，这种分析和马克思的分析非常接近。"② 即使是庞巴维克，他在强烈地批判马克思经济学理论体系相关内容的同时，仍然承认"在马克思体系的中间部分，逻辑的发展和连结呈现出一种令人赞叹的严密性和内在一致性……以其异乎寻常的逻辑连贯性，永远地确立了马克思作为第一流思想家的声誉。"③

2. 对《百年论争》凸显的"马克思经济学"的理解

《百年论争》着力于 20 世纪西方学者对"马克思经济学"或"马克思经济思想"研究的述评。应该清楚，马克思是马克思主义经济学的创立者，"马克思经济思想"或"马克思经济学"是马克思主义经济学的理论渊源，马克思主义经济学则是"马克思经济学"的理论流域。

"马克思经济学"或"马克思经济思想"的主要内容，就是马克思创立的经济学基本理论。这些基本理论构成马克思经济学体系的主要的和基本的概念、范畴和原理，是马克思实现的经济学科学革命的最显著的标识，也是马克思主义经济学理论体系的基本构件和主要支柱。显然，全面把握"马克思经济学"或"马克思经济思想"的基本原理，是全面理解 19 世纪 40年代及之后 40 年间马克思实现的经济学科学革命意义的基点，是认识一个半世纪以来马克思主义经济学体现的科学理论和科学精神的基础，也是现时代发展和拓新马克思主义经济学的基础。对"马克思经济学"或"马克思经济思想"基本理论的理解和研究的主要思路和方法之一，就是综合分析国内外学者有关马克思及马克思之后经济学基本理论的研究成果，以及依此而形成的各种理论流派和思潮，特别关注历史上有关的重要理论论争和新的理论探索，评价理论论争各方的主要观点、分析方法和学术背景、论争结果及其影响等。

与"马克思经济学"或"马克思经济思想"相对应的"马克思主义经

---

① Karl Kühne, *Economics and Marxism*, Vol. 1, English Translation Edition, Translated by Robert Shaw, Macmillan Press Ltd 1979, P. 44.

② Karl Kühne, *Economics and Marxism*, Vol. 2, English Translation Edition, Translated by Robert Shaw, Macmillan Press Ltd 1979, pp. 222 – 223.

③ Eugen von Böhm-Bawerk, *Karl Marx and the Close of His System*, New York：Augustus M. Kelley, 1949, pp. 88 – 89.

济学"，主要是指"把其方法论和研究建立在卡尔·马克思基础上的那些较为近期的经济学家的研究成果"。其中心论题，首先在于认为，"资本主义制度具有本质上的矛盾，这种矛盾指的是由资本主义制度结构产生的根本上的失灵，而不是某些和谐机制上表现出来的'不完善性'。"其次在于认为，"资本主义制度结构的核心是资本与劳动之间的关系，它在本质上是一种剥削关系。这种在其结构上对资本主义制度产生关键性影响的冲突，在各方面都得到了发展，在技术形式方面已发展到采取国家政策的形式。"再次在于认为，"对作为这一制度动力的资本积累，不能只从量上加以分析，它所引起的经济结构上的变化受到阶级关系的影响，反过来促进阶级关系尖锐化。"最后在于认为，资本主义制度尽管会发生一些变化，但"资本主义的根本逻辑仍然没有改变，它的历史可以区分为以一系列的特殊的阶级关系、技术、国家政策和国际结构为特征的不同阶段"①。这一界说表明，与"马克思经济学"或"马克思经济思想"相联系和区别的是，"马克思主义经济学"是指建立在"马克思经济学"或"马克思经济思想"基础上的、由马克思之后的马克思主义经济学家发展起来的经济学，是对马克思主义经济学派的基本理论取向的统称。

3.《百年论争》选择的十大理论主题的说明

《百年论争》不是依照西方学者所在的不同国家和地区，或者依照西方学者的理论观点、理论流派来展示他们对马克思经济学研究状况的，而是依照"马克思经济学"或"马克思经济思想"基本理论主题来展示西方学者对马克思经济学"论争"主线的。

《百年论争》将"马克思经济学"或"马克思经济思想"的基本理论分为十个主题，即马克思经济思想的历史地位与当代意义，马克思经济学的对象和方法，劳动价值理论，货币理论，剩余价值和利润，转形问题，资本积累和社会资本再生产理论，利润率趋向下降理论，经济危机理论，马克思与凯恩斯、斯拉法的比较研究。选取这十个理论主题的主要原因在于以下几个方面。

第一，这些理论主题构成马克思经济思想的基本原理和主要理论观点。在《百年论争》中涉及的十大主题，如劳动价值理论、剩余价值理论和资本积累理论等，构成了马克思经济学的精髓和理论支柱，这些主题同马克思

---

① 参见《新帕尔格雷夫经济学辞典·马克思经济学卷》，麦克米伦出版公司 1990 年版，第 274 页。

经济学在 20 世纪的几度"复兴"密切相关，是几次"复兴"的内在理论动因。屈内在对 20 世纪 60 年代中期马克思经济学在西方"复兴"原因的分析时认为，马克思经济学中存在着三个对现代经济学的发展可能产生不同影响的因素，是马克思经济学"复兴"的动因。这些因素，一是"马克思为现代宏观经济理论创建了基础"，二是"马克思不只是经济学研究中许多理论的先驱者，而且为继续发展这些理论奠定了基础"，三是"尽管马克思在未来的社会主义社会问题上保持了沉默，但是马克思至少是在《政治经济学批判大纲》中对远至自动化时代的社会制度变革进行了概略的叙述"①。这三个因素涉及的马克思经济学基本理论，就包含在以上提及的十大主题之中。

第二，这些理论主题呈现了 20 世纪西方经济学界对马克思经济学研究和论争的主要论题和脉络。如"转形"问题（The Transformation Problem），就是 20 世纪西方各经济学流派，包括西方马克思主义经济学学者和主流经济学学者多次探讨和激烈论争的理论主题。甚至可以说，"转形"问题论争的起伏跌宕，就是 20 世纪马克思经济学在西方命运多舛的写照，也是 20 世纪马克思经济学在西方发展的主要线索。

西方学者所谓的"转形"问题，指的是马克思在《资本论》第一卷和第三卷中论及的价值转化为生产价格的理论问题。在马克思经济学中，价值转化为生产价格的理论是劳动价值论和剩余价值论发展的综合成果。一方面，生产价格作为价值的转化形式，对其形成机制和形成过程的理解，是以劳动价值论为基础的，不理解价值实体、价值实现及其转化机制，就不可能搞清抽象层次上的价值向具体层次上的生产价格转化的逻辑过程；另一方面，生产价格中的平均利润是剩余价值的转化形式，离开了剩余价值理论就不可能搞清剩余价值到利润、利润到平均利润的内在转化关系。据此可以认为，转形问题论争实质上就是关于马克思劳动价值论和剩余价值论的地位及其意义的论争。

冯·博特凯维兹（L. von Bortkiewicz）在 1906 年发表的《关于马克思体系中价值计算和价格计算问题》和 1907 年发表的《对马克思〈资本论〉第

---

① Karl Kühne, *Economics and Marxism*, Vol. 1, English Translation Edition, Translated by Robert Shaw, Macmillan Press Ltd 1979, P. 5.

三卷基本理论结构的修正》的文章中，① 试图用一个联立方程组来完善马克思对价值到生产价格的量的转化关系的论述，特别是希望能找到一个数学模型，解决成本价格在按生产价格计算时的这种量的转化关系。博特凯维兹的论文在当时并没有产生什么影响，直到 1942 年保罗·斯威齐在《资本主义发展论》一书中重提博特凯维兹这两篇文章时，② 才引起了西方经济学界的关注。同时，斯威齐也提出一个新的联立方程组，对博特凯维兹的论述作出补充。1948 年 C. J. 温特尼茨（C. J. Winternitz）发表的《价值和价格：所谓转形问题的解决》一文，是英国马克思主义经济学研究者对博特凯维兹的第一次批判；莫里斯·多布 1955 年发表的《关于价值问题的探讨》一文、罗·林·米克 1956 年出版的《劳动价值学说史的研究》一书和同年发表的《关于"转形"的若干问题的探讨》一文，以及塞顿（F. Seton）1957年发表的《关于"转形问题"》一文，都对转形问题作出了新的论述。这一时期，对转形问题的探讨，大多以"补充"或"完善"马克思既有理论为基本出发点，因而更多的是马克思主义经济学圈子内的有着显著的"学术"取向的论争。

1960 年，斯拉法（P. Sraffa）的《用商品生产商品》的出版，使得转形问题的论争，"开始从对马克思的价值理论构建的技术性批判，转向试图证明对经济分析而言劳动价值论是不必要的，而且应当被抛弃"的论争。③ 西方主流经济学营垒内的新古典综合学派和新李嘉图学派，对转形问题提出了各自富有挑战性的论争。20 世纪 70 年代初，转形问题论争开始围绕价值理论的"可行性和重要性"展开，"参与争论的学者的数目和多样性、以及所考察的理论问题涉及的范围，都使得这次争论成为漫长的经济理论历史上最为显著的争论之一"④。

新古典综合学派的代表人物保罗·萨缪尔森，在 1971 年发表的《理解马克思的剥削概念：马克思的价值与竞争价格间所谓转化问题概述》等文，提出了他的"橡皮擦算法"，认为"马克思对工业再生产的模式的分析确实

① L. von Bortkiewicz, *Value and Price in the Marxian System*, International Economic Papers, 2, 1952, pp. 5 - 60; On the Correction of Marx's Fundamental Theoretical Construction in the Third Volume of Capital, In Sweezy（ed.）*Karl Marx and the Close of his System*, pp. 197 - 221.

② P. M. Sweezy, *Theory of Capitalist Development*, New York: Monthly Review Press, 1970; First Published 1942, pp. 112 - 25.

③ Ernest Mandel, Introduction, In Ernest Mandel, Alan Freeman（ed.）, *Ricardo, Marx, Sraffa: The Langston Memorial Volume*, Schocken Books, 1985, P. xi.

④ Makoto Itoh, The Value Controversy Reconsidered, In *Radical Economics*, Edited by Bruce Roberts, Susan Feiner, Kluwer Academic Publishers, 1992, P. 53.

是原创性的",但是,"马克思《资本论》第一卷的劳动价值论似乎是一种迂回,对于理解竞争条件下的资本主义是不必要的。而剩余价值理论对于不完全竞争和垄断竞争这两个重要问题的分析,也几乎或完全没有帮助。"①他在一定程度打破了从庞巴维克开始沿袭下来的认为马克思劳动价值论是错误的观点,转而认为劳动价值论是对于理解生产价格和一般利润率完全是"不必要的多余的。"萨缪尔森的研究同时受到赞成和反对劳动价值论的学者的质疑。1973 年,森岛通夫(M. Morishima)在《马克思的经济学》一书中,主要利用冯·诺依曼(J. Von Neumann)的线性规划技术,强调马克思的生产价格概念只有在产业是"线性相关"的情况下才是有效的,他以异质劳动和联合生产或固定资本时存在的理论上的困难为由,建议放弃马克思劳动价值论,用冯·诺依曼类型的理论模型替代它。1974 年,鲍莫尔(W. J Baumol)《价值转形:马克思的"真实"含义》一文用一种新的形式考察了转形问题,认为马克思转形问题的真实意图是用一个数学模型,说明通过竞争实现剩余在不同形式的资本之间收入分配的问题。② 这样,转形问题似乎成了纯粹的剩余价值的分配问题。

在新李嘉图学派中,1977 年,伊恩·斯蒂德曼(I. Steedman)在《依照斯拉法研究马克思》一书,试图根据斯拉法《用商品生产商品》中提出的基本理论和方法,附和萨缪尔森的观点,认为均衡价格能够按照斯拉法的方法,直接从实物量体系和实际工资的计算中得出,利润率和生产价格的确定,完全不必求助于价值和剩余价值理论,劳动价值论是"多余的"和"不必要的"。对转形问题论争的这些变化,"在年轻的西方学者中产生了一种意想不到的后果,这些学者现在意识到,马克思主义经济理论同新古典和新李嘉图主义经济学一样,可能值得进行数学分析。与此同时,他们被沿着斯拉法相同的思路进行的批判所感染"③。

这一时期的论争,转变为三种理论方法——新古典主义、新李嘉图主义和马克思主义学派的对抗,如伊藤诚(M. Itoh)认为的呈现出"三足鼎立"

---

① Paul A. Samuelson, Understanding the Marxian Notion of Exploitation: A Summary of the So-Called Transformation Problem between Marxian Values and Competitive Prices, *Journal of Economic Literature*, Vol. 9, No. 2. (Jun., 1971), P. 408.

② Baumol, W. J., The Transformation of Values: What Marx 'Really' Meant: An Interpretation, *Journal of Economic Literature*, Vol. 12 (1), March, 1974, pp. 51 – 62.

③ Makoto Itoh, The Value Controversy Reconsidered. In *Radical Economics*, Edited by Bruce Roberts, Susan Feiner, Kluwer Academic Publishers, 1992, P. 59.

的局面①。对这三种基本方法、主要观点和根本立场的理解和把握，成为 20 世纪和 21 世纪之交探索转形问题的新的论争的关键。

应该看到，类似于转形问题（也包括劳动价值论、剩余价值论）这样的争论，在西方马克思主义经济学的学术氛围中才能出现。在这种氛围下，对马克思经济学基本理论的质疑、反对乃至攻击才可能完全地暴露出来，西方主流经济学娴熟的数理经济方法也能得到广泛运用。这种氛围，在当时苏联和东欧国家的经济学界是不存在的。当马克思经济学受到过多的非学术性的"保护"时，就难以在直面各种理论和学派的交流、交融和交锋中推进自身的发展。当马克思经济学缺乏现代分析手段时，就难以在理论经济学质态研究向量化分析的转变中实现自身的时代化。以西方经济学学术氛围为背景，展示马克思经济学主要论题论争的思想史过程，是切合于这一时期马克思主义经济学的历史发展的。

第三，这些主题突出体现了 20 世纪西方资本主义经济关系发展对马克思主义经济学提出的新的课题，如利润率趋向下降理论、经济危机理论等研究，都体现马克思主义经济学发展中"回到马克思"、"回到马克思经济学"的趋向。同时，这些主题也比较全面地展现了 20 世纪西方马克思经济学研究的新的趋势与倾向，如在对马克思与凯恩斯（J. M. Keynes）、斯拉法的比较研究中出现的"沟通"马克思经济学和西方主流经济学的倾向。

马克思经济学与凯恩斯经济学的关系问题，是 20 世纪 60 年代马克思主义经济学理论发展的主题之一。霍华德与金在对"凯恩斯是如何看待马克思"问题的阐述中曾经认为，凯恩斯在《就业、利息与货币通论》中三处提到过马克思，其中一处只是简单地承认马克思是"古典经济学"这一术语的首创者②；另一处凯恩斯描写了 1820 年以后李嘉图经济学是如何成功地排除了总需求不足这一观点："有效需求只能偷偷摸摸地生活在不入流的卡尔·马克思、西尔维·奥·格塞尔（Silvio Geseu）和道格拉斯（Douglas）少校的地下社会之中。"③ 这显然是对马克思的不敬重、深有偏见的说法。在最后一处，凯恩斯断言，与马克思不同，格塞尔已经明确地否定了"古典假设"（即萨伊（J. B. Say）定律）。格塞尔这样做，就使得

---

① Makoto Itoh, The Value Controversy Reconsidered, In *Radical Economics*, Edited by Bruce Roberts, Susan Feiner, Kluwer Academic Publishers, 1992, P. 53.

② John Maynard Keynes, *The General Theory of Employment, Money and Interest*, London：Macmillan, 1936, P. 3.

③ 约翰·梅纳德·凯恩斯著，高鸿业译：《就业、利息和货币通论》，商务印书馆 1999 年版，第 37~38 页。

马克思本人对古典经济学的批判变成多余的了；格塞尔的论著中包含了
"对马克思主义的回答"。凯恩斯以游移不定的口气得出结论："我相信，
在将来，人们从格赛尔那里学到的东西要比从马克思那里学到的为多。"①

　　在霍华德和金看来，凯恩斯对马克思并非一无所知，也不总是对马克思
持蔑视的态度。在 1920 年和 1921 年间或者 1921 年和 1922 年间，莫里斯·
多布在当研究生时，曾在凯恩斯的房间里读到一篇论述马克思与剑桥的政治
经济学俱乐部的论文。多布回忆道，凯恩斯很赞许这篇论文，因为"他年
轻时在一定程度上也喜欢非正统思想"②。凯恩斯在 20 世纪 20 年代以来的
文章中，对马克思多有诋毁，提出过诸如"一个如此不合逻辑，如此空洞
的教条怎么能对人的思想从而对历史事件有如此强烈和持久的影响"③ 的质
疑等。但是，到 1933 年，大概在斯拉法的影响下，凯恩斯开始对马克思采
取比较赞许的态度，在他关于古典货币理论的演讲中，婉转地提到马克思对
实现问题的阐述，而且发现马克思和马尔萨斯在有效需求问题上的密切相似
之处。

　　凯恩斯《通论》第一稿写于 1933 年。在第一稿中，凯恩斯对马克思作
了近乎正确的理解。凯恩斯指出："合伙经济和企业家经济之间的区别，同
卡尔·马克思所作的大量观察有某种关系——尽管其后他对这一观察的利用
是相当不合逻辑的。他指出，在现实世界中，生产的本质并不像经济学家们
通常所认为的那样，如 $W - G - W'$ 的情形，即把商品（或劳务）换成货币
是为了获得另外的商品（或劳务）。这也许是私人消费者的观点，但不是商
家的看法，后者认为是 $G - W - G'$ 的情形，即抛出货币换取商品（或劳务），
是为了获取更多的货币。"凯恩斯接着指出，这一观点的意义在于：企业家
对劳动力的需求，依赖于生产预期的可获利性，而不取决于对人类需求的直
接满足。在一个长脚注中，凯恩斯作了进一步阐述。G' 超过 G 的余额，是
马克思的剩余价值的源泉。令人不解的是，在经济理论史上，那些数百年来
以这种或那种形式用古典公式 $W - G - W'$ 反对 $G - W - G'$ 公式的异教徒们，
或者倾向于相信 G' 总是并且必然超过 G，或者倾向于相信 G 总是并且必然
超过 G'，这要取决于他们生活的时期哪一种思想在实践中占支配地位。马

　　① 约翰·梅纳德·凯恩斯著，高鸿业译：《就业、利息和货币通论》，商务印书馆 1999 年版，
第 366 页。
　　② Dobb Maurice, Random Biographical Notes, *Cambridge Journal of Economics*, Vol. 2, Issue 2,
1978, P. 117.
　　③ John Maynard Keynes, *The End of Laissez-faire*, London: Hogarth Press, 1926, P. 3.

克思与那些相信资本主义制度必然具有剥削性的人断言，G'余额是不可避免的；然而，相信资本主义内在地具有通货紧缩和就业不足发展趋势的霍布森（J. A. Hobson）、福斯特、卡钦斯或道格拉斯少校则断言，G余额是不可避免的。但当马克思补充说 G'持续增加的余额，将不可避免地被一系列日益猛烈的危机或者企业倒闭和未充分就业所打断时，马克思正在逐渐接近不偏不倚的真理，可以推测，在这种情况下，G一定会有余额。如果能够得到承认，我自己的观点至少可以有助于使马克思的追随者们和道格拉斯少校的追随者这两派达成和解，而不去理会那些不切实际空洞地相信 G 与 G'总是相等的古典经济学家们（按照凯恩斯对这一术语的独特用法，古典经济学家就是指萨伊定律的支持者）。①

但是，凯恩斯对马克思经济学的赞许并没有持续下去。霍华德和金认为，1934 年，凯恩斯又开始嘲笑马克思，认为马克思对资本主义历史命运的描述是不适合当时资本主义现实的。同年 11 月，他在一次广播讲话中指出："如果李嘉图经济学说破产了，马克思主义理论根基的一个主要后盾也将随之坍塌。"在同乔治·萧伯纳（G. Bernard Shaw）的通信中，他还坚持认为，马克思主义理论是建立在李嘉图（D. Ricardo）学说（即萨伊定律起作用）基础之上的。他不屑一顾地把《资本论》比作《古兰经》，认为它们都是无用的教条，并抱怨说人们对于《资本论》的争议是"乏味的、过时的和学究气的"。凯恩斯的结论是："《资本论》在当代的经济价值（排除一些偶然的但却非建设性的和不连贯的思想火花以后）是零。"②

《百年论争》把马克思和凯恩斯、斯拉法的比较研究作为一个专门的主题，就是为了了解 20 世纪西方学者"沟通"马克思经济学和主流经济学的过程和主要论题、基本倾向和取向等问题，拓展对马克思经济学在 20 世纪理论影响的理解。

第四，也许是最重要的，这些理论主题（除去关于"马克思经济思想的历史地位与当代意义"和"马克思与凯恩斯、斯拉法的比较研究"之外），都是马克思《资本论》第一卷到第三卷理论叙述部分的重要问题，甚至《百年论争》各篇的程序，也体现了马克思《资本论》的理论逻辑。在这一意义上，《百年论争》也是对 20 世纪西方学者关于《资本论》研究的

---

① 凯恩斯：《就业、货币和利息通论》1933 年的草稿，转引自霍华德和金：《马克思主义经济学史（1929～1990）》，中央编译出版社 2003 年版，第 92～93 页。

② 凯恩斯：《凯恩斯先生答肖伯纳》，转引自霍华德和金：《马克思主义经济学史（1929～1990）》，中央编译出版社 2003 年版，第 93 页。

主要理论问题的述要。

需要说明的是，《百年论争》编写时间长达 10 年，期间数易其稿，在内容和结构上都做过许多次变动。为了集中于马克思经济学基本理论的研究，马克思经济学中有关资本主义经济的社会形态和制度、有关未来社会的基本特征及其过渡和转型问题等，都没有列入本书的主题之内。

4.《百年论争》采取"述要"方式的说明

《百年论争》以"述要"的方式，展示 20 世纪西方学者对马克思经济思想研究的瑕瑜和得失。《百年论争》中的十个主题，涉及西方不同国家的、不同经济学流派的 200 多位经济学家的近 300 篇（部）著述中的观点。所谓"述要"，首先强调对不同学者所要论述问题的基本观点的陈述，以及不同学者在对同一理论问题论争中的不同观点及其分歧的陈述；在对这两个方面陈述的基础上作出简要的评论和评价。这样做的目的，主要是为了广大的研究者在进一步研究中有更大的空间，也是为了避免对不同的学术观点流于简单的"贴标签"式的评论。其实，"述要"的基本思路，在对《百年论争》十个主题的确定上，特别是在对每个主题的主要论题的梳理上、在对主要理论观点以及相应著述的选择上，已经得到较为完全的体现了。

总　目　录

第五篇　剩余价值和利润理论

第六篇　转形问题

第七篇　资本积累和社会资本再生产理论

第八篇 利润率趋向下降理论

第九篇 经济危机理论

第十篇 马克思与凯恩斯、斯拉法的比较研究

本册目录

第八篇　利润率趋向下降理论

第九篇　经济危机理论

第八篇　利润率趋向下降理论

一般利润率随着资本主义经济发展具有趋向下降的必然性，这是"现代政治经济学的最重要的规律，是理解最困难的关系的最本质的规律"。① 马克思在阐释这一规律的内涵时强调：利润率趋向下降，是生产力的日益发展在资本主义生产方式中的表现，其直接原因在于社会平均资本有机构成的提高，其根源在于以剩余价值生产为绝对规律的资本主义经济关系本身；由于反作用因素的影响，利润率下降是一种趋势性的性质，其中蕴含了利润率趋于下降和利润量趋于增长的矛盾，蕴含了资本主义经济关系中生产扩大和价值增殖之间的矛盾，蕴含了资本主义生产方式和生产目的之间的矛盾。

在经济学说史上，马克思第一次揭示了利润率趋于下降的规律。在《1857～1858 年经济学手稿》中，马克思就对这一规律的基本内涵作了"说明"，即"利润率指的不是剩余价值的绝对数，而是同使用的资本相比的剩余价值；随着生产力的增长，代表生活资料基金的那一部分资本同代表不变资本的那一部分资本相比会减少；因此，当使用的总劳动同推动这一劳动的资本相比减少时，作为剩余劳动或剩余价值出现的那部分劳动也必然〔相对地〕减少"。② 马克思还揭示了这一规律同资本主义周期性经济危机之间的内在联系，他认为，由这一规律所引起的一系列矛盾，"会导致爆发危机，这时，一切劳动暂时中断，很大一部分资本被消灭，这样就以暴力方式使资本回复到它能够充分利用自己的生产力而不致自杀的水平。但是，这些定期发生的灾难会导致灾难以更大的规模重复发生，而最终将导致用暴力推翻资本"。③ 马克思对这一规律的进一步的揭示，是在之后的《1861～1863 年经济学手稿》和《1863～1865 年经济学手稿》中，特别是在后者中，马

---

① 《马克思恩格斯全集》第 46 卷下册，人民出版社 1980 年版，第 267 页。
② 《马克思恩格斯全集》第 46 卷下册，人民出版社 1980 年版，第 51 页。
③ 《马克思恩格斯全集》第 46 卷下册，人民出版社 1980 年版，第 269 页。

克思对这一规律做了最为详尽的论述，这些论述成为恩格斯编辑《资本论》第三卷第三篇《利润率趋向下降的规律》的依据。这一篇是以以下论断为结语的："在资本主义生产方式内发展着的、与人口相比惊人巨大的生产力，以及虽然不是与此按同一比例的、比人口增加快得多的资本价值（不仅是它的物质实体）的增加，同这个惊人巨大的生产力为之服务的、与财富的增长相比变得越来越小的基础相矛盾，同这个不断膨胀的资本的价值增殖的条件相矛盾。危机就是这样发生的"①。马克思（同样应该包括恩格斯）赋予利润率趋向下降规律理论以更为深刻、广泛的马克思经济学含义。

---

① 《马克思恩格斯文集》第 7 卷，人民出版社 2009 年版，第 296 页。

第46章 利润率趋向下降规律
论争的基本过程

自《资本论》第三卷出版的百余年来，关于马克思利润率趋向下降规律的论争，一直没有停止过。了解这一论争的基本过程及其论争的焦点问题，对于理解利润率趋向下降规律的本质及其在现今时代的发展是有重要意义的。

46.1 利润率趋向下降规律论争的早期阶段

如同围绕马克思的其他基本理论展开的论争一样，围绕马克思的利润率趋向下降规律理论展开的争论也已有超过百年的历史。

关于这百年多来争论的历史过程，霍华德和金认为，1883～1918年是有关利润率趋向下降规律争论的早期阶段，在这期间，1894年《资本论》第三卷出版之后，围绕利润率趋向下降规律的理论或实证争论变得更为激烈了。这一阶段争论结束时的基本情况是，"到1918年对利润率趋向下降理论的一般评价是：马克思低估了技术进步对劳动生产率的影响；这些影响有助于降低不变资本的价值和提高剥削率；而且作为技术进步的结果，利润率不但不会下降，反而可能会上升。……然而，大多数马克思主义者还是否认在长期中反作用趋势足以阻止利润率下降，而且很少有人对技术进步确实将提高利润率这种观点妥协。没有人把利润率下降看成是马克思危机理论中很重要的一部分，也没有谁（除了斯蒂贝林）印证任何一点经验证据"①。

霍华德和金认为，1918～1945年是围绕利润率趋向下降规律展开论争的第二个阶段。在这一阶段，大多数马克思主义者否认在长期中利润率下降的反作用趋势足以阻止利润率的下降，因为如果接受这种观点的话，就没有

---

① M. C. 霍华德和 J. E. 金著，顾海良等译：《马克思主义经济学史：1929～1990》，中央编译出版社2003年版，第132～133页。

人会把利润率下降理论看成是马克思危机理论的重要组成部分。1918 年之后，一些马克思主义者用利润率下降来解释经济危机，这导致了新的争论。1934 年，柴田敬发表了《关于利润率下降原理》①，这篇文章的主要目的是证明马克思的利润率下降原理不成立，他的论文引发了争论。多布在 20 世纪 40 年代初认为，利润率的变动趋势取决于技术变化、劳动生产率的提高和剥削率的关系。利润率可能会下降，但这要视情况而定，而且可能被长期延迟②。

这一阶段《资本论》第三卷的出版造成的影响开始显现，围绕利润率下降问题的激烈论争的一个非常直接的原因与此有关。这种论争涉及各种类型的学者，用屈内的话来说就是，"在早期的时候，就出现了对利润率趋向下降规律的重要的反对意见，甚至在马克思主义的阵营内部也是如此"③。罗莎·卢森堡就提出过对利润率趋向下降规律的怀疑。在 1913 年出版的《资本积累论》中卢森堡说：如果说资本主义会因为利润率下降而崩溃，那么，它"将会长久存在下去，或许直到太阳熄灭之时"④。

莫斯科夫斯卡（N. Moszkowska）在 1929 年指出，资本主义发展最终是以不断加速的技术进步为特征的，如果技术进步导致利润率下降，那么利润率早就下降到零了。同时，莫斯科夫斯卡也为这个问题的讨论增添了一些有利于马克思主题的内容。她认为，资本的有机构成可能会通过垄断和卡特尔或者通过由价格维持方案造成的资本价值的人为增值而提高。另外，她还指出，人们在讨论利润率下降问题时，也需要考虑供给产业的卡特尔化或垄断化程度的提高是否会阻碍这些部门的技术进步⑤。1945 年，莫斯科夫斯卡又提出了对利润率下降的新的解释，认为"过度积累"会产生"虚掷费用"或"无谓损失"，这包括过剩的生产能力、广告费用等，在这种情况下，由于技术进步，尽管必要成本下降，但是无谓损失成本却在增加，商品价格和生产资料的价格不能得到充分的降低，由此导致资本构成比它实际上显示的更高。也就是说，不是由于技术进步，而是由于虚掷费用的增加，引起资本

① Shibata, Kei, On the Law of Decline in the Rate of Profit, *Kyoto University Economic Review*, July 1934, pp. 61 –75.

② M. H. Dobb, *Political Economy and Capitalist Development*, London: Routledge & Kegan Paul, 1940, pp. 94 –99.

③ Karl Kühne, The Dynamics of the Marxian System, *Economics and Marxism*. Vol. 2, Translated by Robert Shaw, Macmilian Press LTD, 1979, P. 157.

④⑤ 转引自: Karl Kühne, The Dynamics of the Marxian System, *Economics and Marxism*. Vol. 2, Translated by Robert Shaw, Macmilian Press LTD, 1979, P. 157.

构成提高和利润率下降。

　　吉尔曼（J. M. Gillman）在 20 世纪 50 年代也以无谓成本增加论证了垄断时期利润率的下降，与莫斯科夫斯卡的区别在于，他把这种成本看作剩余价值的扣除，而不是看作不变资本的增加①。与卢森堡和莫斯科夫斯卡等相比，另一些马克思主义者则力图维护马克思关于利润率下降的观点，如希法亭等。

　　在 20 世纪 20 年代末到 40 年代，对利润率趋向下降规律的研究中，还有两位重要的代表人物——格罗斯曼（H. Grossman）和多布。格罗斯曼和多布关注了利润率下降和经济危机之间的关系。格罗斯曼提出了他自己的经济崩溃理论，这种理论建立在对利润率下降的马克思主义分析基础之上。格罗斯曼认为，平均利润率的降低使得资本主义必定会因为剩余价值的生产不足而直接崩溃。多布对利润率下降问题的分析则要深刻得多，他认为："常常有一种倾向……就是对于马克思在这个问题上的看法解释得过分机械，把它说成好像这种看法所依据的是预测利润会沿着一条不断向下的曲线下降，直到某一点上，这个制度就会突然停止活动，正如同引擎因为活塞后面缺少充足的蒸汽压力而停止活动那样。正确的解释似乎应该是，马克思已经看出，趋势和相反的趋势就是冲突的要素，而这个制度的一般运动就是由这些冲突的要素产生出来的：先是各种力量的冲突获得平衡，于是出现一个平衡的运动——只是'偶然地'出现——然后又引起平衡的剧烈破坏以及附带的波动，这些平衡的破坏和波动在资本主义的具体情况之下所表现的就是危机"②。

46.2　20 世纪下半期关于利润率趋向下降规律的论争

　　霍华德和金指出，"在 1945 年以前，利润率下降理论中几乎所有的关键问题都已被提出来了，而且其中不少问题也得到解决……在早期文献中，能够发现两个问题都涉及最近辩论中的论点和主张。首先，对利润率的长期趋势作出明确的预言，这种理论在逻辑上站得住脚吗？第二，它为严密的马克思主义危机理论提供根据（或者甚至就是这一个根据）了吗？进一步提

① 转引自：Karl Kühne, The Dynamics of the Marxian System, *Economics and Marxism*. Vol. 2, Translated by Robert Shaw, Macmilian Press LTD, 1979, P. 159.
② 道布著，松园译：《政治经济学与资本主义》，生活・读书・新知三联书店 1962 年版，第 93 页。

出的两个问题就是：利润率确实下降了吗？如果是这样的话，为什么下降呢？"①

霍华德和金指出，有关利润率趋向下降规律"战后的论战在三个层次上展开。首先，在21世纪50年代末和60年代初，英国、美国和日本的经院经济学家们继续研究利润率下降理论的逻辑统一问题；他们都发现在这方面或多或少是有缺陷的。紧接着，在70年代初长期繁荣的后期，对亨里克·格罗斯曼的重新发现，激起人们对这一理论在马克思主义政治经济学中作为替代凯恩斯主义和消费不足论的影响的理论的有力辩护。同时，有人正努力为马克思《资本论》第三卷的分析提供经验上的证明，并把它和当代资本主义经济的现实发展联系起来"②。

20世纪40年代到50年代，斯威齐和罗宾逊对马克思的利润率趋向下降理论进行了讨论，他们对利润率下降理论持严厉的批判态度，他们认为，利润率下降趋势，是在资本有机构成提高、剩余价值率不变的假定下推导出来的结论。但是，有机构成提高意味着劳动生产率的提高，而生产率的提高是相对剩余价值生产的主要途径，结果必然会导致利润率上升。因此，马克思的利润率下降理论不能令人信服。斯威齐和罗宾逊的区别在于，前者在《资本主义发展论》中并不否定利润率下降趋势的存在，认为应当把资本有机构成提高看做是"影响利润率的一系列原因中的一个环节"，这一系列原因包括工会的作用、雇主联盟和国家的行动等，而到了1966年出版的与巴兰合著的《垄断资本》中，则提出，在垄断资本主义条件下，要用"剩余增长规律"取代利润率下降规律，这实质上否定了利润率下降的趋势，因为在剩余增长规律中，利润总量和其在国民生产总值中所占的份额都在增长，或者说，利润量和利润率都在上升。

迪金森（H. D. Dickinson），在1956年发表的论文《马克思经济学中的利润率下降问题》③中，使用新古典经济学的分析工具揭示资本有机构成和剥削率之间的关系，在实际工资保持不变的情况下，迪金森使用科布—道格拉斯生产函数，把资本的增长和产出的增长联系起来。他认为，只有在极特殊的情况下，利润率才会持续下降，否则，一开始它将随着资本有机构成

① M. C. 霍华德和J. E. 金著，顾海良等译：《马克思主义经济学史：1929～1990》，中央编译出版社2003年版，第130页。
② M. C. 霍华德和J. E. 金著，顾海良等译：《马克思主义经济学史：1929～1990》，中央编译出版社2003年版，第139页。
③ H. D. Dickinson, The Falling Rate of Profit in Marxian Economics, *Review of Economic Studies*, 24, 1956–1957, pp. 120–130.

的提高而提高，只有当资本积累超过某个临界点时，利润率才会下降。迪金森认为，利润率下降是无法逃避的，但它可能被延迟到"遥远未来的某个时间"①。米克在 1960 年的一篇文章中断定，"如果我们从很低的有机构成开始，那么我们就可以这样说，根据马克思的前提，利润率的变动'趋势'是先上升，经过一段时间后开始下降"②。1961 年，置盐信雄认为实际工资不变的情况下，利润率将会随技术进步而提高提供了更为精确的证明，被认为是对马克思的利润率趋向下降规律的重要一击。

吉尔曼认为，马克思的利润率下降理论可以被 20 世纪初期以前的统计资料所证明，但是，进入垄断资本主义时期后，统计资料分析没有能够证明利润率是处于长期下降的。因此，马克思的理论不再适应于新的资本主义发展阶段，需要用新的概念、新的理论来补充或者取代它。在《论利润率的下降》中，吉尔曼考察了美国制造业的利润率和有关变量，认为从 1880 年到 1919 年，"马克思的利润率下降规律得到了证明，资本有机构成在提高，剩余价值率呈稳定趋势，与有机构成提高反向对应的是利润率的下降"③。吉尔曼认为，1919 年之后，利润率总的趋势是上升的。他提出了一个新的表达式：$\dfrac{s-u}{c}$，

s 表示剩余价值，c 为总资本，u 表示非生产性工人（包括销售、广告、管理等类型的工人）的薪金和工资，也包括税收和政府债务。吉尔曼通过对统计数据的考察指出，在垄断资本主义时期，$\dfrac{u}{v}$ 的增长（v 为生产性工人的工资）快于 $\dfrac{s}{v}$ 的增长，同时资本有机构成 $\dfrac{c}{v}$ 呈相对稳定状态，因此，$\dfrac{s-u}{c+v}$ 呈下降趋势，也就是说"净"剩余价值对总资本的比率趋于下降。吉尔曼认为，如果没有 u，生产出来的剩余价值无法实现，垄断资本主义时期剩余价值实现方面的困难使得 u 不断增加，因此，$\dfrac{s-u}{c+v}$ 必然呈现下降趋势。吉尔曼说："把垄断时期利润率下降规律公式化为 $\dfrac{s-u}{c}$ 呈下降趋势"④。

到了 20 世纪 70 年代以后，随着战后资本主义"黄金期"的结束，尤

---

① H. D. Dickinson, The Falling Rate of Profit in Marxian Economics, *Review of Economic Studies*, 24, 1956 – 1957, P. 129.

② Meek, Ronald L, *The Falling Rate of Profit*, in Economics and Ideology and Other Essays, London: Chapman & Hall, 1967, P. 141.

③ Joseph M. Gillman, *The Falling Rate of Profit*, London, Dennis Dobson, 1957, P. 59.

④ Joseph M. Gillman, *The Falling Rate of Profit*, London, Dennis Dobson, 1957, pp. 89 – 90.

其是伴随着20世纪70年代严重经济危机的爆发，对马克思主义经济学的兴趣重新复兴，在危机理论研究的大的背景之下，重新爆发了有关利润率趋向下降规律的争论。一些经济学家开始把利润率下降问题置于危机理论的中心。20世纪70年代以来的利润率趋向下降规律的讨论表现出一些明显的特征，应用数学方法的研究成果越来越多，实证研究的文献越来越多。不仅研究宏观层面的利润率的实际变动，而且探索为利润率变动构筑微观基础的问题。比如，用数学方法证明马克思所说的规律不能成立或者用"经验事实"否定利润率趋向下降规律。"到20世纪70年代中期，利润率下降理论的辩护者们的议程开始分为两部分。在理论上，他们将不得不同置盐定律进行斗争……在经验上，他们必须更加小心谨慎地拿出证据，依据劳动价值标准来计算有机构成和剥削率，并利用这些资料说明利润率的运动，这是一个包括价格在内的比率。最后，他们将必须完全清楚创造剩余价值的生产性劳动和吸收剩余价值的非生产性劳动之间的界限"①。

比如，帕里吉斯（P. V. Parijs）1980年发表在美国《激进政治经济学评论》上的长文，用数学方法否定了利润率趋向下降规律。文章用各种数学符号把利润率和各种相关变量联系在一起，通过数学推理，否定了有机构成提高导致利润率下降理论不同环节的观点，否定资本技术构成必然提高、技术构成提高必然导致有机构成提高，有机构成提高必然导致利润率下降的观点。在经验研究中，沃尔夫（E. N. Wolff）1979年发表在《美国经济评论》上的文章，通过对统计资料的研究否定利润率下降规律。沃尔夫指出，根据对美国1947～1967年间的"价值利润率（按商品价值计算）"和"一般利润率（按生产价格计算）"的研究，得到了一个结论"马克思的利润率取向下降的规律在理论上缺乏根据，在我考察的时期也没有得到经验事实方面的支持"②。

在20世纪70年代后期，在对利润率趋向下降规律的研究中，有一些经济学家把资本家的技术选择作为研究的基础，考察利润率变动，其实这一时期围绕利润率下降展开的争论，往往是以置盐定理为直接对象的。根据帕里吉斯的研究，早在20世纪初到第二次世界大战前，已有一些经济学家把技术选择作为考察利润率变化的基础，比如杜冈—巴拉诺夫斯基、博特凯维

① M. C. 霍华德和 J. E. 金著，顾海良等译：《马克思主义经济学史：1929～1990》，中央编译出版社2003年版，第144页。
② Edward N. Wolff, The Rate of Surplus Value, The Organic Composition, and the General Rate of Profit in the U. S. Economy 1947－1967, *The American Economic Review*, No. 3, June 1979, P. 340.

兹、莫斯科夫斯卡等。但是在"二战"后影响较大，且成为讨论的核心的是置盐信雄1961年发表在《神户大学经济评论（英文版）》上的文章"技术变化和利润率"，这篇文章中的核心观点被概括为"置盐定理"，随后有关利润率变化趋势的讨论大多涉及"置盐定理"，既有把置盐定理的模型进一步扩展到包含更复杂的情况证明置盐定理的，也有提出新的技术选择标准或使用另外的定义和假设否定置盐定理的，这种情况一直到21世纪初仍在持续。到了20世纪晚期和21世纪早期，提倡用跨期单一体系研究马克思主义经济学的经济学，重新开启了新一轮的围绕置盐定理和利润率趋向下降规律的争论。

46.3　利润率下降理论论争复杂化的原因

首先，围绕利润率变动趋势展开的争论，在具体的研究中往往涉及方法论问题。而研究的方法或方法论方面的差异是造成论争不断的重要原因之一。

比如，耶菲（D. S. Yaffe）认为对利润率趋向下降规律的分析应当仅限于资本的生产领域，分析的出发点应当是"资本一般"和资本概念自身，而不是考虑"许多资本"或资本之间的关系和竞争。耶菲根据马克思在自己的经济学手稿中的有关论述，强调资本积累的规律源自资本概念自身，不明白马克思的方法论特别是关于"资本一般"的概念，是不可能分析积累过程的。对于资本有机构成提高的趋势，仅用竞争的强制和降低成本的需要解释是不够的，必须从资本概念自身所包含的矛盾来探寻其根源[1]。罗默肯定不赞同耶菲的观点，他指出，一句经常被引用的马克思的话是："资本主义生产的真正限制是资本自身"[2]。"但是，如果有人希望基于这句引语所隐含的资本发展理论来建立对利润率下降的解释，那么，可以对他们说，原教旨主义者对什么是'资本自身'的定义过于狭隘"[3]。罗默指出，资本自身是一种社会关系，资本的发展就其自身而言应该包括这样一些现象，围绕实际工资展开的阶级斗争、政府职能的扩张、资本发展的不平衡（贸易条件

---

[1] David S. Yaffe, The Marxian Theory of Crisis, Capital and the State, *Economy and Society*, Vol. 2, Issue 2, 1973, pp. 188 – 190.

[2] 《马克思恩格斯文集》第7卷，人民出版社2009年版，第278页。

[3] John Roemer, Continuing Controversy on the Falling Rate of Profit: Fixed Capital and Other Issues, *Cambridge Journal of Economics* 3, 1979, P. 394.

的改变），以及所有能够对资本有机构成提高模型形成特殊修正的各种影响因素。

另一种观点主张用辩证的方法研究利润率趋向下降规律，比较典型的如莱伯威茨，强调从生产过程和流通过程的统一中研究利润率趋向下降规律。他指出，《政治经济学批判大纲》的内容最突出的特征之一是，按照生产和流通两个因素的统一来确立资本概念，这两个过程既相互依存又相互矛盾，而《资本论》中的结论体现的正是马克思的这种思路。莱伯威茨指出："对利润率下降的全部讨论一直是在仿佛没有《资本论》第二卷的情况下进行的。论证中使用的所有概念（如剩余价值率，资本有机构成等）都是《资本论》第一卷中的概念。似乎第二卷从来没有写过。好像经济学家能够做出资本做不到的事情——无视流通过程"①。

其次，研究利润率趋向下降规律时要求在不同的抽象层次上展开，比如法因和哈里斯强调，要按照不同的抽象水平理解马克思关于利润率趋向下降规律的分析结构。他们认为，《资本论》在方法上包含着互相重叠的两类结构：一类按生产、交换和分配的等级联系安排；一类按抽象程度的不同层次安排。《资本论》第三卷第三篇分析利润率趋向下降规律的结构，应该按照不同的抽象层次来把握。第三篇第 13 章考察规律本身，抽象掉了所有的分配变化和不是由资本技术构成变化引起的价值变化，抽象掉了剩余价值的流通和分配，而把利润率下降趋势归结为资本技术构成提高的直接结果。也就是说，规律本身是从很多复杂因素中抽象出来的。第三篇第 14 章考察起反作用的各种原因，开始分析复杂的因素，引入了积累对分配和资本价值构成的影响，进一步把生产和交换、分配联系起来。起反作用的因素并不是在利润率趋向下降规律基础上产生的，它们都是资本积累以及必然伴随技术构成提高的产物，在这个意义上它们处于相同的抽象水平。第三篇第 15 章研究利润率下降趋势和反作用因素的矛盾对社会表层的影响，随后表现为生产过剩、资本过剩和危机等，这些概念的抽象层次相对较低。它们不纯粹是利润率趋向下降规律作用的结果或反作用因素作用的结果，它们反映的是二者之间的复杂的矛盾和冲突。因此，"利润率趋向下降规律仅仅是一种'抽象趋势'，并不意味着利润率的实际下降。利润率的实际运动取决于下降趋势和抵消因素之间的复杂联系。精确地说，马克思揭示的这个规律应该表述为

① Micháel A. Lebowitz, Marx's Falling Rate of Profit: A Dialectical View, *The Canadian Journal of Economics*, Vol. 9, No. 2, May, 1976, P. 245.

'利润率下降趋势和抵消因素起反作用趋势的规律'"[1]。

再次，和利润率趋向下降规律的争论中方法论问题研究相关的还有一些概念问题。比如在经济学家的争论中存在一个资本有机构成应表述为不变资本对可变资本的比率还是物化劳动对活劳动的比率的问题，或者说，资本有机构成应该是用 $\dfrac{C}{V}$ 还是用 $\dfrac{C}{(V+S)}$（C 不变资本，V 可变资本，S 剩余价值）表示？

马克思在《资本论》中明确使用 $\dfrac{C}{V}$ 作为资本有机构成的表达公式。许多西方经济学家就是严格按照马克思的公式来使用这一概念的。如多布、米克、斯威齐、马蒂克（P. Mattick）、吉尔曼、曼德尔、耶菲等。但 20 世纪 70 年代以来，有越来越多的经济学家用 $\dfrac{C}{(V+S)}$ 的公式来代替 $\dfrac{C}{V}$ 公式表示资本有机构成，如霍奇森、赖特、置盐信雄、谢赫等。这两个不同的公式被有的经济学家分别称为资本有机构成的教科书派（textbook variant）和现代派（modern variant）[2]。主张用 $\dfrac{C}{(V+S)}$ 表示资本有机构成的经济学家认为：第一，《资本论》中虽然使用 $\dfrac{C}{V}$ 公式表示资本有机构成，但不排除用 $\dfrac{C}{(V+S)}$ 公式可以更好地表示资本有机构成概念，因为在马克思看来，资本有机构成实际要表现的是生产过程中体现在生产资料中的物化劳动和推动它所需要的活劳动之间的关系或比率，这正是 $\dfrac{C}{(V+S)}$ 公式所具有的含义；第二，资本有机构成通常被用来衡量生产技术上所谓的资本密集程度，但 "$\dfrac{C}{V}$ 的比率不是资本密集程度的合适的度量尺度，因为 V 的水平部分地依存于剥削率，而不仅仅以生产中不变资本和人类劳动的相对量为转移"。因此，资本有机构成的，"最实用的简单表述是生产中物化劳动（不变资本）对活劳动的比率"，即 $\dfrac{C}{(V+S)}$ [3]。第三，采用 $\dfrac{C}{(V+S)}$ 公式可以抽象掉剩余价值率对资本

---

① Ben Fine and Laurence Harris, Controversial Issues in Marxist Economic Theory, *Socialist Register*, 1976, Vol. 13, pp. 162 – 163. 有关法因和哈里斯对利润率趋向下降规律的详细研究，参见：本·法因和劳伦斯·哈里斯著：《重读〈资本论〉》，魏埙等译，山东人民出版社 1993 年版，第 57～75 页。

② Philippe Van Parijs, The Falling – Rate-of Profit Theory of Crisis: A Rational Reconstruction by Way of Obituary, *Review of Radical Political Economics*, 1980, 12（1）, P. 13.

③ Wright Erik Olin, Class, Crisis and the State, London, *New Left Books*, 1978, P. 126.

有机构成水平的影响，这样表示的资本有机构成将"独立于剥削程度的任何变化"①，并可从它的变动中更直接地导出利润率的变化趋势。

最后，利润率到底是用价值还是用价格表示，也是有关利润率趋向下降规律争论中和方法论问题相联系的一个重要问题。马克思主义者多主张考虑利润率趋向下降规律应使用马克思的范畴，主要应该在价值术语的基础上开展研究，但是很多参与利润率趋向下降规律争论的经济学则认为用价格表示的利润率才是可实际观察到的利润率，而且也是对资本家产生直接激励作用的利润率，尤其是在经验研究的层面，只有用价格表示的数据可供使用，因此更多的时候主张用价格利润率来研究利润的变动趋势。也有从理论层面对价值利润率提出批评意见的，比如霍奇森就指出，"马克思的一般利润率是价值量之间的比率，也就是说是社会必要劳动时间量之间的比率。它不是一个价格比率。一些马克思主义者和非马克思主义者，比如博特凯维兹就批评了这种对一般利润率的说明，认为没有理由认为用价值术语表示的利润率倾向于平均化"②。

尽管方法论方面的原因是利润率趋向下降规律争论激烈的重要原因之一，但事实上，利润率趋向下降规律自身直接涉及的问题才是围绕它争论不断的根源。比如在理论层面它和转形问题密切相关，它还涉及理论研究和实证研究之间的关系问题，利润率趋向下降规律被马克思视为现代政治经济学中一个非常重要的规律，它在长期和资本主义命运的关系，在短期和周期性爆发的危机之间的联系都是争论的焦点。总之，自马克思的利润率趋向下降规律提出后，围绕各方面问题展开的争论就没有间断过，有向前回溯的研究，探索马克思的利润率趋向下降规律和古典政治经济学利润率下降规律的联系，有面向未来的研究，试图在利润率趋向下降规律的基础上构筑一个资本主义崩溃的理论。有利润率下降是资本主义技术变迁的本质造成的，还是因为资本家的本质特征造成的争论。我们认为，围绕利润率趋向下降规律的论争仍将继续下去，但是论争双方使用的工具、提出的见解对发展马克思主义经济学而言都是具有积极的意义的。马克思思想的发展，受到同他同时代的人论争的影响，而马克思主义经济思想则是在后来人的论证中向前发展的。考察马克思经济学的百年论争，所关心的不应只是经济学说的历史演进，更是马克思主义经济学未来的发展。

① Geoffrey M. Hodgson, *After Marx and Sraffa*: *Essays in Political Economy*, St. Martin's Press, 1991, P. 33.
② Geoffrey M. Hodgson, *After Marx and Sraffa*: *Essays in Political Economy*, St. Martin's Press, 1991, P. 29.

第47章 利润率趋向下降理论的
来源及发展

在经济思想史上，马克思第一次对利润率趋向下降理论作了明确的论述。在对这一理论的论争中，马克思利润率下降规律理论与古典经济学的关系问题是其中的重要论题。沃克对马克思理论具有的斯密—李嘉图基础提出了看法，特别认为古典经济学对马克思的影响在利润率趋向下降规律中表现得尤为显著。在对马克思利润率趋势下降理论本身发展问题的探讨中，结合马克思经济学手稿的相关内容，对方法论做出探讨也是其中的论题。在这一方面，莱伯威茨等西方学者作了多方面的探索，展开了马克思这一理论发展史研究的新视域。

47.1 利润率趋向下降理论的来源

德赛认为，"从亚当·斯密以来，每位古典经济学家都有一个关于利润率下降的理论。利润率会随着经济进步而下降的思想，是古典经济学的核心"[①]。马克思运用内在批评的方法，意味着他是在古典经济学家的基础上与他们斗争。马克思在《资本论》第三卷对一般利润率做了详细的理论说明。简单概括说来，马克思持有的观点可以表示如下：社会资本有机构成为 $k = \dfrac{c}{v}$，表示总不变资本和可变资本的比率；剩余价值率为 $e = \dfrac{m}{v}$，表示总剩余价值和可变资本的比率；利润率为 $r = \dfrac{m}{(c+v)}$，表示总剩余价值和不变资本和可变资本之和的比率，利润率公式可以进一步改写为 $r = \dfrac{e}{(k+1)}$。因此，利润率随着剥削率的提高而提高，随着资本有机构成的提高而下降。当

[①] 梅格纳德·德赛著，汪澄清译：《马克思的复仇》，中国人民大学出版社2006年版，第72页。

然，马克思也意识到对利润率下降起反作用的诸多因素。马克思在《资本论》第三卷中认为，对利润率的下降起反作用的各种因素是：剥削率的提高；工资被压低；不变资本各要素因劳动生产率的提高而变得更便宜；相对过剩人口所造成的劳动力价格的降低，阻止了新机器的采用，阻止了资本有机构成的提高；对外贸易造成的生产资料和生活资料的价格降低；股份资本的增加，使社会资本中的很大一部分被束缚在只能获取少量股息的股份资本形式上，这使社会平均利润不致因为这些低利息资本参与利润的平均化而下降得更厉害。

对于上述的简单公式，人们当然可以加进许多复杂的因素，比如，拥有耐用的固定资产，一定时期只能消费其中的一部分，还可能以"存量"的形式衡量不变资本，而不仅仅是以现金的流通来衡量。关注的到底是货币量和货币形态的利润率，还是价值形态的利润率，等等，这些都会导致有关利润率研究的问题变得异常复杂。这也是围绕利润率下降趋势产生诸多理论争论如周期性危机严重性不断增强的理论、资本垄断和集中的理论以及工人阶级痛苦不断增加的理论争论的根本原因。

沃克（Walker）把马克思的利润率趋向下降规律置于英国古典政治经济学的背景中，分析了马克思的利润率趋向下降规律的来源及其存在问题的主要原因。沃克的研究体现在他发表在《经济学刊》上的文章《卡尔·马克思、利润率下降和英国的政治经济学》① 中。

沃克认为，马克思的利润率趋向下降理论是《资本论》对资本主义进行的经济分析中存在的最大的失误。他指出，该理论不仅缺乏实证支持，而且还包含即使是那些对马克思没有敌意的评论家都无法解释的逻辑缺陷。同时，沃克认为，利润率趋向下降理论在马克思有关社会发展的观点中占据着重要的位置，而且马克思本人也极为强调该理论的重要性。但是，"对这种自相矛盾的认识并没有提供令人信服的解释"②。沃克从对马克思的利润率下降理论的介绍及其存在的主要缺陷开始，分析了马克思的理论和古典经济学理论发展的关系，尝试解释利润率下降理论存在缺陷的重要原因。

马克思在《资本论》第三卷第三篇提出了利润率下降理论。沃尔首先指出，他关注的主要不是马克思的学说在经济方面的有效性，而是马克思的

① Angus Walker, Karl Marx, the Declining Rate of Profit and British Political Economy, *Economica*, *New Series*, Vol. 38, No. 152, Nov., 1971, pp. 362 – 377.

② Angus Walker, Karl Marx, the Declining Rate of Profit and British Political Economy, *Economica*, *New Series*, Vol. 38, No. 152, Nov., 1971, P. 362.

思想作为一个整体的内在一致性。沃克简单地重述了马克思的利润率下降趋势理论。

　　沃克指出，马克思的经济分析有三个基本范畴：v 代表"可变资本"，按照马克思的术语，它指的是资本家在劳动上的支出。"可变"是因为马克思认为劳动具有增加商品价值的独特能力，劳动作为生产要素可以生产出比其自身的成本高得多的商品。使用劳动得到的"红利"，马克思称为"剩余价值"，由符号 s 代表。剩余价值是资本家的利润。除开资本家在劳动上的投入外，还有在"不变资本"上的投入 c，c 被称为不变资本，是因为它不像劳动 v，不能创造新价值；根据马克思的观点，它只能将其自身的部分价值转移到其所生产的产品上去。即 c 仅仅是原材料和生产中使用的资本设备折旧的数量。最终产品价值由 c + v + s 组成。

　　根据定义，剩余价值 s 源于劳动 v，马克思认为从劳动中榨取的剩余价值额是有限度的。一旦达到限度，生产过程中的利润量就决定于该产品中包含的劳动量。尽管资本家可能会因此而寻找劳动密集型生产方法以谋求利润最大化，而实际上，他们不断以资本代替劳动。这是因为适应新的生产方法需要时间，第一个引进节约劳动的机器的资本家能够比其竞争对手以更低的成本进行生产，而以普遍的较少机械化的生产方法所决定的市场价格出售其商品。但这种优势从长期来看会随着竞争对手采用同样的生产方法而逐渐消失。

　　利润被视为资本家的投入的回报，即剩余价值与不变资本和可变资本之和的比率，或 $\frac{s}{(c+v)}$。如果马克思所称的"资本有机构成" $\frac{c}{v}$ 提高，并且从个人那里榨取的剩余价值量 $\frac{s}{v}$，或用马克思的表述——"剥削率"保持不变，那么，从逻辑上看，$\frac{s}{(c+v)}$ 的值下降，而不管 c + v + s 的值如何。沃克认为上述就是对马克思的利润率下降趋势理论的简单说明。在完成这种转述后，沃克分析了利润率下降趋势理论中存在的不足。

47.1.1　沃克对利润率趋向下降理论缺陷的说明

　　沃克指出，利润率下降趋势理论"关键的且明显的不足在于，马克思假设的剥削率不变或趋于极限所具有的逻辑含义"[1]。在沃克看来，这种假

　　① Angus Walker, Karl Marx, the Declining Rate of Profit and British Political Economy, *Economica*, *New Series*, Vol. 38, No. 152, Nov., 1971, P. 363.

设意味着资本有机构成的增加并没有提高生产率。但常识告诉人们正是出于提高生产率的目的，资本家才将生产过程机械化，而马克思本人也宣称"发展社会劳动的生产力，是资本的历史任务和存在理由"①。

沃克认为，利润率下降理论上存在的缺陷，对马克思的其他的经济和社会思想产生了重要的影响。《资本论》的目标在于解释"资本主义生产的自然规律……以铁的必然性发生作用并且正在实现的趋势"② 的本质和重要性。吉尔曼认为，马克思的著作中提出了四个"运动规律"：利润率趋向下降的理论；危机严重性不断增强的理论；资本垄断和集中的理论以及工人阶级的苦难不断增加的理论③。沃克认为，危机严重性不断增强和工人阶级苦难不断增加的规律，在逻辑上依赖于利润率趋向下降规律，而且它们必然会随着该规律的失败而失败。通俗的说法是，如果资本有机构成的增长意味着生产率的提高，那么，这也意味着在给定资源时产出的增加。这种产出必须归属于资本家或工人。如果剥削率增加，那么，利润将不必以使工人贫困的形式而上升；如果剥削率保持不变，那么资本家和工人都将受益。沃克指出，对马克思的理论结构而言，马克思分析中存在的逻辑缺陷，在社会和政治方面产生的影响是灾难性的。资本主义发展可能会导致生产资料的垄断程度的加深，造成大批的失业和贫穷。但马克思无法证明它们是不可避免的。

沃克认为，马克思主义和非马克思主义的评论者都发现了马克思的利润率趋向下降规律中存在的逻辑不足。"保罗·斯威齐是对马克思的经济学进行过最好阐释的马克思主义者，即使是他，也不得不得出剥削率必须假设是可变的结论，并从而放弃了利润率下降规律"④。斯威齐在《资本主义发展论》中提出："如果资本有机构成和剩余价值率都是可变的，正如我们所设想的那样，那么，利润率发生变化的方向将是无法确定的"⑤。虽然人们认为利润率趋向下降规律存在逻辑上的问题，但是马克思认为它是非常重要的，马克思说："尽管这个规律……显得如此简单……以往的一切经济学都没有能把它揭示出来。经济学看到了这种现象，并且在各种自相矛盾的尝试中绞尽脑汁地去解释它。由于这个规律对资本主义生产极其重要，因此可以说，它是一个秘密，亚当·斯密以来的全部政治经济学一直围

---

① 《马克思恩格斯文集》第 7 卷，人民出版社 2009 年版，第 288 页。
② 《马克思恩格斯文集》第 5 卷，人民出版社 2009 年版，第 8 页。
③ J. M. Gillman. *The Falling Rate of Profit*, London：Dobson，1957.
④ Angus Walker, Karl Marx, the Declining Rate of Profit and British Political Economy, *Economica*, *New Series*, Vol. 38, No. 152, Nov., 1971, P. 364.
⑤ P. M. Sweezy, *The Theory of Capitalist Development*, Dennis Dobson Limited, 1946, P. 102.

绕着揭开这个秘密兜圈子，而且亚·斯密以来的各种学派之间的区别，也就在于为揭开这个秘密进行不同的尝试"①。

沃克认为，《资本论》中有证据表明马克思也不是十分确定资本有机构成和剩余价值率之间的关系。马克思说："相对剩余价值与劳动生产力成正比。它随着生产力提高而提高，随着生产力降低而降低"②，而且"我们常常可以看到，c、v 和 m 这几个因素的变化同时也包含着劳动生产率的变化"③。但是，唯一的对资本替代和生产率的解释得出剥削率有一个极限是非常不充分的。

沃克认为，马克思是一个伟大的智者，《资本论》是他的巨著，是他通过多年不懈的劳动创作的工人阶级的圣经。作为一个热情的辩论家，马克思知道他的著作（作为对理解社会的一个重大贡献）将被人认真研究。"马克思似乎认识到他有关资本主义发展的预测的逻辑基础是虚弱的，然而他仍然鼓吹他提出的对利润率下降的解决方法。是什么迫使他做出这些令人困惑的断言的？"④ 对这个问题的回答构成了沃克文章的核心。

47.1.2　沃克对马克思理论的古典经济学基础的说明

沃克进一步分析了英国古典政治经济学及其代表人物的观点，认为这些古典经济学是马克思的利润率下降趋势理论形成与发展的基础。沃克指出，马克思是一个古典经济学家是一个常识，用熊彼特的话来说："那么马克思有一位老师吗？有的。真正理解他的经济学要从认识这一点开始，即作为一位理论家，他是李嘉图的学生"⑤。马克思主义经济学家从未试图贬低马克思对古典政治经济学的继承，并一直强调后李嘉图经济学的"资产阶级主观主义"降低了古典政治经济学作为分析现实世界的工具的有用性。但是，沃克认为，马克思主义者和其他人主要强调的是马克思对古典学派的方法论上的继承，在考察马克思的思想更为广泛的内容时，"古典经济学发挥的作用有时候被完全忽视了"⑥。

沃克指出，古典政治经济学比李嘉图和一系列的范畴和分析技术要丰富

---

① 《马克思恩格斯文集》第 7 卷，人民出版社 2009 年版，第 237～238 页。
② 《马克思恩格斯文集》第 5 卷，人民出版社 2009 年版，第 371 页。
③ 《马克思恩格斯文集》第 7 卷，人民出版社 2009 年版，第 60 页。
④⑥　Angus Walker, Karl Marx, the Declining Rate of Profit and British Political Economy, *Economica, New Series*, Vol. 38, No. 152, Nov., 1971, P. 365.
⑤ 约瑟夫·熊彼特著，宁嘉风译：《从马克思到凯恩斯十大经济学家》，商务印书馆 1965 年版，第 31 页。

得多。沃克指出，古典政治经济学是一个独立的社会经济思想学派，它既不同于早期学者配第或魁奈的观点，又不同于纯粹经济学的继承人杰文斯和马歇尔的主张。1776年以前，没有哪一个经济学家能够像斯密那样系统或全面。1870年以后，稀缺资源在不同用途之间配置这一范畴，使经济学从包括增长理论在内的其他经济学分支学科中独立出来，此时的经济学与先前的古典经济学迥然不同。

沃克认为，亚当·斯密是一群学术型苏格兰人中的"最美之花"①。学术型苏格兰人对社会发展本质持有相同观点。他们的思想有着明显的历史早熟的特征，尤其是在有关生产活动决定社会本质的结构和变迁的认识上。"苏格兰历史学派"开始描绘文明社会的历史，这种雄心可以在《国富论》中看得非常清楚。沃克指出，应当在理解斯密的同仁罗伯森（W. Robertson）的评论后阅读《国富论》："对人类所有社会活动的探询，第一关注的目标应该是他们的生存方式"②。斯密的经济学事实上是政治经济学，对古典学派而言，经济活动与其所产生的环境的秩序是分不开的。

沃克认为，李嘉图对政治经济学的社会和哲学的方面缺乏兴趣。而约翰·斯图亚特·穆勒认为政治经济学是形而上学和社会学的结合，他认为经济问题要在政治经济学中进行理解。所以，在马克思之前，"政治经济学已经完全成为了一门社会科学"③。

沃克认为，马克思本人似乎对他打算成为其中杰出一员的古典政治经济学的本质和方法论，并没有进行过认真的思考。马克思的确在努力指出政治经济学家没有真正地理解他们自己得出的结论的真正含义；尤其是他们关于经济制度的运行、经济行为本质的基本假设和他们使用的经济术语所隐含的社会概念，都被马克思不加批判地采用。马克思认为，政治经济学所使用的术语并没有揭露社会现实，政治经济学家最大的错误在于将资本主义制度当成是永恒的而不是暂时的社会制度。马克思"对政治经济学的评价是历史性的而不是分析性的"④。马克思说："我所说的古典政治经济学，是指从威·配第以来的一切这样的经济学，这种经济学与庸俗经济学相反，研究了资产阶级生产关系的内部联系。而庸俗经济学却只是在表面的联系内兜圈子，它

① Angus Walker, Karl Marx, the Declining Rate of Profit and British Political Economy, *Economica*, *New Series*, Vol. 38, No. 152, Nov., 1971, P. 366.

② 转引自：Angus Walker, Karl Marx, the Declining Rate of Profit and British Political Economy, *Economica*, *New Series*, Vol. 38, No. 152, Nov., 1971, P. 366.

③④ Angus Walker, Karl Marx, the Declining Rate of Profit and British Political Economy, *Economica*, *New Series*, Vol. 38, No. 152, Nov., 1971, P. 367.

为了对可以说是最粗浅的现象做出似是而非的解释，为了适应资产阶级的日常需要，一再反复咀嚼科学的经济学早就提供的材料。在其他方面，庸俗经济学则只限于把资产阶级生产当事人关于他们自己的最美好世界的陈腐而自负的看法加以系统化，赋以学究气味，并且宣布为永恒的真理"①。对"现代经济条件"做出的不偏不倚的研究在李嘉图之后消失了。政治经济学"只有在阶级斗争处于潜伏状态或只是在个别的现象上表现出来的时候，它还能够是科学"②。

沃克认为，马克思如此直截了当地排斥后李嘉图理论的根本原因，大概是这使得他可以忽视新的并且是——对于马克思的理论而言——具有颠覆性的 19 世纪 30 年代形成的（李嘉图去世后十年）关于价值本质和资本理论的思想。马克思不仅接受了斯密和李嘉图的政治经济学，并将自己看成是他们的后继者，认为自己的著作是"斯密—李嘉图学说的必然的发展"③。恩格斯和马克思都不认为《资本论》建立了一种全新的理论。恩格斯认为，马克思提出了对一门科学的"新见解"。他认为，马克思对资本主义的分析可以类比于化学的进步，"一门科学提出的每一种新见解都包含这门科学的术语的革命。化学是最好的例证，它的全部术语大约每 20 年就彻底变换一次，几乎很难找到一种有机化合物不是先后拥有一系列不同的名称的"④。沃克认为，马克思肯定会非常开心地知道他被认为是最后一位伟大的古典经济学家的。

47.1.3　关于利润率下降与经济增长问题的讨论

20 世纪 50、60 年代以来，增长问题一直是经济学的中心问题。这重新引起了人们对古典经济学及其中心问题的兴趣，用现代术语来说，古典政治经济学的中心问题是产出的增加对收入分配的影响。人们较少关注内在于古典利润率下降趋势的信念中的与古典动态学相联系的社会发展的典型观点。沃克认为，对大多数人来说，一个年轻而贫穷的社会好于一个成熟和富裕的社会，斯密的社会变迁理论在一定程度上是悲观的。社会发展是循环的，社会可能处于进步、停滞或衰败的状态，这反映在对生产要素的需求上。斯密认为进步意味着丰裕，丰裕意味着生产要素和产品价格的下降和有利于资本

---

① 《马克思恩格斯文集》第 5 卷，人民出版社 2009 年版，第 99 页。
② 《马克思恩格斯文集》第 5 卷，人民出版社 2009 年版，第 16 页。
③ 《马克思恩格斯文集》第 5 卷，人民出版社 2009 年版，第 19 页。
④ 《马克思恩格斯文集》第 5 卷，人民出版社 2009 年版，第 32~33 页。

所有者的收入分配不均。

这样，沃克认为，李嘉图在有关社会的可能的未来的问题上存在模糊之处。李嘉图理论的根源在于一个观点，考虑到人口对生存资料带来的压力，食物生产的边际成本决定了工资水平，而且既然制造业的收入在资本家和工人之间分配，它也决定了利润的份额。食物生产的边际成本的提高损害了实业家的收入，给贫瘠土地的所有者带来了收益。考虑到受到严格限制的土地的供给，人口的增加导致收入集中在土地所有者手中，使资本所有者变得贫困。李嘉图对技术变迁没有说出什么内容，他的分配理论也和技术变迁无关。沃克认为，马克思在利润率趋向下降规律上借鉴了穆勒的观点。穆勒认为社会的未来是知识和人口的增长的函数，但是穆勒认为人口是关键的变量。穆勒没有技术创新的理论。

沃克认为，斯密与李嘉图和穆勒的利润理论的差别在于，斯密认为利润率下降是资本市场将逐渐饱和的结果。而其继承者则认为利润率下降是由于"马尔萨斯式的约束"的结果。"他们的理论的共同之处在于都忽略了生产效率的趋势"[1]。斯密是前工业时代的经济学家，像所有 18 世纪的学者一样，理性被他视为"进步"的源泉。李嘉图经历了英国经济的"起飞"阶段，然而却在产业生产技术系数不变的模型中研究问题。沃克认为，下面的两个原因可以解释李嘉图为什么会使用这种模型，一方面李嘉图显示出缺少工业经验的特征，另一方面他却明显地关注机器引进对社会产生的有害影响。穆勒将技术进步看成经济增长的重要因素。但他并没有摆脱李嘉图和功利主义的影响。沃克在具体分析了代表性的古典政治经济学家有关社会经济发展的思想后指出："政治经济学家对经济变迁持有这样一种观点，利润率的下降是资本积累的函数，与此相联系的是这样一个信念，即随着利润率的下降社会的进步将会陷入停滞"[2]。

47.1.4　马克思利润率趋向下降理论问题的根源

沃克认为，思想史上一个比较奇特的地方在于，尽管李嘉图的理论可以被 1840 年的事实所证伪，但他的理论的影响却远远超出了那个时间。沃克指出，一系列的因素使政治经济学以斯密赋予的形式存在了下来。首先，李

---

① Angus Walker, Karl Marx, the Declining Rate of Profit and British Political Economy, *Economica*, New Series, Vol. 38, No. 152, Nov., 1971, P. 371.

② Angus Walker, Karl Marx, the Declining Rate of Profit and British Political Economy, *Economica*, New Series, Vol. 38, No. 152, Nov., 1971, P. 372.

嘉图为废除"谷物法"的运动提供了理论基础，所以当自由贸易成为正直的思想家的陈词滥调时，李嘉图的名字与进步的因素联系在了一起；其次，经济学直到19世纪80年代才成为一个学科，因此，先前的理论很少被进行实证的检验；最后，斯密——李嘉图的分析框架是一种有力的框架，加之后来约翰·斯图亚特·穆勒进行的精致的修饰，要推翻它需要相当的智力才能。沃克认为，马克思受到了这种政治经济学的束缚。

沃克认为，马克思不是在现实的世界中，而是在英国古典经济学家的教诲中，发现了大多数经济问题的。劳动价值论中的"转形问题"，马克思是以严格意义上的李嘉图式的术语解决的，收入的阶级分配问题，生存工资的趋势，劳动后备军，剩余价值理论和马克思的模型的活力都源于古典经济学家的文本。即使是马克思迫切需要的东西——忽略了价格体系运行后的技术关系，否定了政府对经济和社会变迁的决定作用，认为金融问题是从属于"实际生产关系"的次要问题等，都是古典经济学的特点。沃克认为，"不足为奇，马克思对于未来社会的观点在一定程度上也应当归功于英国的学者"①。

沃克认为，古典政治经济学对马克思的影响在利润率趋向下降规律中表现得最明显。沃克认为，马克思并不知道利润率是会下降还是不会下降，但是他却接受了这个观点，与此一道，他接受了有关工业的生产可能性的过时的观点，而这些观点与他自己的教诲和社会发展的概念相违背，也和他自己的革命的必然性的本能的信念相冲突。沃克指出，尽管马克思意识到创新既可以是资本节约型的，也可以是劳动节约型的，但很清楚的是，他认为劳动节约型创新对经济进步而言是至关重要的，他强调资本有机构成的提高只是社会生产力发展的表现。马克思也假定规模经济源自给定技术在更大规模的应用，而不是来自新发明带来的生产率的一再提高。斯密和李嘉图没有商业周期理论。市场上的竞争是持续导致均衡的因素。马克思有关利润率下降和危机之间的联系的观点同穆勒的观点非常相像，反作用的趋势导致了周期性的运动，发展的终点是停滞。另外，马克思还认为，从资本主义向社会主义的过渡要比从封建主义向资本主义的过渡容易一些。

沃克在列举了一系列马克思的著作中存在的矛盾之处以后，认为"《资本论》的文本并不能解决这些矛盾"②。沃克指出，马克思在研究政治经济

① Angus Walker, Karl Marx, the Declining Rate of Profit and British Political Economy, *Economica*, *New Series*, Vol. 38, No. 152, Nov., 1971, P. 373.

② Angus Walker, Karl Marx, the Declining Rate of Profit and British Political Economy, *Economica*, *New Series*, Vol. 38, No. 152, Nov., 1971, P. 376.

学之前已经在形而上学的基础上形成了动态的历史和社会观。在试图为经济问题分析寻找基础时，他未能充分理解政治经济学中的规范性因素，并把它们作为对资本主义的充分的和准确的解释，而且试图将规范性因素与他的准黑格尔式的观点融合起来，而没有意识到它们的不相融性。沃克认为，马克思激动人心的"末世论"源于其对社会主义革命的政治依恋和其本人充满激情与富于攻击性的性格。马克思在《资本论》中将暴力理解为社会转变的一个重要组成部分，这一点完全无法与古典经济学家的冷静分析相融合。沃克指出，从而《资本论》中有两个动态的因素，源于古典经济学的利润率下降趋势理论更为重要，因为它深深地扎根于马克思继承和试图加以发展的古典模型之中，否认这一点就是否认了李嘉图。"马克思有关利润率下降趋势的信念，源于他对英国古典政治经济学教诲的思想依赖"①。

47.2　利润率趋向下降理论的辩证观点

莱伯威茨1976年在《加拿大经济学杂志》上发表了《马克思的利润率下降理论：一个辩证的观点》②一文。莱伯威茨认为，要理解马克思的《资本论》，尤其是利润率下降趋势，必须考察马克思有关"资本的辩证本质"的观点③。莱伯威茨指出，对生产和资本流通之间辩证关系的考察，会使人们反对对马克思的利润率趋向下降规律做出的标准解释，即认为它是一种类似于古典经济学家所做的那样的长期预测。相反的"利润率下降是资本的一种内在障碍，它在资本主义发展的过程中被不断超越"④。

威尔逊（E. Wilson）曾经把马克思描绘为一位"商品的诗人"⑤，但是，为了理解这位特殊的诗人，必须"理解他的语言，他的术语的重要性，他的方法，也就是说辩证方法"⑥。

莱伯威茨认为，和其他问题的研究相比，研究利润率下降趋势时，更需要把马克思置于辩证的背景中。也就是说，关键是要以辩证的观点来理解马

①　Angus Walker, Karl Marx, the Declining Rate of Profit and British Political Economy, *Economica*, *New Series*, Vol. 38, No. 152, Nov., 1971, P. 377.

②　Micháel A. Lebowitz, Marx's Falling Rate of Profit: A Dialectical View, *The Canadian Journal of Economics*, Vol. 9, No. 2, May, 1976, pp. 232 – 254.

③④⑥　Micháel A. Lebowitz, Marx's Falling Rate of Profit: A Dialectical View, *The Canadian Journal of Economics*, Vol. 9, No. 2, May, 1976, P. 232.

⑤　Edmund Wilson, *To The Finland Station: A Study in the Writing and Acting of History*, Doubleday & Company, Inc., Garden City, N. Y., 1953, P. 289.

克思的"利润率趋向下降",莱伯威茨指出,有人认为利润率实际上是在上升,或者无法决定它的变化趋势,或只在"最终或最后"才下降。在写作《政治经济学批判大纲》时,马克思告诉恩格斯:"我取得了很好的进展。例如,我已经推翻了迄今存在的全部利润学说。完全由于偶然的机会……我又把黑格尔的《逻辑学》浏览了一遍,这在材料加工的方法上帮了我很大的忙"①。

莱伯威茨指出,正是在《政治经济学批判大纲》中,马克思推翻了有关利润率下降的古典经济学的观点,建立了他自己的利润率趋向下降规律的理论。另外,《政治经济学批判大纲》"为阅读《资本论》和理解马克思的观点的辩证本质提供了一个极有价值的指南"②。

莱伯威茨从不同视角对资本进行了辩证的分析。在对《资本论》结构的分析中,莱伯威茨指出,在《政治经济学批判大纲》中,一个典型的特征是,马克思把资本视为是生产和流通的统一体,马克思强调"资本的总生产过程既包括本来意义上的生产过程,也包括本来意义上的流通过程。它们形成资本运动的两大部分,而资本运动表现为这两个过程的总体"③。莱伯威茨指出,在《资本论》中,马克思一再"明确地把资本描述一种生产和流通的统一体,明确地描述了作为辩证统一体的资本的发展"④。辩证的解释方法深深地渗透于《资本论》中,特别是在《资本论》第一卷开篇对价值形式的讨论中表现得最明显。这种方法首先对关系的某一方面进行充分的考察(如相对价值形式),然后再对关系的其他方面进行考察或阐述(如等价形式),最后,将关系作为一个"整体"进行考察。这种一般方法,将"整体"作为出发点考察其缺陷或不足,从而也是为了超越"整体"。这种方法,也表现为改变关系的某一方面,同时保持其他方面不变,然后将该程序颠倒过来,最终考察所有变量因素并观察它们之间的相互作用。后一种方法被应用在对相对和绝对剩余价值的考察上(首先考虑工作日的分割,然后扩大工作日的剩余部分,使工作日的必要部分保持不变,接下来减少必要部分,最后考虑两者的同时变化)和对利润率的考察中。

如果资本自身是一个统一体,那么研究它的逻辑方法将非常清晰。首先,充分考察资本的生产过程,然后对资本的流通过程进行阐述,最后将资

---

① 《马克思恩格斯全集》第29卷,人民出版社1972年版,第250页。
②④ Michćael A. Lebowitz, Marx's Falling Rate of Profit: A Dialectical View, *The Canadian Journal of Economics*, Vol. 9, No. 2, May, 1976, P. 233.
③ 《马克思恩格斯全集》第46卷下,人民出版社1980年版,第122页。

本作为整体（并超越它）进行考察。"认识到马克思正是以此安排《资本论》的结构是非常重要的"①。《资本论》第一卷名为"资本的生产过程"，第二卷名为"资本的流通过程"，而第三卷是"资本主义生产的总过程"。莱伯威茨指出，必须以辩证统一的观点来理解《资本论》，如果谁忽略了其辩证结构，那么"《资本论》第三卷开头对产生混淆的读者提供了一个路标"②。

莱伯威茨认为，《资本论》的辩证结构表明，不能只通过阅读研究资本生产的第一卷来理解《资本论》，因为它只是关于资本的片面的观点。因此，仅从资本生产中得出的"马克思的模型"也是片面的。这种辩证结构说明了更多的问题：资本的主要对立在于生产和流通之间的对立。为了真正理解《资本论》，必须抓住"生产和价值增殖之间的矛盾——资本按其概念来说就是这两者的统一体"③。作为对立的统一体的生产和流通。马克思在《政治经济学批判大纲》中说："当资本仍然保持成品形式的时候，它是不能执行资本的职能的，所以是被否定的资本"④。莱伯威茨认为，"在这种意义上，流通尽管对资本的生产而言是必要的，它也是资本生产的一个障碍"。从而资本的增长意味着必须克服内在于资本自身的障碍⑤。

资本的扩张及其障碍。莱伯威茨认为，马克思有关资本"积极"作用的赞美几乎无人可以与之匹敌。马克思认为，资本的内在本质是不断扩张，超越其自身数量上的限制。资本的目标只能是财富的不断增长，自我扩张。资本无止境的自我扩张是其历史使命，它发展了劳动生产力，并促进了生产力的普遍发展。在资本自我扩张中，资本将先前的生产方式的内在限制都变成了有待消除的阻碍。

马克思认为，"资本按照自己的这种趋势，既要克服民族界限和民族偏见，又要克服把自身神化的现象，克服流传下来的、在一定界限内闭关自守地满足于现有需要和重复旧生活方式的状况。资本破坏这一切并使之不断革命化，摧毁一切阻碍发展生产力、扩大需要、使生产多样化、利用和交换自然力量和精神力量的限制"⑥。

---

①② Micháel A. Lebowitz, Marx's Falling Rate of Profit: A Dialectical View, *The Canadian Journal of Economics*, Vol. 9, No. 2, May, 1976, P. 234.

③ 《马克思恩格斯全集》第46卷上，人民出版社1979年版，第399页。

④ 《马克思恩格斯全集》第46卷下，人民出版社1980年版，第40页。

⑤ Micháel A. Lebowitz, Marx's Falling Rate of Profit: A Dialectical View, *The Canadian Journal of Economics*, Vol. 9, No. 2, May, 1976, P. 235.

⑥ 《马克思恩格斯全集》第46卷上，人民出版社1979年版，第393页。

　　然而，资本自身也包含着对自己的障碍。在对资本流通的讨论中可以发现，资本不能只停留在生产领域，它必须通过流通领域使自己增值，它停留在流通领域的时间构成对资本的生产力发展的一个障碍。在流通领域，资本遇到一种障碍"遇到现有消费量或消费能力的限制"①。这意味着如果资本要增长，消费能力也必须增长，"以资本为基础的生产，其条件是创造一个不断扩大的流通范围"②。

　　对马克思而言，辩证的分析要求同时关注资本自身包含着的增长趋势及阻碍其增长的趋势，莱伯威茨认为，"《资本论》的结构揭示了同时关注资本的两个方面的尝试"③。在《资本论》第一卷中，马克思强调增长、积累和资本的积极的一面，这同时也意味着对消费不足主义立场的一种谴责；在《资本论》第二卷中，马克思强调流通的必要性、资本的运动和增值的条件，批评了只关注供给而忽视需求的立场。莱伯威茨认为，对这两个方面的分析"统一在《资本论》第三卷第15章：'规律的内部矛盾的展开'中"④。在这一章中，只受社会生产力限制的剩余价值的生产，只是"结束了资本主义生产过程的第一个行为，即直接的生产过程"，另一方面，"第二个行为"，即商品必须被卖出的行为，受到"社会消费力"的限制，一种受到生产关系制约的力量⑤。

　　莱伯威茨认为，正是在这一章通过把第一个行为和第二个行为结合在一起，资本主义生产方式的矛盾被揭示出来，"生产力越发展，它就越和消费关系的狭隘基础发生冲突"⑥。因此，在资本的历史任务，"无条件地发展劳动社会生产力"和"同它相适应的社会生产关系之间"，存在"经常的矛盾"⑦。

　　资本是有限物（Capital as finite）。莱伯威茨指出，黑格尔—马克思意义上的矛盾，不是逻辑上的不可能、不是一种困境，而是一种运动，是变化和发展的源泉，障碍并不是绝对的界限。"障碍是可以被否定和超越的限制"⑧。资本也存在超越自身障碍的趋势，马克思认为，资本就是处在不断

---

　　① 《马克思恩格斯全集》第46卷上，人民出版社1979年版，第387页。
　　② 《马克思恩格斯全集》第46卷上，人民出版社1979年版，第390页。
　　③④ Micháel A. Lebowitz, Marx's Falling Rate of Profit: A Dialectical View, *The Canadian Journal of Economics*, Vol. 9, No. 2, May, 1976, P. 237.
　　⑤ 《马克思恩格斯文集》第7卷，人民出版社2009年版，第272页。
　　⑥ 《马克思恩格斯文集》第7卷，人民出版社2009年版，第273页。
　　⑦ 《马克思恩格斯文集》第7卷，人民出版社2009年版，第279页。
　　⑧ Micháel A. Lebowitz, Marx's Falling Rate of Profit: A Dialectical View, *The Canadian Journal of Economics*, Vol. 9, No. 2, May, 1976, P. 237.

的增长—障碍—增长过程中，"一方面确立它所特有的界限，另一方面又驱使生产超出任何界限，所以资本是一个活生生的矛盾"①。但是这种增长—障碍—增长的过程是不是一个无尽的过程呢？马克思认为，资本是生产力发展的相对的和历史的形式，而非绝对的或无限的形式，资本主义生产方式是有限物。

马克思被古典政治经济学中论述"停滞状态"的社会理论所吸引，他大量引用李嘉图关于利润率下降趋势将导致所有积累终结的观点，马克思认为，这将是资产阶级的"审判日"。利润率下降和"停滞状态"并没有被古典学派当成特定生产方式终结的标志，而马克思则认为："资本主义生产不是绝对的生产方式，而只是一种历史的、和物质生产条件的某个有限的发展时期相适应的生产方式"②。

马克思否定了农业生产率不断下降的假定，这一假定构成整个古典理论的基础。这个外部的自然障碍能通过农业社会关系的变化，特别是科学（尤其是化学）服务于资本而被资本克服。马克思指出，农业生产率在某些方面甚至可以超过工业生产率。

马克思对李嘉图利润率下降理论的主要批评是他将利润率和剩余价值率混为一谈。因此，利润率下降的唯一方式是利润对工资比率的下降。传统观念认为，利润率下降是剥削率下降的结果；古典经济学家还认为，利润率下降是生产率下降的结果。

马克思认为，即使剩余价值率保持不变（也就是说不下降），利润率仍然有下降的趋势，而且该趋势伴随生产率的上升产生的。莱伯威茨指出，让人感到奇怪的是，在《资本论》第一卷、第三卷以及其他地方的许多评述中，都可以认为马克思相信剩余价值率是不变的（也就是说不上升）。因此，他提醒说："利润率趋向下降，和剩余价值率趋向提高，从而和劳动剥削程度趋向提高是结合在一起的。……利润率下降，不是因为劳动的生产效率降低了，而是因为劳动的生产效率提高了"③。

马克思是否真的相信存在利润率趋向下降呢？因为毕竟存在"起反作用的各种原因"，莱伯威茨认为，最终利润率下降的趋势是否能够占上风并不是非常清楚。在《资本论》第三卷第三章"利润率和剩余价值率的关系"

---

① 《马克思恩格斯全集》第46卷上，人民出版社1979年版，第408页。
② 《马克思恩格斯文集》第7卷，人民出版社2009年版，第289页。
③ 《马克思恩格斯文集》第7卷，人民出版社2009年版，第267页。

中，马克思考察了在剩余价值率不变（或试图保持不变的）情况下，资本有机构成变化对利润率的影响。随后马克思从相反的思路进行论证，并最终假设两者都发生变化。马克思得出的基本结论是，利润率的变化将由资本有机构成变化率和剩余价值率的相对比率决定。马克思没有提出任何理由对资本有机构成增长率将超过剩余价值率的假设进行解释，也没有提到利润率下降。

基于上述情况，莱伯威茨指出，也许有人会认为，在马克思看来，利润率并不具有必然下降的趋势，因为利润率的趋势取决于下降的趋势和反作用力之间的相对力量，取决于资本有机构成变化率和剩余价值率的相对比率。但是，无论如何，"利润率趋势不确定"的观点只是对利润率问题提供了某种"折中的"解决方法，而不是辩证的解决方法①。

莱伯威茨指出，在《政治经济学批判大纲》中，一个重要的观点是剩余价值的生产是存在界限的，这是因剩余价值的本质是剩余劳动决定的。这种界限是由工作日的长度、工人的数量、生产率的水平等确定的。也就是说马克思认为，"剩余价值的生产存在限制，这一点对理解马克思提出的有关利润率的观点而言是至关重要的"②。

根据上述思路，莱伯威茨认为，马克思在《政治经济学批判大纲》中有关利润率下降的观点可以简单概括如下：（1）工人人均的剩余劳动额有一个根据工作日长度决定的限度；（2）工人人均的剩余劳动的相对增长总低于生产率的相对增长；（3）一旦工人人均的剩余劳动接近极限，也就是说随着工作日中剩余劳动部分的上升，给定生产率的增长导致的工人人均的剩余劳动趋于下降；（4）生产力增长等同于资本相对于工人数量的增长。莱伯威茨认为根据上述主张，可以推断工人人均剩余劳动的增加相对小于工人人均资本的增加。从而"利润率，总剩余价值对资本的比率，必然下降"③。从而，利润率下降的观点建立在工作日的限度以及内在于其中的矛盾的基础之上，从这种角度理解，利润率下降"本质上成了一种最大利润率下降"④。最大利润率下降是剩余价值生产的界限，一种内在于生产中的界限。

但是，上述四个命题中存在另外一些问题。最重要的是生产率的增加是资本相对于工人数量增加的结果吗？另外，资本的数量相对于工人的数量的

① Micháel A. Lebowitz, Marx's Falling Rate of Profit: A Dialectical View, *The Canadian Journal of Economics*, Vol. 9, No. 2, May, 1976, P. 241.

②③④ Micháel A. Lebowitz, Marx's Falling Rate of Profit: A Dialectical View, *The Canadian Journal of Economics*, Vol. 9, No. 2, May, 1976, P. 242.

确在增加吗？

首先，从马克思的著作里可以发现，是技术基础或技术构成而不是生产资料、机器、原材料等的总价值决定了生产率的水平，只是由价值变化导致的资本有机构成的变化并不影响生产率水平。因此，存在工人人均生产资料增加，同时只是这些生产资料的价值发生变化的可能，因此工人人均资本并不增加。此外，如果假定生产率在整个经济中平衡地增加，或者至少在生产消费品和生产资料的部门以相同的比率增加，那么生产资料的平均价值和劳动力的价值之间的关系保持不变。结果，资本的有机构成只是资本技术构成的"镜像"。

在这种"中性"技术变化的假设下，可以证明，随着资本技术构成的提高，工人人均资本的下降。简单地说，利润率具有上升的趋势。从而除非假定生产资料的平均价值相对于劳动力的价值增加，否则利润率将趋于上升。这种劳动节约型的技术变化并不是一种不合适的假设，因为马克思认识到不同部门生产率的变化之间可以存在差异。

然而利润率下降是建立在一个可以被相反的趋势（使用不变资本的经济）消除的严格的条件之上的，从而马克思提出的利润率下降"只是一个能够被克服的限制，而不是生产的内在界限"①。

莱伯威茨认为，所有对利润率增加的讨论，无论多么有力，事实上什么都不是，因为在生产行为中并不存在利润率，利润率以利润为先决条件，而利润只能通过交换出现，也就是说在流通过程中出现。莱伯威茨指出，没有认识到资本只能通过商品交换才能增值，有可能会出现奇怪的"马克思的模型"，在这种模型中，利润率高是因为剩余价值率高，是由于失业率高。如果假定生产和资本增值本身是一致的，那么就不难证明当失业率处于最高水平、工资处于最低水平时利润率处于最高水平。马克思自己认为，在讨论利润率之前商品必须能够被售出。莱伯威茨指出，很多时候人们对利润率的讨论（比如使用剩余价值率、资本有机构成等第一卷中的概念）好像视《资本论》第二卷如不存在一样，也就是说忽视了资本流通过程。莱伯威茨指出，对利润率的讨论必须考虑在《资本论》的第二卷中提出的观点，这事实上也是辩证方法所要的"概念丰富和完善"的过程。比如，要考虑与年剩余价值率相关的问题，与额外支出的资本相关的问题，后者必然降低利

---

① Michael A. Lebowitz, Marx's Falling Rate of Profit: A Dialectical View, *The Canadian Journal of Economics*, Vol. 9, No. 2, May, 1976, P. 243.

润率。流通时间必然也会对利润率产生重要的影响，流通时间的增加会降低利润率。莱伯威茨对流通时间增加导致利润率下降进行了重点分析，而且在他看来，结合了生产和流通过程的分析的利润率下降很大程度上是流通时间增加造成的，因为现实经济中存在很多可能导致流通时间增加的因素，比如市场的扰动，以及最终意义上的社会消费能力的限制等。但是，他指出，因流通时间增加导致的利润率下降趋势"是一种周期性的而不是长期的趋势"①。那么接下来，出现了一个新问题，是否存在利润率下降的长期趋势？

莱伯威茨对这个问题进行了转化处理，他认为回答这个问题时，真正要考虑的问题是"在努力克服利润率下降的限制时，资本是否创造了利润率长期下降的条件，从而把资本实现的障碍转变为资本的限制因素"②。马克思认识到，对利润率下降的主要反应是"个别资本家就用更好的方法等等把他的单个商品的个别价值压低到它的社会平均价值以下，因而在市场价格已定时赚得额外利润"③。利润率下降是在生产中进行创新的诱因："改良、发明、生产资料的更大节约等等……利润降到普通利润率以下的时候运用"④。从而，莱伯威茨指出，《资本论》第一卷中描绘的各种趋势，资本集中、资本有机构成提高、剩余价值率上升等，都是资本用以克服利润率下降的限制的手段。

莱伯威茨认为，也存在扩大流通领域，或者说在销售方面的努力去克服利润率下降的限制。个体资本家发现雇佣流通代理人、扩大流通中的资本，是可以降低他们自己的资本的流通时间、扩大他们的市场份额的方式。但是，这必然意味着要有更多的资本去推动一定量的可变资本，结果利润率下降。"试图克服限制却造成了利润率下降，这符合《资本论》中辩证观点的逻辑"⑤。

除了技术创新和扩大流通资本，莱伯威茨把分析继续推向深入。他认为，销售努力也包括试图去创造新的需要，这意味着新创造了对工人的需要。马克思提出，劳动力价值取决于历史地发展的社会需要，但他并没有讨论这种需要的增长问题。创造新的工人的需要产生的后果是提高了劳动力的价值。工人参加工会的结果是导致他们要求更高的工资。从而，资本主义生

---

①② Micháel A. Lebowitz, Marx's Falling Rate of Profit: A Dialectical View, *The Canadian Journal of Economics*, Vol. 9, No. 2, May, 1976, P. 247.

③ 《马克思恩格斯文集》第7卷，人民出版社2009年版，第288页。

④ 《马克思恩格斯全集》第26卷第Ⅱ册，人民出版社1973年版，第18页。

⑤ Micháel A. Lebowitz, Marx's Falling Rate of Profit: A Dialectical View, *The Canadian Journal of Economics*, Vol. 9, No. 2, May, 1976, P. 248.

产方式的矛盾以一种不同的方式出现了。一方面，每个资本家都试图把工资限制到最低的程度，这也限制了工人购买商品的能力。另一方面，每个资本都试图创造工人的新的需要，而这提高了工资需求。扩大流通领域的努力的结果是剩余价值率下降的趋势。相应的，克服利润率下降限制的努力造成了利润率下降的趋势，"资本主义生产总是竭力克服它所固有的这些限制，但是它用来克服这些限制的手段，只是使这些限制以更大的规模重新出现在它面前"①。

但是，上述内容是说明了资本的界限吗？莱伯威茨认为，没有理由表明上面谈到的情况是利润率下降作为一种界限的基础，恰恰相反，只是说明它们重新恢复了限制，而且是在更高的水平上。同样地，没有任何理由表明它们无法通过资本更大程度的努力去克服。

因此，莱伯威茨指出，通过对《资本论》的考察表明："很清晰地，马克思没有把利润率下降作为一种界限（事实上他的方法是反对这种认识的）"②。莱伯威茨认为，出现在资本生产和流通与资本的生产力和生产关系的矛盾中的利润率下降是一种始终存在、无法被摆脱的资本的限制。利润率下降是对资本的否定，它的存在保证了资本的增长、运动和发展。驱动资本克服自身的限制的力量，表现为对资本的否定，是资本的运动规律。它是资本完善、普遍化自身的手段。然而，如果利润率下降是一种可以被克服的限制而不是界限，那么资本主义生产方式能够永远存在下去吗？

莱伯威茨认为，马克思对这个问题的回答必然使人们超越单纯对利润率下降问题的讨论，正如人们不能只把马克思视为是一个纯粹的经济学家一样。"尽管马克思明确地把越来越大的限制视为资本的发展的一部分，但是'崩溃'并不是马克思的经济模型的一部分"③。

莱伯威茨指出，在马克思的观点中，"使资本成为有限物的是，人们越来越意识到，作为一种人类生产力绝对发展的形式的资本遇到的限制内在于资本之中，这些限制是资本运动中形成的生产关系的固有的结果"④。从而，只有认识到资本是自身的限制的人，才能够认识到资本的界限。这种界限是被资本创造、统一和扩大的无产阶级。资本"首先生产的是它自身的掘墓

---

① 《马克思恩格斯文集》第 7 卷，人民出版社 2009 年版，第 278 页。

② Micháel A. Lebowitz, Marx's Falling Rate of Profit: A Dialectical View, *The Canadian Journal of Economics*, Vol. 9, No. 2, May, 1976, P. 249.

③④ Micháel A. Lebowitz, Marx's Falling Rate of Profit: A Dialectical View, *The Canadian Journal of Economics*, Vol. 9, No. 2, May, 1976, P. 250.

人。资产阶级的灭亡和无产阶级的胜利是同样不可避免的"①。随着无产阶级开始意识到资本的本质，意识到资本主义的生产关系是社会生产力绝对发展的限制，这种情况发生了。

莱伯威茨认为，"《资本论》的写作，马克思思想的'大众化'是一种深刻的政治行为。正是试图把对资本的内在限制的意识带给无产阶级，成为马克思的早期著作的目标：把哲学和无产阶级统一起来。到最后，马克思仍然是一个关于实践和人类行为的哲学家"②。

因此，资本主义走向终结，不是因为土地生产率的下降，而是因为个人"把他自己的历史作为过程来理解，把对自然界的认识（这也表现为支配自然界的实际力量）当作对他自己的现实体的认识"③ 的有意识的个体的出现。资本主义终结后出现的不是一些"停滞状态"，而是对"增长的限制"的消除，是绝对地"发展人类的生产力，也就是发展人类天性的财富这种目的的本身"④。

47.3 利润率趋向下降理论论争中的方法论问题

在有关马克思的利润率下降趋势争论的问题中，方法论问题一直是一个重要的问题，其实在整个涉及马克思主义经济学理论和问题的论争中，这是一个始终存在的问题。约翰逊（L. E. Johnson）、格拉姆（W. S. Gramm）和霍阿思（D. J. Hoaas）1989 年发表在《大西洋经济学杂志》上的文章《马克思的利润规律：争议的现状》⑤，对围绕马克思的利润率趋向下降规律发生的争议进行了梳理，并对这场争议中涉及的方法论问题进行了分析。

在《马克思的利润规律：争议的现状》一文的开始，三位作者指出，"马克思的利润规律导致了大量的争论，许多人认为这对涉及马克思的著作中的科学内容的更广泛的争议而言是至关重要的"⑥。约翰逊、格拉姆和霍

---

① 《马克思恩格斯文集》第 2 卷，人民出版社 2009 年版，第 43 页。

② Micháel A. Lebowitz, Marx's Falling Rate of Profit：A Dialectical View, *The Canadian Journal of Economics*, Vol. 9, No. 2, May, 1976, P. 250.

③ 《马克思恩格斯全集》第 46 卷下，人民出版社 1980 年版，第 36 页。

④ 《马克思恩格斯全集》第 26 卷第 Ⅱ 册，人民出版社 1973 年版，第 124 页。

⑤ L. E. Johnson, Warren S. Gramm and David J. Hoaas, Marx's Law of Profit：The Current State of the Controversy, *Atlantic Economic Journal*, December 1989, Vol. XVII, No. 4, pp. 55-62.

⑥ L. E. Johnson, Warren S. Gramm and David J. Hoaas, Marx's Law of Profit：The Current State of the Controversy, *Atlantic Economic Journal*, December 1989, Vol. XVII, No. 4, P. 55.

阿思的文章的目标在于，"判断在何种程度上，不同类型的良好定义的解释思路是如何从浩瀚的对马克思的利润规律的研究中发展出来的，文章不关心文本阐释问题，也不尝试去为任何一种解释进行辩护或提供另外一种对马克思的学说的重建"①。当然，三位作者遇到的问题和今天研究利润率趋向下降规律的学者遇到的问题差异不大，他们提出的任务是复杂的，因为涉及利润率下降的文献的数量是巨大的，而且这种复杂性也因人们对利润率规律适用的现象具有不同的意见而加剧。这个规律指的是一种实际的运动还是指潜在的运动②，指的价格利润率的运动还是价值利润率的运动？此外，三位作者认为，"《资本论》第一卷和第三卷中所使用的方法上的差异也造成了一定的困难"③。

约翰逊、格拉姆和霍阿思特别指出，对利润率规律的研究因一个事实的存在而变得更加复杂，那就是对利润率规律的讨论是在三个不同的抽象层次上展开的，尽管这些层次相互关联。首先，马克思的利润率规律是在他的周期理论和部门比例失调、消费不足以及周期性不稳定的背景下被加以讨论的，"在这个抽象水平上，资本主义自我限制的本质纯粹是一个内生的过程"④。其次，利润率规律是在马克思的长期危机理论的背景下被提出的。在这种背景下，强调的重要内容包括利润规律与资本有机构成提高、剥削率、结构性失业、垄断资本和生存工资学说之间的联系。在这个抽象水平上，资本主义自我限制的本质也是内生的。最后，利润率规律被置于历史变迁的自然规律以及它同阶级斗争、异化和贫困化相联系的更广泛的、超越经济学的背景中。在这个抽象水平上，资本主义体制自我限制的本质"源于内生和外生的因素"⑤。

约翰逊、格拉姆和霍阿思分析的重点在于把利润规律和马克思的长期危机理论（secular theory of crisis）联系起来，认为在这个抽象水平上，存在四种定义良好的不同的解释思路，这些思路"既反映了现代经济学中相互竞争的流派不同的分析风格和意识形态，又反映了在经济史研究上不同的方法论选择"⑥。

---

①③④⑤⑥　L. E. Johnson, Warren S. Gramm and David J. Hoaas, Marx's Law of Profit: The Current State of the Controversy, *Atlantic Economic Journal*, December 1989, Vol. XVII, No. 4, P. 55.

②　也就是法因和哈里斯所说的"经验的"和"抽象的"利润率下降趋势，参见：Ben Fine and Laurence Harris, *Rereading Capital*, New York: Columbia University Press, 1979, P. 64.

47.3.1　传统的相对主义观点

约翰逊、格拉姆和霍阿思指出，对马克思利润规律有一种解释，采用了相对主义的方法论模型。这种模型将马克思的规律置于古典政治经济学的一般背景中。相对主义的解释者通常在历史动态学而不是现代增长理论意义的动态学的框架下，提出马克思的规律和与它相联系的长期危机理论。

此外，马克思的规律被认为是"对其古典前辈们一般利润率长期下降理论的反叛"①，特别是，相对主义的解释者认为，马克思的规律是对李嘉图建立在社会规模报酬递减基础上的解释的替代。相反的，马克思强调资本家为了在激烈的竞争中存活下来进行积累和创新的必要性。

利润和利润率的相对主义定义与一般的古典概念保持一致。利润率是一个建立在作为一种剩余份额的利润的基础之上的加总，这是一般的、涵盖整个经济的平均比率，尽管剩余要素是马克思的分析所独有的。因此"利润率代表了作为一个经济阶级的资本家的回报率，而不是对作为一种生产要素的资本的回报率，这其中不包含利润是新古典意义上的企业家精神的机会成本的含义"②。

最后，相对主义者把对马克思的利润规律的理解放在政治经济学家极为关注的资本主义长期最大化总社会福利的能力的背景下加以理解。从而，马克思的规律被视为是对自然均衡背景下经济增长和阶级收入分配相互依赖问题的一般性关注的一部分。

约翰逊、格拉姆和霍阿思认为，在相对主义者的解释思路中，"马克思的利润率下降规律既不是一个理论性的命题，也不是一个经验性的命题，它是一个同义反复的或定义问题"③。约翰逊、格拉姆和霍阿思指出，这种同义反复存在于把劳动作为价值的源泉中，这种观点认为剩余价值只是由可变资本创造的，但是利润率是建立在全部资本的基础之上的。因此，资本有机构成的增加将会导致利润率的下降，只要剩余价值率保持不变或者剩余价值率的增长小于有机构成提高的比例。

---

①② L. E. Johnson, Warren S. Gramm and David J. Hoaas, Marx's Law of Profit: The Current State of the Controversy, *Atlantic Economic Journal*, December 1989, Vol. XVII, No. 4, P. 56.

③ L. E. Johnson, Warren S. Gramm and David J. Hoaas, Marx's Law of Profit: The Current State of the Controversy, *Atlantic Economic Journal*, Dec., 1989, Vol. XVII, No. 4, P. 56. 持这种观点的参见: E. K. Hunt, *History of Economic Thought: A Critical Perspective*, Belmont, California: Wadsworth Publishing Company, Inc., 1979, P. 205, Joan Robinson, *An Essay on Marxian Economics*, New York: St. Martins Press, 1966, P. 36.

约翰逊、格拉姆和霍阿思认为，"至少存在两个相对主义的流派"①。首先，"早期剑桥学派"的相对主义宣称，如果马克思的规律是同义反复，那么它必须在剥削率不变的背景下加以理解。这种类型的相对主义者不再强调那些能够发挥抵消作用的起反作用的趋势。并且，他们认为，马克思的利润规律只有在适当的总需求理论下才具有解释的意义。其次，"正统"的相对主义认为，马克思从来没有把他的规律置于剥削率不变的假定下②。这种类型的相对主义者强调对马克思的规律起反作用的趋势，指明在什么样的条件下，这些起反作用的力量导致或不导致对规律的违背。最后，正统相对主义者，尽管基于不同的原因，总是坚持从实际的情况看规律是成立的。

47.3.2 传统的客观主义方法

约翰逊、格拉姆和霍阿思指出，第二种解释马克思的规律的思路建立在客观主义的方法论模型基础之上。马克思的规律被置于新古典的生产理论背景之下③。因此，利润率规律或者是在本质上是静态的或者是在传统的增长理论的动态框架下加以评价的。此外，在客观主义者对马克思的规律的重建中，他们不打算把马克思的规律和任何一种古典的自然均衡概念联系起来。无论是马克思的一般分析还是他的利润率规律，都被排除在主流经济分析发展的范围之外。用范式的术语说，马克思的经济学"不属于政治经济学的古典范式"④。

根据客观主义者的方法，马克思的利润规律建立在利润率和资本的有机

---

① L. E. Johnson, Warren S. Gramm and David J. Hoaas, Marx's Law of Profit: The Current State of the Controversy, *Atlantic Economic Journal*, Dec., 1989, Vol. XVII, No. 4, P. 56.

② 为了便于文献检索的方便，我们把文中提到的持这种观点的文献摘录在这里：Alexander Balinky, *Marx's Economics*, Lexington, Massachusetts: D. C. Heath, 1970, pp. 127 – 29; M. Cogoy, The Fall in the Rate of Profit and the Theory of Accumulation: A Reply to Paul Sweezy, *Bulletin of the Conference of Socialist Economists*, II, No. 7, Winter, 1973; Ben Fine and Laurence Harris, *Rereading Capital*, New York: Columbia University Press, 1979, pp. 61 – 65; E. K. Hunt, *History of Economic Thought: A Critical Perspective*, Belmont, California: Wadsworth Publishing Company, Inc., 1979, pp. 204 – 206; Harry Landreth and David C., Colander, *History of Economic Theory*, New York: Houghton Mifflin Co., 1989, P. 185; Ronald L. Meek, The Falling Rate of Profit, *Economics and Ideology and Other Essays*, London: Chapman and Hall, 1967, P. 134; D. Yatte, The Marxian Theory of Crisis, and the State, *Bulletin of the Conference of Sodalist Economists*, I, No. 4, Winter, 1972.

③ 参见：Mark Blaug, *Economic Theory in Retrospect*, Cambridge: Cambridge University Press, 1986., P. 250; H. D. Dickenson, The Falling Rate of Profit in Marxian Economics, *The Review, of Economic Studies*, 24, No. 2, Feb., 1956 – 57, pp. 120 – 30.

④ L. E. Johnson, Warren S. Gramm and David J. Hoaas, Marx's Law of Profit: The Current State of the Controversy, *Atlantic Economic Journal*, Dec., 1989, Vol. XVII, No. 4, P. 57.

构成的函数关系的基础之上①。客观主义者认为利润是对资本而非对资本家的报酬。最后，如同相对主义者，客观主义的解释者认为利润率是一个总体变量。

客观主义者把关注的焦点放在技术变化和普遍的生产技术的变化的区别上。可以想象，马克思是不关注这个问题的，因为马克思认为创新体现在新的投资中。客观主义者认为，在技术不变、资本有机构成增加的背景下，沿着生产函数的运动会导致利润率的下降。这是因为人均产出少于人均资本。

然而，当技术变化发生时，在客观主义者的框架中，"马克思的规律变成一种有限定条件的规律"②。规律的有效性取决于技术变化的本质。如果技术变化是劳动节约型的，这对马克思而言是一个自然的假设，这种假设对马克思的产业后备军和生存工资学说而言是必需的，那么有机构成的提高导致利润率的下降。

在这种情况下，创新的资本的吸收效果支配了随着资本的增加工资上升的程度。如果工资增加的和人均产出的提高一样快，工人得到的相对份额保持不受影响，资本—产出比的上升导致利润率的下降。从而，马克思的规律"建立在资本—产出比迅速上升的基础之上"③。这意味着技术变化是高度偏向于劳动节约型改进的。另一方面，如果技术变化是资本节约型的，那么马克思的规律将不再发挥作用。

约翰逊、格拉姆和霍阿思认为，概括地看，传统的客观主义者对马克思的规律的重建主要是函数性的而不是定义性的，也就是说，这种重建取决于生产函数的本质而不是对产出的价值构成的定义。

47.3.3 马克思利润规律的新古典—新视角

约翰逊、格拉姆和霍阿思把最新出现的第三条重建马克思的利润率规律的思路称为"新古典—新视角（neoclassical New - View）"④。他们认为，这种新视角"使用了客观主义的模型，但是在逻辑上将其推到了极致"⑤。在新古典—新视角中，马克思的规律被置于新古典的微观一般均衡理论背景

① Mark Blaug, *Economic Theory in Retrospect*, Cambridge: Cambridge University Press, 1986. , P. 246; H. D. Dickenson, The Falling Rate of Profit in Marxian Economics, *The Review*, of Economic Studies, 24, No. 2, Feb. , 1956 - 57, P. 125.

②③ L. E. Johnson, Warren S. Gramm and David J. Hoaas, Marx's Law of Profit: The Current State of the Controversy, *Atlantic Economic Journal*, Dec. , 1989, Vol. ⅩⅦ, No. 4, P. 57.

④⑤ L. E. Johnson, Warren S. Gramm and David J. Hoaas, Marx's Law of Profit: The Current State of the Controversy, *Atlantic Economic Journal*, Dec. , 1989, Vol. ⅩⅦ, No. 4, P. 58.

下。从而，对利润率规律的研究是在配置效率的措辞下进行的，而不是长期的增长、分配和总社会福利等古典政治经济学家最为关注的问题中被加以研究的。新古典—新视角在纯粹的短期静态框架下提出马克思的规律。关注的焦点集中在竞争性市场均衡而不是古典长期自然均衡。最后，新古典—新解释把利润率定义为新古典的技术成本。

约翰逊、格拉姆和霍阿思认为，对马克思的规律的新古典—新视角的研究源于置盐定理：假设实际工资不变，资本有机构成的提高不会导致均衡利润率的下降。置盐信雄对马克思的规律的批判被帕里吉斯加以扩展[1]，帕里吉斯认为，如果对资本有机构成进行恰当的定义，假设生产资料增长率快于雇佣劳动增长率的话，那么资本有机构成的提高能够导致利润率的下降。然而，要出现这种情况，还需要具备以下的条件之一：（1）工作日的长度的缩短；（2）实际工资的上升；（3）生存资料中包含的物化劳动的增加。在这三个条件中，条件（1）、条件（2）表达了一种研究利润率下降的利润挤压的方法；第三个条件是典型的李嘉图主义的观点。帕里吉斯认为，尽管这些因素能导致利润下降，但它们都是非马克思主义的，因而在评价马克思的规律时可以不予考虑。帕里吉斯认为，可以证明的是，最大利润率必然会降低。然而，最大利润率不是一种均衡利润率，最大利润率的变化可能对均衡利润率没有什么影响。

新古典—新视角赞同罗默对利润率下降问题的概括："对马克思主义的利润率下降理论的讨论，忽视了微观经济细节……资本家利润最大化的动机使他们用机器代替劳动，这导致了资本有机构成的提高和利润率的下降"[2]。这样一种观点，不现实地从无政府主义的、个体资本家的市场行为推导出一种宏观经济现象。罗默认为，研究利润率下降理论的恰当途径是考虑伴随技术进步产生的资本家的微观经济行为是否导致利润率的下降。

罗默使用了冯·诺依曼一般均衡模型，模型假设：（1）固定资本以不同的比率损耗；（2）存在联合生产；（3）生产过程具有不同的生产周期。对于技术进步，罗默假设技术创新采取了发现一种新的生产过程，而不是发明了一种新商品的形式，发明和创新是"免费"的非经济物品。在均衡状态下，系统通过在能够获得最大利润率的那些生产过程上运行并再生产自身

---

① Philippe Van Parijs, The Falling-Rate-of-Profit Theory of Crisis: A Rational Reconstruction by Way of Obituary, *The Review of Radical Political Economics*, 12, No.1, 1980, pp.1-16.

② John E. Roemer, *Analytical Foundations of Marxian Economic Theory*, New York: Cambridge University Press, 1981, P.112.

是可能的。此外，这时利润率是唯一的，且等于冯·诺依曼比率，诺依曼比率指的是在所有价格都大于或等于零的情况下从销售商品中能够得到的最小的利润率。

罗默的结论就是：在实际工资不变的情形下，在竞争性的市场中得不出利润率下降的结论。如果在一个实际工资变动的模型中利润率下降，那是紧随技术创新之后发生的阶级斗争的结果，而不是创新自身造成的。

47.3.4　以斯拉法为基础的对马克思利润率规律的研究

最后一种对马克思的利润率规律的重建，是一种"以斯拉法为基础"的解释，或者被称为"新李嘉图主义"（Neo-Ricardian）的解释。约翰逊、格拉姆和霍阿思指出，这种方法的源头存在于"早期剑桥学派"的相对主义以及其他人（如斯威齐）的著作中。

这种方法把马克思放在李嘉图—马克思—斯拉法的研究思路中。"以斯拉法为基础"的解释把马克思的规律放在迈向自然均衡的长期趋势的背景中。此外，像其他政治经济学家，马克思的规律被放在有关社会的多元观点和有关经济的阶级冲突的背景下加以研究。

"以斯拉法为基础"的解释者，用一种利用斯拉法的标准商品的静态价格的生产模型分析利润率的趋势。在以斯拉法为基础的对马克思的规律的重建中，最基本的是这种规律被视为是一个关于分配的基本定理，这个定理指出了实际工资率和利润率之间的一种反向关系[1]。这种研究思路不同于建立在资本有机构成基础之上的函数性的或定义性的研究，它把利润率和工资率用函数联系在一起。从而，它和利润份额与对作为一个阶级的资本家的回报联系在一起。因此，"以斯拉法为基础的视角的支持者关注实际利润率，并把利润率定义为一种加总的、涵盖整个经济的比率"[2]。

以斯拉法为基础的解释思路淡化了资本的有机构成、技术构成和价值构成之间的区别。因此，他们关注的是在利润率的长期下降中存在的起反作用的趋势对规律造成的最终影响。他们认为，马克思的利润下降理论是站不住脚的，因为资本技术构成的提高并不必然导致资本有机构成的提高，也不必然导致实际利润率的下降。

---

[1] Ben Fine and Laurence Harris, *Rereading Capital*, New York: Columbia University Press, 1979, P. 26; Ian Steedman, *Marx After Sraffa*, London: NLB, 1977, P. 127.
[2] L. E. Johnson, Warren S. Gramm and David J. Hoaas, Marx's Law of Profit: The Current State of the Controversy, *Atlantic Economic Journal*, Dec., 1989, Vol. XVII, No. 4, P. 59.

这种研究一般认为，工资增加通常和实际利润率的下降联系在一起。在斯蒂德曼的研究中，给定实际工资，技术进步将会提高而不是降低实际利润率。在法因和哈里斯看来，利润率是由源自阶级斗争的高工资和以技术为基础的生产率的提高在同等程度上决定的。尽管在这种思路中，具体的研究可能存在差异，但是以斯拉法为基础的解释者认为在马克思的规律中包含的真理因素是，资本有机构成的提高可能包含着可得的最大利润率的下降，即在工资等于零时的利润率。只要工资大于零，马克思的规律就难以成立。

约翰逊、格拉姆和霍阿思认为，围绕马克思的利润率规律进行的争论具有的重要启发意义体现在两个方面：（1）在争论的演变中方法论的重要性；（2）争论中具体的分析和文本内容的重要性。约翰逊、格拉姆和霍阿思的研究是沿着第一个方面进行的。

尽管范式化的方法论模型很重要，但是至今没有出现这种类型的研究；在第二个角度（分析环境的重要性上）仍需要进行继续的研究。

在关于马克思利润率下降理论的研究中，许多杰出的学者思考了马克思对利润问题的论述的本质及其重要性。利润率下降的争论从斯密和李嘉图开始已经有很长的历史了。在对"大"、"小"问题的区别中，一个根本性的因素被突出出来。罗宾逊注意到马歇尔是怎样把价值问题从李嘉图对"总产出在工资、地租和利润之间的分配"的"大问题"的关注转变为只考虑鸡蛋和茶叶的价格等"小问题"的[①]。罗宾逊认为，马克思的利润率下降理论既缺乏逻辑一致性，也缺乏和总需求问题的联系，她认为马克思在寻找利润规律时是从错误的线索出发的。约翰逊、格拉姆和霍阿思指出，用罗宾逊的判断标准，无论是有机构成和利润率的联系，还是价值和价格的联系，对马克思的"大"问题分析而言都是不必要的。在后一种情况中，庞巴维克的观点代表着来自敌人的非难，但是在利润率问题上，马克思实质上遭到了他的朋友的非难。

47.4 科拉姆对罗默的利润率下降理论分析的评价

围绕马克思的利润率下降趋势理论进行过很多争论，科拉姆（B. T.

---

① Joan Robinson, *An Open Letter from a Keynesian to a Marxist*, Collected Economic Papers, 4, Cambridge, MA: M. I. T. Press, 1973, P. 26.

Coram）1986 年发表在《澳大利亚经济文集》上的文章《马克思、罗默和利润率下降理论》[1] 一文，对罗默《马克思主义经济理论的分析基础》中的利润率理论和马克思的理论进行了比较研究。

科拉姆认为，马克思的利润率下降的长期趋势理论可以简略概括如下：资本主义生产体系以一个阶级拥有生产资料，所有商品（包括劳动力）在无摩擦的市场上按它们的价值进行交易为特征。商品的价值决定于生产该商品所需的社会必要劳动时间。由于劳动力价值小于生产出来的商品中包含的劳动时间的价值，所以就会有剩余价值从无产阶级转移到有产阶级。该剩余是利润的源泉。整个资本主义体系的总利润率是剩余价值与资本支出价值的比率。如果这个比率下降，那么，利润率将趋于下降。

科拉姆的文章分三部分：第一，罗默对利润率下降趋势理论的批判；第二，马克思的理论；第三，技术变化条件下的利润。

47.4.1 罗默对利润率下降趋势理论的批判

罗默对利润率下降理论的批判以一个再生产体系的数学模型为基础。罗默的批判的主要观点有：第一，如果使用线性一般均衡模型来分析这一再生产体系，在长期，价值利润率和价格利润率将会沿着技术变化的方向运动。对于非线性模型和其他变化，这两种利润率可能朝不同的方向运动。第二，从上一点可以看出，分析应仅限于价格利润率。第三，资本家引进的技术变化将通过降低现行的价格成本而增加其个别利润，这些技术变化是可行的。第四，增加了个别资本家利润率的技术变化导致整体均衡利润率增加。对于所考察的模型而言，个别利润率和均衡利润率之间存在直接联系。利润率下降只能通过阶级斗争或国家开支等外生因素来说明。

设定 px 为所有行业 x 的利润率，pxa 为技术变化 a 后的均衡利润率，px_i 为任意给定单一和一类行业 $x_i \subset x$ 的利润率，$px_i a$ 为可行的技术变化 a 后的利润率，科拉姆认为罗默和马克思的主要分歧可以简略表述如下：

如果 $px_i a > px_i$，那么 pxa > px，马克思则认为，对短期的 $px_i a > px_i$ 而言，将会存在一定的值 a 使得 pxa < px，结果在短期 $px_i a > px_i$，在长期 $px_i a < px_i$。

科拉姆同意罗默的批判中的第一和第三点，也接受对于价格利润率来说

---

① B. T. Coram, *Marx, Roemer and the Theory of the Falling Rate of Profit*, Australian Economic Papers, 25, No. 41, 1986, P. 265.

"如果第二点成立，那么第四点也成立"[1]。但是，科拉姆认为，对第二点而言"是存在争议的，因为对用纯粹的劳动价值论的术语表达的利润率而言，对这种利润率的长期趋势感兴趣是有原因的"[2]。科拉姆认为，罗默的批判中的第二点之所以存有争议，是因为它与马克思理论的分析基础不符，而且也显然没有涵盖所有的可能性。它违背了马克思的理论，是因为它使用了不同的技术和模型分析利润率问题，而且否定了价值能够作为交换单位的观点。从而，"那些支持劳动价值论的马克思主义者会因为方法论的立场而一直反对罗默得到的结论"[3]。

价格理论并没有涵盖所有的可能性，因为价格等式和劳动价值等式可能表现出不同特点。

罗默的价格理论与劳动价值论的可能的特征之间的差别，可以用它们基础的不同来解释。对于劳动价值论来说，可行的技术变化降低生产出来的剩余的价值和用于生产这些剩余的投资于劳动和生产资料的资本的价值的比率是可能的。每一种变化都是可行的，但是价值比率可能会以一种导致劳动利润下降的方式发生。首先，根据图47-1，科拉姆指出，在技术变化在某一爆发点 V_{t_0} 上，剩余价值的增加与耗费的全部资本的劳动价值比率开始下降。

然后，科拉姆通过把罗默的理论和纯粹的劳动价值论置于一般均衡的框架中，分析了罗默和马克思之间的区别。假设 A 是表示投入—产出系数的 $n \times n$ 阶的矩阵；L 是 $1 \times n$（以天为单位）的劳动投入行向量；P 是 $1 \times n$（以每天为单位）的价格行向量；π 是价格利润率；S 是 $n \times n$ 以天计的剩余价值率。对罗默而言，该体系模型具有正利润：$p = (1 + \pi)(PA + L)$；而对于纯劳动价值论，该模型应该为：$p = pA + L + LS$。可以看到，第二个模型中，pA 可能以比 L 更快的速率增长，因此引起 pA + L 与 LS 之比的下降，而这种可能性在第一个模型中并不存在。

科拉姆希望建立一种可以避免引起以上第二点争议的理论。科拉姆使用了与马克思相同的模型。

① ② ③　B. T. Coram, *Marx, Roemer and the Theory of the Falling Rate of Profit*, Australian Economic Papers, 25, No. 41, 1986, P. 266.

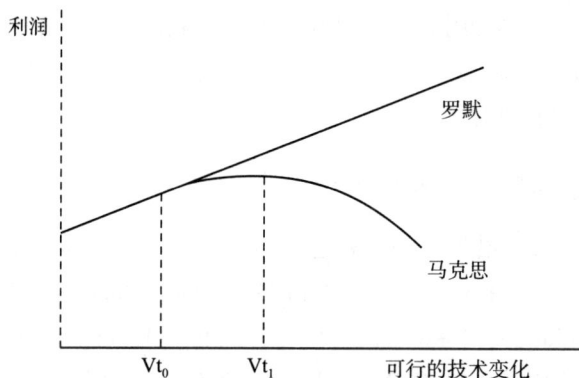

图 47 - 1 罗默和马克思的比较

47.4.2 关于马克思本身的观点

首先，科拉姆阐述了马克思劳动价值利润率公式的一般表述：$p = \dfrac{s}{c + v}$，p 是利润率，其中 s 是剩余价值；c 是投资于生产资料中的全部资本的价值；v 是投资于劳动力的资本的价值。考虑到利润计算中的更加完整的变量，上述公式又可以重新表述为：$p = \dfrac{s}{(k + c + v)}$，其中，p 为不同时间期的利润率；k 为生产周期中没有更新的不变资本。简化起见，科拉姆将资本周转期设为1。剥削率用如下公式表达：$p = \dfrac{\frac{s}{v}}{\frac{k + c}{v} + 1}$；设 s = e 为剥削率；$\dfrac{k + c}{v} = q$，因此，$p = \dfrac{e}{q + 1}$，爆发点为 V_{t_0}，其中 $\dfrac{dp}{de} = -\dfrac{dp}{d(q + 1)}$ 或 $\dfrac{d^2 p}{de^2}$ 为负数。倘若 $\dfrac{dp}{de}$ 和 $\dfrac{dp}{d(q + 1)}$ 不能算出，就不可能为 e 和 q 提出独立等式，而必须用更麻烦的方法。

p 的运动由不变的 e 和 q 的集合来决定。保持不变 e 的理由是随着 q 增加，p 对 e 的增加越来越不敏感。这可从通过 e 的变化来计算 p 的变化率加以说明。$\dfrac{dp}{de} = \dfrac{1}{q + 1}$。这意味着 e 必须以（q + 1）的比率增长，以便 q 发生变化时维持 p 不变。结果是 q 值增加，e 的任何既定增长对 p 的影响越来越小。e 越来越不可能持续增加来抵消 q。而由于 e 的上升是抵消 p 下降的因素之一，假设 e 是不变阻力，科拉姆的观点是利润率值将不会下降。如果 e 不变，p 的变化率的决定变量是 q。科拉姆试图证明 q 并不随技术变化而增长，劳动价值利润没有长期下降的趋势。

47.4.3　技术变化条件下的利润

资本再生产过程沿用了一个表达了马克思再生产过程主要特点的一般模型。该模型如下：第 I 部门 $lmp_1 + (1+e)lv_1 \rightarrow lmp_1 + lmp_2$（生产资料或不变资本）；第 II 部门 $lmp_2 + (1+e)lv_2 \rightarrow (1+e) \cdot (lv_1 + lv_2)$（劳动力 = 可变资本）。其中变 $l=a$ 为标准单位抽象劳动，$lmp=c$ 为生产资料劳动价值，$lv=v$ 为劳动力的劳动价值。设定：$lmp_1 = lmp_2 = lv_1 = lv_2$ 以简化计算。由于所有投入以产出为结果，因而该体系是自生的。该模型与马克思模型的主要差别在于剩余价值的积累没有被特别地建立在等式内。科拉姆假设全部剩余价值是在部门 II 中实现的，并且在各循环中以奢侈品的形式被消费。这个假设是合理的，因为科拉姆并没有讨论生产的现有模式和组织扩张，而只是考虑生产技术变化的影响。

科拉姆进一步假设所有资本都被消耗完，而不得不在生产周期中进行再生产（马克思在其再生产理论中提出了该假设）。如果生产周期长得足以使机器和建筑物需要更新，那么这个假设就是合理的。对于短周期来说，该模型仅针对总资本中需要更换的部分。由于科拉姆只考虑体系变化，这部分资本也是讨论的唯一重点。

假设各部门生产资料和劳动力数量之间的关系是由生产技术条件所决定的，同时还假设只有技术变化。假设在各例中，这些技术变化减少了生产资料所需的 lv 量来生产相同的产出，这将产生 3 组可能改变 lmp 与 lv 比率的情况。

（1）部门 I 中的技术变化影响了部门 II：在技术变化下，mp_1 现在需要 av 的 v，其中，

$0 < a < 1$。部门 II：$lmp_1 + (1+e)alv \rightarrow lmp_1 + almp_2$，$almp_2 + (1+e)lv_2 \rightarrow (1+e)(alv_1 + lv_2)$。lmp 相同技术能力可能由较少的可变资本产生，因此，它具有 $almp_2$ 值（科拉姆用"技术能力"假设来表明生产资料中技术效率的重要性，并未提出技术新的测量方式）。这仍然要求先前的劳动额 lv_2，因为技术变化限于第 I 部门并假设相同的 lv_2 被要求作为生产过程的投入或 lmp 运作的投入（严格地讲，这一点并不正确，因为如果等值 lmp_2 与 alv_2

产生，那么 lmp_2 技术构成可能也发生改变。如果部门Ⅱ没有补充的技术变化，那么 lv_2 将发生改变。由于这没有对作者的观点产生很大影响，作者在此并没有提出另一种模型）。不变资本率，包括生产资料与现在是 $(1+a)$ lmp：$(1+a)$ lv 的可变资本的比率。该比率在初始条件下是不变的，因而利润率没有改变的趋势。值得注意的是 e 保持不变。e 在技术变化前为 $\dfrac{e(lv_1+lv_2)}{(lv_1+lv_2)}$，在技术变化后为 $\dfrac{e(alv_1+lv_2)}{(alv_1+lv_2)}$。

（2）部门Ⅰ中的技术变化对部门Ⅰ和Ⅱ的影响：技术变化要求 $blmp_1$ 的再生产生产资料，其中，$0<a<1$，而 $0<b<1$。部门Ⅰ：$blmp_1+(1+e)alv_1 \rightarrow blmp_1+almp_2$。部门Ⅱ：$almp_2+(1+e)lv_2 \rightarrow (1+e)(alv_1+lv_2)$。减去 lv 得出部门Ⅰ中生产资料的相等的技术能力，其价值降为 $blmp_1$ 和 $almp_2$。两个部门的技术维持不变。生产资料与劳动的比率现在是 $(b+a)lmp$：$(1+a)lv$。因为 $b<1$，固定资本与可变资本比例现在下降了，利润率趋于上升，e 仍然维持不变。

（3）部门Ⅱ中的技术变化：lmp 现在需要 glv_2 的 lv_2 来再生产劳动力，其中 $0<g<1$。部门Ⅰ：$lmp_1+(1+e)lv_1 \rightarrow lmp_1+lmp_2$。部门Ⅱ：$lmp_2+(1+e)glv_2 \rightarrow (1+e)(lv_1+glv_2)$。减去 lv_2 得出相同数量的劳动力。lmp 与 lv 的比率现在是 $2lmp$：$(1+g)lv$。由于 $g<1$，lmp 比例增加了，利润率呈现下降趋势，而 e 维持不变。

科拉姆认为，以上三个例子表明了利润率没有下降的必然趋势。生产资料中所包含的资本与劳动耗费的资本之间的比率决定于技术发生变化的部门和这些变化的内容。假设部门Ⅰ的变化对部门Ⅰ和Ⅱ都产生影响，利润将维持不变并可能上升。科拉姆因此而完成了罗默对利润率下降理论的批判。但值得注意的是，利润率下降理论不能成立的事实并没有从根本上影响马克思危机理论或马克思的资本主义生产短期不平衡理论。

第48章 置盐定理与利润率趋向下降理论

置盐信雄（1927～2003）是日本马克思主义数理经济学派的代表人物。1961年，他在《神户大学经济评论》上发表了《技术变革与利润率》一文，提出了后来被称为"置盐定理"（Okishio Theorem）的观点。与马克思的利润率下降规律相反，该定理认为，除非实际工资率有足够高的上升，否则资本家引进的技术创新不会降低一般利润率；基本品行业的技术创新会提高一般利润率，而非基本品行业的创新对一般利润率水平没有影响。

48.1 置盐信雄关于技术变化与利润率变动关系的探讨

置盐信雄首先对《资本论》第三卷中马克思对利润率趋向下降规律的分析进行了概述：资本家之间的竞争，迫使他们引进新的生产技术以提高劳动生产率，提高劳动生产率的技术通常会提高"资本有机构成"。资本有机构成由 $\frac{c}{v}$ 来度量，v、c 分别为可变资本和不变资本，利润率为 $\frac{m}{(c+v)}$，m 为剩余价值，如果剩余价值率 $\frac{m}{v}$ 保持不变，随着资本有机构成的提高，利润率下降。如果实际工资率不变，提高工资品行业及其相关行业劳动生产率的生产技术会提高剩余价值率。这个效应阻碍了利润率的下降，但作用有限。最终，尽管有这些起阻碍作用的因素，由于提高资本有机构成的新技术的不断引入，利润率有下降的趋势。

针对马克思对利润率趋向下降规律的分析，置盐信雄提出了以下问题："（1）资本家引入的新的生产技术，真的必然提高劳动生产率吗？（2）提高劳动生产率的生产技术通常会提高资本的有机构成吗？（3）新生产技术对利润率有着相反的双重影响：增加剩余价值率以及提高资本有机构成。那么为什么利润率有下降趋势呢？"[1]

48.1.1 技术选择的标准问题

对于第一个问题，置盐信雄主要围绕技术选择的标准展开讨论。他认为："资本家是否引入一项新技术，并不取决于其是否能提高劳动生产率，而是取决于其能否降低生产成本。'生产率标准'不同于'成本标准'"[2]。

置盐信雄对这个问题的简单分析转述如下：第 i 种商品的劳动生产率由 $\frac{1}{t_i}$ 度量，t_i 表示生产一单位第 i 种商品耗费的直接和间接必要劳动量：

$$t_i = \sum a_{ij}t_j + \tau_i \quad (i = 1, 2, \cdots, n) \tag{48.1}$$

其中，a_{ij} 表示生产一单位产品 i 所必需的第 j 种商品的直接投入量，τ_i 表示生产一单位该商品所需的直接劳动量。在第 k 个产业中，新技术能提高第 k 种商品的劳动生产率的条件是：

$$\sum a_{kj}t_j + \tau_k > \sum a'_{kj}t_j + \tau'_k \tag{48.2}$$

不等式的右边表示该产业中的新技术，式（48.2）表示的就是"生产率标准"。

$$\sum a_{kj}q_j + \tau_k > \sum a'_{kj}q_j + \tau'_k \tag{48.3}$$

其中，$q_j = \frac{p_j}{w}$，p_j，w 分别表示第 j 种商品的价格和货币工资率。

对于上述两种技术选择的标准而言，只有对所有的 i 而言，$q_i = t_i$ 时，两种标准才是等价的。但是置盐信雄认为，在资本主义经济中，对于所有的 i，必然有 $q_i > t_i$，因为每个行业都必须有正利润，从而：

$$q_i > \sum a_{ij}q_j + \tau_i, \quad (i = 1, 2, \cdots, n) \tag{48.4}$$

比较公式（48.1）和公式（48.4），可知对所有的 i，必然有 $q_i > t_i$。

从而置盐信雄在这个问题上的结论是，"生产率标准"不同于"成本标准"，"资本家采用的是'成本标准'而不是'生产率标准'，从而资本家引入的新技术虽必须降低生产成本，却不必然提高劳动生产率。这正是资本主义经济阻碍生产力进步的一种表述"[3]。

---

①②③ Okishio Nabuo, *Technical Changes and the Rate of Profit*, Kobe University Economic Papers 7, 1961, pp. 88 – 95.

48.1.2 有机构成提高的问题

对于第二个问题，置盐信雄指出，"提高劳动生产率的生产技术是否会提高资本有机构成，在没有统计研究的情况下是无法回答这一问题的"[①]。置盐信雄指出，为了提高劳动生产率，生产的迂回程度必然增加。于是"生产商品所耗费的必要劳动量相对于生产必需的生产资料所耗费的劳动量减少"[②]。置盐信雄指出，用$\frac{c_i}{v_i}$度量产业 i 的资本有机构成，不能充分展示马克思的观点。他提出了一种替代资本有机构成的指标：

$$c_i = \sum a_{ij}t_j$$

$$v_i = \tau_i \sum b_j t_j$$

其中，$(b_1, b_2, \cdots, b_n)$表示劳动者付出单位劳动换得的一揽子商品，称为实际工资率。因此，一个行业的资本有机构成取决于两类因素：决定a_{ij}，τ_i，t_i的生产技术和决定b_i的实际工资率。既然行业的资本有机构成决定于上述两类因素，那么"即使生产技术不变，实际工资率的变动也会引起资本有机构成的变化"[③]。

置盐信雄指出，为了更好地表达马克思的观点，最好用$\dfrac{\sum a_{ij}t_j}{\tau_i}$而不是$\dfrac{c_i}{v_i}$。因为$\dfrac{\sum a_{ij}t_j}{\tau_i}$或$\dfrac{c_i}{(v_i + m_i)}$取决于生产技术，而且清楚地表明了直接劳动和生产资料中所包含的间接必要劳动之间的比率。置盐信雄把$\dfrac{c_i}{(v_i + m_i)}$称为产业 i 的"生产的有机构成"。

48.1.3 利润率的变化

根据上面的分析，剩余价值率为：

$$\frac{m}{v} = \frac{\tau_i - \tau_i \sum b_j t_j}{\tau_i \sum b_j t_j} = \frac{1 - \sum b_j t_j}{\sum b_j t_j} \tag{48.5}$$

剩余价值率取决于实际工资率和工资品行业的劳动生产率。如果$b_j > 0$，

---

①②③ Okishio Nabuo, *Technical Changes and the Rate of Profit*, Kobe University Economic Papers 7, 1961, pp. 88 – 95.

则 j 是工资品行业。工资品行业的劳动生产率不仅取决于该行业本身的生产技术，而且取决于与工资品行业不可分的行业的技术。置盐信雄把工资品行业和与工资品行业不可分的行业称为"基本品行业"，由此，给定实际工资率，剩余价值率仅取决于"基本品行业"的生产技术。

如果在某一"基本品行业"引入新的生产技术，并导致某些工资品的劳动生产率提高，即对 $b_i > 0$，t_i 变小，那么给定实际工资率，剩余价值率必然增加。置盐信雄认为，非基本品行业的生产技术不影响剩余价值率。而且，这种区分对分析技术变革对利润率的影响是至关重要的。置盐信雄认为马克思否定了这一点，而这正是马克思的错误之所在。

在基本品行业引入的马克思意义上的生产技术会产生两种效应：提高剩余价值率和资本有机构成。马克思坚持利润率有下降的趋势。那么为什么前一种效应不会完全抵消后一种效应呢？

对这个问题的回答，在大多数为利润率趋向下降规律进行辩护的分析中，实际上采用了最大利润率下降的分析方法。也就是利润率 $\dfrac{m}{(c+v)}$ 不能超过生产有机构成的倒数，即：

$$\frac{m}{(c+v)} \leqslant \frac{(v+m)}{c} \tag{48.6}$$

也就是说生产有机构成的倒数是利润率的上限。根据马克思的观点，这个上限是一个减函数，从而 $\dfrac{(v+m)}{c} \to 0$。因此，即使高剩余价值率出现，利润率仍然不能超越这个随时间递减的上限。因此，虽然利润率会上下波动，但其趋势不可能上升或保持不变，如图 48-1 所示。

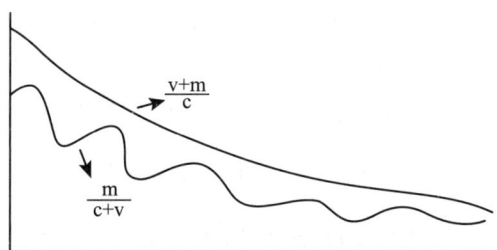

图 48-1　最大利润率变化

置盐信雄认为，这种推理在逻辑上似乎没有什么问题。如果接受马克思关于生产的有机构成的观点，这种结论似乎是必然的。置盐信雄认为这种分析只是一种具有误导性的表象。随后，他否定了这种分析。

置盐信雄认为，上述分析中存在的第一个问题是不等式（48.6）自身是否合理？如果利润率用 $\dfrac{m}{(c+v)}$ 计算，那么式（48.6）必然成立。马克思是通过总资本以价值形式分配总剩余价值计算一般利润率的，即 $\dfrac{m}{(c+v)}$。但是置盐信雄认为这种计算利润率的方法不正确，一般利润率 r 应当通过下面的方程决定：

$$q_i = (1 + r)(\sum a_{ij}q_j + \tau_i)(I = 1, 2, \cdots, n)$$
$$1 = \sum b_i q_i \tag{48.7}$$

在这样的计算公式中，r 总体上并不等于 $\dfrac{m}{(c+v)}$，但是这样的 r，其上限仍然是由生产的有机构成决定的。从而这样的不等式与式（48.6）有着相同的作用，因为根据马克思的观点，所有行业的生产的有机构成都有无限上升的趋势，一般利润率在长期中必然下降。因此，根据置盐信雄的观点，不等式（48.6）不正确，但其结论却仍可以得到。

置盐信雄接着分析了资本家引入的生产技术的类型。马克思认为，资本家迫于竞争的压力会引入提高劳动生产率、提高生产有机构成的新技术，在长期，所有行业的生产有机构成的无限制的提高导致了利润率的下降。置盐信雄认为，资本家选择新技术首先要遵循成本的标准，即使存在能大幅度提高劳动生产率的技术，除非能降低生产成本，否则资本不会引入新的生产技术，这个条件为劳动生产率的提高设定了限制。也就是说置盐信雄认为必须用成本标准分析引入的生产技术对利润率的影响。根据设定的数学模型的分析，置盐信雄得出了以下结论：

（1）如果引入新技术的行业是非基本品行业，则一般利润率不会受影响。

（2）如果引入新技术的行业是基本品行业，则一般利润率必然上升；置盐信雄认为，李嘉图认识到了非基本品行业的生产技术不影响一般利润率，但马克思拒绝了这种认识。在马克思那里如果一般利润率是 $\dfrac{m}{(c+v)}$，那么非基本品行业发挥了与基本品行业相同的作用，但是一般利润率不能这样计算，而应当用公式（48.7）计算，在其中非基本品行业只起消极的作用。

基本品行业中引入满足"成本标准"的新技术必然提高一般利润率的命题与马克思的利润率趋向下降规律不能相容。置盐信雄的研究表明，只要引入的新技术满足成本标准，并且实际工资保持不变，那么无论生产有机构成提高多少，一般利润率都会上升。而且以原有的价格和工资计算，资本家引入的每一项技术都是降低成本的。因此，置盐信雄认为，必须接受资本家在基本品行业采用的每一项技术创新必然提高一般利润率，除非实际工资上涨的足够高。置盐随后用一个数字例子说明了上述观点。

置盐信雄在文章的结尾部分，分析了马克思的利润率趋向下降规律存在问题的原因和他的分析对马克思主义经济学而言具有的含义。

置盐信雄指出，他的结论与马克思的利润率趋向下降的规律相反，除非实际工资率有足够高的上升，否则资本家引进的技术创新不会降低一般利润率。基本品行业的技术创新会提高一般利润率，而非基本品行业的创新对一般利润率水平没有影响。他认为，马克思之所以没有得到正确的结论，有两个原因：一是马克思对所谓"转形问题"的研究不够彻底；二是马克思忽略了在引进新技术方面资本家行为的重要特征。

对这种分析对马克思主义经济学具有的意义，置盐信雄指出了如下四点：

（1）利润率趋向下降的规律并不是马克思体系赖以存在的基石。某些人试图从规律中演绎出危机理论，但这样的努力注定将失败。

（2）基本品和非基本品行业对一般利润率的不同影响是马克思的根本信条的一种表述，即利润是剩余价值的一种表现形式。因为剩余价值率仅仅依赖于基本品行业，而不包括非基本品行业。

（3）资本主义采用技术的特征也是马克思的基本命题的一种表述，即资本主义社会的生产关系已成为人类生产力进步的障碍。

（4）马克思通过利润率趋向下降规律想表述的内容是：在资本主义社会中生产力进步不可避免地采取了利润率下降的形式。但是只要劳动者增加工资的努力失败，资产阶级是能提高利润率的。从而利润率的运动是由阶级斗争所决定的。

48.2 置盐信雄对置盐定理的补充

置盐信雄在 2000 年发表在《剑桥经济学杂志》上的论文《竞争和生产价格》[①] 中指出，他自己的定理（置盐定理）是一个比较静态的结果。如果引入新的生产方法后，资本家的竞争没有建立新的均衡，定理就没有实际意

---

① Nobuo Okishio, Competition and Production Prices, *Cambridge Journal of Economics*, 2000, 25, pp. 493 – 501.

义，"而马克思坚信在引入新生产方法后建立了新的均衡"①。在 2000 年发表的文章中，他研究的是没有技术改变的生产过程。置盐信雄认为，如果选择合适的参数和初始条件，利润率将趋于零，这与熊彼特的研究结论是一致的。

48.2.1 置盐定理本身的问题

置盐信雄指出，许多人批评置盐定理，但是"这些批评并没有说服我，因为在给定的假设条件下，定理是有效的。可是，现在我想我的假设是不适当的"②。置盐定理假设如果用消费品度量的实际工资率不变，能降低用当前的价格—工资（生产价格）结构度量的单位成本的技术引入基本品部门后，那么新的均衡形成后，平均利润率将会更高。

置盐信雄认为，尽管最初的定理从逻辑上看是有效的，但是它的确是建立在两个有问题的假设之上的：（1）实际工资率不变；（2）新的生产价格已经建立。之所以这两个假设是有问题的，是因为对假设（1）（实际工资率不变）而言，它要么意味着一种非货币经济，要么意味着货币工资能够瞬时适应消费品价格的变化。资本主义经济是一种货币化的生产经济，劳动者得到货币工资。货币工资率和消费品的价格因消费品市场和劳动力市场上的竞争发生变化。实际工资率不变的假设难以成立。对假设（2）而言，置盐信雄指出，正如许多批评者指出的那样，置盐定理是一种比较静态分析，对旧的均衡和新的均衡进行比较。那么如果新的均衡没有形成，这种比较就没有什么意义。而新的生产价格的形成取决于资本家之间的竞争是否导致了利润率在每个部门的平均化。

置盐信雄 2000 年的文章要说明的是，由于资本家的竞争实际工资率发生变化，而且在这个过程中没有技术进步时，资本家之间的竞争将导致零利润。而最初的定理假设存在正利润率的生产价格，因此，如果 2000 年的文章的结果是正确的，它就会影响置盐定理的实际含义。在该文中，置盐信雄研究了马克思的观点，假设没有技术进步，工资率随竞争变化，然后研究竞争和生产价格之间的关系，以修正马克思的框架。

48.2.2 马克思的积累路径

置盐信雄认为，在《资本论》中，马克思假设一个不变的实际工资率，

---

①② Nobuo Okishio, Competition and Production Prices, *Cambridge Journal of Economics*, 2000, 25, P. 493.

但是马克思承认工资率可能随着劳动力市场的情况而发生改变。但是，是哪一种工资率随着劳动力市场情况的变化而变化呢？是货币工资率还是实际工资率？置盐信雄认为，马克思的观点是，实际工资率的改变取决于劳动力市场的失业率。用公式表达如下：

$$\omega_{t+1} = \omega_t \left[1 + h\left(\frac{N_t}{N_s} - Z \right) \right] \tag{48.8}$$

其中，ω 是实际工资率，N 是就业人数，N_s 是劳动力供给，z 是就业率临界水平，h 是劳动力市场灵敏度系数。马克思假设资本家在消费和资本积累上分配剩余价值。假设资本积累率为 s，则：

$$S = \Delta V + \Delta C \quad 0 < S < 1$$

其中，S 为剩余价值，V 为可变资本，C 为固定资本。按照定义，

$$S = N(1 - \omega t_2)$$

其中，t_2 表示消费品的单位价值，为了使简化分析，置盐信雄假定"生产的有机构成"在所有部门都是一样的，并用 μ 表示它，马克思在《资本论》中认为 μ 是不变的，也就是说这意味着技术没有发生变化，所以 t_2 也是常数。因此，$\Delta C = \mu \Delta N$ $\Delta V = \omega_{t+1} t_2 N_{t+1} - \omega_t t_2 N_t$，因为 $V = \omega t_2 N$，由于 $sS = \Delta C + \Delta V$，所以：

$$N_{t+1}(\omega_{t+1} t_2) = N_t \left[1 + \mu - (1-s)(1 - \omega_t t_2) \right] \tag{48.9}$$

由此，得到就业的动态变化，即 N。

公式（48.8）、公式（48.9）决定了就业 N_t 和实际工资率 ω_t 的运动。置盐信雄指出在给定参数 s，μ，t_2，h，N_s，z 的数量值和 N_0，w_0 的最初值，通过计算机模拟，可以发现 N_t 和 ω_t 的典型特征。

置盐信雄指出，如同马克思所写的那样，就业和实际工资表现出一种周期性运动的特征。马克思认为，"这种周期性运动是一种保证剥削率保持在能够使资本主义再生产自身的范围内的机制"。[1] 但是，置盐信雄认为，马克思没有考虑这种周期性运动持续进行后会出现什么情况。因为现代的计算机技术的进步，可以很好地做到这一点了。置盐信雄的计算机模拟的结果是令人惊讶的，"就业和实际工资率趋于一个特定的水平。就业趋于 zN_s，实际工资率趋于劳动的生产率 $\frac{1}{t_2}$"。[2] 也就是说，就业率趋近于临界水平 z，剩余价值率趋近于零。剩余价值率 ε 可以定义为：

---

[1][2] Nobuo Okishio, Competition and Production Prices, *Cambridge Journal of Economics*, 2000, 25, P. 495.

$$\frac{(1-wt_2)}{wt_2}$$

置盐信雄认为，这对剩余价值理论而言具有重要的含义。为了保证存在利润，剩余价值剥削是必要的，也就是说，对资本主义社会自身的再生产而言，剥削率必须为正。但是，如果有机构成保持不变，而且不存在技术变化，那么剥削率趋近于零。从而必须有某些机制使得资本主义社会能够再生产自己。因此，马克思引入了与有机构成变化相关的观点。

置盐信雄认为，把这种分析应用于生产价格收敛的问题，意味着资本家之间的竞争没有带来一种情形，在这种情形中每个部门的利润率已经平均化，而且平均利润率是正的。置盐信雄认为，尽管这和马克思《资本论》中的观点相冲突，但是却可以从马克思自己的思想中符合逻辑地推导出来。

因此，置盐信雄认为，马克思的推理中存在另一个弱点。公式（48.8）和公式（48.9）描述的路径可以从任意的初始条件 w^0，N^0 开始。然而，它不能有任意的初始部门比率 $\frac{N_1^0}{N_2^0}$，其中 N_1^0 表示生产资料部门最初的就业，N_2^0 表示消费品部门的就业。最初的部门比率是由下面公式决定的：

$$(1+\mu)N_1^0 = N_t \tag{48.10}$$

$$(1+\mu)N_2^0 = w_1 t_2 N^1 + (1-s)(1-w_0 t_2)N^0 \tag{48.11}$$

$$N_1^0 + N_2^0 = N^0 \tag{48.12}$$

公式（48.10）的左边表示生产资料的价值，右边为对 N^1 而言必要的生产资料的价值。公式（48.11）的左边是消费品的价值，右边是雇佣劳动需要的消费品的价值 $w_1 t_2 N^1$，资本家消费需求的 $(1-s)(1-w_0 t_2)N^0$，N^1 和 w_1 是由公式（48.8）和公式（48.9）决定的，如果 w_0，N_0，h，N_s，z，μ，t_2 和 s 给定。从而 $\frac{N_1^0}{N_2^0}$ 不能任意选择。

为了考察生产价格的收敛性，必须从任意初始条件出发对变化路径进行研究。但是马克思的上述观点不适用于分析由于资本家的竞争造成的生产价格的收敛问题。

因此，置盐信雄设定了一个包含利润率、生产资料的需求、生产资料价格、工资和就业、消费品价格五个决定方程在内的对积累过程进行再考察的模型，并把这个模型作为一个"描述经济路径的完整的模型"[①]。然后他对

---

① Nobuo Okishio, Competition and Production Prices, *Cambridge Journal of Economics*, 2000, 25, P. 499.

相应的参数选定初始值，并用计算机对结果进行了模拟。得出"如果没有技术变化，竞争将使得利润消失"[①] 的结论。

置盐信雄认为，这个结论对剩余价值理论而言具有重要的含义。这种结果表明，如果没有技术变化，资本家之间的竞争将会消除剩余劳动。因此，为了存在剩余价值，必须不断地引入新技术。置盐认为熊彼特持有这种观点，但是马克思追随着斯密和李嘉图，认为没有技术变化，资本家之间的竞争导致经济进入一种状态，在这种状态中利润率在不同部门之间平均化，形成正的统一利润率：也就是存在生产价格的情形。置盐信雄认为，马克思非常坚信这一点，所以对生产价格进行了比较静态分析。但是，置盐信雄认为，在不存在技术变化的情况资本家之间的竞争并不会形成有正利润的生产价格，而是"破坏了剩余价值自身"[②]。出现这种情况的主要原因，是因为"劳动的供给保持不变，因此，实际工资提高并挤压了剩余"[③]。因此，如果新技术被引入，尽管使用新技术的资本家能够获得超额利润，这种超额利润会因为竞争而下降，并最终消失。坚持使用旧的技术的资本家的利润将会变成负的。"为了使利润是正的，持续的技术变化是必须的"[④]。

置盐信雄在文章的最后指出，他对马克思的利润率趋向下降规律的批判（即置盐定理）是建立在两个有问题的假设基础之上的（实际工资率不变和有正利润率的新的生产价格的形成）。"这篇文章考察了这些假设，我得到了否定的答案"[⑤]。

48.3　从马克思到置盐定理的谱系

在思想史上，有时候一些见解是突然出现的，某些理论在没有借鉴先前成果的基础上就得到了发展。然而，更常见的是，一个理论总能找到它的先驱者和它建立的基础，即或多或少建立在先前的观点之上。格罗尔和欧扎希（S. Groll and Z. B. Orzech）认为，置盐定理属于后一种情况。置盐定理最早出现在1961年置盐信雄的论文《技术变革和利润率》中，文章主要对马克思的利润率趋向下降规律进行了批评。在对资本主义情况下利润率不是下降

① Nobuo Okishio, Competition and Production Prices, *Cambridge Journal of Economics*, 2000, 25, P. 499.

②③ Nobuo Okishio, Competition and Production Prices, *Cambridge Journal of Economics*, 2000, 25, P. 500.

④⑤ Nobuo Okishio, Competition and Production Prices, *Cambridge Journal of Economics*, 2000, 25, P. 501.

而是上升的论证时，置盐信雄引用了柴田敬的观点，而柴田敬引用了莫斯科夫斯卡的观点，莫斯科夫斯卡则引用了……等等。格罗尔和欧扎希认为，置盐定理中包含的论点可以直接追溯到杜冈—巴拉诺夫斯基和马克思本人。马克思的某些原理事实上可以追溯到李嘉图。格罗尔和欧扎希的文章试图表明，这种对马克思定律批判的初步论证最早出现在马克思《资本论》第一卷中。在《资本论》第一卷中，马克思提出了一种技术变化和积累的理论，像置盐定理一样，这种理论得到了在资本主义经济中利润率是在上升而不是下降的理论。

格罗尔和欧扎希认为，马克思在《资本论》第三卷提出的利润率下降理论是建立在经济中引入技术变化时产生的两种相反力量的相对大小的基础之上的。一方面，竞争和积累倾向于提高资本的有机构成 $\frac{C}{V}$——不变资本和可变资本的比率。另一方面，技术创新倾向于提高剩余价值率 $\frac{S}{V}$，S 是攫取的总剩余价值。格罗尔和欧扎希认为，用马克思的术语，利润等于剩余价值，利润率 π 由 $\frac{S}{(C+V)}$ 计算，即剩余价值和总成本的比率。利润率可以表示为 $\pi = \frac{s}{(q+1)}$，$s = \frac{S}{V}$，$q = \frac{C}{V}$，因此利润率明显地取决于 s 和 q。

由于技术变化被认为是劳动节约型的，所以各种新的投资都提高 q。相对地，s 的增加受到工作日长度和劳动力价值的制约。马克思相信，q 上升的效应超过 s 上升的效应，从而成为利润率下降的基本原因。

格罗尔和欧扎希指出，"许多马克思的追随者把利润率下降理论视为资本主义体系崩溃的马克思主义的核心证据。这个理论引起了广泛的争论"[1]。许多经济学家基于不同的原因认为这个理论是存在缺陷的。"主要的论点是如果没有 s 的充分增加以阻止利润率 π 的下降就不可能有 q 的提高"[2]。对这个理论进行的最常见和最根本的批评认为，增加了 q 的技术变革并不会带来利润率的下降，而是带来利润率 π 的上升，这也是置盐的观点。格罗尔和欧扎希认为，这个观点的历史理论根源可以追溯到马克思。格罗尔和欧扎希采用回溯的方法分析了有关技术变革和利润率变化的观点，并提出了他们自己对利润率下降的看法。

---

① S. Groll and Z. B. Orzech，From Marx to the Okishio Theorem：A Genealogy，*History of Political Economy*，21，1989，P. 254.

② S. Groll and Z. B. Orzech，From Marx to the Okishio Theorem：A Genealogy，*History of Political Economy*，21，1989，pp. 253 – 272.

他们认为，"不仅能从马克思那里找到置盐定理的组成部分，而且如果马克思完成了他自己的分析的话，也会支持置盐定理"[①]。

48.3.1　置盐信雄的研究

置盐信雄在研究中提出了一个关键的问题：考虑到积累对利润率产生的两种相反的效果，为什么 π 必然下降？为什么资本有机构成的影响要大于剩余价值率的影响？为了回答这个问题，置盐信雄通过引入他自己的度量指标来表达马克思的观点，即用产品的有机构成 $\dfrac{C}{(V+S)}$ 替代马克思的 $\dfrac{C}{V}$。这个指标"明确表达了间接和直接（不是活劳动）必要劳动之间的比例。引入这个新指标的主要原因在于它的倒数构成了马克思的利润率的上限：
$$\frac{S}{(C+V)} \leqslant \frac{(V+S)}{C}\text{"}[②]。$$

很明显，即使在最有利于雇主的情况下（$V=0$，即完全不对工人进行支付），利润率也不可能超过 $\dfrac{S}{C}$，在 $V>0$ 时，$\dfrac{S}{(C+V)} \leqslant \dfrac{(V+S)}{C}$ 必然成立。从而利润率不可能超过产品有机构成的倒数。此外，新技术的引入增加了 C，它降低了利润率的上限。置盐信雄总结了马克思的观点：无论剩余价值多高，利润率不可能超过上限，（上限）它随着时间的流逝而逐渐下降。置盐信雄反对马克思的观点并试图以三种方式对它进行"改进"。

（1）置盐信雄重新定义了资本家的目标。马克思认为，资本家在竞争中被迫采用新技术以提高劳动生产率，置盐信雄反对这种对生产率的强调，认为在资本主义经济中，资本家选择新的生产技术，最重要的是考虑了成本标准。即使存在能极大地提高劳动生产率的技术，除非它能降低生产成本，否则资本家仍不会采用。这两种标准不是同一个意思，它们之间的区别对置盐的观点而言特别重要：当资本家采用的是成本标准而不是生产率标准时，资本家采用的新生产技术并不必然提高劳动生产率，尽管它必然降低生产成本。

（2）置盐信雄区分了基本品和非基本品产业。基本品产业指的是这些产业的产品直接或间接作为工资品产业的投入的产业。"这种区分对置盐信雄的观点而言具有重要的意义"[③]，因为在置盐信雄看来，剩余价值率由实际

---

①②　Groll and Z. B. Orzech，From Marx to the Okishio Theorem：A Genealogy，*History of Political Economy*，21，1989，P. 254.

③　Groll and Z. B. Orzech，From Marx to the Okishio Theorem：A Genealogy，*History of Political Economy*，21，1989，P. 255.

工资率和在工资品产业中占主导地位的生产率共同决定。给定实际工资率，工资品产业或无法再分解的产业的生产率的上升，必然会引起剩余价值率的上升。置盐信雄说："如果生产技术引入某个基本品产业，且一些工资品产业的劳动生产率增加……那么，给定实际工资率，剩余价值率必然上升。但是非基本品产业生产技术的变化不会影响剩余价值率"[1]。

（3）置盐信雄重新定义了利润率，而不是使用马克思的加总指标 S，C，V。置盐用生产率和间接要素的价格、直接劳动投入和产出的价格（实际工资率保持不变）定义 π。这使得他可以把利润率应用于他的非加总的三部类模型，单独用基本品产业定义 π。很明显，虽然每个部类的平均工资率相等，但是只有基本品产业影响一般利润率，因为只有它们进入成本计算，非基本品产业引入新技术对一般利润率没有影响。

问题的关键在于，这些修正是如何保证利润率上升的呢？非基本品产业引入新技术提高了这个产业的资本有机构成，在这一点上置盐接受马克思的观点，即一般说来技术创新是资本密集型的。然而，由于这个产业的产出（如奢侈品）并不是工资品产业的某种投入，那么它既不影响生产成本，也不影响剩余价值率。从而，虽然技术创新的后果是整个生产体系的资本平均构成上升，但它不引起利润率下降。另一方面，在某个基本品产业引入技术创新将必然提高 π，在这种情况下，成本标准发挥了作用，即使一种创新提高了生产率，从而根据马克思的观点，增加了资本构成，除非它降低了成本否则资本家不会采用。置盐信雄说，"从而，我们必须接受这个结论，即每一种基本品产业的资本家采用的技术创新必然提高一般利润率，除非实际工资率也得到了充分的增加"[2]。

48.3.2 柴田敬的研究

置盐信雄在 1961 年的论文在开始部分的一个脚注里提到了柴田敬的文章《论利润率下降规律》[3] 和《论一般利润率》[4]，根据这个脚注，格罗尔

① Okishion，Nabuo，*Technical Change and the Rate of Profit*，Kobe University Economic Papers 7，1961，P. 88.

② Okishion，Nabuo，*Technical Change and the Rate of Profit*，Kobe University Economic Papers 7，1961，P. 92.

③ Shibata，Kei，*On The Law of Decline in the Rate of Profit*，Kyoto University Economic Review 8，1934，pp. 61 – 75.

④ Shibata，Kei，*On the General Profit Rate*，Kyoto University Economic Review 14，1939，pp. 40 – 61.

和欧扎希开始把分析转向柴田敬，以试图找到置盐的理论先驱。

柴田敬也是从引入技术创新产生的双重效果开始自己的分析的：剩余价值率的上升和资本有机构成的提高。大多数马克思的批判者"试图通过表明 s 的上升足以抵消 q 上升产生的效果从而阻止 π 的下降来证明马克思的观点是错误的"[1]。他们是通过提出降低实际工资率或延长工作日长度来达到上述目的。柴田敬在马克思自己的立场上讨论这个问题，"马克思的论点和由生产力的提高引起的资本有机构成的上升有关，而与其他任何原因导致的资本价值构成的提高无关"[2]。因此，柴田敬认为，唯一适用于马克思的批评应当围绕"有机构成的提高是由生产力的增长造成的展开"[3]。柴田敬也把自己的体系分成基本品和非基本品产业。他首先分析了非基本品产业（为资本家生产消费品）引入技术创新的情况，分析了这种产业中 q 的增加不会带来利润率下降。他推论说："资本有机构成，只要它与为资本家生产消费品的产业相关，在决定剩余价值率（价值）或利润率（价格）时都不必加以考虑"[4]。

转向基本品产业，柴田敬在两部类模型中引入技术变革，在各种情况下，体系的有机构成都提高。柴田敬表明 π 以与价格变化相反的方向变化：利润率下降、保持不变或增加取决于价格是否上升、保持不变或下降。柴田敬认为资本家只投资于技术变化能降低价格的技术，他说，"退一步说，资本有机构成的提高，只可能发生在不引起价格上升的地方"[5]。柴田敬在资本家的动机上持和置盐信雄称为成本标准的观点相同的观点："通常资本有机构成的提高只发生在那些通过降低生产成本带来剩余利润的地方，这最终带来价格的下降"[6]。

置盐信雄和柴田敬使用了非常相似的模型，两个人都使用了三部类模型并在基本品和非基本品产业之间做出区分（柴田敬把货币作为一个部门，

① Groll and Z. B. Orzech, From Marx to the Okishio Theorem: A Genealogy, *History of Political Economy*, 21, 1989, P. 256.

② Shibata, Kei, *On The Law of Decline in the Rate of Profit*, Kyoto University Economic Review 8, 1934, P. 62.

③ Shibata, Kei, *On The Law of Decline in the Rate of Profit*, Kyoto University Economic Review 8, 1934, P. 64.

④ Shibata, Kei, *On The Law of Decline in the Rate of Profit*, Kyoto University Economic Review 8, 1934, P. 63.

⑤ Shibata, Kei, *On The Law of Decline in the Rate of Profit*, Kyoto University Economic Review 8, 1934, P. 66.

⑥ Shibata, Kei, *On The Law of Decline in the Rate of Profit*, Kyoto University Economic Review 8, 1934, P. 67.

但这不构成本质的差异）。置盐信雄使用了柴田敬的成本标准，但不是用价格下降的术语来表达这点的。柴田敬分析的一个重要特征是对生产率和资本有机构成之间联系的强调，置盐信雄认为这种联系难以确定，而只是顺带提了一下："没有统计研究，我们无法回答一个问题，提高劳动生产率的生产技术是否增加了资本的有机构成"[1]。另一方面，对柴田敬而言，新技术的引进提高了 q 和生产率水平。"生产率的提高成了资本有机构成提高的一个本质特征"[2]。在 1934 年的文章中，柴田敬在三个脚注中分别引用了莫斯科夫斯卡、博特凯维兹、杜冈—巴拉诺夫斯基，格罗尔和欧扎希随后分别对这三个人进行了研究。

48.3.3 莫斯科夫斯卡的研究

莫斯科夫斯卡出版了三本书：《马克思体系：关于结构的一种论述》（Das Marxsche System Ein Beitrag zu dessen Ausbau，1929），《现代危机理论批判》（Zur Kritik Moderner Kristentheorien，1935）和《晚期资本主义的动力》（Zur Dynamik des Spätkapitalismus，1943），在第一本著作中，莫斯科夫斯卡提出了自己的理论模型；在第二本著作中，她讨论了各种类型的经济危机理论；在第三本著作中，她总结了先前的两本著作中的内容，并把她自己的模型应用于几个实际问题。格罗尔和欧扎希指出，但是这几本重要的著作都没有被翻译成英文。

莫斯科夫斯卡分析了用资本代替劳动所要求的条件，这是马克思在《资本论》第一卷中研究过的一个问题。莫斯科夫斯卡像柴田敬一样，强调了生产率水平变化的重要性。只有资本有机构成的提高没有伴随着劳动生产率的充分提高时，利润率下降才是技术进步的结果。在资本主义条件下，这种生产率的提高总是能够被保证，因为只有那些与机器的成本相比节约了更多的付酬劳动的机器才会被引入生产过程。莫斯科夫斯卡认为，有机构成随着技术进步增加，劳动生产率也增加。劳动生产率的增加使得不变资本价值和价格下降，从而降低了 q，另外，工资品产业生产率的增加使得名义工资率下降，实际工资保持不变。这个过程增加了剩余价值率。因此，增加生产率水平产生的两种效果对利润率产生的影响都是积极的：技术进步使得利润

---

[1] Okishion, Nabuo, *Technical Change and the Rate of Profit*, Kobe University Economic Papers 7, 1961, P. 87.

[2] Groll and Z. B. Orzech, From Marx to the Okishio Theorem: A Genealogy, *History of Political Economy*, 21, 1989, P. 257.

率上升而不是下降。柴田敬的成本标准建立在上述机制之上，它是对莫斯科夫斯卡引入新机器的条件的重新表述，即生产成本的下降。

莫斯科夫斯卡分析的焦点明确地集中在生产资料的增长率和劳动生产率的关系上。劳动生产率越高，（相对的）资本构成越低，剩余价值率越高。莫斯科夫斯卡描述了这样一种情形，新引入的机器取代的付酬劳动和它支付的成本一样大，或者劳动生产率的增长（与生产资料的增长率相比）足以避免利润率下降。如果比率低于临界值，没有新机器会被引入，在临界状态之上，新机器的引入节约了更多的付酬劳动从而提高了利润率。莫斯科夫斯卡分析了不同情况下技术创新的效果，这种不同情况包括三部类模型中的一个部类引入新技术到三个部类同时引入新技术。首先在实际工资率保持不变（降低名义工资率从而增加剩余价值率）的假定下分析上述每一种情况，然后在名义工资率不变（增加真实工资率从而保持剩余价值率不变）的情况下对上述情况进行分析。在新技术被同时引入整个经济且所有部类劳动生产率同时增加时：在实际工资保持不变，剩余价值率增加时，临界情况的经济利润率保持不变，其他情况下利润率增加；在名义工资保持不变从而剩余价值率不变时，临界情况下利润率下降，其他情况下保持不变。总结上述情况，在实际工资保持不变时，利润率不可能下降，然而在名义工资保持不变时它必然下降，或者最多保持原有的水平。

48.3.4 博特凯维兹的研究

"莫斯科夫斯卡对马克思的规律的批判中的大部分内容被博特凯维兹预见到了"[1]。在1906～1907年的几篇文章中，博特科维兹主要研究了转形问题，但他也评价了利润率下降理论。根据博特科维兹的看法，在马克思那里利润率可以在劳动力价值，或相应的剩余价值率不变的情况下发生变化。只有资本有机构成的变化影响利润率。马克思的理论把资本有机构成的上升和劳动生产率的上升联系起来。尤其是，给定实际工资保持不变，总社会资本有机构成的提高引起利润率下降。博特科维兹接受马克思的假设，技术创新是劳动节约型的（增加 q）并引起生产商品的必要劳动时间数量的下降。他认为，在资本主义生产条件下，劳动生产率的增加是引入新生产资料的必要而不是充分条件，资本家在引入新机器之前必然期望与原来相同或更高的利

---

① Groll and Z. B. Orzech, From Marx to the Okishio Theorem: A Genealogy, *History of Political Economy*, 21, 1989, P. 259.

润率。"不是生产率，而是收益率，在这里起决定作用"①。从而，资本主义自身首先要保证不会出现利润率下降，这再一次成为对置盐成本标准的早期表述。

在自己的模型中，博特凯维兹拒绝了马克思的观点，即从公式（48.13）开始分析：

$$1 = (1+s)U \qquad (48.13)$$

其中，s 是剩余价值率，$U = \dfrac{V}{(V+S)}$ 是生产出来的商品中物化劳动的比例（博特凯维兹把 U 称为马克思的必要劳动或劳动力价值）。公式表明工作日（等于1）在必要劳动时间 U 和剩余劳动时间 sU 之间的分配。剩余劳动时间不仅取决于利润率和 U 而且取决于平均周转时间 δ。博特凯维兹设定 $s = \delta\pi\left(\delta = \dfrac{(C+V)}{V}\right)$，并用下式表示初始条件（采用新技术前）：

$$1 = (1+\delta\pi)U \qquad (48.14)$$

最终阶段（采用新技术后）的数量为 δ′，π′，U′，因为劳动生产率的增加 U′ < U，由于生产过程的延长 δ′ > δ：

$$1 = (1+\delta'\pi')U' \qquad (48.15)$$

为了决定利润率变化的方向，博特凯维兹在其他变量保持不变的情况下比较了 π 和 π′。他通过定义一种中间状态来完成比较，在这种中间状态中虽然进行技术革新的资本家已经实现了劳动节约 U′ - U，但一般价格保持不变，而且通过投资于新技术扩大了周转周期从 δ 到 δ′。虽然一般利润率还没有改变，但这些革新型资本家获得了额外的利润。博特凯维兹用下式表达中间状态：

$$1 > (1+\delta'\pi)U' \qquad (48.16)$$

博特凯维兹指出，除非不等式被满足，否则资本家明显不会去进行投资。对公式（48.15）和公式（48.16）的比较表明 π′ 比较大，从而否定了马克思的观点。

博特凯维兹把马克思的结论归结为两个错误：首先，马克思错在把利润率的变化和价格的变化联系起来。马克思认为虽然革新型资本家可能获得额外的利润，竞争导致的总产出价格下降（和有机构成增加一起）降低了总

---

① Bortkiewicz, L. V., *Value and Price in the Marxian System*, International Economic Papers, 1952, P. 39.

体的利润率。博特凯维兹指出，之所以上述认识是错误的，因为它认为潜在的价格运动对资本家的产品和对资本家的费用的影响程度是一样的。第二，马克思混淆了价值计算和价格计算。格罗尔和欧扎希认为，博特凯维兹在公式（48.16）中非常一般性地表达了他的成本标准。莫斯科夫斯卡的结果隐含地包含在博特凯维兹的模型中。

48.3.5　马克思本人的研究

通过上述分析，格罗尔和欧扎希认为，"置盐定理对马克思利润率下降理论的批判达到了顶峰"[①]。他们关心的是在马克思自己的著作里可以找到多少上述批判中包含的观点。也就是说他们认为，上述批判其实马克思自己已经认识到了。

置盐定理的本质观点包括：第一，成本标准而不是生产率标准更好地解释了资本家的行为；第二，必须做出基本品和非基本品产业之间的区分，这种区分能够很好地说明资本有机构成增加和利润率之间的密切关系；第三，技术革新和进步在生产成本型企业导致利润率的上升而不是下降。格罗尔和欧扎希指出所有上述要素完全包含在《资本论》第一卷的分析中：

第一，马克思在《资本论》第一卷第13章分析了成本标准的概念，在这一章马克思分析了在生产过程中引入新技术的必要条件。马克思写道："如果只把机器看做使产品便宜的手段，那么使用机器的界限就在于：生产机器所费的劳动要少于使用机器所代替的劳动。可是对资本来说，这个界限表现得更为狭窄。因为资本支付的不是所使用的劳动，而是所使用的劳动力的价值，所以，对资本说来，只有在机器的价值和它所代替的劳动力的价值之间存在差额的情况下，机器才会被使用"[②]。

格罗尔和欧扎希指出，可以把上述情况称为马克思的机器标准，或者马克思的机器规律。这个引用明确表明引入机器的目的是降低产品的成本。这包括降低投入的成本，因为它们也被认为是一种产品。物化劳动已经存在于各种生产资料中。对付酬活劳动来说也是一样的，它的雇佣成本用再生产它所必需的产品的价值或价格来表达。

然而，马克思不仅特别说明了引入新技术的目的，而且还说明了引入新

---

① Groll and Z. B. Orzech, From Marx to the Okishio Theorem: A Genealogy, *History of Political Economy*, 21, 1989, P. 264.

② 《马克思恩格斯文集》第5卷，人民出版社2009年版，第451页。

机器的条件。马克思解释道，当机器只能节约和机器所花费的劳动大小一样时，只存在成本的转移，从而没有做出改变的经济理由。格罗尔和欧扎希认为，"把投资的目的和引入机器的目的结合在一起，清楚地表明个体资本家增加不变资本的直接目标是减少成本"①。然而，生产水平的一般性提高引起所有资本家的不变资本和可变资本变得相对便宜。另外，生产资料变得便宜缓和了资本有机构成的提高，但是在实际工资率保持不变时，工资商品变得便宜使得剩余价值的上升成为可能。上述都会对利润率产生积极的影响。从而，置盐的成本标准，包含在马克思自己的分析中。

第二，至于基本品和非基本品产业的区分，格罗尔和欧扎希指出，人们可以在马克思论述的很多地方，发现马克思没有对经济的不同部门在剩余价值的创造上进行区别。另外，"也可以找到例子表明马克思清楚认识到这种区别在置盐定理中发挥的重要作用"②。

置盐信雄认为，非基本品产业不参与一般利润率的决定，而只能被动地接受在基本品产业决定的一般利润率。格罗尔和欧扎希认为马克思也认识到剩余价值率是由基本品产业的生产技术单独决定的，马克思明确表明："那些既不提供必要生活资料，也不为制造必要生活资料提供生产资料的生产部门中生产力的提高，不会影响劳动力的价值"③。此外，马克思还把部门之间的区别直接和利润率联系起来，奢侈品产业的生产率的增加"对于工资，对于劳动能力的价值不会有丝毫的影响，因为奢侈品不加入工人消费……对剩余价值率不产生影响，从而在利润率决定于剩余价值率的情况下，对利润率也不产生影响"④。

在置盐信雄的文章中，他做出了重要的区分，"尽管非基本品产业的生产技术对一般利润率没有影响，但它和一般利润率是否存在有关"⑤。他说："因此，说非基本品产业的生产技术和一般利润率没有关系是错误的"⑥。格罗尔和欧扎希认为，马克思认识到了这种区别。马克思的表述如下，奢侈品部门的利润率"和其他任何部门的利润率一样，也参加了一般利润率的平

①② Groll and Z. B. Orzech, From Marx to the Okishio Theorem: A Genealogy, *History of Political Economy*, 21, 1989, P. 265.

③ 《马克思恩格斯文集》第5卷，人民出版社2009年版，第367页。

④ 《马克思恩格斯全集》第26卷第Ⅲ册，人民出版社1972年版，第386页。

⑤ Okishion, Nabuo, *Technical Change and the Rate of Profit*, Kobe University Economic Papers 7, 1961, P. 94.

⑥ Okishion, Nabuo, *Technical Change and the Rate of Profit*, Kobe University Economic Papers 7, 1961, P. 93.

均化"①。马克思讨论了非基本品产业的剩余价值向经济其他部门转移的过程，马克思的这种平均化的过程是由不同部门商品的相对价格的调整完成的，这种调整重新分配了利润的数量直到平均利润率在所有部门都占据主导地位。在非基本品产业对利润率的存在有贡献上这点上不存在争议，基本品产业提供了经济中所有产业都使用的投入，一般利润率作为超过这些投入的成本的部分被加以计算。因此，无论是非基本品产业使用的生产资料还是工资品都已经被包含在基本品部门的产出中。

另外，奢侈品产业在本质上是资本主义属性的，像基本品产业一样，管理自己的事物并追求利润。因此，它们与经济中利的存在有关。马克思表达得很明白，"因此，如果奢侈品工业的劳动生产率的增长是一定量资本所推动的工人人数减少，它就会使剩余价值量减少；从而在其他所有条件保持不变的情况下，它也会使利润率降低"②。格罗尔和欧扎希指出，有趣的是置盐对马克思未能区分基本品和非基本品产业的解释，"马克思对转形问题的分析缺乏彻底性……这与马克思的公式有关：一般利润率为 $\frac{m}{(c+v)}$"③。格罗尔和欧扎希认为，虽然马克思在处理转形问题时犯了一定的错误，但转形问题对利润率下降的讨论而言是非常边缘的问题。

第三，讨论利润率下降或上升的问题。在《资本论》第三卷，马克思明确地提出了由资本有机构成提高引起利润率下降理论。格罗尔和欧扎希认为，在《资本论》第一卷这种理论被放弃了，取代它的是一种认为利润率下降的原因不在于有机构成的提高，而在于市场力量所导致的剩余价值率的上升。因此，一个问题出现了，即到底是《资本论》第三卷还是《资本论》第一卷应当被视做是马克思最终的陈述。格罗尔和欧扎希说不同的分析线索联系在一起可以得出结论："《资本论》第一卷应当被视为是马克思有关利润率行为的决定性表达"④，格罗尔和欧扎希从三个方面对这个观点进行了说明。

格罗尔和欧扎希对这个观点的论证，首先从对方法论的简单考察开始。格罗尔和欧扎希认为，对马克思而言，构成资本家行为的驱动力量的利润率

①② 《马克思恩格斯全集》第 26 卷第Ⅲ册，人民出版社 1972 年版，第 387 页。

③ Okishion，Nabuo，*Technical Change and the Rate of Profit*，Kobe University Economic Papers 7，1961，P. 95.

④ Groll and Z. B. Orzech，From Marx to the Okishio Theorem：A Genealogy，*History of Political Economy*，21，1989，P. 267.

是由两种同等重要的因素决定的：剩余价值率和资本有机构成。在实际运行中，这些因素对利润率的影响是结合在一起而不是分离的。"马克思首先在保持其他因素不变的基础上，在把所有因素结合为一个整体之前，在纯粹的意义上分析了每种因素"①。格罗尔和欧扎希认为，在这点上，马克思遵循了他在《资本论》第三卷中描述的方法。《资本论》第三卷的分析是一种局部的分析。在《资本论》第三卷第十三章，马克思分析了利润率下降规律，他在剩余价值率不变这一大胆的假设的基础之上，分析了资本有机构成增加对利润率的影响。在《资本论》第三卷第十四章，马克思把剩余价值率的上升看作利润率下降规律的反作用因素，但不是起决定作用的因素。在《资本论》第三卷第十五章马克思分析了这个规律的矛盾，他赋予剩余价值率一个更具本质性的角色，它仍然是起反作用的因素，只限制或降低规律的活动但不否定规律。格罗尔和欧扎希认为，"由于忘记了马克思的研究方法，很多解释者错误地把《资本论》第三卷第十三章的局部分析作为马克思的最终结论"②。像罗斯多尔斯基③、米克④等则正确地强调了把局部分析整合在一起的必要性。而斯威齐在《资本主义发展论》中则认为，缺乏这种整合会导致马克思的分析中利润率趋势无法决定的结论。

格罗尔和欧扎希认为，马克思在《资本论》第一卷把许多因素整合在一起，提供了整体的分析。马克思集中于劳动生产率，把它作为影响有机构成和剩余价值率的共同因素，分析了生产率对这两者之间相互关系的影响。在积累过程中，有机构成和剩余价值率都上升，额外增加的生产资料导致 q 增加，s 由于决定劳动力价值的产品价值的降低而增加。两种影响积累和利润率的相对力量由上文所说的机器的规律给定。由于机器规律所要求的条件，剩余价值率增加对利润率的影响超过了有机构成增加对利润率产生的负面效果。格罗尔和欧扎希认为"《资本论》第一卷中马克思结束了在《资本论》第三卷中的讨论，改变了对积累对利润率冲击方向的预测"⑤。

其次，格罗尔和欧扎希对新技术产生的分析进行了简单的说明，他们指出，马克思认为用生产力表达的技术的发展体现了人类进步的水平。但是，

---

① Groll and Z. B. Orzech, From Marx to the Okishio Theorem: A Genealogy, *History of Political Economy*, 21, 1989, P. 267.

②⑤ Groll and Z. B. Orzech, From Marx to the Okishio Theorem: A Genealogy, *History of Political Economy*, 21, 1989, P. 268.

③ Rosdolski, Roman, *The making of Marx's Capital*. London, 1977, pp. 398–411.

④ Meek, Ronald, "*The falling rate of profit*", In *Economics and ideology*, London, 1967, pp. 129–142.

断言有机构成的增加导致利润率下降，模糊了马克思对技术持有的正面观点。影响社会发展的不是技术，而是社会的生产关系影响了社会的发展。这些不包含在有机构成中，但却在剩余价值理论和市场力量的冲击中得到了表达。上述两方面在《资本论》第一卷第 23 章中综合地结合在一起，而不是在《资本论》第三卷的相关章节中得到表述。

第三个论据和马克思作品的年代有关。格罗尔和欧扎希指出，《资本论》第一卷的德文和法文版是马克思自己在 1867~1875 年出版的。第三卷是恩格斯根据马克思写于 1864~1865 年的笔记本在 1894 出版的，除了增加的几处评论，手稿没有被马克思修订或改正过。马克思自己并不认为它们适合出版，在 1877 年 11 月 3 日的信件中马克思写道："实际上，我本人写作《资本论》的顺序同读者将要看到的顺序恰恰是相反的（即从第三部分——历史部分开始写），只不过我最后着手写的第一卷当即做好了付印的准备，而其他两卷仍然处于一切研究工作最初阶段所具有的那种初稿形式"①。

格罗尔和欧扎希赞同曼德尔的观点，考虑到《资本论》第一卷在时间上晚于构成第二卷和第三卷的不完整的草稿，"因此，《资本论》第一卷能够使我们最好地理解马克思有关资本主义的观点"②。

这里仍然有一个问题需要讨论，如果像上面表明的，在《资本论》第一卷第 23 章资本主义积累的一般规律中可以找到把有机构成增加和利润率上升结合在一起的理论。当然，利润率的下降仍是可能的，但是根据后来的分析，这是由工资的上升引起的。那么，这表明马克思从先前的立场做出了突然的转变吗？格罗尔和欧扎希认为，这两种立场并不是截然相反的，他们指出，"在《资本论》第一卷和第三卷之间并不存在庞巴维克认为的矛盾，它们只是代表了马克思思想发展的不同阶段，每一卷以强调不同的过程为特征"③。在手稿中尽管也可以发现马克思对工资上升和利润率问题的研究。然而，在那里他强调的仍然是有机构成作为 DROP 的原因。在《资本论》第一卷可以找到不同的强调重点。在马克思从事《资本论》第一卷写作的时期，他对市场力量进行了强调。1865 年在参与和公民韦斯顿的讨论时，马克思说："工资水平的普遍提高，除了引起利润率的普遍下降之外，终归

---

① 《马克思恩格斯文集》第 10 卷，人民出版社 2009 年版，第 422 页。
② Groll and Z. B. Orzech, From Marx to the Okishio Theorem: A Genealogy, *History of Political Economy*, 21, 1989, P. 269.
③ Groll and Z. B. Orzech, From Marx to the Okishio Theorem: A Genealogy, *History of Political Economy*, 21, 1989, P. 270.

不会引起任何别的后果"①。格罗尔和欧扎希认为，在《资本论》第一卷中马克思完善了对这个过程的分析。

格罗尔和欧扎希认为，马克思在《资本论》第一卷中没有明确地研究利润率问题。他把对市场力量的分析拓展到剩余价值率。在这种联系中，一个其重要性经常被忽视的注释很有趣。这是一个旁注，马克思自己大约是在1875 年写在《资本论》第一卷上，1883 年恩格斯把它印在德文版第三版上。注释如下："为了以后备考，这里应当指出：如果扩大只是量上的扩大，那么同一生产部门中，较大和较小资本的利润都同预付资本的量成比例。如果量的扩大引起了质的变化，那么，较大资本的利润率就会同时提高"②。

格罗尔和欧扎希认为，非常重要的是，马克思把这条注释添加到第 23章——"资本主义积累的一般规律"上。这一章是市场力量被深入分析并出现有机构成的一章。格罗尔和欧扎希指出，如果《资本论》第三卷的分析在写这个注释的时候仍然发挥着重要的作用，那么马克思如何能够讨论有机构成增加引起利润率上升而不是下降呢？格罗尔和欧扎希认为，这个注释"是一个证据，它不仅表明马克思在这件事上改变了自己的观点，更重要的是他打算在新的方向上继续他的工作"③。

格罗尔和欧扎希最后指出，"他们不是打算论证马克思否定了利润率下降的可能性，而是想表明马克思没有把资本有机构成提高视为利润率下降的原因。置盐定理不是自然产生的，它的构成要素和结论都可以在马克思那里找到"④。

---

① 《马克思恩格斯全集》第 16 卷，人民出版社 1964 年版，第 121 页。
② 《马克思恩格斯文集》第 5 卷，人民出版社 2009 年版，第 725 页。
③④ Groll and Z. B. Orzech, From Marx to the Okishio Theorem: A Genealogy, *History of Political Economy*, 21, 1989, P. 270.

第49章 罗默对技术变化与利润率
变动的研究

罗默指出，马克思预测的作为技术变化的结果的利润率下降趋势，因反作用因素的存在而被认为是无效的，马克思认为这些发生作用的因素是不可预测的或不是始终如一的。罗默简单概括了马克思的观点。利润率 $\rho = \dfrac{e}{(k+1)}$，$k = \dfrac{C}{V}$ 表示资本的有机构成，e 为剩余价值率。技术变化提高了资本的有机构成，死劳动取代了活劳动，此外，如果 e 不上升，那么 ρ 就会下降。罗默认为，在上述简单描述的马克思的观点中，存在三个逻辑上的缺陷。首先，采用新的生产技术改变了生产出来的商品的整个劳动价值结构，即使在某种意义上资本的技术构成提高（通过工人人均拥有的机器的数量体现），它并不必然导致有机构成的提高（用劳动价值度量）。不变资本可能比可变资本贬值的更厉害，从而降低了 k。其次，如果假定实际工资保持不变，同时发生了技术变化（罗默认为这是一个马克思经常做出的假设），那么剩余价值率将会上升，因为体现在工人（没有发生变化的）消费的商品篮子中的社会劳动时间因技术的改进而减少。因此，尽管工人工作的强度并没有提高，但是 e 仍将上升。最后，这些观点适用于价值利润率，而人们更为关注的是技术变化对用价格度量的利润率产生的影响，因为正是价格利润率影响了资本家的行为。从对价值利润率的思考转向对价格利润率的思考包含着一个转形问题。罗默提醒说，对这三方面的思考"并不表明技术变化的对利润率的影响是不可决定的"[1]。事实上，假定工人的实际工资商品篮子保持不变，如果在能降低成本的意义上技术被引入，最后的一般均衡的结果是利润率的提高，置盐信雄最早证明了这一点。

---

[1] John Roemer, *The Effect of Technological Change on the Real Wage and Marx's Falling Rate of Profit*, Australian Economic Papers 15, 1977, P. 152.

但是，罗默认为，"这并不是整个故事的终结"[1]。如果放弃实际工资不变的假设，那么技术变化会对利润率产生什么样的影响？罗默认为要回答这个问题，必须对技术变化和实际工资之间特定的关系做出假定。罗默认为一个考察两者的关系的经典模式是工人试图在国民收入中保持一个不变的相对份额，而不是保持实际的消费不变。罗默的文章正是沿着这个思路进行的。他在文章的第二部分概括了假设实际工资不变时的研究结果，在文章随后部分考察了工人收入的相对份额不变的情况。

此外，罗默指出了另外一种情况，这就是马克思主义文献中长期讨论的"引入技术变化是因为它在技术的意义上是有效率的，还是因为它使得资本家能够更好地控制工人和榨取剩余价值"的问题[2]。罗默认为，这实际上是"有关利润率下降的经典问题，可以被认为在有关技术变化的本质和资本主义劳动过程的现代讨论中以复活的形式出现了"[3]。

49.1 技术变化和实际工资不变

为了简化讨论，罗默假设一个存在两部门——消费品部门和资本品部门——的经济模型。资本品和直接劳动一样，同时是两个生产过程中的投入，消费品不进入任何一个生产过程。经济的投入矩阵为：

$$M = \begin{pmatrix} a_1 & a_2 \\ b\ell_1 & b\ell_2 \end{pmatrix}$$

其中，a_i 是生产每单位商品 i 的作为投入的资本品的数量（物质数量），ℓ_1 是用工作日度量的生产每单位商品 i 直接劳动投入。工人的消费商品束（实际工资）由 b 数量的商品 2 构成。部门 1 是资本品部门。所有资本都是流动资本，所有生产活动都发生在单位时间内，p_i 是用工资度量的商品 i 的价格，因此工资被视为是计价单位。这时，经济的平均利润率为：

$$p_1 = (1 + \pi)(p_1 a_1 + \ell_1) \tag{49.1}$$

$$p_2 = (1 + \pi)(p_1 a_2 + \ell_2) \tag{49.2}$$

$$p_2 b = 1 \tag{49.3}$$

其中，π 是总资本的价格利润率，公式（49.1）、公式（49.2）表明均衡价格下两个部门的利润率是 π，公式（49.3）表明工人把全部工资用于

①②③ John Roemer, *The Effect of Technological Change on the Real Wage and Marx's Falling Rate of Profit*, Australian Economic Papers 15, 1977, P. 153.

消费。这些公式可以用矩阵表示为:

$$p = (1 + \pi)pM \tag{49.4}$$

其中, $p = (p_1, p_2)$ 是行向量。可以证明存在唯一的 π 和 p 满足等式 (49.4) 和等式 (49.3)

假定技术变化在当前的价格下能够降低成本。因此, 用 (a_1^*, ℓ_1^*) 表示的部门 1 的新技术, 只有在降低单位成本的情况下才会被资本家采用:

$$p_1 a_1^* + \ell_1^* < p_1 a_1 + \ell_1 \tag{49.5}$$

如果这样的技术被采用, 部门 1 的利润率将会立即上升。这将会鼓励更多的公司从部门 2 转向部门 1, 因为竞争价格将会下降, 最终形成新的均衡:

$$p^* = (1 + \pi^*)p^* M^* \tag{49.4'}$$

$$p_2^* b = 1 \tag{49.3'}$$

其中, $M^* = \begin{pmatrix} a_1^* & a_2 \\ b\ell_1^* & b\ell_2 \end{pmatrix}$。

如果公式 (49.5) 成立, 那么 $\pi^* > \pi$ 是一个公理, 它表明如果实际工资保持固定, 那么在经济性条件下, 降低成本的技术创新将会导致均衡利润率的上升。

另外, 假定技术变化采取了一种使用资本和节约劳动的方式, 那么:

$$a_1^* > a_1, \ \ell_1^* < \ell_1 \tag{49.6}$$

罗默认为有证据表明这正是马克思所设想的技术变化。但是, 罗默认为, 这并不是对真正的技术变化的充分理解, 因为新的生产过程通常包含新的商品用于生产过程, 技术变化不仅仅表现为矩阵 M 中的数量的变化, 而是采取 M 中增加新的列向量的方式。

罗默引入了一种新的定义技术变化的方式, 他把能够减少所有商品的劳动价值的技术变化定义为进步的技术变化。在最初的技术 M 中, 必然有劳动价值向量 $\Lambda = (\lambda_1, \lambda_2)$。也存在一个和新的技术相联系的 Λ^*, 当 $\Lambda^* \leqslant \Lambda$ 时, 技术变化就是进步型的。技术进步指的是生产商品的社会必要劳动时间降低。

因此, 可以证明任何降低成本、使用资本和节约劳动的技术变化都是进步型的技术变化。这意味着在罗默的简单的模型中, 资本家实际上引入的技术创新会节约社会劳动时间。罗默认为马克思在讨论利润率下降时研究的正是这样的技术变化过程, 马克思说:"一种新的生产方式, 不管它的生产效率有多高, 或者它使剩余价值率提高多少, 只要它会降低利润率, 就没有一个资本家愿意采用。但每一种这样的新生产方式都会使商品便宜。因此，资本家最初会高于商品的生产价格出售商品，也许还会高于商品的价值出售商品。他会得到他的商品的生产费用和按照较高的生产费用生产出来的其他商品的市场价格之间的差额。他能够这样做，是因为生产这种商品所需要的平均社会劳动时间大于采用新的生产方式时所需要的劳动时间。他的生产方法比平均水平的社会生产方法优越。但是竞争会使他的生产方法普遍化并使它服从一般规律。于是，利润率就下降——也许首先就是在这个生产部门下降，然后与别的生产部门相平衡，这丝毫不以资本家的意志为转移"①。

罗默认为，马克思的上述引文中第一句表明只有在当前的价格下能够降低成本时资本家才会引入新技术；第二、第三、第四句表明在非均衡状态下，资本家获得超额利润，获得比其他部门更高的利润率；第五和第六句表明新技术事实上是进步型技术；第七句指出，通过竞争，建立了新的均衡。最后，罗默认为，"当马克思在最后一句说新的利润率 π^* 将会低于 π 时，马克思的直觉欺骗了他，但是马克思认为新均衡的建立将会独立于资本家的意愿是正确的"②。

49.2　改变实际工资的技术变化

罗默认为，尽管上述讨论看起来似乎解决了利润率下降问题，但是他不认为情况就是这样。"因为技术变化的过程毫无疑问和实际工资变化的过程联系在一起"③。因此需要研究实际工资的变化是如何成为技术变化的结果的，以及实际工资的变化会对利润率产生什么样的影响？

罗默认为，做出实际工资以一种可预测的方式随着技术的变化而变化的假设是狭隘的。因为这样的假设意味着实际工资并不受阶级斗争和阶级力量平衡的影响，而只是一些技术因素的结果。但是在上文的抽象水平上，对实际工资随技术变化而变化做出假设是必要的。因为讨论的问题的核心是技术变化，如果实际工资以一种和技术变化无关的方式发生变化，那么对所有的分析目标而言，这种工资变化必须被认为是外生于现在所讨论的问题的，那么它对利润率的影响将是任意的和无法预测的。因此，必须有一个有关技术

---

① 《马克思恩格斯文集》第 7 卷，人民出版社 2009 年版，第 294 页。
②③　John Roemer, *The Effect of Technological Change on the Real Wage and Marx's Falling Rate of Profit*, Australian Economic Papers 15, 1977, P. 155.

变化和实际工资变化之间的关系的理论。

罗默认为，可能有很多这样的理论，但是他只提出了一种。这种研究的目的在于表明，当考察不同的实际工资变化的理论时，利润率下降问题是一个开放的问题，而不是表明特定的理论或模型从经验层面看更加准确。

罗默认为，工人和资本家之间的谈判以一种能够在技术变化前后保持利润对工资的比率不变的方式进行。也就是说，在罗默的模型中，当新的均衡建立后，如果工人或他们所属的工会发现他们得到的相对份额下降了，那么就会通过罢工或其他行动去重新恢复先前的比率。另一方面，如果工人的相对份额因技术变化而提高了，工会的警惕性就会降低而资本家将会削减实际工资直到先前的相对份额重新恢复。罗默认为，无论这里描述的情形是否是真实的，"它都可以成为一个评价在技术变化后相对份额并没有被精确地恢复的实际历史过程的标准"[1]。罗默引用了马克思一些著作中的表述，指出"马克思可能事实上并没有把实际工资视为是给定数量的消费品而是一定的相对份额"[2]。

罗默认为，对相对份额不变模型而言存在两个自然的假定：（1）整个经济中加总意义上的利润率对工资的份额保持不变；（2）每个部门中利润对工资的份额保持不变。为了研究上的便利，罗默选择了第二个假定。因此，两个部门利润对工资的份额可以表示如下：

$$v_1 = \frac{\pi(p_1 a_1 + \ell_1)}{\ell_1} = \pi\left(p_1 \frac{a_1}{\ell_1} + 1\right) \tag{49.7}$$

$$v_1 = \frac{\pi(p_1 a_2 + \ell_2)}{\ell_2} = \pi\left(p_1 \frac{a_2}{\ell_2} + 1\right) \tag{49.8}$$

这意味着每个部门总利润对总工资和单位利润对单位工资的比率是相同的，整个经济加总意义上的利润和工资的比率为：

$$v = \frac{\pi p M x}{Lx} = \frac{\pi p M x}{N} \tag{49.9}$$

其中，$x = \begin{pmatrix} x_1 \\ x_2 \end{pmatrix}$ 是产出向量，$L = (\ell_1, \ell_2)$ 而且一共有 N 个工人。

很明显地，v 取决于 x，从而，为了分析技术变化对 v 产生的影响，必须有一个技术变化如何影响产出构成的理论，而采用第二个相对份额不变的

---

①② John Roemer, *The Effect of Technological Change on the Real Wage and Marx's Falling Rate of Profit*, Australian Economic Papers 15，1977，P. 156.

假设可以避免这种讨论。另外，罗默指出，选择假设（2）还有一个行为方面的原因。围绕相对份额进行的阶级斗争是以工会的机制进行的，工会是以产业而不是整个经济为基础的。

罗默指出了采用第二个假设时存在的一个问题，那就是技术变化前后不可能保持每个部门的相对份额不变，而且所有部门都有相同的实际工资。保证不同部门相对份额不变的自然方法是放弃不同部门有同样的实际工资的假定，允许每个部门调整它的实际工资以实现相对份额不变。这也必然导致放弃竞争性劳动力市场的假定，也就是说工人必须是不可流动的。罗默认为这不会对分析造成太大的影响，事实上"实际工资在不同部门之间的确差异很大，而且资本的流动性远大于劳动力的流动性"[1]。

49.3 技术变化和部门相对份额不变条件下的利润率下降

罗默的模型如下，下式描述了最初的经济：

$$p_1 = (1 + \pi)(p_1 a_1 + \ell_1)$$
$$p_2 = (1 + \pi)(p_1 a_2 + w\ell_2) \tag{49.10}$$

场景 1：

$$p_2 b_1 = 1$$
$$p_2 b_2 = w$$

或者

$$p = (1 + \pi)pM, \text{ 其中 } M = \begin{pmatrix} a_1 & a_2 \\ b_1\ell_1 & b_2\ell_2 \end{pmatrix}$$

部门 1 视工人的工资为计价单位（numeraire），w 是两个部门之间的实际工资比率。降低成本、使用资本、节约劳动的技术变化的发生（发生在部门 1 或部门 2，或者同时发生在两个部门），导致了场景 2：

$$p_1^* = (1 + \pi^*)(p_1^* a_1^* + \ell_1^*)$$
$$p_2^* = (1 + \pi^*)(p_1^* a_2^* + w\ell_2^*) \tag{49.11}$$

场景 2：

$$p_2^* b_1 = 1$$
$$p_2^* b_2 = w$$

---

① John Roemer, *The Effect of Technological Change on the Real Wage and Marx's Falling Rate of Profit*, Australian Economic Papers 15, 1977, P. 158.

或者

$$p^* = (1 + \pi^*) p^* M^*, \text{ 其中 } M^* = \begin{pmatrix} a_1^* & a_2^* \\ b_1^* \ell_1^* & b_2^* \ell_2^* \end{pmatrix}$$

最后，实际工资调整从而能够重建与场景 1 相同的部门相对份额，从而：

$$p_1^{**} = (1 + \pi^{**})(p_1^{**} a_1^* + \ell_1^*)$$
$$p_2^{**} = (1 + \pi^{**})(p_1^{**} a_2^* + w^{**} \ell_2^*) \qquad (49.12)$$

场景 3：

$$p_2^{**} b_1^{**} = 1$$
$$p_2^{**} b_2^{**} = w^{**}$$

且 $v_1 = v_1^{**}$，$v_2 = v_2^{**}$。

或者

$$p^{**} = (1 + \pi^{**}) p^{**} M^{**}$$

其中，$M^{**} = \begin{pmatrix} a_1^* & a_2^* \\ b_1^{**} \ell_1^* & b_2^{**} \ell_2^* \end{pmatrix}$。

罗默的目标在于表明：（1）对给定的技术变化，最终场景 3 对相对份额不变的重建总是存在的；（2）这种情况对利润率和实际工资产生的影响。

使用公式（49.10）和相对份额定义公式（49.7）和公式（49.8），可以解出 p_1，π，b_1，b_2：

$$\pi = \frac{v_1(1 - a_1)}{1 + v_1 a_1} \qquad (49.13)$$

$$p_1 = \frac{(v_1 + 1)\ell_1}{1 - a_1} = (v_1 + 1)\lambda_1$$

其中，λ_1 为商品 1 的物化劳动价值。

罗默指出，可以证明：

定理 假定发生技术变化。那么存在唯一一对实际工资（b_1^{**}，b_2^{**}）使得部门相对份额等于它们的事前值。此外，如果技术变化是降低成本、CU – LS 型的，那么：

（A）在实际工资为（b_1^{**}，b_2^{**}）时，如果技术变化发生在部门 1，最终的均衡利润率下降，如果技术变化发生在部门 2，利润率保持不变；

（B）如果技术变化只发生在部门 1（或只发生在部门 2），那么 $b_1^{**} > b_1^*$，且 $b_2^{**} < b_2$（$b_1^{**} < b_1$，$b_2^{**} > b_2$）；

（C）如果技术变化同时发生在两个部门，那么最起码一个实际工资必须增加以保持相对份额的不变。无论如何，两个实际工资有可能都增加。

罗默指出，"在部门相对份额不变的假设条件下，作为部门1发生降低成本的技术变化的结果的利润率的确下降了。这个结论完全不同于在不变实际工资假设下得到的结论"①。

罗默考察了存在"棘轮效应"（Ratchet Effect）的情况，也就是说如果绝对实际工资存在棘轮效应那么将会发生什么情况？假定技术变化只发生在部门1，部门2的工人不能破坏绝对实际工资以重建与事前相同的相对份额。根据前面的分析可以知道，π^{**} 保持不变。罗默的证明得出一个有趣的结论，在存在"棘轮效应"效应的情况下，最后的均衡利润率和不存在这种效应时的相同。两种情况的区别只在于两个部门之间的实际工资的分配。尤其是，如果部门2的工人的力量足够强大以至于能够实现"棘轮效应"，那么受伤害的将不是他们的老板，而是另一个部门的工人（事实上，这样说可能有些言过其实，部门1的工人与技术变化前相比仍将获得更大的实际工资，只是实际工资的增加并不如部门2不存在"棘轮效应"时那么大）。罗默分析的这种情况，是因为部门2是"非基本品部门"。如果每个部门的产品都是另外的部门的投入，那么最后的利润率将会受部门2的"棘轮效应"的影响。

需要注意的是，根据上述分析，利润率下降是因为假定技术变化是使用资本节约劳动的技术变化。但是，可能也存在降低成本，但是却是节约资本使用劳动的技术变化，或者降低成本但是同时节约两种投入的技术变化。但是节约资本的技术变化并不是马克思考虑的那种类型的技术变化，如果这种类型的技术变化发生了，"假定相对份额保持不变，很明显利润率将会上升"②。

罗默给出了定性的结论："一般地，如果部门相对份额保持不变利润率下降；至少，在技术变化最大的部门，实际工资上升；如果两个部门之间的技术变化不平衡，那么落后部门的实际工资可能会下降"③。此外，罗默指出，在更复杂的马克思主义模型中，必须考虑技术变化对工人的替代造成的失业的增加对利润率和实际工资的动态变化产生的影响。

---

①② John Roemer, *The Effect of Technological Change on the Real Wage and Marx's Falling Rate of Profit*, Australian Economic Papers 15, 1977, P. 161.

③ John Roemer, *The Effect of Technological Change on the Real Wage and Marx's Falling Rate of Profit*, Australian Economic Papers 15, 1977, P. 162.

49.4　技术变化和阶级斗争

罗默指出，布雷弗曼、马格林（S. Marglin）和斯通（K. Stone）等人的著作提出了另一个问题：资本家引入技术变化是因为它降低了成本，还是因为技术使得资本家能够更好地对工人进行控制？这些学者关心的是资本主义技术变化的形式，它对工作过程和工人的影响。罗默认为，有关"'控制'对'效率'的技术的经济问题的一个方面可以在已有的模型中加以考察"[1]。

罗默认为，可以把技术变化对利润率的影响分解为两种效果：π 的变化源自实际工资（b_1，b_2）保持固定时技术系数 $[a_1, a_2, \ell_1, \ell_2]$ 的变化，以及随后当实际工资变化到（b_1^{**}，b_2^{**}）时 π 的变化。用前面部分的分析，也就是首先从场景 1 变化到场景 2，然后从场景 2 变化到场景 3，从而：

$$\pi^{**} - \pi = (\pi^* - \pi) + (\pi^{**} - \pi^*)$$

或

$$\Delta\pi = \Delta\pi_e + \Delta\pi_b$$

技术效率的本质是产出和投入的关系。为了度量技术效率，必须把工人视为一种投入生产过程的机械的投入，这样工人的劳动只在他支配了一定数量的商品补充 b_1 或 b_2 的意义上是重要的。从而通过假定每单位劳动的实际工资——实际上投入到生产过程中的工资商品——不变度量技术效率的改善。从而变化 $\Delta\pi_e = \pi^* - \pi$ 是技术变化的效率效应。然而，如果实际工资作为技术变化的结果发生了变化 $\Delta\pi_b = \pi^{**} - \pi^*$，是技术变化的实际工资效应。特殊的，如果劳动是由马提供的，那么 $\Delta\pi_b = 0$。

罗默认为，实际工资效应有助于（虽然存在一定的局限）理解新技术的"控制"的一面。新技术改变了社会关系，它改变了资本和劳动进行谈判的力量，意味着随后实际工资的变化。然而，罗默指出，技术的控制效应当然超过这里描述的实际工资效应所理解的。当工人因现代资本主义而表现出去技术化（deskilled）的特征时，资本家不只利用这一点降低实际工资，而且建立对生产过程的霸权。罗默承认，这种情况在当前的分析中无法加以考察。

根据前文的分析，技术变化和阶级斗争的机制是这样的：

---

[1]　John RoemerZ, *The Effect of Technological Change on the Real Wage and Marx's Falling Rate of Profit*, Australian Economic Papers 15，1977，P. 162.

$$\Delta\pi_e > 0, \quad \Delta\pi_b < 0, \quad |\Delta\pi_b| > \Delta\pi_e$$

实际工资效应是负的，而且支配着效率效应。更一般的，不应当再假定技术变化后相对份额能够恢复到事前的值。事实上，资本家引入技术变化的目的应当假定为建立一种避免这种情况发生的力量的阶级力量的平衡。资本家将不会引入新技术，除非实际工资效应是正的，或如果是负的绝对值减小。

如果资本家的确在做有远见的计划，那么他们关注的焦点将是净效应 $\Delta\pi$，而不只是效率效应 $\Delta\pi_e$。（这意味着资本家能够估计实际工资效应 $\Delta\pi_b$，当然这不是工厂工程师的工作而是工业心理学家的工作）。事实上，完全可以设想在 $\Delta\pi_e < 0$ if $\Delta\pi_b > 0$ and $\Delta\pi_b > |\Delta\pi_e|$ 时，技术变化会被引入。

对根据实际工资和效率效应为标准发生的技术变化，可以进行明显的分类：

Type la：	$\Delta\pi_e > 0$,	$\Delta\pi_b < 0$,	$\Delta\pi < 0$
Type lb：	$\Delta\pi_e > 0$,	$\Delta\pi_b < 0$,	$\Delta\pi > 0$
Type 2a：	$\Delta\pi_e < 0$,	$\Delta\pi_b > 0$,	$\Delta\pi < 0$
Type 2b：	$\Delta\pi_e < 0$,	$\Delta\pi_b > 0$,	$\Delta\pi > 0$
Type 3：	$\Delta\pi_e > 0$,	$\Delta\pi_b > 0$	
Type 4：	$\Delta\pi_e < 0$,	$\Delta\pi_b < 0$	

很明显，第4种类型的技术变化将不会发生，其他任何一种都是可能的。类型3对资本家而言是明显是最安全的，但是由于它们导致工人阶级整体的绝对实际工资下降，它不可能出现。类型1的技术变化是新古典经济学所设想的类型：技术变化是降低成本型的（$\Delta\pi_e > 0$），但是一些生产率提高的新增成果以涓流效应的方式由工人得到（$\Delta\pi_b < 0$）。类型2的技术变化是劳动过程马克思主义者最极端的技术变化形式，短期内它是成本增加型的，但是使得资本家能够得到在实际工资下降中体现的更大程度的对劳动过程的控制。

罗默然后使用这种分类对激进政治经济学文献中讨论的技术变化的控制效应进行了评价。新机器的引入可能并不是伴随着每单位劳动力的实际工资的下降而只是增加了劳动的强度。比如，生产线可能并没有引入任何严格意义上超过手艺工作的技术进步，但是它可以使资本家加速工作过程，这是马格林在研究工厂制度和生产线的出现时认为非常重要的现象。用马克思主义的术语，技术变化具有从给定数量的劳动力中榨取更多劳动的效应。每单位劳动力可能仍然只获得同样的工资——在这种情况每单位劳动的工资下降，或实际进行的工作的工资下降。罗默认为，这时必须思考一个问题：在对技术［a_1，a_2，ℓ_1，ℓ_2］的描述中，ℓ_i 代表的是劳动的数量还是劳动力的数量？隐含的新古典假设认为它们代表单位劳动力。假定工作的强度是固定的。那么，假定存在两种制造针的生产过程，每一种生产过程都要求同样数量的资本投入，但是一个过程要求一个工作日，另一个要求两个工作日。新古典的结论认为第一个过程从技术上看更有效率。然而，马克思主义者会问：工人在两个生产过程中的劳动会有多艰难？如果第一个过程中的工作组织使得资本家能够迫使工人劳动的速度是第二个过程中工人的速度的两倍，那么就不能说第一个过程在技术上更有效率。从激进的马克思主义的视角看，系数 ℓ_i 必须用一些被实现的劳动（labour performed）的标准来度量，而不是用购买的劳动力商品来度量，才能为生产中的技术效率提供精确的图景。这种区分在考察实际工资的变化时是非常重要的，也就是说按照新古典的分析标准，实际工资效应为零时，用马克思主义者的标准，这种效应可能为正。

罗默在激进学者和马克思主义者对资本主义条件下技术变化的本质和技术变化对阶级力量的平衡产生的影响的考察中，重新讨论了马克思关注的利润率下降趋势问题。他认为，马克思最初的结论（在发生降低成本的技术变化且实际工资不变的情况利润率下降）是不正确的，但是，在发生降低成本、使用资本和节约劳动的技术变化，且部门的工人的相对份额（而不是工资的绝对水平）保持不变的情况，利润率一般是下降的。罗默认为，"作为资本主义技术创新的结果的利润率是上升还是下降，是一个不能通过纯粹的技术考察可以回答的问题，本质上，它是一个马克思主义的问题，因为它包含着对以一种新的形式展现的活劳动和死劳动的对抗造成的社会后果的考察。这些社会后果，在第一近似的意义上，反映在技术变化对实际工资的影响上"[①]。

罗默在另一篇文章中对批判置盐定理的各种观点进行了讨论，并对涉及利润率下降理论争论的一些重大问题进行了简单的评价。

罗默认为，在很大程度上，"对马克思的利润率下降理论的讨论典型地缺乏对微观细节的关注"[②]。也就是说，原子化的资本的无政府性的行动是如何导致利润率的下降的？马克思在《资本论》第三卷以一种微观的方式讨论了这个问题，简单地说，资本家利润最大化的动机使他们用机器取代工人，

---

① John Roemer, *The Effect of Technological Change on the Real Wage and Marx's Falling Rate of Profit*, Australian Economic Papers 15, 1977, P. 166.

② John E Roemer, Continuing Controversy on the Falling Rate of Profit: Fixed Capital and Other Issues, *Cambridge Journal of Economics*, 1979, 3, P. 379.

从而提高了资本有机构成，降低（或造成一种降低的趋势）了利润率。罗默认为，无论马克思的这个观点正确与否，首先必须承认这个问题是一个微观层面的问题。罗默指出，这种从个体经济主体的行为推导出总体经济效应的经济学推理方法，被19世纪具有各种意识形态倾向的经济学家所使用。"事实上，这也是马克思主义之所以是科学社会主义的标志之一。根据马克思和恩格斯的论证，社会主义（以及资本主义危机）的结果不是一个乌托邦式的解决方案，而是各种社会力量相互作用的可预见的结果，这些社会力量最终可归结为个体及其阶级的行动"①。罗默指出，马克思将个人行为视为社会关系和社会约束的产物，而新古典学派则赋予个人以自我主宰、无历史约束的地位，"这丝毫不能削弱马克思的理论具有微观经济基础的结论"②。

罗默指出，关于马克思的利润率下降理论，已有一些研究者指出了其存在着缺陷，置盐1961年最早以形式化的方式说明了利润率下降理论中存在的缺陷。置盐认为：在价格通过竞争决定以及实际工资保持不变的情况下，当且仅当技术创新能降低成本时，资本家才会引入新的技术，那么最终均衡利润率将会提高。尽管事实上实际工资不可能保持不变，但问题的关键是，利润率下降能否被解释为是由技术创新本身所导致的，而与实际工资的变化无关。对置盐或类似置盐的其他研究者的观点的回应有三种：

第一类是对利润率下降理论持一种被法因和哈里斯称为原教旨主义的态度。原教旨主义的态度"实质上把利润率下降视为资本的定义的一部分"③。在这种态度中，利润率下降在某种程度上内在于资本的属性当中，从而利润率下降已不再是一个命题，也不可能被证伪。罗默认为，"虽然这一态度，在回击对利润率下降理论的批判时，作为不可战胜的武器，但是它也使这一理论变得十分无趣和无力"④。第二类是对资本有机构成是否提高进行实证研究。罗默认为，虽然这种研究也许是有用的，但"它并为涉及利润率下降是否源于技术进步这一理论问题"⑤，也就是说这种类型的研究要么与置盐定理的结论一致，要么不一致，但是，后一种情形并不表明置盐定理是错误的，它只是表明，需要对资本家引进技术创新提供另外的微观经济解释。罗默认为，实证研究当然是必要的，但它并未能提供理论上的反驳。第三类是反对置盐的模型，并在同一分析水平对利润率下降理论进行论证，即通过

① ② John Roemer, Continuing Controversy on the Falling Rate of Profit：Fixed Capital and Other Issues, *Cambridge Journal of Economics* 3, 1979, P. 379.

③ ④ ⑤ John Roemer, Continuing Controversy on the Falling Rate of Profit：Fixed Capital and Other Issues, *Cambridge Journal of Economics* 3, 1979, P. 380.

对个体资本家引进技术创新的微观经济行为的相关假定，证明随后会产生或导致利润率的下降。大量这些讨论中存在的一个共同的观点是，如果考虑固定资本（置盐定理并未考虑这个因素），那么利润率将会下降（其他因素不变，这一下降趋势独立于工资的变动）。

罗默的文章的核心部分考察了存在固定资本的情形，他研究的结论是：如果其他因素不变，那么即便存在固定资本，资本家的技术创新仍然会导致利润率的上升。但是，罗默解释说，首先，这一结论并不是说利润率不会下降，如果在技术变迁理论中引入实际工资对技术创新的反应，那么在各种现实的假定下，利润率就会表现为系统地下降。其次，它并不是说不可能存在一个利润率下降的微观经济理论，严格地说，通常的竞争假定并不能推导出这样一个理论。

罗默接受的是典型的新古典经济学教育，因此他对马克思主义经济学基本原理的研究，往往是以新古典分析方法和工具为基础的。在他的论文和著作的不同部分，他经常会谈及研究方法的区别问题。在这篇文章中，罗默指出，"探究经济行为的微观基础的技术方法，在许多马克思主义者看来似乎是属于新古典式的，因而也是应当被禁止的方法，但需要强调的是，情况并非如此，实际上，这一方法正是让马克思主义分析成为科学的而非乌托邦的理论的特征之一"[1]。罗默认为回避微观经济基础的分析很可能会导致功能主义。如果人们没有考察进行决策和采取行动的背后的机制，就会很容易地犯下一个错误——"轻率地宣称对于保持某一普遍的经济秩序而言是好的或必须的情况就必然会流行。或者相反地，认为凡是对资本主义体系的灭亡是必须的，比如利润率的下降，就必然会出现"[2]。

49.5　对置盐定理的质疑

罗默对置盐定理的质疑，主要包含以下两个问题。

一是关于最大利润率问题。这种观点认为，虽然实际中的利润率上升了，但是最大利润率下降了。这一个观点被法因和谢赫提出而引起注意，这种观点认为，如果最大利润率随时间而下降，那么经济系统就将变得越来越困顿，可以说具有危机倾向了。谢赫指出，"认为机械化会降低最大利润率

---

①② John Roemer, Continuing Controversy on the Falling Rate of Profit: Fixed Capital and Other Issues, *Cambridge Journal of Economics* 3, 1979, P. 380.

的观点，将会意味着实际中的利润率迟早也必将下降，这也确实恰好被很多马克思主义者所说明，因而，马克思的观点的基本逻辑似乎并未受到动摇"[1]。罗默认为，这一结论不符合其假定的前提。

最大化利润率是在给定技术条件下，工资下降为零时的利润率，即不考虑资本家的直接劳动成本时的回报。假定技术变化是 CU－LS 型的，那么所有物质投入系数提高或保持不变，直接劳动投入系数降低，这是一种常见的技术进步。假定技术创新前后的最大利润率分别为 $\bar{\pi}$ 和 $\bar{\pi}^*$，很容易证明 $\bar{\pi}^* < \bar{\pi}$，如果假定存在一个无限的 CU－LS 型技术进步序列，在每一次技术进步中实际利润率必然上升（实际工资 b 保持不变），同时最大利润率必然下降，因此可以得到：

$$\pi^1 < \pi^2 < \pi^3 < \cdots < \pi^t < \cdots < \bar{\pi}^t < \bar{\pi}^{t-1} < \cdots < \bar{\pi}^3 < \bar{\pi}^2 < \bar{\pi}^1$$

很明显，$\{\bar{\pi}^i\}$ 是递减的，"但这绝不会引起实际利润率的下降"[2]。而且，任一实际利润率 π^* 都低于所有最大利润率 $\{\bar{\pi}^i\}_{i=1,\infty}$，但是最大利润率 $\bar{\pi}^i$ 并不收敛于零，而是收敛于某个相当的正值，说它"大是因为它大于经济系统在假定的历史时期中所能实现的任一实际利润率"[3]。

施弗尔德（Schefold）以一个复杂的模型讨论了最大利润率下降问题。施弗尔德用包含固定资本的模型，证明了"机械化"导致最大利润率的下降。施弗尔德的"机械化"指的一种技术创新，在这种创新中，新技术使用的流动资本（原材料）数量至少与原有技术水平相等，使用更大数量的固定资本和较少的直接劳动。那么在固定资本增加，流动资本没有减少，且不考虑直接劳动投入（工资假定为零）的情况下，最大利润率将会下降。"虽然有固定资本的模型与纯流动资本模型相比在数学上更为复杂，但经济学直觉和纯流动资本情形中的一样。因此，最大利润率的下降与实际利润率会发生什么变化之间并没有直接的因果联系"[4]。

在上述技术变化的无限历史序列中会发生什么情况呢？罗默认为，能得到的结果就是"实际利润率和最大利润率会越来越接近"[5]。只要实际工资不为零且保持在 b，实际利润率和最大利润率就不可能收敛于相同的极限。此外，如果允许实际工资随技术进步而变化，那么实际利润率将不会提高得如此的快，甚至可能下降。

① Shaikh, A, Political Economy and Capitalism: Notes on Dobb's Theory of Crisis, *Cambridge Journal of Economics*, Vol. 2, 1978, P. 240.

②③④⑤ John Roemer, Continuing Controversy on the Falling Rate of Profit: Fixed Capital and Other Issues, *Cambridge Journal of Economics* 3, 1979, P. 383.

置盐信雄本人也提出了一种形式的最大利润率下降理论，利用马克思的范畴 S，C，V，L，置盐认为：

$$价值利润率 = \frac{S}{C+V} < \frac{S+V}{C+V} < \frac{L}{C+V} < \frac{L}{C}$$

因此，如果随着技术进步，$\frac{L}{C}$ 趋近于零，那么 $\frac{S}{(C+V)}$ 也必然趋近于零。也就是说"$\frac{L}{C}$ 是利润率的上限"[1]。罗默指出，认为在高度机械化的条件下 $\frac{L}{C}$ 趋于零从直觉上是令人满意的。但是，如果经济系统中总的直接劳动变小，那么不变资本 C 的价值也会变小，因此机械化并不意味着 $\frac{L}{C}$ 趋近于零。另外，"$\frac{L}{C}$ 趋近于零的观点也缺乏微观基础"[2]。对于这种观点，罗默还指出，无论是否 $\frac{L}{C}$ 趋近于零，都已经证明在实际工资固定的假定下，价格利润率都不趋于零，反而是递增的。因此，"在工资固定的假定下，$\frac{L}{C}$ 的变动行为与利润率下降无关"[3]。

二是关于资本有机构成提高问题。罗默指出，马克思的资本有机构成提高的观点可以表述如下：

$$\rho = \frac{S}{C+V} = \frac{\dfrac{S}{V}}{\dfrac{C}{V+1}} = \frac{e}{\dfrac{C}{V+1}}$$

由于技术变化的结果，资本有机构成随时间而提高，在所有其他条件不变的情况下，价值利润率 ρ 将会下降。罗默指出，这种观点在假定实际工资保持不变的情况下是不成立的，因为在上面所假定的竞争条件下，e 将一直上升并足以弥补 $\frac{C}{V}$ 的提高所造成的影响。罗默说自己并不反对资本有机构成随时间发生变化的情况，这是因为无论利润率下降是否是一个实证问题，它都完全建立在对技术变化和工资变化率之间关系的考察的基础之上。人们当然能够建立技术变化和工资变化之间的关系的理论，并考察这种关系对利润

①②③　John Roemer, Continuing Controversy on the Falling Rate of Profit: Fixed Capital and Other Issues, *Cambridge Journal of Economics* 3, 1979, P. 384.

率的影响。对这种理论的证明必然是实证性的。但是，上面讨论的观点却是从技术变化自身推导出有机构成提高造成利润率下降的结果。"无论是为了证明还是否定这种观点，都没有必要去考察资本有机构成，除非讨论的是一个竞争性的、降低成本的技术创新问题"①。

有固定资本情况下的利润率上升：特殊的情形。谢赫指出，在有固定资本的模型中，利润率可能会由于资本家的理性的、竞争性的技术创新而下降。考虑到置盐定理并未考察固定资本问题，因此，罗默首先提出了一个包含固定资本的特殊的模型：假定没有联合生产，所有固定资本都是永久持续的，也就是说不发生磨损。这个特殊情况中隐含的经济含义是非常明显的，如果在一个固定资本永久持续的模型中利润率随着技术进步呈现出上升的趋势，那么当存在固定资本磨损时利润率就更会上升了。虽然罗默用数学模型证明了在这种的情况下，利润率是上升的。但是，谢赫的观点是在有固定资本的条件下均衡利润率可能会下降，与罗默的结论是相反的，罗默对这种情况进行了说明。谢赫认为依据马克思的技术选择标准，资本家们只是评估新技术与原有技术相比是否会使生产的流动成本下降。如果会，那么资本家就采用这一新技术。谢赫将利润与流动资本（包含贬值因素）的比率定义为利润边际，把利润与预付总资本的比率定义为利润率。罗默认为，谢赫试图通过下述方式挽救利润率下降理论。即谢赫认为，竞争性的技术创新确实会导致利润边际的上升，但是，利润率却会下降，如果有大量的固定资本参与生产的话。罗默的观点是："谢赫强加给他的资本家的技术创新的标准完全不合理，而且非常特殊：资本家竟然不考虑固定成本！……谢赫虚构的技术选择标准不是一个竞争性的标准"②。

谢赫对佩斯基（J. Persky）和阿波罗（J. Alberro）提出的一种解释实际利润率下降的理论进行了分析。假定一种技术创新出现了，而且预期能够提高利润率，所以它被引入了生产中。新的回报率为 π^*。两年后，另一项技术创新出现了，引入这项新技术仍然是有利可图的，甚至使得两年期的旧机器必须报废（新的技术创新导致新的均衡利润率 $\pi^{**} > \pi^*$）。这样"过去采用第一种技术创新的两年间的实际回报率明显低于 π^*，因为不再能实现无限期的正的净收入流"③。以这种方式，可以说明一系列的创新是如何发生

---

① John Roemer, Continuing Controversy on the Falling Rate of Profit: Fixed Capital and Other Issues, *Cambridge Journal of Economics* 3, 1979, P. 385.

②③ John Roemer, Continuing Controversy on the Falling Rate of Profit: Fixed Capital and Other Issues, *Cambridge Journal of Economics* 3, 1979, P. 387.

的，之所以采用每一种新技术都是因为它导致了更高的预期利润率，但是接下来，由于未预料到的机器报废导致的使用寿命缩短，最后实际的回报率下降了。最极端的情况是，每年都发生技术创新，这样资本家在每个时期都要承受新的固定资本的巨大成本，并且只得到上一时期产出的很小收入。因此，"预期利润率的上升和实际利润率的下降是一致的"①。

罗默认为，佩斯基和阿波罗提出了"一个有微观基础的利润率下降理论，但是，它确实建立在一个合理性存疑的假设之上：存在一系列不可预见的技术创新"②。罗默认为，由于某些原因，资本家一贯地会低估技术进步的速度。在一个短时期内发生这种情况是可能的，但是过一段时间，资本家将会调整他们的预期，并假定创新以一个合理的速度发生。此外，"当今的大多数创新来自大型的研发实验室，而且是大规模协调发展的结果，因此假定资本家能够相当精确地预见到技术创新的速度是合理的"③。罗默认为，佩斯基和阿波罗"的确提供了一个有关利润率下降的故事。但是充其量它只在短期内是成立的，它不支持长期的利润率下降。它依赖于不可预期的技术进步的速度"④。

随后罗默提出了一个一般性的模型，其中固定资本能以不同的速度损耗，存在联合生产，不同的生产过程可以有不同的生产周期。他的目的是考察在引入降低成本的技术进步，而且实际工资始终保持不变的情况下利润率的变化。罗默的结论是："如果假定实际工资不变，那么理性的技术创新决不会带来利润率的下降，即使是固定资本、不同的周转时间等因素会使问题变得复杂"⑤。

罗默指出，"至少在一代人的时间里，很多作者都指出，将利润下降视为技术进步自身的结果是没有必要的"⑥。罗默指出的这一代人中的代表人物包括罗宾逊、斯威齐和多布⑦。置盐信雄 1961 年在一个简单且令人信服的模型中证明了竞争性技术创新的结果是利润率上升。近些年其他一些作者

---

① John Roemer, Continuing Controversy on the Falling Rate of Profit：Fixed Capital and Other Issues, *Cambridge Journal of Economics* 3, 1979, P. 387.

②③④ John Roemer, Continuing Controversy on the Falling Rate of Profit：Fixed Capital and Other Issues, *Cambridge Journal of Economics* 3, 1979, P. 388.

⑤ John Roemer, Continuing Controversy on the Falling Rate of Profit：Fixed Capital and Other Issues, *Cambridge Journal of Economics* 3, 1979, P. 391.

⑥ John Roemer, Continuing Controversy on the Falling Rate of Profit：Fixed Capital and Other Issues, *Cambridge Journal of Economics* 3, 1979, P. 393.

⑦ 参见：Robinson, J., *An Essay on Marxian Economics*, New York, St. Martin's Press；Sweezy, 1942, P. 1942. *The Theory of Capitalist Development*, New York, Monthly Review Press；Dobb, M. 1945. *Political Economy and Capitalism*, New York, International Publish.

通过提出更加复杂的，但本质上仍是竞争性的模型试图复活利润率下降理论。但是在一个真实工资固定、自由竞争的环境中建立利润率下降理论"是没有希望的"①。

但是，罗默反复强调，这并不意味着利润率不会下降，也不意味着不存在一个有关资本主义经济中利润率下降的理论。但是，要建立这样一个利润率下降的理论，"必须放松所讨论的刻板的模型的一些假设"②。罗默认为，最自然的改变与实际工资的变化有关。如果技术创新导致实际工资的上升，那么利润率的下降将有可能发生。而且，如果一个实际工资可变的模型中利润率会下降，那是因为技术创新之后的阶级斗争的结果，而不是技术创新本身造成的。建立一个利润率下降理论的第二种可能是建立一个有关政府支出不断增加的理论，政府支出的增加会侵蚀税前利润，从而导致税后利润率的下降。罗默认为，这种可能在近来一些"对国家进行研究的马克思主义者的著作中得到了展现"③。第三种可能由罗松（B. Rowthorn）提出，认为欠发达国家在面对帝国主义国家时谈判实力的增强可能会使得贸易条件不利于后者，从而导致帝国主义国家资本的低的利润率。

罗默指出，虽然上述提及的研究并没有穷尽所有提出利润率下降理论的可能。但是"一般性的观点是如果放弃纯粹的竞争性模型，那么可以有许多利润率下降的理论"④。但是，原教旨主义者批判了这些"新的"利润率下降理论，认为这些研究不是从资本自身的发展中，而是基于各种各样特殊的现象推导出利润率下降理论的，比如阶级斗争（实际工资提高），政府职能的扩张，等等。罗默指出，一句经常被引用的马克思的话是："资本主义生产的真正限制是资本自身"⑤。"但是如果有人希望基于这句引语所隐含的资本发展理论来建立对利润率下降的解释，那么可以回应他们说原教旨主义者对'资本自身'是什么定义的太过狭隘"⑥。罗默指出，资本自身是一种社会关系，资本的发展就其自身而言应该包括这样一些现象，围绕实际工资展开的阶级斗争，政府职能的扩张，资本发展的不平衡（改变贸易条件），以及所有能够对资本有机构成提高模型形成特殊修正的各种影响因素。罗默认为，这些新的理论也可以称为"利润挤压"理论，但是，只有那些对资

①②③ John Roemer，Continuing Controversy on the Falling Rate of Profit：Fixed Capital and Other Issues，*Cambridge Journal of Economics* 3，1979，P. 393.

④⑥ John Roemer，Continuing Controversy on the Falling Rate of Profit：Fixed Capital and Other Issues，*Cambridge Journal of Economics* 3，1979，P. 394.

⑤ 《马克思恩格斯文集》第 7 卷，人民出版社 2009 年版，第 278 页。

本持最狭隘的理解的人才会认为利润挤压理论放弃了资本发展源于其内部矛盾，资本主义生产的根本障碍在于资本自身的观点。

　　罗默最后对利润率下降理论争论中涉及的政治立场问题进行了简单的探讨。"原教旨主义者经常明确指出或暗示，利润挤压理论导致政治改良主义，因为在这类理论中，利润率的下降完全以一些特殊的和主观的因素为条件"①。另一方面，资本有机构成提高的理论"意味着资本主义危机不以人们的主观愿望为转移，从而导致一种革命的政治"②。但是，罗默同时指出，利润挤压理论家可以回应后一种观点说，"一个认为利润率下降和危机的爆发可以独立于阶级斗争的理论，就像有机构成提高理论表现出来的那样，将会导致一种经济主义的和机械的政治理论，在这样的理论中，有意识的组织工作变得不再必要"③。罗默认为，这些关于政治行动的理论都不是它们各自的前提在逻辑上的必然结果："经济理论和政治实践之间的联系要复杂和微妙得多"④。

　　罗默认为，在有关马克思主义的经济理论的争论中，要提倡"更加冷静的讨论"。"人们不必在讨论中，或者在一般性的科学研究工作中，因支持某种特定的立场而被贴上政治异端的标签而担心。如果讨论是以冷静理性为基础的，那么无论是什么类型的缺乏事实依据的观点都能够被很容易地抛弃，而有关马克思主义危机理论的研究则会取得更大的进步"⑤。

---

①②③④⑤　John Roemer, Continuing Controversy on the Falling Rate of Profit: Fixed Capital and Other Issues, *Cambridge Journal of Economics* 3, 1979, P. 394.

第50章　对工资、剥削率与利润率趋向下降关系的探讨

关于利润率趋向下降规律与剥削率关系问题的论争由来已久。在20世纪40年代，罗宾逊夫人就认为，工资是一个影响利润率的因素，马克思所假定的实际工资水平不变与利润率下降之间存在矛盾关系。她在《论马克思经济学》的第五章"下降的利润率"中认为，在剥削率不变时实际工资会随劳动生产率的提高而提高，是因为劳动者以一个不变的比例从一个越来越大的产品总额中取得了自己一份越来越大的份额。实际工资提高是剥削率不变和劳动生产率提高的必然结果。马克思实际工资不变的假定，是和他在剩余价值率不变的条件下分析劳动生产率提高引起利润率下降相矛盾的。在罗宾逊夫人看来，如果剩余价值率不变，劳动生产率又在提高，那么工人实际工资的上升和利润率的下降是两件相伴而生的事。

罗宾逊夫人事实上是用正统经济学理论的边际生产力理论在分析这个问题。正统经济学认为，资本的边际生产力随着资本的增加而下降，而资本的边际生产力决定利润率。工资却由劳动的边际生产力来决定。现代劳动生产力的提高所表现出来的资本相对于劳动的比例的增加，一方面在降低资本的边际生产力，另一方面在提高劳动的边际生产力，这就是为什么劳动生产率提高时工人实际工资要上升而资本的利润率要下降的原因。

罗宾逊夫人认为有两点理由可以说明为什么实际工资不变时利润率不可能下降。第一，只有在资本积累时技术才有进步，因而过多的资本积累造成资本边际生产力严重下降时，实际工资不变和利润率下降才可能同时发生。但资本积累总是伴随着技术进步，不存在什么收益递减规律来使资本的边际生产力严重减退，即使从马克思的观点来看也是如此。因此，这种唯一可能发生的情况在现实生活中并不存在。第二，在劳动生产率提高的情况下，虽然实际工资不变，但商品价值的下降，使 $\frac{S}{V}$ 的分母 V 的值下降，$\frac{S}{V}$ 的值增大，剥削率的这种提高，有助于抵消利润率的下降。

50.1 迪奥斯对工资与利润率下降关系的论述

以置盐信雄对技术变化和利润率变化的分析为基础，罗默在《马克思经济理论的分析基础》一书中，把罗宾逊夫人的第二个观点进一步发展为如果实际工资保持不变，则资本家所采用的技术进步总是带来利润率的某种上升。罗宾逊夫人的质疑和罗默的肯定是建立在剩余价值率不变和他们对马克思实际工资的理解之上的。但是，马克思究竟是如何看待实际工资的呢？迪奥斯（E. S. De Dios）给出了他对马克思工资理论的理解。

马克思是否坚持"生存工资理论"，这是一个众说纷纭的问题。《论马克思的工资理论》是迪奥斯1983年在《菲律宾经济和商业评论》上发表的一篇文章[1]。迪奥斯认为，要准确理解马克思的观点，困难"来自于一些人想在现代社会的工资率的变化和发达资本主义国家的生活标准中，找到等同于马克思预测过的一些东西。"[2]

迪奥斯首先提到了曼德尔，曼德尔认为马克思和恩格斯早期可能是坚持生存工资理论的，这种理论的中心含义是工资水平只限定于最小的物质量，但是，到了马克思写《政治经济学批判大纲》的时候，他们便不再坚持这种理论。根据曼德尔的观点，在马克思的成熟的工资理论中，他仅仅关注相对于工人阶级创造的财富而言的工人阶级的相对贫困化。曼德尔说，"马克思从来没有阐述过任何工人绝对贫困的'规律'，尽管他认为工人的相对贫困不可避免"[3]。然后，迪奥斯又引用了霍华德和金的观点。霍华德和金认为，由于对劳动价值论的坚持，马克思把这种理论应用到包括劳动力在内的所有商品，他把劳动力商品的交换价值定义为生产和再生产劳动力的社会必要劳动时间，也就是说，等同于生产生存资料所需的社会必要劳动时间[4]。因此，如果坚持劳动价值论，把工资定义为均衡状态下的生存水平似乎就是

① E. S. De Dios, On the Marxian Theory of Wages, *Philippine Review of Economics and Business*, Vol. XX, No. 3&4, Sep. /Dec. 1983, pp. 339 – 345. In *Karl Marx's Economics: Critical Assessments*, Edited by Cunningham Wood, Vol. V, 1993, pp. 217 – 222.

② E. S. De Dios, On the Marxian Theory of Wages, *Philippine Review of Economics and Business*, Vol. XX, No. 3&4, September/December 1983, pp. 339 – 345. In *Karl Marx's Economics: Critical Assessments*, Edited by Cunningham Wood, Vol. V, 1993, P. 217.

③ Mandel, E, *The Formation of the Economic Thought of Karl Marx*, New York: Monthly Review Press, 1971, P. 151.

④ Howard, M. C and King, J. E, 1975, *The Political Economy of Marx*, Longman.

难免的①。从以上曼德尔以及霍华德和金的观点可以发现，他们对马克思工资理论的看法是不同的，霍华德和金认为马克思的工资理论就是"生存工资理论"，而曼德尔则认为马克思的工资理论是一个处于变化状态的东西。如何才能准确理解马克思本来的意思，迪奥斯在他的文章中提出了他自己的解决办法。他指出，"如果在一个更加动态化的背景中考察一个定义良好的可以变化的生存工资就有可能解决这一难题。"② 迪奥斯认为，任务在于说明处于失业状态的产业后备军是如何施加压力使工资达到基本生存水平的同时，指明失业后备军本身的增长是如何取决于资本积累的"节奏"的。同劳动力增长速度相比，资本积累的速度，不仅可以对工资施加压力，也能够把工资暂时地提升到基本生存水平以上。迪奥斯认为这就是马克思在《政治经济学批判大纲》里的表述，马克思写到，在丰裕时期，工人"参与更高一些的享受，以及参与精神享受——为自身利益进行宣传鼓动，订阅报纸，听演讲，教育子女，发展爱好等"③。曼德尔对这些内容的评价认为"劳动力价值包括两个部分：一个相对稳定的生理要素以及一个相对变动的要素，这个相对变动的要素对于依据工人逐步提高的需求实现劳动力的再生产是必要的。"④

迪奥斯指出，马克思从来没有只把纯粹的生理需求当作是基本的生存要求，它还应该包括"历史或社会要素"。马克思指出，除了"纯粹生理的要素以外，劳动的价值还取决于每个国家的传统生活水平。这种生活水平不仅包括满足生理上的需要，而且包括满足由人们赖以生息教养的那些社会条件所产生的一定需要"⑤。迪奥斯认为，容易产生误解的根源是这个"水平"总是被静态地来加以考虑。参照以前的消费水平，那些超出生理需求的要素本身会随着时间的变化发生变化的可能性被忽视。迪奥斯指出，需要做出的一个假设就是，"在连续的时间中，工人消费越来越多的使用价值成为一种惯例并且被应用到基本生存物品的概念上去，它的价值仍然被定义为生产它

① E. S. De Dios, On the Marxian Theory of Wages, *Philippine Review of Economics and Business*, Vol. XX, No. 3&4, Sep. /Dec. 1983, pp. 339–345. In *Karl Marx's Economics: Critical Assessments*, Edited by Cunningham Wood, Vol. V, 1993, P. 217.

② E. S. De Dios, On the Marxian Theory of Wages, *Philippine Review of Economics and Business*, Vol. XX, No. 3&4, Sep. /Dec. 1983, pp. 339–345. In *Karl Marx's Economics: Critical Assessments*, Edited by Cunningham Wood, Vol. V, 1993, P. 218.

③ 《马克思恩格斯全集》第46卷上，人民出版社1979年版，第246页。

④ Mandel, E, 1971, *The Formation of the Economic Thought of Karl Marx*, New York: Monthly Review Press, P. 145.

⑤ 《马克思恩格斯全集》第16卷，人民出版社1964年版，第164页。

的必要劳动时间。在消费函数的文献中，同样的现象被称为'棘轮效应'。"①

　　迪奥斯还进行了简单的数学推导，试图用更正式、更严密的数学语言来阐释自己的观点。首先他做了一系列的定义，定义 r 为资本积累率，w 为实际工资水平，由于工资和利润率之间的关系以及标准的新李嘉图模型中增长和利润率之间的对偶性，两者负相关。R 为失业的产业后备军的规模，而 n 为外生给定的劳动力增长率。

　　通过数学推导迪奥斯得出这样的结论：最终"生存工资会'追赶实际工资'"②。"当经济在劳动力增长率 n 等于资本积累率 r 的条件下增长，产业后备军的规模 R 是不变的；这个时候的实际工资等于基本生存工资；r 处在一个均衡增长水平上面，也就是哈罗德模型里的'自然增长率'。"③

　　前面的结论是建立在经济固定于一个特定的技术基础之上的。迪奥斯认为，"这种基于技术不发生变化的均衡思想并不能代表马克思的看法，马克思自己的看法是，企业家会引进新技术，其结果是在给定的工资水平之下能获得更高的利润水平。当越来越多的资本家引进新技术的时候获得更高利润水平就会成为一个普遍的现象，资本积累率就会超过 r，并因此超过 n。这将导致产业后备军人口减少以及实际工资上升，因此，这个转换过程的结果是实际工资将超过基本生存水平"④。

　　迪奥斯接着指出，"随着工资的上升，资本积累率和利润率一定会下降。新技术下新的均衡将会在资本积累率 r 重新等于 n 时达到。一旦取得了新的均衡，产业后备军将停止减少，实际工资将在一个新的更高的基本生存水平上稳定下来"⑤。

　　从迪奥斯的分析中可以发现，他所定义的可以不断上升的生存工资水平实现的前提，是新技术的产生与扩散如果没有技术的进步，资本家便不可能获得更高的利润率，也不可能增加投资。雇用更多的工人，产业后备军的规模便不可能缩小，工人的工资水平也就不可能上升。

　　最后，迪奥斯还对技术与利润率之间的运动关系进行了更加详细的分析。他认为，在竞争性资本主义阶段，当新技术的应用普及化后，利润率将

　　① E. S. De Dios, On the Marxian Theory of Wages, *Philippine Review of Economics and Business*, Vol. XX, No. 3&4, Sep./Dec. 1983, pp. 339 – 345. In *Karl Marx's Economics: Critical Assessments*, Edited by Cunningham Wood, Vol. V, 1993, P. 218.
　　②③④⑤ E. S. De Dios, On the Marxian Theory of Wages, *Philippine Review of Economics and Business*, Vol. XX, No. 3&4, Sep./Dec. 1983, pp. 339 – 345. In *Karl Marx's Economics: Critical Assessments*, Edited by Cunningham Wood, Vol. V, 1993, P. 220.

返回到它的初始水平。除非新技术的知识被垄断，新技术的普及化意味着要获得更高的利润水平只能是把技术边界再向外推移（即开发更新的技术）才能获得。他还指出，一些特殊行业的生产上的垄断或者是一些特定技术上的垄断，都可能会延缓积累水平下降到平均水平上的趋势，所以，这个模型给阐述垄断资本条件下的情况留下了空间。

50.2 莱伯曼对技术变革、剥削率和利润率关系的考察

根据置盐定理，如果实际工资保持不变，那么理性的资本家不会引入降低利润率的技术。置盐定理是在两部门流动资本模型中得出来的。这个模型也可被扩展到剥削率不变的情况，在剥削率不变的情形下，资本家的理性行为是否会导致利润率的下降呢？莱伯曼对这个问题进行了分析，认为资本家的理性行为能够导致利润率的下降。随后莱伯曼把自己的分析扩展到存在简单的固定资本的情形，认为存在对可能的技术创新的约束，这种约束使得存在某种最优的技术选择，而且这种技术选择会导致资本密集的、利润率下降的路径。

莱伯曼认为，对置盐定理的讨论使得对马克思利润率下降理论的争论发展到了新的阶段。争论的核心是：技术的变革是否带来利润率下降占支配地位的趋势[1]。莱伯曼指出，一些学者认为，"马克思的理论——资本主义的技术变革体现为资本有机构成的提高，因而将（最终）导致利润率的下降——被认为是存在固有矛盾的"[2]。因为，没有理性的资本家会故意地引入降低利润率的技术。因此，在分析利润率下降理论时，首要的问题是审视有关技术选择的决策过程以什么方式影响了技术变革的过程（在个体资本家的层面）；其次，在综合其他影响利润率的因素的情形下，讨论技术进步是否使得利润率下降（事实上所有的因素都同时发挥作用）。

莱伯曼认为，尽管在理论立场和政治观点之间并不存在必然的联系，但是，在一开始就对利润率争论涉及的深层次问题进行说明是有益的。马克思的支持者认为利润率下降是资本主义的重要的内在矛盾，放弃这一点将意味着取消了资本主义危机和社会主义革命的客观必然性，将阻碍社会主义的进

---

① 在莱伯曼的分析中，"占支配地位的"趋势意味着这种趋势能够在合理的有限的时间内使自己的影响超过其他趋势。

② David Laibman, Technical Change, the Real Wage and the Rate of Exploitation: The Falling Rate of Profit Reconsidered, *Review of Radical Political Economics*, 1982, 14 (2), pp. 95 – 105.

程；而其反对者认为社会主义只是一种理想；评论家认为，后者是一种狭隘的观点，它缩小了资本主义内在矛盾和阶级斗争的存在。马克思主义政治经济学将变成另一种形式的激进民粹主义，社会主义将成为一种乌托邦，而不是一个科学的概念。另一方面，马克思的批判者否定对利润率下降趋势的解释，认为这是一种有关资本主义内在矛盾的狭隘的、宿命的观点，是一种否定了资本主义矛盾中阶级斗争和阶级意义的重要性的观点。

莱伯曼的建议是要超越"机械主义"和"唯意志论"方法的两分法，他认为诉诸剥削率不变这一假定是很重要的。莱伯曼通过一个两部门的流动资本模型进行了分析。文章的第一部分的两部门模型以一种新的方法证明置盐定理，第二部分比较不变工资假设和不变剥削率假设；第三部分将结论拓展到存在简单的固定资本的模型中，并在这一部分引进新的因素：资本主义社会特有的约束下的技术选择。

50.2.1　两部门模型中的置盐定理

首先设定资本品和消费品的价格方程：

$$pa_1 R + w_m l_1 = p \tag{50.1}$$

$$pa_2 R + w_m l_2 = 1 \tag{50.2}$$

其中，p 是用消费品表示的资本品的价格，由于消费品被视为是计价标准，因此消费品的价格是 1，l_1 和 l_2 分别是每单位资本品和消费品产出的劳动投入流量，a_1 和 a_2 分别是生产每单位资本品和消费品产出时耗费的资本投入流量；假定只存在流动资本。$R = r + 1$，其中 r 是利润率；w_m 是货币工资率，或用作为计价标准的商品度量的工资率，当所有的工资都用来消费时，它也是实际工资率。由公式（50.1）、公式（50.2）解出 R：

$$R = \frac{1 - w_m l_2}{a_1 + w_m (l_1 a_2 - l_2 a_1)} \tag{50.3}$$

其中，R 与 w_m 和 4 个技术参数呈反向变化的关系，这种情况对 l_1，a_2 而言是非常明显的，但是可以通过把分母改写为 $w_m l_1 a_2 + a_1 (1 - w_m l_2)$，理解它和 l_2，a_1 的关系。通过上面的式子，可以解出 p：

$$p = \frac{a_1 + w_m (a_2 l_1 - a_1 l_2)}{a_2} \tag{50.4}$$

由以上关系还得出下面的关系，第一个等式是从公式（50.1）直接得出的，第二个是从公式（50.2）中推出的：

$$\frac{1 - a_1 R}{R} = \frac{w_m l_1}{pR} = \frac{w_m a_2 l_1}{1 - w_m l_2} \qquad (50.5)$$

在 1979 年的文章中，阿波罗和佩斯基推导出了每个部门 p 和 R 的关系，并证明当这些关系根据置盐的标准进行替代时，它们必然会相交在与原有的水平相比更高的 R 上。

根据置盐定理，只有资本家感觉新技术优于旧的技术时才会引入新技术，也就是说，新技术（l'_i，a'_i）在既定的价格和利润率条件下，单位产出的成本降低时才会引入新技术，这种情况的微观动态学是非常简单的，罗默把具有这种特征的技术称为"可行的技术（viable techniques）"，因此，可以得到每个部门引入新技术的可行的条件（viability conditions）：

$$pa'_1 R + w_m l'_1 < p （部门1） \qquad (50.6)$$

$$pa'_2 R + w_m l'_2 < 1 （部门2） \qquad (50.7)$$

莱伯曼认为，需要特别说明的是，置盐定理的背景是资本家之间原子化的、无约束的竞争。这是一个对充分发展了的资本主义过程的很强的假设，很明显它是一个解决利润率下降问题的正确的基础。但是，这种假设与新古典的完全竞争假设不同，它没有否定资本主义会从自由资本主义阶段发展到垄断资本主义阶段，它没有排除对垄断是加速还是阻碍利润率下降进行进一步的讨论。莱伯曼认为，上述说明对来自剑桥和马克思主义的学术圈子中的对置盐观点的批判而言非常重要。很明显，一般（平均）利润率的形成从来没有完成，尤其是在固定资本占优势的情况下，因此人们不能说特定的利润率，资本家是在历史时间而不是逻辑时间中进行经营。但是这些批判中没有一个是决定性的，除非这些批判能够表明，这种潜在的趋势（比如根据置盐的假设得到的趋势或其他类型的趋势）能够被这些考虑所否定。也就是说莱伯曼认为，"与置盐定理相联系的立场只能在定理自身的抽象水平上被加以驳斥，如果要成功地反驳它的话"[①]。

莱伯曼考察了不同部门的技术变革，他指出，两个部门的技术不必同时发生变化，这种假设是合理的，为了和模型的原子化的竞争框架保持一致，必须假定不同部门的行为是彼此独立的，而且每个部门并没有预见到其他部门的行动。也就是莱伯曼在考察技术变化时，是独立地考察不同部门的。对于部门2，由可行的条件（50.7）可得：

---

① David Laibman, Technical Change, the Real Wage and the Rate of Exploitation: The Falling Rate of Profit Reconsidered, *Review of Radical Political Economics*, 1982, 14 (2), P. 97.

$$l'_2 < \frac{1}{w_m} - \frac{pR}{w_m}a'_2 \tag{50.8}$$

接下来考察利润率下降条件 R′ < R，其中 R′ 是新技术引入后价格均衡重新建立后的利润要素。莱伯曼指出，在这时，需要明确"置盐—罗默—阿波罗—佩斯基的假设，即实际工资在从一种技术转变为另一种技术的过程中保持不变"[1]。那么这时的利润率下降条件可以称为实际工资不变的利润率下降条件，表示为（FRP(w_m)），由公式（50.3），利润率下降的条件就为：

$$R' = \frac{1 - w_m l'_2}{a_1 + w_m(l_1 a'_2 - l'_2 a_1)} < R \tag{50.9}$$

部门1仍使用旧的技术。解出 l'_2 的不等式：$l'_2 > \frac{1}{w_m} - \frac{l_1 R}{1 - a_1 R}a'_2$，再由公式（50.5）得：

$$l'_2 > \frac{1}{w_m} - \frac{pR}{w_m}a'_2 \tag{50.10}$$

根据公式（50.8）和公式（50.10）可以理解，技术变化的可行条件和利润率下降的可行条件之间是存在冲突的。因此，"这在部门2证明了置盐的结论"，[2] 对于部门1可以做类似的分析。

50.2.2 剥削率不变的情形与固定资本和存在受约束的技术选择的情形

在以一种新的方式证明了置盐定律后，莱伯曼转向新技术一般化，而且新的价格均衡出现后，剥削率而不是实际工资不变的情况。莱伯曼认为，如果新技术提高了劳动生产率，通常出现的情况是，不变的剥削率意味着实际工资的提高。

通过模型分析，莱伯曼得出的结论是，当技术转变期剥削率保持不变时，实际工资的提高同（净）劳动生产率成比例，新技术即是可行的（它们使得技术转变期的利润率高于最初的均衡利润率），也导致了新技术一般化后、价格—利润均衡恢复后更低的均衡利润率[3]。

莱伯曼认为，这个结论"并不构成对置盐定理的否定，因为它改变了

[1][2] David Laibman, Technical Change the Real Wage and the Rate of Exploitation：The Falling Rate of Profit Reconsidered, *Review of Radical Political Economics*, 1982, 14（2）, P. 97.

[3] David Laibman, Technical Change the Real Wage and the Rate of Exploitation：The Falling Rate of Profit Reconsidered, *Review of Radical Political Economics*, 1982, 14（2）, P. 100.

置盐定理的假设（实际工资不变）"[1]。他指出，应当强调的是与实际工资相关的问题是理论性的，而不是经验性的。也就是说，莱伯曼认为，"指出从经验上看实际工资通常是随着时间的推移而上升的和置盐定理的重要性无关"[2]。

在这种分析中，仍有一个问题需要回答，如果资本家预期工资将会和生产率同步上升，他们知道自己的利润最终将下降，难道这不会阻止他们引入新的技术吗？莱伯曼指出，在模型给定的假设条件下，上面这个问题的答案是否定的。因为，每一个资本家都面临着尽快获得技术过渡期的利润或任由自己的竞争对手获得这种利润的前景，在这种背景下取得成功的资本家将存活下来，落后的将会被淘汰。

接下来莱伯曼把两部门模型应用于没有流动资本，固定资本不折旧，存在最优的技术选择的约束的情形。在这种新模型中，莱伯曼得到了利润率下降的条件，而利润率是否下降取决于和阶级斗争情况相联系的工资率的决定和与技术变化的特征相联系的因素。

莱伯曼根据模型分析，对于利润率下降趋势讨论中重要的问题进行了论述。

首先，在研究技术变化对利润率的影响时，通常认为需要暂时搁置更广泛范围能够决定利润率的一系列因素，比如围绕工资谈判和工作条件展开的阶级斗争（很明显的，阶级斗争也会对技术选择产生影响）。阶级力量平衡的变化不影响利润率的条件被称为"阶级斗争中性"，莱伯曼指出，需要对如何最好地定义这个概念进行考察。在置盐—森岛通夫—罗默的传统中，只是简单地假定阶级斗争中性意味着实际工资不变。比如，罗默认为："尽管在现实生活中，实际工资并不保持不变，但是需要理解的问题是利润率下降是否是因为独立于实际工资的变化的技术创新自身造成的。"[3] 莱伯曼把这种类型的阶级斗争中性的解释称为物理主义的解释。

莱伯曼认为剥削率不变标志着阶级斗争中性，"剥削率——未付酬劳动时间和付酬劳动时间的比率——表达了给定时刻阶级力量的平衡"[4]。当工资和生产率保持同步增长时，阶级力量的对比并不发生变化，莱伯曼认为

---

①② David Laibman, Technical Change the Real Wage and the Rate of Exploitation: The Falling Rate of Profit Reconsidered, *Review of Radical Political Economics*, 1982, 14 (2), P. 100.

③ John Roemer, Continuing Controversy on the Falling Rate of Profit: Fixed Capital and Other Issued, *Cambridge Journal of Economics*, 1979, 3, P. 379.

④ David Laibman, Technical Change the Real Wage and the Rate of Exploitation: The Falling Rate of Profit Reconsidered, *Review of Radical Political Economics*, 1982, 14 (2), P. 102.

这才是分析技术变化的中性的框架。也就说，莱伯曼认为，没有理由认为实际工资不变条件下的技术变化是发生在中性条件下的，在这种情形下，假设生产率增加，那么剥削率也在增加。技术变化可能会对剥削率产生不同的影响，但这些影响都是以意识的改变和以意识改变为基础的行为的改变为中介的。但是，也没有理由认为技术变化自动地导致剥削率的上升，并恰好足以保持实际工资不变。这意味着预先阻止了对两者之间的关系进行复杂的分析。

莱伯曼的第二个重要结论和资本有机构成理论与利润率下降趋势之间的关系有关。他应用罗默的观点，"如果赞同置盐的模型，那么资本有机构成就不可能增加到足以降低利润率的程度，除非首先有意识地质疑置盐定理的前提，否则找不到分析有机构成的出发点"①。

莱伯曼认为，剥削率的上升和利润率下降一样，都是矛盾的源泉和资本主义的一种迫在眉睫的重要趋势。除了实际工资不变，罗默通过森岛通夫，继承了置盐著作的另一个不足，一种压缩分析的阶段的趋势。资本有机构成自身是一个重要的变量，对它的分析先于对利润率的分析。如果在某种程度上，假定有有机构成提高的趋势，那么必然有剥削率上升或利润率下降，或者同时两者都成立的趋势。两个趋势中的每一个都可以认为具有造成危机的特征。

最后，莱伯曼谈及了更广泛范围的问题，即马克思主义经济理论能够在不屈从于机械的宿命论的情况下鉴别出资本主义的内在重要趋势吗？或者换一种说法，人们能够放弃内在重要趋势的概念而又不屈从于唯意志论吗？

罗默认为，如果放弃"纯粹的竞争模型"的话，可以发展出许多利润率下降的理论，他说："原教旨主义者对这些尝试的一般性攻击认为，有关'利润率下降'的新理论并没有从资本自身的发展中推导出利润率的下降，而是从各种各样特设的现象中推导出这种趋势，比如阶级斗争（实际工资上升），国家职能的增强等等。马克思一句经常被引用的话是'资本主义的真正障碍在于资本自身'……我们可以回应说原教旨主义者对'资本自身'持有太过狭隘的视角……只有有关资本的最狭隘的视角才会认为利润挤压理论放弃了资本主义是由于其内在矛盾而发展的"②。

---

① John Roemer, Continuing Controversy on the Falling Rate of Profit: Fixed Capital and Other Issued, *Cambridge Journal of Economics*, 1979, 3, P. 380.

② John Roemer, Continuing Controversy on the Falling Rate of Profit: Fixed Capital and Other Issued, *Cambridge Journal of Economics*, 1979, 3, P. 394.

　　莱伯曼的意见是，尽管可以赞同罗默对原教旨主义者的观点的反对意见，也就是说原教旨主义者通过对最高抽象水平上的政治经济学范畴的逻辑分析来推导出利润率下降趋势，但是把"资本"定义为包括所有的资本主义社会的现象，把它简化为一个一般性的范畴，是没有多大帮助的。讨论利润率下降的各种直接原因变成了经验主义和唯意志论，除非这种讨论是通过对更高抽象层面的内在趋势的研究来获得启发并加以组织的。

　　莱伯曼指出，给定文中提出的体现在剥削率不变中的阶级斗争中性，存在明确的条件和资本家的"微观理性"相一致，在这些条件下，资本有机构成的提高和利润率的下降可以发生。置盐定理并没有错，只是它对问题的思考太狭隘。受约束的技术变化的选择模型表明，能够鉴别出不同的变量，去解释如何以及什么时候有机构成提高的趋势会真正占据支配地位。这些变量自身的决定是非常复杂的，在最高抽象层次上揭示出来的过程是在许多层面上被决定的。

　　莱伯曼认为，剥削率上升到适当的状态和资本主义对技术变化形式产生的具体约束，能够用来作为更好地理解资本积累过程的基础。这是分析晚期资本主义动态学的成熟方法的一个本质性的构成部分，它必须和对理论层面的内在趋势的深刻理解结合在一起，并以一种丰富的和多层次的方式，把当代资本主义社会多样化的和变化的现象包含进来。

50.3　塞姆勒对马克思和熊波特关于利润率变化观点的比较研究

　　塞姆勒（W. Semmler）1984 年在《应用经济》上发表了《马克思和熊彼特论竞争、短暂的剩余利润和技术变革》[①] 一文。在马克思主义经济学文献中，关于生产价格的形成、技术变迁和利润率下降的讨论中，竞争的概念始终贯穿其中。而在正统经济学文献中，熊彼特的竞争理论和技术变迁的演化理论，引发了大量对市场结构、公司规模和技术变化之间的关系进行的理论和实证研究。塞姆勒认为，"但两个人的竞争理论与一般均衡

---

① W. Semmler, Marx and Schumpeter on Competition, Transient Surplus Profit and Technical Change, *Economic Appliquée*, Vol. 37, No. 3/4, 1984, pp. 419 – 455. In *Karl Marx's Economics*: *Critical Assessments*, Edited by Cunningham Wood, Vol. V, 1993, pp. 299 – 327.

中的竞争概念完全相反，在一般均衡中，竞争被视为是一种平衡作用的力量"①，而马克思和熊彼特将竞争视为一个动态的过程：在马克思那里是一个对抗和淘汰的过程，在熊彼特那里是一个"创造性毁灭"的过程。同时，在技术变迁理论中，他们都将短暂（或瞬时的）的剩余利润看作核心的概念。

塞姆勒的文章正是在马克思和熊彼特的理论中有关竞争和技术变革的理论再次兴起的背景下完成的。文章重点探讨了四个问题：第一，简单评论了马克思和熊彼特的竞争理论的相似之处（第一部分）；第二，估计技术变化对长期价格的影响（第二部分）；第三，在假设存在剩余利润和不同的利润率的情况下，尝试将长期生产价格形式化；最后一个问题是讨论马克思和熊彼特的理论中的投资标准问题：即企业是选择最小化成本（或最大化利润和利润边际）的技术还是选择利润率最大化的技术。

50.3.1　马克思和熊彼特的竞争概念

塞姆勒认为，首先由马克思，后来由熊彼特加以阐述的关于竞争的动态理论，明显地区别于一般均衡理论中的完全竞争的概念。新古典主义的竞争概念是一个发挥平衡作用的力量。市场参与各方根据价格参数调整自己的行为，行为的变化是外生参数的变化造成的，外生参数的变化导致市场代理人的被动反应。相反的，马克思将竞争视为一个动态的过程或大的资本主义企业之间的对抗；类似的，熊彼特认为竞争是动态和演化的过程。根据熊彼特的理论，重要的不是完全竞争，而是"新商品、新技术、新供应来源、新组织形式（如巨大规模的控制机构）的竞争，也就是占有成本上或质量上决定性优势的竞争，这种竞争打击的不是现有企业的利润边际和产量，而是它们的基础和它们生命。"② 熊彼特将其竞争概念建立在马克思的把竞争视为大的资本主义公司的对抗的概念基础之上，熊彼特评论说，"要掌握的实质性要点是，研究资本主义就是研究一个发展过程。看来奇怪的是，有人竟

---

① W. Semmler, Marx and Schumpeter on Competition, Transient Surplus Profit and Technical Change, *Economic Appliquée*, Vol. 37, No. 3/4, 1984, pp. 419 – 455. In *Karl Marx's Economics*: *Critical Assessments*, Edited by Cunningham Wood, Vol. V, 1993, P. 299.

② Schumpeter, J., *Capitalism*, *Socialism and Democracy*, New York: Harper & Row, 1970, P. 84. 参见中文版：约瑟夫·熊彼特著，吴良健译：《资本主义、社会主义与民主》，商务印书馆1999年版，第149页。

会看不到卡尔·马克思很久前就强调过的如此明显的事实。"① 塞姆勒认为，"马克思和熊彼特的竞争理论确实有本质上的相似之处"②。与一般均衡分析中的完全竞争概念相比，马克思和熊彼特的竞争概念具有共同且相异的特征："第一，在马克思和熊彼特那里，竞争是个具有更广泛含义的概念，并不仅仅限于价格和数量的调整，而是与资本主义的演化存在必然的联系；第二，竞争并不必然是一种均衡的力量，而是能够导致不稳定和失衡；第三，马克思和熊彼特的动态竞争理论暗含存在剩余利润和不同的利润率。"③ 考虑到马克思和熊彼特的竞争概念同新古典的竞争概念之间的区别，塞姆勒首先对新古典的竞争概念进行了讨论。

第一，新古典理论：竞争并趋于均衡。

新古典主义的一般竞争分析，通常将古典派解释为完全竞争理论的先驱者，但是这种判断看起来似乎并不正确。古典派有一个价格中心的概念，其价格理论不同于完全竞争理论的价格理论。古典理论，尤其是亚当·斯密作品中的一些要素被新古典理论所借鉴，竞争在斯密的意义上就是"自由竞争"，每个人都应根据自利来行事，应当尽可能减少经济活动的障碍，市场可以通过"看不见的手"，使个人利益得到协调而且不需要干预，"完全竞争"在实际社会中表现出的就是供求机制。"这是新古典解释斯密的'自由竞争'理论的关键，也正是在这一点上斯密被视作新古典竞争理论的先驱。"④

但是塞姆勒认为，斯密的"看不见的手"和李嘉图与马克思的"自由竞争"是否和新古典一般均衡分析中的竞争性力量具有同样的含义是一个问题。塞姆勒介绍了新古典理论中完全竞争市场体系的前提条件，即各经济活动主体的最大化行为，其决策相互独立，不存在规模报酬递增，没有共谋，没有外部效应等，由于经济单位数量众多，没有人对买或卖的数量有重要影响，而且资源完全流动，信息充分等，在这些给定条件下，生产商和消费者之间的竞争过程将保证价格趋向均衡价格。带来均衡价格、减少

① Schumpeter, J. , *Capitalism*, *Socialism and Democracy*, New York：Harper & Row, 1970, P. 82. 参见中文版：约瑟夫·熊彼特著，吴良健译：《资本主义、社会主义与民主》，商务印书馆1999年版，第146页。

②③ W. Semmler, Marx and Schumpeter on Competition, Transient Surplus Profit and Technical Change, *Economic Appliquée*, Vol. 37, No. 3/4, 1984, pp. 419 – 455. In *Karl Marx's Economics*：*Critical Assessments*, Edited by Cunningham Wood, Vol. V, 1993, P. 300.

④ Arrow, K. , J. and Hahn, F. H. , *General Competitive Analysis*, San Francisco：Holden – Jay, 1971, P. 2.

干预和资源最优分配的基本机制就是供求规律，供求取决于市场价格，而市场价格会对市场上的过量的需求或供给做出反应。这些标准的新古典竞争观点需要一些限定条件。首先，生产商竞争的激烈程度由该行业厂商的数量决定，市场参与者越多，市场选择的结果就越优；其次，由竞争驱动的价格和数量趋向均衡的趋势很强，均衡由一个连续的平滑的趋势带来；再次，该理论的特点是排除不确定性、风险和预期；最后，新古典理论假定除了买卖双方外还要有作为一种虚构的拍卖商，因为个别买者和卖者对价格没有影响。

第二，马克思主义理论：作为对抗的竞争。

塞姆勒认为，与其他古典经济学家（斯密、李嘉图、穆勒）相比，马克思是最早提出具有最广泛含义的竞争概念的经济学家[1]。马克思提出了一个与其他古典、新古典经济学家不同的、动态的竞争和价格概念。

对马克思与新古典主义的竞争概念的本质区别，塞姆勒归纳了三点：

其一，马克思认为竞争是个派生的概念，而且对马克思的经济理论而言，竞争不是一个自足的起点。塞姆勒认为，马克思主义经济学理论的起点是资本的自我扩张和企业的增长，竞争不仅与商品的流通有关，而且与生产和投资有关。在生产中，资本之间竞争的目标是通过提高劳动生产率，创造剩余价值；从而，马克思认为，"竞争之战"是通过"使商品更为便宜"来展开的。在交换中，企业之间竞争的目标是扩大个别市场份额和改善利润实现的条件，资本的部门之间的竞争和投资存在联系，并使所有部门的利润率趋于相等，而且，这一过程并不稳定，所以，马克思的竞争概念不仅指利润率相等或价格和数量的调整过程，其外延更广[2]。

其二，"马克思的竞争不仅是一种均衡力量，且是产生失衡、扭曲和资源错误配置的力量。"[3] 竞争并不必然带来帕累托最优的资源配置。马克思指出，"市场的无政府性"可以通过危机加以调整。此外使"商品更廉价"的竞争导致技术进步、资本积累、老企业的衰落、资本集中、新产品的生产和新企业的出现，马克思认为，竞争等同于单位资本的对抗行为，而且是一场产生失衡和"无政府状态的市场"的"战争"。塞姆勒认为，马克思对经

① W. Semmler, Marx and Schumpeter on Competition, Transient Surplus Profit and Technical Change, *Economic Appliquée*, Vol. 37, No. 3/4, 1984, pp. 419 – 455. In *Karl Marx's Economics*: *Critical Assessments*, Edited by Cunningham Wood, Vol. V, 1993, P. 302.

②③ W. Semmler, Marx and Schumpeter on Competition, Transient Surplus Profit and Technical Change, *Economic Appliquée*, Vol. 37, No. 3/4, 1984, pp. 419 – 455. In *Karl Marx's Economics*: *Critical Assessments*, Edited by Cunningham Wood, Vol. V, 1993, P. 303.

济规律的理解指的是更为随机的概念，马克思提及的"起调节作用的平均数的统治作用"，① 并不必然指市场价格或市场利润率的平均数——或向平均数的移动，而是指生产和交换的平均条件。塞姆勒认为，"马克思提出了行业中起调节作用的平均生产条件的观点，社会必要技术，由行业的个别技术的加权平均构成，它决定了商品的社会价值或市场价值，市场价格围绕这些价值波动"②。

其三，马克思有价格波动中心的概念。塞姆勒认为，马克思详尽地说明了竞争、资本积累和技术进步与作为直接或间接劳动需求（市场价值）或作为生产价格的价格波动中心的长期变化之间的关系。在《资本论》第三卷中，马克思认为，当商品是资本的产出而且资本能自由流动时，生产价格是市场价格更为具体的调整中心。更为具体的长期波动中心是由平均生产成本和预付资本的平均利润决定。然而，尽管波动中心的概念不是一个均衡概念，市场价格围绕生产价格的波动和实际的产业或企业利润率围绕平均利润率波动被认为是经济的一种常规状态。资本间的竞争不会带来一个平稳的调整过程和向均衡价格与均衡数量的趋近，而是导致失衡和对调节中心的背离。塞姆勒认为，正如马克思认识的那样，"市场现象更多的是一定限度内的随机事件"③。对马克思而言，由于竞争导致生产和市场条件的差异，因此不仅导致企业和行业利润率的平均化趋势，而且导致不同企业和行业之间存在不同的利润率的趋势。"这一动态的竞争概念，使得能够存在暂时的剩余利润和不同的利润率，而这一点也是熊彼特作为演化过程的竞争理论的基础。"④

第三，熊彼特的理论：作为演化过程的竞争。

塞姆勒认为，熊彼特的竞争概念在三个本质性的方面区别于新古典理论：

其一，竞争并不限于价格和数量的调整，它是一个演化的过程，一个"创造性毁灭"的过程。这种发展的核心是大公司："资本主义本质上是一种经济变动的形式或方法，它不仅从来不是，而且也永远不可能是静止不变的。……开动和保持资本主义发动机运动的根本推动力，来自资本主义企业

---

① 《马克思恩格斯文集》第 7 卷，人民出版社 2009 年版，第 975 页。

② W. Semmler, *On Technical Change, Transient Surplus Profit, and Multiple Techniques*, New School for Social Research, New York, 1984.

③④ W. Semmler, Marx and Schumpeter on Competition, Transient Surplus Profit and Technical Change, *Economic Appliquée*, Vol. 37, No. 3/4, 1984, pp. 419 – 455. In *Karl Marx's Economics: Critical Assessments*, Edited by Cunningham Wood, Vol. V, 1993, P. 304.

创造的新消费品、新生产方法或运输方法、新市场、新产业组织的形式。"①
进行技术变革的动机是暂时的剩余利润。当价格和数量调整发生时，在新古
典理论中被视为给定的参数数据，是熊彼特的理论待解释的因素：过程创
新、生产创新、公司的新的组织形式和新的金融控制形式。在影响演化过程
的多种因素中，熊彼特认为最重要的变量是企业的规模，而马克思认为是资
本规模。因此，熊彼特认为，大企业的出现并不必然导致妨碍技术的进步而
是刺激了技术进步。

其二，熊彼特强调竞争并不必然是一种推动趋向均衡的力量。对大企业
和他们之间的对抗行为，熊彼特认为"事实上根本不存在确定的均衡，非
常可能有无穷尽的一系列运动和反运动，有企业间无限的斗争状态"。② 此
外，熊彼特认为，作为演化过程的竞争是以离散的形式，动态地进行的，他
写道："我们在制定与各个不同时点数量有关系的命题时发现的第一件事
是，一旦平衡遭到某些干扰的破坏，建立新平衡的过程不像完全竞争旧理论
建立新平衡那样的可靠、迅速和方便；而为调整所作奋斗的结果可能导致这
样的一种状况，即离开新的平衡更加遥远而不是更加接近。除非遭受的干扰
很小，否则在大多数事例中会发生上述情况。"③ 熊彼特对古典经济学和马
克思发展的波动中心的理论不感兴趣，在他看来，是企业家进行的生产和生
产过程创新使经济体系脱离了均衡状态。

其三，和马克思类似，熊彼特认为竞争是一个演化过程，是一种由寻求
剩余利润而激发的厂商间的相互对抗的行为。熊彼特将这种利润称为新过程
和新产品带来的暂时的"垄断利润"，熊彼特认为，"在那些企业家利润之
中包含或者可能包含一种真正垄断收益的因素，它是资本主义社会颁给成功
革新者的奖金，这是正确的。但那个因素的数量的重要性、它的短暂易变的
性质、和它在出现过程中的功能，使它自成一类"④。塞姆勒指出，暂时的

---

① Schumpeter, J, *Capitalism, Socialism and Democracy*, New York：Harper & Row, 1970,
P. 83. 参见中文版：约瑟夫·熊彼特著，吴良健译：《资本主义、社会主义与民主》，商务印书馆
1999 年版，第 146 页。

② Schumpeter, J., *Capitalism, Socialism and Democracy*, New York：Harper & Row, 1970,
P. 79. 参见中文版：约瑟夫·熊彼特著，吴良健译：《资本主义、社会主义与民主》，商务印书馆
1999 年版，第 142 页。

③ Schumpeter, J., *Capitalism, Socialism and Democracy*, New York：Harper & Row, 1970,
P. 103. 参见中文版：约瑟夫·熊彼特著，吴良健译：《资本主义、社会主义与民主》，商务印书馆
1999 年版，第 172 ~ 173 页。

④ Schumpeter, J., *Capitalism, Socialism and Democracy*, New York：Harper & Row, 1970,
P. 102. 参见中文版：约瑟夫·熊彼特著，吴良健译：《资本主义、社会主义与民主》，商务印书馆
1999 年版，第 171 页。

剩余利润的出现并不是对经济的完全竞争状态的偏离或资源配置的浪费，而是对创新的奖励和资本主义社会的收益。同时他认为，"另一方面，在资本主义发展条件下运作的完全竞争制度显示出它自己的浪费。与完全竞争适应的那种类型的企业，在许多情况下其内部效率，尤其是技术效率很差。如果确是这样，那么它浪费了机会"①。因此，塞姆勒认为，在熊彼特那里，大公司是进步的有力的引擎，特别是成为总产量长期扩展的引擎。

在比较过马克思和熊彼特的竞争概念的相似之处之后，塞姆勒指出，不能忽视马克思和熊彼特对资本主义发展的分析存在的差异。塞姆勒认为，马克思虽然可能同意资本主义竞争是进步的发动机，但他也认为竞争是一种破坏和浪费。马克思和熊彼特都认为竞争是一个不稳定的过程；马克思对竞争和技术进步对市场价格长期波动的中心的影响感兴趣。这种波动的中心是由平均生产和交换条件决定的。马克思在他有关技术变化的理论中，对调节中心的长期变化作了较完整的分析。而熊彼特对这个问题不太关心，也没有提出一种这样的分析。塞姆勒认为，在马克思和熊彼特的理论框架中，都认为竞争使寻求暂时的剩余利润成为必要；但是，技术进步是企业成本最小化行为，还是企业对利润率最大化的长期目标和对企业成长的追求的结果（只在特殊的情况下，成本最小化和利润率最大化是相同的），则不太清楚。

50.3.2 技术进步、价值和生产价格变化

在这部分内容中，塞姆勒主要依据马克思的理论，研究了技术变化和长期波动中心的改变之间的关系。塞姆勒认为，在马克思的理论中，劳动生产率的发展似乎是波动中心发展变化的第一决定力量，而需求和供给，和其他力量（如随机事件，投机、受限制的资本流动、暂时的垄断）一样不会决定波动的中心，但会导致对波动中心的偏离。波动中心是由生产成本决定的，无论对商品或劳动力商品而言都是如此。生产的直接或间接劳动需求的变化是由生产的结构决定的，古典经济学家和马克思从积累和技术变迁理论中推导出生产结果。另外，马克思假定存在充足的对生产出来的商品的社会需求（或有效需求），因此，在考察相对价值或生产价格的长期变化时，抽

---

① Schumpeter, J., *Capitalism*, *Socialism and Democracy*, New York：Harper & Row, 1970, P. 106. 参见中文版：约瑟夫·熊彼特著，吴良健译：《资本主义、社会主义与民主》，商务印书馆1999年版，第176页。

象掉了需求的作用。塞姆勒认为，在古典经济学家和马克思那里，需求或产出水平在波动中心的决定中不发挥作用是一个重要的假设。在他们的生产价格理论中，需求的变化只是引起实际价格围绕中心发生波动，但是不决定中心自身。

塞姆勒在价值和生产价格的线性生产模型的基础上，考察了技术变化——或更一般的，生产结构的变化——对相对价值产生的影响，考察了生产结构的变化和收入分配对相对生产价格产生的影响。基于简化分析的需要，塞姆勒假定在一个行业中只存在一种生产过程，并假设由生产结构推导出的价值被视为市场价值，从生产价格模型导出的价格被视为生产价格。

塞姆勒在线性模型的基础上分析了价值的变化和生产价格的变化。他认为由于技术变化，新的价值向量会发生很大的变化，其变化的方向很明显，但变化的数量不易判断；在一定的情况下，价值向量的变化对生产结构发生的微小变化非常敏感，在把价值向量作为市场价值时，市场价格围绕其波动的中心在某些情况下会发生剧烈的变化。这就提出了一个经济调整过程的问题，也就是说市场过程作用的发挥，这个过程使得新的市场价值成为实际价格、市场价格波动的新的中心。这样一个过程可能很难想象，因为允许市场过程在短时期内建立新的波动中心，需预先假定资本和劳动的完全流动，行业的价格和数量的高度的灵活性。在考察生产价格时，类似的现象可以被加以分析。塞姆勒认为，对作为市场价格的更加具体的波动中心的生产价格的分析，比对价值的分析更复杂。他假定资本积累会导致生产结构和收入分配的变化。在只有流动资本的模型中，生产价格的主要决定因素是生产结构和劳动力再生产的成本。塞姆勒的线性生产模型分析得到下述认识：如果因为技术变化，投入系数矩阵和资本对劳动的比例发生变化，那么不仅直接和间接劳动需求变化，利润率和生产价格也会发生变化；当实际工资向量发生变化时，生产价格将会发生改变。

通过对技术变化对价值和生产价格的影响的分析，塞姆勒得出了结论，认为波动中心的长期变化由两个因素决定：（1）在相对价值问题上，由生产技术的长期变化决定；（2）在相对生产价格问题上，由技术和实际工资的长期变化决定。

50.3.3　不同的利润率和长期价格

对生产价格长期变化的分析假设存在一个统一的利润率，该利润率被视作生产价格的一部分。如前所述，马克思和熊彼特在他们的动态竞争和技术变迁理论的基础上，逐步分析了暂时剩余利润和不同利润率产生的原因。

塞姆勒认为，可以根据马克思和熊彼特的理论，分析不同产业利润率的差异和同一行业不同企业之间的利润率差异。当每一个行业中存在超过一个企业时，由于竞争，每一个行业内必然存在不同的生产技术。行业内具备较高技术的企业具可获得剩余利润，同样的，企业的规模各不相同，规模优势导致成本差异，因此，同行业企业间和不同行业企业间都存在利润差异是非常正常的。问题在于对高于或低于平均数的利润率而言，需要多久才能形成"正常利润率"。塞姆勒认为，"不存在一个产生平均利润率所需的时间的理论。"① 古典经济学和马克思主义经济学理论都认为，对资本流动性的限制是对利润率平均化的限制。

塞姆勒分析了利润率存在差异的三个原因：第一，由于短缺或过剩会使供求在短期或长期内发生偏离，新商品的生产通常伴随着超额需求的情况；第二，在某些生产领域，资本进入或退出受到限制；第三，由于行业内存在不同的技术，行业内企业的生产、成本和规模都存在差异，高效率的企业有剩余利润，低效率的企业利润较低②。

塞姆勒认为，"马克思和熊彼特并没有假定在实际的经济体系中利润率将在所有的生产领域趋于相等。在他们的理论中，动态的竞争和技术变革产生了不同的利润率和利润率均等化的趋势"③。因此，因差异化的利润率的存在，必须对波动中心和生产价格的概念进行详细的说明。

塞姆勒认为，需要将马克思和熊彼特的动态竞争理论和存在的不同利润率与长期价格理论相协调。塞姆勒认为，假定由于长期或短期的短缺或过剩、新商品的生产、资本流动的障碍、企业的生产率和成本的差异而存在不同的利润率是非常合理的。如果认为由于上面讨论过的原因，不存在统一的利润率是理所当然的，那么就必须写出一个包含不同的利润率的经过修正的生产价格。塞姆勒沿着这个方向对不同的利润率和长期价格之间的关系进行了研究，并得出结论，"一个更为动态的竞争和技术变迁理论需要一个经过

① W. Semmler, Marx and Schumpeter on Competition, Transient Surplus Profit and Technical Change, *Economic Appliquée*, Vol. 37, No. 3/4, 1984, pp. 419 – 455. In *Karl Marx's Economics*: *Critical Assessments*, Edited by Cunningham Wood, Vol. V, 1993, P. 311.

②③ W. Semmler, Marx and Schumpeter on Competition, Transient Surplus Profit and Technical Change, *Economic Appliquée*, Vol. 37, No. 3/4, 1984, pp. 419 – 455. In *Karl Marx's Economics*: *Critical Assessments*, Edited by Cunningham Wood, Vol. V, 1993, P. 312.

修正的生产价格的概念。"①

在经济学领域有大量的文献研究了马克思和熊彼特的竞争、技术变迁和利润率理论，塞姆勒的文章强调了竞争、技术变迁与长期和短期价格之间的关系。但塞姆勒的文章只给出了单一产品行业和单一生产过程的模型。抽象掉了在同一行业存在不同的技术和联合生产的情况。但塞姆勒相信，"马克思和熊彼特给出了有力的分析，该分析不仅可以推广到多重技术（联合生产）情况，而且可以激发大量的实证研究"②。

---

① W. Semmler, Marx and Schumpeter on Competition, Transient Surplus Profit and Technical Change, *Economic Appliquée*, Vol. 37, No. 3/4, 1984, pp. 419 – 455. In *Karl Marx's Economics*：*Critical Assessments*, Edited by Cunningham Wood, Vol. Ⅴ, 1993, P. 314.

② W. Semmler, Marx and Schumpeter on Competition, Transient Surplus Profit and Technical Change, *Economic Appliquée*, Vol. 37, No. 3/4, 1984, pp. 419 – 455. In *Karl Marx's Economics*：*Critical Assessments*, Edited by Cunningham Wood, Vol. Ⅴ, 1993, P. 315.

第51章　克莱曼对利润率下降的跨期
单一体系研究

1997 年克莱曼在《激进政治经济学评论》上发表了一篇名为"置盐定理：一个讣告"的文章，揭示了跨期单一体系解释（TSSI）利润率下降理论的基本观点。克莱曼在文章的开头指出，马克思把利润率趋向下降的规律（Law of the tendential fall in the profit rate，LTFPR）作为现代政治经济学中最重要的规律。但是，置盐定理"一般被认为是对 LTFPR 的否定，因为置盐定理表明追求利润最大化的资本家将决不会采用引起均衡（统一）利润率下降的节约劳动的技术创新"①。

51.1　跨期单一体系对置盐定理的驳斥

克莱曼指出，置盐定理提出之后的许多研究，通过改变置盐定理的这个或那个前提推出利润率的下降。这些研究"通常未能证明 LEFPR 的逻辑，因为他们没有证明是技术变化自身（而不是如实际工资的上升或激烈的竞争）引起的利润率的下降"②。在技术变化和利润率变化的关系问题上，克莱曼认为，一旦置盐定理被认为是正确的，那么就没有其他途径可以得到利润率的下降。但是，由对马克思的价值理论进行跨期单一体系解释的支持者提出的与置盐定律相反的证明，通常被认为是另外一种模型，它之所以得出与置盐定理不同的结果，是因为这种分析改变了置盐定理的一些前提。

因此，克莱曼的文章试图证明：（1）置盐定理尚未得到证实；（2）跨期单一体系（TSS）提供的相反的证明是对置盐定理一种真正意义上的否定，这种证明在没有改变置盐定理的前提的情况下否定了置盐定理的结论；（3）当置盐定理的结果用一种有效的方式表述时，他们并不会破坏马克思

---

① ②　Andrew J. Kliman, The Okishio Theorem: An Obituary, *Review of Radical Political Economics*, 1997, 29 (3), P. 42.

的 LTFPR 的逻辑。

克莱曼承认，置盐定理的问题并不在于它存在数学上的错误，而是，"即使利润率被平均化了，置盐定理假定的技术创新后的利润率可能并不是技术创新后经济的实际利润率。尽管前者可能会上升，但是后者能够下降"①。克莱曼的文章的重点就在于证明这种观点。

51.1.1　缺失的证据

克莱曼认为，现有的各种版本的置盐定理"都未能完全区分该定理的前提和它的结论"②。随后，克莱曼给出了他认为忠于置盐定理的支持者的意图的定理的前提：（1）由 n 个产业构成的资本主义经济；（2）每个产业生产单一产品；（3）所有生产资料都是生产出来的；（4）平均的和不变的实际工资率；（5）价格是稳定的（投入和产出价格是相等的）；（6）利润率是平均的。另外一个前提，在流动资本模型中，是（7）当且仅当新技术降低了用当前的价格度量的单位产品的成本时它才会被引入。最后一个前提是（8）随后利润率被再度平均化。

克莱曼指出，根据上述前提，可以得到下述结论：技术创新后的利润率不可能低于最初的利润率（当技术创新发生在基本品行业时，技术创新后的利润率必然大于最初的利润率）。如果用 r 表示最初的利润率，用 r^* 表示置盐定理的支持者所说的技术创新后的利润率，在置盐定理的证明中，数学分析的确表明 r^* 不可能低于 r。但是，克莱曼认为"这个事实不足以支持上述结论。我们怎么知道 r^* 是技术创新后实际的统一的利润率？"③

克莱曼指出，认为置盐定理已经得到证实的人对这个问题提供的典型的答案是，给定统一的盈利率、技术和实际工资系数，足以决定一个唯一的预付资本的回报率。由于置盐定理并没有假定统一的盈利率，因此假定 r^* 是唯一的技术创新后的利润率。

克莱曼指出，人们认为斯拉法通过下述的投入/产出关系证明了这种唯一性：

280 夸脱小麦 + 12 吨铁 → 575 夸脱小麦

120 夸脱小麦 + 8 吨铁 → 20 吨铁

---

① Andrew J. Kliman，The Okishio Theorem：An Obituary，*Review of Radical Political Economics*，1997，29（3），pp. 42 – 43.

②③ Andrew J. Kliman，The Okishio Theorem：An Obituary，*Review of Radical Political Economics*，1997，29（3），P. 43.

斯拉法指出，为了"使垫支能够更新，并且使利润，能够比例于两个生产部门的垫支而分配于两个生产部门，两种商品的交换率为十五夸脱小麦对一吨铁；这样，这种对应的利润率在每一生产部门是百分之二十五"①。克莱曼指出，斯拉法隐含地假定在投入的时刻和产出的时刻小麦和铁的交换比率是相同的。但是，即使是这样，"统一的利润率也不是由斯拉法的数据唯一地决定的"②。用 P_{wt} 和 P_{it} 表示投入价格，用 P_{wt+1} 和 P_{it+1} 分别表示小麦和铁的产出价格。斯拉法的交换比率意味着 $P_{it} = 15P_{wt}$，$P_{it+1} = 15P_{wt+1}$。从而预付资本的回报率为：

在生产小麦的部门：$\dfrac{575P_{wt+1}}{280P_{wt}+12P_{it}} - 1 = \dfrac{575P_{wt+1}}{280P_{wt}+180P_{wt}} - 1 = 1.25\dfrac{P_{wt+1}}{P_{wt}} - 1$

在生产铁的部门：$1.25\dfrac{P_{wt+1}}{P_{wt}} - 1$

克莱曼认为，不变的交换比率并不能保证一个均衡的利润率。"利润率的水平还取决于小麦的产出和投入价格的比，而且从理论上看，这个比率可以从负1到正无穷大"③。从原则上看，假定 $\dfrac{P_{wt+1}}{P_{wt}}$ 足够的小，那么技术创新后的利润率是可以总是低于技术创新前的利润率的。

从而，"即使是相等的利润率的大小取决于产出和投入价格之间的关系。从而，r^* 只是一个特殊的与特殊的价格体系相对应的技术创新后的统一利润率。具体地说，r^* 是当且仅当技术创新后投入和产出价格相等时的统一的利润率。像前面已经表明的那样，不仅相对而且绝对价格必须保持稳定，否则的话斯拉法的预付资本的回报率将不再是 25%，置盐定理的 r^* 将不再是实际利润率"④。

克莱曼的观点是，问题不在于在技术变迁发生后，利润率将实际上平均化，而是，倾向于平均化预付资本的回报率的资本的流动，也会产生一个稳定的绝对价格吗？克莱曼认为"没有实证证据、模拟分析或理论观点支持这种结论"⑤。

到这里，克莱曼最初提出的问题可以换一种方式加以说明了："我们怎么知道技术创新后投入和产出价格的绝对大小将会相等？现有的置盐定理的

---

① 斯拉法著，巫宝三译：《用商品生产商品——经济理论批判绪论》，商务印书馆 1991 年版，第 13 页。

②③④⑤ Andrew J. Kliman, The Okishio Theorem: An Obituary, *Review of Radical Political Economics*, 1997, 29 (3), P. 44.

表述很少认识到这个困难的存在"①。克莱曼认为，看起来置盐定理的支持者只是把利润率平均化产生稳定的价格视为是理所当然的。因此，"技术创新后投入和产出价格的相等既没有被明确地作为置盐定理的前提，也从没有被证明。但是它对置盐定理的结论而言又是绝对必要的，因此，置盐定理仍然是未经证实的"②。

51.1.2　驳斥置盐定理

克莱曼认为，根据对马克思的价值理论的标准解释，价值和价格是两个分离的和瞬时性地被决定的"体系"。根据 TSS 的解释，它们是在历史时间中相互依赖地被决定的："产出价格依赖于'价值'利润率，而预付资本的价值依赖于生产资料和生活资料的价格而不是价值"③。从而，一般利润率为 $\dfrac{S}{(C+V)}$，其中实际的投入价格和投资的物质数量决定了不变资本 C 和可变资本 V，剩余价值是在资本主义生产中榨取的活劳动的货币表达减去可变资本。给定统一盈利率，产出价格由 C 和 V 的和加上由一般润率决定的平均利润决定。"当把这种价格和利润率决定的概念应用于对利润率下降趋势的考察时，置盐定理能够被加以驳斥"④。

克莱曼特别指出，需要注意的是，置盐定理并没有预先指出在决定价格或利润率时不能应用马克思的价值理论，尤其是如果置盐定理想成为对马克思的 LTFPR 的逻辑的内部批判，而不只是建立在另外的价值理论基础上得到的结果，它就不能排除对马克思价值理论的应用。此外，如果要决定置盐定理是否成立，也就是说决定是否技术创新后的投入和产出价格将会相等，r^* 是技术创新后经济的统一的实际利润率，应用某种价值理论就是不可避免的。实物数据和统一的盈利率的条件不足以决定价格或利润率，除非投入和产出价格被先验地假定为是相等的。如果做出这种假定，那么"将会把需要研究的问题假定掉"⑤。

克莱曼认为，在只进行一次节约劳动的技术创新的特殊情况下，上面解释的马克思的价值理论的确意味着技术创新后的价格达到了一种稳定状态，从而实际统一利润率收敛于 r。在只进行一次技术变化后，实物系数永远保

①②③　Andrew J. Kliman, The Okishio Theorem：An Obituary, *Review of Radical Political Economics*, 1997, 29（3），P. 45.
④⑤　Andrew J. Kliman, The Okishio Theorem：An Obituary, *Review of Radical Political Economics*, 1997, 29（3），P. 46.

持不变，这种不变加上统一盈利率意味着价格将会收敛于一种稳定状态。然而，如果在价格有时间接近于一种稳定状态之前，发生了一系列的技术创新，将会发生什么情况。克莱曼认为，因为劳动节约型创新降低了商品的价格（给定不变的价值的货币表达），持续的劳动节约型创新导致了价格的持续下降（平均价格）。如果价格持续的下降，产出价格总是低于投入价格。一般利润率将会低于 r*，劳动节约型技术变化可能会降低利润率，即使是假定存在统一的盈利率。随后克莱曼提供了一个数值例子，证明了在满足置盐定理的所有前提的情况下，利润率是可以下降的，从而完成了对置盐定理的否定。另外，克莱曼指出："通过改变与技术变化模式相联系的有关假设，比如部门的数量、固定资本、实际工资的大小等，可以得到很多同样的置盐定理的反证"①。

克莱曼认为，虽然置盐定理是错误的，但它也得出了一些有效的结论。如果在可行的技术创新发生后价格达到了一种稳定的状态，那么假定的统一利润率将是存在的，而且不可能低于最初假定的比率。此外，如果技术创新只是稳定状态的扰动因素，那么一直在平均化的利润率将会趋于 r*。克莱曼认为，这些结论丝毫无法构成对马克思的 LTFPR 的逻辑的挑战。马克思对利润率下降的描述指出了一系列连续的技术变化将会导致商品价格的持续下降（给定价值的货币表达）。

有一种观点认为 TSS 的批判并不能驳倒置盐定理，因为置盐定理只适用于一种一次性的技术变化和（或）技术变化后价格是稳定的特殊情形。莱伯曼认为这种意见是难以成立的，除了 TSS 文献，对置盐定理的讨论基本上都忽略了这些问题。此外，"假如定理只适用于如此有限的范围，那么它变得如此著名，或者被广泛地认为驳倒了马克思的 LTFPR，就是令人怀疑的"②。

莱伯曼认为，在任何情况下，一个定理是真或是假，取决于它的结果是否是定理加以明确表述的前提的必然的结论。但是，在现有的置盐定理的各种版本中，没有哪一个明确地说明了上面提到的约束条件，因此，就现有的各种版本而言，置盐定理是错误的。

① Andrew J. Kliman, The Okishio Theorem：An Obituary, *Review of Radical Political Economics*, 1997, 29 (3), P. 47.

② Andrew J. Kliman, The Okishio Theorem：An Obituary, *Review of Radical Political Economics*, 1997, 29 (3), P. 49.

51.2 对跨期单一体系价值和利润率概念的考察

对跨期单一体系存在的批评意见，主要表现在对这种研究方法所使用的价值和利润率概念上，有很多批评讨论了 TSSI 概念的不适用性。武中谷（T. Nakatani）发表了《价值的定义和利润率》一文，旨在讨论劳动价值和利润率的定义。一开始他就指出："围绕定义自身进行争论是没有意义的。必须通过对定义提出了和试图澄清了什么样的经济问题的考察来判断定义的适用性"①。

武中谷认为，价值和利润率的概念是所谓的马克思主义的基本定理、利润率下降趋势和与技术变化相联系的置盐定理中的关键概念。置盐定理表明，如果降低成本的新技术被引入，均衡利润率将不会下降，而且当新技术引入一些基本品部门时，均衡利润率必然上升。这个定理被认为是对马克思的利润率下降趋势的否定，马克思是从资本主义社会中技术变化的特征中得到利润率趋向下降规律的。克莱曼和弗雷曼（A. Freeman）② 声称他们驳倒了置盐定理，认为即使降低成本的技术被引入了，当技术创新被连续引入时利润率会下降。武中谷认为，"置盐信雄的方法和跨期单一体系方法之间的区别源自定义的差别"③。

51.2.1 两种定义

武中谷首先考察了广为接受的常见的对劳动价值和利润率的定义。基于简单考察的需要，假定一种只有一种商品的经济。用（a，l）表示生产单位产品所需的必要物质和劳动投入的数量，忽略耐久设备。那么单位价值和利润率可以定义如下：

$$v = av + l \tag{51.1}$$

$$p = (1 + r)(ap + lw) \tag{51.2}$$

其中，w 是名义工资率，假定工资是在生产开始之前预先支付的。价值定义（51.1）的特征在于用同样的时期标注投入价值和产出价值。而

---

① ③ Takeshi Nakatani，On The Definition of Values and The Rate of Profit：Simultaneous or Temporal，*Kobe University Economic Review*，2005，51，P. 1.

② Andrew J. Kliman，'*The Physicalist Approach to，and Critique of，Marx：A Conceptual History*'，Presented at Symposium on 'Debates on the Theory of Vale Since Marx'，International Working Group on Value Theory，2000.

由公式（51.2）定义的利润率是用重置成本度量单位成本的，而不是用在生产开始时资本家的实际成本度量的。在这种意义上，可以把这些定义称为"同时方法"①。武中谷指出，许多学者，比如"德米特里耶夫、博特凯维兹、置盐信雄、森岛通夫、萨缪尔森等人都接受这些定义"②。

然而，并不是所有的经济学家都接受这种定义，他们采用了不同的公式：

$$v(t) = av(t-1) + l \tag{51.3}$$
$$p(t) = (1 + r(t))(ap(t-1) + lw(t-1)) \tag{51.4}$$

公式（51.1）和公式（51.3）或公式（51.2）和公式（51.4）之间的区别在于如何度量投入的价值和投入的价格。在公式（51.3）中，与公式（51.1）相反，投入价值是在投入时度量的，同样的，公式（51.4）中的投入价格是资本家实际花费的价格。这些定义是通过被称为"跨期单一体系方法"的方法定义的。克莱曼对置盐定理的反驳建立在公式（51.4）的基础之上。

51.2.2　置盐信雄对价值和利润率的解释

武中谷认为，置盐信雄的各种著作中对两个定义讨论的不多，他对置盐信雄的价值和利润率定义进行了整理，指出了置盐信雄坚持的是公式（51.1）的定义，并对定义（51.3）进行了批评：既然人类活动是生产性的，商品价值可以通过公式（51.5）决定：

$$v_i = \sum a_{ij}v_j + l_i \quad (i = 1, 2, \cdots, n) \tag{51.5}$$

武中谷认为有一个常见的误解需要特别加以说明。尽管商品的价值是由生产它的劳动的数量决定的，其中一部分劳动数量是体现在生产过程中使用的生产品中积累的"死劳动"，马克思意义上的"过去积累的劳动"。然而它们和价值的决定无关。实际上，如果上述主张是正确的，那么价值就是以如下的方式决定的。由于生产当前商品所使用的生产品是过去的产品，人们必须知道在过去生产这些产品时花费了多大数量的劳动。然而，为了生产它们，使用了另外的生产品，而且这些生产品则是更早时期的劳动的产品。那么就不得不一直向前追溯，直到最终到达遥远的古代，那个时候人类活动不使用任何生产工具。那么"只有在完成这样一个无休止的向过去追溯的过

①②　Takeshi Nakatani, On The Definition of Values and The Rate of Profit: Simultaneous or Temporal, *Kobe University Economic Review*, 2005, 51, P.2.

程之后，才能谈论当前的商品的价值问题"①。然而，等式（51.5）并不是通过加总过去的劳动和当前的劳动决定价值的，因此人们批评说等式（51.5）是不正确的。武中谷认为商品的价值是由实际花费在生产中的劳动数量决定的是不正确的。这种历史地决定的劳动数量对诸如有关技术的历史的研究而言可能是有用的，但是它与商品的价值没有关系。"商品的价值是在使用当前社会的标准技术的情况下，生产它所需的直接和间接劳动数量决定的"②。如果从遥远的过去来理解当前的标准技术之所以是标准的含义，那么历史地花费的劳动时间才和价值一致，但真实情况并非如此。

马克思说："社会必要劳动时间是在现有的社会正常的生产条件下，在社会平均的劳动熟练程度和劳动强度下制造某种使用价值所需要的劳动时间"③。武中谷指出，每一种商品的价值不是由包含在商品中的必要劳动时间决定的，而是由再生产它所需的社会劳动时间决定的。这种再生产可能发生在不利或有利的情况下而区别于最初的生产条件。如果，在变化了的情况下，再生产同样的物质资本，花费的劳动时间加倍了，或相反节约了一半，而且如果货币价值保持不变，原先值100英镑的资本将会分别值200英镑或50英镑。

武中谷认为，从上述分析中可以清楚地了解，置盐信雄认为公式（51.1）是对价值的合适的定义，因为它定义了用当前流行的技术生产每件商品所需的劳动时间。与此相反，用公式（51.3）定义价值取决于所有过去的技术。"这并不是马克思考察的价值的概念"④。

关于利润率的定义，置盐信雄并没有说明自己为什么选择公式（51.2）而不是公式（51.4），在置盐信雄的研究中一直使用前一种定义，但是他曾经提到过 TSS 的利润率定义。置盐信雄在一篇文章中把利润率定义为：

$$r(t) = (p(t) - ap(t) - lw(t))/(ap(t-1) + lw(t-1)) \quad (51.6)$$

这种定义对公式（51.2）稍做调整，预付资本的数量用生产投入期的实际价格度量。利润通过从收益中扣除重置成本而不是实际成本度量。置盐信雄认为尽管定义公式（51.4）不是完全没有意义，但他对为什么公式（51.2）是更合适的定义进行了解释，置盐信雄给出了两个理由：

①② Takeshi Nakatani, On The Definition of Values and The Rate of Profit: Simultaneous or Temporal, *Kobe University Economic Review*, 2005, 51, P. 3.
③ 《马克思恩格斯文集》第5卷，人民出版社2009年版，第52页。
④ Takeshi Nakatani, On The Definition of Values and The Rate of Profit: Simultaneous or Temporal, *Kobe University Economic Review*, 2005, 51, P. 4.

首先，尽管第二种定义公式（51.4）实际上意味着在 t－1 时期，资本投资比率的增加，但是对资本家进行投资而言，以这样的方式计算出来的利润率并不必然意味着哪个部门是最有利可图的。

其次，与马克思基本定理有关。马克思表明正利润来自对劳动者的剥削。然而，如果用公式（51.4）定义利润率，这个定理就无法成立。如果要存在利润，实际工资率就不能超过劳动生产率，后者用单位价值的倒数 $\frac{1}{v}$ 度量。然而，如果用公式（51.4）定义，利润只有在价格充分地提高的情况下才能为正，而无论实际工资率多高。这不是马克思的观点。

51.2.3 价值分析的意义

武中谷分析了置盐信雄提出的采用价值定义公式（51.1）的含义：

第一，马克思强调了价值独立于分配问题的特征，无论生活在什么样的经济体制中，封建社会、资本主义社会，等等，人们只有通过控制自然才能得以生存，换句话说通过改变周围的环境才能生存，也就是生产活动。尽管生产活动要求使用生产工具，他们只是过去花费的劳动的产物。也就是说最终的生产成本是人类的劳动。因此，人类和周围环境的关系只能通过价值概念来理解。"价值指明了为了改造周围的自然社会必须花费多大数量的劳动，这种控制活动的效率可能从量上用价值的数量加以度量"[1]。

这种价值概念独立于社会的分配，也就是说价格、工资和利润。TSS 研究者用下面的公式取代公式（51.3）定义价值：

$$\varepsilon v(t) = a(t)p(t-1) + \varepsilon l(t)$$

其中，ε 是劳动的货币表达。这个定义清楚地表明价值取决于价格，这看起来和马克思的目的相违背。

第二，定义公式（51.1）可以改写为下面的式子：

$$v = l + al + a^2 l + \cdots \tag{51.7}$$

右边的第一项 l 意味着生产一单位商品所需的直接劳动的数量，第二项 al 表示生产一定数量的商品需要的直接劳动的数量，等等。这个数列的总和等于用公式（51.1）定义的单位价值。武中谷提醒注意的是，在上面这个公式中，右边的每一项并不意味着实际的时间序列，而是逻辑序列。它表明，

---

① Takeshi Nakatani，On The Definition of Values and The Rate of Profit：Simultaneous or Temporal，*Kobe University Economic Review*，2005，51，P. 5.

如果使用当前的技术（a，l），社会总计应当花费的劳动的数量，包括生产中间物质投入 a 的间接劳动。另一方面，定义（51.3）可以改写为下式：

$$v(t) = l(t) + a(t)l(t-1) + a(t)a(t-1)l(t-2) + \cdots$$
$$+ a(t)a(t-1)\cdots a(t-s)l(t-s-1) + \cdots \qquad (51.8)$$

这个公式中右边第二项 $a(t)l(t-1)$ 表示用技术（$a(t-1)$，$l(t-1)$）生产 $a(t)$ 所需的直接劳动数量，第三项 $a(t)a(t-1)l(t-2)$ 表示使用技术（$a(t-2)l(t-2)$）生产 $a(t)a(t-1)$ 所需的劳动数量，等等。这个序列表明当使用流行的技术生产时的必要劳动时间量。如果有 $a(s)$，$l(s)(s=t$，$t-1$，$t-2$，…）的数据，也就是说所有有关过去的技术的数据，那么就能决定公式（51.8）。"这对对技术进行的历史研究而言可能是有趣的，但是马克思考虑的是使用当前的标准技术而不是过去的技术决定的价值"[1]。

第三，为了使生产活动有意义，技术必须满足一定的条件。比如，如果需要两吨小麦生产一吨小麦，人们完全不会去生产。它本质上不是生产而是消费。这种可行的条件可以被认为是价值为正的条件，在这个例子中也就是 $a < 1$。这样的条件不能从定义（51.3）中推导出来，在定义（51.3）中，即使 $a(t) > 1$，价值也可以为正。这是因为如果 $a(t) > 1$ 社会仍能存活那么技术在过去是有效的。在这种意义上，价值概念公式（51.3）依赖于过去的技术。

第四，使用公式（51.1）可以定义劳动生产率。如果一系列技术给定，可以定义劳动生产率。在上面的例子中，一种技术（a，l）必须足以决定这种经济的劳动生产率。这可以由单位价值的倒数 $(1-a)/l$ 决定。如果不了解技术的历史就不能决定劳动生产率，那么这样一个价值概念的意义就存在局限。

第五，使用公式（51.1）可以得到有关劳动分工的信息。假定一个由两种商品构成的经济，第一个部门生产生产品，第二个部门生产消费品。假定技术为（a_i，l_i）($i=1$，2）。那么可以得到下面的价值等式：

$$v_1 = a_1 v_1 + l_1 \qquad (51.9)$$
$$v_2 = a_2 v_1 + l_2 \qquad (51.10)$$

考虑如何提高一单位消费品部门的产出数量。在何种程度上以及什么方向上配置劳动到不同部门呢？多生产一单位的消费品要求的每个部门的生产水平 x_1，x_2 由下面的式子决定：

---

① Takeshi Nakatani，On The Definition of Values and The Rate of Profit：Simultaneous or Temporal，*Kobe University Economic Review*，2005，51，P. 5.

$$x_1 = a_1 x_1 + a_2 x_2 \qquad (51.11)$$

$$x_2 = 1 \qquad (51.12)$$

从而可以得到额外所需的总的劳动和配置到部门1与部门2的劳动。

第六，定义公式（51.3）还存在另外一个问题。在公式（51.3）中，没有考虑过去花费的劳动数量的增值和贬值。根据马克思的观点，过去的劳动价值会在当前的市场上增值或贬值。假定前一年100单位劳动时间生产了10吨铁，但是由于标准技术的变化，能够用10单位劳动时间生产同样多数量的铁。用公式（51.8）定义的价值无法理解价值的增值。

武中谷认为，"上述论点表明为什么定义公式（51.3）是适合于对人类社会的许多方面进行研究的。同时方法的定义带来了许多有价值的分析结果"[1]。

51.2.4 利润率的分析意义

武中谷对置盐信雄提出的采用定义（51.2）的理由进行了分析和评价：

第一，武中谷认为，马克思的目标在于说明利润的源泉在于对剩余劳动的剥削。马克思通过假定价值与价格成比例证明了这个观点。

$$p_i = \lambda v_i \quad i = 1, 2 \quad \lambda > 0 \qquad (51.13)$$

这可以通过下面的分析来证明。用R表示实际工资率，两个部门都获得利润可以表达为：

$$p_1 > a_1 p_1 + l_1 R p_2 \qquad (51.14)$$

$$p_2 > a_2 p_1 + l_2 R p_2 \qquad (51.15)$$

根据公式（51.13）、公式（51.14）、公式（51.15）有：

$$l_1 \ (1 - Rv_2) \ > 0 \qquad (51.16)$$

其中，$1 - Rv_2 > 0$ 意味着每单位劳动都存在剩余劳动。然而一般来说式（51.13）中的价格和价值的比例并不成立，这引起了一种批判，认为马克思提出的剥削定理只在特殊的情况下成立。置盐信雄在一般性的情况下证明了这个观点，被称为马克思基本定理。在两部门经济的情况下可以通过下述分析加以证明：

$$\frac{1 - l_2 R}{a_2} > \frac{p_1}{p_2} > \frac{l_1 R}{1 - a_1} \qquad (51.17)$$

第一个不等关系意味着，如果消费品部门要有利润，那么消费品的价格

---

① Takeshi Nakatani, On The Definition of Values and The Rate of Profit: Simultaneous or Temporal, *Kobe University Economic Review*, 2005, 51, pp. 6 - 7.

必须超过一定的下限。第二个不等式表明生产品部门存在利润的条件。从而，可以有：

$$(1 - a_1) \left[1 - R \left(l_2 + \frac{l_1}{1 - a_1} a_2 \right) \right] > 0 \qquad (51.18)$$

由公式（51.9）和公式（51.10），两个部门都有利润的条件可以简化为 $1 - a_1 > 0$，剥削的存在条件为 $1 - Rv_2 > 0$，这种证明并不依赖于公式（51.13），价值定义公式（51.9）和公式（51.10）也独立于这种证明。

第二，如果采用定义公式（51.4），利润存在的条件是什么呢？当满足下面的条件时存在利润：

$$p_i(t+1) > a_i p_1(t) + l_i R p_2(t) \quad i = 1, 2 \qquad (51.19)$$

如果假定公式（51.13），使用价值定义公式（51.3），可得到：

$$v_1(t+1) = a_1 v_1(t) + l_1 \qquad (51.20)$$

$$v_2(t+1) = a_2 v_1(t) + l_2 \qquad (51.21)$$

可以从公式（51.19）得到公式（51.16）。但是公式（51.13）通常并不成立。如果放弃公式（51.13），就会发现如果价格 $p_1(t+1)$，$p_2(t+1)$ 提高得够多就存在利润，然而实际工资的提高可能会否定剥削，即 $1 - Rv_2 < 0$。从而，"利润的源泉不在于劳动剥削，而在于高价格。这不是马克思的观点"[1]。

第三，资本家可能对实际利润率公式（51.2）并不感兴趣，而是对名义利润率公式（51.4）感兴趣。从会计的视角看，他们通常用公式（51.4）计算利润。这个利润率给出了投资的资本扩张的比率，因为资本家实际上在先前一期花费了 $ap(t-1) + lw(t-1)$ 数量的资本。在这种意义上，为了会计的目的公式（51.4）是有意义的。然而，这样的利润率对投资决策而言没有提供任何有关哪个部门最有利可图的信息。当资本家进行投资时，他们必须以当前的价格而不是过去的价格购买商品，因为价格已经发生变化。从而当考虑投资决策问题时再生产成本是重要的。

第四，由于生产花费时间，当资本家进行投资决策时，当前的投资导致的后继的进程他们并不了解。资本家只能依据未来的价格对这个进程进行估计。定义公式（51.2）是假定存在稳定的期望时的预期利润率，也就是说价格保持不变时的利润率。在非稳定期望的情况下，必须注意到技术选择必然不是建立在成本标准的基础之上的，而是建立在预期利润率的标准之上。

---

① Takeshi Nakatani, On The Definition of Values and The Rate of Profit: Simultaneous or Temporal, *Kobe University Economic Review*, 2005, 51, P. 8.

比如，如果因为技术创新导致供给大量增加，资本家预期销售价格将会大大下降，那么预期利润率就会下降，那么这样的技术变化就不会被追求利润率的资本家引入。他们把预期利润率作为决策制定的基础。

第五，如果把预期利润率作为决策制定的基础，那么当在引入新技术后实际价格比预期价格下降很多时，用公式（51.4）定义的实际利润率会下降。然而，这种下降是因为对未来的最优预期失败造成的，而不是因为资本主义社会的技术特征。换句话说，利润率的下降是资本家的预期的主观失误。这同样不是马克思的观点。

第六，考虑一种商品的情况，假设新技术被持续地引入，技术以比率 $\beta(<1)$ 降低了物质投入也降低了劳动投入，那么可以有：

$$\frac{p(t+1)}{p(t)} = (1 + r(t))(a(0) + Rl(0))\beta^t \qquad (51.22)$$

在这种情况下，要使作为连续引入新技术的结果的利润率下降，仅有价格的下降是不够的，它要以一种加速的比率下降。但是，没有证据表明价格的加速下降是资本主义社会的一种趋势。"也很难认为这是马克思利润率下降规律中隐含的观点"[①]。

武中谷的观点非常清晰，他认为不只存在一种对价格或利润率的定义。而且不同的定义是可以共存的，不同的定义有助于解决特定的问题。武中谷认为，就研究马克思的理论观点而言，采用价格和实际利润率的同时定义是合适的。也就是说，武中谷没有对 TSS 的具体的模型进行反驳，而是从 TSS 模型使用的价值和利润率的定义上否定了 TSS 对利润率下降的研究。武中谷的研究的隐含意义是非常明显的，TSS 并没有提供对置盐定理有效的反驳。

51.3 置盐定律被 TSSI 否定了吗

置盐定律的提出被广泛地认为证明了马克思的利润率趋向下降规律是不正确的。它表明在降低成本的技术选择的标准下，随着新技术的引入，给定一定的前提条件，均衡利润率必然上升（或者不变）。

柳东民（Dong - Min Rieu）认为，非常有必要澄清一个问题，即置盐信雄的目标不是在于证明利润率下降是不可能的，他只是说明只有在实际工资

---

① Takeshi Nakatani, On The Definition of Values and The Rate of Profit: Simultaneous or Temporal, *Kobe University Economic Review*, 2005, 51, P. 9.

增加的情况下利润率下降才是可能的。换句话说，置盐信雄强调的是定律的另一极："给定技术选择标准，如果均衡利润率实际上下降了，那它只是由实际工资的增加造成的，而不是因为技术自身的特征造成的"[1]。

20 世纪末和 21 世纪头 10 年间，对马克思主义的价值理论进行的"跨期单一体系解释"提出"置盐定理是完全错误的"[2]，可以通过内部的批判否定置盐定理。柳东民在《置盐定理被否定了吗?》的文章中对跨期单一体系的观点进行了考察，认为即使在最广泛的意义上，TSSI 的研究结果也不能被视为是一种内部批判，此外，该文还考察了三种不同的利润率的运动。

51.3.1　驳斥的两种含义

柳东民认为，存在两种类型对置盐定理的批判。

第一种类型是一种内部批判，置盐信雄把不变的实际工资率和与正利润相伴的新的生产价格的形成作为他的定律的两个给定的前提条件。因此，"任何内部批判必须提供一个反例或表明在这两个前提条件下，定理存在着内部不一致之处"[3]。考虑到置盐定理的数学证明是正确且有力的，因此，人们一再表明，"在给定的假设条件下，定理是有效的"[4]。置盐信雄和他的追随者，一直试图在对特定的批判做出反应时，通过把最初并没有加以考虑的更加复杂的情况纳入最初的模型一般化该定理。一些特殊的情况，比如固定资本或联合生产，被引入了讨论之中。"即使所有置盐的其他假设都成立"，如果定理在引入特定的情况下不能成立，那么它就能够通过内部批判被驳倒。柳东民提醒说，必须注意的是，不能引入任何一种任意的或与马克思的利润率趋向下降规律和劳动价值论不相容的外生的假设。

第二种类型的批判是外部批判，即对定理的两个前提条件的有效性或定理的比较静态框架的批判。置盐承认不变的实际工资是一个存在局限的假设，并尝试对劳动力市场和技术进步之间的动态关系进行理论分析。

---

[1]　Dong – Min Rieu, Has The Okishio Theorem Been Refuted, *Metroeconomica* 60：1（2009），P. 162.

[2]　Kliman, A., *Reclaiming Marx's 'Capital'*：*A Refutation of the Myth of Inconsistency*, Lexington Books, Lanham, MD., 2007, P. 136.

[3]　Dong – Min Rieu, Has The Okishio Theorem Been Refuted, *Metroeconomica* 60：1（2009），P. 163.

[4]　Okishio, N., Competition and production prices, *Cambridge Journal of Economics*, 2000, 25（4），P. 493.

柳东民认为，在外部批判上，存在一些比较有希望的例子。首先，弗利[1]引入了不变工资份额取代了不变实际工资。弗利的批判的逻辑结构如下，在技术选择标准给定的情况下，如果在技术变化时工资份额保持不变，均衡利润率会因为使用资本节约劳动的技术进步而下降。"如果实际情况的确是这样，那么这就对置盐定理进行了成功的外部批判"[2]。另外，帕克（Park）对技术选择的标准进行了经验研究，如果降低成本的技术选择标准被经验证据否定了，置盐定理的整个结果就是值得怀疑的[3]。

评价 TSSI 对置盐定理的批判，首先需要理解这种研究对该定理的理解，柳东民认为，"TSSI 关注的是置盐定理的推论而不是定理自身"[4]。根据 TSSI 的理解，置盐定理被表述为："劳动节约型创新提高了利润率，结果和利润率趋向下降规律相矛盾"[5]。罗默在 1981 年的著作《马克思主义经济理论的分析基础》的第四章讨论过，在当前价格下降低了成本的"可行的"技术变化，并不等同于"进步的"技术变化，后者意味着劳动生产率的提高。"考虑置盐定理主要关注降低成本的技术变化，TSSI 的解释关注劳动节约型创新，在解释的目标是对置盐定理进行内部批判的含义上，TSSI 的解释偏离了目标"[6]。

在对 TSSI 的研究进行详细展开之前，柳东民首先对 TSSI 的基本结构进行了概括。TSSI 主张马克思的价值概念的跨期形成。

用 λ，p，A，b，l，g 分别表示价值向量、价格向量、投入系数矩阵、工资篮子向量、劳动投入向量和价格价值差。用下标表示时间：

$$\lambda_{t+1} = p_t A + p_t bl + (1 - p_t bl) = p_t A + l \qquad (51.23)$$

$$p_{t+1} = p_t A + l + g_t \qquad (51.24)$$

如果采用对马克思主义价值理论的传统解释，公式（51.24）中的 g_t 不等于价格—价值差，因为 $p_t A$ 不同于 $\lambda_t A$，一个更具争议性的问题在于等式（51.23），用历史的会计成本而不是当前的重置成本定义价值。尤其是，这和 TSSI 对利润率趋向下降规律的解释相联系，因为 TSSI 认为，利润率必须

① Foley, D. K., *Understanding Capital: Marx's Economic Theory*, Harvard University Press, Cambridge, 1986.

② Dong – Min Rieu, Has The Okishio Theorem Been Refuted, *Metroeconomica* 60: 1 (2009), P. 163.

③ Park, C. – S., Testing Okishio's Criterion of Technical Choice, *Research in Political Economy*, 2005, 22, pp. 199 – 208.

④⑥ Dong – Min Rieu, Has The Okishio Theorem Been Refuted, *Metroeconomica* 60: 1 (2009), P. 164.

⑤ Ramos – Martinez, A., 'Labour, Money, Labour-saving Innovation, and the Falling Rate of Profit', in Freeman, A., Kliman, A., Wells, J. (eds): The New Value Controversy and the Foundations of Economics, Edward Elgar, Cheltenham, 2004, P. 67.

在历史成本的基础上计算。

柳东民认为，TSSI 解释对置盐定理进行反驳的本质在于对均衡概念的修正（或者更准确地说对它的反对）。TSSI 把同时均衡转变为一种，跨期估值。为了反驳置盐定理，克莱曼和麦克高伦引入了"跨期的生产价格等式"[1]。

$$p_{t+1} = p_t(A + bl)(1 + r_{[t,t+1]})\qquad(51.25)$$

$$r_{[t,t+1]} = \frac{p_{t+1}x - p_t(A + bl)x}{p_t(A + bl)x} = \frac{lx - p_t blx}{p_t(A + bl)x}\qquad(51.26)$$

其中，x 和 $r_{[t,t+1]}$ 分别表示总产出向量和分期定义的一般利润率。这些表达式不同于传统对生产价格和均衡利润率进行同时定义的表达式：

$$p = p(A + bl)(1 + r)\qquad(51.27)$$

TSSI 理论家相信这并没有触及置盐定理的任何前提：

"无论是置盐最初的文章还是随后对他的定理的扩展，都没有明确地把这一约束（同时估值）作为一个前提。他们只是宣称证明了一个一般结论，一个不只在投入和产出价格恰好相同的情况下才成立的结论"[2]。

从而，TSSI 宣称的"对置盐定理的内部批判的两个支柱分别是均衡价格不是一种静态均衡，投入价格不等于产出价格"[3]。

柳东民认为，如果把生产价格理解为一种静态均衡概念，这可以被视为是一种外部批判，因为均衡概念发生了改变。因为很明显，置盐信雄坚持的是生产价格的古典概念，从而不必明确地说明他的均衡是一种静态均衡。

在引入 TSSI 后，就有了两个利润率：跨期利润率和同期利润率。柳东民认为，同期利润率在某些方面的确存在局限。比如，在发生迅速贬值的经济危机时期，资本家必然遭到损失，这必然造成跨期利润率的实际下降和进行新投资的能力的下降。如果，在这种情况下，仍然坚持只有同期利润率才是有意义的，因为它是一种均衡利润率，那么这种观点就是荒谬的。因此，如果 TSSI 能够表明，跨期利润率更适合于分析利润率趋向下降规律，那就是一个极有意义的贡献。在这种情况下，TSSI 必须首先解释为什么利润率必须建立在历史成本的概念之上。

TSSI 用来反驳置盐定理的另一个主要的分析工具是"劳动时间的货币

① Kliman, A. , McGlone, T. , A Temporal Single-system Interpretation of Marx's Value Theory, *Review of Political Economy*, 1999, 11 (1), pp. 50 – 51.

② Kliman, A. , McGlone, T. , A Temporal Single-system Interpretation of Marx's Value Theory, *Review of Political Economy*, 1999, 11 (1), P. 53.

③ Dong – Min Rieu, Has The Okishio Theorem Been Refuted, *Metroeconomica* 60：1 (2009), P. 165.

表达（MELT：monetary expression of labour time）"，以及对实际利润率和名义利润率进行的区分，MELT 是由杜梅尼尔和弗利提出来的，MELT 表示货币的增加值和一定时期的劳动时间总量之间的数量关系。TSSI 认为，MELT也可以通过投入时间和产出时间的区分被跨期定义。TSSI 的 MELT 可以表达为：

$$\text{MELT}_{t+1} = \frac{p_{t+1}x_{t+1}}{p_t A_{t+1} x_{t+1}\left(\dfrac{1}{\text{MELT}_t}\right) + l_{t+1}x_{t+1}} \tag{51.28}$$

这种 MELT 的独特定义在 TSSI 对置盐定理的批判中发挥了重要的作用。

51.3.2 TSSI 对置盐定理进行的内部批判

柳东民认为，很明显的，对置盐定理进行内部批判是困难的，因为它在某种意义上是一种简单的数学证明。然而 TSSI 坚持尝试去否定置盐定理。

克莱曼认为可以通过一个简单的一种商品的例子批判置盐定理。像克莱曼所说的，事实上只需要一个简单的反例就足以完全否定置盐定理的一般结论，但是这个反例"既要具有逻辑上的严格性，而且又要准确地反映置盐的假设"[1]。

但是柳东民指出，克莱曼的数字例子建立在一个非同寻常的零工资的假设之上，这意味着他的例子中的经济是一种接近奴隶制的经济。由于这是一个难以置信且非常特殊的"实际工资不变"的情况，很明显地会出现某些扭曲。首先，马克思的资本有机构成的概念无法被定义。这可能就是为什么克莱曼只提及资本的技术构成而不谈资本的有机构成的原因。此外，置盐信雄用"生产的有机构成（OCP：organic composition of production）"作为对马克思的资本的有机构成的替代，这个概念直接表示"生产生产资料的直接劳动和间接的必要劳动之间的比例"[2]，然而，克莱曼的例子没有说明 OCP 的增加。

柳东民认为，"即使能够表明在零工资假设下利润率下降，它也不构成置盐定理的反例"[3]。这种结果，作为最大利润率下降规律，置盐已经预见

---

① Dong - Min Rieu, Has The Okishio Theorem Been Refuted, *Metroeconomica* 60：1（2009），P. 166.

② Okishio, N., Technical Changes and the Rate of Profit, *Kobe University Economic Review*, 1961, 7, P. 87.

③ Dong - Min Rieu, Has The Okishio Theorem Been Refuted, *Metroeconomica* 60：1（2009），P. 167.

到了。另外，柳东民指出，必须注意的是，最大利润率下降规律并没有一个微观基础，这意味着置盐定理和最大利润率下降规律是和不同的概念联系在一起的。

另一方面，MELT 的增加和 TSSI 对置盐定理的反驳之间存在矛盾。MELT 的增加意味着因劳动生产率的增加，同样数量的劳动对应着更多的货币单位，但是一些批评者注意到 TSSI 的结论依赖于不变的 MELT 假设①，拉莫斯·马丁内斯（A. Ramos - Martinez）争论说由于节约劳动的创新置盐定理忽略了 MELT 上升的影响，这就是为什么能够引入跨期单一体系的视角对它加以反驳的原因②。克莱曼也对这个问题进行了评价：

MELT 并不保持不变，而是系统地上升。看起来似乎这种现象否定了利润率趋向下降规律，至少在价格提高，名义价格利润率必然上升而不是下降的意义上是如此。然而，情况并非如此③。

柳东民对克莱曼和麦克高伦的研究进行了评价。考虑两种商品：商品 1 是生产商品 1 和商品 2 的非劳动商品投入，商品 2 是工资商品。表 51－1 给出了相关数据。在两个部门中，产出和非劳动投入以相同的比率同时增加，同时活劳动以相对较低的比率增加，实际工资保持不变。

表 51－1　　　　克莱曼和麦克高伦 1999 年模拟中的物质数据

	投入			
	商品 1	活劳动	实际工资	产出
部门 1				
最初	44	11	11/32	55
增长率	（10%）	（3.4%）	（0%）	（10%）
部门 2				
最初	6	24	11/32	30
增长率	（10%）	（3.4%）	（0%）	（10%）

① Veneziani, R., The Temporal Single-system Interpretation of Marx's Economics: a Critical Evaluation, *Metroeconomica*, 2004, 55 (1), P. 110.

② Ramos - Martinez, A., '*Labour, Money, Labour-saving Innovation, and the Falling Rate of Profit*', in Freeman, A., Kliman, A., Wells, J. (eds): The New Value Controversy and the Foundations of Economics, Edward Elgar, Cheltenham, 2004.

③ Kliman, A., *Reclaiming Marx's 'Capital': A Refutation of the Myth of Inconsistency*, Lexington Books, Lanham, MD., 2007, P. 129.

假定商品 1 和商品 2 的最初价格分别为 2.2 和 0.8。这个模型并不是建立在特殊的零工资假设的基础之上。它也依赖于对价格的跨期估值，这种价格不同于静态均衡价格。这个模型没有违反技术选择的标准。

然而，在这个模拟中，由于产出增长率和物质投入的增长率相同，产出价值对活劳动创造的价值的比率保持不变。这意味着置盐信雄意义上的 OCPs 在所有部门都保持不变。尽管克莱曼和麦克高伦试图表明，降低成本、劳动节约型技术变化能够引起 TSSI 意义上定义的一般利润率的下降，但它仍不是对置盐定理的内部反驳，因为技术变化设定了不变的 OCP，而不是置盐信雄意义上的增加的 OCP。

但是，柳东民认为可以预见到对上述认识存在的两种反对意见：

第一，可能有人会认为 TSSI 意义上的 OCP 在增加，因为 TSSI 的价值等式不同于传统的价值等式。柳东民认为这种反驳意见能够被否定。TSSI 认为，置盐信雄的结论"高度地依赖于投入和产出价格的同时决定"① TSSI 的批判要成为一种内部批判，只有对利润率和均衡价格的同时定义被转变为等式（51.25）和等式（51.26）。在这种意义上，OCPs 必须用置盐信雄的术语度量。此外，如果引入 TSSI 的独特的价值定义，并根据 TSSI 的规则重新计算 OCPs，OCPs 在上升一段时间后最终收敛于一个特定的水平。这是因为，即使使用 TSSI 的价值定义，所有部门的不变资本的价值的增长率将最终收敛于与传统的、同时定义时相同的水平，尽管在最初的时期前者比后者大。结果，"在任何情况下，有关 TSSI 意义上的 OCPs 增加的这种反对意见都是难以成立的"②。

更为有趣的是，克莱曼和麦克高伦的结论被置盐信雄预见到了：

"根据马克思的假设，新技术与它所取代的技术相比，必然有更高的劳动生产率和更低的最大利润率。但是，没有理由说明为什么资本家应当采用形式 A 或形式 B 的技术，如果这些技术都出现了，而且资本家有充足的资金去引入这些技术……它们都有更高的劳动生产率和更高的最大利润率……没有先验的理由否定找到更优的技术的可能性。事实上，即使是马克思自己在《资本论》中，也承认在不降低 $\frac{L}{C}$ 的情况下提高劳动生产率的可能。但

① Kliman, A., McGlone, T., A Temporal Single-system Interpretation of Marx's Value Theory, *Review of Political Economy*, 1999, 11 (1), P. 52.

② Dong - Min Rieu, Has The Okishio Theorem Been Refuted, *Metroeconomica* 60: 1 (2009), P. 170.

是他认为这种可能性是一种例外"①。

柳东民认为，有可能置盐信雄、TSSI 和其他类型的解释者都能够说明如果引入一种提高劳动生产率但是没有增大 OCP 的技术时利润率的下降。

第二，一个更加合理的反对意见认为，这种同时决定的结果，在它表明某种降低成本的技术可以降低在 TSSI 的意义上定义的利润率的含义上，是置盐定理的一个反例。因此必须考察 MELT 增加对利润率产生的影响。为了做到这一点，可以在坚持 MELT 增加的假设的基础上用同样的数据进行模拟。由于模拟的结果取决于 MELT 的大小和时间路径，因此决定 MELT 的增加率是非常重要的。因此，假定 MELT 以每一期 6.6% 的比率增加，大致等于劳动生产率的增长率。由于 MELT 的增长率差不多等于通货膨胀率加劳动生产率的增长率，这个假定意味着通货膨胀率接近于零，从而排除掉"与生产率增长无关的外生通货膨胀"②。柳东民认为，这是一个检验马克思的利润率下降规律的必要条件，因为马克思不认为利润率下降能够通过与技术变化无关的外生的价格变化来解释。

模拟的结果如图 51 - 1 所示，在图中，在 MELT 增加的情况下，分期利润率收敛于一个特定的水平（25.26%），而且高于同时决定的利润率（25%）。这意味着"利润率下降的影响不能抵消内生的 MELT 增加造成的影响"③。即使假定每一期 MELT 的增加为 3%，这一比率小于劳动生产率的增长率，分析利润率收敛于 21.63%，高于最初 21.21% 的水平。

现在改变一个假定，从而使得 OCPs（用置盐的术语）能够增加。假定两个部门的产出增长率为 9.9% 而不是 10%，同时非劳动投入的增长率为 10%，活劳动的增长率为 3.4%。实际工资保持在 11:32 不变。也就是说，根据等式（51.25）和等式（51.26），除了产出的增长率，TSSI 方法中的一切都得到了保证。作为对照，假定 MELT 以 6.5% 的比率在每一期系统的增加。

---

① Okishio, N., Notes on Technical Progress and Capitalist Society, *Cambridge Journal of Economics*, 1977, 1（1），P. 97.

② Kliman, A., *Reclaiming Marx's 'Capital': A Refutation of the Myth of Inconsistency*, Lexington Books, Lanham, MD., 2007, P. 130.

③ Dong - Min Rieu, Has The Okishio Theorem Been Refuted, *Metroeconomica*, 2009, 60（1），P. 171.

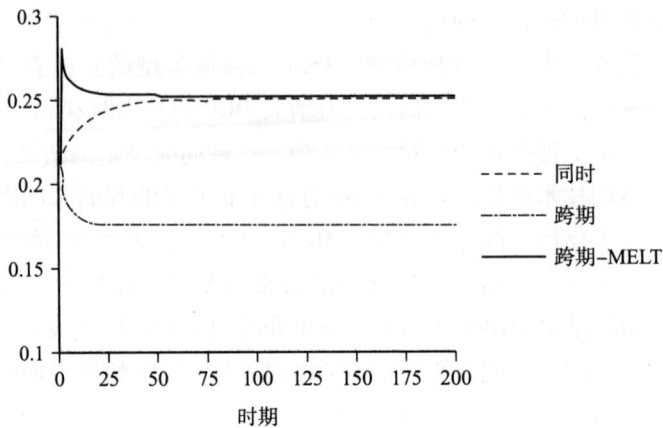

图 51 - 1　利润率模拟图

这种模拟的结果可以概括地表现在图 51 - 2 中。尽管 OCPs（置盐信雄意义上的）增加了，分期利润率最终消失了。然而，令人惊讶的现象是同时决定的利润率在经过最初的增加后，也下降到零。伴随着 MELT 的增加的分期利润率，并不无限地下降，而是收敛于一个等于 MELT 的增加率，大致等于劳动生产率的增长率的正的水平（6.5%），如果假定每一期 MELT 有一个 k 的增加率，分期利润率的最终水平为 k%。

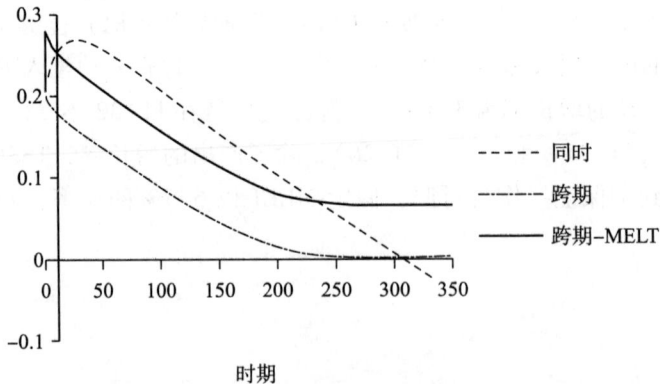

图 51 - 2　利润率模拟图

柳东民认为，这种矛盾的结果是因为违反了降低成本的技术选择标准造成的。在这个模拟中，首先在部门 1 在第 13 期，然后在部门 2 在第 58 期，用当前价格计算的单位成本开始增加。换句话说，没有理由认为理性的资本家的生产活动会进行到第 12 期之后。从而，必须在第 12 期停止这种模拟。可以发现，尽管 MELT 增加时的分期利润率（24.71%）下降到同时决定的利润率之下（25.17%），它仍然高于最初的水平（21.21%）。柳东民认为，从模拟的结果可以看出来，即使 MELT 增加的比率很小，比如 3.75%，分期利润率在第 12 期仍然高于最初的水平

这种模拟的结果意味着什么？如果假定采用 MELT 增加的情况下不扩大 OCP 的技术，也就是说增长率是由劳动生产率内生地决定的，那么跨期利润率与最初的水平相比将会增加。尽管模拟模型不能给出一般结果，但是它表明只有长期利润率和价值的跨期定义不足以反驳置盐定理，尤其是在 MELT 增加的情况下[1]。为了得到一些一般性的结果，必须澄清同时决定的利润率和分期决定的利润率。

51.3.3　三种利润率的相对运动

从上面的讨论可以清晰地发现有三种利润率：同时决定的利润率、不变的 MELT 情况下的跨期利润率和 MELT 增加时的分期利润率。克莱曼（2007）分别用同期利润率（simultaneist rate of profit）、真实利润率（real rate of profit）和名义利润率（nominal rate of profit）表示它们。柳东民指出，尽管克莱曼的术语在某种意义上有误导性，因为它的定义建立在特殊的劳动价值的概念基础之上，但是基于简化分析的需要，柳东民仍然使用了克莱曼的定义。

如果用单一商品的简单模型来分析，在这个模型中谷物产出（corn output，CO）是用种子谷物（seed corn，SC）和劳动生产出来的，三种利润率的表达如下（为了使分析简化，采取零工资假设）：

$$r_{t+1}^{SIMULTANEOUS} = \frac{CO_{t+1}\lambda_{t+1} - SC_{t+1}\lambda_{t+1}}{SC_{t+1}\lambda_{t+1}} = \frac{CO_{t+1} - SC_{t+1}}{SC_{t+1}} \tag{51.29}$$

$$r_{t+1}^{REAL} = \frac{CO_{t+1}\lambda_{t+1} - SC_{t+1}\lambda_t}{SC_{t+1}\lambda_t} = \frac{CO_{t+1}(p_{t+1}/MELT_{t+1}) - SC_{t+1}(p_t/MELT_t)}{SC_{t+1}(p_t/MELT_t)} \tag{51.30}$$

$$r_{t+1}^{NOMINAL} = \frac{CO_{t+1}\lambda_{t+1}MELT_{t+1} - SC_{t+1}\lambda_t MELT_t}{SC_{t+1}\lambda_t MELT_t} = \frac{CO_{t+1}p_{t+1} - SC_{t+1}p_t}{SC_{t+1}p_t} \tag{51.31}$$

---

[1]　Dong – Min Rieu, Has The Okishio Theorem Been Refuted, *Metroeconomica* 60：1（2009），P. 173.

根据简单的代数，可以得到下述关系，其中 G_p，G_m，G_λ 分别代表通货膨胀率、MELT 和价值增长率，如果假定 MELT 同样适用于个体部门的话，那么这种关系对 n 部门模型同样是适用的：

$$(1 + r_{t+1}^{REAL}) = (1 + G_\lambda)(1 + r_{t+1}^{SIMULTANEOUS}) = \left(\frac{1 + G_p}{1 + G_m}\right)(1 + r_{t+1}^{SIMULTANEOUS})$$

(51.32)

$$(1 + r_{t+1}^{NOMINAL}) = (1 + G_m)(1 + r_{t+1}^{REAL})$$ (51.33)

$$(1 + r_{t+1}^{NOMINAL}) = (1 + G_m)(1 + G_\lambda)(1 + r_{t+1}^{SIMULTANEOUS}) = (1 + G_p)(1 + r_{t+1}^{SIMULTANEOUS})$$

(51.34)

克莱曼说："如果 MELT 以或多或少不变的比率增加，名义价格利润率将会非常接近真实的价值利润率"[1]。这个观点可以从公式（51.33）中得到。同样的，如果 MELT 的增加和价值的降低以或多或少不变的比率进行，名义利润率将会非常接近同时决定的利润率。像弗利注意到的，如果没有价格变化，所有比率将会相等。

柳东民对 TSSI 有关三种利润率趋势的"典型事实（stylized facts）"进行了说明：

（a）虽然如置盐定理证明的那样，$(1 + r^{SIMULTANEOUS})$ 的增长率是正的，但是 $(1 + r^{REAL})$ 的增长率是负的，也就是说实际利润率下降；

（b）"一个提高的 MELT 并不会取消利润率下降的趋势……如果 MELT 以一个不变比率提高，但是作为生产率增长比率提高的结果价值会以增加的比率下降，通货膨胀率必然下降，名义利润率将会趋于下降"，在这种情况下，"名义利润率，像真实利润率一样与物质的利润率相比必然下降，而无论价格是上升还是下降"[2]。

柳东民证明满足（a）的条件"在一般情况下无法被满足"[3]。而（b）只在假定通货膨胀率下降的情况下成立，因此"这等同于通过假定一个武断的价格变化的时间路径去解释 TRPF"，柳东民指出，"如果人们记得，不像斯密、马克思的 TRPF 并不依赖于价格变化，而且取决于技术自身的特

① Kliman, A., *Reclaiming Marx's 'Capital': A Refutation of the Myth of Inconsistency*, Lexington Books, Lanham, MD., 2007, P. 132.

② Kliman, A., *Reclaiming Marx's 'Capital': A Refutation of the Myth of Inconsistency*, Lexington Books, Lanham, MD., 2007, P. 129.

③ Dong‐Min Rieu, Has The Okishio Theorem Been Refuted, *Metroeconomica* 60：1（2009），P. 176.

征，那么这种类型的外生价格变化是不能被用来证明马克思的规律的"①。如果排除纯粹的通货膨胀或武断的价格的时间路径，那么必须考虑因劳动生产率的增长造成的"内生的通货膨胀效应"。在这种情况下，MELT 的增长取消了价值的下降，名义利润率约等于通货膨胀率加上同时决定的利润率。

通过对 TSSI 对置盐定理的反驳和不同利润率概念的详细考察，柳东民给出了他对 TSSI 对利润率趋向下降规律研究的评价。TSSI 不可能成功地通过内部批判否定置盐定理。事实上即使使用其他类型的方法也是一样的，不可能否定置盐定理。因为后者只是对非负矩阵的数学特征的一种经济表达。另外，TSSI 对置盐定理的反驳，不仅要求改变对利润率的定义，而且需要对劳动生产率和价格的时间路径做出武断的假定。"用一个特殊的关于价格变化的假定去驳斥置盐定理是没有意义的，因为马克思的经济学目标在于不诉诸市场上外生给定的变化的情况下，解释资本主义剥削和积累"②。最后，柳东民指出，必须注意到的是，仅有对置盐定理的反驳或内部否定并不能使马克思主义的价值理论完全免除一种批评，即劳动价值论和均衡价格的决定无关，这就如同证明了 TRPF 并不能证实整个马克思的经济学理论体系一样。柳东民的评价是非常有启发意义的，这种评价触及了马克思主义经济学论争中一些非常重要的问题，比如马克思主义者在支持或为马克思的经济学原理进行辩护时，不能诉诸特殊的假定，也不能通过改变马克思的基本范畴（基本范畴包含仅更多的发展的因素不属于这种情况）来实现对某个理论的证明。另一方面，任何时候对一个理论体系的证实或证伪都不能通过对构成该理论体系的某一个基本原理的证明或否定来实现。这样一种态度为公平的学术论争开辟了道路。

---

① Dong – Min Rieu, Has The Okishio Theorem Been Refuted, *Metroeconomica* 60：1（2009），P. 176.

② Dong – Min Rieu, Has The Okishio Theorem Been Refuted, *Metroeconomica* 60：1（2009），P. 177.

第52章 利润率下降理论的各种观点

20世纪70年代中期，随着对马克思经济理论兴趣的"复兴"，对马克思称作的"现代政治经济学最重要规律"的关注也有新的变化。这一时期，对马克思这一理论的理解，有两个显著特点：一是对影响利润率下降规律的内在因素的作用和反作用给予更多的关注；二是对利润率下降理论和其他理论的关系，如与资本积累、贫困、经济周期等问题给予更多的关注。

52.1 克里斯琴森关于利润率下降理论的观点

1976年，克里斯琴森（J. Christiansen）在《美国经济评论》上发表了《马克思和利润率下降》① 一文，提出了自己对利润率下降问题的分析。

马克思对资本主义发展运动规律的分析使他把这个规律简洁地表述为：在资本主义发展过程中，存在着活劳动不断被死劳动取代的趋势。资本家越来越多地使用机器来代替工人。而劳动过程中生产率的提高导致在任一既定劳动时间内被加工的原料和辅助材料数量的增加。从而，体现为生产资料中（机器、原材料和辅助性材料）的死劳动量相对于生产过程中直接雇用的活劳动量不断增加。马克思把这个过程表述为资本有机构成不断提高的过程，即死劳动对活劳动比例的提高。马克思论证说，这个过程会导致利润率随时间的推移而呈现下降的趋势。对马克思而言，"这个规律并非对外在现象的预言"②。马克思认为尽管存在一些反作用力，但利润率下降的趋势仍将成为资本主义生产方式持续存在的结构性威胁。一方面，马克思清楚地把这个趋势视为资本主义生产方式的长期趋势，在这个意义上，它与资本积累过程

---

① Jens Christiansen, Marx and the Falling Rate of Profit, *The American Economic Review*, Vol. 66, No. 2, Papers and Proceedings of the Eightyeighth Annual Meeting of the American Economic Association (May, 1976), pp. 20 – 26.

② Jens Christiansen, Marx and the Falling Rate of Profit, *The American Economic Review*, Vol. 66, No. 2, Papers and Proceedings of the Eightyeighth Annual Meeting of the American Economic Association (May, 1976), P. 20.

中的内在动力直接相关。另一方面，马克思更强调的是这个趋势同短期危机现象的联系，认为危机是资本主义积累过程的暂时崩溃，同时也是为有利可图的资本积累重新创造先决条件的机制。马克思指出危机是资本主义持续再生产的内生部分。危机的一个影响是降低实际工资增长比率，或者甚至导致实际工资下降。同时，危机还导致资本贬值和集中。正是这些作用，使积累过程不断地重新形成有利可图的投资机会而得以持续下去。

克里斯琴森认为："马克思对这一规律的描述并不是以一种最终的形式呈现出来的，其中包含着许多意义不明的地方。"[①] 影响资本有机构成发展的不同因素从未被系统地放在一起加以研究。资本有机构成和利润率之间的关系也没有被充分地加以说明。"这导致在该规律的正确解释和运用的问题上争论不休。大量争论的存在致使马克思主义者走向错误的方向"[②]。在经验层次上，这些争论主要围绕资本有机构成是否的确在提高展开在；在理论层次上，争论主要围绕导致资本有机构成提高的原因和提有机构成的提高是否必然导致利润率下降展开。克里斯琴森认为，争论在一些基本点上取得了很大进展，从而使人们可以消除一些在早期争论中存在的混淆。

克里斯琴森主要分析了对马克思的利润率趋向下降规律存在的一些批评意见和一些对规律进行的阐述存在的不足之处。克里斯琴森试图说明，现有的对该理论的阐述都不足以解释清楚资本主义生产方式的运行机制。克里斯琴森提出了解决问题的初步构想，这种构想以马克思分析利润率下降时讨论的两个方面为基础。第一个与资本积累的长期趋势有关，第二个涉及危机在利润率运动中的作用的问题。

52.1.1　批评和各种对规律的阐述

首先，克里斯琴森从资本有机构成是否正在上升开始对已有的马克思主义文献进行了评述。克里斯琴森认为存在两种极端的方式。一方面这个问题被视为这样一个问题，即对这个问题的回答从资本是自我扩张的价值的定义出发，在理论推论中寻找答案。克里斯琴森认为这显然不够，"因为它主张以人的意志创造的唯心主义的概念来理解物质实在"[③]。用这种方法是不可能理解历史结构的变化的。另一方面，该问题被当成纯粹的经验问题。克里

①②③　Jens Christiansen, Marx and the Falling Rate of Profit, *The American Economic Review*, Vol. 66, No. 2, Papers and Proceedings of the Eightyeighth Annual Meeting of the American Economic Association（May, 1976）, P. 21.

斯琴森指出这也不正确，"因为规律是在资本主义生产方式的抽象层次上构想出来的"①。因此，所有抽象水平和具体实在之间的联系都必须首先在理论上加以详细说明，然后经验主义的研究才有意义。这其中包括对涉及的范畴进行精确的理论定义、它们的适当的分析单位和他们的历史特征等。而现有的经验主义研究却缺少这类标准。因此，得出的结论自然是矛盾且难以令人信服的。

克里斯琴森简单回顾了相关观点：吉尔曼试图说明 1920 年以来，美国经济中资本有机构成并没有呈现任何明确的上升趋势②；许多马克思主义者和非马克思主义经济学家都持类似观点；另一方面，佩罗（V. Perlo）发现美国的资本——劳动比率在 1929 年到 1963 年间是上升的；梅吉（S. Mage）也得出了相似的结论，然而，他宣称所观察到的"美国马克思主义的利润率"的急剧下降，在很大程度上建立在"剥削率的实质性长期下降"的基础之上③；上述经验主义研究还涉及另外一个理论问题，那就是资本有机构成的定义以及它与利润率的关系，大多数马克思主义者将资本有机构成解释为不变资本与可变资本之比。而利润率（以价值计算）成为该比率（资本的价值构成）和剩余价值率（剩余价值与可变资本的比率）的函数；罗宾逊夫人和斯威齐都指出，即使是资本的价值构成随资本主义的发展而提高，也没有理由设想这种趋势不能或不会被剩余价值率的持续提高所抵消。因此，尽管资本价值构成提高，但"利润率随时间的推移发生的变化仍是不确定的"④。

克里斯琴森认为，只要认同资本价值构成和有机构成为同一比率，上述批评就是正确的。一旦将有机构成当成是死劳动与活劳动之比，那么，很容易看出马克思对这个规律的论述在逻辑上就是正确的。必须说明的是，资本有机构成与最大利润率是相反的。在零工资假设下，利润率变成了剩余价值对不变资本的比率，而资本有机构成则是死劳动（不变资本）对剩余价值的比率。因此，如果资本有机构成无限提高，利润率最终会下降，而无论剩

① Jens Christiansen, Marx and the Falling Rate of Profit, *The American Economic Review*, Vol. 66, No. 2, Papers and Proceedings of the Eightyeighth Annual Meeting of the American Economic Association (May, 1976), P. 21.

② J. Gillman, *The Falling Rate of Profit*, New York, 1958.

③ S. Mage, *The Law of the Falling Tendency of the Rate of Profit*, Unpublished Ph. D. dissertation, Columbia University. 1963. P. 3.

④ Jens Christiansen, Marx and the Falling Rate of Profit, *The American Economic Review*, Vol. 66, No. 2, Papers and Proceedings of the Eightyeighth Annual Meeting of the American Economic Association (May, 1976), P. 22.

余价值率提高多少。

　　克里斯琴森认为，尽管马克思的理论表述在逻辑上是正确的，"但对该规律的这种说明却不能解释有机构成导致利润率变化的实际机制"①。因为在极限的意义上成立的数学关系本身，并不意味着任何意义上的两个范畴之间的因果关系。另外，这种阐述并没有解决有机构成为什么应该上升的问题。一些理论研究试图通过分析为什么资本家要采用能够、至少是潜在地能够导致利润率下降的更高有机构成的技术来解决这个问题。克里斯琴森指出，这种类型的研究并没有得到明确的结论。克里斯琴森认为，之所以会出现这种情况，理由很简单，它存在与这种类型的研究的错误的方法论中。这种方法假设技术变化是资本家根据利润标准，在各种现存的具有较高或较低资本有机构成的生产技术中选择而产生的，这样一来，就忽略了更基本的问题，即这些选择的情况是怎样由社会力量的历史发展所形成的。克里斯琴森认为，"马克思主义社会理论的重点在于理解这些社会力量的决定因素，而不是基于数学关系对现实世界进行预测"②。前者只能通过在对范畴和所涉及的关系进行正确的理论概念化的基础上，对资本主义积累过程做出具体的历史唯物主义分析才能达到。

　　克里斯琴森指出，在转向作这种分析之前，必须首先考察一种批评意见。对转形问题（劳动价值和生产价格之间的转化）的正确分析表明以价值计算的利润率一般并不等于以价格计算的利润率。但是人们感兴趣的是后一个比率，因为正是在生产价格体制中，一个经济整体的均等利润率建立了。因此，规律的适当的概念化就建立在生产价格体制上，整体意义上的资本有机构或是不同部门的有机构成加权平均得到的，这个权重与投入的直接劳动成正比。

52.1.2　积累、危机和利润率

　　对于利润率趋向下降规律，克里斯琴森认为马克思本人的阐述和后来的其他方法都不够完善。迄今为止相关文献讨论的两个主要问题是资本有机构成是否在上升，有机构成上升的原因以及其与利润率运动的关系。这些问题显然是利润率下降趋势规律研究的关键。然而，上面对相关文献的批判性评

　　①② Jens Christiansen, Marx and the Falling Rate of Profit, *The American Economic Review*, Vol. 66, No. 2, Papers and Proceedings of the Eightyeighth Annual Meeting of the American Economic Association (May, 1976), P. 22.

价表明，这两个问题只能在以下两个既相分离又紧密联系的框架中加以理解。第一个是资本主义积累过程中利润率的长期趋势；第二个是短期危机对利润率运动的影响。

一方面，克里斯琴森认为，可以通过对马克思的著作的仔细阅读得到一个重要的教训。对资本有机构成和剩余价值率长期趋势的理解，只能来自对资本主义技术的本质和技术变化做出具体的历史分析。这要求对劳动过程和它在作为资本积累过程组成部分的资本集聚和集中中不断发生的变化做出仔细的分析。对于马克思来说，这个积累过程是生产力与生产关系之间辩证相互做用在资本主义下的特殊表现形式。人与自然之间的技术关系——生产力总是对应着人们之间相应的社会关系。因此，不能将两者分离开来进行分析。技术的任何变化都将影响人们之间的相互关系，反之亦然。

另一方面，有许多例子表明"复杂的技术是如何产生内在的推动力和压力，在特定领域引发探索性活动的"[1]。彼此依赖的生产过程间技术的不平衡产生了强大的创新动力。钢铁业中使用贝氏转炉的新生产过程就是一个例子。该例子中特殊的技术变化的原始推动力源于特定的技术环境，值得强调的是，只要能与现有社会关系相容，如能带来利润，这种技术变化一般会发生并保持下来。事实上，有无数源于社会关系推动的技术变化的例子，资本家为了回应工人阶级对资本主义生产关系的威胁而发起的技术变革，就是能恰当说明问题的例子。由于罢工导致劳动力减少而产生的威胁一直是"一种寻找节约劳动的机器的直接而强大的动力"[2]。但是，尽管某些技术的最初推动力来自社会关系，但这些发明仍只是由于技术已在先前达到一定的程度才成为可能。

克里斯琴森认为，上述例子都表明技术发展提高了资本的技术构成，即实物形态的生产资料（包括原材料）对雇佣劳动数量的比率。但需要更系统的历史和理论分析，同时必须考察生产率发展这个关键问题。资本技术构成的提高并不一定意味着资本有机构成的提高。《资本论》第三卷第四和第五章清楚地表明，马克思本人很清楚导致资本有机构成减少的某些趋势，比如缩短资本周转期的措施。

此外，必须注意实际工资的变动，它是资本技术构成和生产率之外，第

---

① N. Rosenberg, The Direction of Technological Change: Inducement Mechanisms and Focusing Devices, *Economic Development and Cultural Change*, Oct., 1969, P. 6.

② N. Rosenberg, The Direction of Technological Change: Inducement Mechanisms and Focusing Devices, *Economic Development and Cultural Change*, Oct., 1969, P. 13.

三个决定资本有机构成的因素。马克思本人把资本品部门在技术变化形成中的作用放在特别重要的位置。规模经济在这方面有特殊的重要性。克里斯琴森认为，布雷弗曼的《劳动和垄断资本》① 为发展资本主义垄断阶段劳动过程的分析提供了重要的资料。

克里斯琴森认为，分析利润率下降规律在很大程度上得益于仔细阅读马克思的著作。马克思在《资本论》第三卷第十五章强调，利润率与中断了资本积累的过程，但同时又再造了资本积累过程条件的危机是紧密联系在一起的，离开了这点我们就无法理解利润率的运动。克里斯琴森指出，这里所谈论的积累过程不会被马克思视为是一个平稳顺畅的过程，它的动力直接来源于资本和劳动之间围绕生产过程的控制和最终产品的分配进行的斗争中的基本矛盾。

劳资斗争有时会减少投资机会、小资本家和工人人数，并产生需求不足。而生产出来的商品又不能全部出售，积累的危机表现为实现的危机。这将导致破产和失业，结果是资本进一步的集聚和集中，同时伴随着实际工资增长减缓甚至下降。在此过程中，原本不足的资本被破坏。所有这些将通过提高剥削率和降低资本有机构成，最终为有利可图的资本积累重新创造条件。

克里斯琴森承认，"上述描述的确是非常粗略的。认真的工作有待在马克思主义的危机理论的基础上进行。特别是有关货币和信用体制在危机中的作用，需要做深入系统的分析"②。

克里斯琴森在总体上认为，以上对马克思的利润率趋向下降规律问题的粗略评论告诉人们，迄今对这个规律还没有令人满意的阐述。但是，"马克思本人在这个论题上的思想，为我们提供了极为有用的深入研究资本积累过程以及与之相伴的危机的见解"③。

52.2　斯蒂德曼论马克思利润率下降理论

斯蒂德曼对许多具体的马克思的经济理论提出了自己的评论，多数情况下他持反对态度，但是他在深入研究马克思的经济理论、推动马克思经济理论的研究和尝试用新方法研究马克思的经济理论上做出了独特的贡献。斯蒂

---

① H. Braverman, *Labor and Monopoly Capital*, New York, 1974.

②③ Jens Christiansen, Marx and the Falling Rate of Profit, *The American Economic Review*, Vol. 66, No. 2, Papers and Proceedings of the Eightyeighth Annual Meeting of the American Economic Association (May, 1976), P. 25.

德曼1971年发表在《澳大利亚经济文集》上的论文《马克思论利润率下降》[1] 一文对利润率下降理论进行了分析。

斯蒂德曼首先讨论了米克在《利润率的下降》[2] 一文中所指出的马克思的"利润率下降趋势理论"存在的两个主要缺陷。一是资本有机构成的上升一般与生产率的上升联系在一起（价值下降），因此趋向于提高剥削率。二是技术进步并不一定提高资本有机构成，米克认为这个观点"更加合理"。米克推论说："对马克思的利润率下降趋势理论的适当的重要批评应该是，如果假定资本有机构成的上升既与可变资本也与不变资本的构成要素的价值的下降相联系，马克思并没有准确地说明在什么样的条件下，利润率是随着资本有机构成的提高而下降的"[3]。

斯蒂德曼旨在提出一个抽象模型，考察可变资本和不变资本构成要素的价值下降对利润率变化的影响。斯蒂德曼认为，马克思的常规假设确实要求资本有机构成提高，而忽视了不变资本的贬值，而从不变资本的贬值中可以推导出剩余价值率的上升，从而上升的资本价值构成和下降的利润率彼此一致。斯蒂德曼的论证使用了经常在马克思主义理论中应用的变量以及一些和技术与实际工资相联系的可观察的变量，斯蒂德曼的文章的第二个目标——强调这两组变量之间的联系。斯蒂德曼提出了一个用投入—产出技术分析的流动资本模型，假定各部门具有相同的资本有机构成。斯蒂德曼首先提出自己的模型，然后，通过对实际工资和利润率下降的趋势进行分析得出结论。

52.2.1 斯蒂德曼的模型

考察一个具有不变技术 (A，a) 的流动资本模型。如果定义 l_i 为生产一单位商品 i 使用的直接劳动和间接劳动的总和，商品 i 的价值按照马克思术语，可以表示为：

$$l = A' \cdot l + a \tag{52.1}$$

其中，A′ 是 A 的转置矩阵。用 c，v，s 分别代表单位产出的不变资本、可变资本和剩余价值，可以得到：

① Ian Steedman, Marx on the Falling Rate of Profit, *Australian Economic Papers*, Vol. 10, No. 6, 1971, pp. 61–66.
② R. L. Meek, The Falling Rate of Profit, In *Economics and Ideology and Other Essays*, London: Chapman and Hall, 1967.
③ R. L. Meek, The Falling Rate of Profit, In *Economics and Ideology and other Essays*, London: Chapman and Hall, 1967, P. 136.

$$c = A' \cdot l \text{ 和 } v + s = a$$

因此公式（52.1）可以按马克思的符号重新写为：

$$l = c + v + s$$

斯蒂德曼假设剥削率或剩余价值率 e 在各部门都相同，因此，根据定义：

$$s = ev$$

从而可得到：

$$(1 + e)v = a \tag{52.2}$$

如果假设各部门资本有机构成都相等，那么 c 必须与 v 成比例，根据公式（52.2）也与 a 成比例。从而可得到：

$$Rc = a \tag{52.3}$$

其中，R 是该体系的最大可能利润率，它完全由 A 所决定。结果在资本有机构成相等的模型中，最大利润率 R 等于当前劳动与体现在生产资料中的劳动的比率，因为在该模型中价格与价值成比例。从公式（52.2）和公式（52.3）可以得出：

$$Rc = (1 + e)v$$

因此，各部门的资本有机构成（进而总体意义上的）可根据公式（52.4）得出：

$$\left(\frac{c}{v}\right) = \left(\frac{1 + e}{R}\right) \tag{52.4}$$

值得注意的是"R"为技术变量时，只取决于 A，"e"是一个收入分配变量，因此，"将资本有机构成仅当成是对技术条件的描述是非常错误的"[1]。将公式（52.4）代入一般的马克思的利润率公式：

$$r = \left[\frac{e}{1 + \left(\frac{c}{v}\right)}\right]$$

得到：

$$r = \left[\frac{eR}{1 + e + R}\right] \tag{52.5}$$

---

① Ian Steedman, *Marx on the Falling Rate of Profit*, Australian Economic Papers, Vol. 10 （6），1971，P. 62.

52.2.2　实际工资

假定单位小时劳动的实际工资由 w_i 数量的第 i 种商品构成，而一些 w_i 为正数，一些为零。根据定义，一小时劳动的价值是 $\sum_i w_i l_i$，因此可以得到：

$$v = (\sum_i w_i l_i) a \tag{52.6}$$

将公式（52.2）和公式（52.6）进行比较，得出：

$$(1+e) = \left(\frac{1}{\sum_i w_i l_i}\right) \tag{52.7}$$

从公式（52.1）和公式（52.3），可知：

$$l = \left(\frac{1+R}{R}\right) a$$

引入标注：

$$F(A) = \left(\frac{1}{1+R}\right) \tag{52.8}$$

公式（52.7）可以被重新写为：

$$(1+e) = \left(\frac{1-F(A)}{\sum_i w_i a_i}\right) \tag{52.9}$$

$F(A) = \left(\frac{c}{c+v+s}\right)$ 也就是说，是不变资本的价值与总产出的价值的比率。$1 - F(A) = \left(\frac{v+s}{c+v+s}\right)$，也就是说，净产出的价值与总产出的价值的比率把 W 定义为：$W = \sum w_i a_i = \left(\frac{v}{c+v+s}\right)$，也就是说劳动力的价值，或可变资本的价值对总产出的价值的比率。从而，容易以 F 和 W（直接表达与技术和实际工资相联系的可观察变量）得到的结果转变为用总价值中不变资本、可变资本和剩余价值的份额表示的结果。用公式（52.8）和公式（52.9），斯蒂德曼用 A，s 和重新表述了（c/v）和 r。将各种结果放在一起，可以得到：

$$(1+e) = \left(\frac{1-F(A)}{W}\right) \tag{52.10}$$

$$\left(\frac{c}{v}\right) = \left(\frac{1+e}{R}\right) = \left(\frac{F(A)}{W}\right) \tag{52.11}$$

$$(1+r) = \frac{(1+e)(1+R)}{1+e+R} = \left(\frac{1}{F(A)+W}\right) \tag{52.12}$$

公式（52.10）、公式（52.11）和公式（52.12）的右边是直接用 A，a 和 w，技术和实际工资表示的。公式（52.10）、公式（52.11）和公式（52.12）表示马克思的经济理论中三个重要比率（剩余价值率、资本有机构成和利润率），并与可观察的变量联系起来。现在考察一系列的阶段，各阶段技术和实际工资保持不变，而在阶段之间，技术发生变化，这可能是因为新的技术的出现，或是因为实际工资变化改变了现有技术的相对盈利率，或者是因为不再生产旧商品和（或）新商品开始投入生产。在每一时期，资本有机构成在各部门是相等的。公式（52.10）、公式（52.11）和公式（52.12）都考虑了不变和可变资本要素的贬值，那么在每一期结束时利润率究竟会怎样变化？

52.2.3　利润率会下降

斯蒂德曼指出，马克思在《资本论》第三卷中假设最大利润率 R 会随时间而下降。但这并不能保证有一个下降的实际利润率 r，因为马克思还假设剩余价值率 e 趋向于随时间而上升。但是这两个关于 R 下降和 e 上升的假设确实保证了资本有机构成将趋于上升。因此，给定马克思对技术发展和增加值在工人和资本家之间的分配的常规假设，马克思完全可以，而且必须做出资本有机构成上升的假定，即使不变资本的构成要素也贬值了[①]。

斯蒂德曼指出，既然资本有机构成本身依赖于剩余价值率，正如公式（52.11）所示，那么将利润率当成是剩余价值率除以 1 加资本有机构成的观点（尽管逻辑上是正确的）却存在潜在的模糊性。斯蒂德曼认为，将 r 与 R 和 e 通过公式（52.12）联系起来更好。因此，很容易从公式（52.8）和公式（52.12）看出当且仅当公式（52.13）成立时，r 将下降：

$$\left(\frac{c}{v}\right)\left(\frac{\Delta F}{F}\right) > \left(\frac{\Delta e}{e + \Delta e}\right) \qquad (52.13)$$

其中，ΔF 和 Δe 分别是 F 和 e 从一期到另一期的变化量，它们都是正数。尽管没有理由认为公式（52.13）必须成立，但值得注意的是随着 R 下降和 e 上升，$\left(\frac{c}{v}\right)$ 将上升，以使公式（52.13）更容易满足，这是在越来越小的 F 的上升幅度也能够"抵消" e 的既定比例的上升。米克和迪金森认为

---

① Ian Steedman, *Marx on the Falling Rate of Profit*, Australian Economic Papers, Vol. 10（6），1971，P. 65.

r 可能首先上升，然后"下降"的观点明显与这个结果相一致。

斯蒂德曼用技术和实际工资术语对 e、$\left(\dfrac{c}{v}\right)$ 和 r 进行了更为详细的分析。他认为一个明显的问题是：什么样的技术和实际工资的时间路径能够同时满足马克思预期的上升的 e、$\left(\dfrac{c}{v}\right)$ 和下降的 r？斯蒂德曼认为，可以从公式（52.14）中很容易地找到同时满足马克思的预期的充要条件：

$$\left(\frac{c}{v}\right)\left(\frac{\Delta F}{F}\right) > \left(\frac{\Delta W}{W}\right) > \frac{1}{R}\left(\frac{\Delta F}{F}\right) \tag{52.14}$$

其中，ΔF 和 ΔW 代表从一期到另一期 F 的增加和 W 的下降，它们都是正数。如果 F 增加，W 下降，$\left(\dfrac{c}{v}\right)$ 必然增加；公式（52.14）左边的不等为 r 下降的条件，右边的不等为 e 上升的条件。可以看出，以越来越小的比例提高的 F 足以"抵消"以给定的比例下降的 W 造成的影响，并因此降低利润率。另一方面，以越来越小的比例上升的 F 足以"抵消"给定比例的 W 的下降，并使剥削率停止上升。

斯蒂德曼承认自己的研究得到的结果是高度形式化的，他并没有考虑部门间资本周转期的不同，有机构成不同造成的影响。斯蒂德曼对用这样的模型解释马克思的观点并不是十分有信心，他说"用好像马克思那里也存在这样一个模型的方式来解释马克思的观点，这样做本身也许就是对马克思的观点的违背"[1]。但是，斯蒂德曼指出，在上述模型的背景下，马克思假设的 R 的下降和 e 的上升的确保证了 $\left(\dfrac{c}{v}\right)$ 的提高，即使是不变资本要素的价值下降了，而且上升的 e 和 $\left(\dfrac{c}{v}\right)$，在模型给定的条件下，一起导致了利润率的下降。

52.3 亨特对利润率下降趋势的评述

亨特（I. Hunt）在以置盐定理为基础的大量批评利润率下降趋势理论的背景下，回顾了有关利润率下降的争论，于 1983 年在《激进政治经济学评

---

① Ian Steedman, *Marx on the Falling Rate of Profit*, Australian Economic Papers, Vol. 10（6），1971，P. 66.

论》上发表了《利润率下降趋势的讣告还是新生?》[①] 的论文。亨特对利润率下降理论持赞同态度，他认为在争论中，许多批评者表现出来的不是科学研究的态度，而是一种意识形态的取向。

亨特首先讨论了罗宾逊夫人在 1942 年出版的《论马克思的经济学》中，对利润率下降趋势理论提出的两个批评。其一，如果没有剥削率不变的假设，该理论必然不成立，因为剥削率上升可以抵消资本有机构成的增长造成的影响。但剥削率不变的假设既与马克思的剥削一般理论，又与事实不相符合。其二，没有先验的理由可以解释资本有机构成会随时间的发展而改变。技术进步既可能是资本节约型的也可能是劳动节约型的，而且从统计学上看，不存在对资本有机构成上升的证实。亨特认为这两个批评是两种不同类型的批评：第一个批评试图通过指出该理论在依赖资本有机构成上升的基本假设之外，还需要限制性和不合理的假设来支撑，因此存在推理错误；第二个批评质疑该理论的基本假设：资本有机构成是否真的在上升？或者只是偶然的上升，是否有事实理由假定，至少在现代，真的发生过资本有机构成的上升。

亨特认为后来研究马克思资本主义理论的著作都表明第一种批评是无效的[②]。第二种批评以这样或那样的方式被一再提出，但问题仍然没有得到解决。

亨特的文章分为两大部分。第一部分根据布罗迪（A. Brody）[③]、梅迪奥[④]、谢赫和罗默的著作，对马克思利润率下降趋势规律作了严格的解释和阐述；第二部分讨论存在的反对该规律的理论观点——那些替代或继续罗宾逊夫人的剥削率增加抵消资本有机构成上升产生的影响的观点。置盐信雄、希默尔魏特[⑤]、斯蒂德曼和罗默都认为在实际工资给定的情况下，可行的技术进步意味着利润率的增加，而绝不是下降。亨特认为，这些学者的反对意见实际上是一种新的方式说明技术变化的决定因素使资本有机构成的任何上

[①]　I. Hunt, An Obituary or a New Life for the Tendency of the Rate of Profit to Fall? *Review of Radical Political Economics*, Vol. 15, No. 1, 1983, pp. 131 – 148.

[②]　See: Shaikh, A., An Introduction to the History of Crisis Theories, In U. S. Capitalism in Crisis, *Union for Radical Political Economics*, 1978; Wright, E, *Alternative Perspectives in the Marxist Theory of Accumulation and Crisis, In Jesse Schwartz（ed）*, The Subtle Anatomy of Capitalism, Goodyear, California, 1977.

[③]　Brody, A., *Proprotions, Price and Planning*, North Holland, Amsterdam, London, 1970.

[④]　Medio, A., *Profits and Surplus Value, Appearance and Reality in Capitalist Production*, In E. K. Hunt & J. G. . Schwartz（eds）, A Critique of Economic Theory, Penguin, Harmondsworth, 1972.

[⑤]　Himmelweit, S., The Continuing Saga of the Falling Rate of Profit – A Reply to Mario Cogoy, *Bulletin of the Conference of Socialist Economists*, 9, Autumn, 1974.

升都可能被剥削率的大幅上升——这种上升没有改变实际工资——抵消。帕里吉斯认为，这种对利润率下降规律的反对意见"破坏性如此之大，以至于使任何其他支持或否定该规律的观点都相形见绌"[①]。

亨特并不赞同帕里吉斯的观点，他认为这种批评意见"远非那么有破坏力，因为这种反对意见建立在一种技术选择的标准之上——技术选择的古典标准，而且这个标准并非是普遍有效的。特别是在区分了固定资本和流动资本的经济体系中，该标准不起作用"[②]。亨特认为，近来有关马克思主义经济理论的著作终于使严格而明确地表达马克思理论成为可能，并且最终解决了关于该理论各种反对理论，使今后对该理论的评价都有据可依。亨特还对用实证证据评价利润率下降规律的一些要求进行了说明。

亨特认为，马克思的利润率趋向下降规律是建立在有着明确的实证假设的资本主义积累理论的基础之上的，该理论假定积累的资本的技术和价值构成最终是由资本持续的扩大再生产所采取的形式所决定的。因此，在分析马克思的积累模型之前，有必要首先对马克思的利润率下降规律及其直接的含义进行清晰和准确的分析。

52.3.1 利润率和资本有机构成

亨特首先用公式表达了利润率和剥削率与"平均"资本有机构成之间的关系，这种关系表示为：$r = (1/\tau^*) \omega (\sigma/(\omega^* + 1))$。其中 σ 代表统一的剥削率。ω^* 是"ω 行业（体系）"的"有机构成"。严格意义上讲，ω^* 只是该行业的价值构成，因为马克思将"有机构成"定义为价值构成，因为它反映了资本技术构成的变化。一些经济学家，如谢赫在其 1978 年的论文中，着重强调了"死劳动与活劳动"的比率，也就是说，对不同产业的不变资本和它所吸纳的劳动的比率的适当的加权平均$\left(\text{如行业 i 中的} \dfrac{C_i}{L_i}, \text{或} \dfrac{C_i}{(V_i + L_i)}\right)$。但由于该比率是资本价值构成的下限，只要加一个限定条件，就是有机构成的变化反映的不是死劳动对活劳动的比率的变化，就可以将 ω^* 当成是 ω 行业（体系）的"有机构成"，而且不会影响后面的分析。

ω 行业与马克思意义上的"均衡"或"平均"行业相对应，其资本有

---

① Philippe Van Parijs, The Falling – Rate-of Profit Theory of Crisis: A Rational Reconstruction by Way of Obituary, *Review of Radical Political Economics*, 1980, Vol. 12, No. 1, P. 9.

② I. Hunt, An Obituary or a New Life for the Tendency of the Rate of Profit to Fall? *Review of Radical Political Economics*, Vol. 15, No. 1, 1983, P. 132.

机构成表现为价格和价值关系的变化并不影响该行业的利润率，某些投入和产出的价格相对于它们的价值的增加正好被其他投入和产出价格/价值比率的减小抵消。如果从行业资本有机构成$\frac{C_i}{V_i}$开始，马克思整体意义上的资本有机构成就是一个产业价值构成的加权平均，而"ω行业"的有机构成是另一种加权平均的产业有机构成①。产业的权重不受"非基本品"产业有机构成的影响（比如，奢侈品行业），也不取决于不同行业的需求决定的产出的比例决定的比率。

这种对资本"平均"有机构成概念发展的结果之一，是"平均"（标准）资本有机构成不再随某行业，或实际上是全行业的资本有机构成上升而立即上升。产业有机构成的权重的变化（比如，给更大的有机构成较低的权重，给更低的有机构成更大的权重）可能只带来较小的整体加权平均。但是，如果整体的资本有机构成增加，最低的产业资本有机构成会超过过去的最大值，然后，"平均"（标准）资本有机构成一定上升②。

52.3.2　资本周转期和利润率

亨特把资本有机构成定义为资本流量的比率，即每年消费的不变资本与每年消费的可变资本之间的比率。从固定资本产生的流量的价值（贬值）完全不同于使用的资本存量的价值。

亨特指出，资本有机构成经常被定义为资本存量的比率、不变资本存量与可变资本存量的比率（有时它被定义为存量—流量的比率，比如如琼·罗宾逊）。亨特认为，马克思在该问题上的观点并不是十分清楚。马克思有时候的确把资本流量过程中的资本视为是非常重要的，视"实际剩余价值率"为一种流量的价值的比率，"年剩余价值率只有在这样一个唯一的场合，才会和实际的表示劳动剥削程度的剩余价值率相一致"③。但《资本论》第三卷马克思或多或少将资本视为一种存量，特别是"马克思并没有单独讨论资本周转期对利润率的影响"④。

　　① Roemer, J., Technical Change and the 'Tendency of the Rate of Profit to Fall', *Journal of Economic Theory*, 16, 1977, P. 407.

　　② Roemer, J., Technical Change and the 'Tendency of the Rate of Profit to Fall', *Journal of Economic Theory*, 16, 1977, P. 408.

　　③《马克思恩格斯文集》第6卷，人民出版社2009年版，第337~338页。

　　④ I. Hunt, An Obituary or a New Life for the Tendency of the Rate of Profit to Fall? *Review of Radical Political Economics*, Vol. 15, No. 1, 1983, P. 134.

亨特认为，把有机构成定义为一种资本流量的比率，并不会丧失任何重要的内容。用资本存量定义的有机构成的提高，也可以被用流量定义的资本有机构成表达出来，而且资本的周转期，不再被视为是简单的平均，而是标准的或均衡的产业的周转期。

存在三种可能：

（1）ω^* 的提高可能因资本周转期的加快而加剧；

（2）ω^* 可能在资本周转期没有增加的情况下提高；

（3）在 ω^* 没有提高的情况下，可能发生资本周转期的提高。

亨特认为，使用流量的资本有机构成和资本周转期有一个好处。每单位产出的资本存量的增加，可能会掩盖资本存量构成中存在的一种相反的运动。从而，固定资本存量可能因机械化而增加，但是流动资本存量可能因交通和营销条件的改善而降低。当考虑资本周转期的因素时，这些运动能够被加以说明和分析，从而能够决定是否以及在何种程度上这些因素反作用于或加强利润率下降的趋势。

从而，如果把整体的周转期设为 $\tau^* = (\tau_{cf}^* + \tau_{cc}^* + \tau_v^*)$，$\tau_{cf}^*$ 是固定资本对周转期的贡献，τ_{cc}^* 是流动的不变资本，τ_v^* 是来自可变资本的部分。亨特指出，"马克思在说资本有机构成提高时，脑海中所想的，现在可以被描绘为因固定资本周转期的提高而加剧的流量资本有机构成的提高"[1]。这可以和流动资本构成部分周转期不增加，或者在某种程度上甚至下降的情况相兼容。然而，任何 τ_{cc}^* 或 τ_v^* 的下降，都可以恰当地被包含在对利润率下降期发生作用的原因中。

52.3.3 利润率下降趋势是如何"取得支配地位"的

利润率下降趋势理论根本的先决条件是反映全面、持续的不变资本的投入—产出比率（"死"劳动与"活"劳动比率）增加的资本有机构成的上升，这意味着标准资本有机构成 ω^* 持续提高。

抽象掉资本周转期，只考虑资本有机构成变化对成本的标准利润边际的影响：$\mu^* = \sigma / (\omega^* + 1)$。$\mu^*$ 类似于 ω^*，是产业利润边际 μ_i 的加权平均：

$$\mu_i = \frac{[\lambda p_i - \sum_j (c_{ij} + \ell_i v_j) p_j]}{\sum_j} (c_{ij} + \ell_i v_j) p_j$$

① I. Hunt, An Obituary or a New Life for the Tendency of the Rate of Profit to Fall? *Review of Radical Political Economics*, Vol. 15, No. 1, 1983, P. 134.

其中，λ_i 是 i 的价值，ℓ_i 是使用的直接劳动，v_j 是单位小时劳动工资消费的 j 的数量，c_{ij} 是 i 消费的 j 的数量，p_i 是每单位物化劳动的产品的价格。亨特通过一系列分析，指出如果不变资本的投入—产出比率是全面和持续的增加的，那么无论剥削率发生什么变化，到达某个时间，利润率与最初的利润率相比总是下降的。亨特认为，利润率下降趋势是长期的。利润率下降趋势取得支配地位，是以每单位产出的不变资本（用价值术语度量）持续而全面的提高为条件的，利润率下降趋势只能在长期实现。在短期内，不能确定利润率相对资本有机构成会向哪个方向运动，也不能确定个别行业有机构成变化和标准资本有机构成之间的必然联系。在短期内，如果标准或 ω 行业资本有机构成上升，在其他条件不变的情况下，利润率将下降。亨特认为，对于短期分析而言，法因和哈里斯关于利润率下降趋势及其反作用趋势的阐述是比较公正的[①]。亨特认为，马克思的理论仍需进一步的完善。

52.3.4 资本有机构成上升的理论基础

亨特认为，马克思在支持资本主义体制有一种内在的推动资本有机构成提高的趋势时，持有一种结构性的观点。

马克思假定，积累必须采取一种能够支持而不是阻碍剥削率提高和在劳动过程中提高资本对直接劳动者的支配的方式。机械化包含着同样的价值对劳动力需求的下降，从而使得资本能够超越或克服积累率和利润之间的矛盾，这种矛盾来自积累对劳动力需求的影响："不管那时资本积累的增进同现代相比是多么缓慢，它还是碰到了可供剥削的工人人口的自然限制……生产规模突然的跳跃式的膨胀是它突然收缩的前提；而后者又引起前者，但是没有可供支配的人身材料，没有不取决于人口绝对增长的工人的增加，前者是不可能的。工人的这种增加，是通过使一部分工人不断地被'游离'出来的简单过程，通过使就业工人人数比扩大的生产相对减少的方法造成的。"[②]

亨特认为，这里的重要之处在于，作为对工资增加的反应，资本家才在随后进行机械化的。马克思的观点是，在资本有机构成不变的情况下，与生产过程中的工人相对应的资本的价值的最大增长率是劳动力的增长率。任何

---

① Fine, B. & Harris, L., *Controversial Issues in Marxist Economic Theory*, in *The Socialist Register*, London, 1976, pp. 162 – 163.

② 《马克思恩格斯文集》第 5 卷，人民出版社 2009 年版，第 729~730 页。

大于劳动力增长率的增长率，将最终迫使小时工资率增加，而在这个时点上持续的资本主义生产关系的再生产将被削弱。资本将必然放缓它的积累，从而工资率将会再次下降。但是由于资本具有比受到劳动力增长率限制的比率更大的积累能力，资本将会以更大的比率积累，但是是在资本有机构成提高的基础上进行的。"可见，一定程度的资本积累表现为特殊的资本主义的生产方式的条件，而特殊的资本主义的生产方式又反过来引起资本的加速积累。因此，特殊的资本主义的生产方式随着资本积累而发展，资本积累又随着特殊的资本主义的生产方式而发展。这两种经济因素由于这种互相推动的复合关系，引起资本技术构成的变化，从而使资本的可变组成部分同不变组成部分相比越来越小"①。

亨特指出，这里表明的是，在资本有机构成不变的情况下，资本必须限制自己的积累率，以维持工资向下的压力。这与资本无限制的积累趋势相矛盾。具有讽刺意味的是，保持积累的手段，劳动生产率的发展和生产力的绝对发展，以一种新的方式与积累发生冲突。马克思说："资本主义生产总是竭力克服它所固有的这些限制，但是它用来克服这些限制的手段，只是使这些限制以更大的规模重新出现在它面前"②。从而，资本有机构成提高的基础是强还是弱，取决于积累的动力是强还是弱，劳动力是以更快的比率还是以更慢的比率增加。资本有机构成可能完全不会增加，除非资本的劳动力通过下降的死亡率、劳动力参与率的提高、移民的增加或资本的输出等增加得更迅速。

考虑到上面提到的因素，亨特认为，值得注意的是，资本主义社会到处都存在削弱资本有机构成提高的各种因素，这些因素都意味着提高更为先进的资本的劳动力的增长率，同时也是保持相对过剩人口的手段。亨特认为，尽管存在这些因素，但是积累和获取利润之间的矛盾始终存在。而马克思认为，只有资本有机构成的提高才是这种矛盾的一般性的解决方法，与此同时，它又保留了这种矛盾，该矛盾仍然——尽管不那么频繁——存在于不断扩大和加剧的积累之中。

52.3.5 利润率上升

亨特指出，很多人都争论说竞争性的、追求利润最大化的资本主义造成

---

① 《马克思恩格斯文集》第5卷，人民出版社2009年版，第720～721页。
② 《马克思恩格斯文集》第7卷，人民出版社2009年版，第278页。

了在给定实际工资条件下，利润率只能随技术的进步而上升。亨特在对古典的技术选择标准（或置盐定理的标准）的一般有效性问题进行分析之前，首先讨论了利润率上升的观点。他认为有关利润率上升的观点的假设条件限制性太强。讨论通常仅限于静态的，经济增长的影响通常被有意无意地抽象掉了。此外，竞争性和或利润最大化假设具有不现实的深远影响。[1] 亨特建议只采用最低限度的竞争性和利润最大化的假设：假定最终产品存在统一的正的价格；预付资本有统一的利润率，有统一的工资率。技术选择由在保持正常利润的情况下能够降低价格的技术决定。随后亨特提出了一个简单的动态模型，在这个模型中，资本家在现行的工资比率下，无法成功地最大化他们的利润，尽管他们在尽力做到这一点。接下来，亨特证明了，在存在固定资本的情况，对竞争性和利润最大化作出更为现实的假设的情况下，不存在把置盐定理一般化到使用固定资本的经济体系的可能。

亨特的结论是，即使经济增长对技术和工资之间的关系的影响被抽象掉了，在技术变化、实际工资给定的情况下，无论是成本的标准利润边际还是利润率都并不必然上升。更重要的，在一个动态的环境中，即考虑积累对形成一个可供剥削的劳动力的影响时，很明显的是技术变化会压低利润率，即使它可能会压制工资的增长率。因此，亨特认为，很可能资本有机构成的上升是利润率下降趋势的主要原因，而不是利润率的下降是由工资的提高引起的。这和马克思的观点相一致，即积累，而不是工资，才是独立变量。在这种观点中，如果要充分认识积累的独立性，积累就必须发生在资本有机构成提高的基础上。

52.3.6　对马克思利润率下降趋势理论的评价

亨特认为，马克思的利润率下降趋势的理论并不存在逻辑错误，只是需要明确在资本有机构成中是否存在长期的（持续而全面的）提高，这种提高是否足以使马克思的规律具有经验上的意义。

亨特指出，检验资本有机构成长期提高的任务，因一系列因素的存在而变得更加复杂。其中存在确定基本品行业的问题，存在克服现存资料的统计错误，并重组数据以使它们具有价值含义等问题。此外，还有为检验资本有机构成长期提高建立经验基础的分期问题。马克思的规律假定了影响资本有

---

[1]　I. Hunt, An Obituary or a New Life for the Tendency of the Rate of Profit to Fall? *Review of Radical Political Economics*, Vol. 15, No. 1, 1983, P. 139.

机构成上升的反作用力量的存在，比如不变资本的贬值、劳动力移民和资本输出等。这些反作用的影响可能在理论上并不具有规律性。在帝国主义时代，特别是帝国主义初期，资本有机构成上升的反作用影响会发挥非同寻常的作用。即便如此，也不能从表面上将帝国主义初期的情况作为检验资本有机构成潜在趋势的证据。

亨特指出，做出像盐信雄那样的，认为马克思的规律没有意义的结论太过仓促。该规律为分析资本积累提供了合理的基础。无论如何，如果理论框架成立，就可进行经验论证，而不必受对理论的批评的影响。"宣布利润率下降趋势规律的过早死亡，是一种意识形态方面的大胆，而非科学的勇气"[①]。仅仅用定量模型，而脱离了定性的调整（如最优增长模型）反映了现代经济理论的理想主义。毕竟马克思不得不面对的是充满矛盾和复杂决定因素的现实社会[②]。

52.4　森岛通夫对产业后备军和利润率下降关系的评论[③]

森岛通夫对产业后备军和利润率下降之间的关系进行了研究。

森岛通夫认为，就业率显然是实际就业人口和要求就业的总人数的比率。因此，可以通过就业工人的增长率与总人口的增长率的比较来考察就业的变动。但是，马克思对劳动人口的绝对的或相对的增加，或者对劳动力的自然增长率所做出的假定都是不够清楚的。马克思把注意力集中在相对过剩人口或"工人阶级分为现役军或后备军的比例的变动"[④] 上。他断言："每一种特殊的、历史的生产方式都有其特殊的、历史地发生作用的人口规律"，并且说找到了"资本主义生产方式所特有的人口规律"[⑤]。

森岛通夫认为，马克思有关人口增长的假定是不明确的，但是他的再生产模式显然与萨缪尔森称为"冯·诺依曼—马尔萨斯"模式不同[⑥]，森岛通夫认为马克思的再生产模式与他所称的"马克思—冯·诺依曼"模式非常

---

①②　I. Hunt，An Obituary or a New Life for the Tendency of the Rate of Profit to Fall? *Review of Radical Political Economics*，Vol. 15，No. 1，1983，P. 145.

③　Michio Morishima，*Marx's Economics：a Dual Theory of Value and Growth*，Cambridge University Press，1979，Cha11.

④　《马克思恩格斯文集》第 5 卷，人民出版社 2009 年版，第 734 页。

⑤　《马克思恩格斯文集》第 5 卷，人民出版社 2009 年版，第 728 页。

⑥　P. A. Samuelson，Understanding the Marxian Nation of Exploitation：A Summary of the So – Called Transformation Problem Between Marxian Values and Competitive Price，*Journal of Economic Literature*，1971，Vol. 9，No. 2，P. 406.

相似①。在冯·诺依曼—马尔萨斯模式中，萨缪尔森假定人口的增长率是实际工资率的增函数，当实际工资率固定在维持生存的最低水平上时，人口增长率为零。因此，只有当均衡的实际工资率高于生存的最低水平时，才会有资本和劳动的持续的、平衡的增长或冯·诺依曼—马尔萨斯中的黄金时代。然而，对于类似于资本和劳动能通过实际工资率的调节达到同时均衡的观点，马克思是反对的。关于这一点是非常清楚的。马克思说："按照这个教条，工资因资本的积累而提高。工资的提高刺激工人人口更快地增加，这种增加一直持续到劳动市场充斥，因而资本同工人的供给比较相对不足时为止。工资下降，于是事情走向反面。由于工资的下降，工人人口逐渐减少，以致资本同工人人口比较起来又相对过剩，或者像另一些人所说的那样，工资的降低和对工人剥削的相应提高，会使积累重新加快，而与此同时，低工资又会抑制工人阶级的增长。这样一来，就又出现劳动的供给小于劳动的需求、工资提高等等情况。这对于发达的资本主义生产是一个多么美好的运动方法啊！"②

森岛通夫认为："毫无疑义，马克思是最低生存工资理论家"③。用他的话说："劳动力价值是由平均工人通常必要的生活资料的价值决定的。这些生活资料在形式上虽然可能有变化，但是在一定社会的一定时代，它们的量是一定的，所以可以看做是一个不变量"④。此外，"劳动力的价值规定包含着一个历史的和道德的因素"⑤。他还认为，对于工人阶级的大多数来说，维持生存的最低工资水平的生活是悲惨而可怕的。他写道："在这个'资本家的乐园'里，只要最必要的生活资料的价格发生最微小的变动，就会引起死亡和犯罪数字的变动！"⑥ "劳动力价值的最低限度或最小限度……是维持身体所必不可少的生活资料的价值。假如劳动力的价格降到这个最低限度，那就降到劳动力的价值以下，因为这样一来，劳动力就只能在萎缩的状态下维持和发挥"⑦。"劳动力所有者是会死的。因此，要使他不断出现在市场上……劳动力的卖者就必须'像任何活的个体一样，依靠繁殖使自己永

① Morishima, M.: *Equilibrium, Stability and Growth: A Multi-Sectoral Analysis*, Oxford University Press, Oxford, 1964, Cha. 5.

② 《马克思恩格斯文集》第5卷，人民出版社2009年版，第734～735页。

③ Michio Morishima, *Marx's Economics: a Dual Theory of Value and Growth*, Cambridge University Press, 1979, P. 130.

④ 《马克思恩格斯文集》第5卷，人民出版社2009年版，第593页。

⑤ 《马克思恩格斯文集》第5卷，人民出版社2009年版，第199页。

⑥ 《马克思恩格斯文集》第5卷，人民出版社2009年版，第774页。

⑦ 《马克思恩格斯文集》第5卷，人民出版社2009年版，第201页。

远延续下去'。因损耗和死亡而退出市场的劳动力，至少要不断由同样数目的新劳动力来补充。因此，生产劳动力所必要的生活资料的总和，包括工人的补充者即工人子女的生活资料，只有这样，这种独特的商品占有者的种族才能在商品市场上永远延续下去。"①

但是，另一方面，马克思写道："工人阶级的一部分从事过度劳动迫使它的另一部分无事可做，反过来，它的一部分无事可做迫使它的另一部分从事过度劳动，这成了各个资本家致富的手段，同时又按照与社会积累的增进相适应的规模加速了产业后备军的生产。这个因素在相对过剩人口的形成上是多么重要，可以拿英国的例子来证明。英国'节约'劳动的技术手段是十分强大的"②。"我们已经详细地论述过，在资本主义生产的基础上，劳动力总是准备好的；在必要时，不用增加所雇用工人的人数，即不用增加劳动力的量，就可以推动更多的劳动。……只要假定，新形成的货币资本中可以转化为可变资本的部分，在应该转化时总会找到劳动力"③。森岛通夫提出，依据这些论述，可以说马克思作了这样的假定（尽管不很明确）：由于生理的、社会的、技术的及其他原因，即由于劳动力的自然增长、来自落后地区或非资本主义部门的新的劳动力和劳动节约型的技术改进，即使实行维持生存的最低工资率，劳动力也会有一个高增长率（也就是相对于劳动力需求的高增长率）。所以，经济能在最低的实际工资率下增长，产生不断增加的相对过剩人口。这就是马克思—冯·诺依曼的黄金时代！"因此，资本的积累就是无产阶级的增加"④。

森岛通夫首先研究了这样一种经济，总人口或劳动力的自然增长率保持不变。森岛通夫明确地假定，它是正的常量。在这种假定之下，森岛通夫试图证明马克思所论述的关于就业的三个命题：（1）在资本的价值构成保持不变的情况下，资本的增长使劳动力的就业成比例增加和"工人对资本的从属关系是采取可以忍受的……形式"，"随着资本的增长，这种关系不是更为加强，而只是更为扩大"⑤。（2）"现代工业特有的生活过程，由中常活跃、生产高度繁忙、危机和停滞这几个时期构成的、穿插着较小波动的十年一次的周期形式，就是建立在产业后备军或过剩人口的不断形成、或多或

---

① 《马克思恩格斯文集》第 5 卷，人民出版社 2009 年版，第 199 ~ 200 页。
② 《马克思恩格斯文集》第 5 卷，人民出版社 2009 年版，第 733 ~ 734 页。
③ 《马克思恩格斯文集》第 6 卷，人民出版社 2009 年版，第 564 页。
④ 《马克思恩格斯文集》第 5 卷，人民出版社 2009 年版，第 709 页。
⑤ 《马克思恩格斯文集》第 5 卷，人民出版社 2009 年版，第 712 ~ 713 页。

少地被吸收、然后再形成这样的基础之上的"①。（3）"资本技术构成的这一变化，即生产资料的量比推动它的劳动力的量相对增长，又反映在资本的价值构成上、即资本价值的不变组成部分靠减少它的可变组成部分而增加"②，"因为对劳动的需求，不是由总资本的大小决定的，而是由总资本可变组成部分的大小决定的，所以它随着总资本的增长而递减，而不像以前假定的那样，随着总资本的增长而按比例增加。对劳动的需求，同总资本量相比相对地减少，并且随着总资本量的增长以递增的速度减少"③。

森岛通夫指出，"马克思在《资本论》第一卷中，从一个部类的模型中得出这些结论"④。森岛通夫试图用两个部类的模型重新确认这些结论。森岛通夫认为，"这些结论之所以重要，不仅因为这些结论自身，而且还因为马克思从这些结论中得出他的资本主义崩溃的观点"⑤。森岛通夫指出，用马克思的话说，随着产业后备军不断的或周期的增长，"贫困、压迫、奴役、退化和剥削的程度不断加深，而日益壮大的、由资本主义生产过程本身的机制所训练、联合和组织起来的工人阶级的反抗也不断增长。资本的垄断成了与这种垄断一起并在这种垄断之下繁盛起来的生产方式的桎梏。生产资料的集中和劳动的社会化，达到了同它们的资本主义外壳不能相容的地步。资本主义私有制的丧钟就要响了。剥夺者就要被剥夺了"⑥。

森岛通夫指出，像马克思主张的那样，分析中最重要的因素是"资本的构成和它在积累过程进行中所起的变化"⑦。"投入一定生产部门的许许多多单个资本，在构成上或多或少是不同的。把这些资本的一个个构成加以平均，就得出这个生产部门的总资本的构成。最后，把一切生产部门的平均构成加以总平均，就得出一个国家的社会资本的构成，我们以下要谈的归根到底只是这种构成"⑧。

森岛通夫从两个部类产品的基本供求方程开始：

$$y_I(t) = c_I y_I(t) + c_{II} y_{II}(t) + c_I \Delta y_I(t) + c_{II} \Delta y_{II}(t) \qquad (52.15)$$

$$y_{II}(t) = v_I y_I(t) + v_{II} y_{II}(t) + v_I \Delta y_I(t) + v_{II} \Delta y_{II}(t) + bs_I y_I(t) + bs_{II} y_{II}(t) \qquad (52.16)$$

---

① 《马克思恩格斯文集》第5卷，人民出版社2009年版，第729页。
② 《马克思恩格斯文集》第5卷，人民出版社2009年版，第718页。
③ 《马克思恩格斯文集》第5卷，人民出版社2009年版，第725~726页。
④⑤ Michio Morishima, *Marx's Economics: a Dual Theory of Value and Growth*, Cambridge University Press, 1979, P. 132.
⑥ 《马克思恩格斯文集》第5卷，人民出版社2009年版，第874页。
⑦ 《马克思恩格斯文集》第5卷，人民出版社2009年版，第707页。
⑧ 《马克思恩格斯文集》第5卷，人民出版社2009年版，第708页。

其中，y_I 是以价值表现的第一部类的产出，对于一个单位的产出来说，不变资本 c_I 和可变资本 v_I 必须生产剩余价值 s_I；对于第二部类来说，情况相似。b 代表资本家的消费（以价值表现）对总剩余价值的比率。把所使用的资本的总价值的增长率定义为：

$$g_K(t) = \frac{(c_I + v_I)\Delta y_I(t) + (c_{II} + v_{II})\Delta y_{II}(t)}{(c_I + v_I)y_I(t) + (c_{II} + v_{II})y_{II}(t)} \qquad (52.17)$$

当 $c_i + v_i + s_i = I$ 时，$i = I$，II，由公式（52.15）和公式（52.16）我们就有：

$$s_I y_I(t) + s_{II} y_{II}(t) = (c_I + v_I)\Delta y_I(t) + (c_{II} + v_{II})\Delta y_{II}(t) + b[s_I y_I(t) + s_{II} y_{II}(t)]$$
$$(52.18)$$

公式（52.18）意指总剩余价值等于投资的价值加资本家的家庭所消费的价值。这可以用熟悉的储蓄与投资的等式进一步改写为：

$$a[s_I y_I(t) + s_{II} y_{II}(t)] = (c_I + v_I)\Delta y_I(t) + (c_{II} + v_{II})\Delta y_{II}(t) \qquad (52.19)$$

其中，$a = 1 - b$ 表示不变资本和可变资本的投资价值对总剩余价值的比率，可叫它积累率，并且假定不变，除非另有说明。因为 $s_I = ev_I$，$s_{II} = ev_{II}$，e 是剥削率，把公式（52.19）除以总资本价值，$(c_I + v_I)y_I(t) + (c_{II} + v_{II})y_{II}(t)$，并记住资本增长率的定义，就得到：

$$g_K(t) = ae \frac{v(t)}{C(t) + V(t)} = ae \frac{1}{k(t) + 1} \qquad (52.20)$$

其中，$C(t)$ 和 $V(t)$ 分别表示不变资本总量和可变资本总量，$k(t)$ 表示在 t 时期内社会总资本的价值构成，也就是 $\frac{C(t)}{V(t)}$。必须指出，因为 $C(t)$ 和 $V(t)$ 是 $y_I(t)$ 和 $y_{II}(t)$ 的加权总量，所以当 $y_I(t)$ 和 $y_{II}(t)$ 逐个时期发生波动时，且假定第 I 和第 II 部类的资本的价值构成是不相同的，社会总资本的价值构成就会改变。

然后，把劳动力需求的增长率定义为：

$$g_L(t) = \frac{l_I \Delta y_I(t) + l_{II} \Delta y_{II}(t)}{l_I y_I(t) + l_{II} y_{II}(t)} \qquad (52.21)$$

其中，l_I，l_{II} 分别是每单位 y_I 和 y_{II} 需要的直接劳动。显然，$l_i = (v_i + s_i) = (1 + e)v_i$，$i = I$，$II$ 所以，有：

$$g_L(t) = \frac{v_I \Delta y_I(t) + v_{II} \Delta y_{II}(t)}{v_I y_I(t) + v_{II} y_{II}(t)} = \frac{v_I y_I(t+1) + v_{II} y_{II}(t+1)}{v_I y_I(t) + v_{II} y_{II}(t)} - 1$$

因此，

$$1 + g_L(t) = \left\{ \frac{V(t+1)}{C(t+1) + V(t+1)} [C(t+1) + V(t+1)] \right\}$$

$$\div \left\{ \frac{V(t)}{C(t) + V(t)} [C(t) + V(t)] \right\}$$

$$= \frac{k(t) + 1}{k(t+1) + 1} \frac{C(t+1) + V(t+1)}{C(t) + V(t)}$$

$$= \frac{k(t) + 1}{k(t+1) + 1} (1 + g_K(t)) \qquad (52.22)$$

公式（52.22）在随后的讨论中起着十分重要的作用。

从公式（52.22）可以得到上面的马克思的第一个结论。由 $k(t)$ 的定义：

$$k(t) = \frac{C(t)}{V(t)} = \frac{c_I y_I(t) + c_{II} y_{II}(t)}{v_I y_I(t) + v_{II} y_{II}(t)} \qquad (52.23)$$

可见，如果 $y_I(t)$ 和 $y_{II}(t)$ 平衡地增长，社会总资本的构成就保持不变。那么，由于 $k(t) = k(t+1)$，由公式（52.22）就会有 $g_L(t) = g_K(t)$。因此，"对劳动的需要和工人的生存基金，显然按照资本增长的比例而增长，而且资本增长得越快，它们也增长得越快"[1]。如果照这样决定的对劳动的需要的增长率 $g_L(t)$ 等于劳动力的自然增长率 ρ，那么失业率在整个时期里就将保持不变。特别是，如果一开始就有充分就业，那么它就将永远存在下去。另一方面，如果 $g_L(t)$ 大于 ρ，那么经济就将受到劳动力长期不足的困扰；相反，如果 $g_L(t)$ 小于 ρ，则不可能有充分就业的增长。对于后两种情况，马克思说过："在第一种情况下，并不是劳动力或工人人口绝对增加或相对增加的减缓引起资本的过剩，相反地，是资本的增长引起可供剥削的劳动力的不足。在第二种情况下，并不是劳动力或工人人口绝对增加或相对增加的加速引起资本的不足，相反地，是资本的减少使可供剥削的劳动力过剩，或者不如说使劳动力价格过高"[2]。森岛通夫强调，还必须指出，保持失业率不变是极其困难的。然而，使工人和资本家都满意的高水平的就业率的稳定性，只能在平衡增长的情况下才可以实现。但平衡增长的路线肯定是不稳定的，所以，再小的冲击也很容易产生就业率的恶性波动或累积的变化。

森岛通夫接着转向马克思的第二个结论。假设生产工资品和奢侈品的第二部类的资本的价值构成高于生产资本品的第一部类的资本的价值构成。于

---

[1] 《马克思恩格斯文集》第5卷，人民出版社2009年版，第708页。
[2] 《马克思恩格斯文集》第5卷，人民出版社2009年版，第715页。

是开始沿着平衡增长路线波动；而且，这种波动将是爆炸性的（explosive）。这就是说，$\dfrac{y_I(t)}{y_{II}(t)}$ 这种相对产量围绕着它在平衡增长情况下出现的固定水平而波动，并随着时间的推移，波动的幅度将变得越来越大。相对产量的这种波动将反映在社会总资本的价值构成的变动上。因为 $k_I = \dfrac{c_I}{v_I}$，$k_{II} = \dfrac{c_{II}}{v_{II}}$，从公式（52.23）可以得出：

$$k(t) = \frac{k_I v_I y_I(t) + k_{II} v_{II} y_{II}(t)}{v_I y_I(t) + v_{II} y_{II}(t)} \qquad (52.24)$$

式中 $k(t)$ 是以两个部类的可变资本作为权数的各部类的资本构成的平均数。当相对产量波动时，这些权数也发生波动。因为 $k_{II} > k_I$，振幅不断增大的相对产量的波动导致 k_{II} 最后取最大值、k_I 取最小值的 $k(t)$ 的波动。

把公式（52.20）代入公式（52.22）的最右边，就能得到：

$$1 + g_L(t) = \frac{k(t) + 1 + ae}{k(t+1) + 1} \quad \text{or} \quad g_L(t) = \frac{k(t) - k(t+1) + ae}{k(t+1) + 1} \qquad (52.25)$$

从这里，可以发现，振幅不断增大的 $k(t)$ 的波动引起对劳动需求的增长率 $g_L(t)$ 的类似波动。如果 k_{II}，k_I 的差别足以使 $k_I + ae < k_{II}$，那么 $g_L(t)$ 最后将周期性地为负值，尽管在周期的早期，那时 $k(t)$ 的波动振幅小（小于 ae），$g_L(t)$ 仍为正值。这样，就有了随着时间的推移而在程度上变得越来越大的资本对工人的交替的引力和斥力。以上分析可以证明，"按这种方式产生的产业后备军的交替性的缩减和扩大，应该最终归因于工业活动的周期性变化"[1]。森岛通夫认为这个观点使马克思得出如下的结论："对于这个现代工业来说，如果有下面这样的规律，那确实是太好了：劳动的供求不是通过资本的膨胀和收缩，因而不是按照资本当时的增殖需要来调节，以致劳动市场忽而由于资本膨胀而显得相对不足，忽而由于资本收缩而显得过剩，而是相反，资本的运动依存于人口量的绝对运动。然而，这正是经济学的教条。按照这个教条……"[2]。森岛通夫指出，到现在为止的分析一直假定，在每一部类中，资本的价值构成仍是相同的，因此，社会总资本的价值构成的变化只反映了相对产量的变化。接下来森岛通夫研究的是关于技术改

---

① Michio Morishima, *Marx's Economics: a Dual Theory of Value and Growth*, Cambridge University Press, 1979, P.136.

② 《马克思恩格斯文集》第 5 卷，人民出版社 2009 年版，第 734 页。

进的特殊类型对资本和劳动的增长率的影响。森岛通夫认为"马克思对这一点很感兴趣"[1]，按照马克思的说法："社会劳动生产率的水平就表现为一个工人在一定时间内、以同样的劳动力强度使之转化为产品的生产资料的相对量"，"一些生产资料的增长是劳动生产率增长的结果，另一些生产资料的增长是劳动生产率增长的条件。例如，由于有了工场手工业分工和采用了机器，同一时间内加工的原料增多了，因而，进入劳动过程的原料和辅助材料的量增大了。这是劳动生产率增长的结果。另一方面，使用的机器、役畜、矿物质肥料、排水管等的量，则是劳动生产率增长的条件"，"但是，不管是条件还是结果，只要生产资料的量比并入生产资料的劳动力相对增长，这就表示劳动生产率的增长"[2]。

资本技术构成的这种变化表现为技术系数的变化，如资本投入系数 a_{ij}，劳动投入系数 l_j。它们一般地引起商品价值 λ_r（$r = 1, \cdots, m$）的变化，因为商品的价值取决于技术系数。但是，a_{ij} 的提高导致 λ_r 的增长，l_j 的降低将导致 λ_r 的减少。它们可以互相补偿，以致 λ_r 可以保持不变。为了简单起见，森岛通夫只研究那样一种对个别商品的价值的各种影响被抵消了的资本技术构成的变化。当 λ_r 不变时，资本技术构成的变化将准确地反映在其价值构成上。所以，假定每一部类的资本的价值构成 k_i 逐年提高。马克思说："我把由资本技术构成决定并且反映技术构成变化的资本价值构成，叫做资本的有机构成。"[3] 因此，在这里，价值构成的提高表现为一种中性的技术改变。

如果剥削率保持不变，当 k_i 增加，v_i 和 s_i 减少时，由于根据定义有等式：$c_i + v_i + s_i = (k_i + 1 + e)v_i = 1$，$i = I, II$，这样，资本的增长率就定义为：

$$g_K(t) = \frac{\begin{array}{l}(c_I + v_I)_{t+1}y_I(t+1) + (c_{II} + v_{II})_{t+1}y_{II}(t+1) \\ -(c_I + v_I)_t y_I(t) - (c_{II} + v_{II})_t y_{II}(t)\end{array}}{(c_I + v_I)_t y_I(t) + (c_{II} + v_{II})_t y_{II}(t)} \quad (52.17')$$

其中，$(c_I + v_I)_t$ 和 $(c_{II} + v_{II})_t$ 即 $(c_I)_t + (v_I)_t$ 和 $(c_{II})_t + (v_{II})_t$ 分别代表 $y_I(t)$ 和 $y_{II}(t)$ 的生产系数的总和。同样，对劳动的需求增长率可写为：

$$g_L(t) = \frac{I_{I,t+1}y_I(t+1) + I_{II,t+1}y_{II}(t+1) - I_{I,t}y_I(t) - I_{II,t}y_{II}(t)}{I_{I,t}y_I(t) + I_{II,t}y_{II}(t)}$$

$$(52.21')$$

① Michio Morishima, *Marx's Economics: a Dual Theory of Value and Growth*, Cambridge University Press, 1979, P. 137.

② 《马克思恩格斯文集》第 5 卷，人民出版社 2009 年版，第 718 页。

③ 《马克思恩格斯文集》第 5 卷，人民出版社 2009 年版，第 707 页。

此外，公式（52.19′）的右边可作同样的修正，即变成：

$$a[s_{I,t}y_I(t) + s_{II,t}y_{II}(t)] = (c_I + v_I)_{t+1}y_I(t+1) + (c_{II} + v_{II})_{t+1}y_{II}(t+1)$$
$$- (c_I + v_I)_t y_I(t) - (c_{II} + v_{II})_t y_{II}(t) \qquad (52.19′)$$

从这些方程中可以得到与前面同样准确的资本和劳动力增长率的方程式。

因为社会总资本的构成 $k(t)$ 无疑是各部类的构成的平均数，所以它就介于 $k_I(t)$ 和 $k_{II}(t)$ 之间。用 $k^*(t)$，$k_*(t)$ 分别表示较大的 $k_I(t)$ 和较小的 $k_{II}(t)$，于是由公式（52.20）和公式（52.22）得到：

$$g_K(t) \leqslant \frac{ae}{k_*(t) + 1} \qquad (52.20′)$$

$$1 + g_L(t) \leqslant \frac{k^*(t) + 1}{k_*(t+1) + 1}\left[1 + \frac{ae}{k_*(t) + 1}\right] \qquad (52.22′)$$

所以，当 $k_I(t)$ 和 $k_{II}(t)$ 大约成比例地增加时，尽管 $k_*(t)$ 增加，但 $\dfrac{[k^*(t) + 1]}{[k_*(t) + 1]}$ 的比率无疑是稳定的。因此，由公式（52.20′）和公式（52.22′）可以发现，$g_K(t)$ 和 $g_L(t)$ 由下降的最高限度连在一起。这样，马克思在 k_I 和 k_{II} 的变化随着积累的增加而加速的假定下，得出他的第三个结论。用马克思的话说："总资本的可变组成部分的相对减少随着总资本的增长而加快，而且比总资本本身的增长还要快这一事实……生产出相对的，即超过资本增殖的平均需要的，因而是过剩的或追加的工人人口"[1]。

"以上我们假定，就业工人人数的增减正好同可变资本的增减相一致"[2]。马克思接着做出了工资调整的假定："工资的一般变动仅仅由同工业周期各个时期的更替相适应的产业后备军的膨胀和收缩来调节"[3]。这样，产业后备军的增加引起实际工资的下降，以致资本家以更大的比率剥削工人，所以，从公式（52.20）和公式（52.22）可以看出，资本增长率的降低将被减缓，而一些后备劳动力将被动员起来。但是，这种间歇不可能在长时期里普遍化。只要 k_I 和 k_{II} 有一种固有的增长趋势，或者只要产量的周期波动是不可避免的并且是有爆炸性的，大规模的产业后备军迟早就要组成，工资就势必要再降低。因为会遭到组织起来的工人的反抗，所以实际工资率最后将达到如果再低就不可能维持资本主义生产的最低水平。因此，剥削率的提高有一个上限。同样，积累率 a 的增加将促进资本的增长率，因而促进

---

① 《马克思恩格斯文集》第5卷，人民出版社2009年版，第726页。
② 《马克思恩格斯文集》第5卷，人民出版社2009年版，第731页。
③ 《马克思恩格斯文集》第5卷，人民出版社2009年版，第734页。

对劳动需求的增长率；但是这也仅仅是一种权宜政策，因为 a 的上限是 1。为克服危机而采取的方法削弱了可能防止危机的方法。最后，资本家将是智穷力竭；"人民群众剥夺少数掠夺者"①，"资本主义生产由于自然过程的必然性，造成了对自身的否定。这是否定的否定"②。

现在应该注意这一事实：资本家为了积累而储备剩余价值所依从的积累率 a 一直都被假定由外部因素决定的。然而，这是一个不符合现实的假定，因为，无论在哪一种通过货币媒介进行商品交易的经济中，资本家做出的积累的决定都不是根据劳动时间度量的剩余价值。马克思写道："由于商品资本转化为货币，代表剩余价值的剩余产品也转化为货币。资本家把这样转化为货币的剩余价值，再转化为他的生产资本的追加的实物要素。这个增大的资本，在生产的下一个循环内，会提供更多的产品"③。因此，资本家能够最大地决定重新投资于社会每年再生产过程中的利润或"转化的剩余价值"的比例。以 s_c 代表资本家的储蓄同利润总量的比率，s_c 是按照资本家的储蓄倾向所决定的不变的部分，这一与现实初步接近的假定是具有经济意义的，并且是可以被接受的。但是，关于用价值表现的积累率 a 的类似的假定，即使在马克思的体系中，也不可能这样来理解，s_c 的不变贯穿于正统理论。按照萨缪尔森的定义来说，积累率 a 不是一个直接的"具有运算上的意义"的概念。

森岛通夫指出，如果假定积累率 a 是既定的是不合理的话，那么就必须扩展这个体系，以便能内生地决定积累率。假定资本家能够尽可能地剥削工人，就像马克思所想象的，维多利亚女王时代资本家实际所做的那样，于是工作日 T 的实际长度就被延长到最大限度 $\bar{T}$，以致剥削率取其最大值 $\bar{e}$。而且，假定资本的部类构成 $k_I(t)$ 和 $k_{II}(t)$ 自发地变化。那么等式 $c_i(t) = k_i(t)v_i(t)$，$s_i(t) = \bar{e}v_i(t)$，$c_i(t) + v_i(t) + s_i(t) = 1$ （i = I，II）就完全决定了马克思的再生产图式中的所有参数，积累率 a 除外。如果可以扩展这个模型，以便它能决定产量 $y_I(t)$ 和 $y_{II}(t)$ 及其不受 a 支配的增长率，那么 $g_K(t)$ 和 $k(t)$ 就分别由公式（52.17）和公式（52.23）来决定。所以公式（52.20）只包括一个需要决定的未知变量 a。如果能够不依赖于用价值表示的再生产模式而成功地决定部类的产量和增

① 《马克思恩格斯文集》第 5 卷，人民出版社 2009 年版，第 874～875 页。
② 《马克思恩格斯文集》第 5 卷，人民出版社 2009 年版，第 874 页。
③ 《马克思恩格斯文集》第 6 卷，人民出版社 2009 年版，第 550 页。

长率的话，那么难题就会得到解决。森岛通夫认为，这个问题并不是那么困难；只要不是用价值而是用实物来重新表述商品供求之间的方程和来自利润的资本家的储蓄倾向，就能决定各部类的产量和增长率而无须理会依据价值定义的积累率。

还有一个问题也留待解决。在以上对资本价值构成加速增长的效应的分析中，曾假定尽管资本和劳动投入的系数改变了，但商品的价值并未受到影响。显然，这种假定不是没有意义的，但是，当然也有一些技术的改进，它会引起商品的价值的变动（也许是价值减少），并导致更高的资本构成。如果工资品的价值降低，那么劳动力的价值就将减少因而剥削率便会提高，剥削率的提高通过其对资本增长率的有利作用，又转而对劳动需求的增长率有着有利的影响。因此，如果剥削率曲线向上移动并伴有技术改进的话，资本主义社会也许就有可能避免马克思所指出的那种危机了。那么，就应该问："技术发展能够起着资本主义制度的救星的作用吗？"[1]

在回答这个问题之前，森岛通夫转向了对"利润率趋向下降规律"的考察。马克思写道："不同生产部门的平均利润率，不是由每一个部门特殊的资本构成决定，而是由资本的社会平均构成决定"[2]。森岛通夫认为，马克思把资本的社会平均构成当作实际存在的东西，这一点虽然很明确，但是，实际上应该把它解释为用完美均衡的产业产量 y_i（$i=1$，2，3，…，m）加权的各部门构成的平均数。有公式：

$$\pi = \frac{e \sum_{i=1}^{m} v_i y_i}{\sum_{i=1}^{m} (C_i + C_i) y_i}$$ （52.26）

这个公式是转形问题的结论之一。马克思的所有拥护者和他的批评者在讨论利润率的下降时，都把资本的社会平均构成当作一种实际存在的平均数，以准确的公式（52.26）为基础的以下的论述，可以视为利润率下降这个规律的首要的严谨的论证。森岛通夫指出，在以前的作者所做的论证与他自己的新的论证之间，除了用完美均衡的不变资本总量和完美均衡的可变资本总量以代替以前的作者使用的实际不变资本总量和实际可变资本总量之

① Michio Morishima, *Marx's Economics: a Dual Theory of Value and Growth*, Cambridge University Press, 1979, P. 141.

② 《马克思恩格斯文集》第7卷，人民出版社2009年版，第245页。

外，没有什么重大分歧①。

为了简便起见，讨论按两个部类的模型进行。以 y_I 和 y_{II} 为第 I 、II 部类的完美均衡产量，于是公式（52.26）的部类等值可以写成：

$$\pi = e \frac{v_I y_I + v_{II} y_{II}}{(c_I + v_I) y_I + (c_{II} + v_{II}) y_{II}} = e \frac{1}{k+1} \quad (52.27)$$

其中，k 是资本的部类价值构成的平均数：

$$k = \frac{c_I y_I + c_{II} y_{II}}{v_I y_I + v_{II} y_{II}} = \frac{k_I v_I y_I + k_{II} v_{II} y_{II}}{v_I y_I + v_{II} y_{II}} \quad (52.28)$$

现假定每个工业部门 j 中的资本投入系数，a_{ij}（$i = 1$，…，n）有了提高，并且是伴随劳动投入系数 l_j 的降低，这样对 λ_i（$i = 1$，…，m）的值就毫无影响。假定在技术变化的前后，每一部类内的各部门的资本价值构成是相同的。森岛通夫认为马克思对技术变化并未做出这样限制性的详细说明，但是马克思所作出的以下不充分的说明不足以准确地推导出利润率下降的规律。马克思写道："由于资本主义生产内部所特有的生产方法的日益发展，一定价值量的可变资本所能支配的同数工人或同量劳动力，会在同一时间内推动、加工、生产的消费掉数量不断增加的劳动资料，机器和各种固定资本，原料和辅助材料——也就是价值量不断增加的不变资本。可变资本同不变资本从而同总资本相比的这种不断的相对减少，和社会资本的平均有机构成的不断提高是一回事"②。这样，"资本构成的这种逐渐变化，不仅发生在个别生产部门，而且或多或少地发生在一切生产部门，或者至少发生在具有决定意义的生产部门，因而这种变化就包含着某一个社会的总资本的平均有机构成的变化"③。

根据假定，c_I 和 c_{II} 增加，而 v_I 和 v_{II} 减少，因此 k_I 和 k_{II} 可能按相互不同的比率而提高。当 y_I 和 y_{II} 是完美均衡产量时，有：

$$y_I = (I + g)(c_I y_I + c_{II} y_{II})$$
$$y_{II} = (I + g)(v_I y_I + v_{II} y_{II}) \quad (52.29)$$

其中，g 是完美均衡增长率，它等于利润率 π。所以由公式（52.28）和公式（52.29）得到：

$$k = \frac{y_I}{y_{II}} = \frac{c_I y_I + c_{II} y_{II}}{v_I y_I + v_{II} y_{II}}$$

---

① Morishima, M. and F. Seton, Aggregation of Leontief Matrices and the Labor Theory of Value, *Econometrica*, Vol. 29, No. 2, April, 1961, P. 209.
②③ 《马克思恩格斯文集》第7卷，人民出版社2009年版，第236页。

由此得到：

$$v_I k^2 + (v_{II} - c_I) k - c_{II} = 0 \tag{52.30}$$

因为已假定这个方程中的每一个系数都是减少的，所以方程的正解 k 必定是增加的。这样，技术变化引起社会总资本的平均均衡（但不必是实际的均衡）有机构成的变化。森岛通夫认为可以从公式（52.27）得出如马克思所做的结论："不变资本同可变资本相比的这种逐渐增加，就必然会有这样的结果：在剩余价值率不变或资本对劳动的剥削程度不变的情况下，一般利润率会逐渐下降"[1]，"由此产生的直接结果是：在劳动剥削程度不变甚至提高时，剩余价值率会表现为一个不断下降的一般利润率"[2]。

最后，森岛指出，像哈罗德一样，马克思也研究了实际增长路线同相应的理论上的增长路线的暂时的或持久的背离。森岛通夫认为"用简单的数学模型来精确地表述《资本论》中的研究，是非常困难的，尽管《资本论》中的有关篇章提供了有趣的和重要的材料"[3]。

---

[1] 《马克思恩格斯文集》第 7 卷，人民出版社 2009 年版，第 236 页。
[2] 《马克思恩格斯文集》第 7 卷，人民出版社 2009 年版，第 237 页。
[3] Michio Morishima, *Marx's Economics: a Dual Theory of Value and Growth*, Cambridge University Press, 1979, P. 144.

第九篇 经济危机理论

资本主义经济危机是资产阶级经济一切矛盾的现实综合和强制平衡，研究资本主义经济危机理论是探索资本主义生产方式运动规律、研究资本主义历史命运的不可或缺的方面。

19 世纪 40 年代后半期，马克思就对资本主义经济危机的必然性和周期性问题作过探讨。马克思那时就把经济危机的根源归于资本主义生产力和生产关系的内在矛盾，即归于"生产力已经强大到这种关系所不能适应的地步，它已经受到这种关系的阻碍"①。他描述了资本主义再生产所呈现的"繁荣、衰退、危机、停滞、新的繁荣等周而复始的更替"② 的运动过程。

19 世纪 50 年代，随着劳动价值论和剩余价值论的创立和发展，马克思对经济危机问题也作了更为深入的研究，特别是在《1857～1858 年经济学手稿》中，对经济危机问题做了多方面的论述。一方面，资本主义经济危机作为货币关系发展到一定阶段的产物，和世界市场的"独立化"有着密切的联系。正是由于货币关系的发展和世界市场独立化的交互作用，才使得生产和消费的普遍联系和全面依赖，同消费者和生产者的相互独立和漠不关心形成明显的对立，由此而导致资本主义普遍的生产相对过剩的经济危机。另一方面，只有从世界市场的视角考察资本主义经济关系，才能使资本主义生产的"一切矛盾都展开"，"危机就是普遍表示超越这个前提，并迫使采取新的历史形式"③。因此，资本主义经济危机不仅揭示了资本主义经济关系的历史性，而且还预示了新的社会经济关系产生的必然性。马克思在对货币关系和资本关系的分析中，揭示了经济危机的可能性和现实性问题。马克思揭示了资本主义经济危机的根源及其必然性。通过对生产力同资本关系的

---

① 《马克思恩格斯文集》第 2 卷，人民出版社 2009 年版，第 37 页。
② 《马克思恩格斯全集》第 4 卷，人民出版社 1958 年版，第 109 页。
③ 《马克思恩格斯全集》第 46 卷上，人民出版社 1979 年版，第 178 页。

矛盾运动的分析，马克思认为，资本关系的发展超过一定点就变成对劳动生产力发展的限制。经济危机正是"社会的生产发展同它的现存的生产关系之间日益增长的不相适应"①的具体表现。马克思还通过对剩余价值生产和实现过程的分析，揭示资本对生产力发展的四个限制因素："（1）必要劳动是活劳动能力的交换价值的界限；（2）剩余价值是剩余劳动和生产力发展的界限；（3）货币是生产的界限；（4）使用价值的生产受交换价值的限制"②。这四个限制因素实质上就是资本主义经济关系发展中生产的发展和雇佣工人的消费萎缩，资本价值增殖的生产的目的和手段、价值生产和价值实现等一系列矛盾。由于这些限制因素的强制作用，资本在不断推动生产力发展的同时，必然使资本遭到一次比一次更大的危机，这种危机的根源就在于资本主义本身固有的"基本矛盾"。

在《1861～1863 年经济学手稿》中，马克思对资本主义经济危机问题的分析更加深入。他不仅再次深入批判了萨伊、李嘉图等人否认资本主义存在普遍经济危机的错误观点，而且也指出了西斯蒙第和其他一些小资产阶级经济学家在证明资本主义经济危机必然性问题上的严重缺陷。通过对资产阶级政治经济学危机理论的批判，马克思进一步明确了探讨资本主义经济危机问题的思路，即"要就危机来自作为资本的资本所特有的，而不是仅仅在资本作为商品和货币的存在中包含的资本的各种形式规定，来彻底考察潜在的危机的进一步发展"③。马克思认为，在简单商品经济条件下，已经存在着危机的两种形式的可能性：第一，商品形态变化本身变化中出现了买和卖的分离，这种分离使原来相统一的 W - G 和 G - W 之间的统一，"要通过强制的方法实现……要通过强加在它们彼此独立性上的暴力来完成。危机无非是生产过程中已经彼此独立的阶段强制地实现统一"。第二，货币作为支付手段的职能，"在两个不同的、彼此分开的时刻执行两种不同的职能"④。它在各种支付相互抵消时只是观念地作为价值尺度发生作用，而在价值实现时需要实在的货币进行支付。在这一过程中，如果债务人和债权人之间形成的连锁关系中有一个环节断裂，就可能出现以支付手段严重短缺为主要特征的货币危机。马克思认为，危机的可能性转变为现实性的根源在于资本主义基本矛盾的充分发展。只有在对资本的直接生产过程、资本的流通过程以及资

① 《马克思恩格斯全集》第 46 卷下，人民出版社 1980 年版，第 268 页
② 《马克思恩格斯全集》第 46 卷上，人民出版社 1979 年版，第 400 页。
③ 《马克思恩格斯全集》第 26 卷第 II 册，人民出版社 1973 年版，第 585 页。
④ 《马克思恩格斯全集》第 26 卷第 II 册，人民出版社 1973 年版，第 581、582 页。

本总过程作充分阐述的基础上，才能全面地理解资本主义经济危机的内在必然性。

1863 年以后，马克思在《资本论》三卷手稿中按原先的方法论原则，对经济危机从潜在的可能性向实在的现实性逐步转化的过程作了论述。在《资本论》第一卷中，马克思在对货币流通手段和支付手段的分析中，探讨了经济危机的潜在可能性问题。在《资本论》第二卷中，马克思在对资本循环、资本周转和社会资本再生产问题的分析中，揭示了资本主义经济运行中生产和消费、供给和需求、剩余价值生产和实现之间的一系列矛盾，证明了这些矛盾和经济危机之间的内在联系。在《资本论》第三卷中，马克思在揭示资本主义经济运动中积累规律和利润率趋向下降规律的基础上，深入阐述了资本主义经济危机的根源及其对资本主义运动历史趋势的影响。马克思认为，资本主义经济危机的根源就在于资本主义经济运动中物质生产能力发展和它的社会形式之间的冲突：当"分配关系，从而与之相适应的生产关系的一定的历史形式，同生产力，即生产能力及其要素的发展这两个方面之间的矛盾和对立一旦有了广度和深度，就表明这样的危机时刻已经到来。这时，在生产的物质发展和它的社会形式之间就发生冲突"①。马克思由此揭示了立足于资本主义基础之上的，有限的消费范围和不断地为突破自己固有的这种限制的生产之间的冲突，以及资本增殖的生产目的和社会生产力的无条件的发展这一手段之间的冲突的根本性质。马克思认为，无论以什么形式出现的经济危机，都是通过对社会生产力的极大破坏，强制地使资本主义经济发展的一些矛盾得到缓解。但是，"危机永远只是现有矛盾的暂时的暴力的解决，永远只是使已经破坏的平衡得到瞬间恢复的暴力的爆发"②。当一个社会的生产力发展，只能依靠对这种生产力本身的暴力的破坏才能继续前进时，这一社会肯定无法逃脱最后崩溃的历史命运。

---

① 《马克思恩格斯文集》第 7 卷，人民出版社 2009 年版，第 1000 页。
② 《马克思恩格斯文集》第 7 卷，人民出版社 2009 年版，第 277 页。

第53章　危机理论研究的复杂性
和论争的主要原因

在马克思主义的资本主义经济危机理论研究中出现的论争，同马克思经济学其他一些具体理论论争有着不同的特点：第一，围绕马克思关于危机理论展开的论争同对资本主义经济和社会现实的关注密切地联系在一起；第二，有关危机理论的论争，主要表现为对马克思关于危机理论的不同解释、对马克思著作中分析经济危机的因素的不同阐释，进而产生了不同类型的危机理论。

研究马克思关于经济危机理论，必须立足于一直存在的客观事实和宏观的理论背景，克拉克（S. Clarke）在他的《马克思的危机理论》著作一开始，① 就以一种生动的方式说明了这种客观事实和宏观的理论背景。

克拉克认为，"每当繁荣到来时，资本主义的卫道士们就会宣称，同资本主义与生俱来并一直困扰着资本主义制度的危机趋势终于被克服了。而当繁荣破灭之际，经济学家们又争先恐后地提出种种特殊的原因解释崩溃。20世纪90年代初的危机是80年代滥发贷款的结果。80年代初期的危机是70年代末国家过度开支的结果。70年代中期的危机是石油价格猛涨和越战期间扩张性财政的结果……30年代的危机则是银行政策不当的结果……每一次危机的原因都各不相同，而归根到底，各种原因都是人为的失误所造成的，没有一次是由于资本主义制度自身的问题。然而，二百多年来，危机却一直在周期性地爆发。"②

研究马克思主义经济危机理论，必须认识到资本主义"一直在周期性地爆发"危机，必须认识到对马克思主义危机理论的研究始终是在对资产阶级经济学家和辩护者的危机理论的潜在比较中进行的。

在对马克思的危机理论进行详细分析之前，概述主流经济学危机解释的

---

① Simon Clarke, *Marx's Theory of Crisis*, Palgrave Macmillan, 1994.
② Simon Clarke, *Marx's Theory of Crisis*, Palgrave Macmillan, 1994, P. 1.

一般特征是一件非常必要的事情。在克拉克看来，"资产阶级经济学家们必然否定危机是资本主义生产的社会形式所固有的，因为整个资产阶级的经济理论建立在资本主义制度能够自我调节的前提之上"①。但是，即使是最虔诚的资本主义的辩护者也无法否认危机在反复地爆发，因此，无论如何，他们需要对一再爆发的危机做出理论解释。资产阶级经济学家发展了传统的古典政治经济学，把危机解释为"偶然的现象"，供求力量的正常运行保证了总是存在均衡的趋势，这意味着"危机要么是外部冲击暂时打破了均衡的结果，要么是内部扰动阻碍或破坏了市场均衡过程的结果"②。也就是说，资产阶级经济学对危机的解释，"有如一位科学家试图否定四季更替是一种自然现象，而将每年春天的回归解释为超自然力量反复无常的结果"③，所以，"时至今日，经济学家们对危机进行的解释，尽管在数学上十分精巧，但是却和19世纪初提出的解释没有什么不同"④。

在资产阶级经济学内部，凯恩斯的出现，使理论研究的状况发生了变化，他"对古典宏观经济学的调整机制提出了质疑"，但除此之外，他的理论"很大程度上仍局限于古典框架之内"⑤。凯恩斯的批判的意义在于，为政府的干预提供一种理论的支持，而他的批判的根本目标则是在"自由资本主义面临共产主义和法西斯主义的社团主义（fascist corporatism）威胁的时候，重申自由资本主义的和谐"⑥。在凯恩斯那里，危机仍然不是资本主义固有的，它只是资本主义制度安排和政策反应不当的结果。因此，"凯恩斯之后，同他之前并没有什么两样。危机的反复爆发不是资本主义缺陷的证词，而是政客无知和不负责任的见证"⑦。

克拉克认为，马克思主义危机理论的鲜明特征在于，"强调危机——作为资本主义生产方式的本质的、无法根除的特征——的必然性"⑧。而这种必然性规定了资本主义的客观界限和社会主义的必然性。事实上，绝大多数马克思主义的危机理论具有克拉克概括的第一个特征，但是认为危机的必然性规定了资本主义的客观界限和社会主义的必然性，在马克思主义者是一个存在争议的问题。克拉克认为，"对马克思的危机理论进行的任何讨论必然要兼顾表述、解读和语境"⑨。克拉克建议的研究马克思主义危机

---

① Simon Clarke, *Marx's Theory of Crisis*, Palgrave Macmillan, 1994, P. 1.
②③ Simon Clarke, *Marx's Theory of Crisis*, Palgrave Macmillan, 1994, P. 4.
④⑤⑥⑦ Simon Clarke, *Marx's Theory of Crisis*, Palgrave Macmillan, 1994, P. 5.
⑧ Simon Clarke, *Marx's Theory of Crisis*, Palgrave Macmillan, 1994, P. 6.
⑨ Simon Clarke, *Marx's Theory of Crisis*, Palgrave Macmillan, 1994, P. 10.

理论的方法，事实上与本章的内容安排存在着一定程度的吻合。我们在本章并没有对马克思和恩格斯论述危机的线索进行编年汇编或按主题进行汇编，而是在对马克思和恩格斯逝世后不同类型的危机理论的述评中展示这些理论内容。

53.1　马克思对危机理论分析的复杂性

克拉克认为，"危机理论在马克思主义传统中发挥了关键的作用，但同时危机理论也是马克思主义理论中最为薄弱、发展得最不充分的领域之一"①。

马克思在自己的著作中，"没有对危机理论提出系统的、彻底的解释"②，"在不同时候，马克思似乎将危机同利润率下降趋势、生产过剩趋势、消费不足、比例失调和相对于劳动力的资本的过度积累联系在一起，但没有明确地支持其中的某种理论。恩格斯在解释资本主义危机趋势时，一贯强调两个方面：资本主义无限度地发展生产力的趋势与人民群众有限的消费能力之间的矛盾；市场的无政府性"③。可以十分肯定地判断，在马克思和恩格斯为资本主义危机理论研究提供了一系列具有重要启发意义的线索和出发点的同时，也为危机理论研究的论争埋下了伏笔。

克拉克强调，对马克思主义危机理论的研究要"回到马克思"，事实上，在马克思主义危机理论研究中，这是一种必然的选择。伊藤诚在提出自己的危机理论时，也对马克思和恩格斯的危机理论分析进行了回顾。克拉克对回到马克思本人的著作的原因的分析是值得提倡的，他指出，"回到马克思本人的著作的原因，既不是一种考证的旨趣，从而将马克思关于经济危机的论述按编年顺序进行汇编，也不是期望通过认真研读马克思关于危机的论述提供一把钥匙，以在避开马克思主义后继者的危机理解的基础上提出一种新的理解"④。克拉克认为，马克思本人关于危机的论述是零散的，似乎也是混乱的，"离开了马克思著作的整体，这些论述就没有多大的价值"。克拉克希望"从整体的眼光看待马克思的著作，提出马克思著作研究的一个新视角"⑤。

克拉克认为，对马克思的危机理论做出完整的叙述存在着一些困难，

---

①②③④　Simon Clarke, *Marx's Theory of Crisis*, Palgrave Macmillan, 1994, P. 6.
⑤　　　Simon Clarke, *Marx's Theory of Crisis*, Palgrave Macmillan, 1994, P. 7.

"第一个困难是马克思本人没有提出一个完整的危机理论"，这种情况对理解马克思的危机理论造成一定的影响，需要把马克思的危机理论，"作为他关于资本主义生产方式动力这一更为广阔的论述的一部分"，只有这样，马克思的危机理论才能"得到阐明"①。第二个困难是，"如何确定马克思理论中不同成分的重要性"，克拉克认为，马克思在进行理论研究时，首先是沿着不同的思想线索，尽情加以发挥，然后整理笔记，将思想梳理出某种头绪，最后从头再来，将所有内容整理得井井有条。因此，在研究马克思的危机理论时，人们"面对的是大量零碎的资料，有时得出结论，有时放弃某个思想线索，有时则不知所终，对这些资料的整体意义没有给出清晰的说法"，这种情形使得确定不同因素的重要性时，"必然包括大量解读和重构的成分"②。第三个困难是，"马克思几乎所有关于危机的讨论，都深深根植于他的政治经济学批判中。这意味着危机理论在政治经济学批判中发挥的作用支配着马克思危机理论的表述形式，而政治经济学批判未必就是理解危机理论在马克思自己对资本主义诊断中的发挥的作用的指南"③，正是因为危机理论、政治经济学批判、资本主义诊断三者之间复杂的非严格对应关系，决定了对马克思的危机理论的理解，"不仅要在解读马克思对资本主义动力学更为广阔的分析这一语境中进行，而且要在他对政治经济学批判的语境下进行"④。另外，克拉克认为，"马克思对古典政治经济学进行批判的细节，大部分只具有知识上考证的意义，但在最根本的问题至今还有其现实意义，因为现代经济学仍然保留了其先辈的思想基础"，因此，"对马克思的危机理论和资本主义生产方式动力学的考察不仅应当在古典经济学的语境中进行，而且应当在当代经济学的语境中进行"⑤。

53.2 对马克思关于经济危机理论理解上的差异

不同学者对马克思的危机理论特征的不同理解，是造成危机理论研究论争的重要原因之一。

大多数马克思主义者认为，马克思的危机理论必须能够说明资本主义危机的必然性、周期性和内生性。但是，埃尔斯特（Jon Elster）则赋予马克思主义的危机理论更多的特征，他以分析的马克思主义特有的个人主义方法

---

①②③ Simon Clarke, *Marx's Theory of Crisis*, Palgrave Macmillan, 1994, P. 8.
④⑤ Simon Clarke, *Marx's Theory of Crisis*, Palgrave Macmillan, 1994, P. 10.

论为基础，结合危机理论在马克思的政治观点中发挥的作用，在说明"马克思主义的危机理论应当具有的一些特征"时指出，危机理论应当能够表明资本主义危机具有以下特征："（1）在危机既不是由外生冲击、也不是由垄断或其他可以避免的失职行为造成的意义上，危机应当是资本主义体制所固有的；（2）在整体非理性的结果源自个体行为人的局部理性的意义上，危机理论应当有微观基础；（3）在危机不服从资本主义体制内的政治调节的意义上，危机是不可逆转的；（4）危机应当为废除资本主义的目标提供一种采取政治行动的动机"①。埃尔斯特所规定的马克思主义危机理论具有的特征，"体制固有"这一点类似于其他理论家所主张的危机的必然性的观点。要求危机理论有一个微观基础，是埃尔斯特的观点最有特色的地方，当然也是分析的马克思主义的典型特征之一。"不可逆转"实质上指的是在危机消失后，资本主义体系一般而言无法再回到原来的发展轨道上，这种观点类似于其他一些理论家主张的，危机重建了资本主义继续发展的基础，但是这种重建无论从制度安排、具体政策设计还是经济组织形式上看，都有可能区别于危机爆发前的情况。"危机为政治行动提供动机"的观点，当危机使工人阶级在危机时期更深刻地体会到资本主义体制的缺陷，并且可以利用危机时期采取有利于自己的政治行动的意义上，把经济理论和政治活动联系在一起，但是，从经济学理论的视角看，危机理论不一定需要这一特征。埃尔斯特在对危机理论的特征作出规定后，就产生了这样的问题：在马克思主义的创始人那里或者在后来的继承者那里，曾经存在过或未来会出现满足这四个特征的危机理论吗？他的答案是没有这样一种危机理论。

马克思主义危机理论研究中充满争论的原因，也在于人们在解释危机时发生的单因论或多因论的争议。

在对马克思主义的危机理论做出分析时，曼德尔指出，"马克思没有给人们留下一个完整的、加以充分阐明的危机理论，他对产业周期和资本主义生产过剩危机的考察散见于他几部重要的著作以及大量的文章和信件中"②。曼德尔首先对只用利润率下降解释危机的观点进行了批判。他指出，很容易看到，平均利润率下降趋势是马克思在解释生产过剩危机时做出的主要贡献。曼德尔对这种认识的评价是，它既"是正确的又是错误的"，"既是错

---

①　Jon Elster, *Making Sense of Marx*, Cambridge University Press, 1986, P. 154.

②　Mandel, Ernest, "Introduction", In *Capital* Vol. Ⅲ, by Karl Marx, London: Penguin Books, 1981, P. 38.

误的，又是危险的"①，它之所以是正确的，是因为毫无疑问在产业周期的框架内，利润率的升降和生产的升降有着密切的联系，但是，尽管存在这种密切的联系，利润率下降自身不足以提供一种对危机的"因果解释，它可能（而且已经）被以一种机械的方式错误地理解为危机是由剩余价值生产不足'引起'的"②。它之所以是错误的，是因为"它把追加的被积累的资本的不可能增值，同所有先前投资的资本的不可能增值混为一谈"③。它之所以是"危险的"，是因为这种危机理论推论以及它隐含的政策含义。它意味着只有通过实际工资的削减从而剩余价值自动的增减，危机才能够被克服，就业才能够回升，因此，"主张阶级协作的改良主义者非常愿意接受诸如此类的观点"④。

曼德尔对利润率下降的危机理论的批判，只是他对单一原因危机理论进行的批判的序曲和具体案例。曼德尔认为，"对于通过利润率下降对生产过剩危机进行的机械的和片面的解释的批判，可以更一般地扩大为对任何单一原因危机解释的批判"⑤。曼德尔认为，存在三种主要的单一原因的危机解释，即纯粹的比例失调论、纯粹的大众消费不足论和纯粹的积累过剩论。曼德尔认为，在上述三种单一原因的危机解释中，都包含着危机理论的正确的因素。但是，"三种危机理论需要彼此整合在一起，才能构筑一个正确的资本主义危机理论。而要从根本上坚持《资本论》第三卷平均利润率下降趋势的理论，进行这种整合的最容易的方式是区分资本积累在时间上相继采取的许多方式"⑥。曼德尔认为，"毫无疑问，对资本主义危机进行的多原因解释，而不是任何单一原因解释，才符合马克思自己的信念"⑦。

对于马克思主义的危机理论而言，充满争论的另一个原因就是，危机作为一种复杂的经济现象，人们经常会混淆危机的原因和形式。

法因和哈里斯认为，资本主义积累必然伴随着一条由危机状态所支配的周期发展道路。因此，"对周期性积累的研究是双重的行为：它既是危机原

①②③　Mandel, Ernest, "*Introduction*", In *Capital* Vol. Ⅲ, by Karl Marx, London: Penguin Books, 1981, P. 39.

④　Mandel, Ernest, "*Introduction*", In *Capital* Vol. Ⅲ, by Karl Marx, London: Penguin Books, 1981, P. 41.

⑤　Mandel, Ernest, "*Introduction*", In *Capital* Vol. Ⅲ, by Karl Marx, London: Penguin Books, 1981, P. 42.

⑥　Mandel, Ernest, "*Introduction*", In *Capital* Vol. Ⅲ, by Karl Marx, London: Penguin Books, 1981, P. 48.

⑦　Mandel, Ernest, "*Introduction*", In *Capital* Vol. Ⅲ, by Karl Marx, London: Penguin Books, 1981, P. 51.

因的研究，也是危机形式的研究。现有的危机理论常常把危机的形式和原因混淆起来。之所以这样，是因为这些理论强调了危机的一种现象而排斥了其他现象"①。法因和哈里斯也对马克思主义的危机理论应当具有的典型特征进行了分析，马克思主义的危机理论所指的"危机是经济危机，而不是一般的社会危机；它们被资本循环的骤然中断所证明"，此外，"因为在马克思主义的概念中，资本主义积累必然要伴随着危机，危机原因理论必须阐明危机不是偶然的，它们都根源于资本主义固有的共同基础"②。

比如，在分析消费不足论时，法因和哈里斯指出，消费不足论的核心是危机产生于商品有效需求不足。这与凯恩斯的理论非常相近，但问题是它是否是马克思主义的观点。他们认为，马克思确实提出过有效需求的概念，并用它对凯恩斯的乘数理论所分析的、发生于危机之中的经济扩张进行过出色的预测。但是"马克思使用的概念只与危机的形式有关，而与导致危机的原因无关。与其相反，消费不足论者则把有效需求不足当作危机产生的原因，混淆了危机的形式和原因"③。

不同学术研究的方法特征，也会导致对马克思关于危机理论的不同论争。阿特韦尔也对激进的英美学者的危机理论的差异进行了比较，这种比较有助于理解为什么在危机理论中特别容易形成各种各样的论争。阿特韦尔认为，有三个明显的特征使美国的学者区别于欧洲的学者，美国学者的主要特征在于"理论上的折中主义，对实证分析的强调和正统经济学的取向"④。折中主义主要表现在两个方面，一方面是经验折中主义，承认每一种理论在部分程度上都是有效的，争论围绕不同理论相对而言经验层面的有效性展开；另一方面是历史折中主义，认为不同的危机理论正确地解释了资本主义一定历史时期的经济情况，但是并不一定适用于当前的情况，也就是说把对理论的历史化处理作为避免理论争论和冲突的一种手段。除此之外，在对研究结果的应用上，英美的学者之间也存在差异。

另外，在不同类型的危机理论之间进行折中，或者试图使不同类型的危机理论适用于分析不同发展阶段的资本主义经济，以及经济危机理论和经验事实之间的吻合程度，都是导致马克思主义危机理论研究充满争论的原因。

---

①② 本·法因、劳伦斯·哈里斯著，魏埙等译：《重读〈资本论〉》，山东人民出版社 1993 年版，第 76 页。

③ 本·法因、劳伦斯·哈里斯著，魏埙等译：《重读〈资本论〉》，山东人民出版社 1993 年版，第 79 页。

④ Paul A. Attewell, *Radical Political Economy since the Sixties: A Sociology of Knowledge Analysis*, New Jersey: Rutgers University Press, 1984, P. 202.

对资本主义再生产分析思路的差异，同样会对马克思关经济危机理论发生重大的争论。谢赫指出，要分析资本主义的经济危机，首先要理解资本主义社会的特殊性。大致地说，资本主义社会有三个特征：这三个特征可以概括在一句话中：资本主义社会是一个充满相互依赖和对抗的阶级结构。"资本主义是一个复杂的、相互依赖的社会网络"①。资本主义社会的再生产要求不同生产活动之间以一种精确的模式相互补充，但是这些活动是由成千上万的个体资本家进行的，这些资本家只关心他们自己的利润。"资本主义社会是一个阶级结构，在这个结构中资本家阶级的持续存在要求工人阶级的持续存在，但是并不存在血统、传统或宗教原则宣布谁应当统治或谁应当被统治"②。"资本主义社会是一个合作性的人类共同体，但是却存在着无休止的对抗，资本家和工人的对抗，以及资本家和资本家、工人和工人的对抗"。

谢赫认为，对资本主义社会而言，真正重要的问题不是为什么它会出现故障，而是为什么它能够持续的有效运转。因此，在这一方面，重要的是要认识到，任何对资本主义自身是如何再生产的所进行的解释，同时也是对如何以及为什么资本主义不能继续再生产这一问题的回答。反之亦然，也就是说，对再生产和危机的分析是紧密交织在一起的，无论一个特定的理论是否注意到这种联系，它都是成立的。

谢赫指出，在经济思想史中，可以区分出三种基本的有关资本主义再生产的分析思路。首先，也是最流行的，是资本主义能够"自动地自我再生产"③。这种再生产可能是顺畅的和有效的（新古典理论的观点），或者它可能是不稳定的和浪费的（凯恩斯主义的观点），但是它具有自我平衡的能力。最重要的是，对资本主义体制自身或其历史存在而言，不存在必然的界限，如果让其自由运转（新古典理论）或如果被适当地加以管理（凯恩斯主义），它就能够永远存在。"显然，这是资产阶级社会中占支配地位的认识"④。

第二种立场采取了相反的路径，认为资本主义就其自身而言不具有自我扩张的能力。它必须通过增长而存活，为了保持自身的增长，资本主义必然要求有外部的需求源泉（比如非资本主义世界）。这意味着资本主义的再生

---

①②③ Shaikh, A. *An Introduction to the History of Crisis Theories*. In Union for Radical Political Economics（ed.），U. S. Capitalism in Crisis. New York：Union for Radical Political Economics，1978，P. 219.

④ Shaikh, A. *An Introduction to the History of Crisis Theories*. In Union for Radical Political Economics（ed.），U. S. Capitalism in Crisis. New York：Union for Radical Political Economics，1978，P. 220.

产最终是受到外在于资本主义体制自身的因素调节的。谢赫认为，"不同流派的消费不足论，包括马克思那里，都可以在这种思路中找到源头"①。

最后还有一种立场，即"作为一种存在其自身界限的积累的资本主义"，这种立场认为，尽管资本主义能够自我扩张，但是积累过程加剧了资本主义建立的基础的内在矛盾，最终矛盾以危机的形式爆发了。也就是说，"资本主义的界限内在于它本身，这种思路的持有者几乎全都是马克思主义者，包括对用'利润率下降'和'利润挤压'对危机进行的解释"②。在谢赫看来，上述每一种立场都存在和他们的立场相对应的危机概念，以及危机为什么爆发和危机意味着什么的内容。

53.3　马克思关于经济危机分析的政治含义的复杂性

危机研究的复杂性首先在于危机概念的多样性，其次经济危机和政治实践之间的关系也是造成危机理论研究中争论较多的重要原因。乌尔夫（D. A. Wolfe）认为，"危机理论在马克思的资本主义发展理论中处于核心地位"③。但是，危机这一术语因使用它时的文本差异而具有了不同的含义。乌尔夫指出，在马克思那里，本来就存在着对危机的不同定义。危机在马克思那里具有调节机制的含义，"危机被马克思视为是一种调节机制，通过这种机制克服了持续的资本自我扩张中存在的内在障碍，使得资本积累过程能够得以继续"④。在这种意义上，危机很大程度上是一种短期现象，它调节资本主义经济的周期性波动。乌尔夫认为，在马克思那里，对危机的分析也在对它和长期的利润率下降趋势的联系中展开。但是，这种长期趋势和危机周期性爆发之间的精确关系往往成为重大争议的源泉。

更容易引起争论的地方在于，马克思表明危机的周期性爆发可以和从资本主义向社会主义转变所必需的政治条件的发展联系在一起。乌尔夫认为，危机理论直接和马克思政治计划的核心相联系。内在于马克思的分析中的观点认为，危机有助于工人阶级对资本主义生产混乱本质的理解的演化。工人在努力抵制周期性危机的破坏，保护自己的经济利益时，获得了对最终推翻

---

①② Shaikh, A. *An Introduction to the History of Crisis Theories.* In Union for Radical Political Economics (ed.), U. S. Capitalism in Crisis. New York: Union for Radical Political Economics, 1978, P. 220.

③④ David A. Wolfe, Capitalist Crisis and Marxist Theory, *Labour/Le Travail*, Vol. 17 (Spring, 1986), P. 226.

资本主义体制而言所必需的政治理解和实践经验。马克思指出："我确信，工资的时而提高和时而降低以及由此而产生的厂主和工人间经常不断的冲突，乃是在现代生产组织下用以激发劳动者的斗志，把他们团结到一个统一的伟大的联盟中来反对统治阶级的残害，使他们不致变成消极的、愚钝的、被马马虎虎喂饱的生产工具的必要手段。……为了正确估价工人的罢工和联合的意义，我们不能让那种表面上看来它们的经济成果不大这样一种情况所迷惑，我们必须首先注意到它们精神上和政治上的成果。如果现代工业不是在周期性循环中经过停滞、繁荣、狂热发展、危机和极度低落这些彼此交替、各有相当时期的阶段，如果工资不是因这些阶段彼此交替而有高有低，如果厂主和工人之间不是进行着经常的、与工资和利润的这些波动密切联系着的战争，那末，大不列颠和全欧洲的工人阶级就会成为精神萎靡、智力落后、内心空虚、任人宰割的群众，这样的群众是不可能用自己的力量取得解放的，正如古希腊罗马的奴隶不能用自己的力量取得解放一样。"①

乌尔夫认为，马克思的理论中有关危机的客观现实和对它的主观体验之间的联系的根源在于危机概念的古典含义。在古希腊的史学和戏剧中，危机通常指的是个人或社会的自我再生产处于危险中时，个人或社会生活的转折点或重大的决策时刻。"危机的古典概念既包括客观的一面，也包括主观的一面：客观的一面包括作为一种外在地决定的现象的危机出现的方式，以及随后的一系列独立于个体行为的过程是如何影响他们的生活的。主观的一面包括个体是如何理解和对危机提出的挑战做出反应的。从而，危机代表了一种重大的时刻，在这个时刻先前的社会关系模式出现了问题。也正因为这样，为个体理解改变现有组织模式的可能提供了契机。个体应对危机做出的主观选择可以构成解决危机的关键因素"②。

因此，乌尔夫认为，对马克思的资本主义发展理论而言，危机的重要性包含着两种存在着根本区别的可能性："革新和转变"③。在纯粹经济学的含义上，马克思把危机视为是克服积累障碍的周期性革新过程的一部分。但同时，马克思明确地把危机理解为一种重要的工人阶级意识演化、增加最终超

---

① 《马克思恩格斯全集》第9卷，人民出版社1961年版，第191页。

② David A. Wolfe, Capitalist Crisis and Marxist Theory, *Labour/Le Travail*, Vol. 17（Spring, 1986），pp. 226 – 227.

③ David A. Wolfe, Capitalist Crisis and Marxist Theory, *Labour/Le Travail*, Vol. 17（Spring, 1986），P. 227.

越资本主义的可能性的心理中介。"在马克思主义研究中，围绕危机理论展开的历史争论是围绕纯粹的资本主义经济崩溃展开的"①。但是，正如莱波维兹（Michael Lebowitz）正确地认识到的那样，这样的认识不仅误解了马克思的危机理论客观的一面，它也与马克思有关实践的观点、哲学和无产阶级的结合的观点产生根本的矛盾。"在马克思的观点中，为资本设定限度的是人们逐渐意识到对作为一种人类生产力绝对发展形式的资本的障碍内在于资本自身……从而，有意识的人们认识到资本才是其自身的障碍，资本才是其自身的界限"②。

乌尔夫认为，尽管在马克思那里不存在模糊之处，但是危机时刻客观的和主观的方面之间存在的张力，一直在后来的马克思主义的争论中处于核心地位。从第二国际时期开始，经济危机在资本主义革新和转变中发挥的功能，就是一个极具争议性的问题。随着世界资本主义从过去几百年不断爆发的危机中不停地恢复起来，争论的程度加剧了。"大体上，每一次危机都包含着在以一种使资本自我扩张得到革新成为可能的方式和对资本主义生产方式进行质的转变的方式之间进行选择的要素。每一次连续爆发的危机都是以前一种方式而不是后一种方式解决的事实，为马克思主义提出了一个难题。马克思主义者用以下两种方式之一来应对：一种惯例式的咒语，认为一再爆发的危机最终将会导致无产阶级主观政治意识的发展，或者是承认客观条件和主观意识之间的关系要远比马克思最初设想的复杂得多"③。

乌尔夫认为，在大多数马克思主义者对资本主义经济危机的分析中，"明显缺乏的是有关危机改变了资本主义生产关系，但是是以一种非常不同于马克思预见到的方式进行的见解"④。对当代马克思主义危机理论存在的真正挑战，是把解决过去危机的方式作为危机理论的本质要素。这样做，要求对过去的危机改变资本主义生产关系和当前的危机的含义进行分析。

另外，在不同的危机理论是如何产生的问题上，学者们也充满争论。雅各布（R. Jacoby）通过政治自发性和政治改良主义的支持者都接受崩溃理论的事实说明，批评了认为在左翼学者那里崩溃论的危机理论和政治与哲学立场之间存在很大程度的对等性的观点。阿特韦尔（R. A. Attewell）认为，"不可能从四种不同的危机理论——比例失调、消费不足、有机构成或利润

---

①③④　David A. Wolfe, Capitalist Crisis and Marxist Theory, *Labour/Le Travail*, Vol. 17（Spring, 1986）, P. 227.

②　Michael A. Lebowitz, Marx's Falling Rate of Profit: A Dialectical View, *Canadian Journal of Economics*, 9（1976）, P. 250.

率下降以及工资引起的利润挤压——中推论出某些明显的阶级利益或政见"①。比如，马尔萨斯用消费不足说明地主非生产性消费的必要性，合法的民粹主义者则用它来论证农民社会主义的可能，被卢森堡用来推动自发的革命运动，以及被巴兰和斯威齐用来支持美国的民主社会主义。比例失调的支持者既有像杜冈这样的合法马克思主义者，也有像希法亭这样的修正主义者和像列宁这样的布尔什维克。"在理论和理论的政治的一面之间并不存在简单地对等关系，没有决定性的政治倾向或阶级派别支持特定的危机理论"②。因此，必须对危机理论的多样性和出现的时机进行另外的解释。

---

①② Paul A. Attewell, *Radical Political Economy since the Sixties: A Sociology of Knowledge Analysis*, New Jersey: Rutgers University Press, 1984, P. 199.

第54章　多布对马克思经济危机理论的理解及其论争

多布在 20 世纪 30 年代初开始的马克思经济学的研究中，马克思的经济危机理论是其重要的内容。在《政治经济学与资本主义》一书中，多布关于马克思的经济危机理论的阐述，特别是关于资本主义经济危机起因李林的阐述发生着重要影响。本章首先回顾了多布在 20 世纪 30 年的对马克思经济危机理论阐述的主要观点，然后对谢赫在 20 世纪 70 年代末关于多布这一阐述的得失的观点做出评述。最后对乌尔夫在 20 世纪 80 年代对马克思的经济危机起因的各种理论的理解做出评述。

54.1　多布对危机理论的分析

多布认为，毫无疑问，在马克思看来，关于经济危机性质的分析乃是对于他的学说的最重要的应用。在研究经济危机理论时，多布首先回顾了马克思之前的危机理论研究，他认为，西斯蒙第对于竞争和为市场进行生产所引起的破坏作用，已经做了一些丰富但是缺乏系统的观察。马尔萨斯和李嘉图之间对于供过于求和经济萧条是否由消费不足而引起的问题也进行了有名的、重要的讨论，在德国洛贝尔图斯（Rodbertus）已经发展了若干消费不足的危机理论。多布重点对李嘉图及其学派的危机理论进行了评价："但是就李嘉图学派和他的遗产来说，可以说经济危机在他们的思想体系里面实际上是没有地位的：如果发生萧条，那就认为是由于经济力量的自由活动或资本积累的进程受到外来干涉的缘故，而不是由于资本主义社会的任何内在痼疾的影响。即使这个学派的后继者也一味地认定这种说法，而在自然的原因中（如收获的丰歉），或在'货币的薄幕后面'，去寻找说明"。提供对马克思之前的危机理论的分析，是为了突出马克思的危机理论的特征，他指出，在马克思看来，似乎很清楚"危机是与资本主义经济本身的基本特点有关系的"，这种经济有两个基本特征：第一个基本特征是"'生产的无政府状

态'——生产方面的决定系分散在无数独立自主的个体企业家之间——以及这种生产制度不是为了有意识地计划出来的社会目的而是为了追求利润①。多布指出，必须弄清楚，马克思并不把"无政府状态"等同于"混乱"，比如说，资本主义是一种缺乏系统而急切地要加以系统化的东西，还是被它自己的规律和强制所统治的一种非常有系统的东西？多布认为马克思会赞同第二种认识。正是在这种意义上，"无政府状态"并不是"混乱"的代名词。在多布看来，马克思认为"无政府状态"的特征导致一种趋势，不断破坏了古典经济学家所强调的倾向平衡的那种趋势，而且也破坏了平衡。资本主义的第二个基本特征是："剩余价值的追逐以及有利于它增值的情况才具有支配的意义。因此，作为统治阶级收入的利润一有变化，就会产生不是任何其他阶级的收入变动所能比拟的影响"②。在这个特征的基础上，多布指出，马克思的观点是："危机并不是偶尔脱离了预定的平衡的现象，也不是从原来的发展路线上随便游离出来以后还会服服帖帖地回到原来路线的现象，而是形成资本主义社会发展的一种占统治地位的运动形式。研究危机事实上就是研究这种制度的动力学；而且只有把这种研究看做探讨阶级关系（阶级斗争）的运动形式以及表现在市场上的阶级收入的一部分，我们才能正确地进行这种工作"③。

显然，多布指出资本主义经济有两个基本的特征，资本主义是受自己的特殊规律支配的经济形态，危机理论研究的实质是对资本主义制度的动力学的研究，在概括的含义上是正确的。但是，他认为，只有"把这种研究看作探讨阶级关系的运动形式以及表现在市场上的阶级收入的一部分"，在把危机理论研究经济事实的一面和政治的一面联系起来的意义上，具有启发意义，认为只有这样才能正确地进行危机理论的研究，从一开始就限制了多布对危机理论的分析。

多布认识到在危机理论研究中存在很多争议，而且存在一些相互对立的解释。多布首先对利润率下降的问题进行了谈论。他指出，对于利润率下降问题的态度是随着时间的推移而变化的。在 18 世纪时，利润率下降是受欢迎的，并认为是一种健康的现象。19 世纪时，随着资产阶级政治经济学盛

---

① 道布著，松园译：《政治经济学与资本主义》，生活·读书·新知三联书店 1962 年版，第 67 页。

②③ 道布著，松园译：《政治经济学与资本主义》，生活·读书·新知三联书店 1962 年版，第 68 页。

极一时，对利润率下降就由"赞美转为忧虑"①。马克思在《资本论》第三卷中论述利润率下降规律时说："由于这个规律对资本主义生产极其重要，因此可以说，它是一个秘密，亚当·斯密以来的全部政治经济学一直围绕着揭开这个秘密兜圈子，而且亚·斯密以来的各种学派之间的区别，也就在于为揭开这个秘密进行不同的尝试"②。

多布对讨论利润率下降问题的经济思想史进行了回顾。多布引用休谟的分析，指出休谟和斯密一样，认为"高的利润水平是资本积累落后的标志"③。斯密是用供求关系解释利润率的下降的，认为许多资本转入同一个行业时，它们的相互竞争降低了利润率。到工业革命高涨的时候，在谷物法争论时期，资本家阶级和地主阶级的利益冲突达到了尖锐的程度，而且作为资本家阶级的收入的利润受到了前所未有的关注。多布认为，在这种背景下，很自然地出现了一个问题："这种收入的下降怎么会成为有利于进步的一个条件？如果这个制度，通过它本身的发展，就会产生利润下降的趋势，那是不是这个制度本身就存在着某些难以理解的矛盾呢？是否因此就可以确定它是一种暂时的制度，正在为它本身的阻滞和崩溃播下了种子呢？"④ 多布认为，这些隐含的问题构成了后来对斯密的批评的基础，"这个批评并不否认这种趋势，但他们不是从这个制度或资本积累的过程中的某些内在特点，而是从一个外来因素去探求对这种趋势的说明。他们所找到的说明就是有名的'报酬递减规律'"⑤。

多布仔细分析了李嘉图的观点，在李嘉图那里，如果工资上涨，利润就会下降是一个基本的判断。在李嘉图那里，资本主要是被当作"对工资的垫支"，从而，任何影响利润率的因素只能在它变更工资与总生产物价值之间的比例的范围内才会有这种影响。李嘉图认为，除非有某些使工资提高的永久性原因，否则资本积累不会永远降低利润。多布认为，李嘉图没有看到劳动力价格上涨的充分原因，是劳动供给量的缺乏。而只是认为劳动者生活资料价值的提高才是影响利润率下降的最终因素。李嘉图的观点是，在财富和人口正在增进的每一个社会，如果农业不能改进，或谷物不能以较低的价

---

①③ 道布著，松园译：《政治经济学与资本主义》，生活·读书·新知三联书店1962年版，第69页。

② 《马克思恩格斯文集》第7卷，人民出版社2009年版，第237～238页。

④ 道布著，松园译：《政治经济学与资本主义》，生活·读书·新知三联书店1962年版，第70页。

⑤ 道布著，松园译：《政治经济学与资本主义》，生活·读书·新知三联书店1962年版，第70～71页。

格输入的话，那么一般利润率必然会下降。这种观点也成为李嘉图做出地主阶级的利益和社会任何其他阶级的利益相冲突这一结论的基础。正是李嘉图对地主阶级的非难，导致了他的朋友马尔萨斯对他的批评。马尔萨斯的观点是，利润不会由于工资提高而下降，只会因为商品价格由于需求不足的下降而下降，而且如果资本积累进展得过于迅速的话，特别是如果这种积累是在减少消费的情况下产生的话，这种情形多半就会出现。凯恩斯声称马尔萨斯的"有支付能力的需求原理"是对经济理解的一个重大贡献。

多布进一步提出的问题是，"究竟是李嘉图的学说更近于真理还是消费不足的学说更近于真理？"[1] 多布认为，生产的目的可以假定就是为了消费，那么在全部可消费的商品之间，就"有支付能力的需求"来说，可能会有一般的比例失调的现象。但是，在萨伊定律看来，作为一个整体来看的生产和交换过程完全可以当作货物对货物的一种连续交换过程，因此全部需求会用同样的速度和全部供给一道增长。多布指出，这"似乎是对实际问题的一种抽象的回避"[2]。因为，如果全部所得事实上的确是用在消费财货上，那么全部所得就足以抵偿所有生产出来的消费品的费用。如果所得中有一部分没有使用而是储蓄起来，这储蓄起来的一部分所得用来购买的不是消费品而是生产品，而且它们在将来又会增加消费品的流量；那么，如果储蓄继续下去，除非把物价降低到利润下降甚至消失的一点，那增多的产品流量的市场在哪里呢？

多布指出，对这个问题，传统的经济学理论给出两种回答：第一种回答可以简单地视为"消费能力转移说"。如果把资本简单理解为"工资的垫支"，资本家或地主的储蓄，就可以视为是用一部分所得移作工资，来扩大生产过程，从而资本家或地主所放弃的消费实际上是被新增加的工人的消费所代替。即使对资本做出流动资本和固定资本的区分，这一点仍然是成立的，因为机器的购置也是把用钱的能力转移给其他的人，不过在考虑固定资本的情况下，是把消费能力转移给制造机器的工人和雇用他们的资本家。第二种回答围绕对那些额外机器和额外劳动者所生产的额外的商品，到底会发生什么事情展开。对这个问题的回答是，或者社会的所得会因生产机构的扩大而扩大，来吸收比以前更多的工人；或者如果投资所采取的形式是将劳动者转移到制造机器上面，那么增加的商品产量，由于是劳动生产率增长的果

①② 道布著，松园译：《政治经济学与资本主义》，生活·读书·新知三联书店1962年版，第77页。

实，必然会促进生产成本降低，因此商品虽然更丰富，售价会变得低廉但不至于赔本。多布指出，在马克思看来，上述回答似乎过于肤浅，"因为他们把需求看做好像一个孤立的因素，所以就忽略了需求与生产之间存在的关系"①。多布指出，马克思自己的分析也是不完善的，但是"他所留下的这种不完全的东西已经足以开辟一个新纪元"②。

多布指出，马克思研究这个问题的出发点主要表现在两个概念上，"一个是对李嘉图学说的修正，另一个是对它的补充"③。第一个是把资本划分为"不变资本"和"可变资本"的概念；第二个是关于"相对剩余价值"的概念。就第一点来看，如果现有资本数量被分成这两种形式后，在比例上发生变动，那么即使剩余价值不变，利润率也还是能变动的。技术进步的影响可能改变这种比例，一般总是提高不变资本对可变资本的比例。因此，工业进步的趋势是会降低利润率的。这是对李嘉图认为只要根据土地报酬递减的作用就足以说明利润率下降趋势的修正。但是马克思接着指出，还存在各种起"反作用的趋势"。其中最主要的就是"相对剩余价值的增加"，发生这种情况的原因是劳动生产率的提高扩展到生活资料的生产方面，以至于劳动力价值也和一般商品的价值一样下降了。劳动生产率提高是技术进步的效果之一，这种提高不仅有扩展到工业而且有扩展到农业的可能性。这就是马克思反对把收益递减作为影响利润率和发生经济危机的重要因素的理由之一。

随后，多布认为，马克思对再生产的分析意味着他对肤浅的消费不足学说的一种答复，马克思表明，只要再生产能保持一定的关系，"资本积累就能增加而不致在交换的范围内引起任何问题"④。但是，马克思补充说，在个人为市场而生产的情况下，只能偶尔地维持再生产中必要的关系，马克思明确指出，在资本主义社会，由于缺乏充分的机构保持必要的比例，交换过程会在运动的情况之下有不断遭到破坏的危险。市场没有能力在事前而只能在事后进行调整。一旦平衡遭到破坏之后，它便成为在这种经济制度下能够强迫恢复平衡的唯一机械作用。多布指出，在资本积累迅速发展的时期，两大工业部类之间的比例失调可能采取两种形式，而且多布认为，在马克思那里，就存在两种失调的形式。第一种，在积累增加方面，会形成一个过渡

①②③　道布著，松园译：《政治经济学与资本主义》，生活·读书·新知三联书店1962年版，第80页。
④　道布著，松园译：《政治经济学与资本主义》，生活·读书·新知三联书店1962年版，第87页。

期，在这个时期内，消费品的需求势必减少，而劳动和其他物资将会转移到制造生产资料方面，消费品工业的利润趋于下降，结果造成失业。但是，这种转移可能会因为另一部类，生产资料的生产所增加的利润和就业所抵消。那么就出现了一个问题，为什么这样一种变动，会产生更大的影响呢。多布接下来的分析使用类似于"引致需求"的概念，"消费品在和生产资料比较之下的需求变动要比消费品之间的需求变动有更根本的意义。当利润率下降发生在消费行业的时候，这可能意味着对生产资料需求的下降在某种程度上会造成普遍的危机。这就是消费不足学说所抓住的真理的一面"[①]。多布接着指出，虽然这种比例失调的形式可能是普遍的危机发生的因素，但是也并不一定如此，平衡的破坏也可能来自相反的方向，首先表现为制造生产资料工业方面的利润和活动的下降。

多布认为，考察一下马克思的再生产分析的隐含假定是有意义的，因为研究这些假定有助于发现马克思危机学说的另外两个因素。多布认为，马克思的第一个假定认为，新的投资并不引起资本有机构成的提高，或者说新的投资只引起资本的"广化"而不是"深化"。多布在这里指出了这种假定和卢森堡的观点之间的联系，因为在这种假定下，一旦再生产的速度增加或者储蓄之风盛行，那么就会产生卢森堡所说的实现问题。多布指出，认为积累可以长期进行而不至于改变"资本有机构成"的想法是一个很抽象的假定。这个假定意味着有一个取之不尽的产业后备军，在正常的情况下，在资本的"广化"还没有进行到很远之前，"产业后备军的耗尽就会造成工资迅速上涨的趋势，因此随着资本积累而发生的正常现象就是资本有机构成的上升；而且如果不是被'年剩余价值率'的提高所抵消，这种变动就会促使利润率下降"，"马克思把这种利润率下降的趋势，不仅看作是形成长期趋势的一个原因而且也看作是发生周期性危机的一个原因"[②]。

一般认为，马克思没有在保持逻辑一致性的基础之上，分析究竟是"趋势"还是"起反作用的趋势"占据主导作用。对这个问题，多布从方法论的角度做出回答。他指出，马克思之所以没有回答这个问题，"不是因为《资本论》第三卷没有写完而是有意的，其所以是有意的是因为，如果认为可以抽象地提出任何答案或者关于孤立地来看待的技术改革的数据，认为由

---

① 道布著，松园译：《政治经济学与资本主义》，生活·读书·新知三联书店1962年版，第88页。

② 道布著，松园译：《政治经济学与资本主义》，生活·读书·新知三联书店1962年版，第91页。

这些数据可以机械地演绎出任何普遍适用的结论，这都是与他的整个历史方法不相符合的。没有疑问，马克思所想象的情况是，实际的价值变动之所以发生，是由于技术变革以及在一定时间和阶段上的阶级关系的特殊情况相互影响的结果。他的研究方法的全部重点是在一定时间和阶段上的阶级关系在形成'经济社会运动规律'方面起着支配一切的影响（与这个决定性的阶级关系有关系的因素包括劳动力的供给条件，工人是否在工会组织以内等）。这个运动规律不能单纯从技术方面去解释：不能看作是对生产技术变动性质的概括的一种简单的推论。这些互相冲突的要素的相互作用可能在不同的具体情况之下发生不同的实际后果"①。因此，多布指出，不能过于机械地理解这个规律，正确的解释是"马克思已经看出，趋势和相反的趋势就是冲突的要素，而这个制度的一般运动就是由这些冲突的要素产生出来的"②。

多布随后对趋势和相反的趋势进行了自己的思考。他对两种情况进行了讨论，第一种情况，相对过剩人口大量存在，这可能是因为人口增长大于资本积累的速度，或者是因为像马克思所说的"原始积累"阶段，小生产者正处于被剥夺和无产阶级化的阶段，或者是因为劳动被资本替代的程度比新工业方面的投资所能吸收的更快。无论是什么原因，多布认为在这种情况下不一定发生利润率下降，由于同样的理由，如果其他条件不变，也就没有原因会使资本有机构成发生任何改变。如果有某些新技术的发明冲击了这种情况，但是，劳动力的价值将随着生活资料价值的下降而下降，从而增加"剥削强度或剩余价值率"，也就是说"促使'相对剩余价值'增加和'不变资本各要素跌价'的相反趋势，可能会压倒不变资本与可变资本之间的比例的最初变动中所潜伏的利润率下降的趋势"③。第二种情况，"相对过剩人口"不多的情况。在这种情况下，随着资本积累的扩张以及市场所能利用的劳动力的接近枯竭，资本家对劳动力的竞争会造成劳动力价格上涨的趋势，这不一定是普遍的上涨，但至少会发生在某类劳动和某种工业中。也就是说"资本积累势必超过剥削范围的任何可能的扩大；而且既然缺乏某些加强原有范围的剥削方法，资本的单位利润率也就必然下降。这种新的资本，由于碰到了有限的、廉价的后备劳动力，必然会更加转化成不变资本的形式，也就是转化成新的技术方法，以致提高了资本有机构成。在这种情况

---

①② 道布著，松园译：《政治经济学与资本主义》，生活·读书·新知三联书店 1962 年版，第93 页。

③ 道布著，松园译：《政治经济学与资本主义》，生活·读书·新知三联书店 1962 年版，第96 页。

下，不变资本与可变资本之间的比例的变动是与利润率的下降有关系的，因为这种变动就是由劳动市场上相对缺乏的情况所促成的，而这种情况又使利润率的下降不能用增加'相对剩余价值'的形态获得任何迅速的或至少是相等的'补偿'"①。

多布对马克思的学说和消费不足学说之间的关系进行了分析。多布指出，这种关系分析是非常困难的，因为存在很多种类型的消费不足。但他指出，马克思的学说不是下面三种意义上的消费不足学说："他既不是说，如果在消费的需求上不出现某些新的来源，投资必然会引起生产过剩；他也不是说，较高的工资就足以防止危机和挽救萧条；他更没有说，消费不足总是促成危机的原因，所以危机是从生产消费财货的工业中开始的。同时也很清楚，他绝没有认为作为实现利润的一种限制因素的消费水平的影响是微不足道的。"对于马克思那里存在的明显的理解起来非常像是某种消费不足论的段落，而在马克思著作的其他地方又对消费不足论的观点进行批判的这种表面上的矛盾如何理解呢？多布在给出他自己的理解的同时，也给出了他认为马克思主义的危机理论的分析框架。

多布认为："在原有资本上所能实现的利润量，不仅经常要看这种资本在与当时的投资和消费结合起来的情况之下是怎样分配在资本财货工业和消费财货工业之间的，而且也要看当时的消费加投资的总量多少为定。增加消费将是增加利润的最持久的办法，因为除了它的暂时影响以外，它还会增加对未来的资本财货的需求，因此对新的投资可能降低利润率的趋势，产生一种延缓的作用。但是通过提高工资的办法，增加群众的消费，只是一手得来，一手失去而已：……所以在资本主义制度下，使消费按比例地同劳动生产率一块增加是没有什么希望的。另一方面，增加投资虽然暂时可能在增加需求方面有类似的影响，却会发生改变资本有机构成的影响，因而引起在最近的将来发生利润率下降的问题。……似乎很明显，马克思认为只有生产范围内的矛盾——就是由于资本积累而引起的生产能力的不断增长与资本获利性的不断下降的矛盾，也就是资本主义社会的生产力与生产关系之间的矛盾——才是问题的本质"②。

在上述判断的基础上，多布指出，如果消费是实现剩余价值的一个限制

---

① 道布著，松园译：《政治经济学与资本主义》，生活·读书·新知三联书店1962年版，第96~97页。
② 道布著，松园译：《政治经济学与资本主义》，生活·读书·新知三联书店1962年版，第102~103页。

因素，那么更根本性的原因在于劳动的供给是创造剩余价值的一个决定性的限制因素。而产业后备军的周期征募好像是资本主义制度的一种杠杆，用来抵抗对资本价值的任何严重的侵蚀，并使资本积累所引起的利润率降低的趋势得到补偿。

54.2　谢赫对多布分析的评价

谢赫在 1978 年发表于《剑桥经济学杂志》的论文《政治经济学和资本主义：对多布危机理论的注释》①，对多布的危机理论分析进行了评价。谢赫指出，"重读写于 1937 年的《政治经济学和资本主义》一书，我尤其震惊于多布对资本主义积累中矛盾的讨论并不受时间的限制"②，多布的危机理论分析中最重要的一点，强调在马克思主义的分析中，"危机并不只是被被动地视为是一种对均衡的偏离，相反地，危机就是均衡机制自身"③。谢赫认为这一点是非常重要的，因为从正统经济学中借用了"均衡"的概念后，这个概念也充斥在马克思主义经济学分析中，但是，在马克思自己那里，关键的并不是对均衡位置的分析，而是对"调节运动"进行的分析。谢赫指出，多布在危机理论分析中，考察和批评了各种各样对危机原因的解释，从消费不足到比例失调理论，到在马克思那里存在一定程度的不清楚之处的"利润率下降趋势"。谢赫认为，多布对马克思利润率趋向下降规律的分析，存在着重大的而且是产生了较大影响的错误理解。

谢赫从对包含在利润率中的价值范畴的运动的分析开始了对利润率的讨论，因为"利润率下降趋势是以价值的术语提出来的"④。然后再从这种分析的含义扩展到货币利润率。谢赫指出，一般来说，年利润率可以写为：

$$\rho = \frac{s}{C + V} \tag{54.1}$$

其中，s 是一年内生产出来的剩余价值流量，C 是进行一年期的生产所要求的不变资本存量（机器、建筑、原材料等），V 是相应的可变资本存量

---

①　Anwar Shaikh, Political Economy and Capitalism：Notes on Dobb's Theory of Crisis, *Cambridge Journal of Economics*, 1978, 2, pp. 233 – 251.

②③　Anwar Shaikh, Political Economy and Capitalism：Notes on Dobb's Theory of Crisis, *Cambridge Journal of Economics*, 1978, 2, P. 233.

④　Anwar Shaikh, Political Economy and Capitalism：Notes on Dobb's Theory of Crisis, *Cambridge Journal of Economics*, 1978, 2, P. 235.

（生产性工人的工资基金）。因为可变资本存量和可变资本流量 v 相联系，V = $\frac{v}{n}$，n 是可变资本年周转次数，从而可以得到：

$$\rho = \frac{\dfrac{s}{V}}{\dfrac{(C+V)}{V}} = \frac{\left(\dfrac{s}{v}\right)n}{\left(\dfrac{C}{V}\right)+1} \tag{54.2}$$

利润率被分解为三个部分：年剩余价值率、可变资本周转次数、资本的价值构成，谢赫指出，考虑到资本周转次数受到严格的限制，因此剥削率和资本有机构成在决定利润率下降趋势中发挥了重要作用。

多布的分析认为，一般来说，积累是在资本有机构成不变的基础上进行的，对劳动力的需求最终会耗尽产业后备军，工资开始上升，利润率开始下降，从而资本家开始用机器取代工人。多布分析了两种情况："相对过剩人口"大量存在和"相对过剩人口"不多的情况。认为前者对应于"资本主义竞争的黄金时代"[①]，后者对应于"19 世纪的最后 25 年"[②]，或者用后来的习惯用语，对应着垄断资本主义时代。谢赫认为，多布的这种分析实际上表明，"利润率下降趋势并不适用于马克思得出这一规律的时代，而是应用于现代时期！这是一个令人惊讶的颠倒"[③]。另外，多布对下降趋势的解释也是存在问题的，多布的观点是，在给定生产条件下，实际工资的提高导致剩余价值率的下降，从而导致利润率的下降，或者至少说，剩余价值率提高这一个反作用趋势处于次要地位时，利润率下降。随着利润率的下降，资本家开始寻求或创造更有效的和"劳动节约型"的技术，当这些技术开始被一般性地加以应用时，一方面更有效率的技术意味着更高的剥削率，同时另一方面，这些技术的劳动节约的特征通常意味着更高的资本有机构成。为了利润率上升，必然要求新技术提高剥削率，这不仅能够充分地抵消实际工资提高造成的影响，而且能够抵消与新技术引进相伴的 $\frac{C}{V}$ 的提高造成的影响。

谢赫指出，如果情况确实如多布认为的这样，那么"事实上是把资本有机构成的提高和利润率的下降联系在一起，而且它们都是因实际工资的上

---

① 道布著，松园译：《政治经济学与资本主义》，生活·读书·新知三联书店 1962 年版，第 104 页。
② 道布著，松园译：《政治经济学与资本主义》，生活·读书·新知三联书店 1962 年版，第 105 页。
③ Anwar Shaikh, Political Economy and Capitalism: Notes on Dobb's Theory of Crisis, *Cambridge Journal of Economics*, 1978, 2, P. 234.

升造成的。从而在多布的分析中，有机构成提高是利润率下降的结果，与第一个颠倒相比，这是一个更加令人惊讶的颠倒"①。谢谢赫指出，多布后来的观点并没有同 1937 年的观点有什么很大的不同，在 1973 年，多布指出，马克思说明劳动节约型技术进步将导致资本有机构成的提高，这反过来在给定剥削率的情况下降低了利润率。但是，多布指出，技术进步可以是资本节约型的，也可以是劳动节约型的，马克思似乎忽视了这一点。此外，既然任何类型的技术进步都降低了商品的价格，那么它必然提高与给定的实际工资相对应的剩余价值率，通过降低不变资本的价格，它必然延迟或者甚至可能是抵消劳动节约型技术进步对提高资本有机构成产生的影响。多布认为，马克思很可能是像其他一些 19 世纪的经济学家那样只是假定了实际利润率的下降。

谢赫认为，在马克思那里，很明显有机构成提高是利润率下降的原因。因此，探索马克思是如何建立两者之间的联系的就变得非常重要了。在《资本论》第一卷中，马克思认为在资本主义条件下，一旦到了某个历史时点，自动化就变成了劳动的社会生产率发展的决定性方式。随着社会的发展，延长劳动日的长度或增强劳动强度会遇到一定的限制，资本越来越通过调整劳动过程自身来提高劳动的生产率。谢赫指出，马克思认为这是一个"内在于资本主义劳动过程自身的运动"②。也就是说，推动机械化的根本动力是独立于实际工资的变化的，是来自于资本控制劳动过程这一事实的。正是因为如此，谢赫认为，在机械化的分析上，多布不同于马克思，"机器取代活劳动的趋势被多布视为是许多同等可能的结果中的一个，而马克思则认为它是资本控制劳动过程的必然结果"③。很自然的，多布认为有机构成提高不适用资本主义竞争的黄金时期的认识是错误的。谢赫认为，说自动化内在于而且是技术变迁的支配方式，是因为技术变迁是对"资本主义条件下生产关系的技术表达"④。

接下来的问题是，机械化对有机构成提高和利润率变化造成的整体的影响是什么？在《资本论》第一卷中，马克思阐述了机械化和资本有机构成之间的联系，并从中推论出相对剩余人口和产业后备军日渐扩大的结论。这是机械化对工人阶级产生的直接影响，在《资本论》第三卷中，以及在更早

---

① Anwar Shaikh, Political Economy and Capitalism: Notes on Dobb's Theory of Crisis, *Cambridge Journal of Economics*, 1978, 2, P. 236.

②③④ Anwar Shaikh, Political Economy and Capitalism: Notes on Dobb's Theory of Crisis, *Cambridge Journal of Economics*, 1978, 2, P. 238.

些时候的《政治经济学批判大纲》中，马克思就认为机械化产生了利润率下降的趋势，它认为利润率趋于下降规律是现代政治经济学中最重要的规律。

谢赫指出，利润率有一个上限 ρ_m，假定 h 为工作日的长度，$l = Nht$ 为 N 个工人每年（t 为工作日的数量）的劳动时间流量。根据定义，剩余价值时间 s 等于总劳动时间减去再生产劳动力所需的劳动时间。从而 $s = l - v$，因为可变资本存量为 $V = \dfrac{v}{n}$，可以得到：

$$\rho = \frac{s}{C + V} = \frac{l - v}{C + \dfrac{v}{n}} < \rho_m = \frac{l}{C} \tag{54.3}$$

上限 ρ_m 独立于工作时间在必要劳动时间和剩余劳动时间之间做出的区分，独立于剩余价值率。上限 $\rho_m = \dfrac{l}{C}$ 不独立于周转率 n，因为 C 等于固定资本存量加流动资本存量，即 $C = C_f + \dfrac{c_m}{n}$，c_m 为流动的不变资本流量。如果 n→∞，周转时间接近于 0，那么 $\rho_m \to \rho'_m = \dfrac{l}{C_f}$，从而，$\rho > \rho_m > \rho'_m$，$\rho_m$ 独立于流通时间。

谢赫指出，"认为机械化会降低最大化利润率的观点，意味着实际利润率，迟早要必将下降。实际上，这也正是许多马克思主义者的解释方法。因此，马克思的观点的基本逻辑看起来并未受到伤害。"[1] 但是，谢赫指出，有一种批评意见，也就是置盐定理中反映出来的观点，认为在马克思所假设的条件之下，机械化独立于任何实际工资的变化，资本家选择新的生产技术的根本原则是排除掉任何会导致利润率下降的技术。从而，技术进步必然提高与给定的实际工资相对应的利润率，也就是只有在实际工资提高得如此之大，以至于技术进步无法抵消这种实际工资提高带来的影响时，利润率才会下降。

在谢赫看来，分析技术变化的一般本质只是讲述了半个故事。如果要使分析深入，必须分析技术变化的过程是如何在竞争中表现出来的，换句话说，个体资本家是如何选择技术的。要了解这一点，谢赫认为，首先需要分析马克思的"资本竞争"的概念。

---

[1] Anwar Shaikh, Political Economy and Capitalism: Notes on Dobb's Theory of Crisis, *Cambridge Journal of Economics* 1978, P. 240.

　　谢赫指出，在马克思看来，竞争是资本之间的相互作用，正是通过个体资本家的竞争活动和相互作用，资本主义积累的基本规律才发挥作用。竞争并没有解释这些规律，也没有制造出这些规律，而只是让这些规律变得更为明显。谢赫指出，"竞争不是一场游戏，而是一场战争，在竞争的战争中，大的吞并小的，强者摧毁弱者。在这场战争中，最主要的武器是降低生产成本，因为每一次成本的下降都使得资本家能够降低他的价格，在保存自己的同时把竞争者驱逐出该领域"①。因此，在机械化中，竞争发挥了重要的作用，"竞争就像一个'过滤器'，把那些不能降低成本的潜在的技术排除出去"②。谢赫认为，在这种情况下，自然就会出现这样的问题，这种过滤的过程的范围和影响是什么？

　　置盐信雄在1961年的文章中对这个问题进行了深入的研究。谢赫对置盐定理反映出的实质内容进行了考察。通过建立上升的 $\frac{C}{1}$ 和下降的最大的利润率 R，置盐信雄注意到，如果 $\frac{C}{1}$ 确实是在上升，看起来似乎实际利润率迟早要下降。但是，置盐信雄认为，这是一种具有误导性的表面的认识，因为竞争将会把那些在给定的实际工资水平下降低利润率的生产技术或过程"过滤"掉。

　　谢赫对置盐定理的模糊之处提出了自己的评价，他指出，在马克思那里，竞争的斗争是通过降低商品的价格进行的，但是，在置盐信雄那里商品价格的降低（单位成本价格的下降）将一般性地提高平均利润率，而不是降低它。但是，"代数学，像政治经济学一样，并不总是像它们表面看起来的那样"③。谢赫指出，马克思把机械化视为是资本主义生产关系的一个特定的结果。机械化程度的提高意味着固定资本存量的增加，以及每单位产出预付资本存量的增加，谢赫认为，这就是说"单位产出生产成本的下降是通过单位产出更大的投资成本实现的"④。在做出这种理解后，谢赫区分了两种不同类型的盈利率的度量方法。他分别把它们称为"成本利润率（profit-margin on costs）"和"利润率（profit-rate）"，前一种利润率和在生

　　① Anwar Shaikh, Political Economy and Capitalism: Notes on Dobb's Theory of Crisis, *Cambridge Journal of Economics* 1978, pp. 240 – 241.
　　② Anwar Shaikh, Political Economy and Capitalism: Notes on Dobb's Theory of Crisis, *Cambridge Journal of Economics* 1978, P. 241.
　　③④ Anwar Shaikh, Political Economy and Capitalism: Notes on Dobb's Theory of Crisis, *Cambridge Journal of Economics* 1978, P. 242.

产中耗费的资本相关，后一种利润率和预付资本相联系，前者是两个流量的比率，后者是流量对存量的比率①。在这两种利润率的基础上，谢赫指出，假定老的生产结构没有固定资本，那么成本利润率和利润率是相同的。随着更加机械化的结构的形成，在给定的实际工资下，机械化的结构有更高的平均的成本利润率，但是却可以有更低的平均利润率。也就是谢赫是通过提出两种利润率的概念指明了置盐定理的模糊之处。

谢赫对置盐定理的第二个批判围绕技术选择的准则展开，他认为存在两种结束技术选择的准则：第一种是"竞争准则"，也就是说最廉价的生产方法将会在资本的战争中胜出；第二种是"最优原则"，即资本家将只会使用他们偏好的能够提高技术转变过渡期的利润率的技术②。谢赫指出，尽管资本家在其他情况不便的情况下，"偏好"于更大的利润，但是这并不必然意味着他们对技术的选择是受到这个抽象的准则指导的。马克思说一种新的生产方式"只要它会降低利润率，就没有一个资本家愿意采用。但每一种这样的新生产方式都会使商品便宜"③。在谢赫看来，这里的"愿意"的核心具有"自愿的"含义。谢赫指出，根据上面的含义，"正确的观点是，在竞争的战争中，选择并不是'自愿的'"④。

谢赫主要批评了那种认为资本家在进行技术评价时自动地排除了那种会导致利润率下降的技术的观点。他认为上述立场建立在"要么混淆了成本利润率和利润率，要么对技术选择准则的定义和马克思对资本竞争的本质无法吻合的"⑤ 基础之上。谢赫对多布的著作给出了高度的评价，他指出，"尽管多布的著作已经出版了很多年，但在多年以后，我们仍然能从中受益良多"⑥。但是谢赫指出了多布对利润率下降分析的不足之处，并顺带对置盐定律对利润率下降规律的批判做出了反批判，但是有关利润率下降问题本身仍是一个充满争议的难题，我们在后面的章节中会专门研究围绕利润率下降趋势规律展开的论争。

---

① Anwar Shaikh, Political Economy and Capitalism: Notes on Dobb's Theory of Crisis, *Cambridge Journal of Economics* 1978, P. 242.

②④ Anwar Shaikh, Political Economy and Capitalism: Notes on Dobb's Theory of Crisis, *Cambridge Journal of Economics* 1978, P. 245.

③ 《马克思恩格斯文集》第 7 卷，人民出版社 2009 年版，第 294 页。

⑤ Anwar Shaikh, Political Economy and Capitalism: Notes on Dobb's Theory of Crisis, *Cambridge Journal of Economics* 1978, P. 246.

⑥ Anwar Shaikh, Political Economy and Capitalism: Notes on Dobb's Theory of Crisis, *Cambridge Journal of Economics* 1978, P. 247.

54.3　乌尔夫对不同类型危机理论的研究

对马克思主义经济学危机理论研究的论争，表现在很多方面，比如经济危机和社会危机的区分、危机的准确定义，以及各种各样危机理论之间的比较研究等。考虑到危机一再发生的现实情况，各种危机理论相互论争的状况和对危机理论史的探讨几乎与危机的爆发一样具有了周期性的特征。

乌尔夫1986年发表的《资本主义危机和马克思主义理论》[1]一文，对危机的定义和历史上的危机理论进行了回顾与评价，考虑到危机理论研究的重要性以及理论发展通常是建立在已有研究成果的基础上的现实，需要对乌尔夫的危机理论史研究进行详细的梳理，以期这种介评有助于澄清危机理论论争中的一些问题。

乌尔夫对马克思主义危机理论历史回顾的目的就在于，超越先前的危机讨论中存在的不足，分析危机在资本主义发展中发挥的作用。乌尔夫指出，在围绕马克思主义的各种各样的危机理论展开的深入讨论中，大量的精力放在了对马克思著作中包含的论述危机的不同因素的分析上。乌尔夫认为，仔细考察这些争论，可以发现各种各样的危机解释之间存在的论争很大程度上被夸大了，把不同的解释危机的因素整合到一个对危机的综合的解释中是可能的。但是，"这种调和并没有解决一个主要的问题，危机对资本主义发展而言具有的重要意义和危机对工人阶级的演化产生的影响"[2]。

在马克思主义者当中，共识的缺乏可以在对危机理论进行的不同的分类中反映出来。乌尔夫指出，斯威齐区分了三种主要的危机理论：与利润率下降趋势相联系的危机；源自马克思再生产模型中两个部类之间比例失调的危机；从资本制约了工人的消费能力的长期趋势，从而制约了流通领域剩余价值的实现中产生的危机。谢赫增加了第四种类型的危机理论，即从支配劳动后备军的扩张和收缩的条件中产生的利润挤压的理论。伊藤诚提出存在四种重要的危机理论，历史地看，主要有两种危机理论，商品过剩理论和资本过剩理论。它们中的每一种都可以再被细分为两种类型：商品过剩理论包括斯威齐和谢赫讨论过的比例失调论和消费不足论，而资本过剩理论包括与利润

---

[1]　David A. Wolfe, Capitalist Crisis and Marxist Theory, *Labour/Le Travail*, Vol. 17 (Spring, 1986), pp. 225 – 254.

[2]　David A. Wolfe, Capitalist Crisis and Marxist Theory, *Labour/Le Travail*, Vol. 17 (Spring, 1986), P. 228.

率下降趋势相联系的危机理论和与可得的劳动人口相比资本的过度生产理论，利润挤压理论可以归入后一种危机理论。乌尔夫是按照伊藤诚的分类标准对危机理论的简史进行回顾的。

54.3.1 比例失调论

乌尔夫指出，从历史上来看，比例失调论在第二国际的争论中表现得最为突出。这一时期的两位重要的理论家：杜冈－巴拉诺夫斯基和鲁道夫·希法亭，把马克思《资本论》第二卷中的再生产模型作为他们危机分析的出发点。曼德尔认为他们对马克思的理论中再生产的功能的理解存在根本性的错误，认为马克思的再生产模型"证明了资本主义生产方式的永远存在是可能的"[①]。乌尔夫认为，曼德尔对这个主题的断然拒绝表明他忽视了比例失调总是资本主义危机的一个必然的方面这一事实。再生产模式中真正重要的地方在于表明调节两个部类之间相互需求的过程是一个复杂的过程，市场无法提供保持部类间均衡所要求的信息。比例失调是资本主义生产过程的一个必然构成部分，就像危机是这个过程的必然部分一样。

"如果有人说，发生的不是一般的生产过剩，而是不同生产部门之间的不平衡，那么，这仅仅是说，在资本主义生产内部，各个生产部门之间的平衡表现为由不平衡形成的一个不断的过程，因为在这里，全部生产的联系是作为盲目的规律强加于生产当事人，而不是作为由他们的集体的理性所把握、从而受这种理性支配的规律来使生产过程服从于他们的共同的控制"[②]。

乌尔夫认为，从马克思的引文可以看到，资本主义危机必然是比例失调的危机，但是"这并不等同于说危机源自两部类之间的比例失调"[③]。他分析了比例失调危机理论的现状，指出，比例失调的危机理论占据了一个具有重要历史意义的位置，但是今天已经很少有马克思主义者危机理论争论采取这样一种立场了。

54.3.2 消费不足论

乌尔夫认为，消费不足的危机理论在马克思主义理论家当中仍然享有广泛的支持。他认为，消费不足的危机理论最初是由卢森堡在批判比例失调论

---

① Ernest Mandel, *Late Capitalism*, trans, by Joris de Bres, London：New Left Books 1975, P. 25.

② 《马克思恩格斯文集》第7卷，人民出版社2009年版，第286页。

③ David A. Wolfe, Capitalist Crisis and Marxist Theory, *Labour/Le Travail*, Vol. 17 （Spring, 1986）, P. 229.

时加以明确地表述的。卢森堡认为资本主义危机的真正源头在于缺乏充足的货币去实现剩余价值。剩余价值并没有完全由资本家消费，而是被加入总资本中以扩大生产，但是缺乏对资本家产品的购买。由于资本主义没有能力在封闭的资本主义体系中解决这个矛盾，因此，唯一的解决办法在于找到以外部市场的形式表现的突破口。资本主义危机是由于长期消费不足的趋势造成的，它也构成了帝国主义扩张的主要原因。卢森堡的分析成为许多马克思主义者批评的对象，乌尔夫认为这其中主要包括列宁和布哈林。布哈林认为卢森堡的错误在于混淆了马克思对简单再生产和扩大再生产的分析。在扩大再生产中，一部分资本支出采取了可变资本的形式，也就是说工人的工资，这为消费增加的产出提供了消费方面的购买力。布哈林把消费不足的源泉归于资本的一种不变的趋势上，那就是资本总是在试图创造更高的剩余价值的同时限制了工人的购买力。伊藤诚认为，布哈林"通过把根本矛盾置于资本和劳动之间的内部生产关系上，而不是资本主义生产和外部市场的外部关系上，净化了马克思主义的消费不足理论"①。随后，消费不足论在斯威齐的《资本主义发展论》中得到了进一步的发展。通过对列宁和布哈林的著作的赞许性的引用，并利用20世纪30年代发展起来的不完全竞争的分析，以及凯恩斯的著作，斯威齐把垄断资本的影响和国家的功能纳入自己的分析中。在1952年出版的《美国资本主义的成熟和停滞》中，斯坦德尔（J. Steindl）进一步分析了普遍增长的寡头竞争和消费不足的趋势之间的关系。

斯坦德尔把生产者因各种各样的原因刻意持有超额生产能力的假设作为自己分析的出发点。生产者渴望在经济扩张期开始的时候就具有迅速扩大生产的能力，而不是等待经济扩张期到来之后，再扩大生产适应经济扩张所需的生产能力。此外，生产者倾向于选择一种在随后的时间里能够进一步扩张他们的销售的生产能力的水平。从而，在现代产业中，刻意持有超额的生产能力成为一种规范而不是例外，此外，寡头产业显示出一种价格向下的刚性和更高的进入障碍的特征。生产者试图通过使价格足够的低，以把新进入者排除出该产业。技术创新的过程倾向于提高寡头产业的利润率，由于微弱的成本优势为寡头公司提供了新的技术。在这些产业中，高利润率导致了高的内部积累率，并且最终导致更高程度的集中。斯坦德尔从这种分析中得出结论"内部积累率和作为结果的净利润率将趋于一种（最大化）水平，这个

---

① Makoto Itoh, *Value and Crisis*, New York and London：Monthly Review Press, 1980, P.123.

水平是由产业的增长率、资本集约化率和现有生产能力的淘汰率决定的"①。从这种微观基础分析出发，斯坦德尔进入宏观层面的分析，他认为，在给定的产能利用水平，经济中寡头部门的利润率倾向于提高。国民收入分割从工资向利润的持续转移对有效需求的水平产生了压力，最终导致国民收入和产出的下降。个别资本家将会尝试通过降低他们的产能利用水平根据这种发展进行调整，这种策略可能会有益于个体生产者，但是对整个经济而言，它造成了更高水平的产能过剩和更大程度的有效需求不足。与寡头部门相比，产能利用率的下降和有效需求水平的降低给竞争性部门的企业的利润带了更大程度的压力。这使得大量的小的竞争性生产者破产，增加了经济中整体的寡占程度的提高，加剧了停滞的趋势。在斯坦德尔的研究的结束部分，他评价了他的理论和马克思的资本主义积累理论之间的关系。他把马克思有关资本积累的长期趋势和危机理论在利润率下降规律和消费不足理论之间进行了区分。在批判性地排除掉利润率下降的危机理论分支后，斯坦德尔表明，寡占的扩散导致被生产出来的剩余价值率的提高，但是要实现这些增加的剩余价值依赖于充足的市场的存在。这种情况只有在资本家的投资和消费相应地增加时才会出现。如果相应的需求的增加没有发生，剩余价值的增加只是导致了过剩产能的形成。在寡头经济中，过剩产能会持续存在并对投资决策产生压制性的影响，从而降低了资本增长率。斯坦德尔推论说，他自己的理论可以被视为是对马克思的消费不足论的扩展和精炼②。

乌尔夫认为，斯坦德尔的著作的吸引力既来自于他的理论模型在分析方面具有的严格性，也来自他谨慎地使用统计数据去证明他的假说。尽管他的理论只依赖"二战"前的数据，但是，斯坦德尔的理论在整个"二战"后都对马克思主义理论家产生了强烈的影响。巴兰和斯威齐明确地引用斯坦德尔的著作，认为斯坦德尔对他们自己的思想的形成产生了重要的影响③。

乌尔夫指出，巴兰和斯威齐写于差不多15年后的著作，对战后繁荣的体验深深地印在他们的脑海中，因此，他们关注的是对斯坦德尔预测的停滞并没有出现的原因进行解释。他们是通过用各种各样的吸收经济剩余的机制来实现他们的目标的：大公司在浪费性销售方面努力、主要表现在通过借贷

① Joseph Steindl, *Maturity and Stagnation in American Capitalism*, *with a new introduction by the author*, New York and London: Monthly Review Press 1976, P. 51.

② Joseph Steindl, *Maturity and Stagnation in American Capitalism*, *with a new introduction by the author*, New York and London: Monthly Review Press 1976, P. 245.

③ Paul A. Baran and Paul Sweezy, *Monopoly Capital: An Essay on the American Economic and Social Order*, New York and London, 1966, P. 56.

资助的无用的政府军事开支等方面。乌尔夫认为，"通过巴兰和斯威齐，斯坦德尔影响了大量的其他著名的理论家"①。乌尔夫认为，考虑到斯坦德尔的著作产生的影响，分析一下他的研究中存在的不足就变得更加重要了。首先，也是最重要的，是他合并消费不足的周期性和长期性两个方面的倾向。在斯坦德尔那里，消费不足主义的主题变成了一个指向长期停滞的长期趋势。从而忽略了危机在克服资本积累障碍中发挥的潜在作用。另一个不足是，斯坦德尔没有考虑寡头部门的工人的工资随着盈利率的提高调整的机制，更没有考虑这种机制对利润份额上升可能产生的影响。他完全排除了工会在分析中发挥的作用，只从生产关系的一方面对调节劳动关系的体制进行了分析。

54.3.3　利润率下降危机理论

　　第三种类型的马克思主义的危机理论把危机的周期性爆发和利润率下降的趋势联系在一起。这种危机理论的经典表述是由格罗斯曼在 1929 年做出的。在格罗斯曼之前的著作中，在马克思主义者的危机理论分析中，没有任何一种危机理论把利润率下降趋势作为危机理论分析的主要因素。利用马克思在《资本论》第三章中对利润率下降规律的讨论中，格罗斯曼第一次把马克思的理论中的利润率下降趋势作为危机理论的核心。

　　在《资本论》第三卷中，用价值术语表达，利润率 $r = \dfrac{\dfrac{s}{v}}{\dfrac{c}{v}+1}$，其中 s 为

总剩余价值，可变资本价值为 v，不变资本为 c。$\dfrac{s}{v}$ 是剥削率，$\dfrac{c}{v}$ 是资本的价值构成。马克思认为资本主义竞争的加剧不断地推动资本家用机械力取代人类劳动以提高生产率。这增加了不变资本对可变资本的比率 $\dfrac{c}{v}$，导致了资本有机构成的提高，虽然资本有机构成的提高造成的影响可以因剥削率 $\dfrac{s}{v}$ 的提高而得以抵消，马克思认为在长期这不可能完全抵消资本有机构成提高造成的影响，从而利润率将会趋于下降。格罗斯曼认为利润率下降将会导致资

---

　　① 这些著名的理论家包括奥康纳（James O'Connor），奥康纳的主要观点参见《国家的财政危机》（1973 年）；哈贝马斯（J. Habermas），哈贝马斯的观点主要参见在《合法性的危机》（1973年）中对资本主义社会危机的类型进行的分析。

本主义的最终崩溃，但是他强调资本主义崩溃的必然性无论在何种意义上都不意味着它会自动的崩溃。对在什么条件下资本主义将会崩溃的客观分析的价值在于突出资本主义体制中一种微弱的联系，以作为指导革命的无产阶级政治行动的指南。从而，在格罗斯曼那里，危机理论的对象从主要是一种周期性的现象转变为一种长期趋势。格罗斯曼对马克思主义危机理论的解释产生了重大的影响，尤其是通过马蒂克的著作，马蒂克坚持认为，马克思用价值术语对资本主义生产关系进行的分析是一种抽象的模式，是为了理解资本主义的根本性的生产关系设计的。它们并不是为了直接用来解释市场现象。对资本主义发展而言关键在于创造出充足的剩余价值以维持资本的进一步扩张，马蒂克概述了利润率下降趋势的理论，认为只有在剥削率的提高足以弥补资本有机构成提高造成的影响的情况下利润率下降才能被避免。马蒂克指出，"毫无疑问，终究会到达一点，那就是能够从虚弱的工人阶级那里敲诈到的剩余价值的最大数量不再能够扩大积累的资本的价值"，马蒂克强调这种推理思路代表了对资本主义经济经验现实的抽象，"利润率下降趋势……并不是一种可以直接在现实中观察到的过程，而是推动积累在市场现象中展现自身的一种驱动力"①。这种对资本主义生产关系的分析表明了作为一种生产方式的资本主义的历史限度，但是并没有决定它崩溃的准确时刻。

马克思本人分析了能够抵消利润率下降趋势的反作用的趋势，只要这些反作用趋势能够有效地发挥作用，就观察不到利润率下降的趋势。只有在反作用趋势不足以阻止利润率下降时，利润率下降才在实际的危机的爆发中表现出来。因此，在马蒂克的分析中，周期性危机的爆发是利润率下降的长期潜在趋势可以观察得到的实际展现。与生产出来和实现的剩余价值相比资本的过度积累构成危机的状况。危机只能通过重建能够刺激进一步积累的利润率才能被克服。真实的危机倾向于首先在流通领域作为实现的危机表现自身，但是资本主义危机既不是源于生产领域也不是源自流通领域，而是源自利润率下降趋势。危机通过重建剩余价值和资本生产之间的平衡，服务于恢复有利于积累恢复的条件这一本质目标。这是通过破坏一部分现有的资本的价值和增加剥削率实现的。马蒂克把危机视为是资本主义积累过程的必然构成部分，"资本主义发展是一个过程，它通过不可避免的危机，以一种暴力

---

① Paul Mattick, *Economic Crisis and Crisis Theory*, White Plains, NY: M. E. Sharpe 1981, pp. 54 – 55.

的方式维护资本主义生产方式再生产的要求"①。乌尔夫指出，在把危机作为资本主义经济的一种周期性的而不是长期的特征上马蒂克区别于格罗斯曼，但是在他们没有解释资本主义生产方式的最终崩溃上他们是一致的。"原则上，发达资本主义国家的任何一次重大的危机都可能变成最终的危机。如果并不是这样，它就仍是进一步积累的前提条件"②。除了认识到危机的客观维度和政治意识的主观维度之间存在的必然联系外，马蒂克没有对在什么样的情况下资本主义危机可能会变成最终的危机进行进一步的说明。

马蒂克对马克思主义危机理论的解释对一些马克思主义理论家产生了重要的影响，这种利润率下降的危机理论遇到的批判主要建立在经验观察的基础之上，比如在一种可以精确度量的程度上，资本有机构成是否以马克思预测的方式在持续的上升呢？而且大量的批判性研究就建立在试图把用价值关系表达的马克思的资本有机构成概念转变为用价格术语表达的概念的基础之上。这是一个最易于引起争议的问题。乌尔夫认为，利润率下降危机理论的真正的问题在于"它强调了趋势的一个方面而忽视了另外的方面"③。因为马克思在论述利润率下降的反作用趋势时，同样是把它们作为资本主义积累过程的一个必然部分，也是像对待规律一样对待它们的。

54.3.4　资本的生产过剩

资本的过剩是由于资本的过度生产造成的，在《价值与危机》中，伊藤诚提出了资本过剩的危机理论。在这本著作中，伊藤诚比较了马克思在《政治经济学批判大纲》和《剩余价值理论》中加以阐述的早期版本，及危机理论和《资本论》中的危机理论。伊藤诚认为，成熟版本的马克思的危机理论的独特特征在于，把强调的重点放在相对于可用的劳动人口而言资本的过度生产上。随着积累过程的继续，它以资本广化而不是资本深化的方式发生。在繁荣时期，资本家倾向于在现有生产方法的基础上扩大生产能力，而不是忙于报废现有的固定资本，用体现新生产技术的设备去取代它。在这种条件下进行的资本积累伴随着对劳动力需求的增加，这必然导致工资水平的提高和利润率的压力增大。因此，重要的问题是为什么不能在当前的积累阶段并没有造成一场严重的危机之前废弃过剩的资本？伊藤诚认为，在没有

---

① Paul Mattick, *Economic Crisis and Crisis Theory*, White Plains, NY: M. E. Sharpe 1981, P. 72.
② Paul Mattick, *Economic Crisis and Crisis Theory*, White Plains, NY: M. E. Sharpe 1981, P. 121.
③ David A. Wolfe, *Capitalist Crisis and Marxist Theory*, Labour / Le Travail, Vol. 17 (Spring, 1986), P. 235.

考虑马克思在《资本论》第三卷中对信用制度进行的分析时是无法理解这个过程的。马克思观察到利率的波动和商业周期之间存在紧密的联系，低利率对应于繁荣时期，利率的上升对应于周期的转变期，高利率对应于危机时期。在繁荣期，利率和工资水平倾向于一道上升，因为在这一时期对额外的劳动和货币资本的需求都在上升。引发实际的危机的机制是投机活动的增加。随着因资本过度积累造成的工资的上升，作为对高工资的反应，资本有机构成低的部门的市场价格开始上升。工资水平的上升也增加了对消费品或用来生产消费品的商品的需求的增加，引发了市场价格的上升。随着这些商品的价格的上升，围绕它们进行的非正常的投机性储存开始收紧信用体系，紧缩货币市场并使利率承受了向上的压力。因此，资本的过度生产引起三个相互联系的发展：工资的上升、利润率的压力和更高的利率。资本家的利润水平受到高工资和高利率的挤压。信用的紧缩破坏了投机活动，首先导致廉价销售以支付未偿付票据。这反过来加剧了价格的下降和破产的连锁反应。信用机构开始限制信用供给以保护自己。劳动后备军的扩大加剧了工资向下的压力，限制了工人的消费，进一步降低了整个经济的消费需求。因为大量固定资产不能流动，危机造成一些公司破产，并给其他企业带来了克服危机的机会，"过剩的闲置产业资本、未利用的借贷资本、和失业的劳动人口、或低下的利润率、利息和工资的共存，无法在这一时期相互结合"①。在这种情况下，闲置资本开始迅速地贬值，因为继续运行它们将不再有利可图。随着存活下来的公司开始集聚新的货币资本，他们投资于包含着新生产方法的新设备，这通常导致一个资本深化的过程。成功地完成设备更新的公司即使是在低价格水平下也能够开始可以盈利的积累。通过投资更新过程和劳动在低工资水平下（提供了更高的剩余价值率）被重新雇用，生产部类之间的平衡开始恢复。随着资本家之间以及资本家和工人之间的关系的恢复，积累在一个更高的利润率水平上得以恢复，产业循环再一次回到它自己的轨道。商业周期，包括周期性危机的必然爆发，构成一种调节资本家之间和资本与劳动之间价值关系的机制。

乌尔夫认为，伊藤诚的危机理论克服了许多先前的危机理论存在的局限。它提供了一个清晰和连贯的说明危机恢复资本主义积累条件的机制。然而，"它仍然存在着从马克思对资本主义经济动力学的整体阐释中抽象出危

---

① Makoto Itoh, *Value and Crisis*, New York and London: Monthly Review Press, 1980, P. 116.

机过程的一个方面的问题"①。乌尔夫认为，在研究马克思主义危机理论时，真正重要的问题不应该是哪一种理论最好地反映了马克思最初的设想，重要的是需要认识到所有的理论分支都源自马克思对资本积累过程的分析，资本积累过程是解决生产力和生产关系之间存在的内在的矛盾过程。乌尔夫认为，在危机理论争论中大量的精力投错了方向，而忽视了真正重要的问题。资本主义发展的历史表明，更为重要的任务是分析危机在改变资本主义生产关系和最终改变工人阶级自己中发挥的作用。

54.3.5　长波和经济危机

在研究资本主义危机时必须认识到一个事实，那就是在资本主义历史上发生的每一次危机周期从根本上改变了构成下一次产业周期的基础的生产力和生产关系。并非所有的马克思主义理论家都区分了典型的危机周期和资本主义发展的不同阶段危机变化的方式。乌尔夫认为，一个明显的例外是曼德尔，在三本独立的著作中，曼德尔对资本主义经济动力学作了分析，这种分析把对资本主义危机趋势的解释和资本主义发展的历史模式整合在一起。曼德尔把自己的观点建立在一种把危机的爆发并不归因于任何一种单一因果因素的危机理论的基础之上，曼德尔指出："任何一种单因素假定都明显地和资本主义生产方式作为一个动态整体的概念相对立，在这个动态总体中所有基本发展规律的相互作用必然产生某种特定的结果"②。曼德尔把危机视为是资本主义生产方式内在不稳定的体现。

乌尔夫认为，曼德尔对危机理论发展最重要的贡献在于他对产业周期上升和下降阶段与技术基础的根本转变相联系的更长时期的资本主义扩张期和下降期进行的区分。曼德尔认为，大多数马克思主义者对平均利润率的分析是放在两个不同的时间框架下进行的：短期的产业周期分析和资本主义生产方式的生命周期。第三种时间框架，也就是说长周期（或长波）必须被引入进来，以提供一个连贯一致的理论分析，并确保理论能够与现有的经验数据相吻合③。

与长周期相联系的长期扩张和下降与建立在现有生产技术水平基础之上

---

① David A. Wolfe, *Capitalist Crisis and Marxist Theory*, Labour / Le Travail, Vol. 17 （Spring, 1986）, P. 237.

② Ernest Mandel, *Late Capitalism*, trans, by Joris de Bres, London：New Left Books 1975, P. 39.

③ Ernest Mandel, *Long Waves of Capitalist Development*：*The Marxist Interpretation*, Cambridge：Cambridge University Press, 1980, P. 11.

的资本有机构成和利润率的变化相对应，从长周期的下降阶段向上升阶段的每一次转变，都与资本主义生产方式技术基础的变化有关。国际资本主义的历史由四个差不多以50年为期的长周期构成：从18世纪末到1847年，从1847年到19世纪90年代的开始，从19世纪90年代到第二次世界大战，从第二次世界大战到20世纪70年代①。

有关资本主义发展的长波概念可以追溯到写于20世纪第一个10年的两位荷兰马克思主义者盖尔德伦（van Gelderen）和沃尔夫（de Wolff）的著作。但是经济学家们通常把提出这个概念的声誉归于一位俄国人，康德拉基耶夫（Nicolai Kondratiev），康德拉基耶夫的长波理论源自他对19世纪价格波动的研究。康德拉基耶夫是通过资本耐久性、生产时期和对特定类型的资本品的投入数量来解释的。长周期的源泉在于基本资本品，包括大的工厂、铁路、运河和其他一些基础设施项目集群投资的趋势。资本集群投资的趋势是可以获得的可贷资本的产物。在扩张期的开始阶段，在低利率水平下可贷资本的供给是充足的。随着投资的进行，资金的供给下降利率上升，投资的步伐放缓。重大资本投资的减少引发了长时期的衰退。投资的下降反过来造成了储蓄的增加，降低了利率和价格，为新的经济的回升创造了条件。

乌尔夫指出，尽管康德拉基耶夫宣称他的长波理论是建立在从马克思那里得到的见解的基础之上，但是这种观点并不被马克思主义者广泛接受。康德拉基耶夫的结论是，代表着对长期均衡的偏离的长周期中投资水平的波动，意味着资本主义的内生因素倾向于把经济恢复到长期增长的模式。康德拉基耶夫认为，他的长波理论是对马克思有关危机在调节十年期产业周期中危机发挥作用的理论的逻辑发展。然而，托洛茨基反对这种观点，他认为长周期是由难以预测的外部事件的发生支配的，比如殖民新的国家或地区、发现新的自然资源和一些上层建筑层面的因素，比如战争和革命。康德拉基耶夫的观点同样也不被苏联的正统批判者所接受，指责这种理论中包含着资产阶级的乐观主义。

另一个非常重要的对长波问题进行分析的经济学家是熊彼特，熊彼特把长波视为内在于资本主义经济中的商业活动波动的三种类型之一。在熊彼特看来，商业活动波动的根源在于创新过程。他认为创新过程本质上是不连续

① Ernest Mandel, *Late Capitalism*, trans. by Joris de Bres, London: New Left Books 1975, pp. 120 – 121.

的，而且由于企业家活动的本质，创新倾向于以密集的方式出现。一个或多个有能力发展和实施创新的企业家的出现为其他企业家的出现铺平了道路，开启了一个加速的趋势。在三种类型的周期中（短期的基钦周期，中期的朱格拉周期和长期的康德拉基耶夫周期）波动的变化是通过不同类型的创新的冲击来加以解释的。熊彼特把长波和基础创新，比如铁路、电力和汽车业等联系起来。熊彼特把长周期视为是资本主义过程一个必然的构成部分的观点能够得出一个结论，即纯粹的资本主义的经济崩溃很大程度上是不可能的。在1942年出版的《资本主义、社会主义和民主》著作中，熊彼特提出了"资本主义能够存活吗"的重大问题，尽管他自己的回答是乐观的，他的回答更多地和资本主义社会的"上层建筑"有关。

曼德尔把长波的概念和利润率下降趋势整合在一起，解释了为什么在扩张阶段利润率趋于上升，在收缩阶段利润率趋于下降。当对利润率下降起反作用的趋势相对虚弱时，在相当长的时期内利润率是持续下降的，相反的，当起反作用的趋势以一种有力的和同步的方式发挥作用时，长波的扩张阶段就发生了。在他论述长波的著作中，曼德尔对在扩张期的波峰发生的转变和在收缩期的波谷发生的转变进行了重要的区分。在曼德尔那里，一旦长波开始，尽管利润率的长期趋势能够用来描述长波的趋势，但是，从扩张阶段向收缩阶段的转变，停滞期的结束和向新的扩张期的转变只能通过超经济因素解释。这些因素包括征服战争、资本主义发挥作用的区域的扩张或收缩、资本家内部的竞争，阶级斗争、革命和反革命等①。

曼德尔对长波阶段的转变和技术创新强度以及阶级斗争强度变化之间的联系作了探讨。从下降阶段向上升阶段的转变和技术创新密集的时期相联系，创新的程度在长波的下降阶段受到严重的延迟，因为企业家的利润预期不足以支撑对新技术进行大规模的投资。当扩张阶段开始和利润率上升，资本家可以找到大量很容易就可以得以应用的创新储备。这些新的创新技术的大范围应用构成了扩张阶段的支撑因素。

曼德尔把四个连续长波和不同形式的对劳动过程的组织联系起来。每一个长波的不同阶段以不同程度的劳动过程中的稳定程度为特征。长波上升阶段的长期扩张期和劳动过程的组织相对微弱的变化相联系。现有的劳动过程组织形式受制于当前通行的技术。适当的利润率降低了资本家对劳动过程进

---

① Ernest Mandel, *Long Waves of Capitalist Development*：*The Marxist Interpretation*, Cambridge：Cambridge University Press, 1980, P. 21.

行根本性改变的激励，这一时期的相对繁荣使得资本家不愿意加剧阶级斗争的强度，而劳动过程中发生的变化有可能会加剧阶级斗争。在长波的下降阶段，现有的稳定性被打破了。由于资本家试图实现更高的剩余价值率，阶级斗争加剧。结果，他们不再关心劳动过程的整体性变化可能产生的影响。从历史上看，劳动过程中的重大变化都是以实验性的形式发生在扩张期结束的时候，而且在整个经济处于萧条阶段时是普遍化的。这种结果，部分程度上是由工人阶级抵抗的强度决定的。从而主观因素而非内生因素（比如长波的周期性）决定了萧条阶段的长短。

乌尔夫认为，曼德尔对长波理论的重建为马克思主义危机理论增添了重要的内容，因为"他试图克服在短期的周期性危机理论和资本主义崩溃的长期趋势之间存在的两分法。此外，他对长波相互继起的阶段之间的联系，对技术创新速度加快、劳动过程的重新组织和有组织的工人阶级的力量、团结程度和战斗精神的变化的分析标志着对马克思主义理论的独特贡献"。①乌尔夫认为，最重要的是曼德尔的理论表明，与商业周期中的周期性波动相联系的周期性危机同与长波的萧条阶段相联系的长时期的结构性危机有着非常不同的影响。与长波相联系的更为严重的结构性危机倾向于革新生产的技术基础和重组劳动过程，这为下一时期的扩张打下了基础。

乌尔夫认为，尽管曼德尔的贡献非常重要，但是他的理论也存在一些不足。尽管曼德尔深刻地认识到结构性危机在经济的生产基础重建中发挥的重要作用，但他并没有充分意识到它们对上层建筑方面的因素产生的同等重要的转变性影响。这一点表现在他在《晚期资本主义》中对"二战"后国家的经济职能的讨论中。他把国家干预程度的迅速提高归于三个因素：固定资本周转时间的缩短，技术创新的加速和由于第三次技术革命造成的资本积累中重大项目的成本的迅速提高。尽管曼德尔承认国家职能的扩大也和"作为一支政治冲突中独立力量的工人阶级的周期性出现"② 相关，但乌尔夫认为，曼德尔也没有能够明白"二战"后资本主义经济中国家干预的形式和内容既是解决长波萧条阶段的结构性危机的结果，也是战后长波扩张阶段的前提条件。乌尔夫指出，曼德尔在分析结构性危机的出现和解决时不愿赋予政治和社会因素以重要的作用，这在他对大卫·戈登的批判中表现了出来。

① David A. Wolfe, Capitalist Crisis and Marxist Theory, *Labour/Le Travail*, Vol. 17 （Spring, 1986）, P. 242.

② Ernest Mandel, *Late Capitalism*, trans, by Joris de Bres, London: New Left Books 1975, P. 186.

戈登认为长期结构性危机的解决方法内在于资本主义体制中，但是他认识到了在危机的结果中社会力量的重要性，他说："积累的社会结构"和狭义的经济因素在恢复长期扩张中发挥的作用一样大。曼德尔在反对戈登时坚持认为，"萧条性长波的结果不是预先决定的"。[①]

① Ernest Mandel, *Long Waves of Capitalist Development*: *The Marxist Interpretation*, Cambridge: Cambridge University Press, 1980, P. 52.

第 55 章　伊藤诚论马克思危机理论的形成

　　很多关注马克思主义经济学的学者都认为，马克思并未提出一种前后连贯一致的危机理论。但是马克思本人在不同的著作中对商业周期和危机的分析，总是论及作为资本主义基本矛盾造成危机爆发的各种因素，也正是这些因素为后来的马克思主义经济学危机理论研究提供了充分的线索，同时也为围绕危机理论展开的各种论争提供了空间。

　　1978 年伊藤诚在《科学与社会》杂志上发表了《马克思危机理论的形成》① 一文。在该文中，伊藤诚认为，《资本论》中的危机理论是马克思对古典经济学进行系统批判的核心之一。在古典经济学那里，资本主义经济被视为人类社会最终的自然秩序。与古典学派不同，马克思科学地分析了资本主义生产方式的运动规律，阐明了它的历史形式及其机制。伊藤诚认为，如果没有这样一个系统的理论，人们就不能澄清周期性危机的逻辑必然性，危机揭示了资本主义内部各种经济关系的矛盾本质。伊藤诚指出："在分析这样一些复杂的现象时，特别重要的是确定抽象的水平及其经验基础。《资本论》对危机理论的阐述，旨在从基本原理的角度证明周期性危机的不可避免性"②。其经验依据是 19 世纪中期发生的典型的周期性危机，这是最适于阐述危机的原理的历史基础。

　　伊藤诚认为，如果把包括重商主义时期尚不成熟的危机在内的整个危机的历史作为抽象的基础的话，那么，为了证明周期性危机不仅具有可能性，而且具有逻辑必然性，要么不得不涉及影响危机过程和阶段的多种多样的因素（常常不只是经济因素，还有像战争之类的因素），要么只得诉诸把各种形式上的因素加以过分地抽象。伊藤诚借鉴宇野的观点，提出"对贯穿于资本主义世界历

---

　　① M. Itoh，The Formation of Marx's Theory of Crisis，*Science and Society*，Summer 1978，pp. 129 – 155. In *Karl Marx's Economics*：*Critical Assessments*，Edited by Cunningham Wood，Vol. Ⅲ，Routledge，1988，pp. 518 – 538.

　　② M. Itoh：The Formation of Marx's Theory of Crisis，*Science and Society*，Summer 1978，pp. 129 – 155. In *Karl Marx's Economics*：*Critical Assessments*，Edited by Cunningham Wood，Vol. Ⅲ，Routledge，1988，P. 518.

史（包括重商主义、自由放任主义和帝国主义这三个阶段）的经济危机的作用进行的种种研究，属于另一个更高水平的研究，即阶段理论而非《资本论》理论体系中发展出来的政治经济学原理水平的危机研究。我们对危机政治经济学原理的认识越是透彻，就越能系统地阐述阶段理论的危机，或进而分析当代资本主义面临的危急形势。因此即使在我们这个时代，也有必要认识到马克思危机理论的重要性是从19世纪中期典型的周期性危机中抽象出来的"①。

55.1 危机理论的两种类型

伊藤诚认为，马克思的危机理论并不十分完善。特别是它包含着两种截然不同、彼此难以调和的理论类型。伊藤诚称为"资本过剩理论"和"商品过剩理论"。例如，在《资本论》第三卷第十五章"规律的内部矛盾的展开"的第三节，马克思试图说明由于"同工人人口相比"，"资本的绝对生产过剩"，"一般利润率也都会急剧地和突然地下降"②，从而带来周期性危机。伊藤诚认为，在这些文本中，市场上的商品过剩和剩余价值实现的困难被看做由资本的过度积累引起的利润率下降的结果。

与此相对照，在《资本论》第三卷第十五章的第一节，马克思从剩余价值在流通过程中实现的困难来探讨资本主义生产的限制。马克思写道："进行直接剥削的条件和实现这种剥削的条件不是一回事……前者只受社会生产力的限制，后者受不同生产部门的比例关系和社会消费力的限制"，随着剩余价值生产的增加，"生产剩余价值的条件和实现这个剩余价值的条件之间的矛盾，恰好也会随之而增大"③。同样，在《资本论》第三卷第三十章"货币资本和现实资本"中，马克思指出"危机好像只能由各个不同部门生产的不平衡，由资本家自己的消费和他们的积累之间的不平衡来说明"，"一切现实的危机的最终原因，总是群众的贫穷和他们的消费受到限制，而与此相对比的是，资本主义生产竭力发展生产力，好像只有社会的绝对消费能力才是生产力发展的界限"④。伊藤诚指出，在这里，马克思把"不同部门生产的不平衡"以及与生产力发展相对的群众的"消费受到限制"看做

---

① M. Itoh: The Formation of Marx's Theory of Crisis, *Science and Society*, Summer 1978, pp. 129 – 155. In *Karl Marx's Economics: Critical Assessments*, Edited by Cunningham Wood, Vol. Ⅲ, Routledge, 1988, P. 518.
② 《马克思恩格斯文集》第7卷，人民出版社2009年版，第280页。
③ 《马克思恩格斯文集》第7卷，人民出版社2009年版，第272～273页。
④ 《马克思恩格斯文集》第7卷，人民出版社2009年版，第547～548页。

危机的最终原因或根源。伊藤诚的观点是，马克思在这些地方考虑的是危机来自或者由于生产部门之间的不平衡或者由于群众有限的消费而引起的超过需求的商品生产过剩。"资本过剩和利润率下降被看做是这个过程的结果"①。

伊藤诚认为，"资本和商品在危机期间一般都是过剩的，但重要的是分辨出它们之中哪一个是经济危机的根本原因。在这一点上，资本过剩理论和商品过剩理论在逻辑上是对立的。如果我们试图在政治经济学原理的层面证明经济危机的逻辑必然性，那就不能同时坚持这两种理论"②。

伊藤诚提出以下问题：为什么这两种不同类型的危机理论能够如此不协调地并存于《资本论》之中？马克思的危机理论到底应当沿着哪个方向以及怎样被完善呢？伊藤诚自己尝试通过对马克思从《政治经济学批判大纲》到《资本论》的危机理论形成过程的研究来回答上述问题。

55.2　《政治经济学批判大纲》中的危机理论

在《政治经济学批判大纲》（写于 1857～1858 年的《资本论》第一手稿）的"资本章"中，马克思主要在第二篇开头部分"资本的流通过程"和讨论利润理论的第三篇"资本是结果实的东西"中阐述了自己对危机理论研究的。

在《政治经济批判大纲》的"资本章"第二篇的开头，与《资本论》第二卷相对照，马克思把商品出售即 C′−M′，看作是对资本运动的重要限制。他说："忘记了例如马尔萨斯所说的：'任何商品的利润的存在本身，必须先有一种超过生产这种商品的工人的需求范围的需求'，因此，'由工人本身造成的需求，决不会是一种足够的需求'。因为一种生产推动另一种生产，从而给自己创造了作为他人资本的工人而出现的消费者，所以对于每一单个资本来说，工人阶级的由生产本身造成的需求表现为'足够的需求'。这种由生产本身造成的需求驱使生产超越它按照工人［有支付能力的需求］所应进行的生产的比例；一方面，生产必须超越这种比例；另一方面，如果'超过工人本身需求的'需求消失了和缩减了，那就会出现崩溃"③。

伊藤诚认为，马克思在这里假定商品生产整体而言必然超过适合于消费

---

①② M. Itoh：The Formation of Marx's Theory of Crisis, *Science and Society*, Summer 1978, pp. 129 – 155. In *Karl Marx's Economics：Critical Assessments*, Edited by Cunningham Wood, Vol. Ⅲ, Routledge, 1988, P. 519.

③ 《马克思恩格斯全集》第 46 卷上，人民出版社 1979 年版，第 407 页。

者需求的比例，并且强调"最终的产品在直接的和最终的消费上遇到界限"①。伊藤诚指出，必须注意的是，马克思这时候尚未讨论以周期形式表现的经济危机出现的逻辑必然性。"马克思在《政治经济学批判大纲》中，以商品过剩类型的消费不足论为基础，倾向于认为经济危机几乎等同于，或者说是直接导致了资本主义生产的最终崩溃"②。

伊藤诚认为，马克思在这里明显地试图追随和发展西斯蒙第和马尔萨斯的危机理论，他们反对李嘉图的理论。马克思在对西斯蒙第和李嘉图比较时提出："像李嘉图这样一些经济学家，把生产和资本的自行增值直接看成一回事，因而他们既不关心消费的限制，也不关心流通本身由于在一切点上都必须表现对等价值而遇到的限制，而只注意生产力的发展和产业人口的增长，只注意供给而不管需求，因此，他们对资本的积极本质的理解，比西斯蒙第这样一些强调消费限制和对等价值现有范围限制的经济学家更正确和更深刻，虽然西斯蒙第对以资本为基础的生产的局限性，对它的消极的片面性的理解比较深刻。李嘉图比较理解资本的普遍的趋势，西斯蒙第比较理解资本的特有的局限性"③。

伊藤诚指出，很明显，西斯蒙第和马尔萨斯试图说明一般性生产过剩的必然性，从而说明资本主义生产的特有的局限性，然而像李嘉图那样的经济学家单方面地强调建立在价值规律基础之上的供求的调整，否定了一般性商品生产过剩的可能性。伊藤诚指出，为了弄清楚被古典经济学家忽视了的资本主义生产遇到的限制和一般性生产过剩的必然性，马克思强调了消费需求限制引起的实现的困难。因此，马克思扩展了西斯蒙第和马尔萨斯的思想。马克思的目的在于沿着古典学派的劳动价值论，发展出一种反对古典学派的危机理论，从而批判古典学派假定会一直存在的和谐。

但是，伊藤诚指出，《政治经济学批判大纲》此时阐述的消费不足类型的危机理论与价值规律作用的发挥之间仍缺乏内在的联系。与西斯蒙第和马尔萨斯相反的是，马克思没有背离劳动价值论，而是试图通过对古典价值理论的种种局限进行批判，系统地把它发展为有关资本运动和资本的历史形式的规律。同时，马克思在它同以价值规律为基础的资本运动规律不一致的意义上，批判了消费不足类型的商品过剩理论。例如，马克思批评蒲鲁东从

---

①　《马克思恩格斯全集》第46卷上，人民出版社1979年版，第407页。

②　M. Itoh：The Formation of Marx's Theory of Crisis, *Science and Society*, Summer 1978, pp. 129 – 155. In *Karl Marx's Economics：Critical Assessments*, Edited by Cunningham Wood, Vol. Ⅲ, Routledge, 1988, P. 520.

③　《马克思恩格斯全集》第46卷上，人民出版社1979年版，第394页。

"工人不能买回自己的产品"① 这一事实去推断出生产过剩的必然性是肤浅的。伊藤诚指出，马克思继续分析了生产原材料、机器、工人必需品和剩余产品的不同部门之间的内部关系，在这种对再生产图式的初步表述中，马克思表明每个部门生产的产品可以或者作为不变资本、可变资本或者作为剩余价值被购买和消费。因此，在价值规律的基础上观察商品生产和消费之间的内部关系时，资本主义生产的扩展不仅带来工人消费需求的增加，而且带来生产资料需求的增加就变得很明显了。但是，这就使人对马克思自己先前所说的一般性生产过剩是因为"最终的产品在直接的和最终的消费上遇到界限"造成的产生了怀疑。伊藤诚指出，马克思的讨论只是在指出，关键点不在于单纯的生产和消费之间的平衡，而在于资本价值增值过程遇到的限制。马克思说："普遍生产过剩所以会发生，并不是因为应由工人消费的商品相对地［消费］过少，或者说，不是因为应由资本家消费的商品相对地［消费］过少，而是因为这两种商品生产过多，不是对消费来说过多，而是对保持消费和价值增值之间的正确比例来说过多；对价值增值来说过多"②。伊藤诚再次提出了一个问题，对价值增值来说生产过多的含义到底是什么？他认为，《政治经济学批判大纲》中并没有对这个问题进行讨论。然而，在"资本章"的第三篇，却存在着另一种探讨危机逻辑必然性的尝试，也就是试图建立一种和利润率下降趋势存在联系的危机理论。

伊藤诚指出，《政治经济学批判大纲》中的利润理论缺乏生产价格理论。利润和利润率的概念只是简单地用总社会剩余价值对资本总价值的比率来表示的。马克思直接讨论了利润率下降趋势理论，他说："因此，利润率取决于——假定剩余价值不变，剩余劳动同必要劳动的比例不变——与活劳动相交换的那部分资本同以原料和生产资料形式存在的那部分资本的比例。这样一来，与活劳动相交换的那部分越少，利润率就越低。因此，资本作为资本同直接劳动相比在生产过程中所占的份额越是大，因而，相对剩余价值，资本创造价值的能力越是增长，利润率也就按相同的比例越是下降"③。

马克思基于他对利润率趋势的这个见解，继续讨论说："超出一定点，生产力的发展就变成对资本的一种限制；因此，超过一定点，资本关系就变成对劳动生产力发展的一种限制……社会的生产发展同它的现存的生产关系

---

① 《马克思恩格斯全集》第46卷上，人民出版社1979年版，第412页。
② 《马克思恩格斯全集》第46卷上，人民出版社1979年版，第437页。
③ 《马克思恩格斯全集》第46卷下，人民出版社1980年版，第265页。

之间日益增长的不相适应，通过尖锐的矛盾、危机、痉挛表现出来"①。伊藤诚指出，马克思不是用外在于资本的因素解释利润率下降的趋势，例如，不同于李嘉图，李嘉图用土地肥沃程度的下降导致的谷物价格的上升，进而造成的劳动自然价格的上升说明利润率下降的趋势，而是试图表明，"内在于资本的生产力提高的过程引起了利润率下降的趋势，这一点同揭示了被古典学派忽视的不变资本的再生产原理一道，成为一种理论成就"②。

但是，伊藤诚认为，这里仍然存在一个根本性的问题，是否"利润率由于资本构成提高而下降"这一趋势"超过一定点"时的确能够造成危机？伊藤诚认为，如果用利润率下降解释危机，一方面难以直接根据利润率下降趋势来解释危机的周期性，因为利润率下降不是周期性的而是一个长期的运动。此外，利润率下降趋势并不意味着资本积累存在严重的障碍。这是因为：甚至在剩余价值的绝对量增加时，也可能出现利润率由于资本构成提高而趋于下降的情况。依赖于相对剩余价值的生产，剩余价值的绝对量能够继续增加、资本积累也能继续进行，虽然速度是递减的③。在这一点上，马克

---

① 《马克思恩格斯全集》第46卷下，人民出版社1980年版，第268页。

② M. Itoh：The Formation of Marx's Theory of Crisis, *Science and Society*, Summer 1978, pp. 129 – 155. In *Karl Marx's Economics: Critical Assessments*, Edited by Cunningham Wood, Vol. Ⅲ, Routledge, 1988, P. 523.

③ 伊藤诚是赞同马克思的利润率下降规律的。他说："我认为，马克思从一开始就意识到利润率由于资本构成提高而趋于下降的规律与相对剩余价值的生产密切相关。马克思一开始笨拙地事先假定不变的剩余价值率，招致了许多人的批评，说他忽视了相对剩余价值生产对利润率产生的影响。但是必须注意到的是，马克思对'与活劳动相交换的那部分资本同以不变资本形式存在的那部分资本'之间的比率变化作了周密的考虑。我们同时还必须注意到，除了《资本论》第三卷第十三章'规律本身'以外，马克思在《资本论》第三卷第十四章中，并没有把'相对剩余价值的生产'看做是一种'起反作用'的原因（在这一章里绝对剩余价值生产被认为是提高了剥削的强度），这是因为马克思在第十三章对'规律本身'所做的说明中已经考虑了这个因素。

如马克思所说的，随着资本有机构成的提高，一定数量的活劳动逐渐利用越来越多物化为生产资料的死劳动即不变资本（c）。在工作日的长度和强度既定的条件下，一定数量的活劳动每年提供相同数量的新创造价值（Wertprodukt），包括剩余价值（s）和再创造的可变资本（v）。因此我们可以在理论上承认$\frac{(s+v)}{c}$随着资本构成提高而绝对下降，而无需考虑剩余价值率$s'=\frac{s}{v}$的变化或提高。在长期的积累过程中，当资本有机构成继续无限地提高时，$\frac{(s+v)}{c}$这一比率便继续无限地下降。

如马克思所表述的，一般利润率，$p'=\frac{s}{(c+v)}$总是明显地小于$\frac{(s+v)}{c}$。因此即使在剩余价值率提高时，p'也必定呈下降的趋势，因为$\frac{(s+v)}{c}$从长期趋势看是无限下降的。因此，我同意米克关于这一点的论述以及他在《经济学、意识形态和其他论文》（1967）中对马克思关于这一规律的表述所做的说明。总之，我的看法是，马克思的利润率下降趋势规律是完全可以证明的。但如上所述，这一规律不能被直接用来证明经济危机在逻辑上的必然性和它的周期性本质"。M. Itoh：*The Formation of Marx's Theory of Crisis*, Science and Society, Summer 1978, pp. 129 – 155. In *Karl Marx's Economics: Critical Assessments*, Edited by Cunningham Wood, Vol. Ⅲ, Routledge, 1988, P. 536. 第11个尾注。

思的利润率下降趋势理论与李嘉图的理论明显的不同，后者认为利润量的绝对减少在形式上是必然的，尽管它建立在农业生产率不可能增长这一错误的假定之上。

伊藤诚指出，如果在利润率趋于下降的过程中包含着促使周期性危机发生的利润率的偶然的、突然的和急剧的下降，那么我们就应当弄清楚危机究竟为什么会必然发生。由此可见，"马克思的资本过剩危机理论在《政治经济学批判大纲》里还远远没有完成"[①]。

55.3　《剩余价值理论》中的危机理论

在 1861～1863 年期间作为《资本论》第二手稿而写成的 23 个笔记中，《剩余价值理论》主要是根据其中的第 6 笔记本到第 15 笔记本、第 18 笔记本以及第 21 笔记本和第 22 笔记本的部分编辑而成。伊藤诚认为，《剩余价值理论》在许多方面显示出马克思从《政治经济学批判大纲》到《资本论》的理论进程中取得的成就。《剩余价值理论》对危机理论的阐述，主要集中在第二册的第 17 章 "李嘉图的积累理论"，对这个理论进行了批判并从资本的基本形式得出危机。

伊藤诚指出，像在《政治经济学批判大纲》中一样，马克思阐述的重点仍然是商品过剩理论。例如，马克思说："单单资本的（直接）生产过程本身" 在解释危机时 "不能添加什么新的东西"[②]。引起危机的实现问题，"只有在本身同时就是再生产过程的流通过程中，……才能显现出来"[③]。"在考察商品的简单形态变化时已经显露出来的危机的可能性"，通过资本的运动获得了它的 "内容" 或 "基础"[④]。

马克思在《剩余价值理论》中仍部分地坚持用消费不足的观点解释危机的必然性，他说，"生产过剩的起因恰好在于：人民群众所消费的东西，永远也不可能大于必要生活资料的平均数量，因此人民群众的消费不是随着劳动生产率的提高而相应地增长"[⑤]。不过，伊藤诚认为，马克思更强调比

① M. Itoh：The Formation of Marx's Theory of Crisis, *Science and Society*, Summer 1978, pp. 129 – 155. In *Karl Marx's Economics*：*Critical Assessments*, Edited by Cunningham Wood, Vol. Ⅲ, Routledge, 1988, P. 523.
② 《马克思恩格斯全集》第 26 卷第 Ⅱ 册，人民出版社 1973 年版，第 585 页。
③ 《马克思恩格斯全集》第 26 卷第 Ⅱ 册，人民出版社 1973 年版，第 585～586 页。
④ 《马克思恩格斯全集》第 26 卷第 Ⅱ 册，人民出版社 1973 年版，第 579 页。
⑤ 《马克思恩格斯全集》第 26 卷第 Ⅱ 册，人民出版社 1973 年版，第 535 页。

例失调类型的危机理论，而且"这反映出马克思对于许多资本的部门之间关系的研究的进展"①。

在批评李嘉图承认局部生产过剩的可能性，但是反对普遍的商品生产过剩时，马克思指出："危机（因而，生产过剩也是一样）只要包括了主要交易品，就会成为普遍性的"②。马克思指出，如果棉布生产过剩，那么影响的将不只是生产棉布的部门的工人，纺纱、棉花种植、钢铁和煤炭生产等行业也会受到影响，马克思说："如果不仅棉布，而且麻布、丝绸和呢绒都发生生产过剩，那末不难理解，这些为数不多但居主导地位的物品的生产过剩就会在整个市场上引起多少带普遍性的（相对的）生产过剩。一方面，是再生产的一切条件出现过剩，各种各样卖不出去的商品充斥市场；另一方面，是资本家遭到破产，工人群众忍饥挨饿，一贫如洗"③。"因为在一定的条件下资本主义生产只能在某些领域无限制地自由发展，所以，如果资本主义生产必须在一切领域同时地、均匀地发展，那就根本不可能有任何资本主义生产。因为在上述某些领域生产过剩绝对存在，所以在没有［绝对的］生产过剩的那些领域，也就相对地存在着生产过剩"④。

伊藤诚认为，从这些论述可以看出，马克思认为，被李嘉图看作一向由资本运动加以调节的比例失调和局部过剩，当它在占主导地位的商品生产部门发生时必然会通过各部门之间的影响而引起生产普遍过剩和危机。伊藤诚认为，由于马克思把这种比例失调型的观点与以前的消费不足型的观点结合在一起，马克思的商品过剩危机理论开始出现多样化。

伊藤诚指出，虽然马克思仍然着重强调直接生产以外的流通过程中实现的困难，但他现在也开始把流通过程看作是包括不同生产部门之间的关系的再生产过程的一部分。"这似乎表明马克思正试图发现源于资本自身再生产过程内部的资本主义生产的障碍"⑤。同时，马克思不再片面地认为危机与价值规律或资本运动规律相对立，并且只是破坏了这些规律。马克思不仅指出危机是作为对建立在价值规律基础上的各资本间的平衡过程的破坏而发生，而且指出"危机本身可能成为平衡的一种形式"⑥。"危机理论要同所谓

---

①⑤　M. Itoh: The Formation of Marx's Theory of Crisis, *Science and Society*, Summer 1978, pp. 129 - 155. In *Karl Marx's Economics*: *Critical Assessments*, Edited by Cunningham Wood, Vol. Ⅲ, Routledge, 1988, P. 525.
②　《马克思恩格斯全集》第 26 卷第Ⅱ册，人民出版社 1973 年版，第 577 页。
③　《马克思恩格斯全集》第 26 卷第Ⅱ册，人民出版社 1973 年版，第 597～598 页。
④　《马克思恩格斯全集》第 26 卷第Ⅱ册，人民出版社 1973 年版，第 607 页。
⑥　《马克思恩格斯全集》第 26 卷第Ⅱ册，人民出版社 1973 年版，第 595～596 页。

的崩溃理论分开，并被认为是再生产或积累理论的具体形式"①。

但是，当劳动在各生产部门之间的分配不断发生无政府性质的失调时，资本积累过程通常可以通过竞争，依靠与市场价格运动同时发生的资本信用制度而对这些失调加以调节。这是价值规律在日常资本积累过程中进行调节的具体形式。所以，即使承认资本主义的无政府性，仍难以解释为什么严重的比例失调，包括足以引起普遍危机的主要商品的生产过剩，必然会发生而且具有周期性的性质。如果不是在整个资本积累过程内部出现某种异常特殊的困难，这种严重的比例失调似乎不会发生。那么这样一种异常的、不经过一场严重的危机便不能克服的困难是怎么发生的呢？

伊藤诚认为，"资本过剩危机理论可以提供一种答案"②。但在《剩余价值理论》中，这种理论则几乎还没有被加以发展，不过马克思提出了下述与此有关的问题。李嘉图之所以否认普遍商品生产过剩的可能性，不仅因为他接受萨伊的供求论，而且还因为他持有这样一个看法，即认为资本积累过剩除非在遥远的将来，或者在原则上被认为是非常偶然、非常特殊的情形下才可能发生的。"在这种情况下，李嘉图对于他的门徒们的愚蠢该怎么说呢？他们对于一种形式的生产过剩（市场商品普遍充斥）加以否认，同时，对于另一种形式的生产过剩，即资本的生产过剩，资本过多，资本过剩，却不仅加以承认，而且还把它作为自己学说的一个基本点"③。也就是说必须把危机解释为包括两种形式的生产过剩，因而"剩下的只是这样一个问题：生产过剩的两种形式彼此之间的关系……是怎样的？……因此就要问：资本过多是什么？它同生产过剩有什么区别？"④ 但是，马克思还没有来得及对他在《剩余价值理论》这一段中所提出的重要问题进行探讨，便继续讨论商品过剩理论了。这样，到底生产过剩和资本过剩的真实内容是什么仍有待回答。

伊藤诚认为，在马克思完成《剩余价值理论》之前，包括《剩余价值理论》的研究在内，马克思进行的理论研究似乎在两个方面缺少回答这个问题的基础。一方面，为了弄清资本的生产过剩和资本过剩之间的区别和联系，由于"资本过剩［plethora］"是"一个始终只用于生息资本即货币资

①② M. Itoh：The Formation of Marx's Theory of Crisis, *Science and Society*, Summer 1978, pp. 129 – 155. In *Karl Marx's Economics：Critical Assessments*, Edited by Cunningham Wood, Vol. Ⅲ, Routledge, 1988, P. 525.

③《马克思恩格斯全集》第 26 卷第 Ⅱ 册，人民出版社 1973 年版，第 567 页。

④《马克思恩格斯全集》第 26 卷第 Ⅱ 册，人民出版社 1973 年版，第 567～568 页。

本的用语"①，必然需要对信用制度的作用进行理论分析。从一开始，马克思就注意到信用制度在资本主义经济运动中的重要作用，而且在《政治经济学批判大纲》中已经指出资本倾向于缩短流通周期（或者说没有流通时间的流通）的趋势构成了"资本的信用和信用业务的基本规定"②。在《政治经济学批判大纲》的另一个地方，马克思指出，"在生产过剩的普遍危机中，矛盾并不是出现在各种生产资本之间，而是出现在产业资本和借贷资本之间，即出现在直接包含在生产过程中的资本和在生产过程以外独立（相对独立）地作为货币出现的资本之间"③。后来，马克思在《剩余价值理论》中提出比例失调理论时开始注意到这样一种情况：由于资本家不能通过商品信用进行票据兑现，因此而引起的连锁反应成为危机爆发的导火索。但是，伊藤诚认为，一直到《剩余价值理论》，马克思的利息理论并不包含对信用机制的系统研究，只有对生息资本抽象形式的讨论，假定在产业之外存在货币资本家。为了通过信用体系弄清楚商业周期中资本的运动，马克思必须把他的理论工作拓展到对"资本一般"的研究之外。

另一方面，一个正确的资本积累过程中资本主义人口规律理论也是必不可少的，对于阐明资本的生产过剩与劳动人口的相互关系尤为重要。在《剩余价值理论》第十八章中，马克思为创立这样一个理论做了许多工作，他指出"随着资本的积累，资本有机构成会发生变化，资本的不变部分会比它的可变部分增长得更快"④，而且"机器经常不断地造成相对的人口过剩，造成工人后备军"⑤。但是，马克思这里的解释与他在《资本论》中的解释不同，他只是强调前者，而几乎完全忽视了相对过剩人口的形成和吸收过程中出现的周期性变化。因此，伊藤诚认为，在这里马克思对资本主义人口规律的研究只能说是非常初步的，还不足以支持资本过剩危机理论。

55.4 《资本论》中的危机理论

伊藤诚认为，《资本论》中的资本过剩理论阐述了"资本的生产过剩"与劳动人口的相互关系，这一资本过剩理论具有十分重要的意义。它不仅解

---

① 《马克思恩格斯文集》第7卷，人民出版社2009年版，第539页。
② 《马克思恩格斯全集》第46卷下，人民出版社1980年版，第169页。
③ 《马克思恩格斯全集》第46卷下，人民出版社1979年版，第397页。
④ 《马克思恩格斯全集》第26卷第Ⅱ册，人民出版社1973年版，第640页。
⑤ 《马克思恩格斯全集》第26卷第Ⅱ册，人民出版社1973年版，第632页。

决了《剩余价值理论》中存在的资本过剩或过多的问题，而且实际上建立了一个《资本论》中所特有的崭新的危机理论。伊藤诚指出，虽然这种理论在《资本论》第三卷第三部分仍被描述成好像是一种"在假定的极端条件下"的理论，但它根本不是一种偶然取得的见解，而是马克思在理论上从《剩余价值理论》到《资本论》的发展合乎逻辑的结果。因为它与下述两方面的情况相联系并以它们为先决条件。一方面是《资本论》第三卷第五部分对信用制度进行的研究，资本的生产过剩与资本过剩之间的区别和联系在那里被论述的很清楚；另一方面是《资本论》第一卷第七部分在资本主义人口规律理论方面的进展，相对过剩人口的形成和吸收的周期性变化在那里被加以考察。

不过，《资本论》只是初次系统地阐述了这种危机理论。它着重考察的是"绝对的资本生产过剩"，因此，就其完备的程度和逻辑的必然性而言，还不能说已被完全地完成。在《资本论》中，还可以发现有商品过剩危机理论。伊藤诚认为，这是对《政治经济学批判大纲》和《剩余价值理论》在批判古典学派的局限性时，为发展西斯蒙第和马尔萨斯的危机理论所做的尝试的一种延续。这样，在《资本论》的危机理论中就出现反古典派的某种痕迹。它"似乎把危机的中间因素或结果当成了原因"①。这个理论在证明普遍生产过剩的周期性和逻辑必然性上存在着许多根本性的困难，特别是考虑到价值规律的作用时更难以做出解释，因为只要整个竞争性的资本积累继续进行，资本就要根据价值规律的作用，来调节各种商品供求之间的不断失衡现象。

商品过剩理论的根本缺点源自它主要不在生产过程，而在流通中去寻找资本的种种困难。相反，资本过剩理论则通过从生产和流通的过程，表明"资本主义生产的真正限制是资本自身"②。这样，马克思阐明周期性危机的逻辑必然性所做的尝试，应当通过后一种危机理论而不是前一种危机理论去完成。

伊藤诚认为，《资本论》中的资本过剩理论在几个方面还不完善。与《剩余价值理论》不同的是，《资本论》是根据它的资本主义人口规律理论来论述相对过剩人口的吸收和置换方面的各种变化的。马克思不再只考虑相

---

① M. Itoh: The Formation of Marx's Theory of Crisis, *Science and Society*, Summer 1978, pp. 129 – 155. In *Karl Marx's Economics: Critical Assessments*, Edited by Cunningham Wood, Vol. Ⅲ, Routledge, 1988, P. 527.

② 《马克思恩格斯文集》第7卷，人民出版社2009年版，第278页。

对过剩人口产生的机制。例如在《资本论》第一卷第 23 章论述"资本主义积累的一般规律"的第一部分，马克思讨论了"在资本构成不变时，对劳动力的需求随积累的增长而增长"。但是，伊藤诚认为，马克思并没有完全说明这段话在理论上的必要性和含义。而后在同一章的第三部分，他着重指出的与第一部分没有什么关系，即"相对过剩人口或产业后备军的累进生产"，也就是说伊藤诚认为，马克思对资本主义人口规律理论的说明仍然把重点放在强调剩余人口的累进形成上。

伊藤诚认为，由于马克思的时代英国经济中有一支规模巨大的后备军以各种形式存在着，因此马克思有可能对此留下强烈的印象，并援引它们来说明自己的相对过剩人口理论。虽然对后备军的具体形式的这种分析对于研究那个时期英国的资本主义很重要，但是同样应当加以注意的是，那些后备军的形式不仅包括资本主义生产内部所产生的相对过剩人口，而且包括来自小商品生产者和农民解体过程中产生的过剩人口。伊藤诚指出，为了弄清资本主义经济的基本原理，应当完全集中在资本主义生产的运动规律上，而不直接涉及与各种其他类型生产者的联系。

此外，伊藤诚指出，在考察资本积累中生产方法的变化以及这种变化对劳动阶级的影响时，不考虑固定资本造成的特殊限制，在理论上看来是不合适的。在这种意义上，资本积累理论不应当放在《资本论》第一卷的结尾部分，而应当放在《资本论》第二卷论述"资本周转"部分的内容之后，从而在理论上把资本再生产和再生产图式理论联系在了一起。产业资本家通常拥有生产过程中的固定资本，使得它们发挥了一部分生产利润的资本的功能。产业资本家不断地、私人性地，在小的规模上，在他们已有的生产资料的基础上，把剩余价值转化为资本。在这些条件下，资本积累通常是以一种资本广化而不是资本深化的方式进行。试图通过采用更先进的生产方法获得超额剩余价值受到严格的限制，这种情况只能在积累过程中偶然地发生。因此，在繁荣时期，资本不大可能通过报废和更新已有的固定资本去努力生产相对剩余价值并创造出相对过剩人口。

马克思在解释"资本的绝对生产过剩"时指出，相对剩余劳动时间在"对劳动的需求相当强烈从而工资有上涨趋势时，本来就是不可能的"[1]。如果我们主要联系现存的固定资本考察资本积累过程，那么在繁荣时期，在同样的资本构成条件下，伴随积累产生的对劳动力需求的增加将不再是偶然地

---

[1] 《马克思恩格斯文集》第 7 卷，人民出版社 2009 年版，第 280 页。

发生，而是一种必然的过程。由于工资上升产生的"一般利润率的迅速的突然的下降"将不再只是"假定的极端条件下"的一个推论，而被视为是繁荣时期资本积累的必然逻辑结果。"资本主义生产的根本弱点在于，它只能将劳动力作为一种商品，但却不能作为一种商品来生产它，这对资本积累是决定性的"[①]。

但是，为什么过剩积累的资本不能在没有引起严重的危机时，部分地"闲置"在一边呢？或者，为什么资本不能随着利润率下降放慢积累的步伐，在没有引起剧烈的危机的情况下把繁荣转变为停滞？伊藤诚认为，在证明了资本积累过剩的逻辑必然性之后，这些问题仍然没有得到解决。对资本通过商品市场和信用体系的竞争作用的理解，是回答这些问题的基本点。伊藤诚认为，《资本论》第三卷第五篇的贡献对马克思主义的危机理论而言是绝对必要的。

伊藤诚指出，不能否认，《资本论》第三卷有关信用机制的理论体系，是远远没有完成的。信用理论，包括商业周期理论，是《资本论》中完成的最不充分的部分。特别是信用制度还没有被完全地抽象为资本主义生产的内在机制。就像我们在《政治经济学批判大纲》中已经见到和在《资本论》第二卷中也能见到的那样，马克思已经认识到信用制度是为利用闲置资本，或为缩短资本周转中非生产流通时间而建立的。不过，马克思在考察银行信用的作用时，他着重的是不在产业和商业资本家之列的"货币资本家"和其他储蓄者。虽然各种储蓄者、如纯粹的货币资本家之类，在实际的资本主义经济中确实存在，但是，为了阐明信用制度的原理，应当抽象掉这些外部因素，以弄清信用制度的本质作用，这将有利于弄清楚必然产生于资本周转的闲置资本的运动。通过商业周期进行的货币市场的常规运动事实上是由这些闲置资本的相互利用运动决定的。

伊藤诚提醒说，在这里，我们必须注意，马克思的信用理论强调"货币资本家"的倾向不仅来自理论抽象的不足，而且还来自在《政治经济学批判大纲》中阐述的"资本一般"的框架下的利息理论。原则上，信用制度应当被看作是资本主义生产的一种纯粹的内部机制，它不依赖于在推动资本主义生产中没有发挥实质性作用的外部的货币出借人或"货币资本家"。

[①] M. Itoh: The Formation of Marx's Theory of Crisis, *Science and Society*, Summer 1978, pp. 129 – 155. In *Karl Marx's Economics*: *Critical Assessments*, Edited by Cunningham Wood, Vol. III, Routledge, 1988, P. 529.

马克思指出："如果我们考察一下现代工业在其中运动的周转周期……我们就会发现，低利息率多数与繁荣时期或有额外利润的时期相适应，利息的提高与繁荣转向急转直下的阶段能相适应，而达到高利贷极限程度的最高利息则与危机相适应。"①

在繁荣时期，"由于资本回流容易并且具有规则性，加上商业信用扩大，这就保证了借贷资本的供给（虽然需求已经增长），防止了利息率水平的上升"。这是商业周期过程中仅有的"借贷资本的相对充裕……和产业资本的现实扩大结合在一起的"时期②。这种情况在繁荣期结束、资本积累过剩发生时改变。

马克思在阐述资本过剩理论时，指出了工资、利润和利息之间的明显的相互联系的变化："对劳动力的需求可以因为对劳动的剥削是在特别有利的情况下进行而增加，但对劳动力需求的增加，从而对可变资本需求的增加本身，不是使利润增多，而是相应地使利润减少。虽然如此，由于以上原因，对可变资本的需求会增加，因而对货币资本的需求也会增加，而这种情况能够提高利息率。这时，劳动力的市场价格就超过它的平均水平，就有超过平均数的工人就业，同时利息率也提高了，因为在那种情况下，对货币资本的需求增加了……如果其他经济情况不利，工资却由于某种原因提高了，那么，工资的提高会使利润率下降，但是，会按照它所增加的对货币资本的需求程度使利息率相应地提高"③。

如果把资本过剩理论适当加以引申，那么即使利润率由于工资提高而下降，对货币资本需求的增长仍然是资本积累过程的一个不可避免的结果。在几个地方，马克思强调了信用投机如何提高了利息率。他指出，高利息率"可以不用利润支付，而用借入的他人的资本支付。在投机时期部分地说就是这样，并且，这种情况还可以继续一段时间"④。

"也可能有这种情况，即一种商品的供给可能低于平均水平——例如，在谷物、棉花等欠收的场合，可是对借贷资本的需求却会增加，因为人们指望价格会进一步提高而进行投机，而提高价格的最直接的手段，就是暂时从市场上撤走一部分供给。为了支付买进的商品而不卖出商品，就要通过商业的'票据业务'获得货币。在这种情况下，对借贷资本的需求就会增加，

---

① 《马克思恩格斯文集》第7卷，人民出版社2009年版，第404页。
② 《马克思恩格斯文集》第7卷，人民出版社2009年版，第553页。
③ 《马克思恩格斯文集》第7卷，人民出版社2009年版，第581页。
④ 《马克思恩格斯文集》第7卷，人民出版社2009年版，第580页。

并且利息率也会由于市场上商品供给受到这种人为阻碍而提高。这时，较高的利息率就表现出商品资本供给的人为的减少"①。

伊藤诚认为，马克思没有弄清楚为什么这种投机性交易在繁荣期结束时变得如此普遍。他也没有试图阐明资本的生产过剩和大规模投机高涨之间的相互联系。不过，找到这种逻辑上的必然联系并不困难。当工资由于资本积累过剩而提高时，这不仅挤压了使一般利润率，而且必然以两种方式影响商品的市场价格。其一，如马克思在《资本论》第三卷第十一章指出的，只要工资成本在利润率均等化条件下上升，资本有机构成较低的部门（即劳动密集程度较高的部门）生产的商品的价格必然连续上涨；其二，随着工资增加而增长的对消费资料需求的增大，可能使消费品以及用来生产消费品的商品的价格稍有提高，如果这些商品的供给不能迅速得到调整的话。农产品的情况往往就是如此。

在繁荣的中间期，当资本广化的资本积累继续依赖于相对过剩人口时，市场价格只在一个很小的范围内围绕着以稳定的工资水平为基础的稳定的生产价格而波动。另一方面，在繁荣结束时，某些商品的市场价格不可避免地会由于资本积累过剩而上涨。因此，产业资本家，尤其是商业资本家就从事这些商品的异常的投机性囤积，他们充分利用的就是信用制度的灵活性。然而，当大规模的投机活动发生时，信用的弹性下降。更多地发行商业交易期票，并到银行去贴现。延长期票到期时间，支付被延期或由新的借款支付。随着为满足额外的工资支付对货币资本的需求的上升，这样的投机性需求一定会通过银行储备金的相对减少来缩紧货币市场，结果是利息率的上升。

因此，资本的生产过剩必然给资本家们带来三个彼此相关的难题：工资上升、利润率下降和利息率提高。与劳动人口有关的资本生产过剩的问题表现为可贷货币资本的短缺。由于工资和利息的提高，产业资本家和商业资本家的纯利受到大幅度的挤压。特别是信用紧缩时，这对投机性囤积交易的打击是致命的，它也面临着纯利润中用于实际投资的普遍下降的问题。由于利息成本上涨，继续从事投机性囤积不仅马上会变得困难重重，而且肯定无利可图。为了偿付到期票据，不得不亏本出售。"大规模的投机交易的崩溃是

---

① 《马克思恩格斯文集》第7卷，人民出版社2009年版，第582页。

繁荣转入剧烈危机时最令人注目的现象"①。一般利润率和利息率反方向运动的相互冲突，导致了信用制度的崩溃。从事大规模批发生意的商业资本发生投机崩溃，通常预示着周期性危机已初露端倪。因为在繁荣结束时，利用信贷进行的投机性囤积在上述领域发展的程度最高、规模最大，从而紧缩的信用或增长的利息率对它们造成的冲击也最严重。另外，这些商业资本在投机方面的崩溃又给商品市场和货币市场带来了严重的冲击。

马克思指出，危机以这样一种方式开始，他说："危机最初不是在和直接消费有关的零售业中暴露和爆发的，而是在批发商业和向它提供社会货币资本的银行业中暴露和爆发的"②。同时，不仅商业资本家，而且产业资本家在资本积累过剩基础上所从事的多少有些投机性的额外交易，逐渐变得不能维持而开始崩溃。投机性囤积的崩溃引起商品的市场价格的急剧下降，而这种价格以往一直是由投机交易所维持和抬高的。这样一来，"以一定的市场价格水平为前提的信用关系的基础便遭到了破坏。无力偿付债务的连锁反应就出现了"③。尽管支付原来的债务的货币资本的需求急剧增加，但是为了保证它们自己的支付储备金，所有的资本和银行都严格地限制新的信用。

因而，只要新的危机爆发，"信用突然停止，支付停滞，再生产过程瘫痪……在借贷资本几乎绝对缺乏的同时，闲置的产业资本发生过剩，这时，利息就会再升到它的最高限度"④。商品市场的崩溃和销售的普遍困难伴随着信用的萎缩和崩溃。信用的中断扰乱和收缩了整个生产部门的生产，因为在资本主义生产中，"再生产过程的全部联系都是以信用为基础的"⑤。马克思对"资本的绝对生产过剩"的结果作了如下描述：

"在许许多多点上破坏按一定期限支付债务的锁链，而在随着资本而同时发展起来的信用制度由此崩溃时，会更加严重起来，由此引起强烈的严重危机，突然的强制贬值，以及再生产过程的实际的停滞和混乱，从而引起再生产的实际的缩小"⑥。

随着信用制度崩溃而引起的再生产萎缩，就业工人必然锐减。大批工人被迫失业，工资急剧下降，工人的消费需求减少。这样就终于造成了资本主

---

①③　M. Itoh: The Formation of Marx's Theory of Crisis, *Science and Society*, Summer 1978, pp. 129 – 155. In *Karl Marx's Economics*: *Critical Assessments*, Edited by Cunningham Wood, Vol. Ⅲ, Routledge, 1988, P. 532.

②　《马克思恩格斯文集》第7卷，人民出版社2009年版，第339页。

④　《马克思恩格斯文集》第7卷，人民出版社2009年版，第553页。

⑤　《马克思恩格斯文集》第7卷，人民出版社2009年版，第555页。

⑥　《马克思恩格斯文集》第7卷，人民出版社2009年版，第283页。

义商品销售上的一系列困难。大量闲置的产业资本与失业的"过剩"的劳动人口，由于借贷资本的绝对短缺而不可避免地同时存在。以信用证券、商品和生产的物质要素等形式表现的资本的价值遭到破坏。资本主义生产关系与生产力的发展之间的矛盾明显地显露出来。

但是，伊藤诚提醒人们必须注意，资本主义生产并不因一场单纯的经济危机而告终结。原则上，危机阶段必然要变成萧条阶段。无政府状态和对资本破坏的不平衡，使某些资本得以保存其价值的一部分。资本的再生产是由这种资本恢复的。但是，资本从萧条中摆脱出来并不容易。因为危机时期无政府状态和对资本破坏的不平衡引起各个生产部门之间比例失调。由于现有固定资本不能流动，上述失调很难马上得到重新调整。信用制度原则上是为促进流通资本的相互运动而建立，但它对于动员存在于生产过程中的固定资本的价值则毫无用处。因此即使可贷货币资本变得十分充足，它也不能在消除萧条的根本困难方面发挥积极的作用。过多的闲置产业资本、未用的借贷资本和失业的劳动人口，或者低的利润率、利息率和工资，是不可能并存于这个时期的。

但是，在整个萧条时期，"价格下降和竞争斗争也会刺激每个资本家通过采用新的机器、新的改良的劳动方法、新的结合，使他的总产品的个别价值下降到它的一般价值以下"①。此外，与繁荣时期相比，现存的固定资本一般来说不再是具有营利性，于是存在一种压力，迫使它们贬值，以便尽可能使它们更新。当主要生产部门的大部分资本中的固定资本价值中一个很大的部分逐渐贬值，并且它自己的货币资本已积聚到足够投资新设备时，它们便通过更新固定资本采用新式生产方法。在萧条结束时，固定资本的这些更新是以竞争的形式出现的，因而也是同时存在的。

成功地采用新生产方法的资本，即使在产品的市场价格水平处于下降的情况下，仍能重新开始积极的积累。同时，各生产部门的比例通过固定资本的更新过程基本上得到调整，因为在这个过程中资本可以自由流动，把它们的全部价值投入最有希望的部门。与新的生产关系相适应的各个生产部门之间失调的比例关系得到重新恢复。

得到更新的不仅有各个资本之间的这些关系，而且还有资本和雇佣劳动之间的关系。一方面，劳动力的价值由于生产方法的改进而降低，而剩余价值率的提高被用于扩大资本积累的基础。另一方面，资本有机构成的提高造

---

① 《马克思恩格斯文集》第7卷，人民出版社2009年版，第284页。

成了相对过剩人口，这就为资本达到比以前繁荣期更高的价值积累水平创造了根本条件。"这一切都清楚地暴露出资本主义发展的历史特点和异化的本质：要得到相对过剩人口所必需的资本构成的提高是在萧条阶段实现的，危机造成了劳动力的过剩"①。一旦各个资本之间以及资本和劳动之间的关系发生重组，以适应建立在新的生产力水平基础上的新的价值关系，资本就按照恢复的利润率再度开始它的扩张。商品贸易得以平稳地增长顺利，信用制度开始充满弹性地扩张。

于是"包括繁荣、危机和萧条这三个阶段的产业周期（或商业周期）又周而复始"②。每个阶段依次成为继起的下一阶段的原因，"在生产条件扩大，市场扩大以及生产力提高的情况下，同样的恶性循环会再次发生"③。"这种产业周期的情况是，同样的循环一旦受到最初的推动，就必然会周期地再现出来"④。主要产业部门的固定资本的"生命周期"为周期性的危机提供了物质基础；尤其是，它是决定经济周期时间长度的因素，因为各主要部门的固定资本同时进行更新标志着新的繁荣阶段的开始。

伊藤诚认为，资本主义生产的内在矛盾来自把人类劳动力作为商品，它通过资本间的竞争和信用在周期性危机中爆发出来，并在产业周期过程中得到实际的解决。然而它不可能从根本上得以解决，所以，它必然不断重现于这些周期之中。"周期性危机不仅暴露出资本运动的矛盾，而且构成资本主义发展机制的一个必要的构成部分"⑤。

伊藤诚认为，商业周期，包括周期性危机，同时构成调节资本和雇佣劳动之间，以及不同商品之间的价值关系的机制。按照再生产那些商品所需的社会必要劳动时间调节商品的价值，与对维持商品再生产而言所必需的对社会劳动的配置进行的调节，都是通过产业周期来进行的。这样，"产业周期就构成价值规律作为资本运动规律起作用的最具包容性的机制"⑥。

因此，伊藤诚指出，"《资本论》中价值理论的系统发展必定包括危机理论，而危机理论反过来则应该能够综合（synthesize）作为资本运动规律

---

①② M. Itoh：The Formation of Marx's Theory of Crisis，*Science and Society*，Summer 1978，pp. 129 - 155. In *Karl Marx's Economics：Critical Assessments*，Edited by Cunningham Wood，Vol. Ⅲ，Routledge，1988，P. 534.

③ 《马克思恩格斯文集》第7卷，人民出版社2009年版，第284页。

④ 《马克思恩格斯文集》第7卷，人民出版社2009年版，第554页。

⑤⑥ M. Itoh：The Formation of Marx's Theory of Crisis，*Science and Society*，summer 1978，pp. 129 - 155. In *Karl Marx's Economics：Critical Assessments*，*Edited by Cunningham Wood*，Volume Ⅲ，Routledge，1988，P. 535.

的价值规律的各种具体的机制。《资本论》里的危机理论实际上也概括了对古典学派进行的根本批判，古典学派认为普遍的生产过剩或危机的必然性与他们的价值理论不一致"[①]。

伊藤诚在文章的最后指出："虽然资本过剩危机理论仍然是不完善的，但阐述这种危机理论所必需的许多基本点，已经通过积累理论、利润理论和信用制度理论在《资本论》中被提出来了。姑且不论对危机进行的具体的历史的研究（这属于另一种较高水平的研究，如资本主义的阶段理论或对当代资本主义的分析），原则上，马克思的危机理论是能够而且应当被加以完善的。如果听任这个理论中不尽完善的部分存在而袖手旁观，那对《资本论》的科学成就而言是不公正的。特别有必要指出的是，完善马克思的资本过剩理论及其信用理论，目的不仅在于克服在古典学派和反古典学派那里都存在的严重的局限，而且还在于提供一个坚实的理论基点，以便分析资本主义的矛盾运动以及贯穿于世界历史和我们自己的时代的经济和社会危机的阶段的变化"[②]。

伊藤诚对马克思危机理论形成的分析，一方面凸显了马克思危机理论的价值，另一方面指出了在当代发展马克思的危机理论的方向。正如伊藤诚所说的，在时代变化的基础上，对马克思本人的理论中存在的不完善的地方，或者仅仅提供了基本的思考线索的地方，马克思主义者不能只是"袖手旁观"，应当以马克思的理论作为坚实的理论基点，结合新的问题和新的实践，发展马克思的危机理论。

①② M. Itoh：The Formation of Marx's Theory of Crisis, *Science and Society*, Summer 1978, pp. 129 – 155. In *Karl Marx's Economics*：*Critical Assessments*, Edited by Cunningham Wood, Vol. Ⅲ, Routledge, 1988, P. 535.

第56章　阿特韦尔对马克思之后危机理论论争史的研究

1984 年，阿特韦尔在《60 年代以后的激进政治经济学》一书中，从知识社会学的角度研究了马克思主义经济危机理论，重点分析了马克思主义经济危机理论的类型和危机理论争论的简史。知识社会学是研究知识或思想产生、发展与社会文化之间联系的社会学的分支学科。1924 年，德国社会学家 M. 舍勒在《知识社会学的尝试》一书中首先使用"知识社会学"的名称。这里的"知识"的含义包括思想、意识形态、法学观念、伦理观念、哲学、艺术、科学和技术等观念。知识社会学主要是研究思想、意识形态与社会群体、文化制度、历史情境、时代精神、民族文化心理等社会文化之间的联系，或者说是研究这些社会文化因素如何影响思想和意识形态的产生和发展。马克思主义经济危机理论一般被认为具有价值判断和浓厚的意识形态取向，因此对马克思主义危机理论进行知识社会学的分析具有其独特的价值。

阿特韦尔指出，"危机理论在马克思主义政治经济学中总是占据着中心地位"[1]。在马克思主义者那里，生产循环——售出商品、把利润重新用于新机器和更大数量的劳动力的投资以生产更多的商品，"不只是一个生产过程，它也是一个社会过程"[2]。不断的生产循环也是一种工人进入工厂、日常娱乐的活动形式和保持资本主义运行的意识的社会化的循环。因此，"资本主义经济的衰退不只是简单的经济萧条或衰退。它们也是社会再生产的危机，是资本主义停止再生产自身的时刻"[3]。阿特韦尔指出，尽管经济危机和政治革命之间的联系隐含在马克思主义者的著作中，但无论从理论还是从现实上看，从经济危机到政治革命仍然有很长一段距离。所有研究危机的马

---

① Paul A. Attewell, *Radical Political Economy since the Sixties：A Sociology of Knowledge Analysis*, New Jersey：Rutgers University Press, 1984, P. 142.

②③ Paul A. Attewell, *Radical Political Economy since the Sixties：A Sociology of Knowledge Analysis*, New Jersey：Rutgers University Press, 1984, P. 143.

克思主义者都相信，危机是资本主义经济必然的和长期的特征。然而，在经济衰退和政治变迁联系的机制上，大家的共识就消失了。马克思和恩格斯在其早期著作中，认为范围越来越广泛、破坏性越来越强的经济危机的政治后果将会变得越来越严重；一些马克思主义者并没有明确说明资本主义经济自身一定会变得越来越恶化，只是表明每一次衰退都加剧了阶级分化，并为社会主义事业提供了进一步的动力。"最极端的立场是崩溃理论，认为经济萧条会越来越严重，直到资本主义经济陷入整体的停滞，这种整体性的停滞会推动或至少是使无产阶级革命成为可能"①。

56.1　危机理论的类型

"在马克思主义中，并不存在一种'官方的'危机理论，有的只是不同类型的危机理论"，对出现这种"多元主义"的原因，阿特韦尔进行了分析。他认为，出现这种情况的原因在于，"目标不是对危机是什么进行描述，而是判断危机的原因和这些原因如何引起经济矛盾。这为争论留下了广阔的空间，因为一个理论家视为是危机的原因的东西，可能在其他理论家看来是一些更基本的因果因素的症状或结果。马克思主义中也存在着多元论者和一元论者：一些理论家认为是几个不同的因果机制引起了危机，而另一些理论家则认为是一个或只有一个原因引发了危机"②。

阿特韦尔区分了五种类型的危机理论：比例失调论，消费不足论，建立在资本有机构成提高基础上的危机理论，建立在工资上升的基础上的危机理论和国家的财政危机理论。阿特韦尔指出，有时候比例失调论和消费不足论被归入"实现的危机"的标题下。在"实现的危机"看来，利润体现在商品中，但是直到商品售出利润才能实现；如果资本及无法实现体现在商品中的利润，商品的供大于求的情况可能会导致危机。而资本有机构成提高的危机理论和工资上升的危机理论可以被归入"利润率下降的危机"之中，因为这两种情况都会导致利润率的下降。

---

① Paul A. Attewell, *Radical Political Economy since the Sixties*: *A Sociology of Knowledge Analysis*, New Jersey: Rutgers University Press, 1984, P. 143.

② Paul A. Attewell, *Radical Political Economy since the Sixties*: *A Sociology of Knowledge Analysis*, New Jersey: Rutgers University Press, 1984, P. 144.

56.1.1 比例失调论

资本主义经济是一种非计划经济，企业自己决定生产多少商品并在可获利的情况下出售它们。一个工厂的错误决定并不只是影响直接作出决策的工厂，资本家是被购买和销售的链条联系在一起的。如果一个企业发现自己生产过剩，它生产出来的产品无法在盈利的情况下出售，它就会削减自己未来的生产，从而引起另外的工厂生产的削减，等等。随着这些工厂的工人失业，他们减少了对商品的购买，引起了经济中其他一些领域的商品难以销售，并导致了进一步的失业。"如果生产削减的足够严重或者是生产削减发生在经济中主要的部门，那么可能会发生系统性的危机"①。从而，因为不同的产业单位之间的生产不成比例，生产的无政府性引起了危机的发生。阿特韦尔指出，一个更加系统的比例失调论的版本把分析的焦点集中在经济中两个特定部类——生产资本品和生产最终消费品的部类——的关系上。两个部类之间的生产要保持一定的比例。但是，生产之间脆弱的平衡会因资本主义是一种扩大再生产的体系而变得更加困难。因为是一种扩大再生产的体系，两个部类都必须增长。为了避免危机，决定第 I 部类的增长的投资率必须和第 II 部类的投资率和增长保持平衡。只有在这种情况下，两个部类的投入和产出才会在将来相互匹配。因此，问题变得更加复杂了，也就是既要平衡当期的生产也要平衡未来的生产。

阿特韦尔认为："如果投资决策分散在成千上万的资本家的手里，那就经常会发生一些随机失衡。虽然一些不平衡是微不足道的，另外一些则会引发一系列的企业削减生产，从而在一个存在密切联系的经济体中造成重大的经济衰退。"②

56.1.2 消费不足论

消费不足论虽然和比例失调存在着简单的相似性，但在理论上它们是不同的。消费不足论认为整个经济体系中需求与供给之间存在着长期的不平衡，这种不平衡不以个别部门、个别产品、个别人的生产决策为转移。消费不足论研究的是总需求和总供给，认为后者始终大于前者。布利内（M.

---

① Paul A. Attewell, *Radical Political Economy since the Sixties: A Sociology of Knowledge Analysis*, New Jersey: Rutgers University Press, 1984, P. 145.

② Paul A. Attewell, *Radical Political Economy since the Sixties: A Sociology of Knowledge Analysis*, New Jersey: Rutgers University Press, 1984, P. 146.

Bleaney）在 1976 年出版的《消费不足论：一个历史和批判分析》①中，提出了有两种消费不足理论，分别来自不同的古典经济学家。一种可追溯到西斯蒙第和洛贝尔图斯，这种消费不足论认为资本主义生产和再生产出大量贫困的无产者和少数富裕的资本家，因为这种相对贫困，前者对消费品的购买能力始终落后于供给，这就引起了生产过剩的趋势、实现困难、经济的停滞。另一种消费不足论最著名的代表是马尔萨斯，他集中关注了资本持有货币。由于资本家不希望通过购买消费掉他们所有的收入，因此存在资本家过度储蓄的危险，过度储蓄会引起商品的消费不足和实现危机，资本家不可能通过把储蓄转化成新的投资摆脱这种困境，因为这种投资只是进一步扩张了生产能力，扩大了供给和有效需求之间的差额。第三种类型的消费不足论假定在第 I 部类和第 II 部类之间的相互需求上存在长期的不平衡。

资本主义易于爆发危机是因为个体资本家把利润用于再投资，从而增加了生产能力，然而他们同时试图通过降低或保持工人工资不变去削减生产成本。从整个经济来看，这些实践导致了生产超过有效需求的长期趋势，这样一种趋势可能以下两种方式中的一种表现自身：或者生产会继续，导致周期性的大量的商品过剩和实现危机；或者是可能预见到商品过剩，并削减生产，导致长期停滞，也就是说工厂只使它们潜在生产能力的一小部分发挥作用。阿特韦尔认为，"这就是消费不足论的核心"。

阿特韦尔指出，马克思主义理论家通常认为消费不足是不充足的或受到限制的商品市场造成的。这就意味着，如果资本主义国家能够找到新的市场，至少从暂时的意义上看，生产过剩或消费不足的危机就可能避免，这种观点和帝国主义理论的一个分支相联系。第二种版本的消费不足（源自马尔萨斯）也可以被视为一个市场问题。只是在这种版本的消费不足中，研究的焦点在于资本家和过度储蓄。在这种情况下，资本家面临的问题是去那里投资他们储蓄的资本。由于现有市场已经生产过剩，考虑的需求不足，资本家可能会不再愿意投资于这些市场加剧这种情况。如果资本家能够找到新的投资市场，那么资本消费不足问题可能得以解决，这种认识也和一种类型的帝国主义理论相联系。

不管是资本家的储蓄过多引起的消费不足，还是工人因贫困而引起的消费不足，都可表现为商品的大量积压，或生产能力的大量闲置。新市场的开

---

① Michael Bleaney, *Underconsumption Theories：A History and Critical Analysis*, Lawrence and Wishart, 1976.

辟，是这两种消费不足论所认可的一种良好的缓解对策，商品输出与资本输出则是这种缓解的具体做法。这就又把消费不足论与帝国主义扩张的理论联系在一起。

56.1.3 资本有机构成提高论

在马克思主义看来，随着时间的推移，资本有机构成的提高会导致利润率的下降，从而引发经济萎缩。资本有机构成提高论实际上包含两个问题：一是什么机制或系统性的力量在促使资本的有机构成不断提高；二是这种提高为什么会促使利润率下降和经济危机的发生。

个别资本家为追逐超额利润而采用新技术，提高了他的个别资本的有机构成。但当其他资本家为在竞争中站稳脚跟而普遍采用这项新技术时，超额利润会消失，而社会总资本的平均有机构成却已得到提高。随后是另外一些个别资本家为了超额利润而再次引进新技术，再次促使全社会资本有机构成新一轮的提高。这是马克思所分析的资本有机构成不断提高的机制。一些马克思经济学的研究者如曼德尔等根据马克思的劳动价值论，说明了资本有机构成的提高是怎样在促使利润率的下降的。但是这种利润率下降的趋势能够通过几种方式被暂时缓解，通过削减工资或使雇佣工作的更努力或工作时间更长提高对工人的剥削，也可以通过开办一些劳动而不是资本密集型的企业来缓解利润率的下降。但是，坚持资本有机构成提高的危机理论的学者通常认为反作用趋势发挥作用只是暂行性的。

有机构成提高（导致马克思所说的利润率下降）和经济危机之间是怎么联系起来的？对这个问题的回答产生了两种版本的危机理论：周期性的和长期版本的危机理论。在周期性的危机理论版本中，利润率的下降，会使竞争力弱的企业破产，其他企业则停止投资，对资本品的需求会减少，资本品销售不出去，实现问题出现，大批工人被解雇，经济进入商业周期的衰退阶段。在这种版本的危机理论中，在某种程度上是通过降低有机构成，或者是通过降低工资，衰退恢复了一般利润率，从而把整个经济再次推向繁荣，在这种理论中，经济只是在重复繁荣和萧条的周期。长期版本的危机论者的分析是：经济危机是因为利润率降低一次比一次严重造成的，因为有机构成在一系列商业周期中一直在上升。从而利润率在稳定地下降，投资始终不足、生产的长期过剩，最终使得整个资本主义经济走向崩溃的边缘。这两种分析，在有机构成提高、利润率下降和经济危机之间建立起了某种联系。虽然有机构成提高论者的上述论述与消费不足论之间有者许多相似之处，如大量商品的销售不出、大批工人的失业等，但"消费不足在这里被认为是资本家因利润率下降而削减生产的结果，而不是引起危机的原因"①。

对于有机构成提高的危机理论，阿特韦尔指出，"这种类型的危机理论既是最被广为接受的，同时也是受到最为广泛的批判的危机理论"②。这种理论的批评者认为资本的有机构成并不存在必然的提高，从经验上看，这种上升也是不明显的；另外，即使有机构成提高真的发生了，利润率下降也不是一种逻辑的必然，经验研究表明利润率并没有下降；另外所谓的反作用趋势，并不是只是暂时性地发挥作用，它们像利润率下降趋势一样具有永久性；此外，当代资本主义企业结构的改变，尤其是服务和官僚部门的增长、垄断的增长、国家的干预等，都导致利润率下降规律不能发挥作用。

56.1.4 工资提高论

工资提高论也被称为新李嘉图主义和利润挤压理论（neo – Ricardian and profit-squeeze）工资提高论像有机构成提高论一样，提出一种导致利润率下降的机制，通过利润率的下降来说明经济危机的发生。但是，这种理论的支持者认为，工资的提高是利润挤压的根源，在具体理论上，也分为周期危机论与长期危机论两种。工资提高的周期危机论认为，随着经济的发展，投资日益增加，越来越多的工人被雇佣，到某一时点，这种一般性的扩张会造成劳动力的短缺，特别是技术劳动者的缺乏，产业后备军被耗尽。这使得工人特别是熟练工人的工资在繁荣期结束，在经济萎缩开始前得到迅速的提高。工资的增加降低了利润，使得进一步的扩张变得成本非常高昂。随着利润率开始下降，投资者开始削减投资，停止生产的扩张。整个经济的需求下降，促成了危机的爆发。现有企业的生产成本太高使得一部分企业不堪负担而纷纷倒闭。这又使得部分工人再次被抛到失业大军中去。劳动力市场上的供大于求使得工资再度下降，生产成本的削减为新的投资、为经济走出危机阶段趋于繁荣创造了良好的条件。

长期危机论则以英国为分析问题的典型，认为英国一方面面临激烈的国际竞争，另一方面面临国内强有力的工会。工会的强大，使工资的增长超过了生产率的增长，利润受到挤压；而国际上激烈的竞争，使得资本家不能用

---

① Paul A. Attewell, *Radical Political Economy since the Sixties：A Sociology of Knowledge Analysis*, New Jersey：Rutgers University Press, 1984, P. 150.

② Paul A. Attewell, *Radical Political Economy since the Sixties：A Sociology of Knowledge Analysis*, New Jersey：Rutgers University Press, 1984, P. 151.

提高价格的办法来弥补工资提高造成的损失。这种利润挤压使投资逐渐减少，经济长期处于停滞和萧条阶段。

56.1.5 国家的财政危机论

这种观点认为，在当代资本主义社会，一定的经济方面的原因引致的危机以国家的财政危机的形式表现自身。经济危机扩延伸到政治领域。奥康纳的著作《国家的财政危机》用政治（或政权）的因素来解释经济危机。这种理论的核心认为，政府试图通过支持失业和退休工人、通过政府购买和减税补贴商业企业以及在经济萧条时期用凯恩斯主义的指出模式来解决资本主义经济中的问题。但是，必须有人为这些支出进行支付，企业有足够的政治力量去降低它们的税收负担。结果政府陷入对提供服务的需求的日益增加和稳定的税基之间存在的矛盾之中。结果，试图在不存在充足税收的情况下保持服务的供给，使得市政部门、州政府和联邦政府面临着破产和大规模借款的困境。奥康纳把社会经济划分成垄断、竞争和政府三个部门。政府部门的功能有二：一是调节税收、控制货币量和信贷规模，为资本积累和经济发展提供保障等经济功能；二是保持社会安定的法律功能。政府的开支也分为两种：社会资本和社会花费。社会资本是用于促进上述经济功能的货币开支，例如修筑道路、水坝等。这些社会资本有助于为资本积累和经济发展创造一个良好的环境，从而促使生产能力的提高。而社会花费，指对失业者的津贴，维持法制所花的费用。这种开支，仅是消费能力的增大，对资本积累和经济发展不起直接作用，但对维持整个社会的安定起很大作用。但是，政府的开支，不管是社会资本还是社会花费，以及由此而来的各种政府功能，其受益者主要是垄断部门。不仅如此，垄断部门还可通过垄断价格把税收负担转嫁到消费者身上。于是，不但有前面提到过的政府开支的增大与税收减少所造成的国家的财政危机，而且这种经济上的危机也转化为政治上的危机，因为从哪里去削减政府的开支、用何种方法去提高政府的税收，是各部门各集团之间政治斗争的一个焦点。

阿特韦尔指出，以上五种危机理论"是一些理想型的危机理论，个别理论家通常会在细节上有所区别，而且有些理论家会把不同类型危机中的因素结合在一起"[1]。上述五种危机理论，也是西方马克思主义经济学研究者

---

[1] Paul A. Attewell, *Radical Political Economy since the Sixties*: *A Sociology of Knowledge Analysis*, New Jersey: Rutgers University Press, 1984, P. 152.

根据马克思的有关论述，结合新出现的情况而提出来的种种新理论的概括。各种不同的理论相互之间有着激烈的争论。之所以会发生这种情况，是因为每种危机理论都能从马克思的著作中找到某些片断支持他们加以扩展的观点。

56.2　危机理论论争简史

不同类型的危机理论和不同的个体研究者联系在一起，阿特韦尔之所以用知识社会学的分析研究危机理论，是想回答一个非常困难的问题，那就是为什么一定类型的危机理论会在特定的时期出现，这些理论具有吸引力或缺乏吸引力的情况又如何加以解释。他认为，通过对危机理论论争的简史的研究，可以实现对危机理论进行知识社会学分析的任务。

回顾危机理论史，首先需要从对马克思和恩格斯危机理论的研究开始，也就是说从马克思主义经济学创始人的经济思想开始。阿特韦尔以概括性的方式回顾了马克思和恩格斯的危机理论。阿特韦尔指出，经济危机是19世纪中期资本主义经济中一个非常明显的特征，因此危机不可能逃脱像马克思和恩格斯这样博学的人的视野。"事实上，可以发现对经济危机的讨论贯穿于他们的早期著作中"[1]，如在《1844年经济学哲学手稿》、《英国工人阶级的状况》、《哲学的贫困》、《共产党宣言》和《德意志意识形态》中都包含着对经济危机进行讨论的内容。然而"他们主要的研究危机的理论著作直到1848年欧洲革命失败后不久才出现"[2]。阿特韦尔认为，之所以出现这种情况并不是偶然的因素造成的，因为1848年欧洲革命紧接着1847年严重的经济萧条而爆发，而正是这个事件使得革命和经济危机之间存在紧密联系的观念，深入马克思和恩格斯的头脑中。

阿特韦尔指出，不能把马克思和恩格斯努力地利用各种数据尝试去揭示周期的逻辑和它们的周期性的形象，同后来20世纪黑格尔式马克思主义者对危机的评论等同视之。施洛尔（T. Schroyer）在《马克思的危机理论》[3]一文中曾指出，马克思试图建立一种"历史生发的现象学"，也就是说，对危机的经验预测是无关紧要的。阿特韦尔指出，在1850～1857年之间，马

---

①②　Paul A. Attewell, *Radical Political Economy since the Sixties: A Sociology of Knowledge Analysis*, New Jersey: Rutgers University Press, 1984, P. 153.

③　Trent Schroyer, 1972, *Marx's Theory of Crisis*, Telos 14, pp. 106 – 124.

克思和恩格斯根据有关信贷、价格的运动的一系列的预测，检验他们最初的理解。曼德尔指出，马克思和恩格斯错误地预测了 1852 年、1853 年和 1855 年的衰退，最后，在 1857 年预测准确了，随后对 1857～1858 年的危机进行的详细的经验分析，使马克思和恩格斯能够利用固定资本更新的术语预测商业周期的周期性，并把他们对商业周期的一般性分析整合在一起。在 1857 年的研究达到高潮的时候，马克思说："当前的商业危机使我能够对经济特征进行深入的研究，并且为即将到来的危机准备内容"。《政治经济学批判大纲》在 1957 年开始写作，紧接着是 1858～1859 年之间完成的《政治经济学批判》，以及后来出版的《资本论》。

阿特韦尔认为，"马克思主义经济危机理论的源头形成于 1850～1862 年之间，但是相关的思想进入广泛的学术圈是一个缓慢和曲折的过程"①。阿特韦尔认为，后来的危机理论研究中出现的迂回曲折，部分原因是因为对这个主题进行的清晰的表述的著作《剩余价值理论》，直到 1905～1910 年之间才正式出版。另外，其中包含着对利润率下降趋势讨论的《资本论》第三卷首次出版于 1894 年，晚于其中模糊地提及消费不足的《资本论》第二卷很多年。"理论界是零零碎碎地看到马克思的危机理论的，在他的整个理论被人们理解之前，至少 40 年的时间过去了"②。

阿特韦尔对马克思主义危机理论论争的历史以时间和国别为线索进行了梳理。阿特韦尔以 1940 年为分界点，把马克思主义危机理论的论争和发展分为两个大的时期。1940 年以前的时期包括马克思和恩格斯的危机理论、1860～1900 年俄国的争论、1890～1914 年德国和奥地利的理论争论、1918～1939 年两次世界大战之间的危机理论研究。第二个大的时期以 1940 年以后的美国激进政治经济学为主，分成 1940～1970 年的美国、1970 年以后的危机理论、长波理论等。

在 1860～1900 年的俄国，危机理论的争论主要发生在民粹主义者和合法马克思主义者之间。在这一时期俄国的危机理论争论中，有两位重要的民粹主义者，沃龙佐夫（V. Vorontsov）和丹尼尔逊（N. F. Danielson）。（把《资本论》第一卷翻译到俄国的学者）。这两位民粹主义者都非常关注俄国背景下资本主义是否能够存在和发展的问题。他们使用消费不足的逻辑以及建立在西斯蒙第、洛贝尔图斯和马克思的基础之上的分析，试图说明因为市

① ② Paul A. Attewell, *Radical Political Economy since the Sixties: A Sociology of Knowledge Analysis*, New Jersey: Rutgers University Press, 1984, P. 154.

场的缺乏，资本主义不可能在俄国长期存在。根据卢森堡的观点，他们的观点源自马克思《资本论》第一卷。没有能力为所有生产出来的商品提供支付，因为他们的收入只是他们生产出来的商品的价值的一部分，这种情况将会导致消费品的长期过剩。"这是俄国合法民粹主义者分析的核心"①。他们推论说，俄国的资本主义将会遭受到长期的消费不足的危机。资产阶级不需要这些日常的商品，剩余商品也不可能被俄国的农民所消费，在资本主义工业制造的商品取代农民的商品供给给城市的居住者时，农民的收入遭受到了重大的损失。此外，马克思预测无产阶级的贫困和机械化取代工人的趋势，都意味着国内市场将会收缩而不是扩张。另外，俄国参与到争夺殖民地的帝国主义竞争比较晚，因此它也缺乏能够出口国内剩余产品的国外市场。"根据俄国的特殊情况阅读和理解《资本论》，使得合法民粹主义者认为资本主义不可能在俄国存活和发展"②。国内和国际市场的缺乏，会阻碍已经出现的资本主义的扩张，并阻止企业家开办新的企业。

阿特韦尔认为，俄国民粹主义者的分析，作为第一尝试把马克思主义政治经济学应用于它产生之外的地方的新现象的分析，是非常重要的。另外，俄国民粹主义者的分析较早地建立了马克思主义和消费不足的危机理论之间的联系。合法马克思主义者对民粹主义者的立场进行了批判，合法马克思主义的代表人物包括司徒卢威（P. B. Struve）、布尔加柯夫（S. N. Bulgakov）和杜冈－巴拉诺夫斯基。合法马克思主义者对民粹主义者观点的攻击，包括用经验证据指出，资本主义已经在俄国扎了根，他们也诉诸政治经济学去建立自己的观点。

当时，这些合法马克思主义者中最重要的人物是杜冈，阿特韦尔认为，"在同民粹主义争论俄国资本主义是否能够存活和繁荣时，杜冈是第一个完整地表述了马克思的危机理论的俄国人"③。杜冈从马克思《资本论》第二卷中借鉴了再生产模型，利用简单的资本主义生产模型对民粹主义者的消费不足和有限市场的观点进行了批评。对于民粹主义者而言，问题是资本家不可能将他们所有的货币花费在商品上，而无产阶级缺乏购买全部生产出来的商品的手段。再生产模型可以使人们发现这种认识中存在的不足。生产出来的超过无产阶级的需求的过剩的商品可以由资本家购买，但是这种购买并不

---

①② Paul A. Attewell, *Radical Political Economy since the Sixties*: *A Sociology of Knowledge Analysis*, New Jersey: Rutgers University Press, 1984, P. 155.

③ Paul A. Attewell, *Radical Political Economy since the Sixties*: *A Sociology of Knowledge Analysis*, New Jersey: Rutgers University Press, 1984, P. 156.

是为了自己的消费。资本家把他们的剩余用于投资，也就是说，资本家既购买消费品也购买投资品，他们为了下一生产循环中工人的生存提供预付。无论如何，只要资本家把剩余用于投资，扩大他们的工厂和对劳动力的雇佣，商品过剩和消费不足就不是不可避免的。杜冈同样应用马克思的理论，解释了为什么资本主义在俄国能够存活和扩张。杜冈的分析并没有到此停止，他还考察了其他形式的危机机制，他用一个数字例子说明资本有机构成上升或利润率下降的观点是错误的。

　　杜冈批判了消费不足和利润率下降的理论，也证明了资本主义条件下危机并不是必然的。在这一点上正如卢森堡说的："毫无疑问，俄国'合法'马克思主义者取得对他们的论敌民粹派的胜利，但是这种胜利过于彻底了。在论战的热烈氛围中，这三个人——司徒卢威、布尔加科夫和杜冈－巴拉诺夫斯基——把他们的论点说得过火了。问题是一般意义上的资本主义，还是特殊意义上的俄国资本主义是否有发展的可能。但是这些马克思主义者在证明俄国资本主义有发展的可能时，走得如此的远，以至于为资本主义能够永远存在下去提供了理论上的证明"①。阿特韦尔认为，卢森堡的评价存在一定程度的误解，因为合法马克思主者的观点并不是否定一般意义上的危机，而只是否定了两种造成危机的机制。杜冈以再生产模型为基础，发展了一种比例失调的危机理论，虽然再生产模型表明第 I 部类和第 II 部类之间的投入和产出能够保持平衡，资本家决策的现实又表明这种平衡并不总是会发生。从而不平衡会引发危机，生产过剩的商品仍然没有销售出去。阿特韦尔认为，这种比例失调的危机理论后来被列宁和一些布尔什维克人所采纳，而且这种理论也影响了奥地利和德国的理论家。虽然在布尔什维克中也存在着消费不足的危机理论，但是"在相当长一段时期内，比例失调的危机理论是东欧马克思主义坚持的主要的危机理论"②。

　　1890～1914 年的德国和奥地利的危机理论。1883 年马克思去世，1895年恩格斯去世，使得社会主义运动丧失了他们的理论的领导者，两个人逝世后留下的大量的手稿成为指导未来的主要指南。马克思和恩格斯一直反对把他们的文本作为指导无产阶级革命的福音书。当时资本主义出现的一些新的变化和发展，迫切要求马克思主义者给予理论上的关注。首先，尤其是

---

　　① Rosa Luxemburg, *The Accumulation of Capital*, New York：Monthly Review Press, 1951, P. 325.

　　② Paul A. Attewell, *Radical Political Economy since the Sixties：A Sociology of Knowledge Analysis*, New Jersey：Rutgers University Press, 1984, P. 157.

1870 年之后的德国，社会主义政党在取得了一些令人瞩目的选举方面的胜利；其次，资本主义的产业结构发生了迅速的变化，包括垄断和卡特尔的兴起与发展，企业规模的扩大，以及最重要的，信用制度和公司法方面的变化导致股份公司和大的金融集团的迅速发展。最后，欧洲的力量在第三世界的持续扩张，如德国、法国和其他一些国家与英国和其他国家展开建立帝国的竞争。尽管所有这一切变化从质上看并不新鲜，因为所有这一切在 1890 年之前都在一定程度上出现了，但是它们的迅速发展和表现得越来越突出，需要进行新的分析。

阿特韦尔指出，总的来说，当时的正统马克思主义者对这些变化的反应，要么是让事实适度地远离理论，要么是转向恩格斯寻找对这些现象的评价。阿特韦尔认为，一直到 1895 年，恩格斯都是马克思的"后卫"[1]，为一些新的发展增加分析的内容，尤其表现在他为马克思的各种版本的著作中所写的导言和后记中。但是，尽管如此，时代需要新的分析和评价。1873 ~ 1895 年的长期萧条使的自由放任的资本主义遇到了挫折，保护主义取代了自由贸易，充满矛盾的殖民主义让位于猖獗的帝国主义。这些都是 19 世纪晚期马克思主义理论家不得不予以解释的事件。

在这种背景下，非马克思主义者的冷嘲热讽和修正主义者的重要代表爱德华·伯恩施坦（E. Bernstein）开启了新一轮的论争。在 1896 ~ 1897 年伯恩施坦写了一些著名的论文，发表在德国社会民主党杂志《新时代》上，他在这些论文中把马克思的预测和 1895 年后经济繁荣的事实进行了对比。对马克思主义理论进行的理论挑战出现在庞巴维克 1896 年出版的《卡尔·马克思及其体系的终结》中，而且从 1894 年开始，杜冈出版了他否定大多数马克思主义危机理论的著作。这些著作一道"逐渐蚕食着马克思主义政治经济学的领地，然而，自相矛盾的是恰恰是它们推动了第一波后马克思主义（post – Marxian）政治经济学的发展"[2]。考虑在这其中伯恩施坦的批判的影响最大，因此，阿特韦尔首先考察伯恩施坦的著作。

阿特韦尔指出，尽管伯恩施坦是一个理论上的修正主义者，但是他的目的不在于改变德国社会民主党的实践，而是要消除德国社会民主党中存在的革命的"形而上学"。在伯恩施坦看来，马克思的阶级分化、危机和革命理

① Paul A. Attewell, *Radical Political Economy since the Sixties: A Sociology of Knowledge Analysis*, New Jersey: Rutgers University Press, 1984, P. 158.
② Paul A. Attewell, *Radical Political Economy since the Sixties: A Sociology of Knowledge Analysis*, New Jersey: Rutgers University Press, 1984, P. 159.

论和 1870 年后的德国的现实几乎没有什么关系。伯恩施坦使用一些统计调查和其他一些经验材料，否定了马克思认为的阶级在财富层面的两极分化日益增加的模型和观点、小资产阶级将会日益无产阶级化的观点，以及资本将会日益集中的观点（伯恩施坦认为股份公司分散了所有权）。最后，也是最重要的，伯恩施坦批判了认为资本主义经济的内在矛盾将最终导致它崩溃的正统的观点。阿特韦尔认为，伯恩施坦对经济崩溃观点的批判是比较精巧的，伯恩施坦观点的评论者充满热情反对意见掩盖了这样一种情况，就是伯恩施坦的观点事实上是对马克思的逻辑的发展，而且这种发展在逻辑上是成立的，尽管可能是错误的。伯恩施坦认为，马克思认为导致危机的趋势（利润率下降、生产超过需求、比例失调）的确是存在的，但是资本主义的结构变化削弱或否定了这些危机的趋势。垄断通过计划避免了比例失调，工人阶级的工会主义提高了工资，从而和信用制度一道削弱了消费不足的倾向，垄断价格阻碍了利润率的下降，等等。所有这些因素都可以被视为是马克思主义的观点的扩展：一个变化中的资本主义能够（而且已经）超越了崩溃趋势，资本主义将不会崩溃。

考茨基作为德国社会民主党的主要理论家，一开始承认伯恩施坦的观点，认为修正马克思主义的经济理论是需要的。但是他否定了伯恩施坦对崩溃论的批判，指出事实上没有人相信任何一种形式的崩溃论，只是认为危机的爆发是必然的。对伯恩施坦最激烈的批判来自党的左翼的卢森堡和帕尔乌斯（Parvus），他们认为伯恩施坦理论上的修正主义最终将使得党内已经存在的修正主义策略合法化。卢森堡认为，崩溃理论意味着社会主义的必然性，放弃崩溃理论意味着离开了革命的目标。如果卢森堡在《社会改良还是社会革命》一书中，同伯恩斯坦一样，认为资本主义的发展不是走向自己的崩溃，那么，社会主义也就不再是客观上必然的事情了。伯恩斯坦的修正，所去除的是科学社会主义的基石。

伯恩施坦的文章发表后不久，庞巴维克对《资本论》的评论出版了。庞巴维克在《卡尔·马克思及其体系的终结》中认为，在《资本论》第一卷和第三卷中，马克思的价值理论存在着明显的矛盾。他从边际效用论的视角对劳动价值论进行了批判。庞巴维克的批判给正统马克思主义者必须做出回应带来了进一步的直接的压力。阿特韦尔指出，"在早期，对马克思和恩格斯被动的和非批判性的忠诚，导致理论和实践之间出现了裂缝和理论上的折中主义"①。但是来自外部的批判带来的压力，促使年轻一代的知识分子积极地对马克思主义的立场进行辩护。在这个过程中，正统的理论家强化了马克思的某些观点，从而不知不觉地扩展了马克思主义的经济思想。

阿特韦尔认为，第三个推动危机理论再度复兴的因素是杜冈1901年著作的出版。杜冈试图否定利润率下降趋势和消费不足的趋势，并用他自己的比例失调的危机理论取代它们。这样的攻击对修正主义造成的打击似乎更大。伯恩施坦本人接受利润率下降和消费不足，他只是重点分析了其反作用的趋势，而杜冈几乎是否定最初的趋势本身。德国社会民主党的每一个重要的理论家都对杜冈做出了回应。已经偏向左翼的考茨基，谈到危机、战争和灾难的必然性，日益严重的危机以及长期的萧条等问题，甚至像施密特（C. Schmidt）这样的修正主义者也对消费不足进行了辩护。最后，卢森堡为了挽救自己的消费不足论，开始转向整个地批判俄国民粹派和合法马克思主义者的政治经济学。从而，"发展政治经济学观点的动力再次来自外部的攻击而不是内部的动力"②。

阿特韦尔指出，在19世纪和20世纪之交，危机理论的争论不再怎么有生气了。修正主义者似乎迫使马克思主义的危机和革命理论的含糊之处受到人们的密切关注，伯恩施坦认为，周期性的经济收缩的确仍在发生，但是它们随着时间的推移在逐渐减弱，无论如何，它们都不应当被当作真实意义上的危机，资本主义可以在不遭受什么明显的长期影响的情况下从经济收缩中恢复出来。作为回应，正统马克思主义者被迫重申资本主义衰退的必然性。倾向于强调长期衰落的构想崭露头角，但是强调危机纯粹的周期的一面的理论仍然占据着主要位置。"从而，对外部攻击的反应只是在增加了把对长期消费不足的强调作为资本主义灭亡的保证的意义上改变了危机理论。穿上正统主义者的外套的唯一的要求是接受危机和革命的必然性。经济崩溃变成了一种可有可无的选项"③。

接着，正统马克思主义再次经历了"修正主义的冲击"，修正主义的冲击在一个更加现实的问题——帝国主义的原因——的反应中出现的。阿特韦尔认为，帝国主义理论和政治经济学，尤其是经济危机理论紧密地联系在一起。帝国主义和垄断资本的出现，引起了马克思主义理论家的兴趣，这两个现象

①② Paul A. Attewell, *Radical Political Economy since the Sixties: A Sociology of Knowledge Analysis*, New Jersey: Rutgers University Press, 1984, P. 161.

③ Paul A. Attewell, *Radical Political Economy since the Sixties: A Sociology of Knowledge Analysis*, New Jersey: Rutgers University Press, 1984, P. 162.

深刻地改变了现实，以至于列宁把它们解释为资本主义特殊的新阶段。但关键问题是，如何把它们和马克思主义的政治经济学以及危机理论整合在一起。

阿特韦尔指出，对马克思主义者而言，重要的问题是，要把帝国主义和垄断资本作为历史发展的必然整合进马克思主义理论体系中。马克思自己已经有了资本必然积累和集中，从竞争性资本主义向垄断资本主义过渡的理论，而且这些理论是马克思的政治经济学著作中的重大主题。另外，马克思在不同的文本中的确提到了殖民主义，但是在殖民主义的必然性问题上，马克思的立场就不是那么清楚了。马克思说明英属印度的市场对与那些从殖民地收获大量利润的制造业和商人来说非常重要，但是他也指出，管理印度的成本有时候会超过获得的利润。从这些讨论看，人们可以证明，帝国主义对某些资本家而言是非常重要的，但是不能证明帝国主义对整个资本主义而言是必需的。同样的，马克思认为帝国主义通过廉价原材料的供给能够削弱利润率下降的趋势，但是马克思从来没有表明这种优势使得帝国主义成为一种必然。因此，马克思之后的一代理论家，面临着证明帝国主义历史必然性的任务。

在这个问题上，希法亭的早期尝试是有成功之处的。在《金融资本》（1910）一书中，希法亭把垄断性卡特尔、股份公司和由银行企业控制的大工业帝国同帝国主义的兴起联系起来。希法亭认为，在竞争性资本主义中，英国采取了一种自由放任的态度，英国是反对垄断的，而且事实上也存在反殖民主义倾向。但是1875年之后，随着垄断的发展和国外垄断者开始同英国的垄断者展开竞争，英国开始从自由贸易的政策转向保护主义和帝国主义。国内的垄断者开始转向国外殖民地，寻找新的市场和新的投资机会。尽管希法亭的著作在当时受到了赞美，但是这本著作对危机理论并没有产生什么影响。希法亭不赞同崩溃理论，倾向于讨论比例失调的危机，但是他认为这种危机在一定程度上是可以解决的。

阿特韦尔认为，卢森堡在《资本积累论》中第一次建立了危机理论和帝国主义理论之间的紧密联系。卢森堡的《资本积累论》似乎有两个目标，一方面她认为危机理论误解了资本主义再生产问题。对资本主义再生产的理解要求对资本主义经济的发展进行长期的分析，而不是专注于周期性的循环和危机。因此，崩溃的必然性并不是要在商业周期中去理解，而是要到资本积累的长期限制中去寻找。为了证明自己的观点，卢森堡转向了一种长期版本而不是周期版本的危机理论——消费不足论。另一方面对卢森堡非常重要既是理论性的也是政治性的问题是，为了分析资本主义的再生产，俄国合法马克思主义者杜冈使用了《资本论》第二卷中的再生产模型，《资本积累论》中差不多一半的内容集中在这样一个方向上，即卢森堡认为这些再生产图式是抽象的，它们忽视了重要的真实生活中的现象，从而使用这些再生产图式去理解资本主义的再生产是错误的，而且导致毫无根据的推论。例如，再生产理论没有考虑除资产阶级和无产阶级之外的阶级的存在，也没有考虑对外贸易和帝国主义的力量。所有这些特征都没有在马克思的再生产图式中突出出来。"从而，尽管卢森堡在涉及政治的每一个方面上几乎都不同于伯恩施坦，但是她基于和伯恩施坦同样的逻辑得出了对马克思的理论修正：《资本论》中的某些方面和现实无法吻合"①。卢森堡进行的批判的实质是众所周知的。马克思的再生产图式，如同杜冈指出的那样，意味着除了爆发偶然性的比例失调的危机，资本主义能够无休止地再生产下去。卢森堡认为，任由资本主义发展下去，资本主义将最终因为消费不足而崩溃。然而，实现新生产的剩余价值可以通过与非资本主义生产者进行商业活动来实现。因此，对于资本主义而言，把越来越多的非资本主义地区纳入资本主义的轨道是必需的。帝国主义成为资本主义发展的必然，帝国主义将会因外部市场的消失而最终失败。

随着第一次世界大战的爆发，帝国主义问题变得越来越突出。战争破坏了社会主义政党的国际联盟，大多数左翼人士开始支持他们的国家而不是国际主义。在战争爆发前、进行中以及结束后，围绕卢森堡的主题进行的争论一直在继续。1913 年，鲍威尔（O. Bauer）批评了卢森堡对再生产图式的理解，认为在假定资本积累和人口增长之间保持平衡的话，资本主义在一个单独的国家内可以存活，也就是说，工作人口的增长能够阻止消费不足的危机。鲍威尔的逻辑是，帝国主义的首要功能是提供充足的工人从而保证高的资本主义增长率。卢森堡和鲍威尔的观点都受到了来自马克思主义阵营的强烈批评。但是卢森堡和鲍威尔都把帝国主义视为一种避免了无法避免的资本主义危机的机制。对卢森堡而言，帝国主义解决了实现危机问题。对鲍威尔，它通过提供更多的工人减缓了积累危机。"这种把帝国主义解释为资本主义的保护机制，一种消除崩溃或危机趋势的手段，是一种在马克思主义中一再出现的重要的观点"②。

---

① Paul A. Attewell, *Radical Political Economy since the Sixties：A Sociology of Knowledge Analysis*, New Jersey：Rutgers University Press, 1984, P. 164.

② Paul A. Attewell, *Radical Political Economy since the Sixties：A Sociology of Knowledge Analysis*, New Jersey：Rutgers University Press, 1984, P. 166.

但是这种帝国主义理论并不是没有批评者。在《帝国主义和世界经济》（1915）和批判卢森堡的《帝国主义与资本积累》（1924）两本著作中，布哈林作为布尔什维克的主要的理论家，提出了对帝国主义的不同的分析。追随者希法亭，布哈林认为，帝国主义代表着垄断国家资本主义的政策。但是，不同于卢森堡，布哈林并没有强调帝国主义的必然性。尽管承认在出现生产过剩和消费不足的危机时，殖民地作为剩余商品的市场提供了帮助，但这只是附带现象。在布哈林看来，帝国主义的重要性来自积累过程中的另一个逻辑，即追求最大化的利润。国外市场更具营利性是因为，落后地区生产商品相对低效的技术意味着商品的价格高于西方世界的商品价格。从而，对外国工人更大程度的剥削意味着，较高的一般利润率资本家向第三世界输出商品和资本能够获得更高的利润。也就是说，布哈林认为，帝国主义的系统性和必然性与危机理论没有联系。事实上，布哈林把帝国主义同资本主义的日常积累实践，如追求利润联系在一起。考茨基赞同布哈林的观点，认为帝国主义并不是源自抵消或延迟危机的必然性。尽管在其他各方面，布哈林和考茨基都算得上是敌人。布哈林在自己的第一本著作中，花费了几页的篇幅，批评考茨基的帝国主义理论，并把他视为共产主义运动的叛徒，因为考茨基在第一次世界大战中支持德国。考茨基把帝国主义视为是资本主义的一个策略，资本主义阴暗面的一个方面，和早期资本主义工业中使用童工一样邪恶。考茨基认为，帝国主义并不是必然的，工人阶级的政治运动可以阻止帝国主义，就如同它能通过立法阻止对童工的剥削一样。因此他预见到"超帝国主义"，阿特韦尔认为，考茨基的超帝国主义概念实质上指的后帝国主义，一个工业力量和殖民主义的终结保持和平的时代。

最后，阿特韦尔评价了列宁的帝国主义理论。阿特韦尔认为，尽管列宁重述了很多希法亭和布哈林的观点中的实质内容，但是列宁回到了帝国主义是因为资本主义为了避免危机或崩溃而必然出现的观点。在这种严格的意义上，列宁的观点和卢森堡与鲍威尔的相似。

在分析完 1890～1914 年德国和奥地利经济危机争论之后，阿特韦尔对这一个时期的危机理论争论作了一个总体的回顾和评价。他认为，尽管在某些情况下存在一定的模糊之处，但是这一时期的争论大致可以分为"两个高潮"[①]。第一个高潮是在对修正主义者的回应中出现的，修正主义者试图

---

① Paul A. Attewell, *Radical Political Economy since the Sixties: A Sociology of Knowledge Analysis*, New Jersey: Rutgers University Press, 1984, P. 168.

缓和在马克思主义理论和 19 世纪晚期的现实（尤其是经济稳定和阶级结构方面发生的变化的现实）之间出现的可以明显被感知到的不一致。当伯恩施坦和杜冈说明在资本主义条件下，危机和崩溃并不是不可避免的时候，正统马克思主义者试图重申危机以及它们随时间发展日趋严重的逻辑必然性。在驳斥修正主义的过程中，一些反对修正主义的马克思主义者把周期性危机和革命的理论转变为资本主义经济崩溃长期趋势的必然性这种更为引人注目的理论。第二个高潮是因需要对金融寡头和垄断公司在工业化国家的出现、争夺殖民地的竞赛和帝国主义国家之间的敌对状态的加剧进行解释而产生的。这些现象导致了对马克思主义政治经济学一系列的修正。大量的理论家把帝国主义视为一种机制，通过这种机制各种各样的资本积累中的问题能够得以避免或解决。另一些人则把帝国主义和积累过程的日常职能以及对最大化利润的追求联系起来。列宁似乎是"以其过度成熟的资本主义以及帝国主义是对这一阶段的资本主义矛盾的反应的观念跨越了两个阵营"①。但是，所有的理论家都认识到，为了系统地解释帝国主义以及帝国主义敌对的新现象，发展和重塑马克思主义政治经济学有其必要性。

在对 1918～1939 年两次世界大战的间隙期间危机理论发展和争论的分析中。阿特韦尔认为，"虽然最具创新性的马克思主义政治经济学的发展阶段的高潮已经过去，但是危机理论自身以及它同帝国主义之间的关系的研究方面取得的重要发展，确是在战后的年代发生的"②。卢森堡对实现危机以及危机同帝国主义的联系的表述激起了进一步的争论。1924 年布哈林在《帝国主义和资本积累》中对卢森堡和其他人的观点进行了评论，阿特韦尔认为，布哈林的著作"可能是在有关崩溃理论及其同帝国主义的关系问题上对正统派立场最为明确的表述"③。崩溃理论家如卢森堡认为，他们通过证明资本主义无法维持内部增长，证明了资本主义的限度以及它衰落的必然性。他们把第三世界视为一种延迟资本主义衰落的因素，因为第三世界的存在有助于抑制危机的趋势，否则欧洲资本主义将会崩溃。他们的观点的结构是相同的，无论第三世界是作为消费市场存在（卢森堡），还是作为劳动力市场存在（鲍威尔），或者是作为投资机会的源泉（列宁）。

布哈林指出，尽管崩溃论者的观点看起来是一种乐观主义的观点，因为

①② Paul A. Attewell, *Radical Political Economy since the Sixties: A Sociology of Knowledge Analysis*, New Jersey: Rutgers University Press, 1984, P. 168.

③ Paul A. Attewell, *Radical Political Economy since the Sixties: A Sociology of Knowledge Analysis*, New Jersey: Rutgers University Press, 1984, P. 169.

这种观点指出了资本主义崩溃的必然性，但从事实上看，恰恰相反。第三世界包含着数以百万计的仍然没有充分融入资本主义的个体。如果第三世界市场、劳动力和投资机会的存在真的能够削弱发达国家资本主义矛盾的影响，那么资本主义在几个世纪的时间内将不会崩溃。在 1924 年，只有少部分的世界人口可以被视为是资本家或雇佣工人，吸纳非资本主义的劳动力储备将会花费很长的时间。因此，崩溃理论认为第三世界能够平衡资本主义矛盾，事实上是在要求欧洲的革命分子进行长期的等待。

卢森堡的危机理论以及她对马克思再生产图式的反对也激起了她的对手的反驳。尽管卢森堡否定了再生产图式在分析资本主义再生产趋势时的适用性，但是她的批判者则不是这样。事实上，在战争的间隙期间，对再生产图式的使用变得非常普遍。鲍威尔在 1913 年用人口增长理论批判了卢森堡的观点，1936 年他再一次使用再生产图式，把他 1913 年的理论重新表述了一种"第Ⅰ部类的发展和第Ⅱ部类对生产资料的需求之间存在矛盾"的危机理论。另一个对卢森堡进行批判的是法兰克福学派早期的重要人物，亨里克·格罗斯曼。在 1929 年出版的《资本主义制度的积累与崩溃的规律》一书中，格罗斯曼赞扬了那种认为累积的矛盾将会最终导致资本主义经济完全崩溃的观点。使用鲍威尔的再生产图式，格罗斯曼建立了一个长达 35 年期的模型，指出在第 36 年，资本家用于消费的剩余价值的份额将下降到零。资本主义最终将因为剩余价值的缺乏而崩溃。格罗斯曼的观点遇到了一系列的批评，这些批评分别基于理论的、方法论的和政治的立场。一些批评意见认为格罗斯曼意义上的崩溃之所以能发生，是因为他对模型中的参数的假设是站不住脚的。除了这种技术性的问题，人们也因为格罗斯曼的理论意味着资本主义的经济崩溃中可以没有人类主体的影响而批判他。

阿特韦尔认为，格罗斯曼的著作的重要性表现在两个方面：第一，作为最后一种机械的崩溃理论，他终结了一个时代（1895～1939），一个在马克思主义危机理论研究中谋求转变和反对这种转变的时代，并阐明了从周期性危机（和革命）理论向长期混乱将在经济崩溃中终结的假定的转变。周期性危机理论和长期崩溃理论倾向于互相排斥，或者最起码是试图尽可能地最小化另一方的重要意义。曼德尔在评价格罗斯曼时指出，一种认为在第 35 年的崩溃到来之前，所有一切都运转良好的再生产理论，在研究在资本主义社会可以观察得到的 5 年、7 年和 10 年的周期时几乎没有什么解释力。同样的，周期性危机的逻辑也不适宜于最终的、灾难性的崩溃。因此，"在马克思主义中存在两种非常不同的危机理论的观念"①。格罗斯曼的著作的重要性还表现在它的历史意义上，通过他的学生马蒂克把他的理论向后来一代的危机理论家的传播，格罗斯曼的理论在后来的学术讨论中仍然留有一席之地。

另外，在战争期间的理论家的讨论中仍然继续着战前的争论。阿特韦尔认为，战争期间的两个事件进一步推动了马克思主义政治经济学研究。第一个是俄国布尔什维克革命的胜利开启了马克思主义政治经济学研究的新视野。社会主义政治经济学从一个假设性的抽象变成了活生生的现实。从而，随着苏联开始重组自己的经济，马克思主义理论家希望能够见证他们的政治经济学理论在事实上得以建立。这种令人感到兴奋的事情，是以苏联建立计划经济的方式实现的。在危机理论方面，这种现实的发展只与比例失调问题之间存在联系。在前文已经讨论过的早期争论中，俄国合法马克思主义者和布尔什维克强调比例失调类型的危机理论，以对抗德国理论家的利润率下降、实现危机和消费不足。事实上，俄国人把这些不同类型的危机理论归入了比例失调论中。消费和生产之间的关系，如同特定产业之间的关系一样，在资本主义条件下只会遇到暂时性的比例失调的危机，而社会主义计划将会改变这种情况。

第二个推动马克思主义政治经济学理论研究的因素是 1929～1930 年爆发的经济大萧条。美国大萧条造就了罗斯福的新政，德国尽管萧条的程度比美国还要深，但是并没有爆发革命。这些事实向马克思主义者，至少是一部分马克思主义者传递了新的信息：即使在严重的萧条时期，也不可能出现资本主义的自动崩溃②。在 20 世纪 20 年代晚期和 30 年代早期，一些法兰克福学派的政治经济学家，包括波洛克（F. Pollock）、曼德尔鲍姆（K. Mandelbaum）和梅耶（G. Mayer）聚集在了一起。他们根据对德国大萧条的体验、对美国新政的理解、对苏联计划经济的观察，开始思考资本主义国家的经济计划以及它对危机和社会主义运动的影响。发表在法兰克福研究所《社会研究杂志》（Zeitschrift für Sozialforschung）上的一系列论文中的主题，成为"二战"后马克思主义研究的核心内容：垄断避免比例失调危机的能力，在管理和减少危机的影响上政府计划的使用等。

---

① Paul A. Attewell, *Radical Political Economy since the Sixties: A Sociology of Knowledge Analysis*, New Jersey: Rutgers University Press, 1984, P. 170.

② Giacomo Marramao, Political Economy and Critical Theory, *Telos* 24, 1975, P. 66.

56.3　美国的危机理论研究

阿特韦尔对战后美国激进政治经济学家关于经济危机理论史的研究作了系统深入的考察。

56.3.1　第一阶段20世纪40年代到70年代危机理论研究

阿特韦尔指出，19世纪末以后，马克思主义政治经济学研究的第一个50年，主要的发展是由德国和俄国的理论家做出的。美国、法国知识分子的声音非常微弱，除了居住在美国的一些欧洲移民是例外。阿特韦尔认为，在美国，对马克思主义政治经济学进行的第一次重要分析是由斯威齐做出的。斯威齐的《资本主义发展论》（1942）奠定了美国马克思主义政治经济学和激进政治经济学的理论基础。《资本主义发展论》不仅对欧洲的有关材料进行了第一次百科全书式的评论，而且为斯威齐建立自己的独特类型的马克思主义政治经济学流派奠定了基础。斯威齐把危机理论分成两大类，即利润率下降危机论和实现（销售）危机论。斯威齐以一种非常谨慎的方式对利润率下降规律进行了讨论，例如，他提出："我们从来没有想到要否定这个趋势的存在或其根本的重要性"①。斯威齐认为，考虑到反作用趋势的存在会削弱有机构成提高对利润率造成的影响，因此没有理由认为利润率将必然下降。从而利润率下降规律的长期影响的实际意义变得难以决定。在以一种曲折的方式否定了利润率下降趋势规律后，斯威齐转向了与后马克思主义危机理论相联系的第二个主题：实现危机。对杜冈的比例失调论，斯威齐指出，"这个理论的内在价值不高，而近来，在危机问题上，马克思主义的文献已经显示出一种健康的倾向，再一次地像马克思本人一样，把这种理论贬低到次要的地位"②。随后，斯威齐集中研究了消费不足论。

消费不足论的关键，在于资本主义对工人的工资及其消费的限制，与通过剩余价值再投资的无限循环造成的不断扩大的生产能力之间的矛盾。斯威齐分析了这种矛盾的两种表现形式，要么是过度的生产能力造成商品积压、价格下降乃至导致生产过剩危机；要么是过多的生产能力被闲置，从而导致

---

① 保罗·斯威齐著，陈观烈、秦亚男译：《资本主义发展论》，商务印书馆1997年版，第124页。
② 保罗·斯威齐著，陈观烈、秦亚男译：《资本主义发展论》，商务印书馆1997年版，第181~182页。

生产的停滞。消费不足的形势可能以两种方式之一出现，"或者是（1）生产能力实际上有所扩大，只是在数量日增的消费品开始进入市场时困难才表面化。因此，就有这么一个临界点存在，超过了这一点，在正常的有利可图的价格下，供给多于需求；当这一点过去以后，或是消费品的生产，或是新增能力的生产，或者更可能的是两者在一道，也会遭到削减。因此，在这种情况下，所说的趋势就表现为一场危机。或者（2）有闲置的生产资源存在，它们没有被用来变成追加的生产能力，因为人们认识到，追加的生产能力，同对它所能生产的商品的需求比起来，会成为多余的东西。在这种情况下，这个趋势就不是表现为一场危机，而宁可说是表现为生产的停滞"①。但是，这样一种消费不足的危机是否能够真正发生，要视反作用趋势发挥的作用的大小。

斯威齐进而指出两种类型的抵消和消除消费不足趋势的反作用趋势或起反作用的因素，"概括地说，起抵消作用的力量可以归集为两大类：即那些能够使消费增长率高于生产资料增长率的力量和那些使生产资料不合比例增长不致在经济上造成破坏性后果的力量"。如在后一种力量中，在新产业的投资形成期，生产资料的追加和制成品的产量的提高之间没有明确的关系，这是一种短期的现象。提高相对被约束的消费需求的新因素包括人口增长，非生产性消费和政府开支的增长。在斯威齐看来，最重要的是非生产性消费和国家支出在抵消工人阶级受到限制的消费方面所具有的能力。斯威齐把商业部门以及从事服务业的工人归入非生产消费的范畴。根据正统马克思主义的观点，非生产性工人得到其他工人生产的剩余价值的一部分，因此，他们的工资是从可用于投资的剩余价值中抽取出来的一部分。一个大的非生产性部分可以以两种方式抵消消费不足的趋势。它把货币从投资中转出，从而阻止了生产能力的进一步提高；非生产性工人也需要购买商品，从而提高了消费需求。国家支出的作用与非生产性工人的情况类似。斯威齐把国家看成提供削弱生产过剩与消费不足的强有力的工具。

关于在垄断资本主义阶段国家的职能问题，先于斯威齐的法兰克福学派的政治经济学家已经进行过分析。他们把垄断企业和国家视为比例失调的潜在的管理者，他们关注的焦点是如何计划经济的产出部分。斯威齐关注的则是新的方面，他在消费不足危机的背景下考察国家、垄断企业和帝国主义的

---

① 保罗·斯威齐著，陈观烈、秦亚男译：《资本主义发展论》，商务印书馆1997年版，第201页。

职能。在能够比竞争性企业获取更高的利润率的意义上，斯威齐认为，垄断加剧了消费不足，因为它们把收入从消费转向了投资。然而，垄断的第二个特征则发挥着相反的作用。消除了价格竞争，垄断者或寡头试图说服消费购买它们的而不是其他生产者的商品，因此它们需要把大量的货币花费在广告、营销和商品配送上。从而垄断资本主义产生了大量的广告和营销工人，从严格的意义上说，他们不是生产性的工人，但是却提供了强有力的消费需求的源泉。同样的，国家如果把收入由富人向穷人进行转移支付，那么它是以资本积累为代价帮助消费的。但是，一旦国家由资本家阶级的利益所主导，那么它的财政努力将是把购买力从一群消费者转向另一群消费者，而不是损害资本家的用来积累的剩余。在国家通过对资本征税，减缓投资促进消费和生产能力保持平衡的意义上，国家有助于消费。但是，一旦国家按资本的利益行事，情况就不同了，投资繁荣，生产能力增长，消费不足危机或停滞就开始出现。

斯威齐在《资本主义发展论》中的分析影响巨大，影响了美国好几代激进政治经济学家，并在几十年内为马克思经济危机理论研究定下了基调，他把从格罗斯曼掀起的关于利润率的争论再度转向消费不足论。"消费不足问题而不是利润率下降问题，成为美国马克思主义理论的核心"①。此外，斯威齐也强调了国家和垄断作为现代资本主义经济的重要特征，在消费需求和投资的平衡上发挥了重要的作用，而这一点在后来也支配了马克思主义者的思想。斯威齐并不是唯一一个把危机理论从利润率下降转向消费不足的经济学家，事实上，在经历20世纪30年代的大萧条后，英国和美国的一些年轻的左翼经济学家得出了同样的结论：资本有机构成提高和利润率下降的逻辑并不必然导致一个确定性的结果②。

斯威齐和巴兰合著的《垄断资本》（1966）重申了消费不足的观点。他们强调指出，垄断组织通过领导价格制形成的垄断价格形成大量垄断剩余，利润率下降趋势已遏制，这些剩余又为非生产消费、军费支出、促销支出等所吸收，因而美国战后有一段发展的繁荣期；但消费不足仍然是美国战后危机的根本原因，美国经济最终无法摆脱过剩的社会生产能力与有限的消费能力之间的矛盾。

---

① Paul A. Attewell, *Radical Political Economy since the Sixties: A Sociology of Knowledge Analysis*, New Jersey: Rutgers University Press, 1984, P. 176.

② Joan Robinson, 1942, *An Essay on Marxian Economics*, London: Macmillan, pp. 50 – 51. Maurice Dobb, 1937, *Political Economy and Capitalism*, London: George Routledge, pp. 96 – 129.

阿特韦尔指出，"第一个超越演绎逻辑转向经验研究的是年轻的经济学家约瑟夫·吉尔曼"[1]。吉尔曼在《利润率下降》（1957）一书中，在回顾了有机构成提高和利润率下降的观点后，试图通过统计数据检验这种观点的准确性。吉尔曼整理的大量经验数据表明，第一次世界大战前即工业化发展时期确实如这一理论所预期的那样，资本有机构成上升、利润率下降，而战后的统计资料却否定了利润率趋向下降规律，资本有机构成发展平稳、剩余价值率与利润率上升。吉尔曼的结论是：马克思的利润率下降规律具有历史特性，它仅适用于资本主义迅速发展和工业化的阶段，可是当马克思主义利润率下降趋势规律应用于经济高度发达与高度工业化的当代资本主义阶段，就难以得到有效应用，无法被证明。吉尔曼"同斯威齐一样，在垄断资本主义的本质中寻求对这种历史转变的解释"[2]。他指出，通过现代技术提高生产率，并不要求投入大量资本——因为科学技术的进步包括机器的质量与类型的变化而并非数量或成本的变化，也就是说，为了实现较高的生产率，并非一定要提高资本有机构成。此外，吉尔曼注意到垄断资本的第二个重要特征，即实现成本的上升。根据吉尔曼的观点，实现成本的上升削弱了消费不足问题的毁灭性影响。如果垄断资本家的确扭转了利润率下降的趋势，并把他们日渐增加的利润用于再投资，那么与需求相比就会有大量的生产能力过剩。然而，实现成本的增加减少了利润，提高了非生产性需求，抑制了生产能力过剩的趋势。也就是说，在吉尔曼看来，垄断平衡了利润率下降的趋势和生产超过消费的趋势。但是，这个平衡是暂时的，资本家的利益在于以消费为代价提高利润，消费者的利益则正好相反，因此，垄断资本主义呈现出一个平衡消费与提高利润之间拉锯战的形象。

除吉尔曼外，佩罗是美国消费不足理论的最后一位代表人物。阿特韦尔认为，佩罗代表美国政治经济学的正统路线。但是，他并不反对有机构成或利润率下降规律，并在其《不稳定的经济：1945年后的美国的繁荣与衰退》（1973）一书中，采用马克思的价值概念而摒弃了斯威齐的剩余概念，着重分析了美国的周期性经济危机。佩罗的著作的重要性在于表明，消费不足论甚至对正统危机理论也产生了重要的影响。佩罗的著作的背景是：第二次世界大战直至20世纪70年代美国的经济仍是在危机和波动状态下持续发展的，但他没有强调利润率下降规律，其结论仍然是把资本主义基本矛盾归结

①② Paul A. Attewell, *Radical Political Economy since the Sixties: A Sociology of Knowledge Analysis*, New Jersey: Rutgers University Press, 1984, P. 176.

为停滞的消费需求与增长的生产能力之间的基本冲突。

总的来讲，斯威齐、吉尔曼和佩罗这三个人的著作表明，从第二次世界大战后至 20 世纪 70 年代的美国学术界，消费不足理论占据牢固的领导权与统治地位。坚持消费不足的趋势在资本主义中一直存在，而且国家主要通过军事支出来抵消这种趋势的学者，被对手指责为是"顽固的左翼凯恩斯主义者"①。阿特韦尔指出，提出这个标签的人并不了解这种马克思主义立场的起源。消费不足的主题在马克思自己的著作中是非常明显的。在考茨基、卢森堡等人的著作中得到了明确的阐述。事实上，它激励了一位年轻的波兰社会主义者卡莱茨基，发展出了包含着有效需求概念的危机理论，卡莱茨基的著作比凯恩斯的《就业、利息和货币通论》的出版时间早了好几年。尽管能够在马克思主义和凯恩斯主义的消费不足论中发现相似之处，但是凯恩斯的门徒主要是为了把凯恩斯的著作应用于对削弱商业周期的分析，马克思主义者则继续把国家干预视为是一种暂时性的、存在局限的对危机起削弱作用的因素。马克思主义者认为，凯恩斯主义的国家支出和预算赤字，只能以加剧其他类型的经济矛盾为代价而推迟危机。阿特韦尔认为，事实上，"新右派、货币主义者、平衡预算论者也从某种意义上接受这一观点"②。

56.3.2　第二阶段 20 世纪 70 年代后的危机理论研究

20 世纪 70 年代以来，整个资本主义的经济现实和宏观学术背景发生了变化。随着 20 世纪 60 年代的学生运动的兴起，激进政治经济学联盟的成立，新的一代马克思经济学者开始突破斯威齐的传统危机理论，涌现了一批创新性的理论，如财政危机论、垄断性通货膨胀论、利润挤压论、长波理论、剩余价值—利润率下降论等，从而步入危机理论的繁荣时期。此外，随着激进活动在英国和欧洲大陆的大学的兴起，美国的新一代学者发现他们和其他地方存在的类似的激进运动存在着联系，"美国政治经济学开始丧失它的一些独有的特征，让位于一种'国际化'的新马克思主义经济学（neo - Marxist economics）"③。

阿特韦尔认为，奥康纳是 20 世纪 70 年代早期试图沟通美国与德国马克思主义者学术关系的核心人物。他的代表作是《国家的财政危机》（1973）。

---

① Paul A. Attewell, *Radical Political Economy since the Sixties: A Sociology of Knowledge Analysis*, New Jersey: Rutgers University Press, 1984, P. 180.
②③ Paul A. Attewell, *Radical Political Economy since the Sixties: A Sociology of Knowledge Analysis*, New Jersey: Rutgers University Press, 1984, P. 181.

这本著作的主题是国家同宏观经济部门之间的关系，国家试图实现的各种各样的职能，以及国家职能以什么样的方式变得越来越具有矛盾性。奥康纳构建了一个三部门经济模型，其中包括一个垄断化的、资本密集型的、工会化的和高工资的部门（垄断部门）；一个竞争性的、劳动密集型的、相对非工会化的、低工资的部门（竞争性部门）以及一个包括联邦、州和地方政府的国家部门，政府提供诸如教育、福利、健康和军事服务。包括作为国家部门的一部分的，完全依赖政府而存在的私人企业，如军工产业。美国的劳动者，被分离在这三个部门之中。不像一些理论家认为的那样，认为竞争性部门变得不重要或在逐渐衰亡，奥康纳认为，与垄断部门相比，竞争性部门扮演了一种补充的作用，或者说和垄断部门共生的作用。竞争性部门为垄断部门提供廉价的投入，并发挥了垄断部门的商品的销售管道的作用。然而，两者之间的关系是单向度主导的，因为无论是在商业的意义上还是在政治的意义上，垄断部门都支配着竞争性部门。

奥康纳认为国家有两种职能。第一，它保证私人部门具有盈利的能力。国家负责管理经济，以使得资本积累能够尽可能顺畅地进行。这个责任远远超越了明显的经济活动（如管理税收、货币和信贷）。第二，国家的合法性职能。奥康纳的著作中，合法性差不多等同于维持社会和谐的意思。奥康纳强调，任何国家的特定的行为都同时服务于两种职能。例如，学校既提供了受到训练的劳动力（积累职能），也教育和驯服了年轻人（合法性职能）。

奥康纳的分析的目标是在这种双重职能模型中解释国家的预算。从分析的视角看，国家的支出可以归入两个范畴："社会资本"或"社会支出"。社会资本指的是花费在推动国家积累职能上的货币，它包括提高私人企业盈利率，从而间接地扩大剩余价值的支出。当政府建立道路、大坝、输油管道或为发展通信卫星进行支付时，这些都算是社会资本投入，否则的话这些活动将由私人企业进行。同样的，为教育、工作培训等进行支出，国家消除了私人部门的潜在支出。上述部分的国家支出通过降低产业的成本推动了它们进行积累活动。另一方面的政府支出、社会支出，并不以任何方式有助于积累，这种支出甚至不能够间接地有助于企业生产剩余价值。社会支出实现政府的合法性职能。照顾失业工人、维持司法体系等方面的支出，很大程度上是社会支出。然而，正如奥康纳指出的，几乎所有的政府活动都包含一部分的社会资本支出和社会消费支出，因此政府的积累职能和合法性职能是相互混合在一起的。

在这种观点中，政府不但不是私人部门的负担，而且为维持资本主义企业的盈利率提供了重要的服务。然而，这种服务并不是被公平地分配的。根据奥康纳的观点，国家的支出对垄断部门而不是竞争性部门更为有利。与竞争性部门相比，垄断部门制造了更多的社会问题：它们的高机械化程度导致工人失业。此外，垄断部门消费了大量的社会投资：与竞争性部门相比，它需求大量的电力资源、道路、输油管道、高技术研究、受到高级教育的人才以及国外援助合同。因此，在奥康纳看来，在当代资本主义国家，国家部门的增长与垄断部门的增长紧密地结合在一起，垄断部门造成的破坏性后果由国家进行支付和解决，国家的支出保证了垄断部门的营利性。

奥康纳采取了和斯威齐非常类似的一种观点。国家能够选择最大化利润和积累，从而增加了生产过剩和消费不足的危机的政策，也可以选择最大化消费，从而削弱危机的政策。但是实现后一个目标是以牺牲积累，挤压资本家为代价的。奥康纳的另一个重要的目标是表明，国家的增长，尽管解决了一些垄断资本带来的问题，但是它只是把经济矛盾转移或转化为政治矛盾。奥康纳认为，政府担负起解决由垄断部门造成的问题的责任，但是政府提供相关服务的成本却不完全是由垄断部门支付的。事实上，所有三个部门的工人以及垄断和竞争性行业的企业都支付了这个成本。如果有什么不同的话，垄断部门支付的最少，因为它可以很容易地通过提高价格转嫁税收成本。结果是财政危机，因为政府的支出将会比政府的收入增加的快得多。随后，当利益集团围绕削减何种服务或从哪里增加税收展开斗争时，财政危机将会变成政治危机。随着财政危机的恶化，国家的合法性也遭到破坏。"这种逻辑使的许多马克思主义者原理了单纯的经济理论，或者是鼓励地分析积累和危机问题，而是开始把积累和危机放在国家的政治和组织社会学的领域加以考察"①。总体而言，奥康纳强调成本的社会化与利润的私人化造成了财政危机或结构性缺口，即国家支出与收益之间的缺口，从而把财政危机转化为政治危机。他的危机理论已显示出对斯威齐传统危机理论的离心倾向，而与德国学者的观点相近。

阿特韦尔指出，第二次世界大战后，马克思主义者的理论研究把重点放在三个现象上：垄断、20 世纪 40～70 年代的经济繁荣，以及国家作用的上升。但是，在 70 年代后，增加了一个新的现象：通货膨胀。以英国为例，1964 年后，高就业率，严格的收支平衡和通货膨胀的上升。当时在商业媒

---

① Paul A. Attewell, *Radical Political Economy since the Sixties: A Sociology of Knowledge Analysis*, New Jersey: Rutgers University Press, 1984, P. 184.

体上普遍讨论的一个造成上述特征的原因是工会工人，他们坚持要求工资增加被认为推动了通货膨胀和破坏了英国的产业的盈利率。政府的宣传也支持这种观点，提供数据证明工资的增加快于生产率的提高，从而加剧了营利性和通货膨胀问题。在这种背景下，英国的一些马克思主义者接受甚至是扩展了上述分析。

1972 年，格林（A. Glyn）和苏利夫（B. Sutcliffe）在《英国资本主义、工人和利润挤压》一书中他们认为英国的企业陷入了一种困境。相对充分的就业和工会化使得工人能够就工资的增加超过生产率的增长进行成功的谈判。加上来自国外的竞争使得英国公司无法通过提高价格弥补这种损失，公司利润受到了"挤压"。利润率下降并不是因为资本有机构成提高，而是因为工人有能力削弱对他们的剥削程度和要求与以前相比更大份额的他们生产出来的产品。阿特韦尔指出，这种理论在与激进政治经济学联盟存在联系几个美国知识分子中相当流行，他们把利润挤压理论应用于美国，尤其是博迪（R. Boddy）和克罗蒂（G. Grotty），他们在《阶级冲突和宏观政策：政治性的商业周期》① （1975）、《工资驱动和工人阶级的力量：答霍华德·谢尔曼》② （1976）、《停滞、不稳定和国际竞争》③ （1976）等文章中，把这种理论扩展为对消费不足论的整体性的批判。

在《停滞、不稳定和国际竞争》一文中，博迪和克罗蒂反对巴兰和斯威齐版本的消费不足论。在最一般的层面，他们表达了对消费不足论在关于第二次世界大战后经济繁荣的分析上的不满。由于消费不足论认为垄断资本主义本质上是停滞的，因此把第二次世界大战后的繁荣视为是一种例外，是战争和划时代的创新的结果，否则停滞将会更加严重。博迪和克罗蒂倾向于把垄断资本主义视为是扩张主义的和有动力的，尽管他们认可巴兰和斯威齐有关战后大部分时期的认识的观点，尤其是 1965～1973 年这段时期，经验事实看起来和停滞理论是一致的。但是博迪和克罗蒂把这段时期发生的情况，归因于紧缩性的政府政策而不是资本主义本身的停滞趋势。

博迪和克罗蒂认为，20 世纪六七十年代美国的产品遇到来自德国、法国和日本的竞争，这种国际竞争在垄断和寡头领域表现得尤为明显。在这种

---

① Raford Boddy and James Crotty, Class Conflict and Macro – Policy: The Political Business Cycle, *Review of Radical Political Economics*, 1975, 7, pp. 1 – 19.

② Raford Boddy and James Crotty, Wage Push and Working Class Power: A Reply to Howard Sherman, *Monthly Review*, 1976, 27, pp. 35 – 43.

③ Raford Boddy and James Crotty, Stagnation, Instability, and International Competition, *American Economic Review*, 1976, 66, pp. 27 – 33.

国际竞争环境先，巴兰和斯威齐构筑的垄断公司的形象是不切实际的，因为垄断公司无法在不遭到损害的情况下提高价格。博迪和克罗蒂认为，这些企业的劳动成本从 20 世纪 60 年代开始上升，与此同时它们的利润开始下降。"结果人们看到的是一个竞争和利润挤压的时代而不是一个垄断、剩余增加和停滞的时代"①。在《阶级冲突和宏观政策：政治性的商业周期》②（1975）中，博迪和克罗蒂对各种观点作了详细阐发。他们引用大量统计资料证明：第二次世界大战以来，国民收入中的利润份额，在每个经济扩展的后半期都在下降而劳动的收入份额都在增加，或者说，每一次经济的跌落总是由劳动挤压或侵蚀利润的倾向诱发的。尤其是，博迪和克罗蒂认为，随着利润挤压发生的经济萧条或衰退的产生，不应当被视为是一种经济过程的自动的重新调整，而应当被视为一种有意识和有计划的逆转劳动者对利润的侵蚀的努力。博迪和克罗蒂在文章中用数据证明，工资对利润的比率随着经济的进步而提高，从而降低了利润。他们认为，逆转这个过程符合整个资本家阶级的利益。通过解雇工人造成的失业，是一种缓解工资增加的压力和重新恢复资本家的利润率的手段。但是，资本家是如何实现这个目标的呢？博迪和克罗蒂讲述了这样一个过程。随着繁荣的继续和工资的提高，价格也开始增加。商业领导人随后开始呼吁政府以国家利益的名义抑制通货膨胀。这种行动造成的真正的后果是，政府支出的下降和货币供给的紧缩。总的来看，政府故意地引起了经济衰退。

博迪和克罗蒂的分析中的两个观点受到了批评。第一，博迪和克罗蒂倾向于采取一种功能主义的视角解释政府的财政政策。他们表明萧条反而是对资本家有利的，然后说政府因为这个愿意制造萧条。第二，他们忽视了另一个观点，即萧条也可能会损害利润。事实上，他们只是在说资本家出于旨在阻止工资上涨的长期目标而愿意承受暂时的痛苦，并且有意回避或掩饰经济萧条会损害利润这一事实。因此他们的理论在美国招致很多人的批评。

谢尔曼就是博迪和克罗蒂的理论的反对者之一。谢尔曼大体上接受斯威齐和巴兰认为垄断性市场结构根本性地改变了当代资本主义的本质，谢尔曼

① Paul A. Attewell, Radical Political Economy since the Sixties: A Sociology of Knowledge *Analysis*, New Jersey: Rutgers University Press, 1984, P. 186.

② Raford Boddy and James Crotty, Class Conflict and Macro – Policy: The Political Business Cycle, *Review of Radical Political Economics*, 1975, 7, pp. 1 – 19.

理论研究的一个主要目标是阐述垄断资本家的行为理论①。在早期的《美国的利润率》②中，谢尔曼证明了与竞争性产业相比垄断或寡头部门的利润率的上升。在1976年的《滞涨：一个关于就业和通货膨胀的激进理论》③中，谢尔曼研究的重点是把通货膨胀作为垄断力量的结果。在反对利润率下降理论家和利润挤压观点时，谢尔曼利用了第二次世界大战后的复杂经济数据。他认为，从长期看，尽管存在波动，但利润率并没有呈现出下降的趋势④。然而，谢尔曼接受经济周期中的萧条是由利润率暂时性下降引发的观点，在谢尔曼看来，尽管工资增加并没有引起利润的下降。利润下降是原材料成本上升、较低的需求和紧缩的信贷造成的⑤。因此，谢尔曼的周期理论，"混合了消费不足和有机构成提高，而不是利润挤压"⑥。

阿特韦尔认为，谢尔曼最具创新性的工作是他对通货膨胀和滞涨的分析。谢尔曼认为，凯恩斯主义用总需求大于总供给解释通过膨胀（需求拉动型）的理论，准确地刻画了1950年以前的通货膨胀，但是在1858年、1969年、1974年的萧条时期，旧有的模式被打破了。尤其是，在这些萧条时期，价格持续上升，即使是需求在急剧地下降。谢尔曼也不赞同用工资提高的成本推动型通货膨胀，作为解释不同寻常的衰退和价格上升共存的方法，因为在大多数通货膨胀时期，工资的提高落后于价格的上升，尤其是在通货膨胀和萧条共存的时期。为了解释需求下降、生产下降和价格上升共存（即滞涨）的情况，谢尔曼集中于萧条时期垄断产业的行为分析上。谢尔曼认为，自从1958年开始，垄断部门的价格就开始攀升，即使在深度的萧条时期（尽管需求在下降）也是如此。它们拥有的市场力量使得寡头能够在萧条时期通过削减生产提高价格⑦。事实上，垄断产业能够通过把负担转嫁给竞争性部门的消费者和雇佣劳动者来度过萧条期。因此，滞涨是垄断产业

① Paul A. Attewell, *Radical Political Economy since the Sixties*: *A Sociology of Knowledge Analysis*, New Jersey: Rutgers University Press, 1984, P. 187.

② Howard Sherman, 1968, *Profit Rates in United States*, Ithaca N. Y. : Cornell University Press.

③ Howard Sherman, 1976, *Stagflation*: *A Radical Theory of Unemployment and Inflation*, New York: Harper and Row.

④ Howard Sherman, 1976, *Stagflation*: *A Radical Theory of Unemployment and Inflation*, New York: Harper and Row, pp. 101 – 102.

⑤ Howard Sherman, 1976, *Stagflation*: *A Radical Theory of Unemployment and Inflation*, New York: Harper and Row, pp. 100 – 104.

⑥ Paul A. Attewell, *Radical Political Economy since the Sixties*: *A Sociology of Knowledge Analysis*, New Jersey: Rutgers University Press, 1984, P. 188.

⑦ Howard Sherman, 1976, *Stagflation*: *A Radical Theory of Unemployment and Inflation*, New York: Harper and Row, pp. 165 – 171.

通过提高价格规避萧条的负面影响的结果。在随后的上升期，通货膨胀因工人试图重新恢复在先前的萧条阶段丧失的购买力、竞争性部门试图补偿先前的损失而加剧，这个时候的垄断部门则只是把价格保持在稍高于它的成本的水平。谢尔曼还精炼了这个模型，把它和国家政策、信贷和国际贸易联系起来。阿特韦尔认为，谢尔曼强调的是"通货膨胀是垄断资本危机治理的一个特殊方面，一种意想不到的浩劫，即随着垄断公司在萧条期间更努力地尝试避免利润损失，结果情况却日趋恶化"①。

　　阿特韦尔对他认为的从技术上讲属于美国的危机理论研究作了评价。最后，阿特韦尔指出，马蒂克的危机理论对美国左翼学者的影响很小，反而是在德国和英国有很多追随者。另一个比较奇怪的地方在于，马蒂克的著作在某种意义上具有典型的欧洲危机的特征，而不是美国危机理论研究的特征。马蒂克是格罗斯曼崩溃理论的追随者。格罗斯曼的创新之处在于他认为与关注利润量相比，马克思不应当如此关注利润率。对格罗斯曼和马蒂克而言，随着时间的推移，发达资本主义企业的资本有机构成提高给资本主义带来了新的问题。投资所要求的剩余价值量增加，但是实际上剩余价值的增长陷入停滞或事实上是在下降。与巴兰和斯威齐认为晚期资本主义陷入无法销售剩余的困境不同，马蒂克看到的是更加严重的资本短缺。缺乏足够的剩余用于扩张，产生了失业、闲置的生产能力，等等。从而在马蒂克看来，消费不足是剩余不足的结果，而不是剩余过剩的结果。国家支出通过使产业从事和支持非生产性消费，将会减轻短缺的情况。但是巴兰和斯威齐将这种支出和浪费视为是对危机部分程度上的解决，马蒂克和他的追随者认为国家支出恶化了问题。虽然解决了使人们得到工作的政治和合法性问题，但是国家支出事实上扣除了一部分可用的剩余价值。因此，根据马蒂克的观点，总的剩余本来就已经不足以使资本家按照正常的比率扩张，国家支出进一步导致了整个体系的不稳定。无法找到用于投资的剩余，越来越多的公司倒闭，大公司进一步集中，经济开始走向不可避免的崩溃。阿特韦尔认为，这种剩余资本长期不足的观点在英国和其他一些地方非常流行。因为它把凯恩斯主义的政府政策视为是一种加重了疾病的治疗手段，资本主义的未来是非常暗淡的：日益加剧的危机将最终导致完全的经济崩溃。对资本主义而言，唯一的解决办法是向工人阶级的生活水平展开进攻，通过削减工资提高利润。

---

①　Paul A. Attewell, *Radical Political Economy since the Sixties: A Sociology of Knowledge Analysis*, New Jersey: Rutgers University Press, 1984, P. 189.

56.3.3 关于长波和危机理论研究

1975 年英译本曼德尔的《晚期资本主义》的出版，重新复活了人们对长期蛰伏的经济的长波理论的兴趣。长波理论影响了美国的一些理论家。长波理论始于对一个事实的观察，那就是国际资本主义经济似乎总是经历差不多 50 年左右的繁荣和停滞的周期。并不存在持续 4～10 年的典型的商业周期，几个商业周期嵌入在每一个长波中。在长波的前 25 年左右，国际经济处于扩张阶段。短期的商业周期仍然会发生，但是这种短周期受到了修正，它们的繁荣变得强而有力，它们的收缩变得相对较弱。长波的后 25 年左右，是经济的衰退和相对的停滞。这个阶段的商业周期具有微弱的上升力和长期的、严重的下降趋势。

长波产生的原因是一个极具争议性的问题。康德拉基耶夫认为，长波源自资本主义的内在动力。新的长波的开始，是由先前的长波中 25 年左右的下降期积累的大量未用于投资的资本引发的。在 20 世纪早期，托洛茨基反对说，长波的转折点是由强加于资本主义体系的外部冲击——战争、革命和重大的创新等造成的，而不是资本主义的内在动力造成的。康德拉基耶夫回应说，战争、革命和创新是由扩张和收缩的周期引起的，而不是相反。1975 年，曼德尔以一种新颖的方式解释了第二次世界大战后出现的，使传统的马克思主义危机理论蒙羞的长期经济扩张。曼德尔从康德拉基耶夫那里借鉴了许多理论要素并增加了自己的内容。曼德尔认为，在长波的下降期，由于经济停滞的状况和低的盈利率，大量的剩余价值并未用于投资。但是，一旦这些未使用的资本被用于投资，它们就会造成很大程度的经济繁荣。曼德尔主要把重大的技术创新作为新的长波开始阶段引发投资的因素。新技术迅速地重组了产业。它们为前一个周期积累下来的资本找到了投资的出路。它们也改变了生产过程，创造了对新机器的需求，随着新产品进入市场提高了消费需求。然而，尽管技术突破引起了新的长波上升期的出现，但是它们并不是长波背后最初的推动因素。曼德尔把技术创新自身看做是资本主义经济的产物，也就是说是内生于资本主义经济的。他把分析推向深入，尝试回答是什么引起了对技术的投资，是什么引起了技术的进步，是什么原因导致新的长波开始出现？曼德尔的答案使长波理论回归到正统马克思主义中。是利润率和剥削率的相对运动影响了技术创新，反过来，利润率受到诸如工人阶级的战斗精神、国际市场的开放还是封闭以及垄断和竞争之间的平衡等因素的影响。曼德尔对长波的分析"是详细和复杂的，但是，他把这种理论导入马克思主义的理由却是简单的。无论是利润率下降还是消费不足都无法完全解释'二战'后三十年资本主义经济的扩张和危机的近乎消失"①。

美国激进政治经济学派从曼德尔的长波理论中汲取营养,其中有戴维·戈登、理查德·爱德华兹、迈克尔·赖克和沃勒斯坦等。戴维·戈登(D. Gordon)、理查德·爱德华兹(R. C. Eduards)、迈克尔·莱切(M. Reich)等把长波理论应用于他们的经济分割理论和对公司内部控制类型的历史的考察。沃勒斯坦和他的追随者则把长波理论引入了他们的世界体系分析中。阿特韦尔认为,"即使长波理论本身并不是一种危机理论,但它为危机的不规则性提供了一种解释,从而补充了马克思主义理论"②。

56.4 对危机理论论争史研究的概括

在分析了危机理论的类型和危机理论争论的历史之后,阿特韦尔对危机理论进行了知识社会学的分析。这种分析是以对一些重要问题回答的方式进行的。

阿特韦尔首先分析了是在什么样的时期,在何种背景下,马克思主义经济危机理论的研究出现了重大的突破?首先人们可能会想到两种情况:在危机爆发的时期或者是工人阶级革命运动上升期危机理论的研究活动会比较繁荣。但根据对危机理论史的考察,往往并不是这种情况。马克思主义经济学创始人的危机理论和这种认识相吻合。但是有很多例外情况,伯恩施坦和反对伯恩施坦的争论,不仅不是发生在经济危机时期,反而是发生在经济繁荣时期;杜冈的重要著作出版在早期俄国资本主义的扩张阶段。第一次世界大战后围绕卢森堡、鲍威尔、格罗斯曼进行的争论先于 1920~1930 年的大萧条。美国消费不足论者进行的理论研究主要在第二次世界大战后的长期繁荣时期进行。因此,阿特韦尔认为,"危机理论创新和经济危机爆发的时间之间联系不大,恰恰相反,如果不是大多数情况,也是很多时候危机理论创新是在经济繁荣和相对平静期进行的"③。那么危机理论研究或创新是不是在"革命运动高涨"的背景下产生的呢?阿特韦尔认为危机理论研究的历史表明,这种情况与第一种情况相比,更没有说服力。围绕伯恩施坦进行的争论

---

①② Paul A. Attewell, *Radical Political Economy since the Sixties: A Sociology of Knowledge Analysis*, New Jersey: Rutgers University Press, 1984, P. 192.

③ Paul A. Attewell, *Radical Political Economy since the Sixties: A Sociology of Knowledge Analysis*, New Jersey: Rutgers University Press, 1984, P. 193.

仍然是一个重要的例子，这种争论发生在一段修正主义和和平的政治运动时期。卢森堡论述危机理论的著作也是出现在一段相对平静的时期。在否定了这两个常见的分析危机创新高潮的因素后，阿特韦尔指出，"总的看来，引起危机理论新发展的因素主要包括：建立在资本主义从危机中恢复的能力的基础之上的来自外部的对危机理论的挑战；可能潜在地修改或逆转危机的新的社会政治现象的出现；作为一种自我生产力量的危机理论研究内部存在的持续的争论"①。很明显，阿特韦尔所说的危机理论研究不包括在危机爆发后，大量媒体杂志或学术刊物上发表的对资本主义基本矛盾导致危机爆发进行的判断性分析，除非这些分析解释了基本矛盾的具体化，说明了这些具体矛盾是以什么样的机制导致了危机的爆发，尤其是，这种分析并不是对先前的理论观点的简单重提。

阿特韦尔关注的第二个重要的问题是进行危机理论研究的理论家是哪些人？阿特韦尔把第一次世界大战前的时期称为古典时期（classical period），这一时期，很大程度上主要是党的知识分子在进行政治经济学研究，他们以党的刊物或学校谋生。如卢森堡在位于柏林的德国社会民主党的中央党校任教，希法亭在写作《金融资本》时，是《前进报》的全职编辑，考茨基在编辑德国社会民主党的理论刊物《新时代》，等等。阿特韦尔提醒人们注意的是，经过这些人经常表达要原理"讲坛社会主义"，但是他们并不是没有受到正规教育。卢森堡获得了苏黎世大学的博士学位，布哈林在莫斯科大学学习，并且在流放时期在维也纳学习边际主义经济学。在第一次世界大战前的马克思主义政治经济学家中，只有伯恩施坦是个例外，他既没有读过大学预科也没有进过大学。因此，阿特韦尔认为，一般说来，这一时期的马克思主义理论家都是受到过良好教育的个体。两次世界大战之间的理论就更不用说了，大多是受到良好教育的人。格罗斯曼是大学经济学教授，波洛克在加入法兰克福研究所以前获得了经济学博士学位。第二次世界大战后美国的马克思主义理论研究者典型的都是受过大学训练的经济学家，如巴兰、斯威齐、吉尔曼等。而20世纪20年代后对危机理论做出贡献的学者主要是由大学的经济学研究生和教授构成的。

那么这些诸如背景、职业和教育的因素对危机理论研究有什么重要影响呢？

阿特韦尔对早期理论家和第二次世界大战后理论家的分类研究，为考察

---

① Paul A. Attewell, *Radical Political Economy since the Sixties: A Sociology of Knowledge Analysis*, New Jersey: Rutgers University Press, 1984, P. 196.

战后危机理论的变化以及比较英美危机理论研究的特征奠定了基础。早期的理论家如马克思、列宁、卢森堡，没有职业和经济上的保障，但是有"大规模工人阶级政治运动的支持"①。第二次世界大战后的情况与早期的情况有了很大的不同，尤其是在美国和英国，大量的左翼知识分子能够找到一个付薪的学术职位。但是却丧失了以大规模的马克思主义政治运动的形式存在的"关系群体"的支持。但是战后美国左翼知识分子、激进学者的学术位置并不稳固。而且美国马克思主义者发现他们自己经常需要面对非常艰难的职业困境。在一定程度上，这种情况出现的原因在于，与自然科学不同，自然科学在一段时间内只有一种标准范式，最多两种，在当代的社会科学学科中存在多种相互竞争的范式。而在当代的经济学中，"非常明显的是一种支配性的或正统的范式往往会远远地超越它的竞争者"②。不同的范式之间相互竞争以获得社会的承认，导致了范式冲突。"这种知识竞争的背后，是现实的人们对名誉和财富的竞争，或者仅仅就是为了在一所知名大学争到一个职位"③。不同的范式的支持者会有各种各样的方式去贬损和自己存在竞争关系的范式，但是最有效的方式往往是"宣称自己的竞争者不是真正的'科学'"④。这种情况在马克思主义经济学上表现得非常明显，如新古典经济学经常指责马克思主义经济学缺乏和现实的相关性、有效性和严格性。另外，马克思主义经济学更容易被排斥为不科学的理论，原因在于马克思主义的价值判断和明显的道德立场。科学家应该是客观事物不偏不倚的观察者，而不应该是道德家，不该对所研究的对象进行价值判断。阿特韦尔认为，美国的年轻激进经济学者，为了保住职位、获得晋升，就必须获得高一级学者的好评和承认，而这些评价者则往往代表另一种范式。这种情况并不意味着青年学者们为了谋生的需要而放弃原来的范式和创新的努力，而是激进学者们必须尽量使他们的成果得到接纳。在这样做时，最一般的选择是"采取一种非常接近于标准学术对话的解释风格，与马克思—列宁的传统风格保持距离。马克思主义著作中常见的便准用语（如资产阶级）在当代的左翼学者那里不容易见到了。相应的，马克思主义的技术词汇，如生产方式、有机构成等，以一种学术方式被加以小心的定义。马克思、列宁那种带有明显个人论战风格和攻击性的批判语言消失了。相应地，代之以脚注、引语等标志

---

① Paul A. Attewell, *Radical Political Economy since the Sixties: A Sociology of Knowledge Analysis*, New Jersey: Rutgers University Press, 1984, P. 21.

②③④ Paul A. Attewell, *Radical Political Economy since the Sixties: A Sociology of Knowledge Analysis*, New Jersey: Rutgers University Press, 1984, P. 22.

着学术规范的东西"①。

阿特韦尔把不同类型的危机理论和不同的经济情况联系起来，认为"在差不多每一次经验转变中都会出现相应的不同的危机理论"②。例如，为了理解公司能够盈利、投资流向国外，但是却爆发停滞的危机的时期，人们提出了能够理解这样的时期的本质的消费不足的危机理论。而工资挤压理论则在工资繁荣利润出现困境时出现。但是在这种理解中，出现了一个新情况，那就是用马克思的变量加以描述的经济的状态并不总是清晰的，这种认识使人们开始关注数据的使用、测度和不同类型的危机理论的可证实性的问题。马克思、恩格斯以及列宁等都求助于经验数据去理解经济趋势。当代的美国激进理论家延续了这一传统。但是，很自然的，"马克思主义者不是庸俗的经验主义者，因此大量的争论往往围绕计算哪一个经济范畴以及它是如何被计算的展开"③。这种争论有时候表现得非常明显，如对有机构成提高的正统观点的支持者来说，问题不在于数据的精确性，他们经常走到一个否定测度的可能性的极端。因此，在利润率下降问题上，尽管所有的批评者都在检验这一个定律的经验上的有效性，但是只有一个这个定律的支持者——曼德尔基于同样的经验研究的立场对它进行辩护。

---

① Paul A. Attewell, *Radical Political Economy since the Sixties: A Sociology of Knowledge Analysis*, New Jersey: Rutgers University Press, 1984, P. 24.

② Paul A. Attewell, *Radical Political Economy since the Sixties: A Sociology of Knowledge Analysis*, New Jersey: Rutgers University Press, 1984, P. 200.

③ Paul A. Attewell, *Radical Political Economy since the Sixties: A Sociology of Knowledge Analysis*, New Jersey: Rutgers University Press, 1984, P. 201.

第 57 章 谢赫对危机理论史的研究

1978 年谢赫发表的《危机理论史简介》一文，对危机理论的历史进行了简单的分析，区分了几种不同类型的危机理论，并对马克思主义的经济危机理论进行了较为深入的剖析。

谢赫指出："广义地说，'危机'这个术语指的是对资本主义再生产关系中经济和政治方面的一系列失败的概括，特定地看，我们试图解释的危机是那些由体制内在地驱动，由它自己的运行规律引发的危机"[①]。谢赫认为，再生产经常会出现一些内部或外部产生的扰动或混乱是资本主义再生产的本质特征。但是只有在特殊的时候，这些"冲击"才会引发一般性的危机。当资本主义体制还处于健康状态时，它能够迅速地从各种挫折中恢复起来，当它处于不健康的状态时，从实践的层面看，任何东西都足以引起它崩溃。谢赫指出，正因为如此，他的文章关心的是对有关资本主义体制是如何以及为什么会周期性地变得不健康的解释做出考察。

谢赫认为，在经济思想史中，可以区分出三种基本的有关资本主义再生产的分析思路，即资本主义能够"自动地自我再生产"、资本主义不具有自我扩张的能力、资本主义是一种具有内在矛盾和自身界限的经济制度。在谢赫看来，上述每一种立场都存在与其相对应的危机概念，以及为什么危机爆发和危机意味着什么的内容。谢赫的文章的重点就在于对和不同立场相联系的危机理论进行分析。

57.1 消费不足论和比例失调论

在非马克思主义的消费不足论中，问题大多是以积累率太高的方式提出来的。根据这种类型的消费不足的逻辑，任何类型的积累都倾向于否定自

---

① Shaikh, A. An Introduction to the History of Crisis Theories. In *Union for Radical Political Economics* (ed.), US Capitalism in Crisis. New York: Union for Radical Political Economics, 1978, P. 219.

身，毫无疑问，消费不足理论家都会得出结论，认为资本主义会走向停滞，自我扩张的资本主义是不可能存在的。谢赫认为，"马克思完全不赞同这些观点"[1]，为了支持这种判断，谢赫首先对马克思本人的理论阐释进行了讨论。

谢赫指出，在马克思那里，第一个重要的阐释是，用生产生产品和消费品的两部类的分析方法对资本主义的总体生产进行了理论阐释。这意味着任何给定时期的总产出，是由两种类型的商品构成的。马克思做出的第二个理论突破是澄清了有效需求的本质。消费不足论者，从根本上辨别了三种类型的有效需求："替代需求"，这种需求购买生产品以补偿生产中消耗掉的生产品；工人的消费需求，这种需求购回一部分自己生产的产品；资本家的消费需求和必须得到弥补净产出的"需求缺口"的净投资。此外，马克思的分析的出发点包含对时间问题的考虑。假定每个部门的生产过程需要花费一定长度的时间，如一年，那么，在整个生产过程中耗费的生产品不能从今年的产出中购买，当期雇佣的工人也无法在这个生产周期买由他们当期的活动生产出来的消费品，资本家也无法消费还得不到的东西。回到一年期的生产周期的开始，为了使得分析尽可能的简单，谢赫假定所有在一年的生产中需要的商品都是在这一年的开始购买的。资本家决定当前一年的生产水平，他们购买一定量的生产品，雇佣一定数量的工人，工人用他们的工资购买消费品。同时，资本家为了个人消费也购买一定量的消费品。谢赫提醒，要注意有效需求的源泉完全在于资本家阶级，工人的工资只是资本家总投资支出的一部分。认为消费和投资从职能上看是相互独立是不合理的。大量的消费来自工资，工资本身是投资支出的一个必然的方面。

因此，在一年的开始，是由资本家阶级通过自己的消费和投资支出决定有效需求。但是，谁卖出商品呢？当然是资本家。今年的开始是去年的结束，这也是去年的生产过程得到的最终产品变得可以利用的时刻。去年的产出为资本家阶级提供了可用的商品供给，资本家阶级今年的总投资和个人消费决定了对商品供给的有效需求。谢赫指出，如果有谁觉得这非常奇怪，那是因为资本主义再生产自身是奇怪的。"生产和消费的决策是由大量的个体资本家做出的，他们并不会思考他们的决策对整个体制的影响。尽管是资本家阶级决定了供求关系的两端，但是他们这样做时是以个体而不是阶级的形

---

① Shaikh, A. An Introduction to the History of Crisis Theories. In *Union for Radical Political Economics* (ed.), US Capitalism in Crisis. New York: Union for Radical Political Economics, 1978, P. 226.

式表现的"①。所以在这种分析中，主要的困难是，为什么资本主义体制有时候能够运转良好。

谢赫指出，从上述认识出发，不难说明，有效需求在每一年都恰好足以购买以"正常"价格供给的商品时，稳定增长的可能性就很容易。如果投资增长 10%，那么产出也增长 10%，如果资本家的消费也增长 10%，每一年的产出都可以得到和它相对应的有效需求。谢赫认为，在马克思之后，平衡增长的可能性变成了一种常识。平衡增长意味着生产能力和有效需求能够以几乎相同的比率增长。但是，扩大再生产的可能性，给消费不足论提出了一个独特的难题，正是在面对这个挑战时，马克思主义版本的消费不足论出现了。

谢赫对马克思主义发展史上有关消费不足的理论论争作了分析。谢赫指出，在《资本论》第一卷中，马克思表明剩余劳动时间对维持他们自身和资本主义体制而言都是必要的，剩余劳动为资本家阶级提供了剩余产品。在19 世纪 50 年代，俄国的一些民粹主义者认为可以在"米尔"（mir，沙皇俄国的一种村社）的基础上直接过渡到社会主义，而无需经受资本主义工业化造成的恐怖的结果。到了 1880 年，《资本论》第一卷不仅为马克思主义民粹主义者提供了对资本主义进行全面的毁灭性的批判的武器，而且通过简单的引申，也为他们提供了反对俄国资本主义发展的重要的理论武器。

民粹主义者把马克思对剩余劳动时间的强调视为俄国资本主义不可能发展的证据。以古典消费不足论的方式，民粹主义者认为，由于工人生产的超过他们消费的，国内市场将不足以保证增长。西方发达资本主义国家通过寻找国外市场摆脱了这种困境，但是俄国，非常的不发达以至于无法在世界市场上和发达资本主义国家展开有效的竞争，因此资本主义在俄国是不可行的。组织农民是迈向社会主义的关键。

1885 年，即马克思逝世两年后，《资本论》第二卷出版了，但是俄国的马克思主义民粹主义者仍然在强调，没有外国市场，资本主义国家就无法存在。但是这个时候，俄国马克思主义者阐发了反对这种观点的论据，其中包括一些重要的人物，如布尔加科夫、杜冈、司徒卢威和列宁等。这后一种类型的马克思主义者对民粹主义者的消费不足论进行了两点重要的批判。首先，他们指出，在俄国，资本主义和商品关系在许多地方都发展迅速，列宁

---

① Shaikh, A. An Introduction to the History of Crisis Theories. In *Union for Radical Political Economics* (ed.), US Capitalism in Crisis. New York: Union for Radical Political Economics, 1978, P. 227.

的《俄国资本主义的发展》分析的重点就在于此；其次，列宁和其他一些人攻击了民粹主义的逻辑基础，他们认为，民粹主义者的根本错误在于想当然地认为，在资本主义条件消费是生产的目的。但是，资本主义是为了利润，而不是消费而进行生产。马克思对扩大再生产的分析消除了人们对利润驱动的生产能够产生自己的内部市场的怀疑。消费不足不是一个内在的问题。资本主义已经出现，它充满活力并到处扩张，组织城市无产阶级才是一个紧迫的任务。

谢赫认为，在这一论争中，布尔加科夫、杜冈、司徒卢威和列宁等"获得了决定性的胜利，但是他们的胜利只是开启了另一轮论争"[1]。并引起了对一些重要问题的讨论：如果资本主义能够维持自我的增长，那么又是什么为它设定了界限？此外，我们如何理解资本主义周期性爆发的具有严重的破坏性的危机？

谢赫认为，在面对上述问题时，杜冈的反应表达了一种假定两部类之间可以以正确的比例增长，则资本主义完全独立于消费的极端的立场。但是，杜冈指出，考虑到资本主义生产无政府主义的本质，这种比例协调只是偶然的事情。资本主义生产试错的本质将会周期性地造成生产之间的极大的不平衡，最终再生产将会中断并爆发危机。列宁反对杜冈认为消费是无关紧要的观点，但是，列宁这时除了强调资本主义生产的无政府性是危机这一源泉外，并没有提出一种清晰的危机理论，而且"后来他再也没有回到这一主题"[2]。在德国，差不多十年后，比例失调论再度出现，这一次出现在鲁道夫·希法亭论垄断资本主义的重要著作中，杜冈和希法亭后来都认为，既然资本主义的无政府性导致危机，那么计划将会消除危机。希法亭著作中"有组织的资本主义"就是一种解决方法，通向国家控制的议会道路则是解决无政府性的一种手段。

卢森堡拒绝接受这种解决论争的方法，她坚决地反对修正主义，而比例失调论推动了修正主义的产生。卢森堡认为，一旦承认资本主义的发展并不是沿着自我毁灭的道路前进，那么社会主义就不再是一种客观必然。放弃了资本主义崩溃的理论也就是放弃了科学社会主义。谢赫认为，正是在这个基础上，卢森堡开始恢复马克思主义者有关消费不足的讨论。

由于马克思有关资本主义扩大再生产的例子为早期俄国马克思主义者中

①②　Shaikh, A. An Introduction to the History of Crisis Theories. In *Union for Radical Political Economics* (ed.), US Capitalism in Crisis. New York：Union for Radical Political Economics, 1978, P. 228.

发生争论提供了重要的理论要素，卢森堡直接对再生产模型进行了攻击。卢森堡承认，马克思明确地表明了扩大再生产的抽象的可能性，但是，她认为，马克思没有意识到这种可能性在现实中是不可能的。假定在生产周期结束时，整个社会产品存在仓库中，这个时候资本家拿出一部分总产品替代在生产过程中消耗掉的产品，工人取走一部分消费资料。剩下的是剩余产品，在这部分产品中资本家把一部分作为自己的消费品。卢森堡认为，这个时候出现了一个问题，对剩下的剩余产品的购买来在何处？她认为，如果马克思是正确的，那么资本家为了投资并扩大生产能力，将购买剩下的剩余产品。但这完全是没有意义的，因为再下一期生产能力将变得更大，需要填补的缺口更大，问题变得更加难以解决。卢森堡认为，马克思的积累的方式没有解决最终谁将从扩大的再生产中获益的问题。扩大再生产从代数上看是可能的，但是从社会的角度看，是不可能的。

这样，对实际的资本积累的解释只能从一些外在于纯粹资本主义关系的力量中去寻找。卢森堡认为，马尔萨斯主义者的"第三阶级"解决不了这个问题，因为他们的收入只是来源于利润或工资；同样的资本主义国家的对外贸易也没有为作为整体的资本主义面临的这个问题提供解决方法，因为这个问题内在于整个资本主义体系。因此，卢森堡主张资本主义积累要求有一个外在于资本主义社会的购买阶层，这个阶层从资本主义社会购买的产品多余它向资本主义社会出售的产品。从而，资本主义和非资本主义之间的贸易对于资本主义的历史存在而言是必要的，帝国主义是从资本主义国家之间争取有效需求的重要源泉的斗争中产生的。此外，随着资本主义的扩张覆盖了全球，非资本主义地区相应地缩小，也就缩小了积累的重要源泉。危机的趋势加剧了，资本主义国家之间围绕争取剩余的非资本主义地区的斗争加剧了。世界危机、战争和革命是这个过程必然的结果。

谢赫认为，如果卢森堡有关积累不可能性的分析是错误的，她的分析方法中也是无效的，因为她要求"第三世界"一直存在购买的比出售的多的情况，那么，进行这些购买的额外的收入又是从哪里来的呢？谢赫进一步认为，事实上卢森堡有关积累可能性的论述也是错误的。因为在生产周期结束时，是资本家拥有全部的社会产品。同时，也是他们的总投资和个人消费支出是这些产品有效需求的源泉。现在，除了他们的个人消费，他们的其他支出无论如何也不是由消费推动的，它完全是由对理论的预期推动的。马克思的再生产例子表明，如果资本家的确进行了一定数量的投资，那么他们将的确有能力出售他们的产品并获得预期的利润。如果这种成功刺激他们继续进行投资并获得更多的利润，他们将再一次获得激励，等等。消费将会因为工人就业和资本家财富的增长而扩张。但是"这种消费的扩张是结果而不是原因"①。

谢赫认为，如果上述分析否定了卢森堡对扩大再生产的批判，但是仍然没有回答在卢森堡那里一开始就存在的两个问题：首先，是什么力量，如果存在这种力量的话，使扩大再生产在现实中变得可能？其次，如果扩大再生产在实际上是可能，那么资本主义就不会沿着自我毁灭的方向发展是正确的吗？

谢赫认为，"理论的争论是由现实决定的"②。1929年，一次毁灭性的世界范围的资本主义危机爆发了，紧随其后的是差不多十多年的严重的萧条和失业。在这种背景下，资本主义再生产问题再一次出现在理论争论的前沿。第一次恢复把消费不足理论作为对危机的解释的重要尝试是由斯威齐做出的，在《资本主义发展论》（1942）中，斯威齐明确地开始构建一种"能够避免遇到早期版本的消费不足论遇到的反对意见"③的消费不足理论。谢赫认为，在这个早期尝试中，斯威齐仍然在很大程度上受到消费需求调节总体生产的传统消费不足论的影响。从有效需求来看，是由资本家的消费和总投资支出构成的。斯威齐注意到，随着资本主义的发展，机械化先行一步，并使得越来越多的机器和物质支持单个工人。这意味着资本家对生产品的投资支出增加的比对工资品的投资支出快。根据斯威齐对生产的分析，对生产品的投资支出意味着消费品生产能力成比例地提高，然而对工资支出提高的慢必然在工人的消费中表现出来。因此，生产消费品能力的扩张快于工人的消费需求，从而出现了"需求缺口"。当然，资本家的消费可能会弥补这个缺口。但是，随着资本主义的发展，资本家的利润用于投资的比例越来越大，用于消费的比例较小，因此他们的消费滞后于第二部类生产能力的扩大。斯威齐推论说："存在消费的增长落后于消费品产出的增长的内在趋势……这种趋势可能在危机或停滞，或同时在两者中表现自己"④。

谢赫认为，斯威齐的分析中的根本错误是"存在一种类型的传统消费不足论者把第Ⅰ部类简化为只发挥一种第Ⅱ部类的'投入'职能的错误认

---

①② Shaikh, A. An Introduction to the History of Crisis Theories. In *Union for Radical Political Economics*（ed.），US Capitalism in Crisis. New York：Union for Radical Political Economics，1978，P. 229.

③ Pau. Sweezy, *The Theory of Capitalism Development*, New York：Monthly Review Press，1942，P. 179.

④ Pau. Sweezy, *The Theory of Capitalism Development*, New York：Monthly Review Press，1942，P. 183.

识。一旦做出这样一个假设，接下来必然是生产品生产的增加必然扩大消费品的生产能力。但是，这是错误的：生产品也可能被用于生产品生产自身"①。谢赫认为，与斯威齐的推理相反，完全可能在单个工人使用的机器和物质资料的比例增加的同时，两个部类的产出都增加，而且完成了扩大再生产。谢赫指出，斯威齐的第二次尝试，是和巴兰一起完成的，差不多在《资本主义发展论》出版后20年，他和巴兰共同完成了《垄断资本》一书。斯威齐认为，资本主义有一种第Ⅱ部类的生产能力的扩大快于消费需求的趋势。《垄断资本》根据马克思、凯恩斯和卡莱斯基的思想，不再把自己局限于第二部类或消费需求。相反的，它认为现代资本主义有一种总生产能力的扩大快于内在形成的有效需求的趋势，因此在缺乏外部因素时，"垄断资本主义将会越来越深地陷入长期萧条的泥沼中"②。根据这种诊断，"在相当长的时期内，（实际）积累过程能够以一种有力的方式进行……对劳动力的需求迅速扩张，而且生产能力的使用接近于完全实现"③ 必须通过外部因素加以解释。谢赫认为，在这种基础上，斯威齐和巴兰指出重大的创新、帝国主义扩张和战争、通过广告对需求进行的一般性的刺激、政府政策等，都是一些重要的克服垄断资本主义内在停滞本质的重要因素。谢赫指出，"把伴随着缓慢增长的垄断和产能过剩联系起来不是什么新的见解，许多理论试图解释这种联系"④。他认为，斯威齐和巴兰的特殊贡献在于，他们认为上述现象源自垄断资本主义过度扩大生产能力的长期趋势，而且这种趋势推动资本主义走向危机和（或）停滞。

在马克思的分析中，是资本家的总投资和消费支出决定了有效需求。此外，资本家阶级的个人需求或多或少被动地根据过去和现在的利润进行调整，因此谢赫认为，"事实上总投资才是关键的变量"⑤。现在假定在给定某年的开始阶段，为下一年的生产进行的总投资支出大到足够扩大生产能力，但是却没有大到足以购买所有已有的社会产品。那么资本家将会一方面扩大他们的生产能力，另一方面为他们已有的生产能力找到充足的需求。谢赫指出，考虑到资本主义生产无政府主义的本质，可以想象这种结果经常会发

---

① Shaikh, A. An Introduction to the History of Crisis Theories. In *Union for Radical Political Economics* (ed.), US Capitalism in Crisis. New York：Union for Radical Political Economics, 1978, pp. 229 – 230.

② Paul Baran and Paul Sweezy, *Monopoly Capital*, New York：Monthly Review Press, 1968, P. 108.

③ Paul Sweezy, The Economic Crisis, *Monthly Review*, Vol. 26 （10）, March 1975, pp. 1 – 8.

④⑤ Shaikh, A. An Introduction to the History of Crisis Theories. In *Union for Radical Political Economics* (ed.), US Capitalism in Crisis. New York：Union for Radical Political Economics, 1978, P. 230.

生。问题是，这只是资本主义再生产常规波动中的一个方面，还是它意味着更多的东西？谢赫认为，对这个问题，马克思的观点是资本家被驱动去进行客观的可能所允许的迅速的积累，因此上面提到的差异具有自我矫正的趋势。但是，如果在某种程度上认为在每一期投资都倾向于处于上面所描述的范围——大到足以扩大生产能力但是不足以购买先前一期的供给——那么生产能力必然超过有效需求，资本主义体制将会遇到需求缺口或"实现问题"。谢赫认为，"这恰恰就是隐含在巴兰和斯威齐的观点中的东西，（潜在的）剩余扩张快于资本主义体制能够吸收它的能力"①。然而，尽管巴兰和斯威齐对垄断产生的这个问题进行了很多的批评，但是他们却没有讨论垄断者为什么在需求不充足的情况下要坚持持续扩大生产能力。因此，"他们整个主题中一个关键的因素没有被加以解释"②。在《垄断资本》中，巴兰和斯威齐提到了罗宾逊夫人、卡莱茨基和斯坦德尔。谢赫指出，这些学者都属于左翼凯恩斯主义理论传统，因此有必要简单地考察一下他们对危机问题进行的分析。谢赫指出，在凯恩斯主义和马克思主义的分析中，投资都扮演了一个重要的角色。但是，在凯恩斯主义理论中，强调的主要是投资决策的短期决定。上面提到的几位学者在投资决策分析中，首先主要关注的是短期，其次才关注长期的结构变迁。谢赫认为，罗宾逊夫人的早期著作只分析长期的结构变迁，但是后来的著作主要依赖卡莱茨基，而卡莱茨基在少有的进行长期分析时，只是假定在缺乏外部因素时，资本主义趋于停滞。从而，是创新成为推动投资超过再生产资本主义体制自身所必需的投资水平的重要因素，因此卡莱茨基认为可以用垄断资本主义中创新强度的下降解释缓慢的增长。但是，谢赫认为，非常独特的是，在1968年出版的卡莱茨基最后一本重要的著作中，卡莱茨基强调有关投资的长期决定的令人满意的解释仍然是缺乏的。最后，斯坦德尔一开始就注意到了卡莱茨基长期分析的不足，而且致力于弥补这个缺陷。在最终的分析中，他也不得不假定创新强度的下降是造成现代资本主义增长缓慢主要因素，尽管他强调了垄断倾向于加剧创新强度下降的趋势。像先于他的卡莱茨基一样，他也宣布令人满意的解释仍然没有出现。因此，谢赫认为，"巴兰和斯威齐开始提出他们自己的问题并不令人感到奇怪"③。

---

①②　Shaikh, A. An Introduction to the History of Crisis Theories. In *Union for Radical Political Economics*（ed.）, US Capitalism in Crisis. New York：Union for Radical Political Economics, 1978, P. 230.
③　Shaikh, A. An Introduction to the History of Crisis Theories. In *Union for Radical Political Economics*（ed.）, US Capitalism in Crisis. New York：Union for Radical Political Economics, 1978, P. 231.

57.2 利润率趋向下降理论简史

谢赫指出，"激进的和马克思主义的消费不足论倾向于把有效需求作为资本主义积累的一个限制因素。但是，在马克思自己的分析中，有效需求并不是一个内在的问题。恰恰相反，在马克思的观点中资本家受利润的驱动去进行尽可能快的积累，因此，自我扩张的再生产而不是停滞才是资本主义体制的正常趋势"①。谢赫认为，这并不意味着积累过程是顺利的，或者说局部的危机不可能发生。但是，它的确意味着，"对积累过程的限制并不是源自需求的不足"②。但是，这样认识马克思的分析是否意味着像卢森堡雄辩地表明的那样，一旦反对消费不足论，就必然要接受一种观点：积累（从而资本主义自身）就具有无限扩张的能力？谢赫认为，完全不是这样，根据马克思的观点，对积累的限制完全内在于积累过程自身，也就是"资本主义生产的真正限制是资本自身"③。

资本主义积累是受盈利率推动的。但是，根据马克思的观点，积累自身逐渐地降低了盈利率，因此倾向于破坏积累自身，与此同时，积累意味着资本主义关系的扩张增加了无产阶级的数量和它的量。盈利率的下降意味着积累率的下降和资本家为市场、原材料和廉价劳动力展开的竞争的加剧。随着弱小的资本家的消失，经济的集中和集聚（也就是垄断）扩大。此外，在上述情况下，资本家对工资展开的直接进攻或通过机械化、输入廉价劳力和向贫穷国家输出资本进行间接的进攻变得非常必要。与此同时，工人阶级的规模和他们共同反对资本的经验也在逐渐增加。资本对劳动攻击的加强招致了对自己的抵抗和反击，阶级斗争加剧了。

谢赫指出："重要的是要认识到，盈利率下降的趋势并不是由高工资引起的，尽管实际的增加会加剧这种趋势"④。这意味着源自盈利率下降的危机不应当归因于劳动者的要求或抵制，尽管不同历史阶段和政治形势在解释资本主义体制如何应对危机时是非常重要的。只要资本主义关系占主导地位，它的一般趋势就要发挥作用。因此，马克思强调无产阶级的任务不只是抵制资本而是推翻它。在谢赫看来，上述简单的分析表明，"垄断程度的提

①②④ Shaikh, A. An Introduction to the History of Crisis Theories. In *Union for Radical Political Economics* (ed.), US Capitalism in Crisis. New York：Union for Radical Political Economics, 1978, P. 231.
③ 《马克思恩格斯文集》第7卷，人民出版社2009年版，第278页。

高，积累率的下降和阶级斗争的加剧可以被解释为资本主义发展基本规律的结果，而不是引起提出新规律的因素"①。谢赫认为，因为在解释资本主义积累过程中，利润率下降发挥了重要的作用，因此需要对它进行重点的考察。

57.2.1 马克思的利润率下降理论

有关盈利率的问题有两个重要的方面，首先盈利的基础是什么？是什么决定了盈利率的范围？其次，资本主义是如何发展和巩固这个基础的，这种对盈利率基础的巩固会对它的范围造成什么样的影响？

在回答上述问题时，马克思是从劳动过程开始的。马克思注意到，在所有的社会，满足人类需求和需要的客观必然意味着以特定的比例和数量，对社会劳动时间或社会的生产活动进行的配置，否则的话社会的再生产就是不可能的。尽管社会劳动的配置对所有社会而言都是根本性的，但是榨取剩余劳动才是阶级社会的基础。这种剩余劳动构成了阶级关系的物质和社会基础。榨取剩余劳动必然是强制性的，因为剩余劳动不仅为统治阶级提供了消费资料而且提供了支配其他阶级的手段。谢赫认为，在大多数社会，社会劳动时间的配置和剩余劳动的榨取是由传统、法律、武力调节的。但是在资本主义社会，生产活动是由个体资本家在潜在利润的基础上发起的。从表面看，货币价格和利润是资本家决策的基础。但是，马克思认为，事实上是包含在商品生产中的总劳动时间调节货币现象。"劳动价值和剩余价值对价格和利润的调节事实上是一种再生产的社会要求在资本主义社会展现自身的一种方式"②。因此，谢赫认为，应当从对劳动价值和剩余价值的直接分析开始讨论盈利率问题，因为"它们才是真正的调节因素"③。

在劳动过程中，工人使用劳动工具把物质材料转变为最终产品，因此生产最终产品需要的总劳动时间由两部分构成：包含在被消耗的生产资料中的劳动时间和在生产过程中花费的工人的当前劳动时间。马克思把第一种成为不变资本 C，第二种为"活劳动增加的价值 L"，因此，任何一种最终产品的总劳动价值为 C+L。在全部最终产品中，一部分等于消耗的生产资料的价值，它的劳动价值是 C，净产品劳动时间为 L，如果存在剩余产品，那么只有一部分净产品必须补偿工人消耗的消费品。因此，活劳动增加的价值 L

---

① Shaikh, A. An Introduction to the History of Crisis Theories. In *Union for Radical Political Economics* (ed.), US Capitalism in Crisis. New York：Union for Radical Political Economics，1978，P. 231.

②③ Shaikh, A. An Introduction to the History of Crisis Theories. In *Union for Radical Political Economics* (ed.), US Capitalism in Crisis. New York：Union for Radical Political Economics，1978，P. 232.

是由再生产劳动力所需的必要劳动时间 V 和剩余劳动时间 S 构成的，剩余产品从而真实利润 $S = L - V$。活动时间分为必要劳动时间和剩余劳动时间是资本主义社会隐蔽的基础。马克思把 $\dfrac{S}{V}$ 称为"剥削率"，在其他条件相同的情况下，剥削率越大，剩余价值的量就越大，从而利润就越大。

工人实际投入的劳动 L 是由工作日的长度决定的。工人再生产自身所需的必要劳动时间 V 是由他们维持自己的再生所消费的商品以及其生产这些商品所需的劳动时间决定的。因此，剩余价值量 S 和剥削率 $\dfrac{S}{V}$ 可以以两种方式增加：通过延长劳动日的长度剩余劳动时间直接增加，或者在工作日长度给定的情况下，通过降低必要劳动时间 V 间接地增加。这后一种方法要求或者工人的实际工资下降或者他们的劳动生产率提高，或者两者同时发生作用。

谢赫指出，资本家通常努力去尝试所有能够增加剥削率的方法。但是随着时间的推移，延长工作日的长度或降低实际工资总是会受到各种各样的限制。从而增加劳动生产率成为提高剥削率的主要手段。但是在马克思看来，资本主义社会存在这样一个矛盾，"提高剥削率的手段倾向于造成利润率的下降"[①]。剩余价值率 $\dfrac{S}{V}$ 表明工作日分为必要和剩余劳动时间，这意味着对生产性工人的剥削程度。但是对资本家而言，关键的是资本的盈利程度。从资本家的视角看，利润量和投资的比例是资本家成功与否的尺度。也就是说利润率 $\dfrac{S}{(C + V)}$ 调节资本的积累。在不断的竞争中，个体资本家不得不持续地降低单位产品的成本以获得竞争的优势，在生产过程中资本家陷入了另一种形式的斗争，那就是用机械化作为提高劳动生产率的手段降低单位产品的成本。一开始，资本家通过分工和专业化程度的提高和工作任务的细分与日常化完善劳动过程，随着资本家对劳动过程的控制，人类生产活动越来越机械化和自动化。机械化成为资本主义社会提高社会劳动生产率的支配性方式。它源自资本家对劳动过程和人类生产活动的控制。因此，"既不是工人抵抗的加强，也不是实际工资的增加才是机械化的内在原因，尽管它们可能会加速机械化的趋势"[②]。机械化程度的提高造成了马克思所说的资本技术

---

①② Shaikh，A. An Introduction to the History of Crisis Theories. In *Union for Radical Political Economics*（ed.），US Capitalism in Crisis. New York：Union for Radical Political Economics，1978，P. 233.

构成的提高。技术构成的提高用价值术语表达就是死劳动对活劳动比率的提高。事实上，即使实际工资增加，只要增加的比率比生产率提高的小，剥削率仍然会增加，也就是说实际工资和剥削率提高同时发生是完全可能的。在马克思看来，在资本主义社会围绕实际工资进行的斗争是在一定的客观限度内展开的，这个限度是由资本的积累设定的。这些限度内在于资本主义自身，职能通过推翻资本主义才能够超越这些限度。

谢赫对学者们对待利润率下降趋势规律的态度进行了分析。他认为，差不多所有的马克思主义评论者都接受机械化是资本主义生产中一个非常明显的特征。然而，一个重要的思想流派并不把机械化归因于资本家对劳动过程的控制，而是把它归因于资本家对工人抵抗程度的增加和实际工资的增加。这种流派的学者一开始就假定给定生产条件下实际工资的增加，反过来引致资本家用机器替代劳动，从这种观点看，机械化以及与之相伴的劳动生产率的增加是提高盈利率的重要手段，尽管工资的增加倾向于降低盈利率。根据这个前提条件，他们认为利润率可以向任何方向变化。谢赫认为，斯威齐和多布都持有上述观点，他也认为这种分析是正确的，实际工资的增加的确会引起机械化，机械化可能会也可能不会抵消更高的工资对盈利率产生的影响。但是，谢赫指出，在马克思那里，实际工资的增加之所以可能是由于一个主要的原因，那就是生产斗争中机械化程度的提高。从而，斯威齐和多布分析的是第二位的而不是第一位的原因。考虑到他们忽视了第一位的原因，毫不奇怪他们无法找到利润率下降的特定原因。另一种重要的利润率下降趋势规律的反对意见认为，机械化（无论它的原因是什么）并不必然意味着利润率下降的趋势。考虑给定数量的工人，因此 L 是给定的。机械化意味着这些工人使用的生产资料的量增加了。但是这伴随着工人生产率的增加和商品的劳动价值的下降。因此，生产资料的劳动价值可能不会像它们的量增加的那样快。因此，假定生产资料的劳动价值下降的和量增加的一样快，或者甚至快于量的增加，那么 $\frac{C}{L}$ 将会保持不变或甚至是下降，那么利润率就不存在向下的压力。谢赫认为，这种反对意见在有关利润率下降的争论中一直存在，争论中各方对死劳动和活劳动之间精确关系令人满意的解释一直不存在。

另一种常见的反对意见和一种理解有关，这种理解认为资本家将永远不会选择会降低他们的利润率的生产技术，因此利润率下降自动地就被排除掉了。这种观点通常用数学工具加以分析和证明，被称为"置盐定律"，但是对这种意见的反对意见认为，"这种意见的主要错误在于假定技术进步只是一个资本家的选择问题，而不是一种必然性的问题"[①]。最后一些马克思主义者在经验的基础上反对 $\frac{C}{L}$ 的概念，因为 C 是生产资料的价值，L 是活劳动增加的价值，它们的货币的对等物为 K，即生产资料的货币价值。Y 为净产出增加的货币价值，在这个基础上，这些马克思主义者考察了资本产出比 $\frac{K}{Y}$，因为官方统计数据表明这个比例在长期保持不变，这构成对 $\frac{C}{L}$ 增加概念的一种反对意见。谢赫指出，有趣的是同样类型的马克思主义却会反对资本主义社会贫困率、失业率和营养不良的比率等统计数据，认为这些数据在实践上没有什么用处。

57.2.2 马克思之后的利润率趋向下降理论

谢赫指出，随着资本主义的发展利润率下降趋势广泛地被古典经济学家认为是不争的事实。如斯密，注意到越来越多的资本流入特定的产业，它们扩大了供给，压低了价格从而导致利润率的下降。这种观点的批评者很快指出，资本流入特定的产业只会在该产业的利润率高于平均水平的情况下发生，因此，资本的流入只是把利润率推回到平均水平。但是这种反对意见并没有对平均利润率的形成进行解释，斯密也没有对积累以什么方式改变平均利润率做出解释。差不多40多年后，李嘉图提供了一种解释，随着社会的发展，更多的土地被开发利用以养育越来越多的人口。这意味着越来越多的贫瘠土地被开发利用，因此食物的生产变得越来越昂贵。用马克思主义的术语，食物的劳动价值增加。在给定的工作日，必要劳动时间增加，剩余劳动时间相应地下降。从而剩余价值率随着社会的发展而下降，随之利润率也发生下降，但是在这种认识中，不是因为工人的实际工资增加，而是因为农业劳动的生产率下降。在批评李嘉图的地租理论时，马克思表明李嘉图的结论无论从逻辑上还是从经验上看都是错误的。事实上，资本主义的历史的典型特征是劳动生产率的提高，无论是在工业还是在农业领域都是如此。马克思自己对利润率下降的解释就是建立在社会劳动生产率和剩余价值率提高的基础之上的。谢赫指出，马克思把利润率下降视为资本主义体制运动规律的关

---

① Shaikh, A. An Introduction to the History of Crisis Theories. In *Union for Radical Political Economics* (ed.), US Capitalism in Crisis. New York: Union for Radical Political Economics, 1978, P. 234.

键，但是，"奇怪的是在大量马克思主义思想史中只发挥了相对较小的作用，在消费不足论中它完全消失了，它同样也不存在于'利润挤压'理论中"①。谢赫对这种奇怪的情况产生的原因进行了自己的分析，他认为造成这种忽视的部分原因在于上面分析过的对利润率下降趋势规律存在的反对意见；另一个更重要的原因可能是政治方面的，"把资本主义视为受制于'运动规律'，那就是说把人类社会安排视为一种机械的或物理的过程。这贬低了人类在决定事件发展过程中的作用，是人而不是运动规律决定了历史。此外，相信利润率趋于下降的主张将导致对推翻资本主义的任务持宿命论和被动的态度；最后，有时候如果对危机的原因分析的太抽象将会在一定程度上丧失它在阶级斗争的实践政治中的功效"②。

但事实上，德国的格罗斯曼，美国的马蒂克和英国的大卫·耶夫认为，恰恰能够从马克思的理论框架中引申出革命的政治。"格罗斯曼是第一个把对危机的讨论从消费不足和比例失调论中转移出去的重要的马克思主义者"③。格罗斯曼在政治和经验的基础上，对上述理论进行了批判，强调一种利润率下降的危机理论。格罗斯曼注意到，随着利润率的下降，总利润的增加必然放缓或停止这个事实在马克思的分析中是非常重要的。到了新投资不再产生额外的利润，投资将会缩减并导致危机的爆发。随着危机的扩散，弱小和效率低下的资本家将破产，强大的资本家可以以非常低的价格购买他们的资产。随着失业率的上升，工人的地位也进一步下降。实际工资趋于下降，但与此同时劳动过程的强度趋于加强，因此剥削率上升。所有这些因素提高了利润率，因此每一次危机自身为恢复和下一次的繁荣和萧条的周期开辟了道路。谢赫认为，在格罗斯曼的分析中，没有一个因素能够说明特定的危机的爆发，因为许多因素可以延迟或加速利润率下降的效果。在这种意义上，阶级斗争不仅在危机爆发的时间上，而且在削弱危机的影响的领域中都发挥了重要作用。然而，对格罗斯曼而言，更重要的是危机是客观的革命的条件。马蒂克在许多方面对格罗斯曼的著作进行了发展。在马蒂克那里最重要的一点是，马克思用运动规律的术语讨论资本主义社会的原因恰恰是因为资本主义不是由有意识的人类决策调节的，而是有像关系那样的事物调节的，如市场关系，价格和利润的关系等。像先于他的格罗斯曼一样，马蒂克

---

① Shaikh, A. An Introduction to the History of Crisis Theories. In *Union for Radical Political Economics* (ed.), US Capitalism in Crisis. New York: Union for Radical Political Economics, 1978, P. 235.

②③ Shaikh, A. An Introduction to the History of Crisis Theories. In *Union for Radical Political Economics* (ed.), US Capitalism in Crisis. New York: Union for Radical Political Economics, 1978, P. 236.

强调危机提供了革命和反抗的机会，但是只有阶级斗争能够决定选择哪条道路。资本主义是转向法西斯主义或是转向社会主义，不是预先决定了的①。耶夫提出了自己的马克思的经济分析并把它应用20世纪70年代的危机。就危机理论而言，除了和格罗斯曼和马蒂克相似的观点，耶夫为危机研究增加了一些新的认识。因为危机是用价格和利润的现象表现出来的，因此存在认为价格和利润是危机的原因的趋势，例如，对停滞、失业率上升、通货膨胀，国家指出的增加都在世界范围内加剧了阶级斗争。但是，所有这些情况都只是危机发展的现象，而不是原因。随着利润率的下降，积累将会放缓，失业将会增加。资本家将会提高价格以保持盈利率，从而造成了通货膨胀螺旋。同时，国家被迫进行干预，一方面去保持在政治上而言处于可接受水平的就业率，另一方面去补助甚至是接管处于困境中的产业。因此，国家支出迅速地增加。但是国家的财政赤字只是加剧了通货膨胀，尽管它对就业水平的支持阻止了工资下降的程度以帮助恢复盈利率。以这种方式，矛盾进一步加剧，找到有效的政策变得越来越困难，耶夫认为，这就是20世纪70年代资本主义世界面临的情况。

57.3　阶级斗争和利润挤压

谢赫认为，每一次危机都显示出利润对资本主义生产而言具有的重要性，并不断地提出是什么调节盈利率的问题。但是在资本主义社会，每一次盈利率的下降，迟早都会被追溯到高工资，事实上，在其他一切条件不变的情况下，工资的下降，必然导致利润的上升。但是这并不意味着利润的下降必然是由于高工资。"真正的问题是，到底哪个是原因哪个是结果"②？

马克思当然反对上述解释，事实上，他认为利润率的下降恰恰是因为工人被剥削得更严重了，而不是更轻了。谢赫认为，在最抽象的水平上，剩余价值率$\frac{S}{V}$的货币等价形式是利润和工资的比率$\frac{\prod}{W}$，利润—工资比率的下降可以被视为实际工资过度增加的证据，但是这种推理是错误的。

首先，完全有可能对工人进行更高程度的剥削并使他们生产出更大数量

---

① Russell Jacoby, *The Politics of the Crisis Theory: Toward the Critique of Automatic Marxism II*, Telos, No. 23, 1975, pp. 10 – 17.

② Shaikh, A. An Introduction to the History of Crisis Theories. In *Union for Radical Political Economics* (ed.), US Capitalism in Crisis. New York: Union for Radical Political Economics, 1978, P. 237.

的剩余产品，同时资本家却没有能力出售更大数量的商品，没有能力把它转化为货币利润。例如，在出现利润率下降带来的危机时，一些资本家将会破产，其他一些资本家将会丧失对他们的一部分商品的购买者。价格将会下降，那么利润和利润—工资比率会下降。为了避免这种情况的出现，存活下来的资本家将会驱使他们的工人更加努力的工作，对他们进行更严重的剥削，去努力降低成本并存活下来。因此，利润—工资比率的下降将会伴随着剥削率的上升。但是，在这些情况下，所有的都是危机的症状而不是危机的原因。谢赫指出，上述模式在危机爆发前是不成立的。因为如果发生这种情况，那么它就是一个确凿的证据，即工人事实上成功地提高了他们的实际工资，而且提高的程度如此之大以至于降低了剥削率，从而促成了危机。谢赫指出，恰恰是把 $\dfrac{\prod}{W}$ 作为 $\dfrac{S}{V}$ 的指标的这种理论上的等同性可以用来定义马克思主义危机理论中的"利润挤压"的分支，其中代表性的英国的格林、苏利夫、罗松和美国的博迪和克罗迪。

　　谢赫指出，从表面上看，"利润挤压"分支的观点是建立在对危机先于利润—工资比率下降的经验观察之上。但是同样的观察也经常由资产阶级经济学家得出。然而马克思主义者更进一步，把观察到的利润—工资比率同剥削率等同起来。正是因为这样，盈利率的下降事实上成了剩余价值率下降的一种表达，而后者只能归因于实际工资充分、迅速的增加。谢赫指出，这里"最滑稽的地方在于资产阶级经济学家谴责'资本成本'的下降，而马克思主义者把它归因于'劳动的问题'"[1]。谢赫指出，在某种意义上，利润挤压的观点和资本主义自身一样古老。因为没有人比资本家更了解利润的重要性，更容易谴责工资的提高推动了危机的产生。在这种意义上，资本家版本的利润挤压的观点在每一次危机中都会出现。真正的却别在于，资本家谴责这种情况，而马克思主义者会欢迎这种情况的出现。在马克思主义者的利润挤压模型中，阶级斗争超越工作条件成为决定资本主义再生产的关键因素。对这些马克思主义者而言，资本主义体制的发展到达了这样一个阶段，在这个阶段劳动者已经足够强大以至于能够促成危机的爆发，这是一个充满希望的信号。如果工人阶级能够通过自己的工资需求让资本主义体制屈服，那么他们就可能强大到通过接管国家政权去解决危机。谢赫认为，"这种理论的

①　Shaikh, A. An Introduction to the History of Crisis Theories. In *Union for Radical Political Economics* (ed.), US Capitalism in Crisis. New York：Union for Radical Political Economics, 1978, P. 237.

最大美德在于它的简洁性。甚至是在资本主义社会中，也有'政治挂帅'"①。在这种理论中，为了理解资本主义的历史，阶级斗争的实践政治，而不是一些抽象的运动规律成为需要分析的对象。资本主义积累事实上存在内在的界限，但是是劳动，而不是资本决定了这种界限，成为积累的最终障碍。谢赫认为，只有在简单的解释是正确的时候，简洁才是一种美德。对错误的惩罚就是失败。因此，对利润挤压理论的分析需要回到理论的关键点，也就是说，能够把利润率的下降归咎于剥削率的下降吗？或者换句话说，随后谢赫对这个问题进行分析。谢赫的结论是，观察到利润—工资的比率下降不能提供任何的解释，也就是说并不能把$\dfrac{\prod}{W}$作为$\dfrac{S}{V}$的指标。

谢赫的文章的目的在于通过对历史上出现过的马克思主义危机理论进行分析，找到在前人的基础上建立和完善马克思主义危机理论的突破口。通过对马克思主义危机理论的历史回顾，谢赫指出了几点危机理论研究中应当吸取的教训，第一个是处理理论和政治之间的关系。因为每一种理论立场都意味着一定的改变现有体制的方式，从这种意义上讲，每一种理论对于建立在理论基础上的实践而言都具有政治的含义；第二个重要的教训是，如何处理理论和事实的关系，谢赫认为，假定事实是独立于任何理论框架被给定的，那将是一个严重的错误。第三个教训是在分析危机时，只是研究它的现象是远远不够的。研究对危机的解释，无论是过去的还是现在的都是非常重要的。谢赫指出，人们常说"忽视历史注定会重蹈覆辙"，把这应用于理论研究，可以说"忽视理论注定会重建已有的理论"②。

①　Shaikh, A. An Introduction to the History of Crisis Theories. In *Union for Radical Political Economics* (ed.), US Capitalism in Crisis. New York: Union for Radical Political Economics, 1978, P. 238.

②　Shaikh, A. An Introduction to the History of Crisis Theories. In *Union for Radical Political Economics* (ed.), US Capitalism in Crisis. New York: Union for Radical Political Economics, 1978, P. 240.

第58章 赖特对当代资本主义危机特征的分析

在马克思主义危机理论研究中，赖特是一位重要的学者。在1975年发表的《对马克思主义积累和危机理论的另一种透视》中，赖特将马克思主义经济危机理论，划分为与积累过程中的四个限制因素相联系的四种类型：资本有机构成提高和利润率下降、消费不足、利润挤压、政府支出的限制。赖特试图在一种方法论的基础上综合各种危机理论，他认为不同的经济危机理论存在并适用于资本主义发展的不同阶段。赖特关于各种危机理论流派的分析，也力图适应他将各种经济危机理论历史化的框架。另外，赖特在1999年发表的文章中对其1975年的文章进行了自我评价，这种评价是在资本主义发生了重要的新的变化的背景下完成的，在一个长时段内考察一个作者对自己先前的著作的评价，是一件有着非常重要的理论价值的事情。这种考察或者能够有助于我们发现某种理论框架的不足，或者有助于推动我们找到发展一种理论的新的视角和方向。赖特对危机理论的研究为我们提供了这样的机会。这两篇文章，反映了赖特对马克思主义的危机理论的核心观点。

58.1 对马克思经济危机理论逻辑的理解

赖特早期的文章是在20世纪70年代世界经济处于严重的危机的背景下完成的，他把马克思主义经济学危机理论作为研究的对象，有一个现实的原因，他指出："每个人都赞同世界经济正处于严重的危机之中，在理解现存的危机时，标准的新古典和凯恩斯主义经济学范式的不足之处（更不要说让它们提供解决危机的办法了）变得越来越明显了。重要的可供选择的范式是马克思主义政治经济学，马克思主义的经济危机理论在近些年已开始越来越引起人们的重视，这是毫不奇怪的"[1]。

---

[1] Erik Olin Wright, Alternative Perspectives in Marxist Theory of Accumulation and Crisis, *Critical Sociology* 1975, 6（5），P.5.

　　一旦转向用马克思主义经济学的危机理论解释资本主义历史中爆发的危机，时常出现在研究者面前的一个困难就是："并非只有一种马克思主义的经济危机理论，而是有几种并存且相互竞争的理论"①。但是这些并存的马克思主义危机理论并非没有共同之处，所有马克思主义者关于经济危机的观点总是将危机视为资本积累过程内部矛盾的产物，但是，尽管如此，"在哪一种矛盾对理解经济危机而言是最重要的，或者甚至是在一开始如何概念化资本积累的内部矛盾上，却很少达成什么共识"②。

　　赖特的文章试图揭示重要的马克思主义经济危机理论各分支的逻辑结构，并提供一个初步的综合。赖特主张，"如果将资本积累内部的各种矛盾看作是一个历史过程的不同组成部分，那么，这些矛盾之间并不存在内在的冲突"③。具体地说，赖特试图证明以下一些观点：

　　第一，在资本主义发展的不同阶段，积累过程面临着不同的主要限制和障碍。这些障碍因素不是干扰资本积累过程的外部因素，而是积累过程自身的产物。

　　第二，为了使资本主义生产能够继续，这些限制必须被克服。从根本的意义上说，资本家绝不做被动地接受积累障碍的选择。作为个体，资本家要在一个充满竞争的世界里生存，就一定要克服这些障碍；作为一个阶级，为了遏制阶级斗争，资本家一定要设法摆脱积累的障碍。

　　第三，在资本主义发展的某个特定阶段，解决主要障碍的一系列手段，又会产生下一阶段积累过程的新障碍。正是在这个意义上，积累的障碍可以被视为是积累的内在矛盾，而不仅仅是积累的障碍。它们之所以是矛盾，因为"解决"某一特定障碍的手段自身又成为积累的障碍。

　　第四，20世纪70年代世界范围的资本主义经济危机可以被理解为，从一种积累限制模式——以凯恩斯主义式的"解决方法"为特征，向一系列新的积累限制转变的过程的一部分，新的限制模式某种程度上是由解决先前的危机的凯恩斯主义政策导致的，并且对于这种新的限制模式，凯恩斯主义式的"解决方法"已不再有效④。

　　赖特1975年的文章分为三个部分。第一部分简要地讨论积累的含义，并解释了为什么积累是资本主义社会一个组成部分，其大部分篇幅包含着对

　　①②③　Erik Olin Wright, Alternative Perspectives in Marxist Theory of Accumulation and Crisis, *Critical Sociology* 1975, 6 (5), P. 5.

　　④　Erik Olin Wright, Alternative Perspectives in Marxist Theory of Accumulation and Crisis, *Critical Sociology* 1975, 6 (5), pp. 5 – 6.

马克思主义政治经济学基本概念进行的艰苦的注解和说明。赖特认为，这种围绕基本概念展开的讨论是完全必要的，"因为关于积累理论的许多实际争论，根源就在于对基本范畴进行的不同的概念化"①。在文章的第二部分，赖特用这些概念考察了资本积累过程中各种潜在的限制因素背后的逻辑。最后，第三部分，将这些积累过程中存在的潜在的限制因素系统地与资本主义发展的一般阶段联系起来。

赖特在对积累的定义，以及积累对资本主义具有的重大意义的分析中指出，所有马克思主义政治经济学教科书中都强调，"资本"不是一种物，而是一种社会关系，并且是一种对抗性的社会关系。然而，在做出这种声明后，资本积累实质上是被当作物的积累来对待，包括机器、建筑、原材料的积累，等等，这些物统称为"不变资本"。赖特认为，"从马克思主义的视角看，这是一个根本性的错误，资本积累必须理解为：通过把剩余价值转化为新的不变资本和可变资本形成规模扩大了的资本主义社会关系的再生产"②。

在分析积累过程中的内部矛盾和限制因素之前，赖特讨论了一个重要的问题：为什么积累对于资本主义的生存如此重要？在发达的资本主义条件下，是否有可能回到简单再生产的经济，对于这种可能性，马克思主义者普遍持怀疑态度。例如，马蒂克认为："一个没有积累的资本主义只是一种暂时的可能性，是一种处于危机中的资本主义。因为资本主义生产只有在积累的意义上才是可以想象的"③。

赖特并不认为没有积累的资本主义在逻辑上是不可能的，或者说它必然导致崩溃、革命和社会主义的建立。他认为，没有积累的资本主义是"不稳定的资本主义"④，在这种资本主义中，为了应付缺乏积累的局面，必须创造、扩张一系列抑制性的社会机制。赖特所说的"不稳定"是在"资本一般"（capital in general）和"许多资本"（many capital）的意义上理解的。如果从资本主义制度与"资本一般"的角度把"不稳定"理解为劳动与资本之间的根本对抗，那么积累在抑制和缓和阶级斗争方面可以起非常重要的作用。资本积累为资本主义社会不平等的意识形态的合理性提供了基础。社会经济"蛋糕"的增大可以在不威胁生产关系的情况下，使工人阶级的生

①② Erik Olin Wright, Alternative Perspectives in Marxist Theory of Accumulation and Crisis, *Critical Sociology* 1975, 6（5），P.6.

③ Mattick Paul, 1969, *Marx and Keynes*, Boston：Porter Sargent, P.60.

④ Erik Olin Wright, Alternative Perspectives in Marxist Theory of Accumulation and Crisis, *Critical Sociology*, 1975, 6（5），P.11.

活水平缓慢提高。与此同时，资本积累又使资本家享有更高的生活水平显得更加合理。在一个延长的、没有积累的时期（"负积累"就更不用说了），必然削弱这些合理性的基础，并且导致阶级矛盾的激化。

在"许多资本"的层面，没有积累的状况，必然会加剧国内与国际市场的竞争。在经济普遍增长的时期，单个资本的扩大，部分是因为单个资本家力图通过牺牲别的资本家的利益来增加自己在市场上的份额；部分是因为市场总规模在不断扩大。在没有积累的时期，后一种情况消失了，所有的单个资本的扩大都采取了零和游戏的方式。马克思描述了这种情况："在一切都顺利的时候，正如我们在研究一般利润率的平均化时已经指出的那样，竞争实际上表现为资本家阶级的兄弟情谊，使他们按照各自的投资比例，共同分配共同的赃物。但是，一旦问题不再是分配利润，而是分配损失，每一个人就力图尽量缩小自己的损失，而把它推给别人……这种情况下，竞争也就变为敌对的兄弟之间的斗争了。这时，每个资本家的利益和资本家阶级的利益之间的对立就显示出来了，正如以前这两种利益的一致性通过竞争在实际上得到实现一样"①。

赖特指出，尽管如此，阶级矛盾的激化，资本家之间的竞争，并不意味着资本主义的终结。矛盾可能激化，但是，如果建立起新的公共机构缓和这些矛盾，那么这种社会制度就可以继续挣扎下去。"研究积累过程的内部矛盾与限制因素这个问题，并不是要去证明资本主义灭亡的必然性，而是要去了解那些各种可能用来抵消这些矛盾的多种多样的适应和机构的调整。这种了解对于可行的社会主义政治的发展而言也是至关重要的"②。

赖特对资本积累的分析涉及危机理论研究中非常重要的两个问题。第一，危机理论分析是在阶级的层面展开的还是在个体资本家的层面展开的，这在危机理论争论中表现为有时候在个体资本家层面看来是理性的行为，却导致了从总体的层面看资本主义的非理性，从而为危机的产生和形成奠定了基础。第二，非常重要的问题是，危机到底和资本主义灭亡的必然性之间是什么关系。直接把危机和资本主义的灭亡联系起来，导致了经常性的预测失败，但是危机在重新恢复资本主义积累的同时，也在新的物质和社会基础上再生产了资本主义的基本矛盾，因此，赖特提出的问题需要进行进一步的深

---

① 《马克思恩格斯文集》第7卷，人民出版社2009年版，第281~282页。
② Erik Olin Wright, Alternative Perspectives in Marxist Theory of Accumulation and Crisis, *Critical Sociology*, 1975, 6 (5), P. 11.

入研究。

58.2 积累过程中的障碍和矛盾

关于积累过程中的矛盾，赖特认为，"现代马克思主义经济文献一般集中在积累的四个限制因素上：（1）资本有机构成提高；（2）剩余价值实现问题，特别是资本主义社会消费不足的问题；（3）工资提高导致剥削率降低；（4）积累中国家的矛盾的作用"①。赖特认为，对资本积累中四个障碍因素的讨论，多是以价值范畴为基础的，但是很明显，这样的价值分析并没有详尽马克思主义关于经济危机的著作，要完整地理解经济危机问题，"必须分析货币不稳定性，信用不平衡以及流通领域的其他问题"②。虽然这些问题非常重要，但是，赖特认为，"从生产领域的内部矛盾的角度分析积累的障碍因素具有理论上的优先性"③。

58.2.1 资本有机构成和利润率下降

马克思主义政治经济学的一个基本前提是，只有活劳动才生产剩余价值，从而才产生利润。但是，利润率并非只是以资本家的劳动力成本（v）为基础的，而是以全部资本成本（c + v）为基础。由此可以得到一个推论，如果资本主义发展过程中，在生产过程使用的死劳动价值量的增长快于活劳动的增长，那么假定其他因素不变，利润率必然呈现下降的趋势。这构成了研究资本主义社会生产力的变化（广义的技术水平）与利润率变化之间关系的逻辑基础。赖特认为，"资本有机构成是用来侧重反映技术变化对利润率产生的影响的比率"④。这一比率最实用而简单的表达：

$$Q = \frac{c}{v + s}$$

另一个剥削率（也称剩余价值率）概念，在讨论利润率下降时也是非常重要的。剥削率指的是工作日的有偿部分与无偿部分的比率，或者说是剩余价值即与可变资本的比率：

① Erik Olin Wright, Alternative Perspectives in Marxist Theory of Accumulation and Crisis, *Critical Sociology*, 1975, 6 (5), P. 12.
② Erik Olin Wright, Alternative Perspectives in Marxist Theory of Accumulation and Crisis, *Critical Sociology*, 1975, 6 (5), pp. 12 – 13.
③④ Erik Olin Wright, Alternative Perspectives in Marxist Theory of Accumulation and Crisis, *Critical Sociology*, 1975, 6 (5), P. 13.

$$e = \frac{s}{v}$$

赖特提示，在进一步展开分析之前，注意到一点是非常重要的，不能把剩余价值率仅仅理解为一个反映阶级斗争的状态的概念，不能把资本有机构成简单地理解为仅是反映技术本质的概念。"上述两个比率以不同的方式，都受到阶级斗争和技术的影响"[1]。社会的，尤其是生产生活资料的部门的平均生产力水平，对剩余价值率具有直接的影响；阶级斗争对于工作日长度、劳动强度以及对于占统治地位的资本有机构成具有直接的影响。虽然把资本有机构成理解为反映技术关系的比率，但这并不意味着，资本有机构成纯粹是一个技术系数。

用 $Q = \dfrac{c}{v+s}$ 表示资本有机构成，用 $e = \dfrac{s}{v}$ 表示剥削率，可以把利润率写为：

$$r = \frac{s}{c+v} = \frac{s/(v+s)}{\dfrac{c}{v+s} + \dfrac{v}{v+s}} = \frac{e/(1+e)}{Q+[1+e]} = \frac{e}{Q(1+e)+1} \qquad (58.1)$$

公式（58.1）有助于解释平均利润率下降趋势的理论，赖特认为，对这个问题的讨论主要有六种观点：

第一，资本积累过程有一种推动资本有机构成水平提高的内在力量。

第二，随着资本有机构成的提高，如果剥削率的提高不能抵消资本有机构成提高的速度（或者没有其他起反作用的因素干扰），那么利润率必然呈现出下降的趋势。

第三，长期地看，剥削率的提高不能完全抵消资本有机构成提高造成的影响，因而利润率下降趋势是必然的。

第四，当利润率下降速度非常快，以至于再也不能通过现存的剥削率得到补偿时，必然爆发经济危机，获利最小的资本被消灭，企业倒闭，因为没有有利可图的投资场所，所以，资本家的投资受到抑制，因为积累率的下降，总需求普遍下降，结果经济危机表现为商品生产过剩的形式。但是，"消费不足论者认为，经济危机的原因是商品生产过剩、剩余价值生产过剩，利润率下降危机理论的坚持则持相反的意见"[2]。

"因为没有足够的（剩余价值）生产出来，资本就不能按能够充分实现

① Erik Olin Wright, Alternative Perspectives in Marxist Theory of Accumulation and Crisis, *Critical Sociology*, 1975, 6 (5), P. 13.

② Erik Olin Wright, Alternative Perspectives in Marxist Theory of Accumulation and Crisis, *Critical Sociology*, 1975, 6 (5), P. 14.

已经生产出来的产品的比率扩张。生产过程中的剩余劳动的相对短缺表现为流通过程中商品的绝对充裕。"①（迈蒂克，1969：79）

第五，然而，这些危机的条件，又发挥了恢复有利于随后出现有利可图的积累的条件的功能。赖特认为，这是由下面的机制完成的：（a）不生产的资本在市场上被消灭，剩下的资本都具有较高的生产率水平。（b）此外，当单个资本破产时，他们被迫在低于实际价值的价格水平上出售它们现有的不变资本。资本的贬值意味着资本有机构成中的分子的减小，从而，利润率上升。（c）最后，大量工人失业，产业后备军急剧膨胀，资本家把工人工资降低到劳动力价值以下，于是剥削率提高。当这些过程的发展足以恢复一个可接受的利润率水平时，积累重新开始，危机结束。

第六，尽管资本主义社会的危机趋势采取了周期性的商业周期的形式，但是资本主义社会还有一个重要的趋势，那就是周期越来越严重。每一次随后的危机都发生在一个更高的积累水平上，从而发生在一个更高的资本有机构成的水平上。在逐次危机中恢复重新进行有利可图的积累所需的条件，变得越来越困难。

赖特指出，赞同利润率下降趋势的人基本上都坚持这六个命题，几乎没有什么分歧。前三个命题构成这一理论的核心，因为如果阐明了利润率下降的趋势，那么这一趋势怎样导致经济危机，经济危机又怎样恢复重新积累的条件，这些特定的概念就可以自然而然地得出了。因此赖特集中考察了前三个命题。

赖特认为，第二、第三个命题完全可以在方程（58.1）的形式上加以分析，从方程（58.1）中可以直接看到，假设剥削率的值是不变的，那么利润率当然就成了资本有机构成倒数的函数。因而，如果 Q 提高，e 不变，利润率必然下降。

赖特认为，第三个命题的正确性不太明显。虽然有一点是非常清楚的：当有机构成提高到无穷大时，即使剥削率无穷大也无法阻止利润率的下降。但是，这种极限情况对理解现实世界中利润率的运动是毫无帮助的。赖特指出，需要知道的是，当积累在任何给定的 Q 水平上，而不是在 Q 无限大的极限条件下进行时，到底资本有机构成提高到什么程度，才构成积累过程的障碍。观察这个问题的方法之一，是看剥削率作为抵消力量本身起作用的程度是否会受有机构成提高的影响。赖特指出，运用初等运算就可以表明，随

① Mattick Paul, *Marx and Keynes*, Boston：Porter Sargent, 1969, P. 79.

着资本有机构成的提高，利润率对剥削率变化的敏感性逐渐变小了。一个较高的有机构成不仅导致了一个较低的可能的利润率，而且使得剥削率变化作为支持利润率的杠杆作用越来越减弱了。此外，剥削率越高，利润率对剥削率随后发生的变化的敏感性也越小。从而，如果实际上资本有机构成具有长期上升的趋势，那么即使剥削率也提高，但要完全抵消资本有机构成上升造成的影响的可能性越来越小了。因此，把资本有机构成提高看作积累过程的重要障碍是合乎逻辑的，同样，完全有理由假设如果资本有机构成提高，那么长期看剥削率的补偿性提高并不能抵消利润率的下降。

赖特认为，第一个命题是最容易引起争议的。资本有机构成提高的一般趋势既没有经验的证明，也不存在令人信服的一系列理论依据。但是，有一点是毋庸置疑的：从物质的视角看，工人人均的机器、原料、厂房等物质量与资本主义的发展一同增长。不过，资本有机构成是一个价值范畴，每个工人平均的不变资本的价值量是否有明显的增长或有增长的趋势并不明显，在资本主义发展的晚期阶段这一点尤为明显。

因为每个工人平均使用的不变资本价值增加，所以，必然有一个劳动节约型技术创新（用机器代替劳动的创新）超过资本节约型创新（用价格便宜的机器——即用相对较少的社会必要劳动时间生产的机器——代替较昂贵的机器）的余额。赖特指出，马克思写作《资本论》的时代做出这种假设似乎还有道理。虽然马克思也认为，生产资本品部门的生产率提高可能导致"不变资本要素的贬值"。然而，充其量马克思仅仅把这种情况看作是资本有机构成必然提高的一种暂时的反向变化。按照马克思的观点，节约活劳动的技术不断引进是积累过程的内在构成部分。

为什么劳动节约型技术创新总是应该超过资本节约型的技术创新呢？对于这个问题有两种意见。第一种意见把节约劳动的创新与商业周期联系起来，当资本增长，产业后备军全部用尽，劳动力市场供不应求时，工资成本提高。因此，资本家力图采用能够用机器代替工人的技术创新，这既能降低工资，又能驯服劳动力[1]。

第二种意见，一般地看，与那种强调周期扩张和劳动力市场紧缩的意见相比，更强调阶级斗争。他们认为，工人和机器有根本的区别，机器并不反抗资本的统治。资本家力图用机器代替工人，不仅新的发明可以带来技术上

---

[1] Yaffe, David, The Marxian Theory of Crisis, Capital and the State, *Economy and Society*, Vol. 2，1973，pp. 186 – 232.

的优势，而且因为工人阶级能组织起来反对剥削。工人反抗的强烈程度可能随着劳动力市场的紧张程度而变化，但是，节约劳动的技术创新的根本压力是阶级斗争，而不是劳动力市场。

赖特指出，如果资本家感到技术创新的压力仅仅来自阶级斗争和劳动力市场的紧缩，那么实际上这两种意见就维护了节约劳动的创新一般超过节约不变资本的创新这一观点。但是，在现实中资本家真正受到进行创新的不变压力，是来自与其他资本家展开的竞争。至于在这种竞争的斗争中，减少成本的方法究竟是节约劳动还是节约不变资本，是无关紧要的。实际上，一些似是而非的意见可以提供这样一个暗示：在发达的资本主义经济中，选择压力上会出现资本节约超过劳动节约的技术革新的相对趋势。在资本主义发展早期，机械化刚刚开始，机器的引进必然导致机器代替劳动。但是，当工业部门全部实现机械化以后，所有的创新趋向于采用机器代替机器的形式。即使这些机器仍然在代替工人，这些机器也完全应该更便宜些。最终，在生存斗争中，机器的生产者不仅相互竞争以生产出生产效率更高的机器（即投入少量的劳动可以生产更多产品的机器），而且力图生产更便宜的机器（即用较少的劳动就能生产出来的机器）。

赖特对劳动节约型技术创新超过资本节约型技术创新持怀疑态度。他提出，在技术高度发达的工业部门，资本有机构成提高趋于以越来越慢的比率提高，甚至可能趋于相对地稳定在一定的高度上。此外，即使在高度机械化的工业部门中资本有机构成持续提高；即使在没有实现机械化的部门中资本有机构成提高的速度也相对加快，但是，全社会一般的资本有机构成仍可能保持不变。在以劳动高度密集为特征的"服务业"中，就业的巨大增长可以抵消资本密集型工业部门资本有机构成的持续增长。竞争的劳动密集型部门和垄断行业一同增长的趋势从某种程度上抵消了有机构成总体水平意义上的增长①。所有这些启发性的推论都表明，虽然表述节约劳动和节约资本的革新之间关系的完整模式建立起来了，但是并没充足的证据去证明，在发达的资本主义经济中节约劳动的革新占基本优势。

赖特还指出，经验性的证据，无论怎样说都不能回答这样一个问题，资本有机构成是上升？不变？还是下降？因为国民收入账户不是用具体的劳动时间统计的，而且由于有关资本的资料中包括许多马克思并不认为是资本的项目。因此，要收集关于有机构成的可靠资料就非常困难了。

---

① O'Connor, James, *The Fiscal Crisis of the State*, New York: St. Martin's Press, chap. 2, 1973.

赖特指出，"如果推断有机构成提高趋势的理论基础是脆弱的，如果经验性的证据也是不存在的，那么为什么这一理论仍然一点都不受干扰呢？"[①] 赖特认为，这有几个原因：第一，尽管关于资本有机构成理论是否适用于 20 世纪后期的资本主义，存有很大的争议，但是，马克思主义者基本同意，资本有机构成提高是 19 世纪资本主义的重要特征之一，而且"资本有机构成理论是历史地理解资本积累的发展过程而言是必要的"[②]。第二，从长期来看，即使资本有机构成不是持续提高，资本有机构成仍是积累过程的真正限制，"当一种经济资本有机构成相对较高时，那么利润率对剥削率增长的敏感性越来越小。这就意味着，如果剥削率下降的原因不是有机构成而是其他因素（例如，非生产支出的增长），那么整个体制就是由于高水平的有机构成而变得僵化了"[③]。赖特认为，虽然资本有机构成可能不是那些辩护者宣称的危机的最大动力来源。但任何个人都无法论证，资本有机构成在过去几十年内已经下降到相当程度，并由此否认资本有机构成仍是积累障碍因素。最后，即使资本有机构成的长期提高不是经济危机的一般原因，"但贬值以及与之相对应的有机构成的暂时下降也可能成为解决经济危机的重要部分"[④]。此外，赖特指出，如果经济危机的根本原因不是资本有机构成提高，那么资本有机构成下降可以成为解决危机的办法之一。在这些前提下，如果经济体制发生变化——特别是政府对低效率的垄断企业的补贴的增长——会抑制危机期间资本的贬值，那么可料想一场严重的"危机管理的危机"[⑤] 将会爆发。

58.2.2　消费不足论者的经济危机理论

马克思在《政治经济学批判大纲》中清晰地阐明，利润率下降的内在趋势，"从每一方面来说都是现代政治经济学的最重要的规律，是理解最困难的关系的最本质的规律。从历史的观点来看，这是最重要的规律"[⑥]。但是，赖特指出，马克思也作了大量的论述，一些马克思主义者援引这些论述来证明马克思对经济危机持消费不足的观点。马克思在《资本论》第三卷

---

①② Erik Olin Wright, Alternative Perspectives in Marxist Theory of Accumulation and Crisis, *Critical Sociology*, 1975, 6 (5), P. 18.

③ Erik Olin Wright, Alternative Perspectives in Marxist Theory of Accumulation and Crisis, *Critical Sociology*, 1975, 6 (5), pp. 18 - 19.

④⑤ Erik Olin Wright, Alternative Perspectives in Marxist Theory of Accumulation and Crisis, *Critical Sociology*, 1975, 6 (5), P. 19.

⑥ 《马克思恩格斯全集》第 46 卷下，人民出版社 1980 年版，第 267 页。

中指出"一切现实的危机的最终原因，总是群众的贫穷和他们的消费受到限制，而与此相对比的是，资本主义生产竭力发展生产力，好像只有社会的绝对的消费能力才是生产力发展的界限"①。

马克思主义者经常发生的争论中，两种观点常常在对《资本论》中一些段落的解释上出现对立的情况。赖特指出，在这点上，持利润率下降观点的人可能占了上风。当马克思将群众的消费不足看作资本主义社会一种长期的现象时，是在特定的积累运动与资本有机构成提高已知的前提下，把消费不足仅仅视为危机的一个因素。赖特指出，恩格斯非常清晰地阐明了这一点。"群众的消费不足，他们的消费仅仅限于维持生活与延续后代所必需的东西，这并不是什么新的现象。自从有了剥削阶级和被剥削阶级以来，这种现象就存在着。……群众的消费不足，是一切建立在剥削基础上的社会形式的一个必然条件，因而也是资本主义社会形式的一个必然条件。但是，只有资本主义的生产形式才造成危机。因此，群众的消费不足，也是危机的一个先决条件，而且在危机中起着一种早已被承认的作用。但是，群众的消费不足既没有向我们说明过去不存在危机的原因，也没有向我们说明现时存在危机的原因"②。

赖特强调"对马克思的正确注解，不一定是对客观事实的正确解释"③。消费不足论者的观点的说服力在于它们的逻辑力量，而不在于他们是正式的赞同或不赞同马克思本人的著作。赖特认为，在评价消费不足论者的逻辑力量时，首要的问题之一是，消费不足论者的大部分著作不像利润率下降规律理论家们那样，运用首尾一贯的方法揭示出自己的观点的逻辑前提与逻辑结构。赖特对一系列消费不足论的观点进行了自己的概括，他认为他概括的消费不足论的观点应当是一种连贯的马克思主义的消费不足论应当具有的。

赖特指出，一个马克思主义的消费不足理论应包括四个基本命题：

第一，资本主义社会具有剩余价值绝对水平上升的一般趋势。此外，随着生产率的提高，剩余价值率具有上升的趋势。

第二，在资本主义社会，剩余价值的生产条件与剩余价值的实现条件之间存在内在矛盾。如果剩余价值的实现没有问题，那么总需求必然按照和生产率和剩余价值增长比率相同的比率增长。单个资本家总是力图将工人工资

---

① 《马克思恩格斯文集》第7卷，人民出版社2009年版，第548页。
② 《马克思恩格斯文集》第9卷，人民出版社2009年版，第302页。
③ Erik Olin Wright, Alternative Perspectives in Marxist Theory of Accumulation and Crisis, *Critical Sociology*, 1975, 6 (5), P. 20.

降到最低水平，从而限制了工人的有效需求的增长，所以，剩余价值的实现在资本主义社会总是一个难题。如果总需求新的源泉没有创造出来（例如，通过增加政府支出，扩大国外市场，增加消费信贷，提高积累率本身），那么，最后必然呈现出需求增长落后于剩余价值增长趋势。如果缺乏新的需求来源，一部分剩余价值就无法实现。

第三，通过实际利润率的下降，资本家感觉到，他们无法实现生产的剩余价值的全部价值，这就导致投资的萎缩、破产、失业等。当一些创造新的需求的外部来源（如政府的干预）恢复了有利可图的实现剩余价值的条件时，这些经济危机的条件就消除了。

第四，虽然消费不足的倾向存在于资本主义发展的各个阶段，但是，只有在垄断资本主义阶段，它们才变得特别尖锐。并且成为严重的经济危机的源泉，垄断的力量极大地增加了剩余价值增长的趋势，从而增强了消费不足的趋势。

赖特指出，相对地说，对上述命题中第一个命题几乎没有什么争议，大部分马克思主义者认为，在一些例外条件下，随着生产力提高，工资品的价值下降，结果，虽然工人实际生活水平可能提高，但劳动力价值也趋于下降。最终导致剩余价值率提高，而且随着资本扩大再生产，剩余价值总量也增加了。虽然消费不足论者和坚持利润率下降规律的经济学家，在垄断与剩余价值率提高的关系这个问题上存在严重分歧，但他们都一致赞同剩余价值率趋于上升的基本命题。

赖特指出，在第二个命题上则不存在这种相对统一的看法。持利润率下降观点的经济学家坚持：剩余价值实现问题是利润率下降的结果而不是原因。如果所有的总需求是从积累中引申出来的，如果资本家不懈地努力使其积累率最大化，那么，吸收生产出来的所有剩余价值的有效需求必然不足的唯一原因是积累率的变化。这恰恰是资本有机构成提高理论力图提供的东西。但是，在资本主义社会中，总需求并非简单地就可以由积累而推知，持消费不足论的批评者也提出了相似的问题。特别是在垄断条件下，总需求的相当大的部分并非直接从积累中产生，而是从非积累源泉，诸如资本家个人消费、政府的大部分支出等因素中产生的。按照持有机构成提高观点的经济学家的意见，这些情况对于争论的问题基本上没有任何影响，因为资本有机构成提高又产生了剩余价值不足的问题。那些"非生产性支出"（所谓的奢侈性消费或浪费性支出）只能使根源于生产过程的问题更加恶化。但是，如果放弃有机构成上升这个前提，事情就完全走向了反面。赖特指出，在分析消费不足问题时，区分可能的利润与现实的利润是非常有必要的。可能的利润是在没有剩余价值实现问题的前提下产生的，现实的利润总是少于或等于可能的利润。消费不足论者的论证就是分析一部分剩余价值无法实现，现实的利润达不到可能的利润这种倾向的原因。

如果资本有机构成基本不变，剥削率提高，那么用价值形式表示的可能的利润率必然上升，因此，现在的问题是，增加的剩余价值要全部得以实现的话，其均衡条件是什么？现有总需求必须达到何种水平才能把用价值表示的全部剩余产品消费掉。从基本的价值方程式上，可以得到商品的总供给。

供给 $= c + v + s$，以及对商品的总需求 $= c + v + \Delta c + \Delta v + U = c + v + I + U$。这里 Δc 和 Δv 代表对追加的不变资本与可变资本的需求，二者之和 I 表示追加投资（即源于积累的需求），U 代表对非生产性支出的需求，因此，均衡的条件是：

$$c + v + s = c + v + \Delta c + \Delta v + U$$

或者简化为：

$$s = \Delta c + \Delta v + U = I + U \tag{58.2}$$

方程两边同除以总资本 $c + v$，可得到：

$$\frac{s}{c + v} = \frac{I}{c + v} + \frac{U}{c + v} \tag{58.3}$$

在这个方程中，左面即潜在利润率 r，$\dfrac{I}{c + v}$ 是投资率 I'（或者说积累率），$\dfrac{U}{c + v}$ 是资源的非生产性利用，对时间 t 微分，可得：

$$\frac{dr}{dt} = \frac{dI'}{dt} = \frac{dU'}{dt} \tag{58.4}$$

那么各个量之间的相对值怎样呢？$\dfrac{dr}{dt}$ 一定是正数。其他两个量之间相互关系的基本情况又怎样呢？就目前已有的假设条件来看，无法回答这些问题。但是如果假定积累是在一个固定比率上进行的，那么可知 $\dfrac{dI'}{dt}$ 一定等于零。在这一假定条件下，可以推知均衡的必要条件是：非生产性支出必须与可能的利润率持同一比率增长。

赖特指出，积累按照不变的速度而不是以递增的速度进行，这个假定似乎有些不可靠。当然，实际上这个假设前提可以放宽一些。为了实现均衡条件（即为了使生产的剩余价值全部实现），加速非生产性支出仍然很有必要。最关键的一点是，如果不假定积累率的增长与利润率的增长始终保持同一比率，在均衡条件实现时，非生产性支出就必须按同一比率增长。

赖特认为，在资本主义社会中，"消费不足的倾向。本质上是源于这样一个事实：没有一个自动的机制来保证非生产性需求的增长足以去弥补积累率与可能的利润率之间的差距"①。随着经济的增长，从积累中直接产生的需求自动增长，但是非生产性需求和浪费性需求不能按相同的方法自发的增长。"浪费是一种社会发明，保持高水平的浪费性消费需要有意识的计划与干预"②。消费信贷的大规模增长、许多耐用消费品的必然过时、凯恩斯主义类型的经济中政府一系列广泛的干预措施，等等。所有这些都是提高非生产性需求的比率，避免发生消费不足的经济危机的有意识的战略。但是赖特指出，"所有这些解决方法本身又创造出资本主义经济面临的新问题"③。

赖特认为，消费不足的倾向存在于资本主义发展的所有阶段，在垄断阶段仍然存在。资本有机构成一旦具有提高的倾向，增加的剩余价值的绝大部分会自动地被加速的投资（积累率）所吸收。但是随着垄断资本的出现，情况发生了根本性的变化。在垄断资本主义阶段，资本有机构成开始出现了相对稳定的趋势，或者至少是以一个非常低的速度缓慢提高。有几种机制可以解释这种情况的出现。在大工会与垄断资本之间产生的典型的关于生产率的协议，必然降低节约劳动型创新的选择压力。或者说，因为垄断倾向于出现在具有较高的资本有机构成水平的产业中（对于新进入的资本而言构成较大的进入障碍），所以，结果可能是，在垄断资本主义阶段，资本有机构成提高速度倾向于放慢。"无论作何解释，相对稳定的资本有机构成是发达的垄断资本的特征，它将使剩余价值增加的问题加重"④。

赖特指出，垄断资本对消费不足倾向产生的第二个比较重要的影响，是垄断的力量在最基本的方面改变了价值与价格的关系。这是一个争议极大的问题，也是有机构成理论家们与消费不足论者进行激烈争论的原因之一。坚持利润率下降观点的理论家们认为，"市场关系的结构在原则上对价值关系没有本质上的影响，垄断力量希望改变的是将剩余价值从垄断程度较低的资本转移到垄断程度较高的部门。这种情况对于'资本一般'的分析没有任

①② Erik Olin Wright, Alternative Perspectives in Marxist Theory of Accumulation and Crisis, *Critical Sociology*, 1975, 6 (5), P. 22.
③④ Erik Olin Wright, Alternative Perspectives in Marxist Theory of Accumulation and Crisis, *Critical Sociology*, 1975, 6 (5), P. 23.

何影响"①。

斯威齐对这种观点提出了挑战，他认为垄断的力量不仅导致剩余价值的分配由竞争性资本向垄断性资本的转移，而且导致工资向剩余价值的转移："垄断不改变生产的剩余价值的总量（在一定程度上间接影响就业总量的情况除外），但它的确带来了价值的重新分配。马克思表明这可以采取两种形式：第一，剩余价值从竞争性资本向垄断性资本的转移；第二，价值从工资向剩余价值的转移"②。这就意味着，在垄断资本主义阶段，对工人阶级剩余价值的榨取是通过（至少）两种机制而不是一种机制实现的。除在通过工资合同在劳动过程中榨取剩余价值外，还可以通过操纵垄断价格在流通领域中侵吞剩余价值。为什么工人不组织起来强迫垄断资本支付工人相当于劳动力"真实"价值的工资呢？当然，答案是明确的，垄断部门的工人阶级总是努力去达到这一目标。大体上说，垄断部门工人的工资倾向于几乎与生产率的增长保持同一速度的增长，国民经济中垄断部门以外的工人却不能以类似的方式提高他们的工资。结果是，垄断资本家实际上是通过垄断价格机制从竞争部门的工人那里榨取剩余价值和从竞争部门的资本家那里转移剩余价值。最后，垄断资本条件下的总剩余价值率的增长快于生产率，因而，消费不足这一普遍问题变得更加突出了。

赖特认为，在垄断资本主义社会，逐渐形成两个一般性的社会过程，这两种过程至少可以部分程度上抵消消费不足的倾向。第一个过程就是凯恩斯主义政策的发明与推广，这种政策主要是通过政府扩大非生产性支出达到刺激总需求的目的。这些支出对于保持经济稳定时期投资者的信心具有积极的效果，并且促使较高积累率的形成，最终会进一步减少消费不足的压力。第二个过程，集体议价的增长，能够产生降低剩余价值率增长速度的效果。在方程（58.5）中的均衡条件下，这意味着 $\frac{dr}{dt}$ 的降低，从而消费不足压力的减轻，特别是在垄断产业部门中，自第二次世界大战以来，工资非常紧密地和生产率的增长联系在一起。工资的逐渐增长无疑在某种程度上减弱了消费不足的倾向。但是，垄断力量的继续增长至少在部分程度上会使这些抵消过程失效。因为生产率工资增大的绝大部分又以垄断价格的形式逐渐转嫁到整

---

① Erik Olin Wright, Alternative Perspectives in Marxist Theory of Accumulation and Crisis, *Critical Sociology*, 1975, 6 (5), P. 23.

② Sweezy, Paul, Some Problems in the Theory of Capital Accumulation, *Monthly Review*, Vol. 26, No. 1, 1974, P. 41.

个工人阶级头上。这些最终会使整个资本的剩余价值率进一步提高。

赖特认为，消费不足论最薄弱之处在于缺乏实际积累率决定的理论。坚持利润率下降的理论家们却有一个明确的积累率决定理论，通过使利润率与积累率相等，他们将资本有机构成与剥削率的组合看作实际利润率的基本决定因素。因为他们认为：有机构成具有上升趋势并且持续不断地促使利润率下降，所以利润率与积累率相等这个前提无损于他们的基本论证，如果稍有区别的话，那就是，如果并非所有的剩余价值全部用于积累，那么资本有机构成提高的冲击甚至会更强烈。但是，在消费不足论者的观点中，利润率与积累率不能相等，如果二者相等，消费不足的倾向也就不存在了（即没有必要在提高非生产性支出的比率）。凯恩斯把资本家做出的主观预期利润作为积累率的主要决定因素。许多消费不足论者选择了，至少内含着凯恩斯这一见解的解决问题的方法。"从马克思主义的观点来看，这是一个不完全的解决方法。目前，我还没有看到过消费不足论的理论家们，详细阐明一种投资与积累率的一种理论。因此，这种理论至今仍是不完整的"[1]。

58.2.3　利润挤压理论

赖特指出，消费不足论者与坚持资本有机构成提高的理论家们一致认为，随着资本主义的发展，剩余价值率必然呈上升的趋势。"他们的分歧发生在怎样认识剩余价值率上升与利润率运动之间的关系"[2]。坚持有机构成提高的理论家们认为，资本主义生产过程中技术的变化趋于否定剩余价值率的上升，进而造成利润率下降。消费不足论者认为，提高剩余价值的力量比任何起反作用的诸因素更强烈，特别是在垄断资本主义的条件下。

在经济危机问题上，利润挤压理论的支持者们同意有机构成提高理论家们关于利润率趋于下降的观点。但是，他们并不赞同这与技术变化有什么关系。有机构成提高的理论家与消费不足论者坚信，剩余价值率存在上升的趋势，但利润挤压理论的支持者不同意这种观点。

利润挤压论者的基本观点非常简单，国民收入中分配给工人与资本家的相对份额几乎完全是阶级斗争中双方力量对比的结果。当工人阶级开展工人运动足以使工资的增长超过生产率的增长时，剥削率将会趋于下降，进而利润率也下降（利润率被工资上涨所"挤压"）。这样一个利润率的下降导致

① ② 　Erik Olin Wright, Alternative Perspectives in Marxist Theory of Accumulation and Crisis, *Critical Sociology*, 1975, 6 (5), P. 24.

投资的相应下降，进而导致生产率增长速度放慢，最终导致经济危机。作为经济危机的后果之一，产业后备军的增长达到一定的水平。工人阶级讨价还价的力量被削弱，利润挤压的条件被放松，这时候有利可图的积累条件重新出现。这就使得资本家阶级能够增加他的在国民收入中的份额，从而逃避利润挤压的困境，至少是可以暂时地逃避。英国的格林和苏利夫在分析英国资本主义的停滞的文章和著作中，美国的博迪和克罗蒂在分析美国的商业周期文章中详细阐述了利润挤压的观点①。

　　赖特对利润挤压理论进行了介绍和评价。他认为格林和苏利夫的著作的一个非常值得肯定的优点在于把阶级斗争置于积累和危机理论的中心。"但是为了避免支持有机构成提高论的马克思主义者那里经常存在的机械决定论，格林和苏利夫使得他们自己的理论几乎完全成为不确定的理论"②。尤其是，他们几乎完全切断了生产力和生产关系之间的联系（或者说广义上的技术和阶级斗争之间的联系），而这种联系在马克思主义者对社会发展的理解中居于核心地位。此外，生产率水平（生产力发展的水平）在格林和苏利夫对资本和劳动的收入相对份额的分析中几乎没有发挥任何作用，从而也没有分析它对剥削率的影响。赖特的观点是，尽管认为阶级斗争对实际工资产生了非常重要的影响是非常关键的，但是这种影响必须被放在技术和生产率水平塑造的结构性限制中加以理解。另外，赖特认为，格林和苏利夫的分析的另一个困难源自他们在定义"劳动份额"和"资本份额"是存在的严重的方法论问题。他们把"劳动份额"定义为工资和薪金占国民收入的比例。"可以十分肯定地说，这和不变资本的价值概念是不存在对应关系的"③。

　　赖特指出，分析利润挤压理论的不足并不在于否定围绕工资进行的斗争是经济危机中的一个因素。即使是在正统的有机构成提高的危机模型中，工资斗争也是劳动节约型技术创新引入背后的一个重要力量。毫无疑义的是，在危机时期，工人运动的力量是阻碍危机管理机制有效发挥作用的一个重要的因素，即使一开始工资增加并不是危机的决定性原因。需要强调的重点是，"必须按照存在于生产过程内部的物质关系去辩证地分析阶级斗争，而

　　① See: Glyn, Andrew, and Bob Sutcliffe, 1971, The Critical Condition of British Capital, *New Left Review*, No. 66; Glyn, Andrew, and Bob Sutcliffe, 1972, *British Capitalism*, *Workers and the Profit Squeeze*, London: Penguin Books; Body, Raford, and James Crotty, 1975, Class Conflict and Macro - Policy: The Political Business Cycle, *Review of Radical Political Economics*, Vol. 7, No. 1.

　　②③ Erik Olin Wright, Alternative Perspectives in Marxist Theory of Accumulation and Crisis, *Critical Sociology*, 1975, 6 (5), P. 25.

不是将阶级斗争看作决定体制发展的一种扭转乾坤的要素"①。很明显，赖特这种评价的实际用意是想指出，利润挤压的危机理论几乎完全以流通为基础了。对于决定阶级斗争中的主导者来说，社会生产关系也许是非常重要的，但是，生产过程本身的内部矛盾才应当是认识危机的焦点。

58.2.4　政府支出与积累

马克思主义的积累与危机理论，基本上是从双重意义上将政府的活动定义为非生产性的：首先，政府收入（主要是税收）来自现有剩余价值总量，因而，政府支出的增加必然意味着用于积累的剩余价值减少；其次，政府支出本身之所以应该看作非生产性的，是因为在正常条件下，政府并不从事直接投资于商品生产的活动，在消费不足论者的危机模式中，政府支出的非生产性特征构成了防止危机或至少使危机的破坏性降到最小的重要机制。在有机构成提高的危机模式中，非生产性支出的扩大被看作加剧资本主义制度内在危机倾向的关键因素，但是，在这两种理论中，政府活动基本上都被看作是非生产性的，并且具有吸收经济中生产的剩余价值逐渐增加的份额的功能。

赖特指出，"这样一种传统认识，可以从它对政府收入源泉的认识上以及它对政府支出产生的影响上两个层面加以批判"②。

赖特认为，一切税收都是对现有剩余价值总量的一定扣除，这种观点建立在对劳动力价值机械的、静态的解释基础之上。因为，税收降低工人的实际工资是显而易见的事实，所以，一切税收来源于剩余价值的观点暗含着一个前提：即在税收之前，工资高于劳动力的真实价值，那么，税收仅仅征走剩余价值的特定部分，这部分剩余价值先前是以一种膨胀的货币工资的伪装形式存在的，如果没有税收，工资无论如何都会降低到纳税后的水平。这就是税收来自剩余价值的隐含的逻辑。换言之，如果政府不以税收的形式拿走这部分剩余价值，那么，资本可以用来进行积累。如果实际工资与税收至少在一定程度上被看作阶级斗争的结果，那么，这个假设前提在最好的意义上也是含糊不清的。鉴于国家立法的巨大压力，完全有理由认为，许多工人将乐于接受大于工资降低幅度的所得税。因此，在某种程度上，税收可以看作阶级斗争的一种武器，政府占有资本家无法利用的一定量的剩余价值。因

---

①② Erik Olin Wright, Alternative Perspectives in Marxist Theory of Accumulation and Crisis, *Critical Sociology*, 1975, 6 (5), P. 26.

此，从整个社会的观点来看，税收与垄断价格相似，具有提高总剩余价值的能力。当然，税收本身并不能创造价值，但是，税收可以增加总价值中作为剩余价值占有的那一部分。因为在资本主义社会，剩余价值是从工人身上榨取的，工资剥削成为占统治地位的方式。这并不是说税收发生的效应是无限制的，当然并非一切或大部分的税收都能实际上增加剩余价值，但是，只是假设一切税收都构成现有剩余价值总量的一个"漏出"也是不正确的。

除去税收与现有剩余价值之间的关系这个问题外，还有一个问题，即税收对于随后的剩余价值生产带来的冲击。政府生产本身并非为了市场，政府并不从自身生产的产品所实现的利润中积累资本。除去极少数的例外，这确实是符合事实的。因此，政府的支出并不直接生产剩余价值。但是，正如奥康纳详尽阐明的那样，这并不妨碍政府在间接地增加剩余价值和扩大积累方面所起的重要作用。"通过使许多支出项目社会化的措施（医疗保健项目、培训与教育、社会治安，等等，不是政府的话，这些支出都必须由个体资本家进行），许多政府支出具有降低劳动力再生产成本的效果。此外，政府在研发、交通基础设施、电讯事业等项目上的大量投资可以提高资本整体的生产率水平，进而推动积累的增加"①。即使按照凯恩斯为保持有效需求而进行政府干预的观点，这些政府支出对于提高设备利用率进而提高生产率都具有作用。另一方面，这并不是说，这些间接的生产性支出必然是政府活动的主要方式，但是，把政府在积累过程中发生的作用仅仅看作积累的拖累也是不正确的。

赖特指出，考虑到在某种程度上，税收自身既能够扩大剩余价值也能够扩大积累，那么要分析的关键问题，就不仅仅是促使政府活动普遍扩大的力量，而且要分析，这些力量可以选择性地使政府非生产性活动增长到何种程度，使政府间接的生产性活动增加到什么程度、扩大剩余价值或汲取剩余价值的税收可以更快地增长到什么程度。关于上述的最后一个问题，赖特认为可作的评论不多。他指出，所谓的交税者抵抗运动的不断发展也许表明，能使剩余价值增加的税收已经达到某种极限。当然，政府采取立法进行普遍反击，倾向于削弱政府使用税收从工人阶级那里榨取超额剩余价值的能力。赖特认为，无论如何，"在扩大剩余价值的税收与汲取剩余价值的税收之间不

---

① Erik Olin Wright, Alternative Perspectives in Marxist Theory of Accumulation and Crisis, *Critical Sociology*, 1975, 6 (5), P. 27.

存在以这样或那样的方式实现平衡的主要倾向"①。

关于政府非生产性支出与政府间接的生产性支出之间的关系，赖特进行了重点的分析。假定在垄断资本内部存在着消费不足的倾向，那么，显然非生产性支出的增长必然快于生产性支出的增长。经典的凯恩斯主义的提供就业机会的项目和浪费性项目的不断增长，尤其是军事支出的扩大，都反映了上述要求。但是，赖特认为，政府的作用中包含着重要的矛盾，这些矛盾使得政府的非生产性支出无法顺利地适应垄断资本的需要。

第一，合法性与积累的矛盾。

赖特认为，政府不仅具有通过维持需求促进积累的职能，而且具有重要的合法性的职能；在资本主义社会中，政府合法性职能有助于稳定和再生产总体意义上的阶级结构，通过把政治需求转变为经济需求，政府合法性职能将政府活动向着能够弱化大量公众的批评意见的方向引导。20世纪30年代凯恩斯主义项目的推行，为法定的政府支出的迅速增长创造了一个良好的政治环境。"从长期来看，政府运用凯恩斯经济政策，既可以维持需求，又可保证其合法性职能，算得上是一石二鸟"②。

但是，困难在于，一旦对于政府提供某项社会服务的需求或政府满足某种社会需要的需求得到承认并且制度化，那么这种需求被视为是正当的。对于合法性有一个确定的逻辑，这种逻辑意味着，随着时间的推移，对于某一特定项目来说，政治机器在增加合法性中的收益是逐步递减的。一旦一种项目被视为是正当的，那么继续这种项目增加的政府的合法性越来越少，但是削减这种项目必然构成合法性丧失的源泉。因此，一种项目一旦建立就不仅具有持续的倾向，而且具有持续的压力，这种压力促使项目扩大，而置积累过程的需要于不顾。由此，赖特认为，可以提出一个假设，一旦凯恩斯主义的需求维持方案与政府的合法性职能密切相关，非生产性支出就存在这样一种趋势：它的增长速度远比实现剩余价值决定的系统的需求增加的快得多。

第二，军事凯恩斯主义和生产率。

赖特指出，许多凯恩斯主义的支出采取了特殊的形式——特别是被称作军工复合体的政府合同制——不仅汲取剩余价值而且对随后的生产率发展设置了障碍（除了偶然的军事研发的技术上的附加效益）。一些公司作为军用

① Erik Olin Wright, Alternative Perspectives in Marxist Theory of Accumulation and Crisis, *Critical Sociology*, 1975, 6 (5), P. 27.
② Erik Olin Wright, Alternative Perspectives in Marxist Theory of Accumulation and Crisis, *Critical Sociology*, 1975, 6 (5), P. 28.

物品的主要供应者，政府保证它有一个既定的利润率，因此，几乎没有什么压力迫使他们将便宜的、高效的新技术引进生产过程。因为，绝大部分军用品只有一两个主要供应者提供，而且由于投产合同的标准对于企业的效率基本上没有什么要求，所以，军事凯恩斯主义的基本倾向是降低了整个经济的平均生产率水平。

第三，危机管理机制的薄弱。

对付经济危机、实现经济复苏的方案通常是，消灭生产能力最低的资本，资本贬值，并且恢复有利可图的积累条件。赖特认为，"垄断资本的增长特别是政府在经济调节中发挥的举足轻重的作用，倾向于严重削弱这种恢复经济的机制"①。在专为政府生产企业中，这种情况表现得最为明显。部分是因为企业精英与政府结构的个人关系（军工复合体中尤其如此），部分是因为一个大的垄断企业的破产会导致社会混乱，政府发现要抛弃一些企业，甚至是生产率趋于下降的企业也是非常困难的。政府给予那些低效率非生产性企业巨大的津贴。凯恩斯主义的政策逐渐变得与积累的要求越来越不相称，这就是政府职能中这些矛盾的结果。

当然，政府将活动由非生产性支出转向生产性支出，是摆脱这种进退维谷的困境的方法。随着发达资本主义的生产力的发展（例如，高度发展的精巧的技术，生产过程日益增加的相互依赖，对高度专业化的技术劳动的需求日益增加等）单个资本提供它自身扩大再生产的所有需求变得越来越困难，它们转向政府寻求各种各样的社会化投资。因此，可以设想在间接的生产性社会化投资这种形式的迅猛增长中，找到解决凯恩斯主义政策矛盾的方法。但是并不是很容易就能找到这种解决方法，从根本上看，"问题在于当代资本主义政府的凯恩斯主义政治——这种政治源于多数利益集团的要求、特殊的利益津贴、军事生产等——对这种新的提高生产率的政府干预的潜在增长构成严重的障碍"②。赖特认为，这正是"政府财政危机"问题的核心，产生于非生产性支出的压力持续存在，要减轻这种压力是非常困难的，这种情况使得政府为了有助于解决生产率下降问题，为采取新政策筹措资金成为一个极大的难题。"只有当新的政治力量被动员起来，并且成功地创造出奥康纳贴切地称为一个新的'社会工业复合体'（social industrial complex）

① Erik Olin Wright, Alternative Perspectives in Marxist Theory of Accumulation and Crisis, *Critical Sociology*, 1975, 6 (5), P. 28.

② Erik Olin Wright, Alternative Perspectives in Marxist Theory of Accumulation and Crisis, *Critical Sociology*, 1975, 6 (5), P. 30.

时，才有可能看到摆脱这种困境的曙光"①。

58.3　资本主义的历史发展与积累的障碍

赖特危机理论研究最具特色的地方在于，他试图把各种危机理论整合在一个基本的逻辑和时间框架中。也就是说，在矛盾——解决矛盾——解决矛盾的手段中蕴含着产生新的矛盾的因素——新矛盾这样一个螺旋中，把不同类型的危机理论用于对资本主义发展不同阶段的危机解释中。他指出，如果把前面提到的各种观点看作对资本主义经济危机的总的解释，那么事实上这些观点是相互冲突的，例如，无法说明危机的根本原因是剩余价值过剩（消费不足的论点），与此同时又是剩余价值不足（资本有机构成提高的论点）；也不能断定，危机的原因是由于成功的阶级斗争导致的剥削率下降（利润挤压理论），同时危机的原因又是剥削率提高的基本倾向（消费不足与有机构成提高的观点）。因此，赖特给出的选择是，或者接受一种观点而抛弃所有其他观点，或者选择一种方法论，从而能在一个更大的框架中将这些理论综合起来。我们认为赖特提出的两种选择本身是封闭的，但是在后一种选择上却是开放的，也就是说用一种方法论综合各种危机理论是一种理论发展的取向，但是仍存在选择其他综合的方法。我们下面将详细分析赖特的综合。

赖特强调，调和各种观点的一种策略，就是根据资本主义发展的历史去分析不同的观点。任何一种导致经济危机的机制都不应被看作资本主义经济危机的总的历史原因。相反，资本主义的发展应该看作资本主义危机特征不断变化的过程。危机机制的历史变形具有基本的逻辑。"在资本主义展的每一个阶段，都存在着特定模式的积累过程的障碍因素，通过资本主义政府的阶级策略与力求获取最大利润的单个资本家的个体策略的结合，那些障碍因素可以被克服掉，从而积累过程又以新的形式继续进行。然而，在资本主义展的每一水平上，克服其主要障碍因素的那些手段本身又包含着新的矛盾，这些新的矛盾又会在后来的阶段中逐渐显现出来。这就是积累过程的辩证法"②。表58-1是对积累的辩证过程的概括。

---

① Erik Olin Wright, Alternative Perspectives in Marxist Theory of Accumulation and Crisis, *Critical Sociology*, 1975, 6 (5), P. 30.

② Erik Olin Wright, Alternative Perspectives in Marxist Theory of Accumulation and Crisis, *Critical Sociology*, 1975, 6 (5), pp. 30 – 31.

表 58 - 1　　　　积累限制因素的历史模式及结构性解决方法的出现

资本主义发展阶段	积累的主要限制因素	克服限制因素的结构性解决方法
1. 原始积累的早期阶段：简单商品生产向扩大再生产的过渡	由于工人阶级的规模受到限制，剩余价值量受到约束；由于劳动过程中缺乏对工人阶级的严格监督，结果导致工作日中无偿部分受到限制（"绝对剩余价值"率较低）	各种旨在扩大无产阶级规模的制度变化（移民、圈地等）；资产阶级通过创办工厂扩大对工作过程和工作日长度的控制
2. 原始积累向工场手工业过渡	由于技术生产率水平低以及（相对的）高的劳动力价值，剩余价值率处于相对较低的水平；劳动力短缺持续存在	技术创新，特别是发生在消费品生产领域的，导致劳动力更为廉价；尤为重要的是节约劳动的创新增加了产业后备军
3. 工场手工业向机器大工业过渡	资本有机构成提高的趋势及其与之相伴的利润率下降的趋势；要求缩短工作日的早期形式的工人运动	商业周期使资本贬值并导致资本集中的增加；持续存在的扩大产业后备军和削弱工人运动的节约劳动的创新的压力
4. 垄断资本的上升	剩余价值增长快于消费需求增长的趋势，因而导致消费不足的危机或剩余价值实现的危机的倾向；与社会主义和共产主义思潮结合在一起的更加激进的劳工运动的增长	旨在扩大总需求特别是军事支出的凯恩斯主义形式的国家干预；复杂的晋升结构、工作等级等，职位层次等一系列体制的创立，集体议价的普遍接受
5. 发达的垄断资本主义	积累的内部矛盾同政府的合法性职能，一方面构成整个体制再生产成本提高的源泉，另一方面导致停滞与长期的通货膨胀并存的局面；垄断资本与资本国际化的持续增长使得这些倾向进一步加剧	政府干预的形式，由简单的凯恩斯主义的有效需求管理，扩展到积极参与到生产过程本身；政府政策直接适应于提高生产率的目标（"后工业"的国家政策）
6. 国家垄断资本主义	积累过程自身政治化的进一步加剧了生产社会化与私人占有和控制生产产品之间的矛盾；商品生产自身要求非商品生产领域日益扩大	成熟的压制性的"国家资本主义"的出现

　　赖特指出表 58 - 1 的概括"是高度简化的，而且克服积累的每一种特定的障碍因素的结构性方法也并非根本性地将这些问题完全消除"[1]。这种概括不是为了提出一种严格的资本主义的阶段理论，而是为了有助于重要的问题和资本主义体制的运动。赖特的表中也缺乏对一些重要问题的思考，例

---

　　[1]　Erik Olin Wright, Alternative Perspectives in Marxist Theory of Accumulation and Crisis, *Critical Sociology*, 1975, 6 (5), P. 31.

如，没有包含讨论帝国主义或国际资本主义体制的内容。发达的资本主义国家与落后地区之间的关系不断变化，这与资本积累的运动及其矛盾又是密切相关的，赖特也未对此进行考察。赖特承认，"实际上，有一个重要的马克思主义思想的分支，把帝国主义看作是消除资本积累中各种障碍因素的非常好的结构性方法"①。

赖特在1999年发表的介绍《对马克思主义积累和危机理论的另一种透视》②的文章中，探讨了资本主义发生的新变化，评价了原来的理论分析的价值与不足。赖特指出，他1975年的文章是在"20世纪60年代学生运动的余波中，在马克思主义思维在学术领域蓬勃复兴的背景中完成的"③。那个时候，他作为一个年轻的受马克思主义启发的知识分子，和一些兴趣相投的人，充满热情地阅读和讨论来自欧洲的最新的马克思主义著作，尤其是来自法国的阿尔都塞的结构主义马克思主义，来自德国的研究资本的逻辑的著作和批判理论，他们集中地研究马克思主义传统中的经典著作，尤其是《资本论》，他们通过斯威齐、多布和其他人重新发现了政治经济学。

赖特指出，"正是在这种思想背景下，我把一些假设或多或少视为是理所当然的，而且这些假设在形成文章的重要的特征方面发挥了作用"④。这其中包括：

第一，劳动价值论。赖特说，尽管在劳动价值论中存在一些问题，但是他不接受劳动价值论，在一般意义上用于理解资本主义经济或在特殊的意义上用来分析资本主义的危机趋势时是一种有缺陷的框架。"唯一的问题是如何创造性把用劳动价值论应用于对当前背景的分析，而不是它的适当性"⑤。

第二，社会主义。在1975年的文章中，在赖特对资本主义历史轨迹的理解中，社会主义处于资本主义未来的历史地平线上。赖特说，他接受这种观点"不仅是因为民主社会主义在规范的意义上是值得期待的（他仍然相信这一点），也不只是因为存在可行的社会主义的制度设计能够在经济上更有效率（他仍然相信这一点），而且因为社会主义是内在地、积极地由资本

①　Erik Olin Wright, Alternative Perspectives in Marxist Theory of Accumulation and Crisis, *Critical Sociology*, 1975, 6 (5), P. 31.

②　Erik Olin Wright, Introductory Comments to Alternative Perspectives in Marxist Theory of Accumulation and Crisis, *Critical Sociology*, 1999, 25, pp. 111 – 114.

③④⑤　Erik Olin Wright, Introductory Comments to Alternative Perspectives in Marxist Theory of Accumulation and Crisis, *Critical Sociology*, 1999, 25, P. 111.

主义的内在矛盾提出的"①。赖特说，既然自己没有怀疑过社会主义思想，也就没有需要为之进行辩护的感觉。

第三，危机。赖特1975年的文章是在1973~1974年完成的，这一时期，爆发了第一次石油危机的冲击，出现了滞涨，第二次世界大战后的资本主义繁荣已经终结。当时，无论是在大众媒体中，还是在左翼学者的理论中，都认为资本主义已经进入一段严重和持续的危机时期。与这种情形一道，出现了一种认识，危机背后的矛盾是如此的严重，结果将是一些重大的资本主义制度形式的发展转型。当然对资本主义在危机之后会呈现出一种什么模样，人们并不是很清楚，但是一种强烈的观念认为，危机预示着向着更好和更坏的方向的重大转变。

第四，国家主义。赖特指出，"在20世纪70年代早期的大量的马克思主义著作中，有一个重要的隐含假设，那就是认为资本主义的国家主义转变不可能发生明显的逆转"②。在第二次世界大战后的长期繁荣中，资本主义以各种方式已经变得越来越以国家为中心。福利国家扩大了，国家调节的形式深化了，凯恩斯主义宏观经济政策包含着大量的国家对市场的操控。尽管人们广泛地认为20世纪70年代的危机给这种国家形式的资本主义带来了巨大的压力，但是从来没有人严肃地思考过福利国家的完全解除，市场的去管制化，国家主义的资本主义部分程度上发生的逆转只是作为解决那一时期的危机的手段而存在。大多数预测设想国家参与到积累的程度的扩张和加深，"新自由主义并没有被广泛地认为是一种选择"③。

赖特指出，如果他今天重新写1975年的那篇文章，他会对上述每一个假定进行重大的调整。首先，他不再相信劳动价值论是一种把资本主义理论和资本主义动力学建基于其上的令人满意的方法。但是，他仍然坚信阶级关系和阶级剥削是资本主义的根本，他不再相信劳动价值论的技术工具为政治经济学提供了一个适当的框架。但是赖特指出，这并不否定1975年的文章对危机趋势和解决危机的潜在方法的分析，但是对资本有机构成提高的进行的具体分析的基础将不再那么牢固。其次，如果重新他会对社会主义意味着什么以及它如何实际地解决各种各样的问题进行更为详尽的讨论。因为，对市场如何和社会主义相结合的问题进行说明是非常必要的。"认为简单地、

① Erik Olin Wright, Introductory Comments to Alternative Perspectives in Marxist Theory of Accumulation and Crisis, *Critical Sociology*, 1999, 25, pp. 111 - 112.

②③ Erik Olin Wright, Introductory Comments to Alternative Perspectives in Marxist Theory of Accumulation and Crisis, *Critical Sociology*, 1999, 25, P. 112.

根本性地使国家主义的社会主义民主化就将有效地发挥作用这一简单的假定已经站不住脚了"①。最后，赖特指出，他从没有认为资本主义已经最终地解决了它内在的危机和积累中断的趋势，但是，危机趋势的核心仍以国家制度和国家的阶级斗争与国家资本主义联系在一起，"利润挤压、消费不足、生产过剩、国家的财政危机等，都仍然建基于对作为一种国家生产和交换体制的资本主义的理解中。全球性力量可能加剧或减弱这些国内的危机趋势，但是主要的机制本身仍然是国家层面的"②。赖特认为，国家和资本主义经济之间的关系发生了急剧的变化，尤其是在全球化的背景下，这再一次证明，资本主义是一种比马克思设想的更为稳健和更为灵活的社会秩序，它仍然能够做出新的发展的跳跃和制度的重组。赖特认为，他原来的文章中至今仍然有意义的，是他对资本主义危机形式的历史轨迹的分析。对每一次危机趋势而言，结构性解决方法的出现产生了新的危机趋势仍然是资本主义的根本特征，这种认为积累的矛盾和试图解决这些矛盾的方法把资本主义体制推向新的形态的一般思想仍然是正确的。

如同他早期的文章一样，赖特对自己进行评价的文章仍然是一个充满智慧的火花、正确的观点和错误的谬论的混合物。赖特从坚持劳动价值论，到主张应当放弃劳动价值论，认为它不再是政治经济学分析框架的基础，那么赖特就迫切地需要把他的阶级剥削的概念建立在一个完整的理论框架之上，但是赖特却没有提供这样一个框架。那么它仍然坚持阶级分析的重要性的观点就是建立在流沙的基础之上。赖特坚持积累中的矛盾是危机的根源，以及解决积累矛盾的手段又会制造新的矛盾的观点是正确的，他认为资本主义的灵活性要比马克思预见的大的观点是正确的，这些给我们的启发是，在危机爆发时，在进行危机理论的研究时，不要急于对资本主义的历史命运做出迅速的预测，而要深入资本主义生产中发生的新变化中去，要理解生产力和生产关系之间存在的根本矛盾到底是以一种什么样的具体方式表现出来的。

---

①② Erik Olin Wright, Introductory Comments to Alternative Perspectives in Marxist Theory of Accumulation and Crisis, *Critical Sociology*, 1999, 25, P. 113.

第 59 章 阶级斗争和资本主义的危机理论

阶级斗争或者说工人和资本家之间的力量对比的变化，在马克思主义经济危机理论构建中发挥了重要的作用。20 世纪 70 年代，是马克思主义经济危机理论研究取得丰硕成果的一段时期，因为当时的世界资本主义正处在深刻危机之中。出现了高失业率、通货膨胀、生活水平下降和广泛的政治不稳定。尤其是"面对着新古典主义经济学的破产和凯恩斯主义政策的失败，对马克思主义理论的兴趣明显的复活了。资本和它的理论家们正在努力地从激进学派和马克思主义者那里寻求解释"[①]。在这种背景下，贝尔（P. F. Bell）在《马克思主义理论、阶级斗争和资本主义的危机》一文中，探讨了马克思主义危机理论的研究方法、危机理论的类型和危机分析与资本主义分析的关系。

59.1 马克思主义的不同类型与危机理论

虽然在资本主义的发展遇到问题时，人们总会想起马克思，并试图从马克思主义理论中找到一些有益的内容；但是，在马克思主义运动当中，关于现实的资本主义的分析存在着深刻的分歧，这一点在危机理论中表现得尤为明显。贝尔认为，这种分歧，"不仅仅意味着学术上的争论，而且构成了关于马克思主义的理论和实践的伟大政治斗争的一部分"[②]。

贝尔认为，人们对马克思主义理论的认识的差异来源自一些最基本的问题，他的文章的目的就在于澄清这些问题。贝尔认为，马克思的著作的方法论特征，看起来包含一些历史悠久的哲学问题，然而它却是深刻的政治分歧的基础。在马克思主义运动中存在着广泛的不同倾向的谱系，采用宽泛的定义，贝尔指出存在下述一些群体："（1）那些有着激进的和无政府主义倾向

---

①② Peter F. Bell, Marxist Theory, Class Struggle, and Crisis of Capitalism, In Jesse Schwartz ed: *The Subtle Anatomy of Capitalism*, Goodyear Publishing Company, Inc. , 1977, P. 170.

的人，他们把资本主义看作是不道德的，无法无天的，爱搞阴谋的，或导致人们异化的体制；（2）旧的'左派'群体，在'辩证唯物主义'中找到了共同的思想基础，他们参与到一种与'资本主义生产规律'能够被用作'实践'的指南相联系的马克思学（Marxology）的争论中；（3）黑格尔主义的马克思主义者（Hegelian Marxists），受到法兰克福学派的激励，被吸引到黑格尔体系的整体性上来，并通过完善关于资产阶级社会的理论，把马克思置于黑格尔的计划之中，马克思成了理念实现的一部分；（4）马克思主义经济学家们，根据资产阶级经济理论阅读《资本论》，把它理解为一系列需要借助数理工具加以阐明的技术问题，从而去完成一系列关于资本主义经济的更好的理论"①。

由于存在不同类型的马克思主义者，贝尔认为，从这个广泛的意见不一致中，出现了关于马克思的危机理论的争论。三种相互对立的有关危机的经济学观点在20世纪70年代得到了不同程度的支持：一是新李嘉图主义的危机理论，集中关注阶级斗争在分配方面产生的影响；二是消费不足主义的危机理论，关注的核心是实现的危机；三是利润率下降/资本有机构成理论家们，把这些关系看作价值规律的必然表现。

贝尔认为，这些观点中的每一种都体现着重要的政治差异，但贝尔分析的重点不在这一个问题上，他关注的说明在每一种立场上存在的重大的理论层面的不足，以及它们对马克思的方法和资本积累理论的片面的理解。这些理论之间的差异常常以这一种方式出现，那就是好像存在一个从马克思关于危机的探讨中的许多要素中选择一个要素，并且通过小心地引用马克思的文本和（或）经验数据去证明它才是唯一正确的理论。贝尔认为，"这已经把一种理论的停滞带入讨论中，因为这种方式本身与马克思的方法是对立的。这样一种方法也是和资产阶级的经济理论相近似的，这种理论提出一个有关资本主义现实的某一方面的'模型'，充当整体的单一原因的解释，围绕着这一模型复杂的事物也能够被加以解释"②。贝尔认为，许多争论都搞错了对象：因为它们否定了现实的辩证的本质，用因果关系来代替它。恰恰相反，"资本主义的现实必须被看作是从资本的本质衍生出来的许多复杂的决定因素构成的统一体"③。

贝尔认为，首先有必要把资本主义生产一般的特征和危机从中发展出

①②③　Peter F. Bell, Marxist Theory, Class Struggle, and Crisis of Capitalism, In Jesse Schwartz ed：*The Subtle Anatomy of Capitalism*, Goodyear Publishing Company, Inc. , 1977，P. 171.

来的特殊的生产形式区分开来，因为有许多具体的生产形式存在于积累过程中。因此，"并不存在一般性的单一的危机理论，马克思的理论既不是不完整的也不是矛盾的"。这一点必须通过考察马克思是如何发展出一种对作为整体的资本主义生产的特征的理解——看成生产和流通的统一来把握。

危机被看成一般积累过程的特殊的限定，它以不同的形式出现在资本主义发展的不同阶段，它发源于资本的核心辩证法、资本和劳动之间的关系。现时的危机的具体分析将通过把这个理解应用于当代资本主义的特定条件下来讨论。在对马克思的危机理论进行研究之前，贝尔认为，对现存理论进行批判性考察之前必须一开始就提出一个方法论基础。贝尔在提出方法论基础时，对认识论，以及阶级关系是以什么样的方式在一般意义上构成资本主义的、在特殊意义上构成积累过程的逻辑基础进行了说明。

59.2 马克思主义的方法论和危机理论

59.2.1 认识论

贝尔认为，在马克思那里，黑格尔对于认识论中存在一个古老哲学问题的分解具有重要的政治含义。马克思认为，《资本论》不是建立在任意的思想范畴之上。为了回复关于他在《资本论》第一卷开头部分"价值"概念的批判，马克思说："［首先］我不是从'概念'出发，因而也不是从'价值概念'出发，所以没有任何必要把它'分割开来'。我的出发点是劳动产品在现代社会所表现的最简单的社会形式，这就是'商品'。我分析商品，并且最先是在它所表现的形式上加以分析。在这里我发现，一方面，商品按其自然形式是使用物，或使用价值，另一方面，是交换价值的承担者，从这个观点来看，它本身就是'交换价值'。……我不是把价值分为使用价值和交换价值，把它们当作'价值'这个抽象分裂成的两个对立物，而是把劳动产品的具体社会形式分为这两者……"①

在讨论抽象劳动概念时，马克思作了类似的论述："劳动一般这个抽象，不仅仅是各种劳动组成的一个具体总体的精神结果。对任何种类劳动的同样看待，适合于这样一种社会形式，在这种社会形式中，个人很容易从一

---

① 《马克思恩格斯全集》第 19 卷，人民出版社 1963 年版，第 412 页。

种劳动转到另一种劳动……这里，劳动不仅在范畴上，而且在现实中都成了创造财富一般的手段，……在资产阶级社会的最现代的存在形式——美国，这种情况最为发达。所以，在这里，'劳动'、'劳动一般'、直截了当的劳动这个范畴的抽象，这个现代经济学的起点，才成为实际上真实的东西"①。

贝尔认为，这些段落明确地建议要打破传统的理论—现实二元论，并赋予《资本论》中的分析一种直接性。抽象劳动概念包含着资本对工人阶级影响的真实过程，它的社会力量在于把劳动转变为一种同质体。贝尔认为，随着旧的二元区分的结束，左派的理论——实践二分法（马克思提供经济理论，列宁提供政治实践）就成了问题。这样，这种认识论方法的政治含义是深刻的。

贝尔认为，第二个本质区别，体现在马克思的方法和其他一些政治经济学家的方法以及同资产阶级一般意义上的科学概念相区别的方式上。"从抽象上升到具体的方法，只是思维用来掌握具体、把它当做一个精神上的具体再现出来的方式。"② 马克思称为"科学上正确的方法"的这种运动，不是从思维世界到现实世界的运动；它毋宁是一种从只有少数规定因素的现实到另一种现实的运动，这后一种现实是一个"有许多规定和关系的丰富的总体……是多样性的统一"③。理论通过从最简单的关系到复杂的、统一的整体再现了现实。"重要的是要认识到《资本论》是从对最简单的关系，即资本和雇佣劳动的关系，到这种简单的关系在作为整体的资本主义体系中得以表现的复杂的形式的阐述"④。

59.2.2 阶级关系和《资本论》

马克思认为，"指导我的研究工作的"是社会生产关系，它构成了社会的真实基础，并且作为社会发展的一般条件。在《资本论》中，资本和劳动之间的关系构成了资本主义社会的基本的和最抽象的关系，因而是全部分析的基础。分析的出发点被这种方式所支配，即在这种方式中，研究的结果必须被叙述出来。交换领域的讨论揭示了资本主义社会的社会关系是价值关系（因为社会必要劳动时间充当着商品交换的基础。由于劳动是价值的实

---

① 《马克思恩格斯文集》第 8 卷，人民出版社 2009 年版，第 28～29 页。
② 《马克思恩格斯文集》第 8 卷，人民出版社 2009 年版，第 25 页。
③ 《马克思恩格斯文集》第 8 卷，人民出版社 2009 年版，第 24～25 页。
④ Peter F. Bell, Marxist Theory, Class Struggle, and Crisis of Capitalism, In Jesse Schwartz ed: *The Subtle Anatomy of Capitalism*, Goodyear Publishing Company, Inc., 1977, P. 173.

体和尺度，所以它必须采取一种特殊的形式。劳动价值是交换的基础，只是因为抽象劳动是在资本支配下历史地决定的劳动形式；社会交换关系由社会生产关系所决定的。"价值分析揭示了阶级力量的基础：因为劳动形成资本家财富的基础，所以资本就必须有能力把商品形式强加给工人阶级，作为抽象劳动再生产劳动。资本主义的逻辑是扩大这些阶级关系，这些阶级关系的核心在于资本从劳动力所有者身上占用价值的能力"，① 马克思说："资本自行增殖的秘密归结为资本对别人的一定数量的无酬劳动的支配权"②。

在《资本论》中阐发的资本概念存在于这种关系中："工人的积蓄要变成资本，本身就要求劳动作为非资本来同资本相对立；于是，在一个环节上被扬弃的对立又在另一个环节上重新建立起来。……如果劳动不同资本相对立，那么资本也不能同资本相对立了，因为资本只有作为非劳动，只有在这种对立的关系中，才成为资本。可见，在这种情况下，资本的概念和关系本身也就被消灭了"③。

贝尔认为，可以把《资本论》看作是研究一系列阶级斗争的特定形式的著作。《资本论》第一卷揭示了这种斗争在直接生产领域中以剩余价值榨取为中心而采取的不同形式。资本的自我增殖依赖于它和工人阶级相对的、用剥削率来计量的力量。绝对的和相对的剩余价值形式是资本用来扩大剩余价值的具体策略，包括延长工作日，增加劳动强度，改进劳动组织和提高劳动生产率，提高劳动生产率包括作为对工人阶级反抗的反应的机械化或资本有机构成的变化。

阶级斗争提供了资本主义生产的逻辑和动力，资本主义生产是按照资本和工人阶级双方进攻和反攻的形式进行的，马克思用他生活的时代的大量材料详细地证明了这一点，"斗争的辩证法是资本的自我增殖，并构成积累和危机的基础。斗争的结果必须在历史的特定条件下考察。不存在唯一的可以预测的结果"④。在《资本论》第一卷中，积累不仅被视为生产资料规模的扩大，而且还是阶级关系的不断扩展。积累率依赖于阶级斗争的结果和通过失业后备军工人阶级总体中被雇佣者和未被雇佣者之间的划分和重新组合。

---

① Peter F. Bell, Marxist Theory, Class Struggle, and Crisis of Capitalism, In Jesse Schwartz ed: *The Subtle Anatomy of Capitalism*, Goodyear Publishing Company, Inc., 1977, P. 173.
② 《马克思恩格斯文集》第5卷，人民出版社2009年版，第611页。
③ 《马克思恩格斯全集》第46卷上，人民出版社1979年版，第248页。
④ Peter F. Bell, Marxist Theory, Class Struggle, and Crisis of Capitalism, In Jesse Schwartz ed: *The Subtle Anatomy of Capitalism*, Goodyear Publishing Company, Inc., 1977, P. 174.

贝尔认为，从《资本论》第一卷的讨论中，可以很清楚地看到资本主义的"运动规律"同资本—劳动关系发展的具体的历史阶段密不可分。危机不是"物"的运动，而是阶级关系顺利再生产的中断。"危机不是抽象理论范畴的表现，而是资本和工人阶级之间斗争的实际周期的真实表现"①。

贝尔指出，虽然对《资本论》第一卷进行的这种理解很常见，但是马克思主义的文献中有一种倾向认为，阶级斗争局限于直接生产过程，并不构成后来的分析的基础。贝尔认为，这是基于对上面概述的方法的一种误解，并且《资本论》第二卷、第三卷对资本—劳动关系进行了更为具体的分析。

在《资本论》第二卷中资本和劳动的关系构成了货币资本循环的基础："资本关系所以会在生产过程中出现，只是因为这种关系在流通行为中，在买者和卖者互相对立的不同的基本经济条件中，在他们的阶级关系中本来就已经存在"②。通过对流通的分析，资本被看作不仅是一种阶级关系，而且是一种运动，是一个经过各个不同阶段的流通过程。马克思回到社会资本的再生产问题，又一次强调商品流通（因而劳动力的再生产）是再生产过程的必不可少的一部分，并且处于个别资本流通的外部。在《资本论》第一卷中，社会总资本的再生产不仅被视为资本的总和，而且被视为社会关系的再生产。作为这种讨论的一部分，马克思对生产资料和消费资料的成比例增长按部类进行了探讨。贝尔认为，虽然马克思没有明确地进行分析，然而第Ⅱ部类的规模反映了工人阶级在提高劳动力价值从而扩大生活资料生产上的力量。

贝尔认为，存在一种忽视流通过程或者只是按照物（货币、生产资料或商品）的运动来看待它的倾向。在马克思看来，它是作为自我增殖价值的资本特征的一种扩展；它是以阶级关系为基础的一种环形运动或循环。由于在《资本论》第三卷中生产过程和流通过程是第一次被结合在一起进行分析的，因而阶级斗争是社会总资本运动的基础不容易被看出来。当马克思探讨生产和流通的统一具体地展现它们自己的复杂的方式时，他也坚持这种联系："直接生产过程和流通过程二者不断互相交织、互相渗透，从而不断使它们互相区别的特征分辨不清……资本会经历它的各种转化的循环；最后，它可以说会从它的内部的有机生命，进入外部的生活关系，在这些关系中，互相对立的不是资本和劳动，而一方面是资本和资本，另一方面又是单

---

① Peter F. Bell, Marxist Theory, Class Struggle, and Crisis of Capitalism, In Jesse Schwartz ed: *The Subtle Anatomy of Capitalism*, Goodyear Publishing Company, Inc. , 1977, P.174.
② 《马克思恩格斯文集》第6卷，人民出版社2009年版，第39页。

纯作为买者和卖者的个人……资本和雇佣劳动互相对立的最初形式，会由于一些看来与此无关的关系的干扰而被掩盖起来"①。

阶级斗争决定这些"看起来与此无关的"关系的原始方式，被资本与资本、个人与个人之间的关系"掩盖"起来。在表面范围内，剩余价值表现为超过出售价格的余额，利润表现为出售价格高于价值的余额。在马克思主义的文献中，反映在危机的讨论中的另一个重要的倾向，"是把社会资本的运动同它的社会关系的潜在基础分离开。积累过程按照成本、技术关系和竞争变得具体化了，分析的核心变成单个厂商、它同其他厂商的关系以及同它自己的产品的关系了"②。

经由新凯恩斯主义者如卡莱茨基、斯坦德尔、巴兰和斯威齐的著作，积累同阶级关系分离了。它表明资本之间的关系（即竞争）表现了生产和流通的统一，提出如上意见的对《资本论》的解释证明社会资本的运动是抽象分析的更明确的表现，表明阶级斗争如何表现在整体的水平上，如何表现在社会的表面上。

59.3 积累和危机

为了把自己的立场同已有的危机理论解释相区分，贝尔提出了有关积累的四个重要方面的问题。

第一，在《资本论》中关于积累和危机的分析指的是资本一般，表明对积累的理解仍是停留在抽象的层面上。特别是竞争的作用还没有被充分地加以阐述，因此资本之间的关系和市场的作用还没有成为危机的核心决定因素的一部分。在说明在自己理论框架中的位置时，马克思曾指出，竞争贯彻了资本的内在规律，它不创造它们，而是实现它们。从而，竞争就包括在关于危机机制的讨论中，特别通过它在资本积聚和集中上产生的影响。所以，关于积累是以厂商间的竞争为基础和以市场结构为中心的解释，是从与马克思的理论不同的理论框架出现的。

第二，虽然危机的一般条件，必须从资本主义生产的一般条件中加以说明，但却不存在危机的一般形式。形式必须同危机的原因相区别："如果有

① 《马克思恩格斯文集》第7卷，人民出版社2009年版，第52页。
② Peter F. Bell, Marxist Theory, Class Struggle, and Crisis of Capitalism, In Jesse Schwartz ed: *The Subtle Anatomy of Capitalism*, Goodyear Publishing Company, Inc., 1977, P. 176.

人要问危机的原因，那么他想知道的就是，为什么危机的抽象形式，危机的可能性的形式会从可能性变为现实性"①。因此，马克思的分析提供了一系列危机的基本决定因素，而不是一个预言式的模型，也不是一个危机以何种形式呈现它们自身的单一公式。

　　第三，虽然危机可能表现在生产和流通领域，或者是同时表现在这两个领域，并且也可能表现为市场的缺乏、金融崩溃、利润率下降，等等，但是，马克思费尽苦心从社会资本运动的观点建立了生产和流通的统一性以及它们的不可分割性。资本—劳动的关系是生产和流通的决定因素，而不止是前者的决定因素。许多现行的关于危机的解释的主要特征是，它们只是集中于这一或另一领域，而忽略它们的统一。贝尔认为，在《资本论》第三卷中几处重要的论述利润率下降趋势的地方，马克思突出了这两个领域的相互作用的复杂性以及任何危机的单一原因理论的不可能性。这种统一要辩证地理解，因为这两个领域之间存在着矛盾（明确地导致了危机）："生产和价值增值之间的矛盾——资本按其概念来说就是这两者的统一体——还必须从更加内在的方面去理解，而不应单纯看做一个过程的或者不如说各个过程的总体的各个要去互不相关的、表面上互相独立的现象。"②

　　贝尔认为，关于生产和流通之间的联系，马克思在《资本论》第三卷第十五章"规律的内部矛盾的展开"中进行了精确的表述："这个剩余价值的取得，形成直接的生产过程……但是，这样生产出剩余价值，只是结束了资本主义生产过程的第一个行为，即直接的生产过程。资本已经吮吸了这么多无酬劳动。随着表现为利润率下降的过程的发展，这样生产出来的剩余价值的总量会惊人地膨胀起来。现在开始了过程的第二个行为。总商品量，即总产品，……都必须卖掉。如果卖不掉，或者只卖掉一部分，或者卖掉时价格低于生产价格，那么，工人固然被剥削了，但是对资本家来说，这种剥削没有原样实现，这时，榨取的剩余价值就完全不能实现，或者只是部分地实现，资本就可能部分或全部地损失掉。进行直接剥削的条件和实现这种剥削的条件，不是一回事。二者不仅在时间和空间上是分开的，而且在概念上也是分开的。前者只受社会生产力的限制，后者受不同生产部门的比例关系和社会消费力的限制。但是社会消费力既不是取决于绝对的生产力，也不是取决于绝对的消费力，而是取决于以对抗性的分配关系为基础的消费

---

① 《马克思恩格斯全集》第 26 卷第 Ⅱ 册，人民出版社 1973 年版，第 588 页。
② 《马克思恩格斯全集》第 46 卷上，人民出版社 1979 年版，第 399 页。

力；这种分配关系，使社会上大多数人的消费缩小到只能在相当狭小的界限以内变动的最低限度。……因此，市场必须不断扩大，以致市场的联系和调节这种联系的条件，越来越取得一种不以生产者为转移的自然规律的形式，越来越无法控制。这个内部矛盾力图通过扩大生产的外部范围求得解决。但是生产力越发展，它就越和消费关系的狭隘基础发生冲突。在这个充满矛盾的基础上，资本过剩和日益增加的人口过剩结合在一起是完全不矛盾的；因为在二者相结合的情况下，所生产的剩余价值的量虽然会增加，但是生产剩余价值的条件和实现这个剩余价值的条件之间的矛盾，恰好也会随之而增大。"①

剩余价值的生产是"第一个行为"，实现是第二个行为。虽然后者的条件在逻辑上不同于前者，但它们依次受生产部门的比例关系和社会消费能力的限制。而后者又依次受收入分配和资本对不断大市场的需要的限制。利润率的下降和利润量的增加是一起发生的，消费的狭隘基础同劳动生产力的提高和必须实现的剩余价值量的增加是一个矛盾。

贝尔指出，虽然马克思肯定不是一个消费不足论者，流通领域和生产领域通过比例关系、收入分配和市场联系起来。分配关系虽然同整个过程相联系，在积累上充当一种压制因素，但不决定积累率（同新李嘉图主义的观点相反）。

第四，在利润率下降趋势中，一个重要的因素是资本有机构成的变化。马克思从资本通过提高生产率增加相对剩余价值的角度分析了这一点。用不变资本替代可变资本是由资本能够剥削工人阶级的条件决定的。它不是资本有机构必然变化的自动规律，而是阶级斗争的一种策略，反映了获利的条件。利润率下降趋势是马克思的积累理论的核心，反映了价值生产和实现的矛盾特征。危机的一个重要功能是为积累的发生重建条件。"危机的可能性存在于许多节点上，在这些节点上，阶级斗争可能使生产或流通过程破裂，劳动力价值的提高可能快于生产率的增长，也可能是资本循环中货币资本转化为商品资本的任何一个环节上的破坏造成的"②。

贝尔认为，积累的内在机制是资本—劳动关系，整体的动态运动是由这种关系的逻辑提供的。"阶级斗争是内在于资本的概念，从而资本扩张的界

---

① 《马克思恩格斯文集》第7卷，人民出版社2009年版，第272~273页。
② Peter F. Bell, Marxist Theory, Class Struggle, and Crisis of Capitalism, In Jesse Schwartz ed: *The Subtle Anatomy of Capitalism*, Goodyear Publishing Company, Inc., 1977, P. 178.

限是由这种对抗在现实世界中所采取的形式造成的。危机是这种阶级关系特定情况下的表现，并且是呈现出一种受阶级关系的特征和资本主义发展的特殊特征（包括处于资本一般分析之外的许多因素：竞争、信用、金融，等等）调节的历史的特殊形式"①。

59.4　对已有危机解释的批判

贝尔指出，在20世纪70年代，主要存在三种占支配地位的讨论危机问题的观点：一是消费不足论；二是利润率降低/资本有机构成提高；三是新李嘉图主义。贝尔表示，这三种主要的观点是对资本主义发展的模式，特别是与20世纪60年代和70年代的危机交织在一起的。它们体现着阶级斗争的具体发展。例如，新李嘉图主义反映了对工人阶级力量增长的承认，以及这种增长在20世纪60年代晚期和70年代初期对资本主义积累造成的问题。

59.4.1　消费不足论

贝尔认为，虽然消费不足的分析在霍布森、鲍威尔和卢森堡等人的著作中有其根基，而对消费不足的现代阐述基本上来源于两个交织在一起的理论传统：新凯恩斯主义，以罗宾逊、斯坦德尔和卡莱茨基为代表；新马克思主义，以斯威齐和许多美国马克思主义者为代表。他们之间的区别"主要集中在对消费不足进行分析的方式上，特别是在于它产生自收入分配还是产生自生产能力过剩上"②。罗宾逊支持前一种认识，斯坦德尔和斯威齐赞同后一种观点。贝尔认为，斯威齐在他的《资本主义发展论》中提出的消费不足论，是新凯恩斯主义式的。这种消费不足论是根据数学例子提出来的，在其中，根据例子中的行为假设的选择，必然得出结论：生产资料将按照一个经常超过消费资料增长率的速率增长。这个观点的核心，在于在利润最大化的假定下，资本家的投资决策和他们改进生产率的企图。贝尔认为，这种消费不足论的问题在于，它忽视了马克思的范畴，最重要的是剩余价值率和资本有机构成这两个概念，只有它们才能把消费不足同生产领域联系起来。斯威齐没有建立这种联系，从而只是把资本主义积累的核心倾向放在流通领域

---

① Peter F. Bell, Marxist Theory, Class Struggle, and Crisis of Capitalism, In Jesse Schwartz ed: *The Subtle Anatomy of Capitalism*, Goodyear Publishing Company, Inc., 1977, P. 178.

② Peter F. Bell, Marxist Theory, Class Struggle, and Crisis of Capitalism, In Jesse Schwartz ed: *The Subtle Anatomy of Capitalism*, Goodyear Publishing Company, Inc., 1977, P. 179.

中加以讨论。

在后来的《垄断资本》著作中，巴兰和斯威齐对消费不足的分析，融合进了斯坦德尔和卡莱茨基著作中的观点，这两个人是从非竞争性市场条件对利润率和资本流动性的影响上来展开他们对于积累的分析的。巴兰和斯威齐认为市场条件对资本主义积累的形式有决定性的影响。把个别的、代表性的厂商作为分析单位，建立了一个以垄断公司的成本类型和价格行为为基础的积累理论。根据这种模型，整个经济的利润量在长期是倾向于上升的，从而提出了一个代替了马克思的利润率下降趋势的新的"政治经济学规律"，即"经济剩余上升"规律。

虽然有人论证过"剩余"这个概念同剩余价值是一致的，但它事实上是一个分配范畴。它提供了一个对产出构成的批判，但并没有解释剩余从何而来。后者是依据新古典的不完全竞争理论得到的：也就是说是根据单个厂商的成本和收益行为得到的。这样，积累的矛盾就不是来自对社会关系的分析，而是出自市场形式的变化。矛盾是根据社会利用其剩余的方式（非理性）表现出来的，也就是物质基础（"经济结构"）和意识形态上层建筑之间的矛盾。这把分析同流行的法兰克福学派（Frankfurt School）特别是马尔库塞（H. Marcuse）的批判联系了起来。这样，《垄断资本》包含了在发达资本主义条件下有关"生活质量"的扩展讨论，忽略了阶级斗争和积累的物质矛盾。

从方法论上看，上述积累理论是从对代表性厂商的微观分析开始，经过一个加总过程，到达经济总体构筑起来的。剩余上升的理论把注意力集中在新凯恩斯主义的总需求不足问题上。更重要的是，像斯威齐的早期阐述一样，生产和实现领域之间的基本联系再一次被切断了。除去可能遭到的国内和国外产业后备军（如在第三世界的解放运动）的反对以外，消费不足论的胜利和资本的世界范围的扩张是有保证的。对马克思来说，市场不能决定积累的情况，竞争不是资本主义一般运动的主要决定因素。垄断是根据伴随着积累向着资本积聚和集中的运动来分析的，并且所有这一切都是为了试图增加剩余价值。

贝尔指出，斯威齐的"马克思主义的观点提供了一个美国的马克思主义者长期坚持的思路，并且作为左派的传统智慧，它被广泛地作为分析帝国主义、国家的作用和危机的基础"①。贝尔指出，除去这种主要的消费不足

---

① Peter F. Bell, Marxist Theory, Class Struggle, and Crisis of Capitalism, In Jesse Schwartz ed: *The Subtle Anatomy of Capitalism*, Goodyear Publishing Company, Inc. , 1977, P. 180.

论以外，其他对消费不足的探讨，还包括接近卢森堡观点的需要国外市场的消费不足论，和那些认为需要一种"永恒的军事经济"来克服国内需求不足的理论。

59.4.2 利润率下降/资本有机构成理论

贝尔认为，"在最根本的意义上，坚持马克思的价值和积累理论，代表着对消费不足论的抛弃和复活老左派的观点"[1]。马蒂克、曼德尔和其他人从不同的政治倾向出发，通过传统的马克思主义范畴把人们关注的焦点再次转向阶级斗争。然而，贝尔认为，他们以及他们的追随者们已经陷入第二国际马克思主义的僵化中。马蒂克学派用严格的数学方法论证了资本有机构成的长期提高，因而不顾剩余价值率变化坚持利润率长期下降的必然性。这种观点遭到了来自经验和理论领域两个方面的批判。

第一，在论证利润率下降源于价值规律时，存在一种趋势：使这些概念具体化，用严格的、形式上的关系代替真实社会过程的辩证法。马克思主义理论变得僵化了，单一原因的解释代替了复杂的一系列表现资本主义社会基本社会关系的决定因素。

第二，这种积累分析是片面的，它完全忽略了流通领域，只是重视源于生产领域的运动，尤其是影响资本有机构成的那些因素的变化。

贝尔认为，这些批判并不是在否定这些理论家们最基本的理论前提，或者像马克思所说，利润率下降是"政治经济学的最重要的规律"，但是也绝不能得出结论：它能够被理解为一个单一的、普遍的规律，而且由于内在于这种概念自身的原因它就实现了自己。更确切地说它的实现依赖于阶级斗争通过三个因素影响积累路径的具体方式，这三个因素是：剩余价值、生产率（扩展地思考就是资本有机构成）和决定实现的条件。

研究利润率下降的文献的另一个重要特征，是企图检验它在经验上的准确性。如吉尔曼、曼德尔、佩罗等人的著作。大部分这些实证性研究都不在任何一种一致的方式下支持资本有机构成的提高和利润率的下降。同这些研究有关的方法论问题是多种多样的，最特别的是以何种方式概念化实证数据和马克思的范畴之间的关系。有关马克思的范畴的极端立场有：（1）不可能转换为实证术语，如马蒂克；或（2）同实证数据是同义的，如曼德尔。虽然

---

① Peter F. Bell, Marxist Theory, Class Struggle, and Crisis of Capitalism, In Jesse Schwartz ed: *The Subtle Anatomy of Capitalism*, Goodyear Publishing Company, Inc., 1977, P. 181.

有着强有力的证据表明20世纪60年代中期以后到20世纪70年代利润率是下降的，但这些问题尚未得到很好的解决。

59.4.3 新李嘉图主义理论

老一代马克思主义者关于利润率下降分析的复活，在整个资本主义世界的阶级斗争已经来到政治舞台的中心这样的时期是特别不能令人信服的。在英国和美国，实证研究开始清楚地表明工资上升和"利润挤压"之间的关系。格林和苏利夫在英国，博迪和克罗蒂在美国，都重点关注了分配份额问题。贝尔认为，这些相关的分析，在它们研究实际社会过程和把阶级斗争置于资本主义经济危机的解释的中心地位上，是一个重要的进步。然而，在这些研究中仍然存在着重要的方法论上的问题。"核心问题在于分配在积累过程中发挥的作用"①。

马克思对积累的分析也是对阶级斗争的分析，他把中心放在生产领域，但绝不局限于这个领域。阶级斗争的全面影响必须根据价值及其在剩余价值率和利润率上产生的影响来分析。马克思提醒用分配范畴来代表这个过程的危险说："把剩余价值和劳动力价值表现为价值产品的两部分——顺便提一下，这种表现方式是从资本主义生产方式本身中产生的……掩盖了资本关系的特殊性质，即掩盖了可变资本与活劳动力的交换，以及与此相适应的工人与产品的分离"②。

马克思在许多地方论证了分配（从而工资份额）是由生产和流通过程决定的。马克思论证过：（1）虽然生产资料的过剩和减少使得劳动力的有效供给似乎交替地稀缺和过剩，从而决定着积累率，这只是表面现象；（2）资本的扩张—收缩之间和工资的关系实际上是工人阶级总体（包括产业后备军）提供的无偿和有偿劳动的比率的调整："资本积累同工资率之间的关系，不外是转化为资本的无酬劳动和为推动追加资本所必需的追加劳动之间的关系。……归根到底这只是同一工人人口所提供的无酬劳动和有酬劳动之间的关系"③。

贝尔认为，这里的要点是，积累不是被理解为是由分配份额和利润挤压所决定的经济周期，而是以一种工人阶级整体被再生产出来，以及在工人阶

① Peter F. Bell, Marxist Theory, Class Struggle, and Crisis of Capitalism, In Jesse Schwartz ed: *The Subtle Anatomy of Capitalism*, Goodyear Publishing Company, Inc., 1977, P.182.
② 《马克思恩格斯文集》第5卷，人民出版社2009年版，第610页。
③ 《马克思恩格斯文集》第5卷，人民出版社2009年版，第716页。

级内部被雇用和未被雇用的工人的相对比例的方式加以理解。工资的波动是对工人阶级的不同部分进行不同程度的剥削的外在表现，因为资本通过产业后备军的存在把工人阶级分为不同的部分，并且通过向工资进攻和通过分割破坏阶级的统一对工人阶级实施控制。对资本来说表现为一种经济周期的这种运动，只是在不伤害资本主义制度的基础，并且保证资本主义制度的规模扩大的再生产的前提下进一步积累的条件。马克思明确地反对工资决定积累率："积累量是自变量，工资量是因变量，而不是相反。"①

贝尔认为，在全部《资本论》中，积累都是依据资本和劳动的阶级关系及这种关系对工人阶级状况的影响来考察的："需要救济的赤贫……形成财富的资本主义生产和发展的一个存在条件。它是资本主义生产的一项非生产费用，但是，资本知道怎样把这项费用的大部分从自己的肩上转嫁到工人阶级和中等阶级下层的肩上"②。贝尔指出，"虽然阶级斗争在流通领域确实围绕着国民产出的分配发生着，但它必须首先根据生产领域中的价值关系进行分析"③。

59.4.4　对己有理论的批判的概括

贝尔概括了对已有危机理论的批判：

第一，单一原因解释的倾向。在这种倾向中，社会现实被简化为一种理论构建或把资本主义导向危机的"规律"。这些规律或模型常常用统计资料加以证明，危机表现为对模型中的有关积累的单一原因解释的证实。这种实证主义方法把现实转化为一个单一的决定因素，否定了从抽象到具体的辩证运动。

第二，马克思主义理论的具体化。由于这些理论坚持理论和现实的二分，积累和危机并不总是被看成社会关系的表现。危机似乎是源于"物"而不是关系，并且具有一种技术的而不是社会的特征。从而，危机就是由物的规律所支配，它或者是纯技术的（对经济学家们来说），或者是纯理论的（对黑格尔主义者来说）。在任何一种情况下，理论都只是一系列的智力抽象。另外，对马克思来说，资本主义生产是一系列复杂的作为一种阶级关系的资本的本质产生的决定因素的产物。分析的范畴描述了这些决定因素是如

---

① 《马克思恩格斯文集》第5卷，人民出版社2009年版，第715页。
② 《马克思恩格斯文集》第5卷，人民出版社2009年版，第742页。
③ Peter F. Bell, Marxist Theory, Class Struggle, and Crisis of Capitalism, In Jesse Schwartz ed: *The Subtle Anatomy of Capitalism*, Goodyear Publishing Company, Inc. , 1977, P. 184.

何通过斗争实际发生的。

第三，马克思主义理论的停滞。贝尔指出，"马克思主义理论脱离了真实的社会过程，这无疑反映了左派同工人阶级的距离，而且反映在对'正确'解释马克思的文本进行的无休止的争论中"①。贝尔自己的文章试图通过文本支持，坚持一种对马克思方法的特定类型的理解。但是，他认为这种方式区别于对特殊的段落进行解释以支持或拒绝某种观点，如消费不足主义，后一种方式是不会有结果的。贝尔指出，马克思主义不是把某种公式应用于对资本主义运动的分析，"文本上的争论使得理论在这样一种形式上僵化了，即它变成静态的和与历史无关的了"②。真正需要的是把方法和对危机的一般性理解应用于具体的历史条件。阶级斗争的形式，积累发生于其中的制度背景，资本主义扩张中的障碍改变了资本主义再生产发生的条件。"塑造生产和流通过程的各种制度，包括国家，都要求作为更具体的社会关系的决定因素进行具体的分析"③。贝尔认为，资本—劳动关系不是一种"公式"，而是构成资本主义社会基础的物质关系的特殊形式的表现。正是坚持考察这些物质关系如何产生资本主义的"运动规律"把马克思的理论同所有唯心主义的思想区分开来。

第四，生产和流通的分离。对危机理论的一种形式的批判，揭示了单纯在流通领域（消费不足论和新李嘉图主义）或生产领域（利润率下降/资本有机构成理论）考察积累的障碍存在的片面性。贝尔认为，曼德尔企图把两个领域整合到一个单一的框架中，但是这种整合具有明显的折中主义特征。虽然曼德尔的理论讨论了利润率下降，但这种理论把它的主要重点放在消费不足论的一个变种上。

贝尔指出，马克思费心地建立了这样一种理论：资本主义作为一个总体包含生产和流通的统一，它们交织在一起的运动是根本性的资本—劳动关系的表现。"忽略这一点会导致一种要么忽视市场的重要性，要么忽视生产中的阶级斗争的重要性的片面的理论"④。

第五，市场结构和"厂商理论"。贝尔指出，由于左派凯恩斯主义者，像罗宾逊夫人、卡莱茨基和斯坦德尔的著作的影响，在一些时候，马克思主义的积累论已经被转变为一种厂商和市场结构理论。这种分析对那些忽视价

---

① Peter F. Bell, Marxist Theory, Class Struggle, and Crisis of Capitalism, In Jesse Schwartz ed: *The Subtle Anatomy of Capitalism*, Goodyear Publishing Company, Inc. , 1977, P. 184.

②③④ Peter F. Bell, Marxist Theory, Class Struggle, and Crisis of Capitalism, In Jesse Schwartz ed: *The Subtle Anatomy of Capitalism*, Goodyear Publishing Company, Inc. , 1977, P. 185.

值理论和阶级斗争，把他们的理论建立在流通领域的运动上的理论家特别有吸引力。这些理论家认为，通过价格和利润率形成的公司之间的关系建立了生产和流通之间的必然联系，论证说厂商之间的关系提供了通过价格和利润差额建立的生产和流通之间的必要联系，从而赋予马克思的理论体系一种"理论上的确定性"。与此相联系的观点是，竞争是决定社会总资本运动的核心机制。对这种理论研究的倾向贝尔是不赞同的，他指出，"这种理论工作是和马克思的理论存在区别的另外类型的理论计划的一部分。它具体化了理论范畴，但是同时也无力去对构成积累的基础的阶级力量进行分析"[①]。

第六，危机理论的政治学。贝尔认为，在危机理论争论的研究中，不单纯把这种争论视为纯粹理论层面的争论是重要的。这种争论"涉及对马克思主义的最基本的含义和对理论与实践的关系的不同的理解"[②]，因此，危机甚至是马克思主义中的其他理论争论，无法仅仅诉诸科学上的正确性去加以解决，这个问题涉及左派内部的斗争。

贝尔总结了争论中存在的一些明显的特征：（1）在完善有关资本主义的"理论"而不是用理论反对资本主义的时候否定了政治；也就是说，忽略了马克思主义分析的革命含义（这种情况在经济学家的著作中表现得尤为明显）。（2）忽视了工人阶级斗争对资本积累能力产生的影响（新李嘉图主义是一个明显的例外）。从资本的角度理解危机，而不是把危机视为一个阶级交互作用的问题，这是因为资本本身不被看成阶级关系，它的运动也不被认为是表现了阶级斗争。"马克思主义者们不经意地发现，在揭示积累的技术限制的同时，他们自己正在服务于资本的问题的解决。这一点事实上在一定程度上可以解释对马克思主义理论的兴趣的重新恢复"[③]。（3）把经济同政治分离，把阶级斗争归属于国家领域、降级为围绕分配份额等发生的冲突。

---

①②③ Peter F. Bell, Marxist Theory, Class Struggle, and Crisis of Capitalism, In Jesse Schwartz ed: *The Subtle Anatomy of Capitalism*, Goodyear Publishing Company, Inc., 1977, P. 185.

第60章 马克思关于经济危机的
类型论和层次论

在马克思关于资本主义经济危机理论中，经济危机类型和层次是其中的重要问题。1979年，韦斯科夫（T. E. Weisskopf）发表的《马克思主义危机理论和战后美国经济中的利润率》一文，对马克思主义经济危机理论的不同类型问题作了分析，对各种类型的危机和利润率以及与之相关的变量的经验数据作了探讨。1982年，大卫·哈维（D. Harvey）在《资本的限度》中，力图把马克思散见于各处著述中关于危机问题各部分的见解，与资本主义发展的现实相结合，提出了当代马克思经济危机理论体系的三层次的动态统一的问题。韦斯科夫和哈维作出的有关论述，在西方马克思经济学研究领域有着较为重大的影响。

韦斯科夫在1979年《剑桥经济学评论》上发表的《马克思主义危机理论和战后美国经济中的利润率》[①]一文，分析了第二次世界大战以后美国经济中利润率的变动情况，以便以此为基础评价关于资本主义经济危机的各种马克思主义理论的现实意义。韦斯科夫首先阐述和比较了几种不同类型的马克思主义危机理论，然后试图确定每种理论类型在多大程度上和利润率以及与之相关的变量的经验数据相吻合。也就是说，韦斯科夫是以经验研究的方式参与到危机理论的研究和争论中的。

60.1 韦斯科夫对马克思危机理论的形式分析

韦斯科夫指出，从马克思本人在《资本论》中的分析开始，许多政治经济学家从广义的马克思主义的视角出发探讨周期地侵袭资本主义的经济危机的根源，许多不同类型的理论都把利润率作为宏观经济活力的重要决定因

---

① Thomas E. Weisskopf, Marxian Crisis Theory and the Rate of Profit in the Postwar U. S. Economy, *Cambridge Journal of Economics*, 1979, 3, pp. 341 −378.

素而予以最大程度的关注。韦斯科夫认为，可以把集中关注作为危机起源的利润率的下降，作为鉴别一种资本主义经济危机的马克思主义理论的定义性特征。从而，可以说明马克思主义危机理论不同流派之间的区别，可以根据对利润率下降的不同解释加以区分[①]。

韦斯科夫之所以把利润率变化放在如此重要的地位，是因为他认为利润率的变化会通过对预期利润和投资水平产生的影响，最终影响经济的产出和就业。资本主义经济中平均利润率的变动是解释经济危机的关键，因为它是资本家利润预期的主要决定因素。资本家组织生产和进行投资都是为了获取利润。平均利润率的下降和因此使新投资的预期盈利能力下降迟早会阻碍投资。但是，投资率对总产量与总就业的水平或增长率而言是重要的决定因素。投资率不但作为总需求的一个重要构成因素影响产出（和就业）水平，还作为一种重要的提高经济的生产能力的源泉影响产出（和就业）的增长率。"因此，有充分的理论缘由认为，利润率下降将——通过预期利润和投资率——最终导致一场使产量和就业水平的增长率都下降的经济危机"[②]。

韦斯科夫认为，"马克思主义危机理论的每个流派都能被或者发展为一种利润率短期周期下降理论（用以解释资本主义商业周期），或者发展为一种利润率长期下降的理论（用以解释'长波'的下降时期或长期的停滞）"[③]。由于数据可得性的原因，韦斯科夫的经验分析限于美国第二次世界大战以后的时期。他检验了战后连续五次经济周期中短期意义上的利润率的状态；还检验了从每次周期到下一周期以及整个战后时期中利润率的长期趋势。对每种情况，他都试图寻求确定利润率变化的原因，使用的方法是把这种变化分解为马克思主义经济危机理论中重要构成变量的变化。

韦斯科夫将马克思主义危机理论分为三个基本的流派，认为这些流派的主要区别在于它们确定平均利润率下降的起源各不相同。这三种流派的侧重点分别为：（1）技术变化和"资本有机构成"的变化；（2）阶级斗争和劳动与资本之间的收入分配；（3）生产出来的产品的全部价值的"实现"问题。为了区分这三种论点，有必要先考虑利润率 ρ：

$$\rho = \frac{\prod}{K} = \frac{\prod}{Y} \cdot \frac{Y}{Z} \cdot \frac{Z}{K} = \sigma_\pi \varphi \zeta \qquad (60.1)$$

①② Thomas E. Weisskopf, Marxian Crisis Theory and the Rate of Profit in the Postwar U. S. Economy, *Cambridge Journal of Economics*, 1979, 3, P. 341.

③ Thomas E. Weisskopf, Marxian Crisis Theory and the Rate of Profit in the Postwar U. S. Economy, *Cambridge Journal of Economics*, 1979, 3, pp. 341 – 342.

其中，$\prod$ 表示利润量；K 表示资本存量；Y 表示实际产量（或收入）；Z 表示潜在产量（或生产能力）。利润率等于收入中利润份额 σ_π 和生产能力利用率 φ，以及生产能力和资本的比率 ζ 的乘积。在这个方程中，所有的变量都是用当前价格表示的，韦斯科夫指出，"三种马克思主义危机理论流派中的每一种都表现为偏重于把方程（60.1）中的不同变量作为利润率下降的起源"[①]。

60.1.1　资本有机构成提高论

韦斯科夫将其称为"有机构成提高流派"（ROC），他认为，马克思本人最充分发地发展了这种理论。这种理论主要被用于解释利润率下降的长期趋势，但是也可以用它来解释利润率的短期周期波动。ROC 主要是在马克思的价值理论框架下提出的。用标准的劳动价值概念（c ＝不变资本，v ＝可变资本；s ＝剩余价值），可以有：

$$g = \frac{c}{v} \tag{60.2}$$

$$e = \frac{s}{v} \tag{60.3}$$

$$r = \frac{s}{c+v} = \frac{e}{g+1} \tag{60.4}$$

其中，g 是资本有机构成，e 是剥削率，r 是用价值表示的利润率。资本的有机构成的基本假设是，资本主义积累过程迟早会导致资本有机构成提高，另一个假设是剥削率不发生明显的变化。因此，直接根据方程（60.4），在 e 不变的情况下，g 的上升将导致利润价值率 r 的下降。

在韦斯科夫的研究中，把 ROC 转变成一种价格框架下的理论，以便把它作为对普通利润率 ρ 的变化所作的一种解释去检验它。另外，使不变资本等于（固定的和运用的）资本总量 K，使可变资本等于工资总量 W（ ＝ Y － $\prod$ ），并使剩余价值等于利润量 $\prod$ ，这样"很容易地就完成了从价值框架向价格框架的变换"[②]。资本有机构成，剥削率和利润价值率的价格类似物就变成：

$$\gamma = \frac{K}{W} \tag{60.5}$$

---

①②　Thomas E. Weisskopf, Marxian Crisis Theory and the Rate of Profit in the Postwar U. S. Economy, *Cambridge Journal of Economics*, 1979, 3, P. 342.

$$\varepsilon = \frac{\prod}{W} \tag{60.6}$$

$$\rho = \frac{\prod}{K} = \frac{\varepsilon}{\gamma} \tag{60.7}$$

以价格形式表示的 ROC 假定，在 ε 保持不变时 γ 上升，从而引起利润率 ρ 下降。

这种 ROC 可按下面的方式与方程（60.1）建立联系，第一，假定 $\varepsilon = \frac{\prod}{W}$ 不变意味着 σ_{π} 和 $\sigma_w = \frac{W}{Y}$ 保持不变；第二，ROC 并不因过剩生产能力的发展而变化，因此，必然也假定产能利用率 φ 不变；第三，假设 γ 提高则必引起生产能力和资本比率 ζ 的下降。这是根据下面的方程中相对份额和产能利用率的不变得出的。

$$\gamma = \frac{K}{W} = \frac{K}{Z} \cdot \frac{Z}{Y} \cdot \frac{Y}{W} = \frac{1}{\zeta} \cdot \frac{1}{\varphi} \cdot \frac{1}{\sigma_w} \tag{60.8}$$

这样，根据马克思主义危机理论的资本有机构成提高论，正是方程（60.1）中第三项 ζ 的下降构成了利润率下降的最初根源。

那么为什么资本有机构成——或者它的价格的类似物会首先上升呢？长期形式的资本有机构成提高论的基本假设认为，资本主义积累过程势必导致"资本技术构成"的提高——或者，以价格表示，就是实际资本对劳动比率的提高。用 $\bar{k}$ 表示这个比率，可得到：

$$\bar{k} = \frac{\bar{K}}{L} \tag{60.9}$$

这里的 $\bar{K}$ 是实际资本存量的（用不变价格表示），L 是按小时计算的劳动投入的量，可以确信，资本主义经济的长期增长已经同 $\bar{k}$ 是长期提高（尽管在测量 $\bar{k}$ 时涉及许多困难）联系在一起，"对这种长期趋势的最常见的解释是，基本要素供给的不同增长率（资本积累的比率通常快于人口增长的比率）导致要素相对价格的变化，正是相对价格的变化引发了节约劳动的技术革新"[①]。但是，对短期扩张将会引起 $\bar{k}$ 的周期性提高的解释并不是那么明显。可以认为引起 $\bar{k}$ 长期提高的那些力量在周期性扩张时期表现得最为强

---

① Thomas E. Weisskopf, Marxian Crisis Theory and the Rate of Profit in the Postwar U. S. Economy, *Cambridge Journal of Economics*, 1979, 3, P. 345.

烈，因为这一时期恰好是新资本的形成率（因而也包括技术变化）可能是最高的时期。资本的技术构成和有机构成之间存在一种关系。可以把后者用价格类似物表示为：

$$\gamma = \frac{K}{wL} = \frac{P_k \bar{k}}{P_w wL} = \frac{P_k \bar{k}}{P_w \bar{w}} \qquad (60.10)$$

其中，P_k 和 P_w 是资本存量和工资商品篮子中所含商品的价格指数，w 和 $\bar{w}$ 分析表示按小时计的名义工资和实际工资。根据方程（60.10），$\bar{k}$ 的上升的确导致 γ 的上升（并因而导致 ζ 和 ρ 的下降），但是，它并非一定会这样，因为它有可能被价格或工资变量反向的变化所抵消。显然，这个问题不可能在事前得到解决。方程（60.10）也提出了另一种可能的论证去解释 γ 的上升，而不依赖于 $\bar{k}$ 的任何上升，即由于资本商品对工资商品的相对价格上升 $\frac{P_k}{P_w}$。这样的论证在周期性的背景下，同繁荣时期的高投资需求率联系起来是成立的，同时，这样的论证也可以在长期意义上成立。韦斯科夫忽略了实际工资下降可能引起 γ 的上升的情况，因为资本有机构成提高论假定相对份额不变。

60.1.2　劳工实力增强论

第二种马克思主义危机理论是以劳工实力增强（rising strength of labour，RSL）为基础的。RSL "把重点放在工人阶级经过同资本家的斗争而获得的收益上"[1]。有些马克思主义政治经济学家遵循马克思提出的论证思路发展了这种理论，马克思最初是用这种理论来解释资本主义经济中的周期性经济下降趋向的。博迪和克罗蒂运用马克思的论证分析战后美国经济中的经济周期，而格林和苏利夫则提出一种 RSL 的长期版本，用以分析战后英国经济中利润率存在的明显的长期下降。RSL 的主要假设是，资本主义积累过程势必改变劳动和资本之间政治经济力量的平衡，通过这样一种方式，使工人阶级得以提高国民收入中的工资份额。利润份额可以表述为：

$$\sigma_\pi = \frac{\prod}{Y} = \frac{Y - W}{Y} = 1 - \sigma_w \qquad (60.11)$$

所以，工资份额提高将挤压利润份额。因此，RSL 流派认为方程（60.11）中第一项 σ_π 的下降是利润率下降的起源，并假定无论是生产能力

---

① Thomas E. Weisskopf, Marxian Crisis Theory and the Rate of Profit in the Postwar U. S. Economy, *Cambridge Journal of Economics*, 1979, 3, P. 345.

利用率或生产能力/资本比率事先都不出现下降。

在 RSL 的周期和长期版本中，导致工人阶级力量增长的原因各不相同。"周期的版本是以产业后备军周期性地耗尽的观点为依据的"[1]。当周期扩张出现时，劳动需求比供给增长得更快，产业后备军耗尽，因而劳动市场变"紧"。由于劳动力日渐不足，使劳动者的政治经济力量加强，并使工人同资本家进行工资谈判的地位得到提高。这种"论证思路有相当牢固的理论基础"[2]。在周期扩张期间，失业率的确下降，并且可以非常合理地认为紧的劳动力市场改善了工人的工资谈判地位（显然劳动和资本之间力量的平衡肯定也受许多其他因素的影响）。

在长期版本的 RSL 中，工人阶级力量增长的假设不能便利地建立在产业后备军长期耗尽的基础之上；因为在长期中，人们可以预期，后备军可能因周期性的经济下降、节约劳动的技术变化或新的劳动供给来源而得以补充。因此，格林和苏利夫在假定第二次世界大战后英国劳工实力增强时，并未诉诸产业后备军的变化。相反，他们"只是分析了工会力量的增长和工人阶级对政府政策的影响。他们的方法似乎是回避工人阶级力量长期增长来源问题的实质，而且这种方法在资本主义积累过程的更大的动态框架下并不存在充分的理论基础"[3]。

工人阶级力量的增长是怎样转变为国民收入中工资份额的提高的呢？无论是周期性的还是长期版本的 RSL，都把关注的焦点集中在工资、生产率和价格三者相互关联的行为上。工资份额的表述式：

$$\sigma_w = \frac{W}{Y} = \frac{W/\overline{Y}}{P_y} = \frac{u_w}{P_y} = \frac{w/\overline{y}}{P_y} \qquad (60.12)$$

其中，P_y 是（净）产量价格折算系数，Y 是以现行价格表示的净产量，$\overline{Y}$是以不变价格表示的净产量，u_w 是平均单位劳动成本，$\overline{y}$是平均劳动生产率$\left(\dfrac{\overline{Y}}{L}\right)$，w 是指货币工资$\left(\dfrac{W}{L}\right)$。这样，工资份额总是提高到这种程度，以致单位劳动成本上升比（净）产出价格上升得快得多，而劳动成本则提高到这种程度，以致货币工资上升的比生产率上升得更快。

劳工实力增强论者提出了三个重要命题。第一，工人阶级实力的增强能使工人更成功地进行提高工资的谈判，从而提高货币工资增长率；第二，工人阶

①②③　Thomas E. Weisskopf, Marxian Crisis Theory and the Rate of Profit in the Postwar U. S. Economy, *Cambridge Journal of Economics*, 1979, 3, P. 345.

级实力的增强能使工人更成功地抵抗资本家提高劳动强度（通过提高纪律、增加工作速度和其他旨在提高单位工作小时劳动效率的措施）的压力，从而降低生产率增长率；第三，由于工资的增加和/或生产率的降低，迟早将导致单位劳动成本增加，而这种增加不会被产量价格的相应提高所抵消。结果工资份额将会提高。上述前两个命题似乎特别合理，而第三个命题则较有争议。

60.1.3　实现失败论

马克思主义危机理论的第三个基本流派与前两种的不同在于，它聚焦于流通领域，而不是生产领域。"按照 ROC 流派的理论，对利润的威胁是由上升的资本成本导致的，而根据 RSL 理论，则是因劳动成本的增加导致的"①。第三种流派认为，"对利润的威胁是由于难以按可盈利的价格出售生产出来的商品造成的"②。用马克思的术语，问题是需求条件使资本家不能实现生产出来的商品的全部价值；因此，这种理论是以实现的失败的观点为基础的，称为实现失败（realisation failure：RF）。

韦斯科夫指出，许多马克思的追随者精心阐述了马克思主义的实现失败的危机理论。斯威齐讨论了两种分别由"消费不足"和"比例失调"引起的实现危机，发展了一种以消费不足为基础的 RF 理论，后来，由他自己和巴兰修改并精练为一种长期停滞理论。韦斯科夫认为"他们的理论依据，与其说是'消费不足'，不如说是'投资不足'"③。卡莱茨基论述资本主义经济周期的著作就是一种建立在投资不足的基础上的周期性的实现失败论。

韦斯科夫认为这种马克思主义危机理论的基本假设是，"资本主义积累过程势必产生对商品的需求落后于商品生产能力的不平衡"④。由此产生的需求不足迫使资本家或者去限制他们自己的生产水平，或者降低他们的产品的价格。由于在资本主义经济的许多部门中存在着降低价格的限制性制度。可以预料，资本家主要靠削减生产，从而降低整个经济中的生产能力的平均利用率来应对消费不足。因此，实现失败论认为方程（60.1）中"第二项的下降是利润率下降的根源，但它并没有提出预期利润份额或者生产能力/资本比率下降的理由"⑤。

那么又是什么引起需求不足的呢？大多数实现失败论者都把他们的论证

---

①②③④　Thomas E. Weisskopf, Marxian Crisis Theory and the Rate of Profit in the Postwar U. S. Economy, *Cambridge Journal of Economics*, 1979, 3, P. 346.

⑤　Thomas E. Weisskopf, Marxian Crisis Theory and the Rate of Profit in the Postwar U. S. Economy, *Cambridge Journal of Economics*, 1979, 3, P. 347.

建立在消费不足和/或投资不足的宏观问题上，韦斯科夫先分析了这种论点。然后，转而简单考虑了以部门之间比例失调为依据的另一条思考路径。

无论在长期或短期的意义上，消费不足论的逻辑都遵循一条从工资份额的下降到消费需求减少，再到相对于生产能力的总需求下降的路径。这种理论的"长期版本把工资份额的长期下降归因于发达资本主义经济中垄断力量增长的程度；短期版本则把工资份额的周期性下降归因于利润与工资相比更具易变性"①。当资本主义经济从收缩进入一个新的扩张期时，利润能够迅速地从先前的低迷水平中有力地得到恢复，而工资变化则不会这么剧烈。工资份额的下降，无论在长期还是在短期中，都意味着对消费需求增长的限制，因为工资收入的消费倾向高于利润收入的消费倾向。消费需求的降低制约了总需求的增长，因为另一种支出的主要来源——投资需求——实质上是一种派生的需求，最终取决于消费的增长。应该指出，使消费下降的工资份额减少本身将导致利润份额的上升。因此，生产能力利用率出现的最终下降对于利润率的影响大于对利润份额的任何持续上升的影响。

侧重投资不足（不考虑消费需求增长的任何可能的降低）的各种总需求不足理论的长期版本和周期性版本存在差异。一般来说，长期意义上的投资不足是由竞争的资本主义企业占统治地位向垄断的资本主义企业占统治地位的过渡引起的。这种观点认为，垄断厂商的投资刺激小于竞争厂商的投资刺激。周期意义上的投资不足总被看成是投资易变性模式的一部分，由此产生了投资率特别高和特别低的各个时期。这样一种模式，一般是用一种加速器类型的机制来解释的，也就是说，投资率是产量增长率的正函数，是资本存量水平的负函数。韦斯科夫认为马克思主义危机理论中的周期实现失败论的阐述与萨缪尔森第一次阐述的常用的乘数—加速数模型很相似。

比例失调的实现失败论，不同于消费不足和投资不足的实现失败论的地方，在于它关注的焦点是需求和生产能力之间的部门不平衡，而不是总的需求不足。这种观点的"前提是作为资本主义经济特征的分散投资决策的无政府状态"②。这种无政府性的过程导致新资本形成和生产能力增长的部门之间的比例失调。即某些产业将出现过剩的生产能力，而另一些产业则出现相对于需求结构而言的生产能力不足。在一个价格灵活性有限（下降）的

---

① Thomas E. Weisskopf, Marxian Crisis Theory and the Rate of Profit in the Postwar U. S. Economy, *Cambridge Journal of Economics*, 1979, 3, P. 347.

② Thomas E. Weisskopf, Marxian Crisis Theory and the Rate of Profit in the Postwar U. S. Economy, *Cambridge Journal of Economics*, 1979, 3, P. 348.

世界里，这种过剩和短缺的结合将同时导致总生产能力利用率下降，并引起通货膨胀率的上升。

60.1.4 简要的概述

在简单介绍三种马克思主义的危机理论后，韦斯科夫对它们进行了总体的评价。韦斯科夫提醒说，不能"只把它们作为竞争性的选择。因为按照马克思本人的思想，它们之间存在着动态的内在联系：利润率下降的一种过程可能以一种辩证的方式导致一种改变反映，从而引起另一个下降的过程"①。阿尔卡利（R. Alcaly）② 概括地阐述了这三种理论之间存在的动态的内在关系，莱伯曼③在一个马克思主义危机理论的数学模型中研究了这种动态关系。

韦斯科夫提出了一个问题：这三种理论——资本有机构成提高论、劳工实力增强论和实现失败论——之中哪一种已经在利润率下降的特殊时期中有力地证实了它自己呢？韦斯科夫认为三种理论中有可能不止一种同时起作用，而且相继地压低利润率。努力确定每种理论的重要意义，能够帮助理解实际下降的利润率，并可以为理解马克思主义经济危机理论家们之间进行的论争提供有用的经验基础。

韦斯科夫利用大量的篇幅从经验研究的角度尝试回答自己提出的这个问题。韦斯科夫的结论是，"从 1949 年到 1975 年的利润率的长期下降，几乎完全可以归因于工资真实份额的上升，这表明了劳工实力的增强。但是，这种增强主要是守势性质的。工人阶级并未成功地使真正的实际工资收益与生产率的增长保持一致；工人只是在保护自己时，比资本家更为成功地抵御了贸易条件的长期恶化"④。韦斯科夫对所谓"攻势"性质的和"守势"性质的工人实力提高进行了说明，"有必要对分别基于'攻势（offensive）'和'守势（defensive）'的劳动实力增强论加以区分，前者指的是工人阶级获得比生产率提高更为迅速的实际工资收益的能力，后者指的是工人把不利的

① Thomas E. Weisskopf, Marxian Crisis Theory and the Rate of Profit in the Postwar U. S. Economy, *Cambridge Journal of Economics*, 1979, 3, P. 348.

② Alcaly, . R. , An Introduction to Marxian Crisis Theory, In *U. S. Capitalism in Crisis*, New York, Union for Radical Political Economics, 1978.

③ Laibman, D. 1979. The Marxian Profit Cycle: A Macromodel, *Eastern Economic Journal*, Vol. 4, No. 2, 1978, pp. 119 – 128.

④ Thomas E. Weisskopf, Marxian Crisis Theory and the Rate of Profit in the Postwar U. S. Economy, *Cambridge Journal of Economics*, 1979, 3, P. 370.

相对价格变化（如经济的贸易条件的恶化）造成的实际收入的损失中一个不对称的份额转移给资本家的能力"①。

另外，韦斯科夫指出，"资本有机构成在战后时期未出现明显的长期趋势，它对利润率的周期波动也没有产生多大的影响，这是因为不变资本价值变化（由于贸易条件的恶化）对利润率变化产生的总的消极作用，很大程度上被资本技术构成变化产生的相应的积极作用抵消了"②。

在解释利润率下降时，"劳工实力增强论得到的经验支持比资本有机构成提高论或实现失败论多得多"，反映在平均生产能力利用率下降中的实现失败论，对出现在周期向周期转变和几次周期扩张的后期阶段里的利润率下降的解释作用不大。"实现条件的变化只是解释了扩张初期和收缩阶段利润率的剧烈变化"③。

60.2　哈维对经济危机的资本主义内在矛盾层次探索

哈维的代表作之一《资本的限度》（1982）是一本重要的论述马克思主义经济学的理论著作。在概述的大量内容中，哈维力图把马克思散见于不同著述中的关于危机问题的见解与资本主义发展的现实相结合，构筑成具有三大层次的、动态的、统一的当代马克思经济危机理论体系。这部著作中的许多概念在全球化和新自由主义时期被不同类型的左翼学者广泛引用，但事实上为哈维后来的大量研究和分析奠定了一定基础的《资本的限度》这部著作本身却没有被广泛地认真阅读，在2000年第4期发表在《新左翼评论》杂志上的访谈《再造地理学》④中，哈维自己指出了这种情况，《资本的限度》"构成了以后我所做的每个研究的基础，它是我最喜爱的著作，但也可能是最少被人阅读的著作"。⑤因此，我们在这一节对哈维的危机理论研究进行整理和评价。

哈维指出：第一层次的危机论是马克思所表述的危机理论。在哈维看

---

①③　Thomas E. Weisskopf, Marxian Crisis Theory and the Rate of Profit in the Postwar U. S. Economy, *Cambridge Journal of Economics*, 1979, 3, P. 372.

②　Thomas E. Weisskopf, Marxian Crisis Theory and the Rate of Profit in the Postwar U. S. Economy, *Cambridge Journal of Economics*, 1979, 3, P. 371.

④　Harvey D, 2000, Reinventing Geography, *New Left Review Second Series*, Number 4, pp. 75 - 97.

⑤　参见对这个访谈的主要内容的概括：吴敏编写：《英国著名左翼学者大卫·哈维论资本主义》，载于《国外理论动态》2001年第3期，第4页。通过对中文相关文献的检索，哈维指出的这种现象近些年并没有发生什么改变。

来，马克思指出了危机根源于资本主义的内在矛盾。第二层次的危机理论加入信用和信用周期因素，因为货币金融危机（如通货膨胀）可加剧生产周期乃至整个周期的波动。第三层次的危机理论加入资本的地域布局和资源配置因素。在哈维看来，这个三层次理论体系可弥补和发展马克思的经济危机理论。总的来看，哈维的理论构建不失为一种新的思路，他提出的资本的"空间修复"等概念在全球化时代成为广泛使用的概念。哈维对危机理论的讨论使用的语言相当的晦涩，但是，通过对哈维危机理论的分析，仍然可以发现以下一些特征，哈维考察了资本主义根本矛盾在资本主义发展中在时空两个领域中的具体表现；他把资本的贬值作为核心概念，讨论不同层次的危机理论，他考察了在危机理论研究中非常重要的因素：金融和空间因素；哈维的危机理论研究，把短期的分析和长期的趋势研究整合在了一起。哈维赞同危机是资本解决自身贬值的一种机制，同时，资本在时空中的扩张和采取这种扩张的手段会使资本内在的矛盾采取某些新的表现形式，但这些形式自身在解决资本贬值问题的同时，也会造就新的问题，哈维以资本主义根本矛盾的不同形式的具体表现，结合资本主义变化的事实，证明了"资本主义生产的真正限制是资本自身"①。在讨论最终解决资本自身矛盾的出路时，哈维指出，"全球战争是贬值的最终形式"，而如果到了这样一个时期，那么也许就到了资本主义离开并让位于更理智的生产方式的时候了。大卫·哈维在研究马克思主义危机理论时，一开始就提出一个重要的包含着两个层次含义的问题。首先是在马克思那里存在很多论述危机问题的因素，这些因素可能会被后来的学者做出不同的解释，从而也就为理论差异的产生奠定了基础；另外，理论的差异会造成政治态度的差异，从而导致行动策略的差异，因此，马克思主义理论研究或者更具体的马克思主义的危机理论研究，事实上是一个具有重大政治意义的问题。如马克思在《资本论》第三卷评论利润率下降趋势时指出，在"促进人口过剩的同时，还促进生产过剩、投机、危机和资本过剩"，它表明"资本主义生产方式在生产力的发展中遇到了一种同财富生产无关的限制；而这种特有的限制证明了资本主义生产方式的局限性和它的仅仅历史的、过渡的性质"②。就这段论述的内容来看，哈维指出，周期性危机、长期的衰落、停滞甚至是最终的经济崩溃，看起来都隐含在马克思的评论中。建立在马克思的评论的基础之上的精确的解释具有重大

---

① 《马克思恩格斯文集》第 7 卷，人民出版社 2009 年版，第 278 页。
② 《马克思恩格斯文集》第 7 卷，人民出版社 2009 年版，第 270 页。

的政治意义。哈维认为，"那些喜欢构筑庞大理论的理论家和那些认为资本主义将在抱怨声中终结的理论家有着不同的政治姿态。造成 1890～1926 年间的国际社会主义运动的分裂的政治差异（这种分裂表现在卢森堡和列宁之间，表现在那些坚持用革命的道路实现社会主义和坚持用社会民主的道路实现社会主义的理论家之间，后者如伯恩施坦、考茨基、希法亭等）经常在对资本主义的长期动力学的不同解释中表现出来"①。因此，哈维认为，"寻找对马克思的理论的'正确'解释，并不是一种空洞的学术练习，而是需要尽可能严格地对待的具有政治敏感性的任务"②。

哈维认为，在马克思自己那里通常存在令人苦恼的矛盾。这也是马克思的著作经常遭到存在巨大差异的解释的原因之一。哈维特别指出，这种矛盾之处甚至在马克思试图排除某种可能性时也是存在的。例如，马克思明确地主张，"生产过剩不会引起利润的持续下降，但是它经过一定时期会不断重复。随着生产过剩，就出现生产不足等等"③，"当斯密用资本过剩、资本积累来说明利润率下降时，说的是永久的影响问题，而这是错误的；相反，暂时的资本过剩、生产过剩、危机则是另一回事。永久的危机是没有的"④。然而，通过这些周期性危机范围的扩大和强度的加剧，长期的衰落趋势仍然是可能的。

哈维认为，可以"绝对肯定地说，马克思把他对利润率下降规律的解释视为他对有关资本主义条件下危机理论的'第一层次'的表述"⑤。哈维对"第一层次"进行了解释，他说自己之所以用"第一层次"，是因为马克思"没有把《资本论》前两卷中得到的见解整合在一起，从而使他自己未能在《资本论》第三卷中对资本主义的内在矛盾做出完整的表述"⑥。另外，哈维指出，在马克思论述危机形成的著作中可以发现，马克思不得不以一种令人困惑的方式——使用他发展的不是很充分的理论的某些方面——继续他自己的分析。正因为如此，留给人们的是大量未完成的著作。哈维指出，检查一下马克思明确地思考危机的形成和形式的不同部分的简短内容，可以得到一个经常被提及但仍需要深入考察的问题的清单：

（1）特殊的固定资本的生产、流通和实现的方式以及周转时间差异带来的困难；

①② David Harvey, *The Limits to Capital*, Verso, 2006, P. 190.
③ 《马克思恩格斯全集》第 26 卷第 Ⅱ 册，人民出版社 1973 年版，第 535 页。
④ 《马克思恩格斯全集》第 26 卷第 Ⅱ 册，人民出版社 1973 年版，第 567 页。
⑤⑥ David Harvey, *The Limits to Capital*, Verso, 2006, P. 191.

（2）影响资本集中和分散程度的组织和结构变化的过程；

（3）信用体系、生息和货币资本的作用（所有这一切都要求对资本流通的货币方面进行分析）；

（4）资本流通中的国家干预；

（5）商品流通的物理的一面（商品在空间上的运动）和对外贸易，世界市场的形成和整体的资本主义的地理结构；

（6）社会形态内部和社会形态之间阶级关系的复杂结构（如资本家阶级之间的派别区分和建立在不同国家劳动力价值差异基础之上的无产阶级的差别）。

哈维承认，他的这个清单并没有"穷尽应当被包含在最终形态的危机理论中的许多特征"①。他认为，社会再生产领域（包括劳动力的再生产和资产阶级观念的再生产等）存在的混乱，以及旨在确保控制的政治和军事机器中存在的混乱等，也都应该加以考察。也就是说，哈维认为马克思的危机理论研究忽略了很多内容。但是很明显的是，就如同一比一的比例的地图是毫无用处的地图一样，理论总是在抽象的基础上构建的，包括大多数细节的理论是一种纯粹描述性的理论，这种理论在历史分析中具有重大的意义，但是却无法作为一种启发性的理论框架。哈维明显是接受上述认识的，他提出的马克思危机理论研究忽略的内容，目的不在于批评而在于建设，他在为马克思本人未能对这些问题进行深入研究感到遗憾的同时，也为后来的马克思主义者提出了艰巨的任务，为进一步完善马克思主义危机理论提供了探索的方向。哈维对马克思做出了正确的评价，他指出："马克思明确地把内在于商品生产和交换中的矛盾视为理解资本主义条件下危机形成的基础。在这种意义上，'第一层次'的危机理论不仅仅是一种第一近似，它更揭示了可以用来说明作为一种经济模式和社会组织的资本主义具有的明显的不稳定性的基本原理"②。

哈维认为，扼要说明隐含在第一层次危机形成理论中的阶级关系的结构并不困难。在《资本论》第一卷中，可以看到积累"再生产出规模扩大的资本关系：一极是更多的或更大的资本家，另一极是更多的雇佣工人"③。此外，也可以看到失业、产业后备军对积累而言是必要的。在《资本论》第二卷中，可以看到单个的流通行为汇聚成为一个"巨大的、职能上确定

---

①② David Harvey, *The Limits to Capital*, Verso, 2006, P. 192.
③ 《马克思恩格斯文集》第5卷，人民出版社2009年版，第708页。

的、经济的社会阶级之间的流通"过程的条件，① 使得资本家和工人阶级的再生产成为可能。矛盾也在《资本论》第三卷中表现出来。它们是以资本主义社会中两个大的社会阶级的再生产过程的破坏性崩溃表现出来的，而且采取了一种"资本过剩和日益增加的人口过剩结合在一起的"② 形式。可以看到"资本的这种过剩是由引起相对过剩人口的同一些情况产生的"，出现了一种特殊的不合理的情况，"一方面是失业的资本，另一方面是失业的工人人口"③。哈维认为，危机明显地既打击了资本也打击了劳动，并且打击了阶级关系再生产的基础。因此，他认为对马克思第一层次危机形成理论使用的方法的技术性理解，必须对照阶级关系再生产中危机的背景加以阐明。

关于过度积累和资本的贬值问题。哈维认为，马克思的利润率下降的观点令人信服地说明，资本家对剩余价值生产、技术变迁充满激情和"为积累而积累"的社会必然结合在一起，就产生了相对于可以利用资本的机会的缺乏而出现的资本的过剩。这样一种资本生产过剩的状态，被称为"资本的过度积累"。如果流通中的资本总量要和通过生产与交换实现这些资本的有限的能力保持平衡（利润率保持稳定的隐含条件），那么一部分总资本必须被消灭。如果要重建平衡，那么过度积累的趋势必须被从流通中消灭过剩资本的过程所抵消。哈维指出，这些过程可以在"资本的贬值"的标题下加以讨论。

哈维指出，初看起来"贬值"的概念可能是奇怪的或者是荒谬的。资本毕竟一开始就被定义为"运动的价值"，因此，谈论"价值的贬值"好像术语自身存在矛盾。事实上，马克思的观点的关键之处在于承认矛盾，但是坚持矛盾在于资本主义生产方式而不是术语自身。后者只是被设计出来反映内在于资本主义生产和交换中的矛盾。哈维指出，马克思的价值概念与李嘉图的价值概念的区别在于，马克思在李嘉图的物化劳动时间前加了一个限定性短语——"社会必要"——定义价值。哈维认为正是"社会必要"这个概念成为马克思批判政治经济学和解释充满矛盾的资本主义运动规律的关键。物化劳动的价值概念不能被视为一个固定的和不可更改的、对资本主义矛盾进行分析的基石，而是一个随着我们对资本主义社会必要的特征是什么的理解的变化而不断修正其含义的概念。这就如同马克思认为的那样，资本

---

① 《马克思恩格斯文集》第 6 卷，人民出版社 2009 年版，第 398 页。
② 《马克思恩格斯文集》第 7 卷，人民出版社 2009 年版，第 273 页。
③ 《马克思恩格斯文集》第 7 卷，人民出版社 2009 年版，第 279 页。

主义必然充满各种矛盾，从而价值概念必须能够反映这种事实。"换句话说，'价值'不是一个描述不稳定的世界的固定的尺度，它是一个不稳定的、不确定的和存在矛盾的尺度，它反映了资本主义的内在矛盾"①。马克思在《资本论》第一卷中提醒说，物化劳动在不满足社会需要或需求的意义上，不是一种使用价值，它是浪费的劳动从而不是价值。哈维认为，对资本主义内在矛盾的分析表明，在资本主义存在一种永久性的生产"非价值"（non-values）的趋势，浪费劳动力的趋势，后者是通过不使用劳动力或者把劳动力的劳动物化在不能满足社会需要或需求的商品中，而这两者都是结构化地存在于资本主义社会关系中的。从而，价值并不是所有地方所有人类劳动的一般特征。"它特别地和资本主义生产和交换联系在一起，它必然包含它的对立面，不生产价值和生产非价值。这就是贬值的含义"②。

哈维指出，马克思把贬值视为价值流通的一个"必然环节"。在流通的过程中，资本经历了一系列的"变形"，从货币到生产过程中的物质商品，再到商品，等等。由于资本是运动的价值，价值就只能在持续运动中保持。这种情况，使得马克思对贬值做出了一个纯粹技术性的定义，即价值在特定的状态下长时间处于"静止"状态。例如，仍然没有被使用或被出售的商品存货，货币的储备等，都可以被归入"资本的贬值"的标题之下，因为在这些情况下，价值都不是处于运动中。这种内在于资本流通的必然的贬值，会自动地中止，一旦价值通过经历从一种状态向另一种状态的"变形"而恢复运动贬值就中止了。哈维指出，考虑到资本能够在特定的时期通过所有的阶段完成自己的流通，因此贬值不会带来永久性的不良影响。从这种技术的视角看，哈维认为，"社会必要周转时间"的概念隐含在价值概念当中，独立于资本的流通中的"必要的贬值"，价值就没有任何意义了。

哈维认为，马克思的观点（事实上使贬值成为价值本身的一部分）的目标在于，摆脱萨伊定律中假定的同一性，表明供给并不必然创造对自己的需求，危机的可能性总是潜藏在克服在时空中资本流通不同"环节"和"阶段"之间的分离的永久的需要中。哈维认为，在《资本论》的大部分内容中，马克思只是满足使用危机的可能性。但是，当马克思提出他第一层次的危机理论时，贬值的概念在理解资本主义运动的矛盾规律产生的永久性的

---

① David Harvey, *The Limits to Capital*, Verso, 2006, P. 193.
② David Harvey, *The Limits to Capital*, Verso, 2006, P. 194.

不良影响上占据了突出的地位。"贬值隐藏在过度积累的背后"①。

哈维认为，资本的过度积累通常能够被直接地转变为资本过剩的特殊表现，这些过剩资本在资本流通过程中所采取的不同形态上被"搁置"起来。

（1）商品的生产过剩，市场上存在大量的以超过实现平稳的资本流通正常需要的存货过剩表现的物质商品。

（2）不变资本投入的存货过剩以及部分超过正常的资本流通需要的最终商品。

（3）生产过程中的闲置资本，尤其是没有被充分利用的固定资本。

（4）过剩的货币资本和超过要求的正常货币储备的闲置现金余额。

（5）劳动力的过剩，生产中的不充分就业，产业后备军的扩大超过积累要求的正常水平，剥削率的上升造成的暂时性的劳动力的贬值。

（6）以实际利率下降表现的预付资本的回报率的下降，产业和商业资本利润率的下降，地租的下降等。

哈维认为，上述清单概括了过度积累的"表现形式"，并把它们同生产力的演化和资本主义社会关系给这种演化造成的阻碍之间的根本性的潜在矛盾联系在一起。这使得马克思能够指出李嘉图理论中的错误，即认为可以有资本的过剩但是不会有一般性的商品生产过剩。马克思说，"同一现象，称作 a，就认为是存在的和必要的，称作 b，就加以否认"② 是荒谬的。哈维指出，上述分析还有助于人们分析在马克思主义圈子里长期存在的激烈的但是错误的一个争论，这一争论围绕危机到底是源自消费不足（大众没有为资本家生产出来的数目巨大的商品进行支付的能力）还是源自利润率下降趋势展开。哈维认为，在现象的世界，"利润率下降和大量的商品过剩都是同样的深层次问题的表面表现。从理论上看，只有当它被用来对抗资本主义建立于其上的对抗性的分配和生产关系的时候，表现为资本价值构成提高的生产力不断革命的趋势才成为理解危机形成的基础。生产力和社会关系之间的对立才是根本性的，我们不能赋予任何一端以优先性"③。此外，哈维还认为，上面的分析表明，过度积累的趋势必然表现在资本主义历史的不同时期和阶段中，在这些时期和阶段，我们会看到市场上大量的商品、存货的迅速增加，闲置的生产能力、闲置的货币资本、失业和货币利润率的下降。哈

---

① David Harvey, *The Limits to Capital*, Verso, 2006, P. 195.
② 《马克思恩格斯全集》第 26 卷第 II 册，人民出版社 1973 年版，第 569 页。
③ David Harvey, *The Limits to Capital*, Verso, 2006, P. 196.

维认为，在马克思的第一层次的危机理论中，可以肯定的是，资本主义历史规律性地和周期性地遭遇到这些事情的打击。但是，对危机理论进行解释仍然需要小心谨慎，因为马克思留下了大量的线索，但是对实际的危机形成的分析并没有真正地展开。

哈维指出，如果过度积累采取了这些外在的表现形式，那么人们可以期望它的对立面——贬值——可以以同样有形的方式发生。以货币形式持有的资本可以通过通货膨胀贬值，劳动力可以因失业和实际工资的下降而贬值；物化在固定资本中的价值可能因为闲置而贬值。在每一种情况下，机制都不一样，影响也将会不同，这取决于人们谈论的是哪一种贬值。

哈维指出，通过危机发生的贬值是一种重要的机制。他说，"当开始描述发生在危机过程中的贬值时，温和的意象'贬值'让位于激烈的暴力的意象'破坏'"①。在危机时刻，所有内在于资本主义生产方式的矛盾都是以一种暴力的形式爆发的，它是以一种"暂时的暴力的解决"使"已经破坏的平衡得到瞬间恢复"②，过度积累是通过"一部分相等的资本闲置下来，甚至使它部分地毁灭"③ 来解决的。这种毁灭能够影响使用价值、交换价值，或者同时对两者产生影响。

马克思认为，"只要再生产过程停滞，劳动过程缩短或者有些地方完全停顿，实际资本就会被消灭。不使用的机器不是资本。不被剥削的劳动等于失去了的生产。闲置不用的原料不是资本。建好不用的建筑物（以及新制造的机器）或半途停建的建筑物，堆在仓库中正在变质的商品，这一切都是资本的破坏。这一切无非是表示再生产过程的停滞，表示现有的生产条件实际上没有起生产条件的作用，没有发挥生产条件的效能。这时，它们的使用价值和它们的交换价值都化为乌有。"

"危机所引起的资本的破坏意味着价值量的降低……社会的名义资本，也就是现存资本的交换价值，有很大一部分永远消灭了，虽然由于不殃及使用价值，这种消灭正好可以大大地促进新的再生产"④。

哈维指出，围绕谁将承担更多的资本的价值丧失、贬值和毁灭带来的负担的战斗是痛苦和激烈的。资本家之间的竞争加剧了，而且资本家忙于将负担转嫁给工人阶级。必要的贬值一旦完成，过度积累被消除，积累重新恢复

---

① David Harvey, *The Limits to Capital*, Verso, 2006, P. 200.
② 《马克思恩格斯文集》第 7 卷，人民出版社 2009 年版，第 277 页。
③ 《马克思恩格斯文集》第 7 卷，人民出版社 2009 年版，第 282 页。
④ 《马克思恩格斯全集》第 26 卷第 II 册，人民出版社 1973 年版，第 565~566 页。

了，只是重新建立在一种新的社会和技术基础之上，但是根本性的矛盾仍然存在。如马克思提出的："因此，在现存财富极大地增大的同时，生产力获得最高度的发展，而与此相适应，资本贬值，工人退化，工人的生命力被最大限度地消耗。这些矛盾会导致爆发，灾变，危机，这时，劳动暂时中断，很大一部分资本被消灭，这样就以暴力方式使资本回复到它能够继续发挥职能的水平。……但是，这些定期发生的灾难会导致灾难以更大的规模重复发生，而最终将导致用暴力推翻资本"①。

哈维认为，马克思有关资本主义条件下第一层次的危机形成理论"是一种包含着和马克思少量的千年愿景倾向结合在一起的真知灼见、凌乱的解释和直觉的判断的混合体"②。尽管马克思的分析是不完整的，但是它具有令人信服的力量，至少在对资本贬值造成的社会后果的描述上是如此。人们开始明白在危机时期，资本家如何以及为什么陷入争吵当中，资本家中的不同派别又是如何诉诸政治力量作为转嫁危机的破坏的手段的。我们开始看到作为可变资本贬值的结果的工人阶级的人类悲剧。

哈维指出，支配资本主义运动规律的内在逻辑是冷酷无情、不可阻挡的，它只对价值规律做出反应。然而，价值是一种社会关系，一个特定历史过程的产物。人类是这个历史过程的组织者、创造者和参与者。马克思坚信，资本主义是我们建立的一个庞大的社会企业，它主宰我们，限制我们的自由，最终给我们带来最恶劣形式的退化。这种体制的不合理之处在危机时刻会变得最明显："用暴力消灭资本，——这不是通过资本的外部关系，而是被当作资本自我保存的条件，——这是忠告资本退位并让位于更高级的社会生产状态的最令人信服的形式"③。

60.3 哈维对经济危机的信用体系层次探索

"第一层次的危机理论表明危机的根源在于生产。考虑到生产和交换之间普遍存在的矛盾统一，危机必然在交换领域表现出来"④。在交换领域，资本或者表现为商品或者表现为货币。价值时而采取商品形式，时而采取货

---

① 《马克思恩格斯全集》第46卷下，人民出版社1980年版，第269页。

② David Harvey, *The Limits to Capital*, Verso, 2006, P. 203.

③ 《马克思恩格斯全集》第46卷下，人民出版社1980年版，第268~269页。

④ David Harvey, *The Limits to Capital*, Verso, 2006, P. 324.

币形式。由于货币是一种独立的形式，通过它价值"自身的同一性确定下来"①。这就意味着危机必然具有一种货币的表现形式。哈维认为，对信用和生息资本流通的分析，对虚拟资本形成的和其他复杂的金融和货币现象的分析为资本主义条件下危机的形成和表现的理论增添了新的维度。哈维把这种包含了金融分析的危机理论称为第二层次的危机理论，第二层次的危机理论"努力把金融和货币的方面整合进第一层次的对导致生产不均衡的力量的分析中"②。

哈维指出，在分析第二层次的危机理论时，可以首先把关注的焦点放在单个国家的资本主义上，因为在所有国家使用单一的无差别的货币体系的意义上，对世界资本主义体系而言，第二层次的危机理论同样是适用的。也就是说，哈维的分析是在撇开资本主义国家之间货币体系的差别的基础上③进行的。哈维认为，首先要关注的一个独特的事实是，信用体系把资本联系在一起作为资本家阶级的共同的资本使用，而且信用体系有一种内在的潜力去纠正造成生产不均衡的最初动因的个体资本家的异常行为。只有认识到上述事实，才能进一步考察那些能够把生产和实现、消费、分配协调起来的重要的力量。哈维指出，"在信用体系中当然存在充分的能够抵消生产中产生不均衡的趋势的力量。但是，这种力量不能直接发挥作用，而必须通过价格和其他一些交换领域的信号来传递它"④。

此外，这种力量的存在并不必然保证它们会发挥作用。事实上，在资本主义发展的早期，私人占有从作为资本家阶级的共同的资本的使用中获得的利益占支配地位的时期，正是信用体系成为投机危机发生的地方，投机危机相对独立于生产中的不均衡而爆发。它们对剩余价值生产产生了压力，中断了积累的过程。随后，看起来好像是危机的唯一源泉在于金融运作中。哈维指出，马克思以很好的理由反对了这种解释。但是，哈维指出，第二层次的危机理论，必须考虑在固定资本和消费基金形成、在土地买卖、在商品价格和商品期货以及各种形式的账面资产上表现出来的相对自治的投机泡沫。这些投机狂热并不能必然被解释为是生产中的不均衡的直接表现，它们能够而且的确可以在自身的基础上产生。但是马克思表明它们只是建立在导致不均衡的更深层的力量之上的表面泡沫。马克思说明了积累过剩为投机狂热的形成创造了条件，而且后者几乎毫无例外地都表明了前者的存在。哈维认为，

---

① 《马克思恩格斯文集》第 5 卷，人民出版社 2009 年版，第 180 页。
②③④ David Harvey, *The Limits to Capital*, Verso, 2006, P. 325.

在这种分析中，真正困难的在于"把纯粹表面性的不断投机的泡沫和深层次的危机在生产中形成的节奏区分开来"①。

对积累周期的分析为更完整地理解金融现象和生产动力学之间的关系开辟了道路。它说明了生产中的内在矛盾是如在交换中表现出来的，这种矛盾首先表现为价值的货币和商品形式之间的对立，随后通过信用体系这一主体，变成金融体系和它的货币基础之间的直接对抗。这后一种对抗最终变为积累建立于其上的基石。哈维认为，这里的分析看起来似乎是在不存在外部投机活动时对积累周期的描绘，但事实不是这样，因为虚拟资本的形成对资本主义经济的动力学而言是必然的，但是在多大程度上或者说是什么样的外部投机活动对整体的动力学产生了影响，只能在危机完成了它理性化的工作之后才能决定。投机的表象，对于积累的动力学而言，正如价格的运动对于价值的形成一样是必要的。

哈维说，正是考虑到投机的表面现象对积累的动力学的影响，他把关注的焦点放在有关积累周期的观点中存在的一个重大不足上，这种不足导致马克思本人把概念埋藏在尝试性的和片段式的一系列的论述中，哈维自己说，他这样说必然会被人指责，说他关注了马克思本人并不持有的观点。哈维所说的重大不足指的是，在详细说明周期时存在的一种非历史的方式，在这解释方式中，每一次周期看起来都和另外的周期类似，从而看起来似乎周期只是使资本主义体制恢复原状。哈维指出，这难以和马克思对支配资本主义历史演化的运动规律的认识相吻合。因此，对积累周期的解释必须做出相应的调整。

哈维认为，从资本主义长期演化的视角看，积累周期是一种实现深层次社会转变过程的手段，如果资本主义要存活下去，这种转变过程就必须能够暂时性地缓解生产力和社会关系之间存在的紧张。如果基本的阶级关系保持不变，那么矛盾只是被暂时地取代或者在不同的程度被重建了。"积累周期为生产力和社会关系提供了在其中彼此相互适应的'开放空间'"②。与周期的上升阶段相联系的投机活动，使得能够对新产品、新技术（包括新的组织形式）、新的物质和社会基础设施，甚至是整个文化、阶级形态、阶级组织和斗争的形式等进行个体化的、私人化的实验。哈维认为，这种原子化的一系列实验创造了很多多余的、暂时的东西，但是同时它也为下一阶段的积

---

① David Harvey, *The Limits to Capital*, Verso, 2006, P. 325.
② David Harvey, *The Limits to Capital*, Verso, 2006, P. 326.

累奠定了物质基础。哈维认为，这正是马克思在分析投机活动时忽视的一面。崩溃合理化并重建了再生产以便于消除外部因素。它也是规训社会生活的所有方面以满足资本家阶级的要求，从而也典型地激起了一些有组织的和无组织的反应，这种反应不仅来自工人也来自资产阶级内部受到不同影响的派别。这是一个阶级强加的而不是个体式的，如果有必要必须通过萧条来支持的创新时刻。

哈维认为这个过程非常类似于马克思对一种生产方式转变为另一种生产方式的分析："无论哪一个社会形态，在它们所能容纳的全部生产力发挥出来以前，是决不会灭亡的；而新的更高的生产关系，在它存在的物质条件在旧社会的胎胞里成熟以前，是决不会出现的。所以人类始终只提出自己能够解决的任务，因为只要仔细观察就可以发现，任务本身，只有在解决它的物质条件已经存在或者至少是在形成过程中的时候，才会产生"①。

哈维认为，从内部改造自身的能力使得资本主义成为一种特殊的动物："像变色龙，它经常改变自己的颜色；像一条蛇，它周期性地褪去自己的皮"②。对生息资本流通的研究阐明了这种内部转变是如何通过具体的物质手段实现的。在马克思的分析中，一般意义上的资本流通，在一定的时点，必须呈现出一种新的外观，比如生息资本的流通。这是金融资本这种作为一种充满了内在矛盾，并以长期的不稳定为特征的有组织的控制力量诞生于其中的胎胞。金融资本的出现并不是一个抽象的事件，而是包含着创造新工具和新制度、新的阶级派别、形态和同盟，以及资本流通自身新的渠道的过程。所有这一切都是资本主义演化自身必然的构成部分。

因此，如果信用体系的力量在于作为一种消除生产中不均衡的力量，那么它必然会被转变为一种毫不含糊的阶级力量的工具，作为一种工具的意义并不体现在它控制在这个或那个资本家的派别的手中，而在于它必须以一种能够通过积累确保资本的再生产的方式被使用。因此，国家必须担负起通过由中央银行和国家机器的其他部门实施的财政和金融政策确保资本的再生产的责任。但是，尽管国家政策的目标是清晰准确的，但是实现这一目标的手段却有着非常不同的品质。在长期这些手段无法弥补生产中的不均衡。国家政策目标随后就变成了组织重建，以使危机成为一种可控的危机。哈维认为这种策略会遇到两种障碍。首先，阶级斗争内在化于国家机器中，并会产生

---

① 《马克思恩格斯全集》第13卷，人民出版社1962年版，第9页。
② David Harvey, *The Limits to Capital*, Verso, 2006, P. 327.

各种无法预见的结果；其次，经验表明，官僚化的创新和重建在形成新的资本主义形式上，并不像自由市场式的创新和重组那么有力和可行。因此，国家政策的"唯一优点，在于它使得危机最坏的一面得到控制"①。

哈维认为，第二层次的危机理论在周期性崩溃和资本主义长期存在的问题之间进行了区分，前者是资本主义内部转变的催化剂（也有可能最终转变为社会主义），后者产生自资本流通、阶级形成、生产力、制度等方面发生的不可逆转的结构的转变。后者，像马克思认为的那样，主要是受到资本自身社会化程度提高的影响，首先是通过信用体系，最终是通过国家进行的必要的社会干预提高了社会化程度。他们一开始就是一种社会事务，而不是本质上是原子般的、个体化的过程的社会影响的加总。国家，通过它的政策，"开始对创造将会对使积累回到轨道产生长期影响的'受控的萧条'负责"②。

哈维认为，随着资本主义的发展，使资本主义完成内部转变的选择变得越来越受到限制，越来越局限于国家机器自身的创新。"一旦到达了国家创造性的管理经济的能力的界限，日益增加的对国家权力的专制式的使用——无论对资本和劳动而言都是如此（尽管通常对后者产生更大程度的破坏性的影响）——就成了唯一的答案"③。哈维认为，危机开始把法律、制度和资本主义社会的政治框架包含于其中，危机的解决越来越诉诸对赤裸裸的军事和压迫力量的使用。整个改造资本主义的问题，无论是通过演化的方式还是通过革命的方式，都发生了改变。向社会主义转变的问题和前景也都发生了急剧的变化。

哈维认为，当放弃封闭体系的假定并开始考虑危机形成的国际的方面时，这些转变就具有了极为不同的意义。"世界货币（无论它是怎么构成的）"的驯服力和不同货币体系之间复杂的关系成为世界舞台上资本和劳动流动的背景。危机展现为拥有不同的货币体系，作为对手的国家围绕谁承担贬值的冲击展开的竞争。围绕输出通货膨胀、失业、闲置生产能力、过剩的商品等展开的斗争成为国家政策的核心。危机成本的分散因作为对手的国家之间金融、经济、政治和军事力量的差异而有很大的不同。战争，像列宁坚持的那样，成为资本主义危机的一种解决办法。帝国主义和新殖民主义，以及金融支配，成为资本主义全球经济中的核心问题。

---

①②③　David Harvey，*The Limits to Capital*，Verso，2006，P. 328.

60.4　哈维对经济危机的地域布局和资源配置层次探索

哈维认为，对与帝国主义和殖民主义、资本主义的地理扩张和地区支配在资本主义的整体稳定性中发挥的作用，仍然是马克思主义理论一个未能很好解决，而且充满争议的问题。他关注的重要问题是，对资本的问题存在"空间修复"（spatial fix）吗？地理因素在危机形成和解决中发挥了什么作用？

哈维指出，资本主义并不是在一个在所有方向上都有着充足的原材料、同质的劳动力供给和相同的运输设施的平坦的表面上发展的。它是在多种多样的地理环境中扎根、成长和扩散的。资本主义制度释放出来的力量攻击、侵蚀、终结和改造了大多数前资本主义经济和文化。商品和货币交换、通过原始积累造就的雇佣劳动者，大规模的劳动移民、不同形式的资本主义劳动过程的兴起，最终，作为一个整体的资本流通的整合运动，推动资本"克服民族界限和民族偏见，又要克服把自然深化的现象，克服流传下来的、在一定界限内闭关自守地满足于现有需要和重复旧生活方式的状况"，资本主义"破坏一切并使之不断革命化，摧毁一切阻碍发展生产力、扩大需要、使生产多样化、利用和交换自然力量和精神力量的限制"[①]。但是，资本主义也"在资本本身的性质上遇到了界限"，[②] 这种界限迫使资本主义制造出新的形式的地理差异。在积累的背景下相互作用的不同的地理流动形式建立、分裂和创造出生产力布局的空间结构（spatial configurations），在社会关系、制度安排等方面塑造了类似的分化。在这样做时，资本主义经常支持在旧的形式中创造出新的区别。前资本主义的偏见、文化和制度，只在它们被赋予新的功能和含义的意义上，被革命化了而不是被毁灭了。因此，地理差异"只是历史的残余而不是资本主义生产方式积极再造的新特征"[③]。因此，非常重要的是认识到，至少在一定程度上可以辨识的资本主义的地方和区域的连贯性是积极创造的结果，而不是被动地作为对"自然"或"历史"的让步。连贯性"源自把积累的时间限制转变为空间限制"[④]。剩余价值必须在一定的时间段生产和实现。如果需要用时间去克服空间，剩余价值也就必须在一定的地理领域内生产和实现。

①② 《马克思恩格斯全集》第46卷上，人民出版社1979年版，第393页。
③④　David Harvey, *The Limits to Capital*, Verso, 2006, P. 416.

根据这种观点，经过一段时间，资本主义条件下不平衡的地域发展的基础变得越来越明显。如果剩余价值必须在一个"封闭"的区域内生产和现实，那么生产技术、分配结构、消费的模式和形式、劳动力的价值、数量和品质，以及所有必要的物理和社会基础设施必须在给定的区域相符合。劳动过程中的每个变化将需要分配、消费等方面的变化与之匹配，如果积累的基础要保持稳定，每一个区域将倾向于演化出，与特殊的物质生活水平、劳动过程的形式、制度和基础设施安排等相联系的自身的价值规律。

哈维认为，这种发展过程与资本主义不可遏制地追求的"普遍性"完全相矛盾。区域边界总是一成不变地在趋于模糊并遭受不断的调整，因为相对距离随着交通和通信的改善在改变。但区域经济从来不是封闭的。对资本家而言，从事区域间贸易、通过不平等交换获取利润、把过剩资本投向利润率最高的地方的诱惑永远都是难以抵制的。工人肯定想移民到有最高的物质生活水平的地方。此外，过度积累的趋势和贬值的威胁也会迫使区域内的资本家扩展自己的边界或只是把资本转移到更有利可图的地方。

结果是资本主义空间经济的发展被对立和矛盾的趋势所困扰。一方面，空间界限和地域差异必须被打破。另一方面，实现这种目标的手段带来了新的地理差异，这些新的地理差异成为需要加以克服的新的地理界限。"资本主义的地理组织内化了价值形式中存在的矛盾。这就是不可避免的资本主义的不平衡发展的含义"①。

哈维在分析了地域发展的不平衡之后，仍然坚持解决资本流通的总体中存在的内在矛盾的手段造就新的内在矛盾的方式，讨论了资本主义地理上的集中和分散，阶级和派系斗争的区域化等问题。如在阶级和派系斗争的区域化问题上，哈维指出，在资本主义条件下，阶级斗争和派系冲突毫无疑问都采取了一种空间，通常是地域的形式。通常人们把阶级斗争和派系冲突解释为根深蒂固的人类感情的产物，如对"地方"、"土地"、社区和孕育了市民自豪感、地方主义和民族主义的国家的忠诚，或者把它们解释为建立在种族、语言、综合和国籍之上的群体之间根深蒂固的相互反感的产物。哈维认为可以独立于这些人类情感去解释阶级和派系斗争的区域化。但是，他的意思并不是说人类情感在地域冲突中没有发挥作用或者说冲突无法在情感的基础上自发地产生，哈维的观点是在资本流通过程自身中存在阶级和派系斗争在区域中表现它们自身的物质基础。

---

① David Harvey, *The Limits to Capital*, Verso, 2006, P. 417.

资本和劳动力的不同部分在一定的区域拥有不同的利益，因为这取决于它们拥有的资产的性质和它们享有的权利。但是，所有的构成部分都感受到了地方忠诚的美德与离开之间存在的张力。资本主义的历史地理学是一个社会过程，这个过程建立在以一种特殊的空间形态存在的生产力和社会关系的演化的基础之上。发挥着作用相互对抗的力量把资本和劳动力的空间流动性置于一个充满紧张和矛盾倾向的地理空间。建立在地域基础上的冲突变成了一种手段，通过它围绕积累展开的阶级斗争和积累的矛盾寻找新的积累的基础或积累的方式。这些新的基础同时包含创造新的空间结构和新的劳动过程。地域联盟和地域间冲突成为阶级斗争一般历史中的一个积极的环节，而不是它的畸变。接下来，哈维对资本主义的层级安排和资本的国际化进行了分析。他指出，资本流通中的固定性和流动性、地理的集中和分散、地方承诺和关注全球之间的张力，给资本主义的组织能力带来了巨大压力。结果，资本主义的历史是以进行能够削弱和控制这些张力的组织安排进行的持续的探索和调整为特征的。

资本家在任何地方都要表现得像一个资本家。他们在不计较社会后果的情况下通过剥削追求价值的增值。他们过度积累资本，最终造成了通过危机致使单个资本和劳动力贬值的情况。然而，这一切都是在和资本流通过程自身强加的时间限制联系在一起的不同类型的资本和劳动的不同的流动造成的不平衡地理发展的框架下发生的。这些流动把个体化的具体劳动过程塑造为"涵盖整个世界市场的不同的劳动方式的总体"，同时在这个过程中把抽象劳动定义为价值。

第一层次的危机理论，分析资本主义内部矛盾的深层根源；第二层次的危机理论考察金融和货币安排塑造并以金融和货币安排为中介的资本主义的时间动力学；第三层次的危机理论把不平衡发展的地理学整合到危机理论中。

在构建第三层次的危机理论时，哈维首先考察了特殊的、个体的和与特定空间联系在一起的贬值。很明显地，无论资本采取什么形式、劳动力是什么类型的，也不管因何种原因，只要它们没有出现在正确的时间正确的地方，那么它们就可能会发生贬值。大量的、投机活动使得在时空中发生的适当的和精确的协调成为偶然的事情，除非有意识的计划能够通过金融体系和国家发挥作用。在正常的情况下，一些个体的资本或劳动力将会贬值，而另外一些将会获利颇丰或找到报酬较高的工作。大量的、特殊的和特定的空间联系在一起的贬值并必然汇聚成整体意义上的贬值。它们只是"正常的人类成本、社会损耗和通过竞争进行积累的一部分"①。贬值的概念具有了两方面的重要意义，第一，贬值是社会地决定的。它指的并不是特定的劳动过程在特定的地方完全无法发挥作用，而是说它不再能够产生最起码意义上的平均利润率。第二，一般形式上的危机产生自地方性的、特殊的和个体事件导致的混乱并以它基础。过度积累来自存在于资本流通过程中的生产力和社会关系之间的矛盾。这些矛盾打破了需要的剩余价值生产和实现之间的统一。"这种统一职能被动地通过贬值的危机来恢复"②。生产和实现必须在给定的周转时间内完成，然而，根据哈维的分析，这种情况在一定条件下转变为在一定的空间范围内剩余价值的生产和实现。因此，总体的影响是很难描述的，因为每一个个体资本，在特定的地方发挥作用，有它自己特殊的生产、交换和实现条件。

为了使分析简化，哈维假定所有相互依赖的资本的生产和实现都发生在一个封闭的区域内。积累以由无产阶级的本地扩张、阶级斗争的状态、创新的步伐、总有效需求的增长等因素决定的比率在该区域内进行。但是，"因为资本家就是资本家，因此过度积累注定会发生"③。随着大规模贬值的威胁越来越大，伴随着被动地恢复有利于积累的条件，市民社会看起来注定要经历社会窘迫、破坏和动荡。很显然，某种类型的"内在的辩证法"将迫使社会通过"空间修复"去摆脱这种困境。区域的边界将会回卷（rolled back）或困境将因货币资本、商品或生产能力输出到其他区域或从其他区域输入新的劳动力而得到缓解。区域内过度积累的趋势并没有得到有效的抑制，但是贬值被连续的、规模越来越大"向外转化"得以避免。这个过程可以一直持续到所有外部机会被耗尽，或者因其他区域对仅仅被作为提供便利的附属物的抵制而停止。但是，只要区域开放了它的边界，允许资本和劳动的流动，区域内的价值关系就开始反映"涵盖整个世界市场的不同劳动方式的总体"。现在问题不仅仅是小的混乱了，"内部"和"向往转化"变得难以区分。区域"边界"，如果还存在的话，对资本和劳动运动而言已经变成高度多孔的边界了。最终的结果是，一些区域繁荣，一些区域开始衰落。但是，这并不必然预示着一场资本主义的全球危机。因为积累的全球步伐可以通过内部不同部分的"动荡补偿"而得以维持。不平衡发展的地理学有助于把资本主义的危机趋势转变为迅速积累和贬值的区域结构的

① David Harvey, *The Limits to Capital*, Verso, 2006, P. 425.
②③ David Harvey, *The Limits to Capital*, Verso, 2006, P. 426.

相互补偿。

危机的转移。过剩资本和劳动从一个区域向另一个区域的平稳转移在整体内部创造了一种"动荡补偿模式"，但是整体也会遭遇到严重的限度。边界可能会封闭、前资本主义社会可能会抵制原始积累，革命运动可能会兴起，等等。但是，限度也可能产生自整体的资本积累自身的矛盾逻辑。世界对资本的地理重组越开放，暂时性地解决过度积累问题的方法就越容易找到，从而为持续的积累提供强有力的基础。"危机被转变为就像资本和劳动从一个区域转移到另一个区域那样的小的可转移的危机"①。但是，资本主义发展得越充分，它就越易于从属于造成地理惰性的力量。哈维认为，这样就出现了一种新马克思描述为死劳动支配活劳动的新矛盾。资本流通越来越被限制在不具流动性的物质和社会基础设施中，它们是被用来支持特定类型的生产、劳动过程、分配安排、消费模式的。固定资本数量的增加和生产上更长的周转时间抑制了不受约束的流动。简单地说，生产力的增长，成为迅速地进行地理重建的障碍，它因过去的投资带来的沉重的负担而抑制了进一步积累的动力。所有这些力量交织在一起，强化了地理惰性的趋势，阻碍了资本主义空间经济的迅速重建。更严重的是，在贬值的压力之下，惰性的力量可能强化而不是放松它们的限制作用，因此加剧了问题。从而，"资本主义地理发展的不平衡具有了一种无法和区域内或全球规模的持续积累相一致的形式"②。地理惰性的力量越占上风，资本主义总体危机的就会越深重，恢复被打破的平衡的危机转移就会越野蛮。"资本主义开始收获它自身矛盾造成的野蛮的后果"③。但是，这个时候资本主义的矛盾仍然控制在地理不平衡发展的全球结构中哈维指出，并不是所有的地理不平衡发展和空间扩张都能减轻过度积累的问题。事实上，空间结构既有助于问题的产生也有助于问题的解决。随后资本主义开始建立新的安排去协调空间整合和地理不平衡发展。如果这种协调机制未能有效发挥作用，那么一场全球性的危机将可能随之而来。

哈维引用马克思的话指出，全球危机表现为"互相分离、彼此对立，但又互相联系的各因素的通过暴力的结合"④。为了更加具体地研究这种结合的过程，哈维做了一个简化的假设。假设全球经济被分为不同的、独立运

① David Harvey, *The Limits to Capital*, Verso, 2006, P. 428.
②③ David Harvey, *The Limits to Capital*, Verso, 2006, P. 429.
④ 《马克思恩格斯全集》第26卷第Ⅲ册，人民出版社1973年版，第129页。

行但又互相联系的区域经济，区域之间通过在效果上保持中性的一系列层次结构的组织安排下资本和劳动力的流动联系在一起。区域之间积累的速度不同。但是，过度积累和贬值的趋势，普遍存在于所有的区域中。因此，每个区域被迫周期性地进行对外的关系的改造，以减少自身的危机和贬值带来的不良影响。哈维认为，马克思充分意识到这些情况的存在。例如，马克思注意到，在过度积累的情况下，因果"为了开辟市场，不得不把他们自己的资本贷到国外去"，迫使资本主义生产突破空间的障碍，飞速地达到"就生产力的发展来说——它在自己的界限内只能非常缓慢地达到的水平"①。通过这样的机制，危机是消除了还是在更大范围内建立了成为一个需要回答的问题。哈维认为，这个问题的答案就如同一个区域的资本家在另外的区域解决他们过度积累的资本问题的手段一样多。也就是说，这个问题并没有唯一的答案。随后哈维详细分析了外部市场和消费不足、生产资本的输出、无产阶级的扩大和原始积累、贬值的输出等问题。所有这些机制都在一定程度上可以缓解危机，也可能以新的方式加剧危机。

在出现严重贬值的时期，区域间的竞争典型地转变为谁将承担贬值的成本的斗争。失业、通货膨胀和闲置生产性资本的输出成为游戏中的赌注。贸易战、倾销、利率战、对资本流动和外汇施加的限制、移民政策、殖民征服、对纳贡经济体的政府和统治、在经济帝国内对劳动分工进行的重组，以及最终通过战争对对手的资本进行的物质毁灭和强迫贬值都成为一些可以采用的方法。每一种方法都要求对经济的某些方面进行更大程度的操控，认为资本主义矛盾可以通过一些无所不能的大国支配世界可以治愈的感觉来到了前台。但是"资本主义的弊病不可能被轻易地治愈，经济斗争退化为政治斗争在资本主义的长期稳定中发挥了重要的作用，……可能因各种原因兴起的爱国主义和民族主义在当代世界中发挥了多种功能，但是它们通常为资本和劳动的贬值披上了一件最为方便的外衣"②。

总体地看，第三层次的危机理论分析中的关键之处在于，哈维认为空间结构的生产是积累的动力学中必然的、积极的构成环节。"空间结构的形成以及把空间湮没在时间中的手段，对与理解这种动力学而言是非常重要的，这种重要性就像协调方法的改善、更广泛地使用机器等在理解这种动力学中

---

① 《马克思恩格斯全集》第 26 卷第Ⅲ册，人民出版社 1973 年版，第 130 页。
② David Harvey, *The Limits to Capital*, Verso, 2006, P. 438.

具有重要的意义一样"①。所有这些特征都必须在技术和组织变化中加以理解。因为后者是积累的基础和资本主义矛盾产生的中心，随后，这种矛盾的空间和时间表现是同等重要的。

通过哈维的分析可以看到，空间结构是通过不同类型的资本和劳动力的各种各样的流动造成并得到改造的。存在于在这些流动构成的必然的统一体中的互补性和对抗性造成了不平衡、不稳定和充满张力的生产、交换和消费的地理图景。集中的力量和分散的力量相互冲突，产生了中心和外围，随后惰性的力量成为资本主义空间经济中一个相对永久性的特征。劳动分工采取了一种地域的形式，空间约束下的资本流通形成了一种区域局限的结构。这些都为在一定区域内围绕和提高运动中的价值的阶级和派系联盟的建立提供了物质基础。阶级斗争造就了区域内资本和劳动之间妥协的空间，被组织起来的劳动可能会团结起来支持这种联盟，以保护工作岗位和已经赢得的权力。资本流通的地域化伴随着阶级和派系冲突的地域化并被后者所强化。

在增加了区域差别的意义上，价值规律的同质化包含着自己的否定面。随后，所有类型的竞争和地域间不平等交换的机会都出现了。经济和政治权力大规模集中在一个区域，成为支配和剥削其他区域的基础。在贬值的威胁下，每一个区域都把其他区域作为手段去缓解自身内部的问题。围绕贬值展开的斗争具有区域斗争的特征。但是低于差异仍然是不稳定的。此外，资本和劳动力的各种流动倾向于破坏它们帮助建立的区域结构自身。区域联盟建立在国际竞争和平均化利润率（尤其是货币资本）的动机之上。降低周转时间的斗争重新界定了区域的相对距离，使得区域边界变得毫无意义。当贬值的威胁真的发生时，资本和劳动力中的个体能够像待在原来的区域那样容易地转移到最安全的地方，并努力把成本转嫁到其他区域。

"结果是朝向地域同质化和地域差异的复杂的和无序的运动构成的混乱"②。如果试图控制这种无序，层级结构的组织方式（尤其是金融和政治体系）就成为必需的了。这种组织形式，尽管完全缺乏直接的创造性的影响，但是却典型地把强大的压制性的力量（金融的、政治的和军事的）集中在这个层级中的上层的手中。这些力量可以被直接用于提高剥削率，也可以用来在构成全球经济的不同部分和区域重新分配已生产出来的剩余价值。如果任何部分或区域试图把贬值的成本转嫁到其他地方，争夺控制国家内部、

---

① David Harvey, *The Limits to Capital*, Verso, 2006, P. 439.
② David Harvey, *The Limits to Capital*, Verso, 2006, P. 441.

国际货币体系、金融资本机构的战略中心的斗争等都成为最重要的准备工作。

哈维认为，上述情况意味着不止是提出一种简单的帝国主义理论。大量已有的对帝国主义的分析建立在一些超级的、支配性的和压制性的大国的支持下，一个地方的人对另一个地方的人进行剥削的现实之上。但是，哈维的分析的目的是说明"这样一种现实包含在资本运动的概念自身中"①。也就是说，在不平衡的地理发展的演化结构中，如传统偏见、区域和国家之间的敌对的延续和重建都有物质基础。但是，哈维提醒说，认为这些现象背后有存在于资本流通中的物质基础，并不意味着一切事情都可以做这样的理解。也不意味着，区域同质性和区域差异、地理上的集中和分散等之间实现了某些粗糙的平衡时，它们就为未来的资本积累提供了一个坚实的基础。哈维认为，发现关键的矛盾并不困难。上面描述的过程使得剩余价值的地理生产可以偏离它的地理分配，以同样的方式社会生产和社会分配也得以分离。而生产和分配之间的分离是持续的资本流通建立于其上的基石之一，哈维指出，"我们可以有把握地断定，危机形成的基础被扩大了和深化了。……简单地说，没有哪种'空间修复'可以在长期容纳资本主义的矛盾"②。

那么很明显地，在进行过在长期无法容纳资本主义矛盾的'空间修复'后，资本主义中存在的各种矛盾依然存在，在这之后，还有可供选择的手段去实现资本贬值吗？哈维认为有，他认为，"全球战争是贬值的最终形式"③。如果到了这样一个时期，那么"还有什么更好的理由可以使人们宣布：到了资本主义离开并让位于更理智的生产方式的时候了"④。

---

①②③ David Harvey, *The Limits to Capital*, Verso, 2006, P. 442.
④ David Harvey, *The Limits to Capital*, Verso, 2006, P. 445.

第61章 马克思的危机理论与商业周期

20 世纪 30 年代西方经济大萧条和大萧条过去之后，许多马克思主义经济学研究者，包括斯威齐、斯特雷奇（J. Strachey）、卡莱茨基和多布等，都撰写过一些论述周期性经济危机和商业周期关系的著述。20 世纪 30 年代之后的 30 多年间，经济危机的周期性不十分明显，有关这一方面的著述也明显减少了。到了 20 世纪 70 年代，在严重失业、较为强烈的周期波动和持续通货膨胀的时期，马克思主义经济学的有关经济危机和经济周期的著述又大量出现，为了找到解释危机的合适的理论框架和探索消除危机的方法，经济学界会评价、比较各种已有的经济危机理论和商业周期理论，并尝试结合新的经济事实，对已有的理论做出比较、鉴别、完善和发展。

61.1　史密斯对马克思危机理论和商业周期关系的质疑

亨利·史密斯（H. Smith）在《经济研究评论》杂志上发表了《马克思和商业周期》① 一文。史密斯分析了两种类型的周期理论，消费不足和利润率下降。史密斯认为，马克思那里并不存在一种消费不足的周期理论。对后一种类型的周期理论，史密斯是从价值理论开始进行分析的。他认为，无论是把劳动价值理论解释为一种和价格完全无关的价值理论，还是在一定程度上把它解释为一种价格理论，马克思的周期理论都不需要价值理论作为基础。史密斯的分析中充满的新古典式的论证方法和凯恩斯主义的某种借鉴，尤其是在有关储蓄和投资的讨论方面。史密斯强调每一种周期理论都是一种理论假说，要用理论内部的一致性和理论与现实的吻合程度来对理论的价值进行判断。

史密斯的研究首先讨论了 20 世纪 30 年代马克思主义研究面临的一般情

---

① Henry Smith, Marx and the Trade Cycle, *The Review of Economic Studies*, Vol. 4, No. 3, Jun., 1937, pp. 192 – 204.

况。史密斯一开始就引用庞巴维克的话，"马克思的体系有过过去和现在，但是没有永恒的未来。……巧妙的词句虽则能够暂时地感动人类的心灵，但却不能永远地留下思想的印记。在历史的长河中，是事实和稳固的因果联系最终获得了胜利"①。史密斯认为，庞巴维克写这段话时，思考的是如何对经济理论进行澄清，很明显作为一种价格理论劳动价值论是错误的，从而马克思以劳动价值论为基础，对利润的未来变化的预测从而也是难以成立的。史密斯指出，与庞巴维克的预言相反，在庞巴维克之后，马克思主义观点中主要内容，获得了迅速的发展，尽管这种发展"不是建立在'稳固的因果联系'的基础之上，而是建立在诉诸事实——商业周期和战后的失业的事实——的基础之上"②。用史密斯的观点，证明当前有关马克思主义的信念，没有比"我和成千上万的人都丧失了就业的希望"更能证明"马克思是正确的"，马克思预言越来越严重的周期性波动在资本主义条件下是不可避免的观点是正确的。同时，史密斯也指出，大量严肃的研究也试图"对马克思明显正确的经济预测和明显错误的经济分析进行调和"③。史密斯指出，"官方"共产主义者的态度是强调最初的分析是正确的，一般说来当前的经济发展可以直接从马克思的理论前提推断出来：为了解释理论和现实之间的大量的不一致之处，非常便利的"上层建筑"的思想被发展出来，但是，"上层建筑"是一个可以把在马克思主义者的思想里并不存在的，从而也使暂时性的和非本质性的所有现象都囊括于其中的范畴。然而，一些作者认为，这种理论范畴太宏大而且可以包含太多的内容，从而不愿意接受这种理论，转而寻求与当前的经济科学的主体相一致的对最初的分析的解释。"因当前追求一种纯理论的趋势得到加强，许多理论家认为均衡分析技术只能用于对同步情况进行分析，而无法预测或解释经济活动随时间发生的变动"④。

史密斯的文章有两个目标：一是根据劳动价值论的两种解释考察马克思以其为基础对未来经济发展的预测；二是探索另一种研究方法，该方法包含在《资本论》中，但不是建立在劳动价值论基础上，而且根据马克思的观点，这种方法是连贯一致的，而且从事实基础看，也是正确的。

史密斯在展开正式分析前，首先澄清了热情的支持者强加给马克思并被很多经济学家接受的错误思想，通过应用米歇尔（W. Mitchell）对马克思观

---

① Eugen von Böhm - Bawerk, *Karl Marx and the Close of His System*, New York：Augustus M. Kelley, 1949, P. 117.

②③④ Henry Smith, Marx and the Trade Cycle, *The Review of Economic Studies*, Vol. 4, No. 3, Jun. , 1937, P. 192.

点的摘要来说明这种思想："工资收入只是产品价值的一部分且比生产能力增长的慢。由于依赖工资生活的大众构成人口的绝大部分，消费需求无法跟上企业全速生产时形成的当前的供给。同时，资本主义雇主把当前的储蓄投资到新的生产性企业，从而给正在寻求销售出路的商品增添而来新的份额。这种市场存货过剩的过程逐渐累积，直到以获利的情况，或者甚至是以成本价格销售商品变得明显的不可能时，危机就发生了"①。史密斯认为，这并不是马克思的观点，所以马克思的一些支持认为，马克思坚持工人不能买回他们联合劳动生产的最终产品，从而使得全部产品必然无法出售的观点就令人感到奇怪了。

　　史密斯认为，最终产品消费不足的观点，"完全没有考虑资本品的生产也是收入的来源的事实，因而也忽略了假如储存起来的国民收入的增长部分被用于投资，并不一定导致不均衡"②。另外，史密斯认为，因为更高的资本和劳动的比例造成的产出提高的收益，会被分配给具有优势的劳动力，因为他们的边际生产力更高。也就是说，在不存在需要随后修正的错误估计的情况下，上述变化的最有可能的结果是，在生产的最初阶段有大量的工人被雇用，在生产的最后阶段只有少量的工人被雇用，但是具有优势的劳动力却得到了更大数量的总的实际收入。但是，"如果做出了错误的决策，就像货币政策不再允许产出扩张时几乎总是会发生的那样，这个转变的过程可能会中途被打断，并伴随着全面的组织破坏和失业……这才是问题的关键"③。史密斯认为，只需稍微引用一段马克思的话，就知道他对"购买力短缺"的态度了："认为危机是由缺少有支付能力的消费或缺少有支付能力的消费者引起的，这纯粹是同义反复。……如果有人想使这个同义反复具有更深刻的论据的假象，说什么工人阶级从他们自己的产品中得到的那一部分太小了，只要他们从中得到较大的部分，即提高他们的工资，弊端就可以消除。那么，我们只需指出，危机每一次都恰好有这样一个时期做准备，在这个时期，工资会普遍提高，工人阶级实际上也会从供消费用的那部分年产品中得到较大的一份"④。史密斯指出，"这说明马克思认为必须进一步寻找萧条的根本原因"⑤。

① Wesley Mitchell, *Business Cycles*, University California Press, 1913, pp. 8 - 9.
②③ Henry Smith, Marx and the Trade Cycle, *The Review of Economic Studies*, Vol. 4, No. 3, Jun. , 1937, P. 193.
④ 《马克思恩格斯文集》第6卷，人民出版社2009年版，第457页。
⑤ Henry Smith, Marx and the Trade Cycle, *The Review of Economic Studies*, Vol. 4, No. 3, Jun. , 1937, P. 194.

　　史密斯指出，在分析马克思对商业周期的解释前，需要首先说明两种对劳动价值论的解释，因为正是使用了对劳动价值论的不同的解释，人们才得到了不同的结论。史密斯认为，马克思自己也可能不自觉地在这两种解释之间转换，从一种解释转变到另一种解释。

　　史密斯的考察分作两部分，第一部分是有关资本家的行为假设，第二部分是对这种行为产生的后果的研究，假定假设是正确的，而且必然在经济理论中发挥作用，这个假设认为资本家进行积累和投资是受本性的内在规律支配的。

　　史密斯在引用了马克思论述资本积累和有关价值与剩余价值的一些段落后指出，"价值是物化在商品中的社会必要劳动时间的函数，剩余价值是产品的价值和工人得到的产品的价值的比率的函数"[1]。史密斯认为，剥削率给定的时候，剩余价值和产品的价值的比率取决于劳动成本占生产成本的比例。但是，很明显，在"把这种理论应用于经济结构时存在一定的困难"[2]。史密斯给出了一些例子，比如根据这种价值理论，在那些劳动成本与其他成本相比比例最高的行业，就有最高的剩余价值率，如果价值要等于价格，剩余价值等于利润加利息，那么，劳动价值论和现实世界之间的不一致立即显现出来。史密斯指出，正是在这种意义上，庞巴维克才指出，马克思的价值理论和他的价值规律之间存在矛盾。

　　史密斯认为，解决上述困境通常是以两种方式进行的，第一，否定价值理论是一种价格理论，而且很多人接受这种解释。社会净产出的价值是由物化在产品中的劳动量决定的，剩余价值是劳动时间单位度量的总产出的一部分，这一部分并没有分配给工人阶级。价格和产品的物质量并不进入这种价值理论的解释图景中。史密斯指出，但是这并不唯一的一种对劳动价值论的解释，也不是一种唯一和《资本论》的文本相一致的解释。在《资本论》第一卷中，马克思的确谈到商品好像是按照它们的价值相交换的。因此，在解释马克思的劳动价值论时就面临着一个新问题，就是在何种程度上可以与价值等于价格相一致的方式解释马克思的价值理论。史密斯认为，很大程度上，马克思的"社会必要劳动数量"等于"竞争性条件下的生产成本"，尽管马克思自己有可能不赞同这一点。这种定义价值的方式，将使得不再可能

　　[1]　Henry Smith, Marx and the Trade Cycle, *The Review of Economic Studies*, Vol. 4, No. 3, Jun., 1937, P. 196.

　　[2]　Henry Smith, Marx and the Trade Cycle, *The Review of Economic Studies*, Vol. 4, No. 3, Jun., 1937, P. 197.

把生产成本等于总实际工资，剩余价值等于总实际利息和利润，"因为利息费用是相对较长生产过程中的成本"①。因此，就如同"社会必要劳动时间"决定耗费在生产不同产品中的劳动的相对价值一样，它也决定直接的和延期的产品的价值。甚至利润，在完全竞争的条件下，也可简化为承担无法消除的不确定性的成本。这样一来，"剩余价值"的概念就丧失了其经济学基础，变成像工资一样的成本，只不过是为投资阶级带来收入的成本，在这种情况下，"工资和剩余价值之间的分配，成了社会学而非经济学的内容"②。

在第二种解释中，根据商品中物化的社会必要劳动时间计算净产出价值是不可能的，但是必须用一种指数去度量净产出，因为很明显，除非有其他方法度量产品的价值，否则价值理论是无法应用的。这种理论可以用于要么分析总产品的相对分配而不管总产品的规模，要么分析生产出来的商品数量的分配。如果选择前一种，那么剩余价值和利润率之间就没有什么必然的关系了，除了建立在某种马克思正确地反对的假设——实际工资具有完全的黏性——之上。如果选择后一种分析，总产品的分配比率没有告诉人们任何有关利息和利润收入的信息。

在完成上述分析之后，史密斯认为，可以考察把有关价值理论的两种解释用于马克思的分析了。如果资本的数量持续增加，且不考虑用价值度量的它的产出，那么在前一种价值理论解释中（产出的价值是就业的函数），剩余价值对资本投入的比率将下降。除非工资品的价值下降的比工资品自身增加的快。而这不能告诉我们任何有关实际利润和实际工资的运动的信息。它只是描绘了服务于工人阶级需要的耗费的劳动的相对数量与服务于获得利润和利息收入的资本家阶级的劳动的相对数量。但是，根据定义，最终的结果必然是剩余价值对资本投入价值的比率下降，史密斯给出的原因是随着资本数量无限的提高，与之相伴的是明显具有限制作用的投入工资品生产的行业的劳动趋向于零。

然而，马克思假定这种剩余价值对资本投入的比率的下降等同于利润率的下降，史密斯认为，根据前面的假设，这明显是错误的。史密斯认为，在马克思的"剥削公式和归算方法"之间存在着"无望解决的混乱"③。剥削公式表示的是总净产出在工人阶级和资本家之间分配的比率，随着资本化程

①② Henry Smith, Marx and the Trade Cycle, *The Review of Economic Studies*, Vol. 4, No. 3, Jun. , 1937, P. 199.

③ Henry Smith, Marx and the Trade Cycle, *The Review of Economic Studies*, Vol. 4, No. 3, Jun. , 1937, P. 200.

度的提高，每单位劳动的产出增加，增加的产出有可能都归劳动所有，或者都归资本所有，或者在两者之间分配。如果假定剥削率不变，那么无论利润或总实际利息收入是升是降都取决于资本的效率提高的比率，以及新资本投入的比率或者是新的储蓄和资本边际效率背景下的利息率。很有可能，技术进步发生了，但是实际工资和实际利息收入一道上升，因为总产品的分配比例保持不变。

史密斯认为，如果使用严格的假定，即不发生技术变化，而且现存的生产要素之间的比率是通过竞争性条件达到的，那么在任何情况下，资本化程度的提高都意味着利息率的下降。如果仍然假定产品分配的相对份额保持不变，那么要素之间就是单位替代弹性。如果使用第二种价值理论的解释，把就业作为对产出价值的度量，并假定技术没有发生变化，而且当资本投入增加时，总产出的价值没有变化。那么就能得出结论，资本的边际产量必然为零。资本的额外增加并没有为产出增添任何内容。那么剥削率就不可能保持不变，除非它是零。

史密斯认为，如果剥削程度不是固定不变的，那么在理解资本化的提高和利息率之间的关系之前，必须知道整个产业物质产出变化的比率。从而，史密斯认为，"因为作为一种剥削公式的马克思主义的价值理论和使用'社会必要劳动时间'作为竞争性条件下的生产成本的等价物，不能同时成立，也就不可能接受马克思从资本家的行为假设中得到的必然的结果的说明"[1]。

史密斯认为，当把剥削公式建立的基础解释为一种正确的价值理论时，剥削公式就无法发挥作用；同时，如果把价值理论解释为和剥削公式之间存在对应关系，那么它明显是错误的。从而"建立在这种或那种价值理论解释基础之上的商业周期理论显然是站不住脚的"。史密斯认为，能做的是接受"作为一种假说接受马克思有关资本家的行为的假设。如果资本积累在不考虑投资的回报的情况下发生，那么假定其他条件不变，利息率必然下降。或者，放弃其他条件不变的假设，如果假定资本积累比技术进步对边际投资回报的增长更快，同样会得到利息率下降的结果"[2]。史密斯认为，实际利率迅速的下降（除非对回报率下降的预期和这种迅速的下降保持一致）可能会成为建立在对盈利率的错误估计基础之上的工业发展的开端。这些工

---

① Henry Smith, Marx and the Trade Cycle, *The Review of Economic Studies*, Vol. 4, No. 3, Jun., 1937, P. 201.

② John D. Wilson A Note on Marx and the Trade Cycle, *The Review of Economic Studies*, Vol. 5, No. 2, Feb., 1938, P. 201.

业发展的过程因而可能被打断，最终造成经济结构的解体。史密斯认为，如果假定资本积累不是回报率的函数，那么对回报的预期就不可能是正确的。那么与周期相联系的一切事情都可以发生了。这样一来，既无需劳动价值论，又无需剩余价值理论，就可以推导出周期的结果。

史密斯同时指出，可以在《资本论》中找到某些论述，表明马克思从资本的"自动积累"推导出经济的解体，这种推导从对利润的错误预期导致的投资开始，到资本的"自动积累"导致经济的解体，而无需将论证建立在价值理论或剩余价值理论的基础之上：由于资本主义创造的社会条件以及资本主义在这些社会条件中发挥的作用的本质，由于资本主义从中发展出来的历史条件，储蓄和投资可能会在没有考虑资本的回报率的下降的情况发生。从而可能有一种利息率迅速和稳定下降的趋势，尽管存在技术进步、对外投资和工资下降削弱利息率下降的趋势。但是，斯密斯指出，马克思认为这些相反的趋势存在最终的局限，对外投资受到这个星球上经济资源的限制，工资的下降存在生理上的极限，技术进步存在着物理上的最终界限。从而，一次又一次的，或者是工资的提高（因为对操作新设备的劳动的需求的增加），或者是在给定要素价格的情况下，对新投资的产出的错误估计，使得某些企业的正常的运转变得不可能。结果是收入和指出循环流的中断，或者流动性偏好的增加，一般性的危机，对大量的资本的消耗或放弃，以及在更低的资本化率和更高的利息率基础上的经济恢复的重新开始。随着积累过程的继续，资本的边际生产率接近于零，结果生产的最优规模扩大，因为利息率的下降和一定程度的垄断为避开激烈的竞争提供了条件。但是，只要垄断使高的利润成为可能，在利息率低的情况下就会有与之竞争的工厂建立起来。从而，经济生活的不稳定性增加，对资本的回报最后只有通过萧条期对资本的消耗才变得可能。

史密斯在大致概括了马克思的观点后，提出了一个问题："建立在马克思的某些论述的基础之上，有没有可能认为马克思偶然发现（stumble upon）了一个有效的和连贯一致的周期理论，尽管他因一种错误的归罪理论而未能充分地表述它"[①]。史密斯对这个问题的回答充分显示他是在新古典经济学分析的框架下思考这个问题的。他指出，问题的答案取决于人们如何看待马克思的根本假设。史密斯认为，马克思的一般观点和积累率高于技术进步的

---

① Henry Smith, Marx and the Trade Cycle, *The Review of Economic Studies*, Vol. 4, No. 3, Jun., 1937, P. 203.

比率可能产生的情况相一致。从而，作为一种假说，"马克思的周期理论至少是值得关注的，因为均衡理论除了解释朝向均衡的运动一无是处，任何周期理论都必然具有假说的本质，从而它们只能在作为一种理论的连贯一致的意义上加以判断"①。但这只是从理论自身进行的判断，史密斯认为还需要有一个判断，那就是事实的判断，"像任何一种周期理论一样，马克思的危机理论的正确与否最终也取决于它是否和事实相一致"②。但是，非常不幸地，再一次和其他任何一种周期理论一样，诉诸现实世界来证实它们并不是一件容易的事情。史密斯指出，我们无法直接证实或否定资本积累可以无视它的产出的假设，就如同人们无法直接看到乐观或悲观的精神波动在商人的脑海划过一样。史密斯认为，人们能做的只是判断能够加以度量的不同的经济现象的重要性，并在已有的证据的基础上去确定哪一种假说是一种罪不牵强附会的解释。史密斯最后指出"'通过破坏重建马克思'的过程能走多远，最终这个过程将会产生什么样的结果，这只能留给读者去决定"③。

61.2　威尔逊对史密斯观点的补充说明

威尔逊（J. D. Wilson）在《关于马克思和商业周期的一个注释》④中，对亨利·史密斯的《马克思和商业周期》一文进行了一定程度的补充说明。

威尔逊在文章的一开始就指出，"应当强调，马克思并不关心对'短期'关系的分析。他没有正式的商业周期理论。事实上，正统经济学家必须记住，马克思感兴趣的问题和他们自己投入大量智力和精力研究的问题非常的不同"⑤。威尔逊对《资本论》中包含的经济理论进行了总体的评价，他认为，"马克思在《资本论》中提出的理论是一种经济发展理论，一种用于支持对资本主义产生、发展和衰落的解释的理论。很明显经济发展理论是周期理论的一个因素，但它只是许多因素中的一种"⑥。

---

①② Henry Smith, Marx and the Trade Cycle, *The Review of Economic Studies*, Vol. 4, No. 3, Jun. , 1937, P. 203.

③ Henry Smith, Marx and the Trade Cycle, *The Review of Economic Studies*, Vol. 4, No. 3, Jun. , 1937, P. 204.

④ John D. Wilson A Note on Marx and the Trade Cycle, *The Review of Economic Studies*, Vol. 5, No. 2, Feb. , 1938, pp. 107 – 113.

⑤⑥ John D. Wilson A Note on Marx and the Trade Cycle, *The Review of Economic Studies*, Vol. 5, No. 2, Feb. , 1938, P. 107.

威尔逊认为，马克思有关周期的思想散见于他全部著作的不同段落和内容中。因此，威尔逊认为，对马克思有关周期理论的研究做出类似下述的评价是必然的："在马克思对资本主义生产方式发展运动的深入考察中，他能够很容易地确定出内在于包含着各种失调的可能的资本主义体制中的各种力量，这些失调在发展的过程中导致了我们所知的周期"①。正是考虑到这种情况，威尔逊认为，发展马克思主义的周期理论，是有一定的条件限制的，"只有从上述评论出发，辅之以相关的知识和对马克思的理论主体的理解，人们才可能发展出一种被称为马克思主义的周期理论的理论"②。

威尔逊认为，史密斯的错误在于给人们留下了一种印象，认为马克思的周期理论只能建立在经济发展理论的基础之上。威尔逊认为，马克思从来没有试图以这种单一的方式解释所有时期的经济停滞。威尔逊指出，为了解释的目的，人们经常把马克思在不同地方发表的对周期的意见分为两种类型：一种是那些用来分析源自商品生产和流通过程的失调造成的正统经济学家称为"对均衡的偏离"的意见；另一种是有关正统经济学家错误命名的消费不足的理论，这种理论从逻辑上看是经济发展理论的一部分。威尔逊首先对第一种类型的意见进行了考察。

威尔逊认为，在马克思关于经济危机成因的著述中，可能导致失衡的因素至少包括以下一些方面：在《资本论》第一卷中，马克思指出了由于货币制度造成的危机的可能性。因为买卖的分离和货币的引入，任何导致不正常的货币贮藏的因素都包含着危机和衰退的可能。"正是在这个基础上，马克思特别否定了萨伊定律的有效性，并对李嘉图认为的'产品通常由生产或服务所购买，货币仅仅是便利交易的媒介'进行了回应"③。马克思认为，货币不仅仅是"便利交易的媒介"，它同时使交换分成两种活动，在时空上都相互独立的买卖活动。在特定的情况下，货币会因其特殊的制度因素而在引发危机中发挥独特的作用。例如，马克思认为，英国 1847 年的危机因为英国 1844 年的银行法而加剧了。

另外，马克思指出，李嘉图和他的同伴正确地承认了另一种危机的可能性，即源自在不同生产可能性中资源配置的比例失调的危机。马克思批评李

---

①② John D. Wilson A Note on Marx and the Trade Cycle, *The Review of Economic Studies*, Vol. 5, No. 2, Feb. , 1938, P. 107.

③ John D. Wilson A Note on Marx and the Trade Cycle, *The Review of Economic Studies*, Vol. 5, No. 2, Feb. , 1938, P. 108.

嘉图没有充分分析这种生产方面发生错误的可能性，认为这种情况对资本主义经济而言是极为常见的。

经济中固定资本的使用也是造成危机和衰退的一个基础。马克思通过设想一个"简单再生产"（没有储蓄）的经济来说明这种情况。马克思指出，除非生产时期中固定资本的总折旧等于该资本的重置数量，否则生产投资品的行业将出现问题。而且如果这种资本重置失败，将产生初级和二级劳动市场的失业。威尔逊还指出，马克思的分析中存在的源自己资本周转中的失衡以及可能被称为"存货危机"的失衡的因素。

威尔逊通过对马克思那里包含的导致失衡的因素的分析，指出"马克思完全认识到了周期问题的复杂的本质。然而，马克思所关注的许多周期中的重要的因素的确是包含在经济学家称之为'消费不足'的理论当中的。但是史密斯明确地表明了把这种如此肤浅的解释归于马克思是愚蠢的"①。威尔逊认为，在马克思那里存在许多分析周期的要素，他同时肯定了史密斯对把马克思的周期理论视为一种消费不足论的批评。但是威尔逊认为，史密斯并没有正确地指出马克思在建立周期理论和消费不足的联系上的贡献。

威尔逊认为，史密斯不喜欢劳动价值论，他认为其要么作为正确的归算理论，要么作为马克思的剥削公式，两者不可能同时成立。威尔逊认为，如果一方面马克思和他的追随者使用价值理论解释用劳动时间度量的总产品在劳动和拥有生产资料的阶级之间的分配，一方面把这种理论作为一种边际生产率归算理论，那么它们之间明显存在逻辑上的不一致。但是，马克思并不是这样做的，"马克思的剥削理论是一种归算理论，尽管人们可能会认为这种理论与事实不符合，但这完全不同于说马克思的分析存在内在的逻辑错误"②。其次，就史密斯提出的他不能接受"必然结果"，即不断上升的剥削率、不断下降的利润率和伴随着商业周期的各种事件，史密斯认为这些事件和劳动价值论没有关系。史密斯提出了完全独立于价值理论的马克思主义的商业周期理论，认为周期中的各种事件源自没有考虑回报率的积累的发生。威尔逊认为，这种理论的核心看起来好像是积累最终超过了由对外投资、技术进步提供的投资机会，由此而埋下了一段时期的经济停滞的种子。

威尔逊认为，构成周期的各种事件独立于劳动价值论是真实的，但是这些事件是经济发展理论的结论或是在发展该理论的过程中提出的，而且马克

---

①② John D. Wilson A Note on Marx and the Trade Cycle, *The Review of Economic Studies*, Vol. 5, No. 2, Feb., 1938, P. 110.

思在其有关经济发展的理论中使用了劳动价值论。威尔逊指出，"马克思告诉我们，如果我们想要理解他解释的周期性的经济危机是不可避免的理论，就必须分析资本长期发展的各种形式，而不是仅仅分析当前过程中的现存关系。也就是说我们必须要理解经济发展理论"①。

威尔逊认为，正统经济学家之所以忽略劳动价值论，是因为他们发现该理论不能解决他们感兴趣的问题，即关心由给定资源生产的产品的相对价格和分配和问题。在马克思的整个分析中，劳动价值论是区分两大类收入：消费（可变资本或工资收入）和投资（剩余价值）的基础。"马克思分析的很大一部分，包括考察不断变化的资本主义制度框架下这两大类收入之间内在关系造成的长期影响"②。

威尔逊认为，剩余价值是一系列动态力量关注的焦点。资本家的动机、目标是剩余价值的最大化和后继的积累。在动态的资本主义经济中，对利润最大化的追求使得资本家引入更多或更好的机器设备努力降低成本。相应地，储蓄、投资和技术进步发展起来。投资的稳定增长产生了双重的效应，（a）投资进一步提高了资本家阶级得到的总收入分配中的比例；（b）使商品变得更便宜。后一种效应导致劳动者实际工资的增加，尽管劳动者的收入在总收入中的比例在下降，也导致了资本家阶级的真实收入的增加，从而使得资本家在展示出更大程度的节俭的同时扩大消费。"因此，随着经济体系的成熟，寻找投资的储蓄数量开始稳步增长"③。从而，总收入中的利润份额和寻找投资渠道的储蓄的数量增加。对资本家而言，同样重要的是其得到的利润与他生产这些利润投入的总资本的比率。

威尔逊认为，马克思对整个社会中的这个比率的长期趋势很感兴趣。利润率也是一系列动态力量相互抵消和冲突的焦点。马克思有关利润率下降的趋势的描述直接源自其关于利润最大化和后继的积累的假设，同时，马克思认识到了技术进步、外国投资、工资的下降和人口的增长等抵消利润率下降的作用是有限的，从而，在储蓄数量增加的动态趋势中，出现了投资机会的收缩。面对这些动态趋势，马克思认为长期而言利润率必然下降，而且，资本主义最终进入一个他称为"危机"的发展阶段。在这一阶段，积累率不能为资本主义体系的进一步扩张提供满意的投资场所。从而爆发了经济周

---

①② John D. Wilson A Note on Marx and the Trade Cycle, *The Review of Economic Studies*, Vol. 5, No. 2, Feb., 1938, P. 111.

③ John D. Wilson A Note on Marx and the Trade Cycle, *The Review of Economic Studies*, Vol. 5, No. 2, Feb., 1938, P. 112.

期。威尔逊认为，这并不意味着周期不可能发生在资本主义发展过程中的其他时期。技术变化独立导致的积累率的波动造成的周期也是一个常见的现象。

威尔逊认为，"除了危机发生的可能性，体系的动态运动也持续地增加了危机发生的概率。这是经济发展理论与'消费不足'的商业周期理论之间的根本联系。正是在前一类型的理论分析中，马克思以特有的方式，即劳动价值论强调了投资和消费收入流的根本差异。使人们对投资的动态方面的重要性有了认识，同时突出了相关的制度数据的重要性"①。

61.3　谢尔曼对马克思经济周期理论的阐述

谢尔曼的《马克思主义的商业周期理论》② 发表于 20 世纪 70 年代的危机时期，这篇文章评价了当时的重要的马克思主义危机理论，并提出了一种新的商业周期理论。谢尔曼在文章中简要回顾了 20 世纪 70 年代危机理论讨论中涉及的三种重要理论。然后，考察了马克思主义的再生产图式和增长模型，并把它们作为理解经济动态行为的基础。谢尔曼简要地阐述了马克思主义者用来反对萨伊否认总萧条可能性的重要历史制度分析。最后，文章的大部分篇幅用于结合三种相互争论的思想灵感，提出一种新的周期理论。

61.3.1　马克思主义的三种周期理论

马克思主义者对于经济危机的主要解释有三种：（1）资本有机构成提高；（2）产业后备军耗费（或工资推动理论）；（3）消费不足论。谢尔曼对这三种理论分别进行了简单的介绍和评价。

一是资本有机构成。资本有机构成被定义为不变资本价值（厂房、设备和原料）与可变资本价值（活劳动）的比率。在这种理论传统中，多布、耶非和谢赫等人，都认为存在资本有机构成长期提高的趋势。作为一种简化或第一近似通常假定剥削率不变（剩余价值与可变资本的比率）。谢尔曼认为，所有的马克思主义者都赞同，剩余价值只能来自活劳动或可变资本的使用。因此，由于这些作者都把利润率定义为剩余价值除以"可变资本加不

---

① John D. Wilson A Note on Marx and the Trade Cycle, *The Review of Economic Studies*, Vol. 5, No. 2, Feb. , 1938, P. 113.

② Howard Sherman, A Marxist Theory of the Business Cycle, *Review of Radical Political Economics*, Vol. 11 (1), 1979, pp. 1 – 23.

变资本"，所以这个比率将趋于下降。

谢尔曼指出"作为一种长期趋向，这个理论未必符合实际；它在经验和理论两方面都遭到了攻击。但无论如何，它对于理解短期的资本主义萧条而言都是不相干的"[①]。原因在于，首先，萧条是由于利润率在短期中的较大变动所致，而不是由于数十年中的微小变化所致。其次，必须以价格术语为基础理解周期，而不能从价值概念上理解，原因在于"价值概念假定供给和需求均衡。然而，在周期的收缩阶段，需求常常低于供给。所以，市场价格通常低于长期价值"[②]。

谢尔曼指出这个理论几乎从未以短期的形式也未以价格形式被表述过。但是，诸如卡莱茨基这样的马克思主义者，考虑了在原材料成本提高快于最终产品的价格提高时资本家遇到的问题。随后，谢尔曼将这个问题作为一种更普遍的理论的一部分进行了讨论。

二是产业后备军的耗竭（或工资推动）。英国的格林和苏利夫对这种理论的长期形式进行了阐述，美国的博迪和克罗迪对它的短期形式进行了研究。在短期形式的理论认为在扩张阶段的后半期，作为未就业劳动力的产业后备军的供给被耗尽了。也就是说，接近于充分就业，或者至少是减少了失业。这是一种对劳动者的阶级斗争而言较为有利的条件。因此，剥削率会降低，工人在国民收入中占有的份额会提高。工资份额的提高意味着利润的减少。利润的减少降低了利润率，导致投资的减少，从而引起衰退或萧条。在收缩期中，则出现相反的过程，并最终导致复苏。

谢尔曼认为，在积极的方面，失业后备军耗尽的短期周期理论，即工资推动理论，的确提出了一些有用的论点，失业率的确随着经济周期波峰的到来而下降，并对工资率产生了影响。工资成本是最大的一项成本要素，因此这可能是成本提高的一个重要原因。同样，在萧条中，失业增加，有助于引起工资率的下降，从而降低这个成本要素。在消极的方面，如果商品价格相应地上升（或者如果生产率充分地提高），则较高的货币工资率可能不引起单位商品的利润的下降。由于较高的工资导致更大的消费需求，因而如果消费需求迅速而且充分地提高，则价格可能以相同的比率提高。高工资对成本和需求都有影响；谢尔曼指出必须分析哪种影响较强烈和较迅速。"只集中

---

① Howard Sherman, A Marxist Theory of the Business Cycle, *Review of Radical Political Economics*, Vol. 11 (1), 1979, P. 1.

② Howard Sherman, A Marxist Theory of the Business Cycle, *Review of Radical Political Economics*, Vol. 11 (1), 1979, pp. 1 - 2.

关注成本而不考虑需求是经济分析中的一种错误。反动分析将会利用这个错误去反对一切形式的的工资提高"①。此外，经济学中的这个错误还可能导致对资本主义国家进行政治分析时出现某些错误。确实，资本主义国家在周期的波峰时期常常企图压低工资。成功地降低总工资能防止萧条，这种认识是不正确的。因为，低工资意味着低的需求，这意味着利润实现上的困难。另外，如果需求是无关紧要的，这种理论就不能解释为什么资本主义国家在萧条期总是要刺激需求。

三是消费不足论。长期停滞的消费不足论者的观点经常会既遇到许多马克思主义者的辩护，又遭受到其他许多人的抨击。谢尔曼认为斯威齐对短周期形式的消费不足论作了很清晰的表述。短周期消费不足论者认为：（1）在每次扩张中，阶级斗争都使剥削率提高，并反映为国民收入中工资份额的降低。（2）工人的边际消费倾向（增加的消费与增加的收入的比率）比资本家高得多。因此，（3）工资份额的降低会引起整个国家平均消费倾向（消费/收入）的下降。生产能力会超出受资本主义生产关系限制的需求。于是，（4）投资降低，因为投资只是消费需求提高的函数。如若消费需求提高很慢，则投资将会下降。投资的降低，会导致生产和就业的下降。在接下来的经济收缩期，相反的趋势最终会导致经济的复苏。

从有利的方面看，短期消费不足理论强调了充分的有效需求的作用，这是马克思（和他之后的凯恩斯）在批判萨伊定律时强调过的。萨伊定律认为，总供给会引起对自身的需求，从而否认总需求不足或普遍失业的可能性。谢尔曼认为，"任何完整的周期理论都必须批判萨伊定律，因为这种完整的周期理论必须包含对作为利润挤压的一个方面的需求和实现问题的考察"②。其次，马克思主义的短期消费不足理论正确地强调扩张的早期和中期的标志在于：（1）工资份额下降，（2）因而，消费需求对收入的比率下降，这必然最终引起（3）销售困难或利润实现的问题。

谢尔曼认为，这个观点特别值得注意："从不利的方面看，倘若只讨论消费需求（并忽视工资对成本的影响），则人们似乎会认为只要通过政府进行收入再分配并提高工资份额，就能永远结束萧条"③。谢尔曼认为，这是错误的经济分析（工资的提高通过成本可能对投资产生同样的负面影响），但这种理论"在工会的经济学家中却是一种流行的理论，这种分析势必导

①②③　Howard Sherman, A Marxist Theory of the Business Cycle, *Review of Radical Political Economics*, Vol. 11 (1), 1979, P. 2.

致改良主义的政治行动，因为它假定政府的改革和（或）更强大的工会
（无需剧烈变革经济制度）就能够提高工资份额"[1]。

谢尔曼还专门对危机理论研究和争论中存在的"综合"的情况进行了
讨论。谢尔曼指出，一些马克思主义者试图综合这三种主要的理论中存在的
具有现实意义的要素。他认为，在这方面，最成功的理论上的新突破是由韦
斯科夫做出的，韦斯科夫的研究表明，人们可以在一种包含着对不同理论中
重要方面进行定量分析的框架下考察上述三种理论。谢尔曼指出"只要资
本主义制度存在，就会内生地出现周期性的收缩。当然，政府的税收、支出
和货币政策可以影响并改变资本主义的商业周期。但是，只有一场革命才能
终结它"[2]。

61.3.2　马克思的再生产图式和长期增长理论

谢尔曼认为，在对周期进行系统的分析之前，需要对资本主义再生产自
身和增长的一般运行情况进行简单的解释。马克思把每个资本主义生产者的总
产值分为可变资本的价值、不变资本的价值和剩余价值。因此，在企业的层面：

产品总价值 ＝ 不变资本 ＋ 可变资本 ＋ 剩余价值

如果从等式的两边都减去不变资本，则剩余的部分按非马克思主义的计
算，就是每个企业生产的产品增加的价值。用马克思的话说，生产可变资本
价值和剩余价值的正是活劳动。减去的是存在于厂房、设备和原料形式中的
物化劳动。倘若把所有厂商增加的价值或活劳动的贡献加在一起，结果就是
国民净产值。若减去不变资本，并且将全部厂商加总，则该等式可变为：

国民净产值 ＝ 可变资本 ＋ 剩余价值

按照可计量的价格和数量，马克思的国民净产值可以变为净产品（Y）
的总收入流（每个时期）。马克思的可变资本成为工资、薪金和一切其他雇
员报酬（W，以下统称工资）的流量（每个时期）。马克思的剩余价值可以
变为公司利润、非公司经营利润、租金和利息，（π 以下统称利润）的流量
（每个时期）。所有这些数额都是以实物价格，亦即不变美元价格计算的。
因此，正式的马克思主义的国民收入流等式是：

$$Y_t = W_t + \pi_t \tag{61.1}$$

① Howard Sherman, A Marxist Theory of the Business Cycle, *Review of Radical Political Economics*, Vol. 11 (1), 1979, P. 2.

② Howard Sherman, A Marxist Theory of the Business Cycle, *Review of Radical Political Economics*, Vol. 11 (1), 1979, P. 3.

马克思还讨论过把生产划分为第一部类投资品的生产和第二部类消费品的生产。如果 Y 是国民净产品，C 是消费品，I 是净投资品（不包括折旧），那么：

$$Y_t = C_t + I_t \tag{61.2}$$

这种解释是仿照着马克思的分析进行的，假定没有政府支持，不存在税收，没有进出口，这只是一种初步近似的方法。

在考察资本主义扩大再生产（或均衡增长时），马克思强调，投资是扩张的动力。马克思的再生产图式意味着产出增长和资本增加成比例，根据定义，资本增加等于净投资：

$$Y_t - Y_{t-1} = k(K_t - K_{t-1}) = kI_{t-1} \tag{61.3}$$

其中，K 为资本存量，k 是一个常数（即边际产量 – 资本系数）。

马克思还强调，投资来自利润，来自对工人的剥削。利润的大小取决于工人和资本家之间的阶级斗争。此外，在再生产图式中，马克思做出了一个简单的假定：剥削率保持不变，工资在国民收入中的比例保持不变：

$$W_t = eY_t \tag{61.4a}$$

其中，e 是一个常数，工资份额或者工资与收入的比率与剥削率密切相关，剥削率是利润与工资的比率 $\frac{\pi}{W}$。

工资加利润为总收入，同时，剥削率等于利润份额除以工资份额，因此，如果工资份额等于常数 e，那么剥削率就等于 $\frac{(1-e)}{e}$，把工资份额作为一个常数，也只是一种初步近似，根据方程（61.1）～方程（61.4a），可以得到：

$$\pi_t = Y_t - W_t = Y_t - eY_t = (1-e)Y_t \tag{61.4b}$$

马克思强调，工资被全部消费掉了，利润只是部分被消费掉：

$$C_t = W_t + b\pi_t \tag{61.5a}$$

其中，b 是利润的平均消费倾向。

资本家将利润的多少用于投资呢？马克思假定，利润中用于储蓄的部分全部用于投资，换句话说，也就是遵循萨伊定律的规定。净投资为 (1 – b) π，根据方程（61.1）和方程（61.5a），投资是全部收入减去工资和消费后的利润：

$$I_t = Y_t - C_t = Y_t - W_t - b\pi_t \tag{61.5b}$$

从方程（61.4a）和方程（61.4b）可知，工资和利润是由常数 e 决定的，所以：

$$I_t = Y_t - eY_t - b(1-e)Y_t \tag{61.5c}$$

投资导致产量的提高，根据方程（61.3），得到：

$$Y_t - Y_{t-1} = k(Y_{t-1} - eY_{t-1} - b(1-e)Y_{t-1}) \tag{61.5d}$$

进一步简化，可以得到：

$$Y_t = [1 + k(1-e)(1-b)]Y_{t-1} \tag{61.5e}$$

从而，可见国民净产值将按各个时期中 $k(1-e)(1-b)$ 的比率稳定地增长。其中，k 是产出与资本之比，$(1-e)$ 是收入中的利润份额，$(1-b)$ 是来自利润的储蓄倾向。

但是，"这种平稳的增长只是资本主义的一种梦想，虽然它可能成为社会主义计划的一个有用的基础"①。在分析资本主义时，马克思批判了萨伊定律。全部储蓄并不是都用于投资，所以除了偶然的情况外，总需求不会等于总供给。尤其是马克思指出了三种被萨伊和其他一些古典经济学家忽视了的重要的资本主义的制度性结构：第一，资本主义不是为一个独立的单位生产，而是为了市场进行生产；没有市场需求，就没有生产；第二，资本主义是为了利润而不是使用而生产；没有利润，就没有生产；第三，资本主义使用广泛的货币和信用体系，而不是以物易物。货币不仅是商品的交换媒介，而且可以被储蓄和贮藏。因此，所有的马克思主义者都赞同："充分就业和生产能力的充分利用在资本主义条件下只是一种偶然，通常的情况是进入萧条的一种动态或从萧条中复苏的动态"②。

61.3.3　短期周期模型和消费函数

在上述分析的基础上，谢尔曼开始讨论消费函数。最简单的动态凯恩斯消费函数认为，消费是延迟收入的函数，但其上升或下降都慢于收入。

$$C_t = a + bY_{t-1} \tag{61.6a}$$

其中，a 和 b 都是常数，并且 b 介于 1 和 0 之间。虽然边际消费/收入比率是不变的，常数 a 的作用是要在收入提高时使平均消费收入比率下降，而在收入降低时使其上升。这个方程假定了一段时期的延迟。经验数据的确表明，在收入和消费之间有一段时延，这是因为：（1）在厂商获得收入之后，并不立即将其支付出去，（2）在个人得到收入之后，也不立即将其全部支出。为了方便起见，这里假定了一种最简单的时延。但是，一个经济计量模型可能需要一种不同的更为复杂的时延。

①② Howard Sherman, A Marxist Theory of the Business Cycle, *Review of Radical Political Economics*, Vol. 11（1），1979, P.4.

但是，方程（61.6a）中的简单消费函数有许多缺点（其中大多数已被所有的经济学家，包括凯恩斯主义者所承认）。首先，它假定一个不变的边际消费倾向，而实际上由于预期收入等因素边际消费倾向存在着持续不断的变化。其次，它假定一个不变的时延，而时延是任意地、无约束地在周期之中变化的。再其次，它假定唯一独立的变量是国民收入（假定没有政府税收、政府福利、消费信贷、通货膨胀率和利息率，等等）。然而，可能还有一些来自其他变量的影响，诸如福利的数量、消费信贷、通货膨胀率和利息，等等。为了克服这些问题许多经济学家已经提出了复杂得多的消费函数。最后，最简单的凯恩斯消费函数还假定，全部收入可以作为一个变量处理，但是，低收入的工人和高收入的资本家的消费比率却存在明显的区别。按照凯恩斯的观点，仿佛消费行为是由所有个人的绝对心理倾向决定的。马克思主义者则认为，消费行为不是天生的。而是受广告宣传和其他环境条件作用支配。此外，用客观收入的转变比用任何心理倾向都能够更好地解释周期中的各种主要变化。因此，把消费与收入的比率称为一种"消费倾向"十分容易使人误解。但是谢尔曼指出保留这个术语，只是因为它已为人们所熟悉，并被广泛使用。但是，人们必须总是记住消费者的条件作用和收入的客观分配情况。为了消除第四个缺陷，一些马克思主义者（和某些左派凯恩斯主义者）已经提出一个更为灵活的函数。把消费假设为延迟的工资收入和延迟的利润收入（定义如前）的函数。

$$C_t = W_{t-1} + a + b\pi_{t-1} \qquad (61.6b)$$

其中，a 和 b 是一些（不同的）常数，无论是 a 还是 b 都大于零，且 b 小于 1。大多数马克思主义的模型都假定 W 的系数是 1，也就是说工人把他们的全部收入都用于消费。谢尔曼指出弗里德曼和其他一些人的研究支持这种假定[1]。

$$C_t = a + b\pi_{t-1} + W_{t-1} \qquad (61.7)$$

谢尔曼通过经验研究证明，"消费支出不仅与国民收入水平有关系，而且与主要受工资份额影响的国民收入的分配有十分密切的关系。因此，方程（61.6b）可以得到经验数据的支持"[2]。

方程（61.6b）表明，较高的工资或较高的工资份额对消费需求起积极

[1]　Howard Sherman, A Marxist Theory of the Business Cycle, *Review of Radical Political Economics*, Vol. 11（1），1979，P. 5.

[2]　Howard Sherman, A Marxist Theory of the Business Cycle, *Review of Radical Political Economics*, Vol. 11（1），1979，P. 7.

作用，这意味着较高的工资对利润的实现也起着积极的作用。但是，较高的工资作为一项成本因素对利润也起着消极作用。把方程（61.1）、方程（61.2）、方程（61.6b），可以得到：

$$\pi_t = (W_{t-1} + a + b\pi_{t-1}) + I_t - W_t$$

谢尔曼指出，从这个方程中，可以清楚地理解认为工资对利润只有消极或积极影响的理论的片面性。因为工资份额的变化既影响消费有影响利润，所以谢尔曼对工资份额在周期中发生的变动进行了研究。通过对两种影响的经验研究，谢尔曼指出"两种关于收入分配情况的简单化的极端观点都是不正确的。工资份额并不像某些消费不足论者描述的那样在整个扩张期都只是下降。另一方面，工资份额也不是像极端的工资挤压论者描述的那样，在每一次周期的扩张期只是上升"[①]。

考虑到收入分配在周期分析中极为重要，谢尔曼对它进行了更加详细的分析。他的分析沿着这样一种路径进行，"首先分析工资和利润份额的重要组成部分，然后分析数据显示的它们的实际变动情况"[②]。

如果工资份额的分子和分母都除以消耗在全部经济中的劳动小时数，可以得到：

$$W/Y = \frac{W/N}{Y/N} \qquad\qquad (61.8)$$

这个比率的上部是每小时实际工资（W/N），下部是每小时劳动生产率（Y/N）。所以，工人的收入份额就等于每小时实际工资除以劳动生产率。每小时实际工资取决于一定经济条件下的阶级斗争，劳动生产率也受到资本家要加快工作速率和工人要求降低工作速率的影响。

工资推动论者（如博迪和克罗蒂）认为，在短期降低生产率的主要因素是高就业水平，高就业水平改善了劳动者的谈判能力，因而降低了劳动生产率，相反的情况则会提高劳动生产率。谢尔曼认为，就业水平肯定会发挥作用，但是经验研究表明，它的作用会被生产能力利用程度的相反作用所抵消。例如，出现劳动生产率明显下降，但失业却在上升的情况。

那么劳动生产率为什么会出现这种情况的运动呢？原因在于经常可以观察到的就业落后于产量的时延。为什么会存在就业落后于生产的时延？可能是因为需求和生产开始下降时，资本家认为它很快会恢复，而且解雇和雇佣

①② Howard Sherman, A Marxist Theory of the Business Cycle, *Review of Radical Political Economics*, Vol. 11 (1), 1979, P. 8.

工人也存在很多费用，因此在产量一开始下降时，资本家并不一定解雇工人。另外，不论生产降低到什么水平，也需要一些维修类型的工人。也就是说："当生产低于生产能力时，雇佣工人总数分为被充分剥削和充分利用的工人与未被利用的工人或额外雇佣的工人"[1]。分别用 N^u 和 N^x 表示他们。根据这种新的分类，劳动生产率 $\dfrac{Y}{N}$ 可以分解为"真实"生产率 $\dfrac{Y}{N^u}$ 和工人被实际利用程度 $\dfrac{N^u}{N}$，从而：

$$\frac{Y_t}{N_t} = \frac{Y_t}{N_t^u} \cdot \frac{N_t^u}{N_t}$$

或者按工资份额表示为：

$$\frac{W_t}{Y_t} = \frac{\dfrac{W_t}{N_t}}{\dfrac{Y_t}{N_t^u} \dfrac{N_t^u}{N_t}}$$

这个新的方程表明，加入生产率下降，工资份额就上升，即使每小时工资保持不变，此外，如果工人劳动力被利用的较少，生产率就可能下降，即使被充分利用的工人的真实生产率保持不变。

那么生产能力利用和收入分配之间是什么关系呢？

生产能力利用可以定义为实际产出 Y 和潜在全额生产能力 Z 的比率。谢尔曼通过分析指出，在短期中，劳动生产率是生产能力利用的某种正函数：

$$\frac{Y_t}{N_t} = r + f_1\left(\frac{Y_t}{Z_t}\right)$$

劳动生产率总是随着生产能力利用而提高和降低的。此外，每小时实际工资在短期中是生产能力利用的正函数：

$$\frac{W_t}{N_t} = w + f_2\left(\frac{Y_t}{Z_t}\right)$$

从而，工资份额可以表示为：

---

① Howard Sherman, A Marxist Theory of the Business Cycle, *Review of Radical Political Economics*, Vol. 11 (1), 1979, P. 8.

$$\frac{W_t}{Y_t} = \frac{\dfrac{W_t}{N_t}}{\dfrac{Y_t}{N_t}} = \frac{w + f_2\left(\dfrac{Y_t}{Z_t}\right)}{r + f_1\left(\dfrac{Y_t}{Z_t}\right)}$$

这个方程显示，较高的生产能力利用通过每小时工资对工资份额产生正作用，通过劳动生产率对对工资份额产生副作用。另外，谢尔曼指出，数据表明，生产率的副作用要比工资的正作用大的过，因此：

$$\frac{W_t}{Y_t} = \frac{w + f_2\left(\dfrac{Y_t}{Z_t}\right)}{r + f_1\left(\dfrac{Y_t}{Z_t}\right)} = e - f_3\left(\frac{Y_t}{Z_t}\right)$$

对于利润份额的作用恰好相反：

$$\frac{\pi_t}{Y_t} = 1 - \frac{W_t}{Y_t} = 1 - e + f_3\left(\frac{Y_t}{Z_t}\right)$$

当潜在全额能力产量（Z）出现某种上升的趋势时，生产能力利用率（Y/Z）就受到实际产量（Y）的较为迅速的短期变动的支配。如果假定潜在产量（Z）有一个持续的增长率（按其趋向），则生产能力利用率（Y/Z）将等于某种长期常数（z）加实际产量增长率的函数。

$$\frac{Y_t}{Z_t} = z + f_4\frac{(Y_t - Y_{t-1})}{Y_{t-1}} \tag{61.9}$$

其中，f_4 是一个函数。可以推论，当实际产量增长率高——高于这个趋势时，生产能力利用率也高。当实际产量增长率降低到这个趋势以下（而且显然，如果它是负数）时，生产能力利用率就会下降。

谢尔曼指出，早期的消费不足论者几乎都未注意投资需求。但如果消费需求下降，实际上投资需求可以加以弥补，投资需求是从增加消费需求中派生出来的需求。在短期中，在一定技术条件下，投资取决于消费的变化：

$$I_t = v(C_{t-1} - C_{t-2})$$

其中，v 通常被称为加速系数。但是，这个方程有许多不足之处，最明显的是投资可能并不取决于消费品产业中新投资的需求，而是取决于投资品产业的需求，考虑到这个事实，较为成熟的消费不足论，既把投资作为消费需求变化的一个函数，也把它作为投资需求变化的函数：

$$I_t = v[(C_{t-1} - C_{t-2}) + (I_{t-1} - I_{t-2})] = v(Y_{t-1} - Y_{t-2})$$

但是，马克思主义者的投资函数有其独特的地方，强调需要积累资本投资基金，也就是说新投资来自利润，因此，投资也是总利润的一个函数：倘若无论是总利润还是利润率都包括在投资函数中，结果就更加接近复杂的现实：

$$I_t = f_5\left(\pi_{t-1}, \cdots, \pi_{t-n}; \frac{\pi_{t-1}}{K_{t-1}}, \cdots, \frac{\pi_{t-n}}{K_{t-n}}\right) \tag{61.10}$$

其中，π 是实际总利润，K 是实际资本存量。

随后，谢尔曼研究了利润率，利润率（π/K）可以写成利润份额（π/Y）与产量—资本比率（Y/K）的乘积，这里的 K 是以不变美元表示的资本存量。

$$\frac{\pi_t}{K_t} = \left(\frac{\pi_t}{Y_t}\right) \cdot \left(\frac{Y_t}{K_t}\right) \tag{61.11}$$

可以进一步分解利润率，以便把生产能力利用率（Y/Z）作为第三个构成部分包括进来：

$$\frac{\pi_t}{K_t} = \left(\frac{\pi_t}{Y_t}\right) \cdot \left(\frac{Y_t}{Z_t}\right) \cdot \left(\frac{Z_t}{K_t}\right) \tag{61.12}$$

其中，Z 是以不变美元表示的全额能力产量，而 Y 是以不变美元表示的实际产量。用工资份额替代利润份额，得到：

$$\frac{\pi_t}{K_t} = \left(1 - \frac{W_t}{Y_t}\right) \cdot \left(\frac{Y_t}{Z_t}\right) \cdot \left(\frac{Z_t}{K_t}\right) \tag{61.13}$$

这样，最终谢尔曼建立了他自己的马克思主义的周期模型：

收入分配：

$$Y_t = W_t + \pi_t$$

需求均衡：

$$Y_t = C_t + I_t$$

消费：

$$C_t = W_{t-1} + a + b\pi_{t-1}$$

工资：

$$\frac{W_t}{Y_t} = e - f_3\left(\frac{Y_t}{Z_t}\right)$$

生产能力利用：

$$\frac{Y_t}{Z_t} = z + f_4 \frac{(Y_t - Y_{t-1})}{Y_{t-1}}$$

投资：

$$I_t = f_5\left(\pi_{t-1}, \cdots, \pi_{t-n}; \frac{\pi_{t-1}}{K_{t-1}}, \cdots, \frac{\pi_{t-n}}{K_{t-n}}\right)$$

利润率：

$$\frac{\pi_t}{K_t} = \left(\frac{\pi_t}{Y_t}\right) \cdot \left(\frac{Y_t}{Z_t}\right) \cdot \left(\frac{Z_t}{K_t}\right) = \left(1 - \frac{W_t}{Y_t}\right) \cdot \left(\frac{Y_t}{Z_t}\right) \cdot \left(\frac{Z_t}{K_t}\right)$$

产量与资本：

$$\frac{Z_t}{K_t} = k - f\left(\frac{Y_t}{Z_t}\right)$$

谢尔曼指出，这样一个综合的短期周期模型，"既重视需求或实现问题，但又未忽视工资成本，生产率和资本—产出率"[1]。

① Howard Sherman, A Marxist Theory of the Business Cycle, *Review of Radical Political Economics*, Vol. 11 (1), 1979, P. 18.

第十篇　马克思与凯恩斯、斯拉法的比较研究

对马克思与凯恩斯、斯拉法经济学的比较研究，在很大程度上是对20世纪中叶开始的"沟通"马克思经济学主张的显著反应。这一主张，最先是在20世纪40年代初，由英国著名的经济学家罗宾逊夫人作了最初的、公开的论述。她的这些论述，既是为了抨击当时已经过时的西方"正统学派"（即凯恩斯以前的经济学），也是为了发展当时方兴未艾的"现代学院派"（即凯恩斯以后的新经济学）。在她看来，对"正统学派"来说，马克思经济学的"迷人性"就在于它"具有更大的现实性"；而对"现代学院派"来说，马克思在对资本主义失业、社会生产的比例关系等理论的研究中，不失为一位"严肃的思想家"。罗宾逊是从有利于"现代学院派"的发展的角度，提出"沟通"马克思经济学与凯恩斯经济学的主张的，尽管罗宾逊一直是马克思经济学理论体系的反对者。[①]

受"学院派经济学"力图"沟通"马克思理论和凯恩斯理论取向的影响，马克思主义经济学研究中出现了力图开辟马克思主义经济学与非马克思主义经济学"两派共存的时代"的主张。米克作为战后成长起来的马克思主义经济学家，在1956年出版的《劳动价值学说的研究》一书中，以马克思的劳动价值论为中心，详尽地考察了劳动价值学说的发展史，说明马克思的劳动价值论无论在马克思那个时代还是在现时代，都是真正的科学。米克在该书中的论述，对澄清西方经济学界长期以来对马克思劳动价值理论的误解和非难起到了重要的作用。然而，米克撰写此书的初衷之一，却是希望通过对劳动价值学说史的研究，在马克思主义经济学和非马克思主义经济学之间建立"某种桥梁"，希望"在这个时代里，马克思主义者和非马克思主义

---

① 顾海良：《西方马克思主义经济学发展的主要趋向及其基本规律》，载《教学与研究》1997年第12期，第33页。

者将由互相攻击对方的虚伪性和不学无术，而转变为互相了解和评价对方的观点，双方进行和平的竞赛，看看谁能对经济现实给予更正确和更有用的分析。"① 他的这一学术主张，在很大程度上得到西方（特别是英国）其他马克思主义经济学家的赞许，这多少可以看作是对当时西方经济学界流行的"沟通"马克思经济学理论思潮的一种回应。

作为一种回应，西方马克思主义经济学家在对马克思经济学的研究中，为了改变他们所认为的马克思主义经济学的"停滞"趋向，"恢复"马克思经济学的"生命力"，他们从有利于当代马克思主义经济学发展的角度，提出了"沟通"凯恩斯及西方其他激进学派与马克思经济学的主张。"沟通"马克思经济学的直接结果，就是对马克思经济学的"重构"、"重塑"、"重建"。因此，从"沟通"马克思经济学到"重构"马克思经济学，成为西方马克思主义经济学发展的显著特点之一。多布对马克思劳动价值论研究的变化，也许是最好的例证。

自 20 世纪 60 年代初斯拉法《用商品生产商品》一书出版以后，多布开始对斯拉法的"新李嘉图主义"的价值论表现出极大的兴趣，认为有必要"沟通"斯拉法的价值论和马克思的价值论，从而在一种"牢固的逻辑基础上"，用"非教条式"的研究方法，恢复一种"李嘉图—马克思经济学的传统"，进而重新探讨马克思的价值理论、剩余价值理论和分配理论的逻辑结构。多布生前并没有对这种逻辑结构提出什么有创见性的看法，但是他的这种理论研究趋向的变化，不仅对他本人，而且还对整个西方马克思主义经济学的发展产生了重要的影响。

① 米克著，陈彪如译：《劳动价值学说的研究》，商务印书馆 1979 年版，第 4~5 页。

第 62 章　马克思和凯恩斯的主要理论观点的关系

凯恩斯 1936 年出版的《就业、利息和货币通论》是大萧条后最重要的理论成果，其主要观点日后发展为所谓的凯恩斯学派。凯恩斯理论基础、分析方法与政策主张也存在着一些疏漏和不足，这可以从资本主义的实践和后来凯恩斯学派的观点中看出来。尽管如此，凯恩斯学派是"正统经济学"中第一次对资本主义失业现象作的系统的论述，而且提出了挽救资本主义的一系列主张。因此，凯恩斯学派的出现是马克思主义者不能不认真对待的事件。

62.1　对凯恩斯的基本评论

马克思主义经济学家对凯恩斯的《通论》做了广泛的评论。流亡纽约的前德国社会民主主义者埃米尔·莱德勒（E. Lederer），指出了凯恩斯与马克思的三点相似之处[1]。第一点是凯恩斯接受了劳动价值论，其中包括在"工资单位"概念中，将复杂劳动折算为倍加的简单劳动。第二点是他关于利润率下降的观点，这经常表现为资本边际效率递减的形式。第三点是凯恩斯承认消费和投资之间有必要的比例，从而承认了马克思关于第 I 部类和第 II 部类之间的比例关系。莱德勒认为，由于方法论和政治方面的原因，而非狭义的经济方面的原因，《通论》反对马克思的观点。他还认为，凯恩斯赞成个体的心理因素，忽视了阶级的存在，并对资本家政治行为的合理性表现出盲目的乐观主义倾向。"这样一个合理的分析并不是一种原动力……凯恩斯提出了要求进行一场权力和财产革命的思想，但是，人们难以相信，通过劝说的方式能够使人类接受一种新的经济社会制度"[2]。凯恩斯思想中的保守成分也被约翰·达雷尔（J. Darrell）所强调，其观点发表在美国马克思主

---

[1]　Lederer Emil, Commentary on Keynes, *Social Research*, 3, 1936, pp. 478 – 487.

[2]　Lederer Emil, Commentary on Keynes, *Social Research*, 3, 1936, P. 487.

义季刊《科学与社会》上。达雷尔认为，在某些问题上，尤其是在利润率下降问题上，凯恩斯与马克思有相似之处，但总体上说，凯恩斯的个人主义心理倾向是错误的；对经济危机和资本主义长期发展趋势的说明，凯恩斯同马克思主义的观点是不可调和的。达雷尔的结论是：《通论》是与主观价值论相一致的，它是一本经济学著作，而不是政治经济学著作，它不能揭示资本主义生产的内在规律[①]。

埃里克·罗尔（E. Roll）也做了类似的评论。他批评凯恩斯把注意力放在交换而不是放在生产上，并忽视了那些与试图改变交换机制相联系的政治问题。罗尔认为，《通论》的意蕴在于它表明了自由主义在政治上和经济上的破产。但凯恩斯的缺陷在于他的著作有可能被反动政客所利用。[②] 斯特雷奇也指出，在关于利润率这一中心问题上，凯恩斯的结论与《资本论》第三卷的结论有明显的相似之处。斯特雷奇认为，凯恩斯的确忽视了技术进步和利润率之间的关系。然而，凯恩斯和马克思都认为，要增加就业就需要扩大投资，而且，资本积累导致了利润率的下降。根据斯特雷奇的看法，利润率这一概念与凯恩斯的资本边际效率最接近。因此，利润率下降的趋势构成凯恩斯理论的基础。[③]

在 20 世纪 30 年代末期，另外一些同情马克思的著述者在学术刊物上发表的文章，强调了马克思和凯恩斯之间存在某种相似之处。在《经济研究评论》中，威尔逊认为凯恩斯的资本边际效率同马克思的利润率密切相关，但凯恩斯以长期因素作为分析的中心论据。[④] 樊弘（Fan - Hung）的文章，以代数公式的形式比较了《通论》和《资本论》中关于有效需求、利润率、货币和利息等理论。樊弘认为，凯恩斯错误地解释了马克思的再生产图式。[⑤] 在《经济实录》中，沃德（E. Ward）强调了马克思与凯恩斯在消费不足观点上的相似之处，但同时也指出了《通论》在方法论意义上的相对肤浅及其主观主义倾向。沃德把马克思同凯恩斯进行了比照：马克思成功地预见到资本主义的发展过程，日益增加的失业、垄断增强、危机、国际扩张

---

① Darrell, J., The Economic Consequence of Mr. Keynes', *Science and Society*, 1, 1937, pp. 194 – 211.

② Roll, E., The Decline of Liberal Economics, *Modern Quarterly*, 1, 1938, pp. 78 – 90.

③ Strachey, J., Mr J. M., Keynes and the Falling Rate of Profit, *Modern Quarterly*, 1 (4), 1938, pp. 337 – 347.

④ John D. Wilson, A Note on Marx and the Trade Cycle, *Review of Economic Studies*, 5, 1938, pp. 107 – 113.

⑤ Fan – Hung, Keynes and Marx on the Theory of Capital, Accumulation, Money and Interest, *Review of Economic Studies*, 7, 1939, pp. 28 – 41.

等，而凯恩斯做不到这一点，这正是由于凯恩斯的理论缺乏这些预见势必使他不能将制度变迁整合到他的理论中。①

罗宾逊夫人对凯恩斯主义和马克思主义之间的思想关系进行了长期不懈的研究。罗宾逊夫人认为，"马克思的方法为有效需求分析奠定了基础，而由于忽视了马克思的贡献，学院派经济学家浪费了大量时间才重新发现这一方法"②。在马克思那里，罗宾逊夫人找到了消费不足的形成原因，并把马克思的危机理论解释成第 I 部类和第 II 部类之间的一种比例失衡，也即消费和投资之间的比例失调。"工人不能消费，而资本家不愿消费。消费品产业使投资受到限制，而需求则限制了资本品产业，由此，推翻了萨伊定律，而马克思似乎预见到了现代有效需求理论"。罗宾逊夫人援引了马克思的如下观点："资本本身成了资本主义生产的障碍"③。在《论马克思经济学》中，罗宾逊夫人坚持认为，经过适当修订后的马克思主义政治经济学，同凯恩斯《通论》的基本观点是完全一致的。马克思和凯恩斯甚至拥有某些共同的缺陷，其中包括他们都缺乏完整的收入分配理论和投资引诱理论。④ 1946 年，斯威齐指出，尽管马克思主义者也提出了《通论》有效需求理论中的许多类似观点，但是，凯恩斯终究是新古典理论培育出来的一个"罪人"。斯威齐认为，凯恩斯从来没有把资本主义制度看作是一个整合了资本主义的经济、政治、技术和文化的总体。他忽视了技术进步引起了失业，并视之为矫正资本主义缺陷的经济机制，而不是保证资本家操纵劳动力市场的手段。另外，凯恩斯也丝毫没有讨论垄断在宏观经济中的意义。1950 年，多布强调了《通论》与新古典正统理论的决裂及其对传统的经济均衡假设的否定，但是，多布认为凯恩斯一直想改良资本主义，因此，不能把他看作是"民主社会主义"理论家，他提出的"投资社会化"可以理解为对生产社会化的替代。多布认为，凯恩斯的经济方法过于宏观，因而导致他忽视了不同部类之间的必要的平衡，进而忽视了计划的必要性。他认为，凯恩斯的理论本质上还是属于新古典主义的价值理论和分配理论；凯恩斯建立在投资边际效率基础上的利润分析，是整个《通论》中"最庸俗的观点"⑤。

霍华德和金认为"《通论》是资产阶级经济学的分水岭，但更是马克思

① E. Ward, Marx and Keynes's General Theory, *Economic Record*, 15, 1939, pp. 152 – 167.
② Robinson, J. Marx on Unemployment, *Economic Journal*, 51, 1941, pp. 238 – 248, 240.
③ Robinson, J. Marx on Unemployment, *Economic Journal*, 51, 1941, pp. 238 – 248, 248.
④ Robinson, J. *An Essay on Marxian Economics*, London: Macmillan, 1966.
⑤ Dobb, M., Full Employment and Capitalism, *Modern Quarterly*, 5, 1950, pp. 125 – 135.

主义政治经济学的分水岭。对传统经济学的'凯恩斯革命'，在很大程度上是流产了，凯恩斯结论中的任何激进主义，都首先被同新古典理论的综合所窒息，并接着被新古典主义的反革命所击溃。凯恩斯本人对传统微观经济学的不懈坚持及其短期分析的局限，为上述两个过程助了一臂之力……然而，只有当凯恩斯的理论被修订为长期分析，并在斯拉法的古典政治经济学复兴的情况下，凯恩斯的观点对马克思主义所具有的真正的重要性，才变得明显起来"[①]。

凯恩斯基本上对马克思持蔑视的态度。他对马克思曾经有过如下著名的评论："一个如此不合逻辑，如此空洞的教条怎么能对人的思想从而对历史事件有如此强烈和持久的影响"[②]。凯恩斯并不总是对马克思持批判态度，在1933年以后，在有关古典货币理论的演讲中，凯恩斯提到了马克思对实现问题的阐述，而且发现了马克思和马尔萨斯在有效需求问题上的密切相似之处。在写于1933年的《通论》第一稿中，凯恩斯差不多正确地理解了马克思。凯恩斯总是对马克思持蔑视态度，其实不难理解，因为凯恩斯曾经明确提出：我站在资产阶级一边。

凯恩斯认为，合伙经济和企业家经济之间的区别，同马克思所做的大量观察有某种关系——尽管其后马克思对这一观察的运用非常不合逻辑。马克思指出，在现实世界中，生产的本质并不像经济学家们通常所认为的那样，如 $W-G-W'$ 的情形，即把商品（或劳务）换成货币是为了获得另外的商品（或劳务）。这也许是消费者的观点，但不是商家的看法，因为后者是 $G-W-G'$ 的情形，即以货币换取商品（或劳务），是为了获取更多的货币。接着，凯恩斯指出，这个观点的意义在于，企业家对劳动力的需求，依赖于预期生产的可获利性，而不取决于对人类需求的直接满足。凯恩斯做了进一步的论述："超过 G 的余额，是马克思的剩余价值的源泉。令人不解的是，在经济理论史上，那些数百年来以这种或那种形式用古典公式 $W-G-W'$ 反对 $G-W-G'$ 公式的异教徒们，或者倾向于相信 G' 总是并且必然超过 G，或者倾向于相信 G 总是且必然超过 G'，这要取决于他们生活的时期哪一种思想在实践中占支配地位。马克思与那些相信资本主义制度必然具有剥削性的人断言，G' 余额是不可避免的，然而，相信资本主义内在地具有通货紧缩和

① M.C. 霍华德、J.E. 金著，顾海良等译：《马克思主义经济学史》（第二卷），中央编译出版社2003年版，第103页。

② Maynard Keynes, *The End of Laissez-faire*, London：Hogarth Press, 1926, P.3.

就业不足发展趋势的霍布森、福斯特、卡钦斯或道格拉斯少校则断言，G 余额是可避免的。但当马克思补充说，G′持续增加的余额将不可避免地被一系列日益猛烈的危机或者企业倒闭和未充分就业所打断时，马克思正在逐渐接近不偏不倚的真理，可以推测，在这种情况下，G 一定会有余额。如果能够得到承认，我自己的观点至少可以有助于使马克思的追随者们和道格拉斯少校的追随者这两派达成和解，而不去理会那些不切实际空洞地相信 G 与 G′总是相等的古典经济学家们"①。

62.2　马克思经济学理论与凯恩斯《通论》

早在20世纪30年代，就有一些学者著文探讨马克思经济学和现代经济理论之间的相互关系，沃德的《马克思与凯恩斯的〈通论〉》②一文就是其中重要的一篇。在该文中，沃德强调了研究马克思对凯恩斯乃至现代经济学的理论分析和叙述分析的重要性，阐明了两者在消费不足观点上的相似性，并指出《通论》在方法论上的相对肤浅及其主观主义倾向。更重要的是，沃德把马克思对资本主义的发展过程（日益增加的失业、垄断增强、危机、国际扩张）的成功预言，同凯恩斯缺乏这些预言相对照，说明凯恩斯的理论缺乏这些预见，势必使他不能将制度变迁因素融入研究视野中。此外，沃德比较了凯恩斯和马克思的总体分析方法和部分理论内容的异同。

62.2.1　凯恩斯和马克思的理论分析方法的相似性

第一，总体分析方法的相似性：对资本主义经济制度的动态分析。

沃德认为，"对马克思和凯恩斯进行比较的基本立足点是，二者对经济制度皆采纳了类似的分析方法。正如在《资本论》第一卷德文第一版序言中所解释的，马克思决心'揭示现代社会经济运行的规律'。它实际上是一种动态的分析方法。他试图阐述资本主义制度的基本特征、资本主义形成的条件以及导致它消亡的诸种因素。他认为资本主义具有内在的不稳定性，经过一定的阶段，资本主义就长期处于一种病态：存在大量失业，并陷入频繁发生的、日益严重的危机之中。在他写作《资本论》的时候，这种病态就

---

① Keynes, J. M., 1979, The General Theory and After: A Supplement, In *the Collected Writings of John Maynard Keynes*, edited by D. Moggridge, Vol. XIX, London: Macmillan, P. 81.

② E. E. Ward, Marx and Keynes's General Theory, *Economic Record*, Vol. 15, 1939, pp. 152 – 167. In *Karl Marx's Economics: Critical Assessments*, Edited by Cunningham Wood, Vol. IV, pp. 17 – 29.

已经呈现出来了。"①

第二，理论内容方面的相似性：对资本主义的病理学的分析。

在沃德看来，"像马克思的《资本论》一样，凯恩斯的《通论》也研究了经济病理学。它试图阐明一个社会的经济制度为何不起作用，即它不能使可得到的劳动力和资本实现充分就业或接近充分就业。"马克思和凯恩斯都认为，新古典经济学的假设并不存在于现实世界中，"他们都认为资本主义制度都处于病态中，为此必须进行解释，不然的话，经济理论就是与现实无关的理论。"②沃德认为，凯恩斯考察了古典理论所没有考察的决定劳动力市场和资本市场的供求曲线的制度及其他因素，分析了有效需求不足引起的非自愿性失业。他写道："凯恩斯试图表明，尽管存在部分生产要素尤其是劳动力的非自愿性失业，但是（资本主义的）经济制度仍然保持了相对稳定性。古典均衡理论对此不能解释，因为它假设工资与劳动力的边际负效用几乎相等，市场均衡的结果是只存在摩擦性失业或自愿失业，亦即他们不愿接受现行工资而宁愿失业。古典理论关注的只是供求均衡，而没有论述决定劳动力市场和资本市场的供求曲线的制度及其他因素。"③

在分析经济体于何点达到充分就业的均衡时，凯恩斯摒弃了古典分析，试图揭示哪些因素决定了社会总产量和总就业量的变化问题，它实际上属于加总问题。在凯恩斯看来，投资决定了社会的就业量和产出水平，而投资水平又是由资本边际效率、消费倾向和利息率决定的。资本边际效率是增加投资所获得的预期收益，投资的数量决定于资本边际效率和利息率。消费倾向是指消费占社会收入的比例，它是凯恩斯的《通论》的核心内容之一。凯恩斯提出了一条基本原理，即随着实际收入的增加，消费倾向往往趋于下降，因而为达到充分就业所需的投资就愈多。因此，"我们可以得出如下结论：由于资本边际效率、消费倾向和利息率的共同作用，即便存在生产要素的非自愿性失业，经济体系仍然处于相对稳定的状态。"④

与此类似，在论及资本主义体系时，马克思也采取了类似于凯恩斯的思路，因为他也认为资本主义基本上处于病态，且不能自行调节，此其一。其二，"他也分析了总量问题。他不是直接关心资源在不同用途之间的配置问

① E. E. Ward, Marx and Keynes's General Theory, *Economic Record*, Vol. 15, 1939, pp. 152 - 167. In *Karl Marx's Economics：Critical Assessments*, Edited by Cunningham Wood, Vol. Ⅳ, pp. 17 - 18.

②③ E. Ward, Marx and Keynes's General Theory, *Economic Record*, Vol. 15, 1939, pp. 152 - 167. In *Karl Marx's Economics：Critical Assessments*, Edited by Cunningham Wood, Vol. Ⅳ, P. 18.

④ E. Ward, Marx and Keynes's General Theory, *Economic Record*, Vol. 15, 1939, pp. 152 - 167. In *Karl Marx's Economics：Critical Assessments*, Edited by Cunningham Wood, Vol. Ⅳ, P. 20.

题，而是关心哪些条件决定了所用资源的数量问题。他从历史学和社会学的立场分析了资本主义社会……古典经济学的核心是市场问题，但它忽视了市场运行所需的制度框架。马克思则揭示了它所忽略的问题，得出了（资本主义运行的）规律并预测了其变化趋势，这超越了古典经济学。"① 因为后者只是描绘了静态均衡，而没有提供动态的理论。其三，马克思也视投资问题（他所谓的积累）为资本主义发展的关键。马克思认为，资本主义的本质特征就是对剩余价值的剥削。资本主义生产的目的就是榨取更多的剩余价值，并把它转化为资本，以便榨取更多的剩余价值。生产无限扩大的趋势与劳动力有限的购买力之间的矛盾导致了生产过剩的周期性经济危机。

沃德写道："马克思认为，资本主义制度最终将会崩溃，即它不能为所有社会成员提供就业机会，因为资本家榨取了大量的剩余价值，不能提供进一步积累资本所需的足够高的利润率。随着资本积累的减少或停止，失业随之出现，因为对某些部门的工人而言，就业无利可图。如果资本（固定资本和流通资本）积累对利润源泉——人类劳动——所施加的压力不断增大，且由于生产力和消费能力之间的矛盾加剧，因为消费受到增加生产力——积累的限制，那么资本品必将生产过剩。这些矛盾是由资本主义经济制度造成的，在该种制度结构下，一个阶级能够占有生产资料，另一个阶级靠出卖劳动力为生。生产资料所有者对劳动力的剥削状况决定了经济发展的态势。"②

在做了上述分析之后，沃德指出："马克思预见到了凯恩斯的一般方法和他的一部分分析内容。他指出了保持资本积累（投资）的重要性，以及它怎样依赖于利润率。接着他又指出，一个社会消费积累产品的能力对维持积累十分必要，而消费能力本身又受到积累过程的限制。凯恩斯也几乎以同样的方式指出，充分的消费对投资有利可图而言是十分必要的，并且出现了一种矛盾的趋势：一方面是消费倾向的下降，另一方面是随着收入的增加，更大比例的收入被储蓄起来。进而，马克思提出了相对过剩的人口理论，即当积累率达不到足够高时，就有一部分工作人口总是处于失业状态。凯恩斯也得出了类似的结论，他称之为就业不足。"③

---

① E. Ward, Marx and Keynes's General Theory, *Economic Record*, Vol. 15, 1939, pp. 152 – 167. In *Karl Marx's Economics*: *Critical Assessments*, Edited by Cunningham Wood, Vol. Ⅳ, pp. 20 – 21.

② E. Ward, Marx and Keynes's General Theory, *Economic Record*, Vol. 15, 1939, pp. 152 – 167. In *Karl Marx's Economics*: *Critical Assessments*, Edited by Cunningham Wood, Vol. Ⅳ, pp. 24 – 25.

③ E. Ward, Marx and Keynes's General Theory, *Economic Record*, Vol. 15, 1939, pp. 152 – 167. In *Karl Marx's Economics*: *Critical Assessments*, Edited by Cunningham Wood, Vol. Ⅳ, P. 25.

62.2.2　凯恩斯和马克思分析方法的差异

沃德认为，尽管马克思与凯恩斯在分析资本主义的病理学时存在诸多共同点，但是，两者在方法上也存在重大的差异：

第一，马克思偏重对资本主义制度剥削本质的分析，而凯恩斯只阐述了资本主义制度运行的"表面"现象。

沃德认为："马克思借助于价值、剩余价值和不变资本、可变资本诸范畴，区分了资本主义的生产领域和流通领域，这与凯恩斯的理论迥然不同。凯恩斯仍然坚持古典传统，他聚焦于市场，并把它视为利润决定因素集中的核心。马克思与正统经济学的根本区别在于，马克思区分了剩余价值的直接剥削（生产）和剩余价值的实现（流通）。当然，马克思之所以提出这些特定范畴，是因为他试图揭示在资本主义社会剥削是怎样进行的，最好的做到这一点的方式就是暂时把交换放在一边，而集中考察雇佣工人和资本家之间的关系。实际上，也就是工人每天无偿为资本家工作一定时间的事实。该过程被交换（关系）所掩盖，因此，需要暂时地抽象掉交换的环境。当然，古典经济学家从未视资本主义为一种剥削制度，因此，他们集中关注服务在其中买卖的市场，从不关心为何价格被操纵。他们认为，价格是服务的报酬，而不是如马克思所试图表明的，它是特定的制度条件下垄断地位的产物。因此，尽管马克思以类似于凯恩斯的方式分析了（资本主义）制度，但是，他的分析方法、分析技术迥然不同。马克思的范畴不会帮助人们预测市场价格的变化，他也不关心市场价格对企业家决策的影响，或企业家决策对市场价格的影响。它们只是用来论证资本主义的基本特征——马克思称为'剥削'，这种'剥削'关系怎样引起资本主义的矛盾，最终引起资本主义的崩溃。"[1]　就凯恩斯的《通论》而言，它只阐述了资本主义制度运行的"表面"层次，完全不同于马克思的思路。

第二，凯恩斯采用了主观分析方法，马克思则是完全的客观分析。

凯恩斯关注企业家决策的直接决定因素，即通常被视为与对未来的预期相联系的心理状态。马克思关注的不是企业家决策在多大程度上决定了某些过程的继续，而是企业家不得不做出这些决策的诸条件。他认为，"经济体系的运行遵循某些确定的规律，这些规律为个体的心理反应设定了界限。在凯恩斯的理论中……个体的心理状态受到某些确切的限制，就经济学作为一

---

① E. Ward, Marx and Keynes's General Theory, *Economic Record*, Vol. 15, 1939, pp. 152 – 167. In *Karl Marx's Economics: Critical Assessments*, Edited by Cunningham Wood, Vol. Ⅳ, P. 26.

门科学的目标而言，只居于次要地位"①。

毋庸讳言的事实是，马克思成功地预测了资本主义的发展。马克思预测了垄断的增长对竞争的限制，生产规模的扩大，国际扩张，资本主义不稳定性的增强和失业后备军的长期存在。新古典体系无法做出这些预测，除了它只是假设资本主义会一如既往地保持不变。"凯恩斯的理论不能做出诸多的预测，因为他又撇开了制度因素。"②

第三，分析视角和结论的差异。

沃德认为，"马克思和凯恩斯以及和更一般的正统理论的分歧在于，马克思有关资本主义本质的社会学观点。马克思的范畴适用于一种把资本主义视为是建立在剥削基础之上的社会的理论。如果不接受这一点，那么马克思的范畴不可能和任何一种资本主义理论相和解。比较马克思和凯恩斯的着眼点必定在于这两种体系似乎相互一致的结论。这是进行比较的基本立足点。从相似的思路出发，马克思和凯恩斯基于非常不同的分析方法，在某些方面得出了类似的结论。但是，他们有关预测资本主义社会的未来的结论又是不同的。"③

沃德的文章引起了一些讨论。沃克（Walker）指出，沃德应当把文章的标题真正扩展到凯恩斯，沃德倾向于把《通论》等同于凯恩斯是存在问题的。在沃克看来，沃德的观点在于：凯恩斯认为危机来自资本边际效率的下降，而马克思把危机归因于利润率下降之间存在的相似性，更是一种夸张。沃克认为凯恩斯和马克思的危机分析相当的夸大。但"马克思对在衰退的第二阶段围绕流动性展开的斗争是经济学文献中最好的描述"④。弗斯（Firth）认为沃德低估了马克思和凯恩斯之间的差别。弗斯赞同兰格的观点，凯恩斯的体系只是在瓦尔拉斯基础上进行的微小改善，凯恩斯的体系建立在给定的理论框架的基础之上。⑤ 库姆斯（Coombs）指出，由生产资料所有者通过雇佣工人进行生产是马克思的经济分析的基本假设，而古典经济学家把交换作为他们分析的基本假设。库姆斯认为，沃德倾向于强调马克思主义理论和凯恩斯主义理论之间的相似性而不是它们之间的差异性，并且夸大了凯恩斯的理论的动态性的程度。他认为凯恩斯并没有突破隐含在均衡中的

---

①② E. Ward, Marx and Keynes's General Theory, *Economic Record*, Vol. 15, 1939, pp. 152 –167. In *Karl Marx's Economics: Critical Assessments*, Edited by Cunningham Wood, Vol. Ⅳ, P. 26.

③④ E. Ward, Marx and Keynes's General Theory, *Economic Record*, Vol. 15, 1939, pp. 152 –167. In *Karl Marx's Economics: Critical Assessments*, Edited by Cunningham Wood, Vol. Ⅳ, P. 27.

⑤ E. Ward, Marx and Keynes's General Theory, *Economic Record*, Vol. 15, 1939, pp. 152 –167. In *Karl Marx's Economics: Critical Assessments*, Edited by Cunningham Wood, Vol. Ⅳ, P. 28.

分析方法，而马克思提供了一种并不依赖于均衡的分析方法，马克思的方法提供了决定经济体系中动态因素的可能性。[①] 后来，马提亚斯（A. Matyas）也指出："当然，两者在某些问题的相似程度不可能使凯恩斯成为一位马克思主义者，同样，它也不可能使马克思成为凯恩斯主义者。马克思和凯恩斯分析了资本主义的经济问题分别出于不同的考虑：马克思想从这些问题中推断出资本主义的历史性、暂时性及其灭亡的必然性；而凯恩斯则试图在资本主义的框架内找到解决这些问题的办法。"[②]

62.3　马克思和凯恩斯对有效需求与失业关系的研究

在马克思逝世和凯恩斯诞生 100 周年的时候，大量的文献研究了两位经济学家的理论贡献。特别是一些学者指出了两位理论家在一些重要的分析上的相似性。罗宾逊夫人是对两位理论家之间的相似性给予最多关注的经济学家。在 20 世纪 30 年代，樊洪在积累、货币和利息率问题上指出了马克思和凯恩斯之间的相似性。肯维（P. Kenway）指出，凯恩斯理论中的某些方面可以在马克思的积累和危机分析思路中得以更好地理解。罗斯姆指出，在《通论》早期草稿中对新古典经济学进行批判时，凯恩斯明确地提到了马克思的资本主义理论的某些方面。迪拉德（D. Dillard）对马克思和凯恩斯有关有效需求、资本积累和劳动价值论的观点进行了深入的比较，强调了他们之间存在的密切关系。

萨尔多尼（C. Sardoni）1986 年在《政治经济学史》杂志上发表了《马克思与凯恩斯论有效需求和失业问题》[③] 的文章。在扼要综述了讨论马克思与凯恩斯的理论相似性的重要文献的基础上，萨尔多尼交代了文章的目的是比较马克思和凯恩斯的有效需求和失业理论[④]。

首先，萨尔多尼指出，他是把马克思对失业的解释为是由有效需求不足

---

① Ward, Marx and Keynes's General Theory, *Economic Record*, Vol. 15, 1939, pp. 152 – 167. In *Karl Marx's Economics: Critical Assessments*, Edited by Cunningham Wood, Vol. Ⅳ, P. 28.

② A. Matyas, Similarities between the Economic Theories of Marx and Keynes, *Acta Oeconomica*, Vol. 31 (3 – 4), 1983, pp. 155 – 173, In *Karl Marx's Economics: Critical Assessments*, Edited by Cunningham Wood, Vol. Ⅱ, pp. 21 – 40.

③ C. Sardoni, Marx and Keynes on Effective Demand of and Unemployment, *History of Political Economy*, 1986, Vol. 18 (3), pp. 419 – 441. In *Karl Marx's Economics: Critical Assessments*, Edited by Cunningham Wood, Vol. Ⅶ, pp. 46 – 68.

④ 萨尔多尼特别指出，除了本文探讨的有效需求不足引起的失业之外，马克思还详细探讨了技术进步（如机器引入生产过程）所引起的失业，而且，总体而言，它在马克思分析中起着更关键的作用。而凯恩斯并没有论述技术进步所引起的失业，他的分析局限于短期。

引起的分析开始的，但他同时指出，"在马克思的著作中，这并不是对危机的唯一解释"①。萨尔多尼认为，对马克思的失业理论的一般性和深入的分析，既需要考虑技术进步也需要考虑对积累的分析。萨尔多尼的分析对技术进步造成的失业着墨不多，因为既然是比较马克思和凯恩斯的失业理论，考虑到凯恩斯的分析受限于短期分析，因此凯恩斯几乎没有对技术性失业进行讨论。

在对比较的重点做出说明后，萨尔瓦尼指出："对马克思失业问题的阐述，只限于分析有效需求不足所引起的现有生产能力不能充分利用的失业情形。凯恩斯和马克思都认为，这种失业是可能的。这种结论源自对萨伊定律和他们前辈的货币理论的批判。这些批判之间存在重要的相似性。但是，尽管从对萨伊定律的相似的批判出发，然而就在何种条件下才发生失业和生产能力不能充分利用的问题，他们的结论则迥然不同。对马克思而言，该问题只会在生产过剩的总危机时期才发生（也是由它引起的），换言之，当整体经济经历了巨大的市场扰动时才发生。对凯恩斯而言，摒弃萨伊定律意味着即使没有相关的市场扰动的发生，经济也可能受到失业和生产能力闲置的影响。"②

萨尔多尼认为，马克思和凯恩斯的结论不同，在于他们的分析的微观基础的不同。萨尔多尼说："尽管他们的分析总体上采用了完全竞争市场的假设，但是，他们对单个企业的行为假设则存在重大差别。马克思深受古典传统的影响，而凯恩斯的微观分析框架则强烈地受到马歇尔思想的影响。"③微观分析框架的不同可以解释他们关于失业问题的结论的差别。

萨尔多尼详细地分析了马克思的有效需求不足引起失业的理论。

第一，马克思分析了总需求小于总供给的原因。

萨尔多尼指出，马克思认为资本主义经济有一种以超越现存生产能力充分利用所允许的最大可能增长比率增长的趋势，结果就业率倾向于达到它的最高水平，但是这并不意味着马克思假定了一种充分就业的趋势。因为资本主义积累过程的典型特征是引入资本密集型技术，这相对地降低了对劳动力的需求，但整个经济出现了不充分的总需求时这个过程就停止了，而且出现

①②　C. Sardoni, Marx and Keynes on Effective Demand of and Unemployment, *History of Political Economy*, 1986, Vol. 18 (3), pp. 419 – 441. In *Karl Marx's Economics: Critical Assessments*, Edited by Cunningham Wood, Vol. Ⅶ, P. 47.

③　C. Sardoni, Marx and Keynes on Effective Demand of and Unemployment, *History of Political Economy*, 1986, Vol. 18 (3), pp. 419 – 441. In *Karl Marx's Economics: Critical Assessments*, Edited by Cunningham Wood, Vol. Ⅶ, P. 48.

了总的生产过剩的危机。因此，需要对总需求小于总供给的原因进行分析。

马克思认为，任何一个劳动分工高度发达的经济制度的本质特征就是货币经济。货币不仅充当流通媒介，还是贮藏手段。当许多人不把货币转化为商品（和/或服务）而贮藏起来时，有效需求就小于总供给。在资本主义社会，如果现有市场价格（和现有利润率）下降使得资本家预期未来的利润率"远远低于"正常利率，那么贮藏现款就增加，对"一般商品"的需求就大于对"特定商品"的需求，这就导致了马克思的"生产过剩"的危机，这意味着一部分现有生产能力将会闲置，并出现劳动失业。

第二，马克思解释了闲置货币需求的增加如何导致生产过剩的危机。

萨尔多尼认为，马克思分析的微观基础的基本假设是：企业在其中运作的市场类型（自由竞争）的假设和企业对与短期和长期产出有关的成本的反应的假设。

马克思认为，在短期，单位可变成本是不变的，而平均固定成本随产量的增加而下降，因此，平均总成本随着产出的增加而逐渐减少。在长期，随着技术进步、规模经济等出现，单位可变成本趋于下降。因此，单个企业往往以尽可能高的速度进行生产和扩张。假定是短期分析，K 为企业的资本价值（用最大生产能力度量），p 表示产出的单位价格，v 为单位可变成本，p^e，r^e 分别为期望价格和期望利润率，X 是产出水平，F 是固定成本，如果 p 大于 v，当产出水平达到它的最大值 X_{max} 时，利润率达到它的最大值。

当 $$r^e = \frac{(p^e - v)X - F}{K} \tag{62.1}$$

如果，$p^e > v$，当 $X = X_{max}$ 时，$r^e = r^e_{max}$，

$$p^e > v + \frac{F}{X_{max}} \tag{62.2}$$

萨尔多尼指出，在满足条件方程（62.1）、方程（62.2）时，资本主义企业将会以尽可能高的比率生产和投资。当这些条件不能被满足时，企业将会尽可能地减少投资和生产。尤其是第二个条件不能满足时，企业将会削减投资。

萨尔多尼指出，解释企业的低投资水平，并不必然需要假定期望价格小于单位可变成本加（最小）平均固定成本。只需要按照马克思的建议，假定最低利润率 r_{min} 对应于最低价格 p_{min}，当期望价格低于最低价格时，企业就会降低投资。因此，可以得到：

$$\Delta K = \max, \quad 如果 p^e > p_{min}(r^e > r_{min}), \quad 当然 p_{min} > v + \frac{F}{X_{max}}$$

萨尔多尼指出，马克思并没有清楚解释何种力量决定了最小利润率，但是，它可能是由利息率决定或者至少受利息率影响的。如果产业资本家预期到相当长的时期内利润率不大于利息率，他们就不会投资。从这样的微观基础出发，并且鉴于不同部门之间的相互依赖，马克思分析得出了资本主义经济趋于生产过剩总危机的结论。在马克思的框架中，为工人阶级生产消费品的产业起了关键作用。只要生产价格高于最低水平，所有产业都会推动生产和投资到可能的最大水平。但是，生产往往扩大到超过工人阶级的购买力，导致消费品的过剩，消费品价格因而下降。如果消费品下降幅度足够大，投资进而生产减少，资本品价格下降，对资本品需求减少，如此循环下去。在马克思看来，这些事态的连锁反应将会引起生产过剩的危机，生产能力闲置与失业并存。①

第三，马克思论述了机器和技术进步所引起的失业。

尽管机器引进可能引起失业人数增加，但是，在既定技术下，现有生产能力得到了充分利用，就业人数也是最多的。萨尔多尼认为，马克思对危机和有效需求的分析代表了一种重要的进步，因为他考虑到了失业与生产能力闲置共存的情形。

但是，萨尔多尼认为，马克思对有效需求不足造成的失业的解释是独特的。因此，在马克思的分析框架中，失业和生产能力的闲置只是作为更深层次的生产过剩总危机的结果，否则的话，经济将会在现有生产能力充分利用和与这种利用相对应的就业水平上运行。根据马克思的观点，危机并不会永久地影响资本主义经济，因此，在危机结束后，经济在最大可能的比率上生产和投资的趋势会再度恢复。资本主义经济将会出现周期性增长。如果是这样，那么对就业而言就也是如此，在经济停滞阶段就业达到最低水平，在繁荣时期达到最高水平。

萨尔多尼指出，"总之，马克思的理论似乎并不能对有效需求不足所引起的失业提供令人满意的解释。我们可以表明，资本主义经济将会经历周期性的经济增长。相对于总供给增长而言，有效需求的不足阻碍了资本主义以潜在的最高速度增长的趋势。这可能会也可能不会引起总生产过剩的危机，

---

① C. Sardoni, Marx and Keynes on Effective Demand of and Unemployment, *History of Political Economy*, 1986, Vol. 18 (3), pp. 419 – 441. In *Karl Marx's Economics: Critical Assessments*, Edited by Cunningham Wood, Vol. Ⅶ, pp. 50 – 52.

但是，无论如何，它都会引起与生产能力未被充分利用相关的失业。"①

在上述分析的基础上，萨尔多尼认为，尽管凯恩斯早期的著作与马克思的理论在方法论和分析结论上表现出很大的相似性，但是，马克思的分析结论与凯恩斯的不同。凯恩斯试图论证经济可能趋于稳定的未实现充分就业的均衡状态。《通论》对萨伊定律的批判不同于马克思。事实上，凯恩斯对萨伊定律进行了新古典解释，而马克思的批判则参照了李嘉图的表达方式。在凯恩斯的分析框架中，即使没有生产过剩，失业也可能与生产能力未充分利用并存；尤其是，经济有可能趋于未充分就业的均衡。凯恩斯研究了竞争性厂商的行为，其分析强烈地受到马歇尔理论的影响。具体而言，在短期内，企业家追求利润最大化，生产扩大，直到边际成本等于预期价格。产出和就业的水平是预期价格的增函数，同样的分析方法也适用于宏观层面的分析。消费和投资需求构成了社会总需求，其中，短期内消费品需求是由企业预期决定；投资则由资本边际效率和利息率决定。由于资本边际效率递减，在利率既定的情形下，企业将扩大投资，直到资本边际效率等于利息率。如果企业预期正确，那么经济总体、个别企业皆处于均衡，总需求等于总供给。但是，所有企业对投资品的需求可能小于充分就业所需的投资水平。而且，也不存在推动经济趋于充分就业水平的力量。凯恩斯的边际效率递减投资理论，是他分析失业问题的核心。但是，正如卡莱茨基所指出的，凯恩斯的分析既不能解释单个企业的投资决策问题，也不能解释既定利息率下均衡投资水平的决定问题。

为了解决马克思和凯恩斯所遇到的难题，在文章的第四部分，萨尔多尼引入了深受斯拉法20世纪20年代的著作影响的卡莱茨基的理论，因为卡莱茨基的研究可能提供了某种克服马克思和凯恩斯大多数不足的方法。例如，卡莱茨基以一种不同于马克思和凯恩斯的方式，解释了为什么在给定的时间，企业不按最大生产能力生产是可能的。他也提出了不同于马克思和凯恩斯观点的投资理论。

具体而言，卡莱茨基认为，在不完全竞争情形下，企业面临一条向下的需求曲线，因此，只要边际成本等于边际收益，企业就会生产，而边际成本等于边际收益并不必然对应着生产能力的充分利用。在任何特定的时候，企

① C. Sardoni, Marx and Keynes on Effective Demand of and Unemployment, *History of Political Economy*, 1986, Vol. 18 (3), pp. 419 - 441. In *Karl Marx's Economics: Critical Assessments*, Edited by Cunningham Wood, Vol. Ⅶ, P. 54.

业的生产能力都有可能得不到充分利用，但是，如果总需求（即总投资）不受任何障碍约束，最终结果将会实现充分就业。卡莱茨基提出了一种本质上是建立在他对单个企业扩张存在的限制的分析基础之上的投资理论，单个企业的增长受到需求的约束，更重要的是受到企业家可获得的资本数量的约束。而需求的约束和资本可得性受到的约束来自市场不完全性的本质。卡莱茨基认为，投资取决于现有利润及其变动速度、生产能力的变动速度和别的因素（如技术进步）。在投资决策与实际投资之间存在一个时滞，在现有生产能力下，没有理由使得实际投资应当必然使总需求能够确保实现充分就业。

最后，萨尔多尼再次强调，马克思和凯恩斯都不能完全令人满意地解释有效需求不足引起的失业问题，因此需要借助于卡莱茨基的解决办法。具体地说，马克思的分析框架不能解释"未充分就业的闲置状态"。他主要关注的是要论证资本主义经济将受危机和周期性波动的制约。然而，尽管资本主义经济必然遭遇到商业周期，但资本主义经济经常围绕低于充分就业的位置波动也是不争的事实，但是，马克思的分析并不能对这一点做出令人信服的说明。对凯恩斯而言，尽管凯恩斯指出了资本主义经济经常围绕非充分就业均衡点波动，但是，他的努力并不是完全成功的。他的论证并不是逻辑一致的，其假设也不切实际。正是在上述认识的基础上，萨尔多尼把注意力放在了卡莱茨基的贡献上。萨尔多尼的观点是，资本主义经济并不是总是要么经历充分就业，要么经历像马克思所设想的那种危机。波动是围绕着未充分就业均衡点，而不是这种经济能达到的充分状态展开的。萨尔多尼认为，马克思和凯恩斯的分析存在问题，卡莱茨基的理论贡献提出了摆脱两位经济学家的分析中存在的不足的出路，"尽管卡莱茨基的贡献，不能被视为是对问题的完全的、最终的解决，但却为更充分地分析资本主义经济提供了路径指南"①。萨尔多尼集中关注卡莱茨基的贡献，还有另外一个重要的理由，"卡莱茨基的理论与古典的和马克思的经济思想传统密切相关"②。更重要的是，从他的概念出发，其理论就能够克服凯恩斯理论的弱点。卡莱茨基摈弃了传统的新古典理论假设，尤其是自由竞争的假设，这与马克思、凯恩斯的理论的本质特征并不矛盾。因为马克思认为自由竞争会导致垄断，凯恩斯事实上

①② C. Sardoni, Marx and Keynes on Effective Demand of and Unemployment, *History of Political Economy*, 1986, Vol. 18（3）, pp. 419 – 441. In *Karl Marx's Economics：Critical Assessments*, Edited by Cunningham Wood, Vol. Ⅶ, P. 63.

也接受了分析资本主义经济的实际经济行为时，完全竞争并不是一种最充分的假设框架。

62.4 凯恩斯和马克思经济理论的相似之处

毫无疑问，马克思和凯恩斯是两位具有划时代意义的经济学家。两位理论家之间既存在相似之处，也存有重大差异。这是很多后来的研究者都赞同的观点。但是，把对两位重要经济学家的比较分析停留在这一认识程度上，始终是难以令人满意的。因此，为了在两位理论家的理论基础之上，继续把对资本主义经济的分析推向深入，不同时期总会有人提议把"马克思凯恩斯主义化"或者把"凯恩斯马克思主义化"。而要想做到这一点，就需要从具体细节的层面对两位理论家的理论进行比较研究，去理解他们两者之间的共同之处是否意味着发展新的理论的源泉，而他们之间的差异是否又会让这种发展成为一种幻想。马提亚斯在 1983 年发表在《经济学报》上的文章"马克思和凯恩斯经济理论的相似性"①，试图在详细比较马克思和凯恩斯有关理论的基础上，提出自己对他们之间关系的恰当理解。

62.4.1 马克思和凯恩斯理论差异和相似的根源

马提亚斯在对两位理论家的理论进行具体比较之前，首先说明了他们的理论具有相似性的根源。"两位理论家之间的相似性来自这样一个事实，那就是他们都专注于解释资本主义经济存在的严重的麻烦，而且提出一种观点：不存在自发的机制能够解决这种麻烦"②。另外，两位理论家"明显地区分了宏观经济发展和微观经济变化"，他们都认为"宏观经济的相互关系不可能仅通过对微观经济主体的行为分析得以理解"③。尽管可以对两位理论家的理论之间存在的相似性进行比较，但是他们的理论的确是从非常不同的理论基础出发的，"凯恩斯为了改善资本主义，得到了与打算证明资本主义的暂时性和它必然衰亡的马克思相似的认识"④。

尽管从研究视角、主要结论和理论基础等方面大致指出了马克思与凯恩

---

① A. Matyas, Similarities between the Economic Theories of Marx and Keynes, *Acta Oeconomica*, Vol. 31, No. 3 – 4, 1983, pp. 155 – 173. In *Karl Marx's Economics*: *Critical Assessments*, Edited by Cunningham Wood, Vol. V, pp. 21 – 41.

②③④ A. Matyas, Similarities between the Economic Theories of Marx and Keynes, *Acta Oeconomica*, Vol. 31, No. 3 – 4, 1983, pp. 155 – 173. In *Karl Marx's Economics*: *Critical Assessments*, Edited by Cunningham Wood, Vol. V, P. 21.

斯之间的相似和差异，但马提亚斯的总体观点仍然是："很明显，在一些问题上的相似性，并不能把凯恩斯变为一个马克思主义者，也同样不能把马克思变成一个凯恩斯主义者。马克思和凯恩斯基于不同的考虑分析了资本主义经济的问题。马克思想从对这些问题的分析中得出资本主义历史的、暂时的，以及它必然衰落的特征，而凯恩斯的目标则是在资本主义体系框架内找到这些问题的解决方法"①。

马提亚斯认为，"由于马克思和凯恩斯的目标的差异，他们从不同的前提出发，使用不同的概念体系，得出了不同的结论"②。由于马克思关注资本主义的历史命运，他的研究涵盖了一个长期的时间框架，打算揭示资本主义经济运动的长期趋势。与此相对，凯恩斯打算治疗资本主义经济的日常病患，因此他的研究主要具有短期的属性。"所有这一切，都使得对两位思想家的理论体系进行比较变得相当的困难"③。另外，在某种程度上，对他们进行比较又是相对较为容易的。"因为他们都在宏观的层面展开他们的研究，虽然他们分析了不同时期的资本主义经济，但是他们考察的周期仍是不同时期资本主义的经典特征，固定资本生产的周期性运动是商业周期的载体（Carrier）"④。

那么既然两位思想家之间存在重大的差异，到哪里去寻找他们之间的相似性呢？马提亚斯认为，他们之间的相似性，存在于"他们关注了相似的经济问题，他们使用宏观方法强调了宏观经济过程和微观经济过程之间的区别，他们认识到了资本主义经济的一些机制性要素，他们赋予经济生活中大量的实例同样的重要性，他们提出了一些其他经济学家没有关注到的平衡关系"⑤。

在从总体上指出了研究马克思和凯恩斯的相似性与差异存在的问题后，马提亚斯从不同的具体问题出发，对两位思想家的理论进行了详细的比较。

62.4.2 非自愿失业问题

在围绕非自愿失业问题比较马克思和凯恩斯的理论时，马提亚斯开宗明义地提出，在这个问题上，"两位思想家的共同特征是，他们认为非自愿失业是私人资本主义经济的一种典型现象，而且在私人资本主义中不存在任何意义上的一种自发机制能够自动地消除这一问题"⑥。

---

① A. Matyas, Similarities between the Economic Theories of Marx and Keynes, *Acta Oeconomica*, Vol. 31, No. 3 – 4, 1983, pp. 155 – 173. In *Karl Marx's Economics: Critical Assessments*, Edited by Cunningham Wood, Vol. Ⅴ, pp. 21 – 22.

②③④⑤⑥ A. Matyas, Similarities between the Economic Theories of Marx and Keynes, *Acta Oeconomica*, Vol. 31, No. 3 – 4, 1983, pp. 155 – 173. In *Karl Marx's Economics: Critical Assessments*, Edited by Cunningham Wood, Vol. Ⅴ, P. 22.

凯恩斯认为，资本主义经济秩序的一个主要缺陷在于它无法保证充分就业，非自愿失业是"通论"关注的核心问题。凯恩斯认为，失业的原因在于有效需求不足，有效需求不足反过来无法保证充足的有利可图的投资，因为社会在这种情况下倾向于储蓄。如果充分就业情况下，产出的总供给价格低于总需求价格，企业就会削减生产，商品的总需求和总供给将会在失业的情况下达到均衡。根据凯恩斯的观点，在这种情形中，降低货币工资并不是保证劳动力市场均衡的手段，因为货币工资不只是生产成本，由于宏观经济的内在联系，它也是消费品需求的主要来源。只有在名义总需求不变或至少没有和名义工资下降同样的程度的情况下，降低工资才会增加就业。

马克思认为，非自愿失业是他那个时代资本主义的典型特征。在非马克思主义经济学中，马克思所说的失业通常被认为是一种技术性失业，但是马提亚斯不支持这种认识，他认为："事实上，在马克思那里非自愿失业可能也源自需求的缺乏"①。

马克思在与经济增长过程的密切联系中考察了失业问题。很明显，马克思试图回答古典经济学家提出的一个问题，即工资的运动是否能够确保资本存量的增加和工人数量的增加之间的均衡。像古典经济学家一样，马克思认为，作为积累的结果，对劳动的需求增加了。如果不存在技术进步，劳动需求将会和资本成比例地增加，积累只会遇到工人人口的自然限制。工人人口将会是阻碍经济积累的稀缺要素。工资将会增加，利率将会下降，积累率也将下降。

然而对发达资本主义经济而言，它的典型特征在于技术进步的空前加速。资本家使自己的个别商品的价值低于它们的社会价值以获得超额利润，是符合他们追求利润的本性的。这种竞争斗争是通过使得商品价格变得低廉进行的，也就是说，是通过使用技术进步的成就进行的。在马克思那里，技术进步是通过投资具体化的，用当今的术语表示，就是体现在投资中。技术进步增加了劳动生产率，也同样增加了制造生产资料的劳动生产率。马克思曾指出，资本节约型技术进步是可以作为"在个别情况下，不变资本各要素的量，甚至会在不变资本的价值保持不变或甚至下降的时候增加"② 的结

---

① A. Matyas, Similarities between the Economic Theories of Marx and Keynes, *Acta Oeconomica*, Vol. 31, No. 3 – 4, 1983, pp. 155 – 173. In *Karl Marx's Economics: Critical Assessments*, Edited by Cunningham Wood, Vol. V, P. 23.

② 《马克思恩格斯文集》第 7 卷，人民出版社 2009 年版，第 262 页。

果出现的。但是，马克思认为更为典型的事实是，"不变资本的价值并不和它的物质量按同一比例增加"①，然而相对于可变资本它是增加的，从而资本的有机构成是增加的。结果，尽管随着总资本的增加对劳动的需求在增加，但是是以持续下降的比例增加的。

马提亚斯指出，在马克思那里，不仅新投资，而且新资本品对旧资本的替代也是技术进步的手段。通过替代的方法实现的技术进步，会导致一部分已经被雇用的工人被解雇。因此，积累一方面增加了对劳动的需求；另一方面通过把工人从工作中释放出来，也增加了供给。因此，在马克思那里，"劳动的供给和劳动的需求并不是两种彼此独立的力量"②。资本同时在两个方向上发挥作用，因此，在马克思看来，剩余劳动人口是积累的必然产物，是以资本主义为基础的财富发展的必然产物，同时也是资本积累的前提条件。因此，"在马克思那里，不受干扰的资本主义生产的前提条件是失业后备军的存在，它使劳动的供给独立于工作人口的自然增长。不存在自发的机制出清劳动力市场，资本主义经济也无法确保它能够成功地出清"③。

马提亚斯认为，"马克思描述了一种就业乘数"④。马克思说："机器把他们从购买手段中'游离'出来，于是就把他们从买者变成非买者。因此对这些商品的需求减少了。如此而已。如果这种减少了的需求没有其他方面增加的需求来补偿，商品的市场价格就会下降。如果这种情况延续的时间较长且范围较广，生产这些商品所雇用的工人就会被解雇。当市场价格下降和资本转移时，生产必要生活资料所雇用的工人也从一部分工资中被'游离'出来。……机器不仅在采用它的生产部门，而且还在没有采用它的生产部门把工人抛向街头"⑤。

那么因失业压力引起的工资的下降会对劳动力市场产生什么样的影响呢？古典劳动市场理论认为，这刺激了对劳动的需求，降低了劳动的供给，劳动市场最终会达到一个更低工资水平上的均衡。在马克思看来，工资的下

---

① 《马克思恩格斯文集》第7卷，人民出版社2009年版，第262页。

② A. Matyas, Similarities between the Economic Theories of Marx and Keynes, *Acta Oeconomica*, Vol. 31, No. 3 – 4, 1983, pp. 155 – 173. In *Karl Marx's Economics*: *Critical Assessments*, Edited by Cunningham Wood, Vol. V, P. 24.

③④ A. Matyas, Similarities between the Economic Theories of Marx and Keynes, *Acta Oeconomica*, Vol. 31, No. 3 – 4, 1983, pp. 155 – 173. In *Karl Marx's Economics*: *Critical Assessments*, Edited by Cunningham Wood, Vol. V, P. 25.

⑤ 《马克思恩格斯文集》第5卷，人民出版社2009年版，第506~507页。

降不仅没有降低反而增加了劳动的供给，"劳动价格越低，工人为了保证得到哪怕是可怜的平均工资而付出的劳动量必然越大，或者说，工作日必然越长。劳动价格低廉在这里起了刺激劳动时间延长的作用"①。但是，在马克思的分析中，工资下降并不是增加就业的手段。马克思认识到了工资的双重作用：它代表了企业的生产成本，也是消费品需求的来源。因此，马克思意识到了工资下降对商品需求产生的宏观经济冲击。对此，马克思写道："资本主义生产方式中的矛盾：工人作为商品的买者，对于市场来说是重要的。但是作为他们的商品——劳动力——的卖者，资本主义社会的趋势是把它的价格限制在最低限度"②。马提亚斯的结论就是："这种对工资发挥的双重作用的区分，正如已经看到的那样，在凯恩斯批评他所处时代的新古典经济学家时也发挥了重要的作用"③。

62.4.3　对萨伊定理的批判和投资的市场创造效应

马提亚斯认为，"对萨伊定理的批判，反对认为私人资本主义经济能够自发地使总需求同总供给一道增加的教条，也是马克思和凯恩斯那里共同的要素"④。"在两个思想家的体系中，总需求的提高主要是作为投资的结果出现的"⑤。

马克思强调，在投资完成之前，主要是从市场上购买商品而不是向市场供给商品。马克思说："因为生产资本的要素不断地从市场上被取走，而投入市场来代替它们的只是货币等价物，所以，有支付能力的需求将会增加，而这种需求本身不会提供任何供给要素"⑥。

在市场理论中，凯恩斯也强调了投资的需求创造效应。在凯恩斯的理论中，市场的扩张，基本上通过乘数效应产生的投资的结果。投资也扩大了消费品市场。凯恩斯指出，"投资量的增加（或减少）会带来消费量的增加（或减少）"⑦。投资提高了消费需求的源泉，也就是说收入。

---

①《马克思恩格斯文集》第5卷，人民出版社2009年版，第629页。

②《马克思恩格斯文集》第6卷，人民出版社2009年版，第350页脚注（32）。

③ A. Matyas, Similarities between the Economic Theories of Marx and Keynes, *Acta Oeconomica*, Vol. 31, No. 3 – 4, 1983, pp. 155 – 173. In *Karl Marx's Economics*: *Critical Assessments*, Edited by Cunningham Wood, Vol. V, P. 26.

④⑤ A. Matyas, Similarities between the Economic Theories of Marx and Keynes, *Acta Oeconomica*, Vol. 31, No. 3 – 4, 1983, pp. 155 – 173. In *Karl Marx's Economics*: *Critical Assessments*, Edited by Cunningham Wood, Vol. V, P. 27.

⑥《马克思恩格斯文集》第6卷，人民出版社2009年版，第349页。

⑦ 约翰·梅纳德·凯恩斯著，高鸿业译：《就业、利息和货币通论》，商务印书馆1999年版，第255页。

在凯恩斯那里，投资取决于资本的期望净回报，取决于它的边际效率和利息率。在凯恩斯看来，投资者必然面对不确定的未来。一个最突出的事实是，"对未来收益进行估计时所依据的知识是极端靠不住的"①。由于在投资过程中，这些估计是不可控的，因而它们也是极不稳定的。然而，长期的利息率相对稳定。凯恩斯概括了阻止总需求到达实现充分就业所必需的水平的因素，"要想把有效需求维持在足以保证充分就业的高度，其困难在于，在共同决定有效需求的因素中，长期利息率系由社会成规所决定并且具有相当大的稳定性，而资本边际效率则易于变动并且还是非常不稳定的"②。而萨伊定理作用的发挥，要求投资的数量能够随着国民收入中储蓄的数量调整。因此，在任何国民收入水平上，总需求价格将会等于总供给价格。但是由于凯恩斯提到的困难，这一点是无法被保证的。如果，在一个给定的国民收入水平上，社会愿意储蓄的数量超过了投资的数量，社会成员的收入将会下降，他们会减少他们的储蓄。在这里，"微观和宏观方法的区别再次发挥了作用"③。在微观经济中，"当个人进行储蓄时，他增加他自己的财富"④。然而，在宏观经济中，还必须考虑，"个人进行储蓄的行为可以影响到另一个人的储蓄，从而会影响到另一个人的财富"⑤。凯恩斯还强调，"这就是总体的经济行为理论和个体的行为理论之间的至关重要的差别"⑥。乘数效应保证通过国民收入的变化，不仅社会的实际储蓄等于投资的数量，而且储蓄的意愿也会根据后者调整。

那么，在马克思的理论中，投资量是取决于什么呢？由于资本家的活动受利润动机的支配，投资量取决于利润。此外，由于投资的收获只能在未来完成，因此它进而取决于预期利润。同时，在投资决定中，马克思也赋予利息率以重要的作用。马克思指出，对于使用可贷资本的资本家而言，资本的产出并不是利润，而是利润减利息，支付完利息剩余的部分才是他的利润。从而，企业利润率和利息率水平之间是一种反向关系。

---

① 约翰·梅纳德·凯恩斯著，高鸿业译：《就业、利息和货币通论》，商务印书馆 1999 年版，第 153 页。

② 约翰·梅纳德·凯恩斯著，高鸿业译：《就业、利息和货币通论》，商务印书馆 1999 年版，第 210～211 页。

③ A. Matyas, Similarities between the Economic Theories of Marx and Keynes, *Acta Oeconomica*, Vol. 31, No. 3－4, 1983, pp. 155－173. In *Karl Marx's Economics: Critical Assessments*, Edited by Cunningham Wood, Vol. V, P. 27.

④⑤ 约翰·梅纳德·凯恩斯著，高鸿业译：《就业、利息和货币通论》，商务印书馆 1999 年版，第 91 页。

⑥ 约翰·梅纳德·凯恩斯著，高鸿业译：《就业、利息和货币通论》，商务印书馆 1999 年版，第 92 页。

在马克思那里，投资者也面对着完全不确定的市场，市场超出了投资者的控制，从而他们不知道他们能够预期的利润是多少。市场的联系"越来越取得一种不以生产者为转移的自然规律的形式，越来越无法控制"①。

但是，在马克思那里，不同于凯恩斯的地方在于，不确定性并不制约投资决策。即使是在不确定性的环境中，积累对资本家阶级而言仍然是一个铁律，"它是由生产方法本身的不断革命，由总是和这种革命联系在一起的现有资本的贬值，由普遍的竞争斗争以及仅仅为了保存自身和避免灭亡而改进生产和扩大生产规模的必要性决定的"②。

根据马克思的观点，在不确定的市场条件下追求利润，与市场的狭隘限制相比，迟早会发生过度投资，"因为资本的目的不是满足需要，而是生产利润，因为资本达到这个目的所用的方法，是按照生产的规模来决定生产量，而不是相反，所以，在立足于资本主义基础的有限的消费范围和不断地力图突破自己固有的这种限制的生产之间，必然会不断发生不一致"③。也就是说，资本主义企业在追求利润的过程中，以一种好像它只受生产力发展限制的方式增加生产，然而市场受到"以对抗性的分配关系为基础的消费力；这种分配关系，使社会上大多数人的消费缩小到只能在相当狭小的界限以内变动的最低限度"④的限制。结果，市场和生产是两个彼此独立的因素，它们当中一个扩张并不必然对应着另一个的扩张。马提亚斯认为，在马克思的分析中，"包含着对萨伊定理的否定，尽管完全包含着不同的内容，但是在形式上类似于凯恩斯的表述，在生产变化的过程中，总需求价格和总供给价格有着不同的运动"⑤。

但是这里有一个问题，在马克思那里，既然市场的扩大是投资的结果，那么投资又是如何受到狭隘的市场的限制的？一些马克思主义者对此进行了解释。他们认为，成熟的生产性投资主要是围绕提高消费品生产能力展开的，而这种生产能力的利用需要预先假定实际工资的增加，从数量上看，工人是消费品的主要购买者，一定程度上是因为资本家的消费相对缺乏弹性。但是实际工资的增加降低了实际利润，从而抑制了投资。马提亚斯认为，"这更像是对凯恩斯的表述进行的马克思主义的解释"⑥。因为凯恩斯曾说

---

①②④《马克思恩格斯文集》第7卷，人民出版社2009年版，第273页。

③《马克思恩格斯文集》第7卷，人民出版社2009年版，第285页。

⑤⑥ A. Matyas, Similarities between the Economic Theories of Marx and Keynes, *Acta Oeconomica*, Vol. 31, No. 3 - 4, 1983, pp. 155 - 173. In *Karl Marx's Economics: Critical Assessments*, Edited by Cunningham Wood, Vol. V, P. 29.

过，"在富裕的社会中，不仅边际消费倾向微弱，而且，由于它的资本的积累已经较多……进一步投资的机会就较难以具有吸引力"①。

在凯恩斯那里，如果意愿储蓄和意愿投资不同，那么国民收入的变化会通过乘数效应恢复均衡，但是这种类型的乘数在马克思那里并不存在。然而，可以在马克思那里找到"溢出效应"②。这种效应意味着特定商品市场上的需求短缺会传递到其他市场，马克思指出了一些重要商品的生产过剩将会或多或少导致整个市场生产过剩。

马克思在《剩余价值理论》中曾举例做了解释："由于棉布充斥而造成的市场停滞，会使织布厂主的再生产遭到破坏。这种破坏首先会影响到他的工人。于是，工人对于他的商品棉布和原来加入他们消费的其他商品来说，现在只在较小的程度上是消费者，或者根本不再是消费者了。他们当然需要棉布，但是他们买不起，因为他们没有钱，而他们之所以没有钱，是因为他们不能继续生产，而他们之所以不能继续生产，是因为已经生产的太多了，棉布充斥市场。……但是，除了投入织布生产的资本所直接雇用的工人以外，棉布再生产的这种停滞还影响一批别的生产者：纺纱者、棉花种植业者、纱锭和织机的生产者、铁和煤的生产者等。所有这些人的再生产同样都要遭到破坏，因为棉布的再生产是他们进行再生产的条件。即使在他们自己的生产领域里没有生产过剩，就是说，即使那里生产的数量没有超过棉布工业销路畅通时所确定的合理的数量，这种情况也会发生。所有这些生产部门有一个共同点，就是它们不是把自己的收入（工资和利润，只要利润是作为收入来消费，而不是用于积累）用在它们自己的产品上，而是用在那些生产消费品，其中包括棉布的生产领域的产品上。这样，正因为市场上棉布过多，对于棉布的消费和需求就会减少。但是，对于用棉布的这些间接生产者的收入购买的作为消费品的其他一切商品的需求也会减少。棉布的这些间接生产者用来购买棉布和其他消费品的钱所以会受到限制和减少，就是因为市场上棉布过多。这也影响到其他商品（消费品）"③。

马提亚斯指出，马克思的推理表明，市场上对给定产品的有效需求，不仅取决于该产品的价格，而且取决于其他市场上的情况，也就是说需求函数

① 约翰·梅纳德·凯恩斯著，高鸿业译：《就业、利息和货币通论》，商务印书馆1999年版，第37页。

② A. Matyas, Similarities between the Economic Theories of Marx and Keynes, *Acta Oeconomica*, Vol. 31, No. 3 - 4, 1983, pp. 155 - 173. In *Karl Marx's Economics*: *Critical Assessments*, Edited by Cunningham Wood, Vol. V, P. 31.

③ 《马克思恩格斯全集》第26卷第Ⅱ册，人民出版社1972年版，第596~597页。

既包含价格约束也包括数量约束。对纺纱和织机的需求，不仅取决于它们的价格，也取决于棉布。棉布的生产过剩减少了对其他产品的需求。它们的产出也会下降，尽管它们的价格保持不变。因此，"萨伊定理和瓦尔拉斯定理的无效性变得非常明显。需求的缺乏会溢出到其他市场，超额需求不可能为零"①。

马提亚斯认为，投资问题在马克思和凯恩斯对资本主义经济过程的研究中发挥了重要的作用，但是在他们的理论中出现在不同的方面，这"表明了马克思和凯恩斯生活的两个时期的不同特征"②。马克思认为，积累是对自由竞争资本主义的强制，结果投资超越了市场设定的限度。在评价霍布森有关生产过剩的理论时，凯恩斯评价说，事实上生产过剩只是第二位的不幸，凯恩斯认为的最大的不幸是社会不想进行充分的投资。在充分就业的情况下，社会打算进行的投资不像打算进行的储蓄那样多，因此无法实现充分就业。

在凯恩斯的时代，自由竞争已经被垄断的统治所取代，自由竞争对积累产生的强制性冲击已经下降了。这也是凯恩斯抱怨企业家投资倾向不足的社会和经济背景。

62.4.4　货币和利息理论

马提亚斯认为，尽管相似程度不及前面讨论的理论，但是在马克思和凯恩斯的货币与利息理论上也存在着相似的要素。在《通论》分析货币理论的部分，凯恩斯关注的不是价格水平的决定，而是经济活动水平、国民收入水平的决定。

尽管是基于不同的考虑，但马克思和凯恩斯都赋予经济活动中的货币以特定的职能。货币不只是交易的手段，而且是独立的努力的目标。这种货币的职能在反对萨伊定理时发挥了重要的作用。

马克思指出，由于货币的特定职能，商品必然转化为货币，但是货币不必立即转化为商品，因此买卖可以分离，这种形式中包含了危机的可能性。在危机中，对货币的需求，即流动性偏好，变成了绝对性的。在马克思那里，危机的可能性并不等同于危机的必然性。但是，马克思认为货币的这种

---

　　①② A. Matyas, Similarities between the Economic Theories of Marx and Keynes, *Acta Oeconomica*, Vol. 31, No. 3 - 4, 1983, pp. 155 - 173. In *Karl Marx's Economics: Critical Assessments*, Edited by Cunningham Wood, Vol. V, P. 32.

特殊职能，不可能被其他商品所取代。

尽管凯恩斯以一种完全不同于马克思的方式解释了货币的特殊职能，但是在货币的特征中他提到，货币"的替代弹性等于、或几乎等于零"①。凯恩斯认为，失业是由人们出售商品是为了把货币当成一种资产进行贮藏，"当人们意图得到的对象（即货币）是不能被生产出来的东西，而这种意图又不能轻易地加以抑制时，人们便不可能受到雇佣"②。

凯恩斯是通过货币作为一种资产的特殊职能解释均衡的利息率水平的。在凯恩斯的利息理论中，他希望为利息率以及通过它经济活动的水平如何能够持久地受到货币数量变化的影响这个问题提供一种答案。在建立在资源最优配置基础上的新古典模型中，利息率被解释为一种真实现象，均衡利息率、（或者用维克塞尔的术语）自然率是由资本的边际生产率和推迟消费的边际牺牲决定的。在这种模型中，货币当局不可能长久地使市场利息率偏离它的自然率。从而，货币政策不可能对真实过程产生持久的影响。然而，在凯恩斯那里，利息完全是一种货币现象。在凯恩斯看来，人们为了储藏财富的目的需求货币，取决于当前的市场利息率偏离他们认为的利息率的安全水平的程度。通过货币政策，中央银行增加了人们可以得到用于财富储藏目的的货币数量，给定公众有关未来的金融政策的公共预期不变，这种货币数量的增加能够降低利息率的均衡水平，并对投资和经济活动水平产生持久的影响。

根据凯恩斯的观点，人们认为的安全水平的利息率是一个"高度遵循成规的现象"③。凯恩斯认为，"在一个易于变动的社会中，由于种种原因，围绕着这一持久不变的数值还会有上下的波动……上下波动所围绕的水平却可以在数十年中长期高于充分就业所应有的利息率数值"④。

对于通过改变利息率发挥作用的单纯的货币政策，凯恩斯在提高经济活动水平方面并没有赋予它什么根本的意义，凯恩斯说："高利息率治理繁荣的效果远大于低利息率治理萧条的效果这一论点确实是有道理的……但是，如果认为，

---

① 约翰·梅纳德·凯恩斯著，高鸿业译：《就业、利息和货币通论》，商务印书馆1999年版，第238页。

② 约翰·梅纳德·凯恩斯著，高鸿业译：《就业、利息和货币通论》，商务印书馆1999年版，第242～243页。

③④ 约翰·梅纳德·凯恩斯著，高鸿业译：《就业、利息和货币通论》，商务印书馆1999年版，第210页。

从我过去的分析中能得出他们的上述结论，那末，这就误解了我的分析"①。凯恩斯认为，"如果利息率的下降能够单独构成治疗萧条的有效手段，那末，就有可能很快造成经济复苏而不需要一段拖延的时间，同时，造成复苏的手段大致也都是那些能由货币当局加以控制的手段。然而，事实表明，通常的情况并不如此。要想恢复资本边际效率并不那样容易，因为，资本边际效率在目前系由无法控制和不停控制的工商业界的心理状态所决定。"②

马克思用一个完全不同的方法，展开了对利息的分析。他既不把利息当成货币现象，也不把它视为一种心理现象，而是把它看作是剩余价值的一部分。在马克思那里，利息率的变化取决于可贷资本需求和供给的变化。然而，在马克思和凯恩斯的利息理论中，"仍然有一些共同的特征"③。

马克思的观点是："像经济学家所说的自然利润率和自然工资率那样的自然利息率，是没有的"④。"一个国家中占统治地位的平均利息率——不同于不断变动的市场利息率——，不能由任何规律决定"⑤。出现这种情况的原因在于利息只是平均利润的一部分。"同一资本在这里有双重规定：在贷出者手中，它是作为借贷资本；在执行职能的资本家手中，它是作为产业或商业资本，但它只执行一次职能，本身只生产一次利润；在生产过程本身中，资本作为借贷资本的性质不起任何作用。这两种有权要求享有利润的人将怎样分割这种利润，本身是和一个股份公司的共同利润在不同股东之间按百分比分配一样，纯粹是经验的、属于偶然性王国的事情。"⑥"习惯和法律传统等等都和竞争本身一样，对它的决定发生作用"⑦。"由于没有自然尺度，在马克思那里利息率可以通过货币政策发生持久的变化"⑧。

马提亚斯指出，马克思提到的平均利息率对应于凯恩斯所说的人们认为的安全的利息率水平。马克思说："中等利息率在每个国家在较长期间内都会表现为不变的量"⑨。

此外，马克思认为，通过发行票据，银行能够有效地操控信用供给。这

① 约翰·梅纳德·凯恩斯著，高鸿业译：《就业、利息和货币通论》，商务印书馆 1999 年版，第 332 页。

② 约翰·梅纳德·凯恩斯著，高鸿业译：《就业、利息和货币通论》，商务印书馆 1999 年版，第 328 页。

③⑧ A. Matyas, Similarities between the Economic Theories of Marx and Keynes, *Acta Oeconomica*, Vol. 31, No. 3–4, 1983, pp. 155–173. In *Karl Marx's Economics: Critical Assessments*, Edited by Cunningham Wood, Vol. V, P. 35.

④⑤ 《马克思恩格斯文集》第 7 卷，人民出版社 2009 年版，第 406 页。

⑥⑦ 《马克思恩格斯文集》第 7 卷，人民出版社 2009 年版，第 408 页。

⑨ 《马克思恩格斯文集》第 7 卷，人民出版社 2009 年版，第 410 页。

种信用数量的变化能够影响真实经济过程吗？在马克思的理论中，不是货币领域决定经济活动，货币和信用的周转自身只是适应经济活动的水平。然而，同时它也反作用于经济活动水平，从这点看，对真实的经济过程的运动而言，它不是中性的。在《资本论》第三卷中，马克思专门用一章研究了信用对资本主义生产的作用。其中谈到，信用加速了一般性的生产过程，加速了生产力的物质发展，推动了生产过剩，加速了危机的爆发等。但是它不会消除危机。马克思认为充足的可贷资本以及低的利息率，有助于积累过程的扩张和刺激经济的复苏；然而，他认为充足的可贷资本，并不是再生产过程扩张的原因。

62.4.5 个体和社会利益之间的对抗

马提亚斯指出："由于缺乏自发的机制确保充分就业和总需求根据总产出进行调整，《资本论》和《通论》中贯穿着这样一种观点，对私人利益的追求并不能实现公共利益，在个体经济中是理性的活动，并不必然导致在社会规模上经济过程的理性安排"[①]。马克思在《资本论》第二卷中曾指出："社会的理智总是事后才起作用"[②]。因此，对经济主体行为的分析不可能是理解宏观经济关系的出发点。

从这一点来看，新古典宏观经济学的代表人物对凯恩斯主义体系（认为经济主体的预期是不理性的）的批判是站不住脚的。"这种批判在资本主义经济前景的不确定性日益增加的情况下尤其奇怪"[③]。非理性预期的假定也和马克思的观点相一致，因为在马克思看来，"全部生产的联系是作为盲目的规律强加于生产当事人"[④] 的。

马提亚斯认为，在马克思那里，在无政府主义的资本主义经济中，严格的规律调节社会层面的经济过程。马克思指出，这正如均衡一样，是通过对规律的不断的违反实现的。马克思说："不同生产领域的这种保持平衡的经常趋势，只不过是对这种平衡经常遭到破坏的一种反作用"[⑤]。在马克思那里，商品市场的均衡只是作为繁荣和萧条时期的平均情况建立起来的，而在劳动力市场上，这种均衡甚至在任何时候都无法建立起来。马克思说资本主

①③ A. Matyas, Similarities between the Economic Theories of Marx and Keynes, *Acta Oeconomica*, Vol. 31, No. 3 – 4, 1983, pp. 155 – 173. In *Karl Marx's Economics: Critical Assessments*, Edited by Cunningham Wood, Vol. V, P. 36.

② 《马克思恩格斯文集》第6卷，人民出版社2009年版，第349页。

④ 《马克思恩格斯文集》第7卷，人民出版社2009年版，第286页。

⑤ 《马克思恩格斯文集》第5卷，人民出版社2009年版，第412页。

义积累不断地"生产出相对的，即超过资本增殖的平均需要的，因而是过剩的或追加的工人人口"①。在马克思看来，商品市场也是在失业状态下达到均衡的。

马提亚斯在分析完马克思和凯恩斯的具体理论后，对马克思和凯恩斯对资本主义发展前景的研究进行了探讨。

62.4.6 对资本主义前景的分析

马提亚斯指出，就马克思和凯恩斯而言，"尽管两位思想家的学说存在一定的相似的地方，但是它们在本质上是不同的"②。

马克思研究的出发点是对资本主义生产关系的分析。他把自己的理论体系建立在资本家和工人阶级之间的对抗性矛盾的基础之上。在马克思的理论体系中，由于资本主义社会两个基本阶级之间的冲突，工人阶级的消费只能在狭窄的限度内运动，市场、个体资本家的预期利润率是不确定的，失业后备军是一直存在的，生产过剩的危机必然出现。马克思认为："工人阶级和资本家阶级之间的关系的对抗性特征证明了资本主义经济体系历史的、暂时的本质"③。

凯恩斯认为，"失业是资本主义的第一大缺陷，与此相伴的是这种经济秩序中第二大不足，即财富和收入的无原则的、不公正的分配"④。他的《通论》只打算解决第一个弊端，他认为第一个弊端和第二个弊端之间"在两个重要的方面也与第二个弊端有关"⑤。但是"在马克思看来，正是财富分配的资本主义秩序才是所有经济问题的根源，包括凯恩斯考察的失业问题"⑥。

在凯恩斯看来，这两个重要方面中的一个，是消费需求和收入分配关系之间的联系。凯恩斯消除了一种误解，一种在新古典文献中经常会遇到的观

---

① 《马克思恩格斯文集》第 5 卷，人民出版社 2009 年版，第 691 页。

②③ A. Matyas, Similarities between the Economic Theories of Marx and Keynes, *Acta Oeconomica*, Vol. 31, No. 3 – 4, 1983, pp. 155 – 173. In *Karl Marx's Economics*: *Critical Assessments*, Edited by Cunningham Wood, Vol. Ⅴ, P. 37.

④ A. Matyas, Similarities between the Economic Theories of Marx and Keynes, *Acta Oeconomica*, Vol. 31, No. 3 – 4, 1983, pp. 155 – 173. In *Karl Marx's Economics*: *Critical Assessments*, Edited by Cunningham Wood, Vol. Ⅴ, pp. 37 – 38.

⑤ 约翰·梅纳德·凯恩斯著，高鸿业译：《就业、利息和货币通论》，商务印书馆 1999 年版，第 386 页。

⑥ A. Matyas, Similarities between the Economic Theories of Marx and Keynes, *Acta Oeconomica*, Vol. 31, No. 3 – 4, 1983, pp. 155 – 173. In *Karl Marx's Economics*: *Critical Assessments*, Edited by Cunningham Wood, Vol. Ⅴ, P. 38.

点，认为财富的增长依赖于富人的节欲，因此，"支持财富应具有很大差别的一个主要论据已经不能成立"①。凯恩斯在《通论》的结论中，也把对历史因素的思考包括进自己的解释中，他认为利息作为对资本的回报，只是一种暂时现象，"资本所有者能得到利息的原因是资本的稀缺，正如土地所有者能得到地租的原因是土地的稀缺一样。但是，土地的稀缺可以来自于土地的固有特性有关的原因；然而，资本的稀缺却没有与资本的固有特性有关的原因"②。另外，凯恩斯认为，源自资本所有权的收入分配问题将会自发地解决，在资本主义发展过程中资本存量的将会增加到一种资本不再稀缺的程度，食利者阶级的消失，将会导致资本主义其他方面的重大改变。

那么，在资本主义中什么会存活下来呢？根据凯恩斯的观点，利息的消失并不意味着资本资产的免费使用，它只是意味着："资本设备的收益在补偿它的折旧和老化费用以后，再减去偿付风险以及技能和决策的运用的费用，剩下来的属于资本所有者的数量不会有多少"③。在这种情况下，财富分配秩序中的不平等仍会存在，但只是它不再保证资本所有者的经济优势。只靠资本所有权过活的消极的资本家阶层将会消失，但是积极的资本家，通过他们的有用活动得到自己的回报，将会存活下来。凯恩斯说："因此，我欣赏古典学派以前的理论，该理论认为，每一件物品都由劳动生产出来……因此，应该比包括企业家和他的助手的劳务包括在内的劳动当作唯一的生产要素，而该生产要素则在既定的技术水平、自然资源、资本设备和有效需求之下发生作用"④。

从马克思的视角看，积极的资本家仍然是剥削性的，他的收入不只是他工作的结果。"产业资本家是劳动者，不过是作为资本家的劳动者，即作为对他人劳动的剥削者的劳动者。他为这种劳动所要求和所取得的工资，恰好等于他所占有的他人劳动的量，而且就他为进行剥削而亲自花费必要的精力来说，上述的工资直接取决于对这种劳动的剥削程度，而不是取决于他为进行这种剥削所付出的、并且在适当的报酬下可以让一个经理去承担的那种努力的程度"⑤。

---

① 约翰·梅纳德·凯恩斯著，高鸿业译：《就业、利息和货币通论》，商务印书馆1999年版，第387页。
②③ 约翰·梅纳德·凯恩斯著，高鸿业译：《就业、利息和货币通论》，商务印书馆1999年版，第389页。
④ 约翰·梅纳德·凯恩斯著，高鸿业译：《就业、利息和货币通论》，商务印书馆1999年版，第220～221页。
⑤ 《马克思恩格斯文集》第7卷，人民出版社2009年版，第435页。

凯恩斯希望不是消灭而是改善资本主义。人们不能要求凯恩斯对没有应用马克思的方法做出解释，正如不允许也不可能要求马克思解释凯恩斯的思想一样。"马克思和凯恩斯打算在他们自己的理论体系中说明他们时代的资本主义经济。他们的理论可以被用来解释当代资本主义的现象，只要他们的学说沿着变化了的现实被进一步的发展。为了做到这一点，无论是马克思主义者还是凯恩斯主义者都应当做出认真的尝试"①。

62.5 马克思和凯恩斯关于资本主义的不同观点

就对资本主义经济体系的整体研究而言，一般认为，马克思和凯恩斯的共同之处在于他们都专注于资本主义研究，但却形成了对资本主义体系的不同观点，他们对资本主义的未来的预见，以及对如何解决现实资本主义经济中存在的问题存在不同的看法。詹森（H. E. Jensen）1989 年发表在《大西洋经济杂志》上的文章《马克思和凯恩斯：有关资本主义的不同观点》②，对马克思和凯恩斯有关资本主义的理解进行了比较研究。

总是有学者指出，"凯恩斯和马克思，事实上有许多共同之处"③。詹森指出，很可能这两位经济学家自己不大会赞同这种观点，例如，凯恩斯曾说马克思的《资本论》，"在科学上是错误的"，"是过时的经济学教科书"，其中包含的"只是一些陈旧的争论"④。同时，如果马克思知道凯恩斯说过一旦恢复了充分就业"古典学派的理论仍然是正确的"⑤，那么，马克思可能会把凯恩斯包括在"庸俗经济学家"当中。庸俗经济学"只是在表面的联系内兜圈子，它为了对可以说是最粗浅的现象做出似是而非的解释，为了适应资产阶级的日常需要"⑥。

根据上面引用的马克思和凯恩斯的话，是不是意味着接受这两种观点中

---

① A. Matyas, Similarities between the Economic Theories of Marx and Keynes, *Acta Oeconomica*, Vol. 31, No. 3 – 4, 1983, pp. 155 – 173. In *Karl Marx's Economics: Critical Assessments*, Edited by Cunningham Wood, Vol. Ⅴ, P. 39.

② H. E. Jensen, Marx and Keynes: Alternative Views on Capitalism, *Atlantic Economic Journal*, Vol. xvii, No. 4 December 1989, pp. 29 – 38. In *Karl Marx's Economics: Critical Assessments*, Edited by Cunningham Wood, Vol. Ⅷ, pp. 373 – 386.

③ E. E. Hale, Some Implications of Keynes' General Theory of Employment, Interest and Money, *The Review of Radical Political Economy*, 8, Winter 1976, P. 37.

④ John Maynard Keynes, *Essays in Persuasion*, New York: W. W. Norton and Co., 1963, P. 300.

⑤ 约翰·梅纳德·凯恩斯著，高鸿业译：《就业、利息和货币通论》，商务印书馆 1999 年版，第 392 页。

⑥ 《马克思恩格斯文集》第 5 卷，人民出版社 2009 年版，第 99 页，第 32 个脚注。

的一个就等于放弃了另一个？詹森试图通过对马克思和凯恩斯"概念化的社会现实"中的主要内容的考察回答这个问题。

62.5.1 有关资本主义"愿景"的比较

詹森是在马歇尔"经济学家现在对于人类进步的可能性，已经知道采取一种较为远大和较有希望的观点了"[①] 的意义上使用"愿景"（Vision）一词的。马克思的"愿景"是共产主义的高级阶段，其中，"迫使个人奴隶般地服从分工的情形已经消失，从而脑力劳动和体力劳动的对立也随之消失后；在劳动已经不仅仅是谋生的手段，而且本身成了生活的第一需要之后；在随着个人的全面发展，他们的生产力也增长起来，而集体财富的一切源泉都充分涌流之后，——只有在那个时候，才能完全超出资产阶级权利的狭隘眼界，社会才能在自己的旗帜上写上：各尽所能，按需分配！"[②]

和马克思一样，凯恩斯对人类生活条件提高的可能性有着巨大的信心。凯恩斯说他"确信我们所简称的经济问题，也就是短缺和贫穷的问题，以及各个阶级和各个国家之间的经济斗争的问题"[③]，"将可能在100年内获得解决，或者至少是可望获得解决"[④]。凯恩斯说：人类"第一次遇到了他真正的、永恒的问题——当从紧迫的经济束缚中解放出来以后，应该怎样来利用他的自由？科学和复利的力量将为他赢得闲暇，而他又该如何来消磨这段光阴，生活得更明智而惬意呢？"[⑤]

詹森认为："马克思和凯恩斯有关资本主义的愿景没有什么不同。此外，它在两位作者的著作中发挥了同样的作用：他们设想的愿景作为一种机制引发了对'资本主义生产方式'和'资本主义运动规律'的研究"[⑥]。马克思和凯恩斯是如何认识资本主义生产方式和运动规律的呢？

62.5.2 对经济现状的概念化及其不同素材的来源

概念的构建者"在构筑经济现状的形象时使用三种主要的投入：假说的一

---

① 马歇尔著，朱志泰译：《经济学原理》上卷，商务印书馆1964年版，第67页。
② 《马克思恩格斯文集》第3卷，人民出版社2009年版，第435~436页。
③ J. M. 凯恩斯著，赵波等译：《预言与劝说》，江苏人民出版社1998年版，第3页。
④ J. M. 凯恩斯著，赵波等译：《预言与劝说》，江苏人民出版社1998年版，第357页。
⑤ J. M. 凯恩斯著，赵波等译：《预言与劝说》，江苏人民出版社1998年版，第358~359页。
⑥ H. E. Jensen, Marx and Keynes: Alternative Views on Capitalism, *Atlantic Economic Journal*, Vol. XIII, No. 4 December 1989, pp. 29 – 38. In *Karl Marx's Economics: Critical Assessments*, Edited by Cunningham Wood, Vol. VIII, P. 374.

哲学的—理论的要素（Hypothetical – Philosopical – Theoretical Elements）；历史的部分；与当前的经济情形相关的观察和数据"①。

詹森认为，在马克思那里，假说性的投入是由有关人类本质和行为的主张构成的，马克思对这些问题的表述建立在他对黑格尔、斯密、李嘉图和达尔文的著作的阅读的基础之上。进入马克思对现实的构建的特定的历史要素，主要可以在黑格尔和达尔文的著作中，英国议会通过的过去的立法中，以及其他一些学者令人印象深刻的历史著作中找到源头。有关当前经济事务的信息，马克思主要是从英国政府、私人机构发布的报告中，以及报纸文章和其他一些学者的研究中得到的。

在凯恩斯构建他认为的现实时，假说性投入主要是从马歇尔有关人类行为的分析中得到的。凯恩斯从一系列历史学家和马歇尔对经济制度演化的解释中得到了历史的要素。凯恩斯主要是从政府的备忘录、公开出版物中得到当时的数据的。

62.5.3 马克思和凯恩斯眼中的资本主义现实

詹森认为，根据马克思的观点，资本主义生产方式是工业革命的产物，工业革命之后分工开始迅速发展。随着分工的发展，马克思眼中的资本主义现实越来越分裂为彼此直接对立的两大阶级——资产阶级和无产阶级。两个阶级形成的过程和他们存在的背景，塑造了他们的思维和他们的思维的产物。换句话说，两大阶级中的成员的"人性"的问题，很大程度上是由他们的物质生活过程塑造的。这种"反射性的本质"在马克思对经济现实的概念化中发挥了一定的作用，可以通过这一点来理解马克思对经济现实的概念化。

关于人性及人的异化的问题。马克思区分了"人性一般"和"每个时代历史地形成的人性"。前一个概念指的是人是一种"自然物"，对后者而言，意味着个体的人性取决于他们的物质生产条件。在马克思的资本主义现实中，分工是商品生产的必要条件，而分工从"生命的根源上侵袭着个人"，把"工人变成畸形物"，从而使工人真切地体验到了"异化"。詹森认为，分工和异化是马克思刻画资本主义现实时根本性的、必不可少的部分。

---

① H. E. Jensen, Marx and Keynes: Alternative Views on Capitalism, *Atlantic Economic Journal*, Vol. XⅦ, No. 4 December 1989, pp. 29 – 38. In *Karl Marx's Economics: Critical Assessments*, Edited by Cunningham Wood, Vol. Ⅷ, pp. 374 – 375.

在资本主义生产方式中，资本家通过占有工人创造的剩余价值进行资本积累，正是在资本积累的过程中，一些在资本主义社会最根深蒂固和无法解决的问题出现了。

在马克思那里，资本家之间的竞争迫使资本家（与增加对可变资本的使用相比）更快地积累不变资本，在这种情况下，造成更多的失业。另外，积累是沿着"周期性的路径"进行的。在繁荣和生产过剩的阶段，工人充分就业，存在工资的上升；在商业周期的其他阶段，工人的工资低于平均水平。在萧条阶段，大多数工人家庭的真实收入被限制到最低生存物质的水平。每一次周期与先前的相比都变得越来越强烈，越来越具破坏性。

马克思为资本主义"改革议程开列的主要条款包括"①：取消私有制，剥夺地产，把地租归国家支出之用；采取征收高额累进税、强制公债等方法限制私有制；取消继承权；把信贷集中在国家手中；所有有工作的人都有平等义务；为所有的儿童免费教育、设立公立学校、取消童工等。詹森认为，这些条款"反映了马克思有关资本主义经济及其存在的问题的理论的鲜明的轮廓"②。

凯恩斯在资本主义社会阶级结构的分析上不同于马克思。他认为资本主义社会现实主要包括："投机性投资者"构成的"食利者"阶级，他们拥有但是不管理商业企业；积极的商业阶级或者说职业企业家以及赚取工资的工人阶级。遵循着马歇尔的思路，凯恩斯认为经济中的主体本能地追求正效用，避免负效用。食利者、企业家和工人对他们的收入的使用活动典型地受"根本的心理规律"的调节。

凯恩斯对资本主义的制度性功能失调进行了分析。他在《通论》中说的一段话，最能表明他对资本主义问题的认识。凯恩斯说："货币是刺激经济制度活跃起来的酒，那么，我们必须提醒自己，在酒杯和嘴唇之间还有几个易于滑脱的环节。其原因在于：其他条件相同，虽然货币数量的增加可能使利息率下降，但是，如果群众的流动性偏好的增加大于货币数量的增加，那么，货币数量的增加就不能使利息率下降。此外，其他条件相同，虽然利息率的减少可能增加投资数量，但是，如果资本边际效率曲线的下降比利息率的减少更快，那么，利息率的减少就不可能增加投资数量。还有，其他条

---

①② H. E. Jensen, Marx and Keynes: Alternative Views on Capitalism, *Atlantic Economic Journal*, Vol. XⅦ, No. 4 December 1989, pp. 29 – 38. In *Karl Marx's Economics: Critical Assessments*, Edited by Cunningham Wood, Vol. Ⅷ, P. 379.

件相同，虽然投资量的增加可能增加就业量，但如果消费倾向下降，那么，投资量的增加就不可能增加就业量"①。詹森认为，"如果在《通论》的全部论争的背景下阅读，这段声明清楚地表明，凯恩斯认为其中提到的所有'其他条件相同'的期望，没有一个能被实现。换句话说，凯恩斯的观点是上述引文中提到的制度性的和心理性的故障，引起了大规模的失业，并必然和现代'资本主义的个人主义'体系联系在一起。"② 这种情况以及资源的浪费引起的社会反对情绪，"会达到不可容忍的程度"③，凯恩斯担心强有力的群体最终可能会诉诸超宪法的设计和超议会的行动以重新恢复充分就业。在凯恩斯的观点中，这种情况将会葬送"个人主义"，从而造成一种损失，"在生活单调一致或集权国家的各种损失中，缺乏生活多样性是其中最大的损失"④。但是，凯恩斯认为，"通过对问题的正确分析，也有可能把疾病治愈，而与此同时，又保存了效率与自由"⑤。因此，凯恩斯开始"构建他的一般理论，以为政策和改革提供基础"⑥。

凯恩斯提出的改革建议，必须在他"对维持现状本身并没有很大兴趣"的背景中理解，因为"个人主义的资本主义……是……颓废的，……不是一种成功。它不公正，不是良性的——它不交付货物"，因此，我们"不喜欢它"，我们"开始鄙视它"⑦。凯恩斯认为，资本主义一个更加可鄙的方面在于它类似于"赌场"，食利者通过把"企业"转化为"泡沫"，并用"投机的漩涡"取代它。幸运的是，最后食利者会通过"安乐死"消亡。凯恩斯说："在我看来，当资本主义的食利者阶级的这一方面完成了它的任务以后，它会作为一个过渡阶段而消失掉。一旦它的食利者阶级的方面消失掉，资本主义的其他方面会有重大的改变。此外，我的主张还有一个很大的有利之处，即食利者阶级和已经没有社会职能的投资者决不会突然消亡；就像我们近来在英国所看到的那样，它们的消失会是一个逐渐而漫长的过程，从而

---

① 约翰·梅纳德·凯恩斯著，高鸿业译：《就业、利息和货币通论》，商务印书馆 1999 年版，第 177 页。

②⑥ H. E. Jensen, Marx and Keynes: Alternative Views on Capitalism, *Atlantic Economic Journal*, Vol. XVII, No. 4 December 1989, pp. 29 – 38. In *Karl Marx's Economics: Critical Assessments*, Edited by Cunningham Wood, Vol. VIII, P. 382.

③⑤ 约翰·梅纳德·凯恩斯著，高鸿业译：《就业、利息和货币通论》，商务印书馆 1999 年版，第 394 页。

④ 约翰·梅纳德·凯恩斯著，高鸿业译：《就业、利息和货币通论》，商务印书馆 1999 年版，第 393 页。

⑦ John Maynard Keynes, National Self – Sufficiency, *The Yale Review*, Vol. 22, No. 4（June 1933）, pp. 760 – 761.

不需要进行革命斗争"①。

凯恩斯把大规模失业的原因置于资本边际效率和利息率的联系之中。然而，两种比率是如此的不同，充分就业不可能只通过操纵货币数量来实现。尽管凯恩斯支持公共工作项目，但是他认为，它们并不是获得持久繁荣的手段。"幸运的是，在凯恩斯描绘的现实中仍然有充满希望的地方"②："企业家经济"中的企业出现了，并且准备接受一个渴望能实践他们的管理技能的"专业企业家阶级"的有效管理。"他们所需要的只是在食利者不愿意提供的背景下提供的低成本基金"③。

因此，凯恩斯表明将建立一种"国家机构仍然可以使社会的储蓄被维持在一定的水平，以致能使资本数量持续增长，直到它不再稀缺"④的体系。凯恩斯把这种手段称为"全面的投资社会化"⑤，但是，毫无疑问，凯恩斯是主张通过"直接税的手段——所得税、超额所得税和遗产税"⑥作为为这个计划提供基金的手段的。

为了能保证社会储蓄能够以一种社会合意的方式被使用，凯恩斯进一步建议，"处于能根据一般的社会效益计算出长期资本边际效率的地位的国家机关承担起更大的责任来直接进行投资"⑦。凯恩斯也承认，"从经济无政府状态转向一种审慎地依据社会正义和社会稳定控制和指导经济力量的体制，将会面对大量技术和政治上的困难"，"尽管如此，真正的命运是……寻求它们的解决方法"⑧。

对马克思和凯恩斯有关资本主义的现实和远景的分析完成之后，可以重

① 约翰·梅纳德·凯恩斯著，高鸿业译：《就业、利息和货币通论》，商务印书馆1999年版，第390页。
② H. E. Jensen, Marx and Keynes：Alternative Views on Capitalism, *Atlantic Economic Journal*, Vol. XⅦ, No. 4 December 1989, pp. 29 – 38. In *Karl Marx's Economics：Critical Assessments*, Edited by Cunningham Wood, Vol. Ⅷ, P. 382.
③ H. E. Jensen, Marx and Keynes：Alternative Views on Capitalism, *Atlantic Economic Journal*, Vol. XⅦ, No. 4 December 1989, pp. 29 – 38. In *Karl Marx's Economics：Critical Assessments*, Edited by Cunningham Wood, Vol. Ⅷ, P. 383.
④ 约翰·梅纳德·凯恩斯著，高鸿业译：《就业、利息和货币通论》，商务印书馆1999年版，第390页。
⑤ 约翰·梅纳德·凯恩斯著，高鸿业译：《就业、利息和货币通论》，商务印书馆1999年版，第391页。
⑥ 约翰·梅纳德·凯恩斯著，高鸿业译：《就业、利息和货币通论》，商务印书馆1999年版，第386页。
⑦ 约翰·梅纳德·凯恩斯著，高鸿业译：《就业、利息和货币通论》，商务印书馆1999年版，第167页。
⑧ John Maynard Keynes, *The Economic Consequence of the Peace*, Collected Writings of John Maynard Keynes, 2, London：Macmillan & Co., 1971, P. 305.

新回到最初的问题上了，"马克思和凯恩斯有关资本主义的观点是真正不同的观点吗"？詹森的答案是："即'是'又'不是'"①。

对于"不是"的回答而言，马克思和凯恩斯都是"厌恶过度的资本主义的人道主义者。两个人都认为这种过度源自资本主义体系结构的内在缺陷"②。马克思和凯恩斯都赞同，"其他以它为基础产生的资本主义的基本缺陷，在于根本的'资本形成过程中的矛盾'的形式，也就是说'资本积累是自我设限和自我毁灭的过程'，因为'正是这个积累的过程破坏了进一步积累的可能性'"③。

对于"是"的回答，主要和马克思与凯恩斯对治疗这种资本主义缺陷的可能性的态度相关。"尽管马克思认为资本主义的这些缺陷不能得以减轻，但凯恩斯认为资本主义的污点能够从经济体中切除出去，尽管这种治疗将导致对实际经济秩序进行根本性的制度重建"④。

詹森认为，马克思和凯恩斯统一在"热切地渴望在将来出现一个黄金时代。马克思称之为'共产主义的高级阶段'，凯恩斯只是简单地称之为'未来'"⑤。

---

①②③④⑤ H. E. Jensen, Marx and Keynes: Alternative Views on Capitalism, *Atlantic Economic Journal*, Vol. XVII, No. 4 December 1989, pp. 29–38. In *Karl Marx's Economics*: *Critical Assessments*, Edited by Cunningham Wood, Vol. VIII, P. 383.

第63章　对马克思和凯恩斯理论体系关系的评价

对马克思和凯恩斯的比较研究，最重要的就是对他们理论上的比较研究。同时，对马克思和凯恩斯比较研究上的反差，最显著的也就表现为对他们理论观点理解的差异上。本章提到的兰森对马克思、马歇尔和凯恩斯认识论的逻辑的比较研究，马蒂克对马克思理论在凯恩斯经济学中的延伸，布兰迪斯对凯恩斯对当代马克思主义经济学的影响等观点，是西方学者中在对这些问题理解上代表性的观点。

63.1　兰森论马克思、马歇尔和凯恩斯的逻辑

兰森（B. Ransom）1980 年在《经济问题杂志》上发表了《竞争的经济学认识论：马克思、马歇尔和凯恩斯的逻辑》[1] 一文。该文讨论了经济学史上三种不同的认识论及其相互关系，探讨了马克思、马歇尔和凯恩斯的结论不同的认识论根源，并试图在此基础上，整合未来的经济学的认识论。

兰森在文章的开篇，重述了索罗（R. A. Soro）1975 年发表在《经济问题杂志》上的论文《什么是结构主义？皮亚杰的一般认识论和结构主义思想的多样性》中提出的一个问题："对执业科学家而言，是否要把与对探索的特征和知识的本质相关的思想和严肃的反思进行的思索视为只是神秘的和次要的事情，而留给那些遥远的、自成体系的学术哲学家的圈子中的专家去处理？"[2] 对这个问题，索罗的回答是否定的。

兰森接受索罗的立场，认为"执业经济学家"（Practicing Economist）

---

① B. Ransom, Rival Economic Epistemologies: The Logics of Marx, Marshall, and Keynes, *Journal of Economic Issues*, Vol. 14, No. 1, Mar., 1980, pp. 77–98. In *Karl Marx's Economics: Critical Assessments*, Edited by Cunningham Wood, Vol. V, pp. 1–19.

② Rovert A. Soro, What is Structuralism? Piaget's General Epistemology and the Varieties of Structuralist Thought, *Journal of Economic Issues*, Vol. 9, 1975, P. 608.

必须反思'探索的特点和知识的本质'，以便结束学科认识论上的混乱。但是，兰森指出，关键不在于罗列经济学家面临的认识论问题的清单，而是提出如下假设：经济学已经运用了三种不同的认识论或话语体系，选择其中最佳的一个对经济学科的发展至关重要，本文试图继续皮亚杰（J. Piaget）、约翰·杜威（J. Dewey）和索尔斯坦·凡勃伦①的工作"②。

在《逻辑与科学知识》中，皮亚杰声称在当代认识论中存在三种逻辑：直接分析，也就是对古典理性主义的精炼；形式化分析，皮亚杰把它称为对古典经验主义的精炼；以及一般分析，这是一种皮亚杰试图纠正古典分析的不足而指出的新的逻辑。在《逻辑理论研究》中，为了纠正理性主义和经验主义的不足，约翰·杜威对他的工具主义分析提供了一个成熟的说明。在《科学在现代文明的地位》中，凡勃伦区分了三种科学研究的立场：目的论的、展开的过程自我实现的立场，享乐主义计算的机械互动的立场，累积的因果关系的后达尔文主义立场。

兰森说，他的文章的论题是，"上述逻辑中的每一种都被一个重要的经济学家所采用。马克思的逻辑继承了德国理性主义传统；马歇尔的逻辑继承了英国经验主义的传统；而凯恩斯则是继承了美国工具主义的传统。这并不是声称他们都热衷于遵循单一的逻辑。马克思运用了经验观察法；马歇尔广泛运用了理性演绎法；凯恩斯则两者皆用。确切地说，每个人的工作都显示了最重要的认识论内核——凡勃伦所言的一种精神取向或事实的价值基础——它反映了一种可识别的传统，构成了一种连贯的话语体系。"③

兰森首先对自己使用的术语进行了说明。他指出，有关知识的起源（方法）、本质、类型和局限的研究通常包括在认识论领域。逻辑是认识论的一部分，是检验或证明知识主张的，而方法论是认识论中一个独立的部分，是解释知识是如何获取的。兰森指出，有人可能会不同意上述认识，但是他坚持这种立场。在兰森看来："经济学可以被定义为是研究实际收入的水平和特征的决定问题的。经济学试图解释不同社会生产的商品和服务的数量和种类问题。毫不奇怪，将某些具体的逻辑应用于这种研究会得出某些特定的结论，马克思运用了自我实现的逻辑，得出了收入水平及其特征是由生

① 实际上，皮亚杰、杜威和凡勃伦都提到当代认识论上的三种逻辑，即"理性主义"、"经验主义"和"工具分析"，尽管它们各自的具体称呼不同。

② *Karl Marx's Economics: Critical Assessments*, Edited by Cunningham Wood, Vol. V, P. 1.

③ B. Ransom, Rival Economic Epistemologies: The Logics of Marx, Marshall, and Keynes, *Journal of Economic Issues*, Vol. 14, No. 1, Mar., 1980, pp. 77 – 98. In *Karl Marx's Economics: Critical Assessments*, Edited by Cunningham Wood, Vol. V, P. 2.

产方式决定的结论。马歇尔采用了互动的逻辑，得出了相对价格决定生产什么和生产多少的问题。凯恩斯采用了交易的逻辑，得出了预期的模式决定了收入水平及其特点的结论"①。兰森详细考察了上述结论是如何得出的。

63.1.1　马克思的逻辑及其结论

兰森从"理性的自我实现"、"作为科学逻辑的辩证理性主义"、"作为经济学逻辑的辩证理性主义"三个方面，探讨了马克思的逻辑及其结论。兰森认为，影响马克思的德国哲学传统显然是理性主义。马克思所使用的理性主义的变种是辩证理性主义，这种传统的主要构建者是康德和黑格尔，他们的哲学体系是在对休谟和洛克的体系的反应中建立起来的。德国人反对英国人的假定，认为感知是知识的基础。康德和黑格尔声称，知识是与直接感知到的东西实际上相矛盾的深层次形式。既然形式独立于特定的感知，思维就必须把提出有关深层次形式的意识作为自己的目的。辩证理性主义者认为，在经验的感知流动的背后，是一种实质性的、控制活动的实在。辩证理性主义者把真理看成是规律般展开的自我实现的过程，辩证理性主义者不赞成经验主义者在观察特定事实时，抱着发现事实之间互动的模式的希望。"相反地，他们试图通过推理去发现事实的内在含义，形成有关彼此分离的感知是如何成为有机的整体和普遍的原则的一部分的"②。

兰森认为，马克思继承了德国康德和黑格尔的理性主义传统（辩证的理性主义）和先验的认识论。经验主义遵循观察具体事实的经验，希望发现这些事实之间相互作用的模式；寻求的是死的和静态的知识。与之相反，理性主义则试图通过推理来发现事实之间的内在意义，并且意识到这些不同的感性认知只是有机整体和普遍原理的一个组成部分，旨在寻求活的、演化的知识。

既然逻辑是有关探索的理论，根据黑格尔的观点，辩证的理性主义的探索过程呈现为一种辩证的形式：它呈现在正题、反题和合题之中。换言之，首先，发现一个反题；其次，在一个更高的水平上对正题和反题的因素进行调和和吸收的基础上，提出一个合题；最后，人们必须回到起初的事实，并

---

① B. Ransom, Rival Economic Epistemologies: The Logics of Marx, Marshall, and Keynes, *Journal of Economic Issues*, Vol. 14, No. 1, Mar., 1980, pp. 77 - 98. In *Karl Marx's Economics: Critical Assessments*, Edited by Cunningham Wood, Vol. Ⅴ, P. 3.

② B. Ransom, Rival Economic Epistemologies: The Logics of Marx, Marshall, and Keynes, *Journal of Economic Issues*, Vol. 14, No. 1, Mar., 1980, pp. 77 - 98. In *Karl Marx's Economics: Critical Assessments*, Edited by Cunningham Wood, Vol. Ⅴ, P. 4.

通过运用理性确立它的真正意义。兰森认为，马克思并不是盲目地追随黑格尔，而是用唯物主义取代了黑格尔的唯心主义，从而把黑格尔颠倒了过来，"这是一个根本性的改变"①。

"尽管马克思从事了大量的经验研究，但是，他一以贯之地把他的分析建立在一些先入之见的基础上，即无法通过感觉经验认知的自我实现的模式是历史的控制因素。马克思不是把历史视为不断展开的、理念的自我发展，而是视之为不断展开的、自我实现的劳动过程，通过这个过程人类创造了自身（借用戈登·柴尔德（G. Childe）②的话）。当马克思考察历史时，他把人类劳动作为研究对象。在历史的每一个阶段，为了满足人类的需要，劳动是必需的。马克思认为他能够在这个劳动过程中发现一种目的性的演化。尽管劳动生产率在增长，对劳动的剥削也在增长。为了满足自身的需要，生产者发现，他们不得不满足不同的有产阶级的需要，最终满足非人格化市场的需要。劳动过程的辩证自我发展是通过生产方式的不断更替得以展现的。"③兰森认为，马克思所说的生产方式指的就是社会的经济制度，他还指出，"通过辩证的理性主义，马克思把人类的历史等同于生产方式演变的历史，它必须经过痛苦的剥削阶段，发展生产力，以便将来过渡到全面发展的人类社会。"④生产方式（社会的经济制度或确定的结构）是由生产的社会关系和生产的技术结构构成的，它们决定一个社会生产的技术能力及其怎样被利用，在马克思的体系中，它们又决定了实际收入及其特征。但是"无论是马歇尔还是马克思都不赞同马克思的生产方式决定收入的水平和特征的观点。一个重要的原因是他们使用了不同的逻辑"⑤。这一点，正如凡勃伦指出的那样，不理解马克思的逻辑，他的体系就是无法理解的，不接受他的逻辑，他的体系就是难以成立的。

63.1.2 马歇尔的逻辑及其结论

兰森从"感觉的相互关系"、"作为科学逻辑的感知经验主义"和"作

---

①③ Ransom, Rival Economic Epistemologies: The Logics of Marx, Marshall, and Keynes, *Journal of Economic Issues*, Vol. 14, No. 1, Mar., 1980, pp. 77 – 98. In *Karl Marx's Economics: Critical Assessments*, Edited by Cunningham Wood, Vol. Ⅴ, P. 6.

② 参见戈登·柴尔德著，安家瑗、余敬东译：《人类创造了自身》，三联书店 2012 年版。

④ Ransom, Rival Economic Epistemologies: The Logics of Marx, Marshall, and Keynes, *Journal of Economic Issues*, Vol. 14, No. 1, Mar., 1980, pp. 77 – 98. In *Karl Marx's Economics: Critical Assessments*, Edited by Cunningham Wood, Vol. Ⅴ, P. 7.9.

⑤ Ransom, Rival Economic Epistemologies: The Logics of Marx, Marshall, and Keynes, *Journal of Economic Issues*, Vol. 14, No. 1, Mar., 1980, pp. 77 – 98. In *Karl Marx's Economics: Critical Assessments*, Edited by Cunningham Wood, Vol. Ⅴ, P. 8.

为经济学逻辑的感知经验主义"三个方面，探讨了马歇尔的逻辑及其结论。兰森认为，英国经验主义者认为，人类唯一可以认识的事实是感觉及感觉之间的相互关系。对经验主义者而言，因果规律就是对恒常连结（Constant Conjunction）的期待。把真理视为是对不同感觉之间恒常连结的认知。马歇尔继承了约翰·斯图亚特·穆勒的逻辑。兰森认为，对穆勒而言，"研究的目标不是发展有关自我实现过程的见解，而是发现在恒常连结的现象之间的相互作用。"① 穆勒的感知经验主义包括如下三个步骤：第一，对研究对象进行定义和分类；第二，搜集观察的结果并判断它们之间的关系（相互作用）中哪一种是常态；第三，确定在何种程度上任何一个观察到的事实和常态相吻合，并对任何对常态的偏离进行说明。定义和分类在穆勒的逻辑中非常重要，因为要想寻找事实之间的恒常连结，事实必须有稳定和精确的定义。第二步包括感觉和概念，观察和理解。当一个人收集到数据，他必须决定它们是不受扰动的自然齐一性（Uniformity of Nature）的例子，还是它们受到了扰动原因的影响因而是暂时性的。第三步可以被称为是隔离法或细节法。比如，一个社会行为是个体动机和特征的结果，而这些又是由一系列先前的情感和感觉的引起的，因此为了解释整体的模式就必须分离出单一的行为的原因。在追溯了一个先前的情感或感觉可能产生的影响后，再考察另外的先前的因素，直至最后所有相关原因的综合联合作用能够被解释。

马歇尔认为，经济事实是推动人类去努力或牺牲和阻止人类采取行动的动机。马歇尔把这些动机分为两类：追求效用，它驱动人们的经济行为；规避负效用，它阻止人们的经济行为。但是动机及其强度皆不可观察，于是，马歇尔就选择了价格作为测量经济活动的水平和特征的真正原因的代理变量。"因此，某一时间或同一时间的价格提供了经济行为真正原因的证据，并决定了实际结果，尤其是决定了收入水平及其特征。"②

同时，兰森还比较了马歇尔与马克思的异同。他认为："马歇尔赞同马克思的'生产意愿和生产能力决定了收入水平'的观点……（但是），马克思发现的是阶级的生产意愿，它在发展人类生产力方面发挥的历史作用；马歇尔发现的则是个体的生产意愿，个体顺从本性，对效用和负效用动机做出

① Ransom, Rival Economic Epistemologies: The Logics of Marx, Marshall, and Keynes, *Journal of Economic Issues*, Vol. 14, No. 1, Mar., 1980, pp. 77 – 98. In *Karl Marx's Economics: Critical Assessments*, Edited by Cunningham Wood, Vol. Ⅴ, P. 9.

② Ransom, Rival Economic Epistemologies: The Logics of Marx, Marshall, and Keynes, *Journal of Economic Issues*, Vol. 14, No. 1, Mar., 1980, pp. 77 – 98. In *Karl Marx's Economics: Critical Assessments*, Edited by Cunningham Wood, Vol. Ⅴ, P. 11.

反应。根据定义，马克思把生产能力和劳动力结合在一起，生产方式的逻辑注定以此为基础形成。马歇尔赞同技术进步是人类功用主义本质的另一种后果，把生产能力同时和资本与劳动结合起来。"①

由此，兰森得出了如下结论："因为相对价格反映了支配人类行为的功利主义动机，马歇尔把它作为实际收入水平和特征的决定因素，借助于感知经验主义，他使经济学变成一门价格科学，市场成为所有的人类社会理想的经济制度。"②

63.1.3 凯恩斯的逻辑及其结论

兰森从"事务性的研究"、"作为科学逻辑的工具主义③分析"和"作为经济学逻辑的工具主义分析"这三个方面，探讨了凯恩斯的逻辑及其结论。兰森指出，"把真理看成是建立在充足的证据的基础之上的断言，工具主义哲学家为自己设定的任务是建立观点和事实、假定和现象之间的共轭性对应。工具主义哲学家的目的既不是建立理念之间的一致性，也不是确定一个接一个的事实之间的齐一性，而是阐述有关使行动成功的认识。根据这些认识而采取的行动，其结果就可以检验这些认识"④。作为科学逻辑的工具主义分析法包括理解情势、设计出解决问题的方式或假设、验证假设这三个步骤。兰森认为，凯恩斯的逻辑与美国传统的事务性的、工具主义分析的哲学传统最为类似，因为他著述的目的是为了解决某些具体问题，探寻解决问题的途径。《通论》所要解决的具体问题是失业问题。凯恩斯从批判马歇尔对失业问题的定义开始了他的探索，他认为，不是劳动力的就业意愿——劳动力供给曲线——决定了就业水平，而是有效需求决定了就业水平。"有效需求不是取决于马克思所断定的生产方式，也不是取决于马歇尔的无数自发的效用判断，而是取决于商人围绕卖出各种各样的能够弥补自己的成本的产出得到的收益，以及在现有情形下他们期望得到的收益做出的判断。所有这些判断都是高度假设性的，因为不可能有确定的关于未来商业状况的当前知识，因为预期产出的变化将会引起总预期支出和收益的变化。尽管存

---

①② Ransom, Rival Economic Epistemologies: The Logics of Marx, Marshall, and Keynes, *Journal of Economic Issues*, Vol. 14, No. 1, Mar., 1980, pp. 77 - 98. In *Karl Marx's Economics: Critical Assessments*, Edited by Cunningham Wood, Vol. V, P. 12.

③ 美国哲学家杜威对其实用主义理论的一种表述。

④ Ransom, Rival Economic Epistemologies: The Logics of Marx, Marshall, and Keynes, *Journal of Economic Issues*, Vol. 14, No. 1, Mar., 1980, pp. 77 - 98. In *Karl Marx's Economics: Critical Assessments*, Edited by Cunningham Wood, Vol. V, P. 15.

在不确定性，但是形成这样的判断是在资本主义经济中进行投资的必要的诱因。"这就是说，"凯恩斯开始解释资本主义的预期和行为何时发生以及怎样发生，它们怎样决定收入和就业量的水平及其特征。"①

兰森指出，《通论》虽然没有检验工具主义研究的假设，也就是说假设检验，但它确实提供了检验程序所需的一切素材，这具体表现在自该书出版之后，对他的关键变量（例如资本边际效率、边际消费倾向和利率）的度量方面。因此，凯恩斯整个经济学与事务性的、后达尔文主义的工具主义研究是一致的。

最后，兰森强调，"几十年以来，经济学中已经形成了相互竞争的三种逻辑，解决他们之间的分歧的主要方式是，遵循索罗提出的'严格地反思探索的特征和知识的本质'。一旦认识到产生分歧的根源，就会更容易达成如何发展经济理论的共识。"②

63.2　马蒂克论马克思和凯恩斯

在《马克思和凯恩斯》③一书中，马蒂克试图根据马克思的理论来评价凯恩斯的理论。他的任务不是去扩充或改正马克思的模型，而是探讨它的新发展。马蒂克说："凯恩斯发展了他的理论，这种理论表明货币和财政政策能够保证停滞的资本主义经济实现充分就业。政府采用了凯恩斯主义的建议，在他们的国家实施了一些社会和经济稳定措施。因为这些努力被证明是成功的，一个古老的口号被修改为'我们都是凯恩斯主义者'"④。在这种背景下，马蒂克指出，"我的论点是，凯恩斯主义对困扰资本主义世界的经济问题的解决方法只具有暂时的有效性，而且使这些解决方法有效的条件正处在逐渐消解的过程中。由于这个原因，马克思主义的政治经济学批判，不仅远没有丧失它的相关性，而且具有了新的重要性，因为它既有能力理解和超越'旧的'经济学，也有能力理解和超越'新的'经济学"，因此，"我将

①　Ransom，Rival Economic Epistemologies：The Logics of Marx，Marshall，and Keynes，*Journal of Economic Issues*，Vol. 14，No. 1，Mar.，1980，pp. 77 – 98. In *Karl Marx's Economics：Critical Assessments*，Edited by Cunningham Wood，Vol. Ⅴ，P. 18.

②　Ransom，Rival Economic Epistemologies：The Logics of Marx，Marshall，and Keynes，*Journal of Economic Issues*，Vol. 14，No. 1，Mar.，1980，pp. 77 – 98. In *Karl Marx's Economics：Critical Assessments*，Edited by Cunningham Wood，Vol. Ⅴ，P. 19.

③　P. Mattick，*Marx and Keynes：the Limits of the Mixed Economy*，Boston，P. Sargent，1969.

④　P. Mattick，*Marx and Keynes：the Limits of the Mixed Economy*，Boston，P. Sargent，1969，P. 2.

使凯恩斯主义的理论和实践接受马克思主义的批判，除此之外，我还将在马克思主义分析的帮助下详细说明政治和经济事件及其趋势"①。正是在这样的目标下，马蒂克指出，马克思预见到了凯恩斯的许多发现。马蒂克这部著作，多数篇幅是对凯恩斯的理论和马克思的理论的说明，其主要论点是，凯恩斯好的、有见识的观点在马克思那里早就有了；凯恩斯对资本主义问题的解决只可能是一个暂时的解决。

马蒂克概括了凯恩斯"革命"出现后经济学界有关马克思和凯恩斯关系的一般认识，他指出："在大萧条中出现了凯恩斯的著作《通论》，不久人们就称赞其为经济思想的'革命'，《通论》的出版导致'凯恩斯主义经济学'学派的形成。尽管固执的'正统'经济学家反对这个学派，认为它要么是'社会主义式的'，要么就是'一种幻想'，前后矛盾的社会主义者则试图把马克思和凯恩斯混合在一起，把凯恩斯的理论当做当代的'马克思主义'来接受。马克思对资产阶级社会的未来的怀疑，被说成只是表明马克思不能或不愿对古典经济学家进行建设性的批判。对凯恩斯，人们则说他真正实现了马歇尔的愿望——追求一个改革和改良了的资本主义的愿望"②。

在对马克思和凯恩斯的关系的评价中，马蒂克写道："在马克思和凯恩斯之间存在着必然的联系。马克思通过他自己对古典学派理论的批判预见到凯恩斯对新古典学派理论的批判。他们两人都在资本形成速度的日益下降中认识到了资本主义的困境。但是，凯恩斯把投资动机的缺乏视为它的原因，而马克思把资本主义困境追溯到它的最终基础——作为资本生产的生产的特征。"③ 马蒂克指出，"即使对《资本论》进行肤浅的研究，也会向凯恩斯证明，他认为的'不合逻辑的、过时的、从科学上看是错误的，对当今世界而言既是无益的也是不适用的'的马克思的理论得到的结论，非常类似于那些在他自己的推理中显现了'革命性'的内容"④。

了解了马蒂克的著作的主要目标和特征，可以选择一些重大的理论问题进一步分析马蒂克对马克思和凯恩斯关系的理解。在"拯救资本主义"一章中，马蒂克指出："尽管具有高度抽象的特征，但马克思的资本分析证明具有极大的预见力。资本积累的实际过程遵循马克思的资本分析对资本发展

① P. Mattick, *Marx and Keynes：the Limits of the Mixed Economy*, Boston, P. Sargent, 1969, P. 2.
② P. Mattick, *Marx and Keynes：the Limits of the Mixed Economy*, Boston, P. Sargent, 1969, P. 3.
③④ P. Mattick, *Marx and Keynes：the Limits of the Mixed Economy*, Boston, P. Sargent, 1969, P. 13.

的概述。实际上，马克思所预言的资本发展的过程从来没有被否定过；其他解释只是以不同的方式解释了这种趋势的原因。凯恩斯的解释仅仅是其中的一种。他用不同的方式解释了资本生产的'长期'趋势，但是他对趋势自身和可观察得到的危机的条件的描述与马克思的描述之间的差别只是术语上的差别"①。

认为凯恩斯的经济学比马克思的经济学更适合于对 20 世纪的资本主义经济学进行分析的学者，大多数把自己的论点建立在两个认识之上，马克思的经济理论不适宜于解释资本主义的繁荣，而且在解决资本主义的具体经济问题时，表现的不如凯恩斯的理论好。另外，资本主义发生了转变，马克思的经济理论是适合于 19 世纪的资本主义的理论。马蒂克对这两个问题进行了讨论。

在解释资本主义的持续繁荣时，马蒂克强调了经济周期在摧毁积累的资本存量从而恢复盈利条件中两次世界大战的作用。他说："生产资源的充分利用，无论何时何处发生，总是通过政府引致的'无利可图'的生产活动来实现的。这个增量一部分是由公共福利和对外援助措施产生的；大部分是由军事支出造成的……这是通过通货膨胀、债务积累、政府引致的生产、战备和实际的战争的方式使得发达资本主义国家达到充分就业的近似水平。"②在较早的年代，经济周期发挥了摧毁过度积累的资本的任务。马蒂克指出，在 19 世纪的条件下，通过危机的手段克服资本过度积累问题相对容易，但是在 20 世纪初，通过危机和竞争破坏资本，从而改变总资本结构以恢复更大的盈利性已经不再像先前那样充分有力了。出现这种情况的原因事实上和政府干预有关。而凯恩斯主义的经济干预措施在一开始并不是十分有效，恰恰是"二战"前的战争政策在一定程度上证实了凯恩斯的有效性。但是，"凯恩斯理论的目标和含义是：在不存在战争或非繁荣的时期提供一个实现充分就业的出路；不以正统派的进行战争或是被动地等待危机的破坏性后果的方式，而且通过新的和'理性'的政府引致的需求的方法克服萧条"③，因此，在马蒂克看来，战争时期的干预政策的有效性并不是对凯恩斯理论的证实，同时，政府对经济的干预反而影响了经济的自我调节机制。

---

① P. Mattick, *Marx and Keynes: the Limits of the Mixed Economy*, Boston, P. Sargent, 1969, P. 62.

② P. Mattick, *Marx and Keynes: the Limits of the Mixed Economy*, Boston, P. Sargent, 1969, P. 70.

③ P. Mattick, *Marx and Keynes: the Limits of the Mixed Economy*, Boston, P. Sargent, 1969, P. 68.

马蒂克指出了一种情况的存在，"当前资本主义的国家组织的'凯恩斯主义'的特征，被作为一种迟来的但不可避免的对旧式资本主义的批判，同时也服务于否定马克思主义的目标"①。许多人指出，已经不存在马克思和他的同代人所理解的那种资本主义了。根据这些观点，凯恩斯的经济学帮助推动了资本主义的转变，在民主转变的技术上凯恩斯做出了重大的贡献。因为凯恩斯向西方世界的人民展示了一条不需要导致全面阶级斗争的道路。马蒂克指出，很显然，当代资本主义不同于马克思所分析的资本主义。"马克思没有预见到所有的实际变化。资本主义的转变不仅是资本积累国际竞争的经济结果，也是这种竞争的社会的和政治的结果，两次世界大战以及革命，导致国家对经济的迅速扩大的，甚至是全面的控制。这些事件的发生过程，即使是马克思预见到了，也不会影响他的经济理论。因为这些事件和对经济危机状况的政治反应有关。认识到资本主义生产中基本矛盾的存在，以及随着资本主义的扩张和深化这种矛盾的扩大和加剧，马克思对思考可能延续资本主义的存在的力量不感兴趣，他更愿意去发展革命力量去终结它"②。

马蒂克宣称，虽然马克思没有预见到这些事件中的许多具体内容，但这些事件的发生与马克思的理论却是完全一致的。根据马蒂克的意见，甚至凯恩斯主义的兴起也是马克思的理论所预见到的社会经济发展的结果。马蒂克说："众所周知的马克思的'失败'不是经济理论的失败，而是建立在对这种经济理论的理解基础之上的社会和政治预期的失败。当然，就把它应用于现实导致了对资本主义适应变化能力的低估的意义上，可以认为它也是经济理论的'失败'。但是，没有合理的理由要求马克思应当在所有具体的表现上预见到实际的社会和经济发展。在某种程度上，在以一定的确定性预见到社会经济的发展上，马克思做得相当好，这一点可以被凯恩斯主义的兴起所证明。在凯恩斯主义的构想中，马克思发现的问题被默默地接受了，同时也被有意识地对市场机制的干预'纠正'着"③。因此，在马蒂克看来，凯恩斯理论绝对不是对马克思理论的挑战，因为在马克思的理论中已经包括了凯恩斯理论的内容。

---

①② P. Mattick, *Marx and Keynes：the Limits of the Mixed Economy*, Boston, P. Sargent, 1969, P. 73.

③ P. Mattick, *Marx and Keynes：the Limits of the Mixed Economy*, Boston, P. Sargent, 1969, P. 74.

63.3　德赛论马克思和凯恩斯

德赛在《马克思的复仇：资本主义的复苏和苏联集权社会主义的灭亡》一书中比较了马克思和凯恩斯理论的异同①。德赛认为，对马克思和凯恩斯来说，投资决定在他们对资本主义发展的分析中都是有决定性意义的。关于投资，马克思有两个假设——作为竞争压力的结果（积累的内在动力）和为了维持利润率而产生的积累。但为了维持利润率，资本家并不需要积累。他可以输出资本，把剩余价值用于消费或者浪费在其他非生产性开支上。在这些因素中，只有资本输出才被马克思格外强调。为维持利润率对剩余价值的处理，因此积累率的下降都必须在价值理论模型中加以定形。这样，积累的源泉必须在交换关系中去寻找，而其结果却必须在价值关系中去寻找。

德赛认为，一个更为重要的共同要素是，马克思和凯恩斯两人都是货币经济学家。就马克思来说，决定性的区别在于作为贮藏手段或交换手段的货币和作为货币资本的货币。在马克思看来，只有货币预付在生产过程时，它才真的起着货币资本的作用。不幸的是，马克思的这部分理论一直没有被发展。货币资本循环的发展以及它和商品循环的结合是对马克思主义经济学研究的重要领域。在这方面，凯恩斯的货币理论与之类似，但他的货币理论和商品循环却没有联系，因为他没有特别提到这方面的问题。

关于这一点，重要的是说明利息率的作用。既然马克思把利息收入看作是剩余价值的一部分，马克思主义者就易于忽视利息率运动。另外，许多新古典派经济学家已试图证明纯粹的利息率存在于一切经济（包括资本主义经济）之中，独立于生产过程从而剥削之外。然而，应当把作为短暂时间内的计算方法的纯利息率和作为形成食利者阶级的收入的利息区分开来。人们可以去分析原始经济并研究它们的技术。这样做，人们就可以发现在这样的经济中存在着一个高水平影子利息率。一个社会主义计划工作者可以根据这样一个计算观念来选择一个最适度的储蓄率。在这两种情况下都不需要有一个取得利息收入的阶级。对于凯恩斯来说，这就是资本主义经济下利息率的最关键的特性，它形成食利者阶级的收入；预期和由于那些预期而引起的行为"用它自己的鞋带"捆住利息不跌落。如果利息率对投资计划形成阻

① 参见梅格纳德·德赛著，王澄清译：《马克思的复仇：资本主义的复苏和苏联集权社会主义的灭亡》，中国人民大学出版社 2006 年版。

碍，那是由于投资者和食利者之间分配的这个方面问题。它作为纯粹观念的正确性比起它作为食利者阶级的收入的存在是次要的，必须使这两个概念分开。关于利润率也可以做出类似评论。

在指出了马克思和凯恩斯相似之处的同时，德赛还指出，马克思和凯恩斯之间，甚至马克思和所有其他经济学家之间，在对劳动市场的分析中出现的根本分歧。凯恩斯强调必须把劳动市场同货币市场、商品市场分开来对待。劳动市场上的价格决定于货币工资的协议，而制度上的结构却有利于货币工资的不变性。但是，正如马克思所表明的，这个分歧更为深刻。劳动市场上的价格和其他主要的度量——劳动日的长度——都决定于阶级划分的范围内的谈判。劳动力在资本主义条件下可以像其他商品一样被购买，但是，在这里，交换关系是建立在阶级关系的基础上的。因此，劳动的"供给曲线"不是同比如说香蕉的"供给曲线"类似的。劳动者可以自愿地撤回劳动，他们可以举行罢工、他们可以组织工会、组成政党，等等。工资谈判在马克思理论中是有决定性意义的动态要素，特别的，工资率和劳动力价值之间的差额所赖以发展的过程是马克思理论中的关键性要素。

63.4 布兰迪斯论马克思和凯恩斯

布兰迪斯（R. Brandis）1985 年在《经济问题杂志》上发表了《马克思和凯恩斯，马克思或凯恩斯？》[1] 一文。该文试图回答的问题是，"作为一名资本主义制度批判者的凯恩斯（写作《通论》的凯恩斯）是否是马克思的后继者，或者他是否在理论和政策两方面提出了马克思有关资本主义黯淡前景的替代物。在更深层次上，马克思和凯恩斯对资本主义经济与社会是否拥有同样的想象'（借用熊彼特《经济分析史》中的术语[2]）的问题。"[3]

布兰迪斯首先陈述了论文的缘起和论文的主题。他指出，自《通论》出版之后，就上述话题，一些文章已经做了讨论，并且就下述两个问题，已经达成共识，"第一，正如《通论》自身所表明的，凯恩斯并没有把他

---

① R. Brandis, Marx and Keynes? Marx or Keyness?, *Journal of Economic Issues*, 1985, Vol. 19 (3), pp. 643 – 659. In *Karl Marx's Economics*: *Critical Assessments*, Edited by Cunningham Wood, Vol. Ⅵ, pp. 198 – 212.

② 约瑟夫·熊彼特著，朱泱等译：《经济分析史》第一卷，商务印书馆1991年版，第70页。

③ R. Brandis, Marx and Keynes? Marx or Keyness?, *Journal of Economic Issues*, 1985, Vol. 19 (3), pp. 643 – 659. In *Karl Marx's Economics*: *Critical Assessments*, Edited by Cunningham Wood, Vol. Ⅵ, P. 199.

的思想建立在马克思的基础上，也就是说他既没有采纳也没有摒弃马克思的思想……第二，马克思与凯恩斯存在共同之处。马克思和凯恩斯的共同点不在于他们的一个或多个理论概念的相似，也不在于他们对资本主义经济和社会发展持有相似的想象，而在于研究了相同的问题。该问题就是经济周期问题——无论是在各自的理论构建中，还是在大英博物馆或剑桥大学的院墙之外的现实世界里。也许，讨论他们怎样论述该问题十分有趣。尽管马克思可能影响或可能没有影响凯恩斯，但是，凯恩斯（《通论》）毫无疑问影响了他那个时代的马克思主义者。"①

布兰迪斯围绕三个论题展开自己的论述："第一，为何经济周期对马克思而言是一个问题，他是怎样分析它的；第二，为何经济周期对凯恩斯而言是一个问题，他又是怎样分析它的；第三，马克思主义学者对《通论》的早期反应以及这种反应与马克思宏观经济学思想的关系（也就是说凯恩斯解决经济周期问题的努力，对那些习惯于马克思对分析经济周期进行的尝试的马克思主义者产生的影响问题）"②。

在"马克思和周期"以及"重新解读马克思"两部分，布兰迪斯回答了第一个问题。为何经济周期对马克思而言是一个问题？布兰迪斯接受熊彼特的观点，熊彼特认为，马克思对经济周期的分析只是提供了"猜测"，在马克思的思想中，最终的问题并没有解决。熊彼特试图将马克思有关经济周期的观点同他有关资本主义经济最终崩溃的观点区分开来。在熊彼特的基础上，布兰迪斯引用了《共产党宣言》中的一些片段，并据此认为，"相当清楚，马克思试图将经济周期与他有关资本主义未来的整体想象整合起来，但是，这两种不同的但同时发生的力量之间的理论联系及它们的动力学的具体细节是不清楚的。"③

马克思是怎样论述经济周期问题的呢？布兰迪斯认为，"马克思对经济周期的论述提供了解开谜语的钥匙。即使在《共产党宣言》发表的时期（1848），经济周期的事实也是家喻户晓，对其理论化工作已经持续了整整一代人的时间。到《资本论》第一卷出版的1867年，经济周期研究已经成为界定明确的经济学分支学科……现在，马克思有关资本主义衰亡的根本主

---

①② R. Brandis, Marx and Keynes? Marx or Keyness?, *Journal of Economic Issues*, 1985, Vol. 19 (3), pp. 643 - 659. In *Karl Marx's Economics: Critical Assessments*, Edited by Cunningham Wood, Vol. VI, P. 199.

③ R. Brandis, Marx and Keynes? Marx or Keyness?, *Journal of Economic Issues*, 1985, Vol. 19 (3), pp. 643 - 659. In *Karl Marx's Economics: Critical Assessments*, Edited by Cunningham Wood, Vol. VI, P. 201.

题就无须、实际上也没有必要，为经济周期问题留下任何空间"①。"但是，经济周期明明存在；更特别的是，它似乎是资本主义制度的独有特征。因此，对该制度的诊断不可能忽视它。必须既在经济分析又在政治含义的层面上分析它。"② 接下来，布兰迪斯着重分析了马克思的经济周期的政治问题。他认为"马克思不可能依靠经济周期的标准形式——无论是在理论上还是在现实中——来保证一场革命的发生……事实上，马克思从没有把经济周期成功地整合进他对资本主义发展的想象中。换言之，对马克思而言，这是一块绊脚石；对凯恩斯而言，亦是如此。"③

其次，在"1936 年的宏观经济学"、"经济周期理论家凯恩斯"、"凯恩斯的转变"和"重新解读凯恩斯"四个部分，布兰迪斯分别探讨了凯恩斯《通论》发表时的宏观经济学环境和凯恩斯宏观经济学（周期理论）的发展过程。布兰迪斯认为，在《通论》发表前后，现在所称的"宏观经济学"处于非常不起眼的阶段，当时的流行教科书大多忽视了宏观经济学，以至于凯恩斯《通论》的引入，"就像是来自其他星球的创造物"④。例如，1930年9月，国联（League of Nations）资助了一项经济周期的研究。哈伯勒（G. Haberler）指导这个研究并完成了最终的报告，报告在1938年以《繁荣与萧条》为标题出版了，在原稿第一部分的"导言"中，对当时的周期理论进行了综述。哈伯勒指出，这个综述"实质上完成"于1935年12月。⑤布兰迪斯指出，根据凯恩斯《通论》的"前言"完成的时间（1935年12月13日）判断，"在《通论》出版之前有关经济周期理论的结论性的话"⑥就体现在那个综述中。因此布兰迪斯判断是，根据哈伯勒的评价，当时在经济周期研究领域，凯恩斯明显是一位无足轻重的小人物。凯恩斯的《货币

① R. Brandis, Marx and Keynes? Marx or Keyness?, *Journal of Economic Issues*, 1985, Vol. 19 (3), pp. 643 – 659. In *Karl Marx's Economics*: *Critical Assessments*, Edited by Cunningham Wood, Vol. Ⅵ, P. 201.

② R. Brandis, Marx and Keynes? Marx or Keyness?, *Journal of Economic Issues*, 1985, Vol. 19 (3), pp. 643 – 659. In *Karl Marx's Economics*: *Critical Assessments*, Edited by Cunningham Wood, Vol. Ⅵ, P. 202.

③ *Karl Marx's Economics*: *Critical Assessments*, Edited by Cunningham Wood, Vol. Ⅵ, P. 203.

④ R. Brandis, Marx and Keynes? Marx or Keyness?, *Journal of Economic Issues*, 1985, Vol. 19 (3), pp. 643 – 659. In *Karl Marx's Economics*: *Critical Assessments*, Edited by Cunningham Wood, Vol. Ⅵ, P. 203.

⑤ Haberler, Gottfried von, 1936, Prosperity and Depression, Geneva: League of Nations, 1938, P. 21.

⑥ R. Brandis, Marx and Keynes? Marx or Keyness?, *Journal of Economic Issues*, 1985, Vol. 19 (3), pp. 643 – 659. In *Karl Marx's Economics*: *Critical Assessments*, Edited by Cunningham Wood, Vol. Ⅵ, P. 204.

论》完成的时间和国防联盟决定资助对经济周期的研究差不多是同一年，因此，《货币论》对正在进行的对经济周期的讨论而言，并不被认为是一个重要的贡献。

实际上，早在1913年的"银行家如何对危机和萧条的更迭负责"论文中，凯恩斯就认为银行家在从事他们认为是自然的事情时，会引起经济中过度投资，进而引起危机和经济周期。但是，1913年的经济周期的过度投资理论，包括它的货币版本，并不是什么新东西。在1930年的《货币论》一书中，凯恩斯主要关注的是货币和价格水平，而不是经济周期，但是他并没有忽视经济周期，其中有三章对凯恩斯称其为"信用周期"的问题进行了研究，但是是放在"物价水准的动力学"① 的标题下进行研究的。

因此，哈伯勒把基于《货币论》的凯恩斯称为周期的过度投资理论的倡导者；而把基于《通论》的凯恩斯称为周期的心理理论的倡导者。布兰迪斯最后指出，公正地说，凯恩斯的著作表现了在所谓的纯粹货币理论和商业周期的货币理论之间的某种模棱两可。

布兰迪斯对凯恩斯的转变进行了研究。根据上面的分析，在凯恩斯研究中存在一个重要的问题：在《货币论》发表后的5年间，什么引起了凯恩斯的转变并导致《通论》的形成？布兰迪斯指出，凯恩斯认为自己受到"古典"② 理论的束缚，在他没有"规避传统的思想和说法"③ 之前，他无法提出一种解决失业问题的办法。但是在《论货币》中，凯恩斯已经认识到，信用与均衡水平相比处于紧缩状态，价格将会下降，将会出现损失，因为损失的存在，财富的增长会慢于储蓄的增长，失业将会发生。在《通论》的序言中，凯恩斯说："写我的《货币论》时，我仍然沿袭着传统的思路，把货币的影响看成是好像与供给和需求的一般理论无关的东西……我之所以未能从传统的先入之见解脱出来表现为该书理论部分的显著错误"，因为，"我没有对产量水平的改变的作用加以彻底的论述"④。但是，整体产量的变化当然是经济周期理论所主要关注的，因此在《通论》第22章"略论经济周期"中，凯恩斯主要是想用自己的理论解释经济周期，他说："经济周期的基本特征，特别是能使我们称它为周期的时间过程和时间长短的规律，主

---

① 凯恩斯著，何瑞英译：《货币论》上卷，商务印书馆1986年版，第204页。
② 在凯恩斯那里是一个包含从斯密到庇古的含义丰富的术语。
③ 凯恩斯著，高鸿业译：《就业、利息和货币通论》，商务印书馆1999年版，第3页。
④ 凯恩斯著，高鸿业译：《就业、利息和货币通论》，商务印书馆1999年版，第2页。

要是由于资本边际效率的波动"[1]。布兰迪斯认为，《通论》第22章中的分析表明，凯恩斯采纳了众所周知的商业周期的心理理论。当然凯恩斯是用自己的新术语，比如"资本边际效率"、"消费倾向"等讨论周期问题的。但是凯恩斯"讲的并不是新故事"[2]。凯恩斯是否夸大了他的理论和已有的经济周期理论之间的区别？凯恩斯试图抛弃的"束缚"显然不是束缚了经济周期理论家的东西，他们当然不接受萨伊定理，而且他们当然也不会把充分就业看成是经济的唯一的均衡状态。那么这种独特的不一致如何解释？

布兰迪斯提出的实际上是一个如何重新解读凯恩斯的问题。布兰迪斯的解释非常的独特有趣，他认为自己对凯恩斯的理论的重新解读同对马克思做出的一样的大胆。布兰迪斯指出，凯恩斯的《通论》要解决的"问题"在20世纪30年代有三个面向：当时英国的经济状况、30年代的经济周期理论，以及从经济学社会学的角度看，对谁做出挑战以使他自己的理论得到更多的关注。根据对凯恩斯的研究和学习过程的分析，布兰迪斯指出："凯恩斯'规避传统的思想和说法'的斗争，实际上是在'规避'他自己设计的思想的牢笼，一个在他自己逃离之前需要首先设计并进入的牢笼"[3]。

布兰迪斯在重新解读凯恩斯的结尾部分指出："就像我们已经熟知的，的确存在凯恩斯主义革命。它把我们从经济周期理论中存在的根本性的悲观主义中解放出来，而不是把我们从'萨伊定律'中解放出来，因为我不相信在20世纪30年代这个定理还在束缚着人们。经济周期理论强调周期（一个意味着大规模失业的时期的周期）的必然性。这些对纠正过度的复兴和繁荣是必要的。经济周期理论的政策含义是清晰的，对于失业什么都不要做，只是等待着繁荣的必然回归。一些人的确沿着防止过度繁荣的思路（这能够使接下来的萧条不那么严重）从经济周期理论中推导出积极的政府职能。稳定政策意味着在萧条水平上的稳定——一个并不是很有吸引力的长期前景。凯恩斯真正做的是让人们相信在不存在通货膨胀且充分就业的情况下稳定经济。如果他通过毁灭一个稻草牢狱的方式使我们相信这一点，那么

---

[1] 凯恩斯著，高鸿业译：《就业、利息和货币通论》，商务印书馆1999年版，第325页。

[2] R. Brandis, Marx and Keynes? Marx or Keyness?, *Journal of Economic Issues*, 1985, Vol. 19 (3), pp. 643 – 659. In *Karl Marx's Economics: Critical Assessments*, Edited by Cunningham Wood, Vol. VI, P. 206.

[3] R. Brandis, Marx and Keynes? Marx or Keyness?, *Journal of Economic Issues*, 1985, Vol. 19 (3), pp. 643 – 659. In *Karl Marx's Economics: Critical Assessments*, Edited by Cunningham Wood, Vol. VI, P. 209.

谁又能说它不是一种有价值的幻想呢？"①。从布兰迪斯的这段评价可以清晰地看出来，他认为在马克思和凯恩斯之间存在着明显的区别。

在"凯恩斯和马克思主义者"一部分，布兰迪斯分析了马克思主义学者对《通论》的早期反应以及这种反应与马克思宏观经济学思想的关系。布兰迪斯考察了20世纪30年代早期的马克思主义学者的著述，他的想法是，既然从马克思到凯恩斯不存在重要的直接联系，那么是否可以在30年代的马克思主义者对马克思的著作的解释中找到以简单的或公开的形式表现的凯恩斯的《通论》中的观点。

布兰迪斯首先分析兰格的观点，兰格的文章写于《通论》出版前的1935年。兰格指出，在某些问题上马克思主义经济学表现得非常无力，这其中包括有关货币和信用的重要问题。兰格对马克思在经济周期理论上所做的贡献的评价，并不像对马克思对货币理论所做贡献的评价那样具有负面性，布兰迪斯认为，即使如此，根据兰格的观点，马克思对经济周期理论的贡献仍然是平庸的。兰格说："经济周期理论的核心问题是对均衡的偏离——是一个有关这种偏离的原因、过程和影响的问题。在这里劳动价值论是完全无效的"②。兰格同样基于不同的原因，对他所说的"资产阶级经济学"进行了批判，在兰格看来，资产阶级经济学没有"经济演化"的理论，从而无法解释为什么存在经济周期。在兰格看来，马克思有经济演化的理论，比如马克思的理论主张没有技术进步，资本主义制度就不能维系的观点，但是，马克思的理论并没有说明技术进步是必然的。

布兰迪斯对亨利·史密斯的研究也进行了评价，史密斯试图从反对任何对马克思的价值和剩余价值理论偏离的角度，提出一种有关马克思对经济周期理论的贡献的观点，但是，史密斯的分析是从马克思对资本家的社会学描述出发的，即把资本家描成只是进行积累，而不在乎当前或未来的回报率。布兰迪斯认为，史密斯很少注意到马克思"商业周期的强度将会随着时间的推移逐渐增加"的观点。1939年，樊弘发表了"凯恩斯和马克思论资本积累、货币和利息理论"一文，文章的开篇就指出："在批判'古典'经济学家的过程中，凯恩斯先生，像他做的那样，开始和马克思拥有共同的立

---

① R. Brandis, Marx and Keynes? Marx or Keyness?, *Journal of Economic Issues*, 1985, Vol. 19 (3), pp. 643 – 659. In *Karl Marx's Economics: Critical Assessments*, Edited by Cunningham Wood, Vol. Ⅵ, P. 209.

② Lange Oscar, Marxian Economics and Modern Economic Theory, *Review of Economic Studies* 2, 1935, pp. 189 – 201.

场"①。布兰迪斯认为，由这个前提出发，樊弘后来的观点就不奇怪了，樊弘说："实际上，凯恩斯先生《通论》中的主要等式可以从马克思扩大再生产的两个等式中推导出来。"②

布兰迪斯在考察完兰格、史密斯和樊弘的观点后，得到了一个初步的结论：显然，马克思主义学者（或者，至少是一个马克思主义学者③）开始用凯恩斯主义的术语来思考马克思主义的宏观经济学，即使是为了在做出有利于马克思的比较时也是如此。④ 但是，布兰迪斯指出，这并不是马克思主义者对《通论》的第一反应，达雷尔在为《科学和社会》杂志所写的《通论》的书评中说："凯恩斯提供了一种对资本主义的长期趋势和经济周期的本质解释，但是它们无法和马克思的方法相调和"⑤。不过，没有一个马克思主义者会感到不快，因为"第一次，一个主要的资产阶级经济学家，指出在面对长期的失业和越来越严重的产业波动时，正统经济学存在着无望的不足"⑥。布兰迪斯说，达雷尔指出的"和把一个人作为比较的对象，甚至是同盟完全不是同一件事"⑦。

布兰迪斯认为，莱德尔1936年的观点与达雷尔的观点是相似的，但是更具宽容性。莱德尔说："在凯恩斯的书中（《通论》）可以找到一些有趣的，但通常是具有迷惑性的和马克思的体系相似的东西"⑧。但是，布兰迪斯指出，凯恩斯的著作并没有把注意力引向对经济周期问题的关注，尤其是对马克思的周期的强度增大的问题的关注。

布兰迪斯对亚历山大（S. S. Alexander）的研究进行了评价。在1940年发表的文章《凯恩斯先生和马克思先生》中，亚历山大发现凯恩斯的"三大基本关系：消费倾向、资本边际效率和流动性偏好"，分别与马克思的资本积累、利润率和影响利息率的因素之间存在粗糙的对应关系。⑨ 布兰迪斯特别指出，亚历山大在文章的开头引用了一句神秘的来自《圣经新约》（很可能既不是马克思也不是凯恩斯的思想来源）的引用："我来不是为了破坏

---

①② Fan – Hung. Keynes and Marx on the Theory of Capital Accumulation, Money and Interest, *Review of Economic Studies*, 7（October）, 1939, pp. 28 – 41.

③ 他指的是樊弘。

④⑦ R. Brandis, Marx and Keynes? Marx or Keyness?, *Journal of Economic Issues*, 1985, Vol. 19（3）, pp. 643 – 659. In *Karl Marx's Economics：Critical Assessments*, Edited by Cunningham Wood, Vol. VI, P. 211.

⑤⑥ Darrell John, 1937, The Economic Consequences of Mr. Keynes, *Science and Society* 1, pp. 194 – 211.

⑧ Lederer Emil, 1936, Commenting on Keynes, *Social Research* 3, pp. 478 – 487.

⑨ Alexander, S. S. 1940, Mr. Keynes and Mr. Marx., *Review of Economic Studies*, 7（February）, pp. 123 – 135.

而是为了完善"。布兰迪斯认为，在斯威齐的《资本主义发展论》一书中，凯恩斯主义在理论或政策方面对斯威齐的影响也是清晰可见的。①

布兰迪斯的观点非常明确，尽管马克思没有对凯恩斯产生直接的重要的影响，但是，以一种间接的方式，凯恩斯对马克思产生了影响，或者说凯恩斯对马克思主义者产生了重要的影响。而马克思和凯恩斯之间更大的是差异性，而不是相似性，而且他们各自都存在未曾解决的难题。布兰迪斯指出："它必然既是经济学的历史也是经济史上的巨大讽刺之一，无论是马克思还是凯恩斯都没有解决他们的经济周期问题，但是，马克思得到了他的革命，而凯恩斯得到了他的充分就业政策。在这两种情况下，基于不同的原因，他们所知的经济周期都消失了"②。

费登堡（R. Fichtenbaum）和沙希迪（H. Shahidi）在 1987 年发表在《经济问题杂志》上的评论文章《马克思和凯恩斯，马克思或凯恩斯?》中，对布兰迪斯的观点进行了评价。费登堡和沙希迪对布兰迪斯指出的马克思那里存在"未能将经济周期与他有关资本主义未来的整体想象整合起来"的观点作了重点回应。费登堡和沙希迪指出，"在马克思的思想中，支配所有社会发展的根本过程是生产关系和生产力之间的矛盾。在马克思的思想中，生产力的发展是一个连续的过程，在特定的时点上，存在的特殊的生产关系成为生产力进一步发展的桎梏。因此，生产关系必须改变，从而导致新的生产方式的出现。因为马克思持有辩证的世界观，它不把这视为是一个平滑的过程，而是一个要求有突然的质变，也就是说社会革命的过程"③。

费登堡和沙希迪进一步指出，"在资本主义条件下，生产关系和生产力发展之间的矛盾就是马克思所说的资本主义的基本矛盾，即社会化生产和私人占有之间的矛盾。事实上，马克思的观点是，资本主义将会持续发展生产力，导致生产的进一步社会化。同时，马克思认为，建立在私人占有基础之上的资本主义不可能充分利用这种生产力的发展，随着时间的推移，什么是可能的和什么是实际发生的之间存在的差距不断扩大。在马克

① R. Brandis, Marx and Keynes? Marx or Keyness?, *Journal of Economic Issues*, 1985, Vol. 19 (3), pp. 643 – 659. In *Karl Marx's Economics: Critical Assessments*, Edited by Cunningham Wood, Vol. VI, P. 211.

② R. Brandis, Marx and Keynes? Marx or Keyness?, *Journal of Economic Issues*, 1985, Vol. 19 (3), pp. 643 – 659. In *Karl Marx's Economics: Critical Assessments*, Edited by Cunningham Wood, Vol. VI, P. 212.

③ R. Fichtenbaum and H. Shahidi, Marx and Keynes? Marx or Keynes?: A Comment, *Journal of Economic Issues*, Vol. 21 (1), 1987, pp. 467 –470. In *Karl Marx's Economics: Critical Assessments*, Edited by Cunningham Wood, Vol. VII, P. 288.

思的思想中，正是这种基本矛盾最终将导致资本主义被推翻，并被社会主义——一个社会占有代替私人占有的制度——所取代……对马克思而言，周期性的危机是对存在的矛盾的暂时的解决"[1]。在马克思的思想中，周期性的危机既是暂时解决矛盾的手段，也"为最终否定这些矛盾提供了基础"[2]。费登堡和沙希迪指出，布兰迪斯的观点，根据马克思的观点，资本主义没有理由不平稳地走下坡路，源自他对马克思《资本论》第三卷第三篇"利润率趋向下降规律"的错误理解。

根据对马克思的真实思想的解释和对布兰迪斯的错误思想来源的分析，费登堡和沙希迪指出："马克思关于经济周期的观点完全与他的资本主义发展和衰亡的观点一致，并且事实上，前者可以从后者中推论出来……在马克思看来，经济周期是资本主义的一个有机组成部分，是资本主义基本矛盾的反映。马克思相信矛盾的激化将会导致无产阶级自觉地组织起来，推翻资本主义制度。他相信，在危机时期，工人更容易理解资本主义的矛盾，但这并不意味着周期性危机将会自动导致革命的发生。因此，我们不能同意布兰迪斯的结论，即马克思不能调和资本主义发展的不同方面"[3]。

布兰迪斯[4]对费登堡和沙希迪的评论文章做出了进一步的回应，着重指出费登堡和沙希迪并没有把他们的注意力集中于他所提出的问题上。布兰迪斯指出，经济危机有不同的阶段，而费登堡和沙希迪追随马克思，只把握关注的焦点放在危机和衰退与萧条的阶段。他认为马克思在《资本论》第一卷中所说"剥夺者被剥夺"中所意味的资本主义"平稳地走下坡路"的动力学无法和经济周期的现实相调和，尤其是，无法和经济周期的复苏和繁荣阶段相调和。比如，在繁荣阶段，马克思所预见的工人的贫困化加剧等都是不存在的。布兰迪斯甚至给那些试图对马克思的观点进行辩解的学者指出了一条摆脱困境的道路，他认为，一个摆脱他所指出的困境的出路在于，指出

---

① R. Fichtenbaum and H. Shahidi, Marx and Keynes? Marx or Keynes?: A Comment, *Journal of Economic Issues*, Vol. 21 (1), 1987, pp. 467 – 470. In *Karl Marx's Economics*: *Critical Assessments*, Edited by Cunningham Wood, Vol. Ⅶ, pp. 288 – 289.

② R. Fichtenbaum and H. Shahidi, Marx and Keynes? Marx or Keynes?: A Comment, *Journal of Economic Issues*, Vol. 21 (1), 1987, pp. 467 – 470. In *Karl Marx's Economics*: *Critical Assessments*, Edited by Cunningham Wood, Vol. Ⅶ, P. 290.

③ R. Fichtenbaum and H. Shahidi, Marx and Keynes? Marx or Keynes?: A Comment, *Journal of Economic Issues*, Vol. 21 (1), 1987, pp. 467 – 470. In *Karl Marx's Economics*: *Critical Assessments*, Edited by Cunningham Wood, Vol. Ⅶ, P. 288, P. 290.

④ Brandis, Marx and Keynes? Marx or Keynes?, *Journal of Economic Issues*, 1985, Vol. 19 (3), pp. 470 – 473. In *Karl Marx's Economics*: *Critical Assessments*, Edited by Cunningham Wood, Vol. Ⅶ, pp. 291 – 293.

马克思（像萨伊一样）"是采用长期的视角在考察一种假想的制度，而不是用一种短期的视角在考察具体的现实"[1]。

另外，对费登堡和沙希迪指责自己误读了《资本论》第三卷中的有关内容的说法，布兰迪斯也做出了回应，他指出自己和大多数马克思主义者不同的地方在于他自己只关注《资本论》第一卷，因为他只想关注"马克思自己思考过的观点"[2]。所以，费登堡和沙希迪对他错误理解了《资本论》第三卷中的有关内容的指责，恰恰是一种误解。

63.5　亚历山大论马克思和凯恩斯

在研究马克思和凯恩斯的关系中，有一点非常重要：如何认识两位思想家的思想之间的关系，对选择什么样的理论框架研究当代资本主义，对如何发展马克思和凯恩斯的传统有着重要的影响。如果认为两者之间存在着不可调和的差异，那么在面对上面所说的问题时，当然是要么选择马克思主义，要么选择凯恩斯主义，同时，对两种传统发展必然是独立的。而如果认为马克思和凯恩斯之间存在着密切的联系，或者是相互补充的关系，那么很明显会出现熊彼特所说的"将马克思凯恩斯化，或将凯恩斯马克思化"[3] 的可能。熊彼特自己则认为，"事实上，这两位作家确实可以相互取长补短，虽然就分析上具有决定意义的问题来说，他们处于相反的两个极端"[4]。

亚历山大 1940 年发表在《经济研究评论》上的文章《凯恩斯先生和马克思先生》[5] 被熊彼特认为是进行"马克思凯恩斯化，或将凯恩斯马克思化"的尝试中"最有趣的一个"[6]。下面对亚历山大的尝试进行详细的述评。

63.5.1　对马克思和凯恩斯关系的一般认识

凯恩斯在《就业、利息和货币通论》的序言中曾经说过，"我预计，那

---

[1]　Brandis，Marx and Keynes? Marx or Keynes?，*Journal of Economic Issues*，1985，Vol. 19 (3)，pp. 470 – 473. In *Karl Marx's Economics*：*Critical Assessments*，Edited by Cunningham Wood，Vol. Ⅶ，P. 292.

[2]　Brandis，Marx and Keynes? Marx or Keynes?，*Journal of Economic Issues*，1985，Vol. 19 (3)，pp. 470 – 473. In *Karl Marx's Economics*：*Critical Assessments*，Edited by Cunningham Wood，Vol. Ⅶ，P. 291.

[3]　约瑟夫·熊彼特著，朱泱等译：《经济分析史》第三卷，商务印书馆 1995 年版，第 203 页。

[4]　约瑟夫·熊彼特著，朱泱等译：《经济分析史》第三卷，商务印书馆 1995 年版，第 204 页。

[5]　S. S. Alexander，Mr. Keynes and Mr. Marx，*The Review of Economic Studies*，Vol. 7，No. 2 (Feb.，1940)，pp. 123 – 135.

[6]　约瑟夫·熊彼特著，朱泱等译：《经济分析史》第三卷，商务印书馆 1995 年版，第 204 页。

些根深蒂固地置身于被我称为'古典学派理论'的人会徘徊于两种意见之间：一种意见认为我完全错了；另一种则相信，我没有任何新东西"①。亚历山大则指出，"我预计，一个根深蒂固地置身于（可能是）最著名的非古典理论的人，马克思主义者，完全不会徘徊不定，而是会强烈地坚持一个信念：凯恩斯先生所说的大部分内容是非常正确的，而且对学术经济学家（凯恩斯时代的）而言也是非常新的"②。对于凯恩斯和马克思的关系，亚历山大有自己独特的看法，他认为"凯恩斯主义体系不仅完全和马克思的体系相一致，而且在一些关键点上对马克思做出了补充"③。

63.5.2 对马克思和凯恩斯理论体系的总体概括

在研究马克思和凯恩斯的关系时，亚历山大首先指出了一种常见的情况，那就是马克思和凯恩斯"特别容易被他们的批判者所误解。这不是偶然的情况，也不完全是他们的方法新颖的结果。他们的表述在某些地方的确存在令人困惑之处"④。这种情形的存在，使得对马克思和凯恩斯的理论进行比较研究时，要尤其小心。亚历山大说，自己"不可能完全避开绊倒了那么多人的陷阱"，因此，在一些重要的地方他会"主要依赖于对马克思和凯恩斯的逐字引用"⑤。

亚历山大首先对凯恩斯在《就业、利息和货币通论》中提到马克思的地方进行了提示，第一处提到马克思，说"'古典经济学者'是马克思所首创的名词"⑥。一次是说"有效需求只能偷偷摸摸地生活在不入流的卡尔·马克思、西尔维奥·格赛尔和道格拉斯少校的地下社会之中"⑦。一次是在对马克思和格赛尔进行评价并做出有利于格赛尔的判断时提到了马克思。凯恩斯说"我相信，在将来，人们从格赛尔那里学到的东西要比从马克思那里学到的为多"⑧。依据凯恩斯提到马克思的情况，亚历山大认为，"无论马克思的理论和凯恩斯的理论之间是什么关系，我们可以相当稳妥地说，马克

---

① 约翰·梅纳德·凯恩斯著，高鸿业译：《就业、利息和货币通论》，商务印书馆1999年版，第1页。
②③④⑤ S. S. Alexander, Mr. Keynes and Mr. Marx, *The Review of Economic Studies*, Vol. 7, No. 2 (Feb., 1940), P. 123.
⑥ 约翰·梅纳德·凯恩斯著，高鸿业译：《就业、利息和货币通论》，商务印书馆1999年版，第7页。
⑦ 约翰·梅纳德·凯恩斯著，高鸿业译：《就业、利息和货币通论》，商务印书馆1999年版，第37~38页。
⑧ 约翰·梅纳德·凯恩斯著，高鸿业译：《就业、利息和货币通论》，商务印书馆1999年版，第366页。

思的理论很少对凯恩斯构筑他自己的理论产生什么直接的影响"①。亚历山大认为，这种情况和剑桥经济思想的一个特征有关，他指出"这和剑桥经济思想保持独立和原创性的传统是吻合的，剑桥经济思想是通过把天然的才能和避免外部的影响结合在一起得到的"②。

在亚历山大看来，《就业、利息和货币通论》是对社会总产出（总就业）决定的分析，《资本论》是对资本主义经济体制的本质和发展变化的研究，因此，"后者比前者的视野要开阔得多，因此对马克思理论的讨论必须从马克思体系的一般背景中抽象出来"③。

亚历山大认为，当前的资本主义生产方式是一个特定的经济发展的阶段，它的典型特征是雇佣劳动和非劳动者占有生产资料。资本主义的发展包括雇佣劳动数量的增加和他们占总人口数量的增加，资本数量的增加和非劳动者占有资本比例的增加，产业规模的扩大和所有权的集中并越来越多地控制在少数人手中。

社会的总的产出被分为三个部分：一部分用来补偿生产中消耗的生产资料；另一部分用来维持工人的生存；最后一部分（剩余价值）以企业利润的形式进入到拥有生产资料的资本家的手中。这最后一部分中，只有一部分采取了消费品的形式。资本家在发挥资本家的职能时，寻求增加自己的资本，因此，典型地倾向于把一部分剩余价值用作新的和增加的资本，这样他们才能在以后把更多的剩余价值转化为资本。但是，随着资本数量的增长，或者说随着资本品对工人生存品的比例的增长，利润率会下降。到了一定时候，这倾向于降低资本品的积累率，但是生产关系并不允许通过增加消费减缓积累，因此实际生产的商品和服务的数量与当前生产力不受约束的情况可以生产的数量之间有一个差距，这被称为生产力和生产关系之间的矛盾。周期性的调整缩小了这种差距，但是额外积累再次扩大了这种差距。随着集中和积累的进行，矛盾变得越来越突出。同时，产业的组织不再是个体化的而是社会化的了，因此，管理产业的职能越来越与资本家相分离，资本家日益变为纯粹的剩余价值的获取者和积累者。从而开启了迈向社会主义的阶段，因为现有的支配收入分配的关系成为生产的桎梏，生产的组织同资本家的职能相分离，生产已经社会化了，用马克思的话说，这意味着资本所有权的社会化。

---

①②③　S. S. Alexander, Mr. Keynes and Mr. Marx, *The Review of Economic Studies*, Vol. 7, No. 2 (Feb., 1940), P. 123.

根据凯恩斯的观点，社会的总产出和就业是由消费倾向和投资数量决定的。投资数量取决于投资的吸引力，凯恩斯用资本边际效率和利息率之间的关系表达了这种投资的吸引力。低于充分就业的均衡是常规的状态，因为随着资本数量的增加，投资的吸引力在下降，主要是因为资本的边际效率在下降。但是，社会的习惯是随着收入的增加，存在非消费收入的增加，如果有合适的投资机会的话，这一部分收入将会用于投资。这种机会的减少，将导致更低水平的收入，对应于低于充分就业的均衡。亚历山大认为，"马克思也相信在资本主义中，低于充分就业的均衡是常规状态。他把这表达为生产力和生产关系之间的矛盾"①。资本家把收入的主要部分用于积累，但是随着资本的积累，利润率下降使得生产性资本的积累变得不再那么有吸引力，因此投资开始下降。在资本家无法实现其利润的资本主义的调整期（危机时期），可以暂时性地摆脱这种"矛盾"，利润率通过资本的贬值和实际工资的下降得以提高。同时，资本主义创造了一部分可以被重新吸收的产业后备军（失业）。不存在消费品产业和生产品产业的交换的自发的平衡，因为事实上这里只存在单方面的买与卖，而不是交换。

亚历山大认为，"凯恩斯和马克思不仅赞同非充分就业均衡是一种常态。而且在他们分析造成这种情况的力量时也存在很强的对应性"②。亚历山大首先对这种对应性进行了概括性的分析，随后通过引用马克思和恩格斯的文本进行了详细的展开。"凯恩斯的根本性的制度性行为，消费倾向或它的对立面储蓄倾向，对应于马克思的资本家作为积累者的典型特征。两种理论体系都依赖于作为总产出的镇静的投资的吸引力的下降。"③ 亚历山大认为，"凯恩斯的三种基本关系：消费倾向、资本边际效率和流动性批判。分别大致对应于马克思的资本主义积累概念、利润率和影响利息率的因素"④。

亚历山大最后指出，从一般性的马克思主义框架出发，对凯恩斯体系的批评主要可以被概括在两个标题中："（1）凯恩斯没有认识到资本主义的发展规律，也就是说凯恩斯的体系把人的习惯视为一种独立变化的数据，从而未能认识到对生产的限制是由资本主义生产方式自身所强加的；（2）凯恩斯所研究的基本关系之间彼此之间并不是相互独立的"⑤。

---

① S. S. Alexander, Mr. Keynes and Mr. Marx, *The Review of Economic Studies*, Vol. 7, No. 2 (Feb. , 1940), P. 124.

②③④ S. S. Alexander, Mr. Keynes and Mr. Marx, *The Review of Economic Studies*, Vol. 7, No. 2 (Feb. , 1940), P. 125.

⑤ S. S. Alexander, Mr. Keynes and Mr. Marx, *The Review of Economic Studies*, Vol. 7, No. 2 (Feb. , 1940), P. 135.

第64章 马克思和后凯恩斯主义经济学

按照哈考特1987年对"后凯恩斯主义经济学"的解释，后凯恩斯主义是指强烈反对处于主流地位的新古典经济理论和正统凯恩斯主义的产品市场与货币市场均衡的分析方法（IS－LM 模型），并努力为宏观经济分析提供可供选择的"多种研究方法"而联合在一起的经济学家的观点组合。但它"不是一个紧密的团体"，实际上是一个相当"异质的组合"，仅仅由于他们都具有向正统挑战的愿望而被联系在一起。其主要观点可以追溯到其创始人的贡献，即凯恩斯的货币观点、卡莱茨基的真实分析、斯拉法的价值理论和分配理论；甚至可以追溯到更早，尤其是马歇尔对凯恩斯的影响，以及贯穿于卡莱茨基和斯拉法著作中的古典学派和马克思的观点。[①] 后凯恩斯主义的"多种研究方法"或分支包括：（1）新李嘉图主义，也被称为"剩余学派"或斯拉法主义，它侧重马克思、斯拉法的价值和分配理论以及凯恩斯的有效需求原理；（2）后卡莱茨基学派，它侧重马克思再生产理论和卡莱茨基的有效需求原理。一般认为，除凯恩斯之外，后凯恩斯主义经济学的主要奠基者是罗宾逊、卡尔多和卡莱茨基。

64.1　卡莱茨基与马克思和凯恩斯的理论联系

1933 年，卡莱茨基发表了《经济周期概论》一书，提出了关于资本主义经济是需求决定体系的理论。在这本书中，卡莱茨基利用马克思的社会再生产图式推论出有效需求问题，其核心是成本与利润的结构和收入分配结构所决定的消费倾向之间的关系，由此得出结论，即在假设工人的工资全部用于消费的条件下，当资本家的储蓄大于投资时，将导致有效需求不足和利润

---

① 布赖恩·斯诺登等著，苏剑等译：《现代宏观经济学指南——各思想流派比较研究引论》，商务印书馆 1998 年版，第 444 页。

下降。该书以及在 1932~1935 年发表的论文，都留下了卡莱茨基先于凯恩斯发现的、现在被称为凯恩斯理论的精髓。卡莱茨基用马克思经济学对有效需求问题进行的分析不仅早于凯恩斯，而且更深刻地表明了有效需求问题的性质，即有效需求问题与资本主义生产中的利润动机和收入分配问题相联系。而卡莱茨基的有效需求分析来自马克思的再生产理论，它与凯恩斯的有效需求分析在意义上是接近的。

卡莱茨基关于资本主义经济的周期和长期变化的理论要点如下：他将国民收入区分为投资和消费两个部分，一是资本主义再生产的积极决定因素（如支出、出口盈余、预算赤字等），二是比较消极地随产出和就业而变化的部分（如工人的消费）。[①] 投资不仅有一个收入效应，而且也有一个生产能力效应。由于投资造成的生产能力的增加，限制了进一步的投资决定，从而也限制了有效需求和产出。卡莱茨基说："投资的不幸，在于它因为有用而引起危机。许多人无疑将会认为这种说法不合理，可是不合理的并不是这一说法，而是它的本题——资本主义经济。"[②]

卡莱茨基借助于经过修改的马克思再生产图式来说明他的方法。卡莱茨基假定有三个垂直一体化的部门：生产投资品 $I = W_1 + P_1$ 的部门 1；生产资本家消费品 $CC = W_2 + P_2$ 的部门 2；生产工资商品 $CW = W_3 + P_3$ 的部门 3。在这里，P_n 和 W_n（$n = 1, 2, 3$）分别表示三个部门扣除折旧后的利润总额和工人的工资（工人的工资全部用于消费）。部门 3 的资本家把价值 W_3 的工资商品卖给生产它们的工人，仍然有一个工资商品的剩余存在，其价值等于 P_3。另外，部门 1 和部门 2 的工人得到的工资总额为 $W_1 + W_2$，它们不能在本部门内消费。这样，工资商品市场均衡需要这样的条件才能实现：$P_3 = W_1 + W_2$。

资本家决定他们的投资量和消费量，并在两个部门的工资和利润之间的分配给定的情况下，也决定工资总额 $W_1 + W_2$，因此，来自部门 3 以外的对工资商品的需求也是固定的。该需求必须由超出 W_3 以上的工资商品的生产来满足，这个超出部分的价值等于部门 3 的利润 P_3。所以，在部门 3 中工资和利润之间的分配给定的情况下，这一部门的产出也就被决定了。[③] 如果

① K. 拉斯基：《卡莱茨基，米哈乌》，载《新帕尔格雷夫经济学大辞典》第三卷，经济科学出版社 1992 年版，第 9~15 页。

② Kalecki, M., A Theory of Business Cycle. *Review of Economic Studies*, 4（2），1937，P. 94.

③ Kalecki, M., The Marxian Equations of Reproduction and Modern Economics. *Social Sciences Information*, 1968.

有效需求增加，现有的闲置生产能力可以被投入经济运行之中，那么投资增加有可能引起消费增加。卡莱茨基假定，资本主义经济中的生产能力通常是利用不足的，而投资则是决定有效需求的主要因素。卡莱茨基强调投资不能说不是受了马克思资本积累理论的影响。在评价卡莱茨基的思想来源的时候，琼·罗宾逊曾指出，卡莱茨基学习的唯一经济学就是马克思经济学。在卡莱茨基的著作中，马克思的影响无处不在。

卡莱茨基的两部门流量分析中的利润决定公式为 $W+R=C+I$。假设工资全部用于消费和利润，由于只储蓄而不消费，则利润等于投资，投资越高，利润越高。这一公式可以从企业的成本收益分析来理解，即在一个流量模型中，工人的工资构成全部成本，而总支出或企业的总收益则由消费和投资构成，从而投资将等于利润（R）。加入资本家的消费之后，公式变为：$W+R=C_w+C_c+I$，假设工人的工资用于消费（C_w），则资本家的利润等于资本家的投资加资本家的消费（C_c），因为成本依然只是工资，而销售则增加了资本家的消费，由此得到卡莱茨基的如下名言，"工人花费他们所得到的，资本家得到他们所花费的"。由此可以推论，资本家消费得越多，利润越高。在两部门模型中，投资和资本品部门的扩张将使利润增加，而投资的增加会加大固定成本而导致有效需求不足。这里重要的不是利润量，而是利润率。卡莱茨基根据对有效需求的研究，终身致力于投资理论的推演，并使之成为积累的内生函数。它是资本主义周期性增长形式的关键。[①] 在这个形式中，"长期趋势（应当）仅仅是一长串短期状况的一个缓慢变化的构成部分……（不是一个）独立的实体。"

64.2 新剑桥学派对马克思和凯恩斯关系的理解

后凯恩斯主义的一个分支——新剑桥学派是从古典经济学和马克思经济学开始的。这个研究路线"也是行经马克思，然后又通过卡莱茨基为解决实现问题而对马克思的再生产体系所做的调整，达到琼·罗宾逊和她的追随者们"[②]。

与主流经济学相对立，以罗宾逊、斯拉法和卡尔多为代表的新剑桥学

---

① G. C. 哈考特：《后凯恩斯主义经济学》，载《新帕尔格雷夫经济学大辞典》第三卷，经济科学出版社1992年版，第991页。

② G. C. 哈考特：《后凯恩斯主义经济学》，载《新帕尔格雷夫经济学大辞典》第三卷，经济科学出版社1992年版，第989页。

派，对新古典理论提出了激烈的批评，并试图以古典学派和马克思经济学为基础而与凯恩斯、卡莱茨基的宏观分析结合起来建立新的理论体系。作为新剑桥学派的主要代表，罗宾逊夫人在20世纪30年代后期开始转向"宏观"经济学。在1942年发表的《论马克思经济学》一书中，她把马克思与凯恩斯的宏观经济学联系在一起。她在1953年提出的总量生产函数问题引发了著名的剑桥资本争论，其结论是，新古典理论只能在单一产品模型中成立，而不能适用于异质商品模型，即新古典理论对于现实的异质商品模型的解释或其以总量生产函数为基础的宏观经济学存在着逻辑上的矛盾。这一点对于宏观经济分析而言，是非常重要的，然而，罗宾逊夫人并没有把这种"微观分析"的突破与宏观经济学结合起来。

1956年，罗宾逊夫人提出了著名的剑桥增长模型，以利润率为核心阐述资本积累的长期趋势和稳定状态；在《资本积累》和《现代经济学导论》中，罗宾逊建立了一种稳定状态模型以表明稳定的利润率是保持均衡的条件，并且用她建立的两部类动态模型来说明工资和利润的关系，资本总量和生产技术的关系，企业家预期行为和经济竞争程度关系间的相互促进作用以及更高的机械化程度和"中性"的、倾向性的技术进步的影响①。然而，与她的均衡分析相抵牾，罗宾逊夫人强调技术变动所导致的历史时间和不确定性，难以达到稳态的均衡。

实际上，罗宾逊夫人所表明的均衡与技术完全无关，一个重要特征是它的长期均衡是存量与流量的同时均衡。在这种存量—流量模型中，资本存量与收入流量是相互作用的。在卡莱茨基的模型中加入资本存量，即可以得到剑桥增长模型②，其稳定状态是资本存量与收入流量保持不变，且工资与利润的比例保持不变，从而利润率保持不变，由此可以得到两个部门的比例也必然是不变的。这种剑桥增长模型强调一旦两个部门的比例脱离了稳定状态，必然会导致有效需求不足和利润率下降，由此产生经济的周期性波动。而这正是凯恩斯有效需求理论的核心所在。

---

① 路奇·帕西内蒂：《罗宾逊，琼·瓦奥莱特》，载《新帕尔格雷夫经济学大辞典》第四卷，经济科学出版社1992年版，第232页。

② Robinson, J. (1956) *The Accumulation of Capital*, London, Macmillan; Pasinetti, L., *Rate of Profit and Income Distribution in Relation to the Rate of Economic Growth*, *Review of Economic Studies*, 29 (4), 1962.

64.3　后凯恩斯主义是新马克思主义吗

关于马克思和凯恩斯的关系，他们的理论存在的相似性以及他们之间的差异性的讨论和研究，必然会向后延伸至有关后凯恩斯主义和马克思的联系的讨论，即是不是凯恩斯主义在遇到挑战之后，会转而从马克思那里找到一些支持自己的理论发展的概念或思想呢？另外，后凯恩斯主义和名称多样的马克思之后的马克思主义之间又是一种什么关系？上述问题的存在，使得对马克思和凯恩斯关系的研究变得更加复杂。比如，如果某种新马克思主义是严格遵循马克思的精神，使用马克思的分析框架完成对现代资本主义的分析的，而一种后凯恩斯主义（同样严格遵循凯恩斯的思路和逻辑）从本质上看和这种新马克思主义是一致的，那这是否等同于可以间接地证明马克思和凯恩斯的相似性？这肯定会成为一个争论的激烈程度不亚于对马克思和凯恩斯本人的关系的争论的研究。克雷格尔（J. A. Kregel）发表在一本重要的论文集《增长、利润和所有权》中的文章：《马克思、凯恩斯和社会变迁：后凯恩斯主义理论是新马克思主义理论吗》[①]，对后凯恩斯主义和马克思主义的关系进行了研究。

后凯恩斯主义和马克思主义或新马克思主义之间的关系的讨论，通常是在一个一般性的理论背景下诞生的，即在不同时期总是存在各种对新古典主义或正统经济学的批评，而正统经济学倾向于简单化地把事实上可能存在差异的不同理论观点归入非主流或异端经济学的标题下。正统经济学的这种取向既是不科学的，也是最容易招致不同流派的正统经济学的批判者反对的地方，在他们自己看来，他们自己的批判的独特性才是他们理论的价值所在。正是在这种背景和基本取向下，一些人专注于证明不同理论主张自身的独特性，一些人专注于指出它们的相似性。"对新古典经济分析方法的批判来自许多不同的领域，但是存在一种倾向把这些彼此竞争的理论视为是一个同质的群体。这只是所有当前的正统进行的反向批判，要么是以阿罗—德布鲁基本模型为代表的，要么是以'新新古典'的简化的总量生产函数为代表的。这种'反向'同质性表明，它们都可以被归入以马克思命名的群体中，或

---

① J. A. Kregel, Marx, Keynes, and Social Change: is Post – Keynesian Theory Neo – Marxist?, In Edward J. Nell, edited, *Growth*, *Profits*, *and Property*: *Essays in the Revival of Political Economy*, Cambridge University Press, 1980.

者被认为是新马克思主义"①。

然而严格的马克思主义者，首先是在理论差异的基础上，其次是为社会变迁所开出的方案上，把自己和其他正统经济学的批判者进行了区分。尽管几乎所有的非新古典经济学理论都被称为是新马克思主义，但是"只有'真正的'马克思主义理论才满足对经济现实进行有效的政治评价、为社会变迁开出意义深远的方案的基本要求"②。克雷格尔的文章试图说明，"尽管后凯恩斯主义和马克思主义方法之间存在很多理论上的相似之处，但这只是表面现象。然而，在它们之间的确存在一个重要的共同之处，这种共同之处也体现在两种方法对社会变迁而言具有的意义上"③。

64.3.1　马克思和凯恩斯的相似之处

在解释非自愿失业的可能性时，凯恩斯在真实历史时间的背景中，分析了工资和价格会根据供求变化的灵活调整的古典假设。凯恩斯能够证明即使满足古典假设，充分就业均衡也不是一个必然的结果。克雷格尔认为，在这一点上"研究可以遵循两种线路，一种是消极的和理论性的，另一种是积极的和务实性的。凯恩斯可以集中研究为什么古典价格机制无法产生所有要素充分就业的合意的结果。但是，作为一个面对令人难以忍受的失业的务实的人，凯恩斯完全重塑了经济理论，强调新方法积极的一面。理论的实用的一面试图说明，如何产生一种期望水平，这种期望足以引起的投资数量能够形成一种总需求水平，进而为所有在现行工资下愿意而且能够就业的人提供就业"④。

克雷格尔认为，在凯恩斯的理论中，"不确定性、期望和投资取代了相对价格的作用的发挥，成为决定经济体系中宏观变量的原动力"⑤。但是，凯恩斯把相对价格降低到次要的位置，尽管他仍把马歇尔的大部分供求框架作为他的理论的微观基础。甚至在他含蓄地证明现实的货币经济中的价格体系并不会像萨伊定理和货币数量论假定的那样发挥作用时也是如此。在凯恩斯的观点中，实际强调的是不确定性、期望和有效需求，不是相对价格的作用的发挥。在凯恩斯那里，古典的相对价格调整理论一定程度上并未被触

①　Harcourt, G. C, and Nell, E., A Note on Cambridge Controversies in Capital Theory, *Journal of Economic Literature*, Vol. 8, 1970, pp. 41 –45.

②③④⑤　J. A. Kregel, Marx, Keynes, and Social Change: is Post – Keynesian Theory Neo – Marxist?, In Edward J. Nell, Edited, *Growth, Profits, and Property*: *Essays in the Revival of Political Economy*, Cambridge University Press, 1980, P. 267.

动，尽管在凯恩斯那里可以找到有力的、隐含的批判。但是对凯恩斯而言，对细节的批判和对理论进行辛苦的重建和改善失业状况并不具有同样的紧迫性。

"马克思对资本主义经济中价格体系在产生充分就业时发挥的作用的批判更为直接。"① 马克思曾指出，"如果商品价格突然上涨，一方面许多工人被解雇，另一方面工厂主设法把工资压低到它的正常水平以下，借以避免遭受损失。这样，工人的正常需求下降，而且，这就进一步加快已经发生的需求普遍下降，以及加强需求普遍下降对市场价格的影响"②。克雷格尔认为，对马克思而言，价格体系发挥作用的结果并不像古典理论预测的那样，而且马克思和凯恩斯对此做出的反驳是相同的。相对价格的运动将不会造成所有要素的充分就业，而只有在这个条件下，稀缺性和机会成本才可以被认为是有意义的。克雷格尔认为 "马克思和凯恩斯发现了古典解释中存在的重大缺陷，即认为相对价格作用的发挥自然造成唯一的使相对价格自身有意义的情形"③。但是，这种批判很少被那些试图把凯恩斯纳入一般均衡框架的经济学家所注意到。因此，"对凯恩斯而言，价格理论不是一个重要的实际问题，对马克思而言，价格体系，或者后来所说的，价值理论才是最重要的"④。

尽管相对价格无法实现充分就业隐含在马克思和凯恩斯的理论中，而且他们的分析也存在一定的相似之处，但是他们对这种缺陷的解释确实是沿着不同的线路进行的。对凯恩斯来说，它是一个被凯恩斯称为 "长期期望的状态"（一个有关当前投资的未来收益率的信息的委婉的说法，价格体系无法提供）——从而投资决策的主要决定因素——掩盖了的问题。对凯恩斯而言，政府的职能在于弥补这种价格体系功能的不足，通过承担产生充分的总需求所要求的投资以形成适当的预期来传递信息。由于每个企业都是独自行动，总体意义上的企业家不可能知道他们一致的努力能够产生证明他们的投资是正确的盈利率。因此，企业家不去与预期的潮流对着干是理性的，但是国家能够这样做，因为它能够理解整体的形式，而且不受盈利率的制约。

马克思在阶级意识和生产关系理论的帮助下，预测了持续的危机的存在。由于他们的本质，资本家不可能从阶级类型的角度理解他们发挥的作用

①③④　J. A. Kregel, Marx, Keynes, and Social Change: is Post – Keynesian Theory Neo – Marxist?, In Edward J. Nell, Edited, *Growth, Profits, and Property: Essays in the Revival of Political Economy*, Cambridge University Press, 1980, P. 268.

②　《马克思恩格斯全集》第 26 卷第Ⅲ册，人民出版社 1972 年版，第 244 页。

的本质。他们注定会失败，因为他们的个人主义本质，每个人都只惦记自己的利润。同时，生产过程社会化程度的提高越来越与以个体的、私人为基础的生产资料的所有和使用的指导相矛盾，造成了只能通过危机和失业加以纠正的剩余价值分配和实现的失调。只要资本家想的只是自己的个体的利润，与劳动者和其他资本家进行竞争，资本主义生产方式就会产生越来越严重的危机和失业的扩大，这反过来培育了工人的阶级意识和最终生产资料的社会所有和控制。没有哪种经济理论能够分析这种现实，只要它仍保留对资本主义体系的个人主义解释，只要它仍停留在资本主义意识形态的领域内。"在凯恩斯那里，一般性的问题只是充分的投资问题，然而，对马克思来说，即使资本家进行了这样的投资，同样的结果仍会发生。两种方法之间的区别在于根本性的价值和价格理论的区别"[1]。

凯恩斯既没有时间，也没有意愿去把自己的理论扩展到对建立在原子化的市场关系基础上的古典价值和价格理论的含义进行研究。他直接转向对资本主义病症的治疗，这种治疗通过认识到自己的职能是保护资本家阶级的利益的政府采取的外部行动进行的。"马克思是从认识到价值和价格理论对现实研究具有的意义出发的，而在凯恩斯那里，几乎没有这种必要"[2]。

64.3.2　后凯恩斯主义对凯恩斯体系的扩展

克雷格尔对后凯恩斯主义方法进行了概述。某一时点资本主义体系的总产出被分为消费品和投资品。分配机制的逻辑非常简单，劳动的实际工资不可能超过体系中生产的实际消费品的数量。这是一个界限，很明显实际工资可以低于实际消费品的数量，因为资本家也要消费一部分消费品产出。这留下了利润决定问题。卡莱茨基简单地把它表示如下：

$$产出 = 总投资 + 资本家的消费 + 工人的消费 = GNP$$

$$收入 = 总利润 + 工资和薪金 = GNP$$

如果工资和薪金是工人的消费（也就是说工人花费了他们的全部收入，因此储蓄倾向为 $s_w = 0$），那么总投资 + 资本家的消费 = 总利润（$s_p < 1$）是

① J. A. Kregel, Marx, Keynes, and Social Change: is Post – Keynesian Theory Neo – Marxist?, In Edward J. Nell, Edited, *Growth*, *Profits*, *and Property*: *Essays in the Revival of Political Economy*, Cambridge University Press, 1980, P. 268.

② J. A. Kregel, Marx, Keynes, and Social Change: is Post – Keynesian Theory Neo – Marxist?, In Edward J. Nell, Edited, *Growth*, *Profits*, *and Property*: *Essays in the Revival of Political Economy*, Cambridge University Press, 1980, P. 269.

工资界限的另一种表达。当 $s_p = 1$ 时，总利润 = 总投资。作为一种限度，通过适当的折旧调整，实际工资等于可得的产出，利润等于净投资。

罗宾逊夫人对新古典理论的主要批评在于，新古典理论没有解释是什么决定了利润率（因为总体的资本流动，在所有部门利润率趋于相等）。"这是后凯恩斯主义和马克思之间的区别之一"①。

根据上面的表述，利率润的决定可以从凯恩斯有关投资的决定中得出。在凯恩斯的理论中，储蓄对投资没有任何直接的影响，也不决定投资（尽管通过影响消费倾向，它们能够对预期产生消极的影响）。但是，投资作为一种自治的和独立的因素创造了使储蓄等于投资的必要的储蓄。因此，作为受到不确定性和期望影响的自治和独立的变量，投资决定了产出在消费品和投资品之间的分配。

给定技术和货币工资水平，银行体系能够创造和贷出投资者所需的货币，投资总额决策将决定用于投资的目的的资源的数量。因此，对未来销售和这些销售能够带来的利润的预期（动物精神）设定了整个投资对产出的比率 $\left(\dfrac{I}{Y}\right)$，如果条件没有发生什么重大的变化，预期通常能够被满足，投资决策也会决定 $\dfrac{I}{K}\left(\text{或者}\dfrac{\Delta K}{K}\right)$，即资本存量的积累率。资本存量使用所得到的利润率，现在可以通过计算能够使得期望实现的消费品和投资品部门之间的价格关系得以决定。

由于资源给定，投资决策决定了生产的消费品的数量和劳动在技术给定的两个部分之间的配置。从而，对消费品的需求将由消费和投资部门支付的工资一起构成。假定资本家不消费，工人不储蓄，消费品的价格将在恰好耗尽工人的需求的水平上决定，或者 $pQ_c = wN_c + wN_i$，Q_c 是由 $\dfrac{I}{Y}$ 决定的消费的数量，w 是货币工资率，N_c，N_i 分别是每个部门的就业。能够实现期望的均衡要求 p 取能够平衡关系的值。消费品部门的资本家的总收益为 pQ_c，他们的主要生产成本等于工资费用 wN_c，因此利润 $P = pQ_c - wN_c = wN_c + wN_i - wN_c = wN_i$，总利润等于投资品部门的工资费用。

现在可以看出，如果投资高了，新形成的均衡将会包含更高的 $\dfrac{I}{Y}$，更高

① J. A. Kregel, Marx, Keynes, and Social Change: is Post – Keynesian Theory Neo – Marxist?, In Edward J. Nell, Edited, *Growth, Profits, and Property: Essays in the Revival of Political Economy*, Cambridge University Press, 1980, P. 269.

的 $\dfrac{N_i}{N_c}$ ，从而更高的价格水平和总利润率。更小数量的消费品也意味着工人的最低最大消费，从而更低的实际工资。同样的，资本家得到的利润率是他们作为整体的投资决策的直接结果。由于假定所有的利润都被储蓄了，所以更高的投资只是通过更高的利润来平衡的，因此，凯恩斯主义的均衡 $S = I$ 是通过 $P = I$ 的形式维持的，它保证了 $\dfrac{P}{K} = \dfrac{I}{K}$ ，也就是说利润率等于增长率。

因此，当资本家投资更多时，他们就会储蓄得更多，同时得到更多的利润。克雷格尔特别提醒说，不应当把更多的储蓄和更多的利润相混淆，认为资本家应该得到更多的利润，因为他们储蓄得更多，这忘记了高储蓄和高利润的另一面是工人更低的真实消费。

事实上，资本家是储蓄还是消费对他们的利润而言并没有什么不同。如果增加资本家的消费，价格等式必须被改写为 $pQ_c = wN_c + wN_i + cP$ ，其中，cP 是来自利润的消费，利润为 $P = pQ_c - wN_c = wN_c + wN_i + cP - wN_c = wN_i + cP$ ，储蓄和投资相等，变为 $S = I(1 - c)P$ ，这也意味着给定 $\dfrac{I}{K}$ 的值时会有更高的利润率，因此利润率大于积累率。这种情况准确对应着卡莱茨基所描述的，也可以用后凯恩斯主义公式 $\pi = \dfrac{g}{s_p}$ 来表达，在这里 π 离开 g 的程度与来自利润的消费成比例。即使资本家不是那么吝啬，也不会伤害他们来自利润的收入。因此，尽管无法解释从储蓄（或节欲）中获利，但分配机制似乎是对资本家的储蓄做出了回报。

这种表面现象导致一些民主主义和自由主义的社会主义者认为，穷人之所以穷是因为他们不储蓄，因为他们白白浪费了从储蓄中获利的机会。从而，福利国家计划要求工人进行强制性的契约储蓄，提供低成本的社会服务，以形成更大的收入平等。通过这种方式，人们希望所有人都能分享自由放任资本主义的成果。克雷格尔认为，"这是一种妄想"[①]。另外，福利国家引起了一种争论，现实中非储蓄阶级非常小，因此，使用卡莱茨基的严格假设的模型在描述现代资本主义福利国家对利润的索要几乎是不现实的。

克雷格尔认为可以使理论变得更现实。假定经济是由家户和公司构成

---

① J. A. Kregel, Marx, Keynes, and Social Change：is Post‐Keynesian Theory Neo‐Marxist?, In Edward J. Nell, Edited, *Growth，Profits，and Property：Essays in the Revival of Political Economy*, Cambridge University Press, 1980, P. 270.

的，假定每个家户拥有现有公司同样的股份和对它们的利润的索取权。因此，家户的收入是由工资和从公司得到的红利构成的。家户不区分他们的收入来源，从而对应着家户收入有一个储蓄率。总家户收入为 $Y_h = W + (1 - r)P = W + D$，$r$ 是公司保留下来为投资进行内部融资的利润的比例，D 为红利收入。总收入为 $Y_f + Y_h = W + D + rP$，利润等式为 $P = I + [(1 - s)D - sW]$，平衡关系为 $S = I = sW + s(1 - r)P + rP$。

在先前的严格储蓄假设的例子中，功能性收入阶级对应于社会阶级。在当前的例子中，只有一个社会阶级和一种总体意义上的生产关系。从这些假定中得到的利润率公式，可以从对 $\pi = \dfrac{g}{s_p}$ 的修正中得到，只不过更复杂了一点：

$$\pi = \frac{g - s\left(\dfrac{W}{K}\right)}{s(1 - r) + r} \text{ 或 } \frac{g}{r + (1 + r)s + s\left(\dfrac{W}{P}\right)}$$

新的利润率公式与前面更简单的相比，表明 $s(1 - r) + r$ 只不过是另一种表达来自总利润的储蓄倾向的方式，第二个类型的公式以 $\dfrac{W}{P}$ 的形式考虑了市场力量关系。这个公式中的公司包括资本家把他们的投资决策和为投资融资的（r 的值，或内部融资）能力结合在一起，决定消费品产出和家户能够购买它们的收入的名义价值（r 影响了 D，进而影响了 Y_h）。如果所有家户处于同等地位（相等的 W，s，D），那么当作为整体的公司实施更高比率的投资时，他们将有同等程度的低消费。现在"对储蓄的回报，不是利润，而是体现在公司价值上的账面收益，根据定义，它无法被全体家户消费，尽管他们的感觉会好一些"[1]。

很明显，没有理由把分析限制在只有单一的家户储蓄倾向上。这里存在的限定条件是对应每一种收入水平有不同的储蓄倾向。但是，即使如此，也是同样的机制在发挥作用。那些低收入家户消费更大比例的收入，从而处于更低的财富位置和更低的储蓄能力。在这种情况下，更高的投资率意味着高收入阶级的收入成比例的扩大，低收入家户实际消费成比例地削减。$S = I$ 的平衡是通过高收入家户能够更容易地承受的价格提高减少低收入者的消费

① J. A. Kregel, Marx, Keynes, and Social Change: is Post – Keynesian Theory Neo – Marxist?, In Edward J. Nell, Edited, *Growth*, *Profits*, *and Property*: *Essays in the Revival of Political Economy*, Cambridge University Press, 1980, P. 270.

实现的。"不是储蓄和储蓄倾向量上的差异，而是储蓄给定大小的收入的能力决定了谁将放弃消费以增加投资"①。

因此，无论来源如何，经济增长和积累的冲击将由低收入者承担。"只要实际购买力是从那些消费更高比例的收入的人当中转移到消费更低比例的人当中，就不存在可以想象的社会计划将平等地分配增长和投资的负担。一个通过'价格机制'分配产出的动态增长的体系将产生收入不平等"②。克雷格尔认为，"无论价格是由看不见的手决定的还是由公司投资要求的关系所设定的都是如此"③。

"那么，为了缓解贫困和不平等，必须反对体系自身，因为不平等内在于资本主义生产方式中，消费和储蓄模式的小的变化或者是提供社会服务都不会改变它"④。在这种情况下，人们不再关注工资和利润，或家户和公司，或者是高或低的收入。为了消除不平等，人们需要新的术语研究这个问题。同马克思一道，"人们最终走向反对生产资料的个人所有制和建立在价格机制（只考虑它作为市场出清机制，不考虑它的效率或最优性）基础之上的配置和交换体系"⑤。

沿着这个思路，人们会得到彻底地反对马克思所说的工资体系；遵循凯恩斯，人们将只会得出，这个体系是不公平的，因为它不能提供充分就业，一个他认为自然会发生的情况，因为他对价格体系的分析并不深入。因此，对凯恩斯来说，事情只需要改变到能够允许充分就业的程度。第三种立场是精英社会主义者的立场，他们绕开凯恩斯的问题，强调创造市场平等。很容易看出，这种立场意味着同样的不平等，只要体系仍然是建立在物质财富所有权的基础之上，因为它没有消除市场交换和私有制。价格体系不仅无法产生充分就业，而且还产生了作为自然结果的收入不平等。

64.3.3 马克思的分析及其与后凯恩斯主义的区别

马克思的立场在支持工人阶级争取更高的工资的斗争中得到了清楚的体现。马克思指出："同时，即使不谈雇佣劳动制度中所包含的一般奴隶状态，工人阶级也不应夸大这一日常斗争的最终效果。他们不应当忘记：在日常斗争中他们反对的只是结果，而不是产生这种结果的原因；他们延缓下降

---

①②③④⑤ J. A. Kregel, Marx, Keynes, and Social Change: is Post - Keynesian Theory Neo - Marxist?, In Edward J. Nell, Edited, *Growth, Profits, and Property: Essays in the Revival of Political Economy*, Cambridge University Press, 1980, P. 271.

的趋势，而不改变它的方向；他们服用止痛剂，而不祛除病根。所以他们不应当只局限于这些不可避免的、因资本永不停止的进攻或市场的各种变动而不断引起的游击式的搏斗。他们应当懂得：现代制度给他们带来一切贫困，同时又造成对社会进行经济改造所必需的种种物质条件和社会形式。他们应当摒弃'做一天公平的工作，得一天公平的工资！'这种保守的格言，要在自己的旗帜上写上革命的口号：'消灭雇佣劳动制度！'"①。

克雷格尔指出，罗宾逊夫人的主要问题是：什么决定了利润率？马克思走得更远，问的是：为什么利润会存在以及是什么决定了存在多大的利润？为了回答上面的问题，马克思必须深入到按市场价格和生产价格进行的商品交换关系的表面现象背后。在马克思看来，整个故事是这样的，在一个特定的伴随着被视为是资本主义的社会关系的生产方式中，存在着生产资料所有者和自由劳动者的区分。在这种关系中，劳动呈现出商品的一切特征，但是是一种非常特殊的商品。

"在后凯恩斯主义体系中，利润是从商品交换关系中出现的。这是一个同马克思非常不同的立场。对后凯恩斯体系而言，利润的存在或者是因为投资的发生或者（和）是资本家消费的结果。对马克思来说，这是劳动力作为商品应用于生产过程的结果，完全不是商品交换中剥削的结果"②。

此外，马克思不仅理解资本主义条件下，价格和价值的关系，而且认为这种关系对资本主义的运转而言是必不可少的。克雷格尔认为，马克思的主要观点是，即使价值到价格的转形过程被理解和解释了，那么无论是转形过程自身还是从中得到的价格在解释生产利润的资本主义生产方式的具体运作方面都没有多大的用处。为了回答马克思最初关心的问题，他"依赖于价值理论……这是马克思和后凯恩斯主义之间的一个根本性的理论区别。后者满足于只从资本家的视角考察交换关系"③。

克雷格尔还指出，"后凯恩斯主义理论如此有启发性的主要原因在于，

①　《马克思恩格斯全集》第16卷，人民出版社1964年版，第169页。

②　J. A. Kregel, Marx, Keynes, and Social Change：is Post – Keynesian Theory Neo – Marxist?, In Edward J. Nell, Edited, *Growth*, *Profits*, *and Property*：*Essays in the Revival of Political Economy*, Cambridge University Press, 1980, P. 272.

③　J. A. Kregel, Marx, Keynes, and Social Change：is Post – Keynesian Theory Neo – Marxist?, In Edward J. Nell, Edited, *Growth*, *Profits*, *and Property*：*Essays in the Revival of Political Economy*, Cambridge University Press, 1980, P. 273.

尽管拒绝分析价值，但是它的确强调了生产关系"①。在凯恩斯体系中，实际工资不是由交换决定的，它只是由交换实现的。一旦投资对产出的比例固定下来，最大化的实际工资也就给定了，价格体系只是确认了工资（消费品）和利润（资本品）之间的分配。比如，在上面描述的简单凯恩斯主义模型中，假定不存在投资，实际工资就等于每个工人的产出，利润率等于零。从而，只有开始投资时，利润才存在而且实际工资开始低于每个工人的产出。当投资发生时，消费品部门的工人既为自己也为投资品部门的工人生产商品。这些商品最终以投资部门生产的资本品的形式构成资本家的利润。在这种意义上，是生产资本品的工人代表着资本家的利润。克雷格尔认为，"事实上，这种分析和马克思看待资本主义体系的方式并无太大的不同"②。马克思曾说："如果剩余劳动等于半个工作日，那末这就象是工人阶级中有一半为工人阶级生产生存资料，而另一半则为资本家——他们一方面作为生产者，一方面作为消费者——生产原料、机器和成品"③。

克雷格尔的观点是，"从而凯恩斯主义体系中的 $\frac{I}{Y}$ 关系，对应于马克思的剥削概念。因此，可以理解，对于缓和不平等，两种理论应该给出相同的建议。马克思理论的基础，价值理论对解释这种不平等的根源来说是必不可少的，而凯恩斯主义理论务实地把不平等作为一个事实"④。

64.3.4 对马克思和后凯恩斯主义基本关系的判断

克雷格尔认为，"总体地看，可以说后凯恩斯主义理论是新马克思主义，但是只在为消除不平等所需的必要改变开出药方的严格意义上这一点才成立"⑤。而且，必须注意的是，这个结论，能够从凯恩斯理论的基础上合乎逻辑地得到，但是要求这个理论更加激进。

克雷格尔认为，就各自的理论自身而言，人们无法在马克思和后凯恩斯主义理论之间找到完全一致的地方，尽管它们以相似的方式分析完全一样的社会现象。"后凯恩斯主义把资本主义视为是给定的，因此不得不从资本家的视角分析资本主义体系，也就是说从交换和价格出发分析资本主义。它的确提供了对利润率和分配决定的解释，但是这种解释主要是建立在交换领域

①②④⑤ J. A. Kregel, Marx, Keynes, and Social Change: is Post – Keynesian Theory Neo – Marxist?, In Edward J. Nell, Edited, *Growth*, *Profits*, *and Property*: *Essays in the Revival of Political Economy*, Cambridge University Press, 1980, P. 273.

③ 《马克思恩格斯全集》第 26 卷第Ⅲ册，人民出版社 1972 年版，第 400～401 页。

的基础之上……它没有解释或试图探寻对为什么利润存在的解释"①。对马克思而言，"价值理论是解释资本主义真实关系的重要因素，因此，马克思试图深入到容易造成错觉的交换关系背后的深层次生产关系。把劳动理解为商品，一种特殊的商品，能够解释剩余价值的存在，即使是所有商品都按它们的价值交换时也是如此。剩余价值解释了利润和分配的存在。"②

根据上述判断，"马克思将很难接受后凯恩斯主义方法是新马克思主义，除了可能在他自己绝望的免责声明——'我不是一个马克思主义者'——的意义上"③。

克雷格尔还从经济思想史的角度进一步讨论了马克思和后凯恩斯主义的关系问题。他认为"的确存在的马克思和后凯恩斯主义的理论相似性，可以追溯到李嘉图的思想和经济剩余的概念。当然，区别是，马克思深入到李嘉图分析的表面之下，尝试修正他的价值理论。在这种意义上，马克思认为自己发现的劳动二重性，是区别他自己的理论和李嘉图的理论的基本点。后凯恩斯主义分析有如此多的李嘉图的特征，而且是经过马歇尔和凯恩斯巧妙地传递下来的李嘉图的特征，从而倾向于反对寻找价值尺度。斯拉法为李嘉图的价值尺度问题提供了不同的解决方法，从而被证明对后凯恩斯主义具有重大的批判性。斯拉法的分析差不多也提供了一个加强李嘉图思想在新马克思主义和后凯恩斯主义传统中复活的基础"④。

---

① J. A. Kregel, Marx, Keynes, and Social Change: is Post – Keynesian Theory Neo – Marxist?, In Edward J. Nell, Edited, *Growth*, *Profits*, *and Property*: *Essays in the Revival of Political Economy*, Cambridge University Press, 1980, pp. 273 – 274.

②③④ J. A. Kregel, Marx, Keynes, and Social Change: is Post – Keynesian Theory Neo – Marxist?, In Edward J. Nell, Edited, *Growth*, *Profits*, *and Property*: *Essays in the Revival of Political Economy*, Cambridge University Press, 1980, P. 274.

第 65 章　马克思与凯恩斯理论关系的"百年评价"

在 20 世纪 80 年代，老牌凯恩斯主义者迪拉德在《马克思与凯恩斯：百年评价》[①] 一文中，把马克思和凯恩斯的主要成就表述为将货币理论整合进整体的经济分析框架，该论断受到了来自马克思主义阵营而非凯恩斯主义同伙的挑战[②]。

迪拉德对马克思和凯恩斯的经济学研究进行了总体评价。他认为，"马克思和凯恩斯都描绘了资本主义衰落的景象，都厌恶生产受货币增殖欲望驱动的经济制度。马克思把货币视为资本主义社会异化的标志。他的经济理论完全把货币整合进他的价值和资本理论中。……随着老化的资本主义（Aging Capitalism）呈现在凯恩斯的面前，作为一名经济学家，凯恩斯敏锐地洞察到货币是当代资本主义的关键制度。"[③]

迪拉德认为，凯恩斯和马克思的经济学原理大体上可以被描述为生产的货币理论。"生产的货币理论关注的焦点是资本主义的突出特征，即驱动在私人部门雇佣工人的资本家，通过购买劳动力、原料和设备并销售其产品的方式以赚取钱财。只有当产出价值以货币形式实现时，资本主义生产才得以完成。在这些制度安排下，社会生产商品和劳务的直接目标服从组织和生产商品和劳务的赚钱目标。凯恩斯和马克思宏大的主题是，围绕就业和生产中

---

① D. Dillard, Keynes and Marx: A Centennial Appraisal, *Journal of Post Keynesian Economics*, Vol. VI, No. 3, Spring, 1984, pp. . 421 – 432. In *Karl Marx's Economics*: *Critical Assessments*, Edited by Cunningham Wood, Vol. V, pp. 372 – 382.

② P. Burkett, Dillard on Keynes and Marx: Rejoinder, *Journal of Post Keynesian Economics*, Vol. VIII, No. 4, Summer, 1986, pp. 623 – 631. In *Karl Marx's Economics*: *Critical Assessments*, Edited by Cunningham Wood, Vol. VII, pp. 20 – 27.

③ D. Dillard, Keynes and Marx: A Centennial Appraisal, *Journal of Post Keynesian Economics*, Vol. VI, No. 3, Spring, 1984, pp. 421 – 432. In *Karl Marx's Economics*: *Critical Assessments*, Edited by Cunningham Wood, Vol. V, P. 372.

的公共利益与最大化货币收益的私人利益之间的紧张展开的。"①

在对马克思和凯恩斯的经济学理论从两个方面做出整体评价后，迪拉德围绕货币理论、有效需求和消费不足、资本积累和劳动价值论，对马克思和凯恩斯的理论进行了具体的分析和比较。最后，迪拉德对凯恩斯和马克思的关系进行了总体的说明，并推荐了一种他认为的合适地对待两位理论家的理论的态度。

65.1 货币理论和一般经济理论

迪拉德认为，"将货币理论完全融入一般经济理论是凯恩斯和马克思的经济学的共同特征。凯恩斯和马克思……都强调了货币的重要的、特殊的属性。两个人的理论要点都在于货币和商品的两极分化，货币作为一极，商品（实际产出）作为另一极。在资本主义社会，货币与其他形式的财富不仅存在程度上的，而且还存在性质上的差别。"②

在《通论》第17章"利息和货币的主要性质"中，凯恩斯的主要目标是解释货币的特殊性。凯恩斯认为，货币的特殊性在于，每一种投资的资产都它自己的利息率，即根据现货价格和期货价格的差别来测量的利息率。但是，货币的利息率不同于其他形式的利息率。于是，产生了货币利息率与所有其他形式的资产收益率（边际效率）的两分法，由此奠定了凯恩斯的资本边际效率要适应利息率（而非相反），这个命题的基础。在一种重要意义上，凯恩斯把非自愿失业归因于货币的属性，因为除了货币以外，所有资产的回报率"……只有在充分就业时才能达到均衡状态"③。迪拉德指出，在凯恩斯那里，货币的重要性不仅在它决定利息率，同样重要的是，它以稍微不同的方式决定了所有其他资产实现的回报率，这种决定取决于真实产出在或多或少遥远的且高度不确定的未来转化为货币的预期条件。迪拉德认为这可以被视为是马克思所说的"实现问题"。

迪拉德对凯恩斯的货币特征分析做出了总体的评价，他指出："总之，

① D. Dillard, Keynes and Marx: A Centennial Appraisal, *Journal of Post Keynesian Economics*, Vol. VI, No. 3, Spring, 1984, pp. 421 – 432. In *Karl Marx's Economics: Critical Assessments*, Edited by Cunningham Wood, Vol. V, P. 372.

② D. Dillard, Keynes and Marx: A Centennial Appraisal, *Journal of Post Keynesian Economics*, Vol. VI, No. 3, Spring, 1984, pp. 421 – 432. In *Karl Marx's Economics: Critical Assessments*, Edited by Cunningham Wood, Vol. V, P. 373.

③ 凯恩斯著，高鸿业译：《就业、利息和货币通论》，商务印书馆1999年版，第242页。

凯恩斯有关非自愿失业的核心命题，直接和货币经济中的货币职能相联系。货币是一种独特的重要的资产"。

迪拉德认为，马克思也建立了货币和商品的两分法。马克思认为，货币是商品生产制度合乎逻辑的、必然发展的结果，即从简单的、扩大的、一般等价物到货币的价值形式发展的结果。"在马克思和凯恩斯的货币经济中，商品的价值都是通过同一般等价物——货币——的交换实现的"①。

迪拉德断定："凯恩斯和马克思存在密切的相似之处：他们都将货币理论整合进一般经济理论，都强调了货币在决定实际产出方面所起的直接的、因果关系的作用。"②

65.2 有效需求和消费不足

迪拉德指出："有效需求是凯恩斯的《通论》的中心内容。马克思并没有明确阐述有效需求理论，但是在他的著作中却蕴涵着有效需求理论的许多内容，其中包括《资本论》第二卷的再生产理论以及由于剩余价值不能实现而引发的危机问题。凯恩斯承认马克思对有效需求的关注。"③ 迪拉德认为，"更加正式地对有效需求理论进行阐述将会加强马克思的经济学"④。

迪拉德认为和凯恩斯把总产出（收入）分为投资和消费两个部分"同源的"是马克思把总产出（收入）分为专门生产资本品的第Ⅰ部类和专门生产消费品的第Ⅱ部类，每一部类都由可变资本、不变资本和剩余价值三个部分组成。在马克思那里，大量的产出是在部门内生产和销售的，但是像凯恩斯的模型一样，一些产出的销售来源于其他部门创造的收入的支出。迪拉德认为，在马克思看来，既然一个部门的产出的需求依赖于其他部门创造的收入和支出，平衡的货币流动的条件是十分脆弱的。即使在简单再生产条件下，实现总供给和总需求平衡的条件也是十分困难的。随着扩大再生产条件下的资本积累的出现，不平衡变得更加可能。"与凯恩斯相比，马克思对资

---

① D. Dillard, Keynes and Marx: A Centennial Appraisal, *Journal of Post Keynesian Economics*, Vol. Ⅵ, No. 3, Spring, 1984, pp. 421 – 432. In *Karl Marx's Economics: Critical Assessments*, Edited by Cunningham Wood, Vol. Ⅴ, P. 374.

②③④ D. Dillard, Keynes and Marx: A Centennial Appraisal, *Journal of Post Keynesian Economics*, Vol. Ⅵ, No. 3, Spring, 1984, pp. 421 – 432. In *Karl Marx's Economics: Critical Assessments*, Edited by Cunningham Wood, Vol. Ⅴ, P. 375.

本主义自我调节的本质更没有信心"①。

迪拉德认为,马克思第 I 部类和第 II 部类之间的"大宗交换"与凯恩斯的有效需求的基本原理相似,后者主张支付给企业家生产的商品和服务的数量取决于正在生产的投资品和服务的数量。

迪拉德认为,虽然马克思和凯恩斯并非严格意义上的消费不足论者,但是,他们显然都支持某种类型的消费不足论。凯恩斯相信,投资不足和消费不足导致了充分就业不足。他也讨论了马克思的资本总公式:M—C—M′。他认为,M′超过 M 的部分——马克思的来自对劳动的剥削的剩余价值中,有一部分由于有效需求的不足而不能实现。

65.3 资 本 积 累

迪拉德比较了马克思与凯恩斯的资本积累理论。他认为,资本积累是《资本论》的中心内容,就如同有效需求是《通论》的中心内容一样。迪拉德指出,"对马克思来说,资本积累是资本主义历史使命的驱动力,它不仅造就了资本主义文明的巨大成就,也制造了资本主义文明的悲剧。凯恩斯的'投资'概念与马克思的'资本积累'类似,本质上,它是与当前的生产超过当前的消费相同的经济现象,只是它的负面效应更为有限。无论是投资的偶然暴增还是资本积累的迅速变化,都能说明生产和积累的广泛的周期性不稳定。因为凯恩斯的模型强调投资是当前有效需求的一个来源,它倾向于忽视了资本积累的长期后果,即增加生产能力,从而增加了未来有效需求充分实现的难度。凯恩斯并没有忽视投资的这种矛盾的职能,但是在他的模型中并没有考虑到这一点。"②

马克思指出了资本积累的一般规律,即一极是财富的积累,另一极是贫困的积累。根据他的一般规律,伴随着资本积累的节约劳动力的技术的引进引起了失业,这可以解释潜在丰裕中的贫困悖论。

迪拉德指出,"马克思的产业后备军与凯恩斯的非自愿失业看起来相似,但是他们存在重大差别。凯恩斯的非自愿失业源自有效需求不足,并且

① D. Dillard, Keynes and Marx: A Centennial Appraisal, *Journal of Post Keynesian Economics*, Vol. VI, No. 3, Spring, 1984, pp. 421 – 432. In *Karl Marx's Economics: Critical Assessments*, Edited by Cunningham Wood, Vol. V, P. 376.

② D. Dillard, Keynes and Marx: A Centennial Appraisal, *Journal of Post Keynesian Economics*, Vol. VI, No. 3, Spring, 1984, pp. 421 – 432. In *Karl Marx's Economics: Critical Assessments*, Edited by Cunningham Wood, Vol. V, P. 377.

通过增加投资可以缓解，而马克思的产业后备军的人数则是主要与投资相关的技术性失业的牺牲品。马克思把技术变迁整合进他的核心模型。凯恩斯则没有这样做，这也构成他的理论的一个主要缺点。如果他从马克思那里学到构筑技术性失业模型的方法，他的理论将会得到进一步的加强。……但是，凯恩斯的模型说明了丰裕中的贫困现象。同一个贫困的社会相比，一个富裕社会的投资诱导将更弱，更容易导致较高的失业。"①

迪拉德引用了凯恩斯《通论》中的一段话，认为这段话表明凯恩斯的理论染上了马克思主义的色彩。凯恩斯说："社会越富裕，社会的实际和潜在的产量之间的差距越大；因此，社会经济制度的缺陷就更加明显和难以令人容忍。……如果在一个潜在富裕的社会中，投资的诱导微弱，那末，尽管存在着潜在的财富，有效需求原理的作用会迫使该社会减少它的产量，一直到存在着潜在财富的该社会贫穷到如此的程度，以致它产量的多于其消费的部分被减少到与它的微弱的投资诱导相适应时为止"②。

在上述分析的基础上，迪拉德说，"因此，在马克思和凯恩斯那里，资本主义财富成为产出和就业的一个障碍。马克思说：'资本主义生产的真正障碍就是资本本身'。资本主义的局限源自这种制度的内在逻辑，而不是像马尔萨斯或李嘉图假定的那样，源自人类和物质自然强加于它的限制……凯恩斯用社会和经济制度的术语而不是人类和物质自然的术语解释贫困的思想与马克思的思想是兼容的"③。

65.4　凯恩斯和马克思的劳动价值论

迪拉德对马克思和凯恩斯的劳动价值论的讨论是文章的一大特色，因为很少有讨论凯恩斯的劳动价值论的文献。迪拉德认为，马克思和凯恩斯的另一个共同点是劳动价值学说，并指出缺乏对凯恩斯的劳动价值论的研究的情况，他说："马克思的劳动价值论是其理论体系的核心，并已经成为大量文献探讨的焦点……凯恩斯的劳动价值论则鲜为人知，也很少被人

① D. Dillard, Keynes and Marx: A Centennial Appraisal, *Journal of Post Keynesian Economics*, Vol. VI, No. 3, Spring, 1984, pp. 421 – 432. In *Karl Marx's Economics: Critical Assessments*, Edited by Cunningham Wood, Vol. V, P. 378.
② 凯恩斯著，高鸿业译：《就业、利息和货币通论》，商务印书馆1999年版，第36页。
③ D. Dillard, Keynes and Marx: A Centennial Appraisal, *Journal of Post Keynesian Economics*, Vol. VI, No. 3, Spring, 1984, pp. 421 – 432. In *Karl Marx's Economics: Critical Assessments*, Edited by Cunningham Wood, Vol. V, pp. 378 – 379.

理解"①。

迪拉德关心的问题是，在凯恩斯那里，劳动价值论"只是代表了一种特殊的附带意见，还是对他的基本的社会哲学和他的技术性经济分析有着重要的意义？"②迪拉德的观点是，"尽管只是偶然地和技术性理论相联系，但劳动价值论的确对凯恩斯有关资本的哲学取向和首收入分配的功能性分类产生了影响"③。

迪拉德指出，凯恩斯关于劳动价值论的关键的表述是："我欣赏古典学派（斯密—李嘉图）以前的理论；该理论认为，每一件物品都是由劳动生产出来……应该把包括企业家和他的助手的劳务包括在内的劳动当作唯一的生产要素……"④迪拉德认为，这就意味着劳动是获得社会必要收入的唯一的生产中的功能性主体。凯恩斯认为，利息率和地租都是非功能性的、非劳动的收入。但是，与马克思不同的是，凯恩斯认为企业家的劳务是一种形式的功能性劳动，参与社会生产，并对社会生产做出了贡献。而马克思视所有三种非工资份额——地租、利息和利润——都是非劳动所得，是剩余价值。迪拉德指出，在马克思详细论述的共产主义的理想社会中，个人获得的地租、利息和利润将会消失。在凯恩斯的理想社会，私有制和企业家将会继续存在。在未来的这个时候，资本资产将不再稀缺，它们不可能再产生高于它们的生产成本的回报。用迪拉德的话说，"这将是食利者的安乐死。这种资本资产的非稀缺性不必被解释为一种对事实上将要发生的事情的预测，在任何程度上它都表达了凯恩斯有关理想的功能性社会的规范性观点"⑤。

凯恩斯对劳动价值论的表述出现在《通论》第16章"关于资本性质的几点考察"中，迪拉德指出，凯恩斯故意避免把资本说成是"生产性"的，他把资本设备视为"体现在资产中的并且根据其稀缺或丰富程度而具有价格的过去的劳动"⑥。

在对马克思和凯恩斯的劳动价值论的分析的最后，迪拉德说："一般地说，经济学中价值理论一直都试图探索市场表面现象背后的本质属性和各种关系。马克思试图使用'抽象'劳动价值理论理解市场价格，以剩余价值

---

①②③⑤　D. Dillard, Keynes and Marx: A Centennial Appraisal, *Journal of Post Keynesian Economics*, Vol. VI, No. 3, Spring, 1984, pp. 421–432. In *Karl Marx's Economics: Critical Assessments*, Edited by Cunningham Wood, Vol. V, P. 379.
④　凯恩斯著，高鸿业译：《就业、利息和货币通论》，商务印书馆1999年版，第220～221页。强调为凯恩斯原文中的强调。
⑥　凯恩斯著，高鸿业译：《就业、利息和货币通论》，商务印书馆1999年版，第221页。

理论为基础理解地租、利息和产业利润，来揭示经济的本质。以类似的方式，凯恩斯使用劳动价值理论去探索资本的本质及其资本的所有者（资本家）和使用者（企业家）得到的回报"①。

65.5　迪拉德的结论

迪拉德指出，对马克思和凯恩斯的经济学还可以进行其他方面的比较。比如，马克思和凯恩斯都有一种利息的货币理论，他们对货币数量和一般价格水平之间持有一种高度相似的非正统的观点等。

迪拉德认为，可能令人感到惊讶的是，马克思的经济学对凯恩斯的思想很少产生直接的影响。但是，"显而易见，马克思和凯恩斯经济学的相似性主要来自对同一现象的考察，即资本主义是建立在私人赚钱的基础上的一种生产的社会制度，另外他们对大量失业造成的人力成本和对财富与收入分配中存在的专断的不平等的非正义保持着敏感。简单地说，他们的视角的相似性解释了他们的经济分析的相似性"②。

经济分析所应用的视角，也包含了指向解决社会的核心经济困境的实践性的见解。迪拉德说："马克思发现，货币背后的困难在于私有财产，只有消除生产资料的私人所有制，也就是，消除生产的货币体系，才能解决该问题。凯恩斯则寻求在不消除私有财产的情况下进行补救。他最受推崇的货币经济问题的'解决方法'是增加公共部门支出，以弥补私人部门的有效需求的不足"③。

迪拉德最后的结论说："在经济学的历史中，一次又一次，重要的新的方向来自对经济理论的突破。在等待革命性人物的新突破时，经济学家们可以最好地利用已有的理论。比如，我认为，马克思的体系将会从采纳有效需求的正式理论中获益，凯恩斯的一般理论能够从把技术变迁整合进投资理论中获益……尽管马克思和凯恩斯——一位革命者与一位改良者之间的差别——的预测存在根本的不同，但是，他们对资本主义的诊断存在的共同点，足以彼此支持，从而为更好的理论提供一个比它们各自分离所能提供的

---

①② D. Dillard, Keynes and Marx: A Centennial Appraisal, *Journal of Post Keynesian Economics*, Vol. Ⅵ, No. 3, Spring, 1984, pp. 421 - 432. In *Karl Marx's Economics*: *Critical Assessments*, Edited by Cunningham Wood, Vol. Ⅴ, P. 380.

③ D. Dillard, Keynes and Marx: A Centennial Appraisal, *Journal of Post Keynesian Economics*, Vol. Ⅵ, No. 3, Spring, 1984, pp. 421 - 432. In *Karl Marx's Economics*: *Critical Assessments*, Edited by Cunningham Wood, Vol. Ⅴ, P. 381.

基础更好的基础"①。

65.6 伯克特对迪拉德的评价

伯克特（P. Burkett）在 1986 年发表在《后凯恩斯主义经济学杂志》上的文章②中评价了迪拉德的研究。伯克特认为，迪拉德 1984 年的文章对凯恩斯和马克思的货币理论之间的相似性，"提供了一个有用的分析"③。同时伯克特指出，尽管他赞同迪拉德提出的：马克思的体系将会从采纳有效需求的正式理论中获益，凯恩斯的一般理论能够从把技术变迁整合进投资理论中获益；但是他感觉迪拉德"凯恩斯所使用的价值概念和马克思的价值理论之间存在的一些重要区别。而这些区别不仅说明凯恩斯无法处理技术变迁问题，也会使对凯恩斯和马克思进行综合，从而'为更好的理论提供一个比它们各自分离所能提供的基础更好的基础'变得不那么乐观"④。在表达了自己的一般观点后，伯克特对自己的评价作了较为详细的展开论述。

65.6.1 凯恩斯和马克思价值理论的区别

伯克特认为，在凯恩斯（以及迪拉德）那里，"价值是根据功能定义的，也就是说收入是否是'社会必要的（挣得的）'决定了它们是否有价值。……简单地说，对凯恩斯而言价值是一个分配范畴，收入是有价值的，如果它代表了对参与生产的要素的支付"⑤。而马克思把价值定义为商品的一种属性，伯克特认为，弗利对马克思的观点提供了一个特别有用的概括，弗利指出：

"马克思遵循着斯密，把价值视为是一种表达商品可交换性的属性。在一个交换普遍发生的社会里，产品具有作为使用价值和作为价值的双重特

① D. Dillard, Keynes and Marx: A Centennial Appraisal, *Journal of Post Keynesian Economics*, Vol. Ⅵ, No. 3, Spring, 1984, pp. 421 – 432. In *Karl Marx's Economics: Critical Assessments*, Edited by Cunningham Wood, Vol. Ⅴ, P. 381.

② P. Burkett, Dillard on Keynes and Marx: Comment, *Journal of Post Keynesian Economics*, Vol. Ⅷ, No. 4, Summer, 1986, pp. 623 – 631. In *Karl Marx's Economics: Critical Assessments*, Edited by Cunningham Wood, Vol. Ⅶ, pp. 20 – 27.

③④ P. Burkett, Dillard on Keynes and Marx: Comment, *Journal of Post Keynesian Economics*, Vol. Ⅷ, No. 4, Summer, 1986, pp. 623 – 631. In *Karl Marx's Economics: Critical Assessments*, Edited by Cunningham Wood, Vol. Ⅶ, P. 20.

⑤ P. Burkett, Dillard on Keynes and Marx: Comment, *Journal of Post Keynesian Economics*, Vol. Ⅷ, No. 4, Summer, 1986, pp. 623 – 631. In *Karl Marx's Economics: Critical Assessments*, Edited by Cunningham Wood, Vol. Ⅶ, pp. 20 – 21.

征。它们拥有两种力量：第一种是满足特定的人类需要和欲望；第二种力量可以从量上加以思考，是可以交换得到或支配的其他商品的数量……马克思认为价值，作为一种一般交换力存在于商品当中，作为一种花费的劳动的表达存在于商品的生产中。如果我们用更准确的短语表达'劳动'，那就是'抽象、社会必要简单劳动'，这种理论表明总商品集合的价值和生产它们时花费的劳动数量成比例"①。

伯克特指出，很显然，一个一般化的商品交换体系要求形成独立的价值形式，或一般等价物——货币。然而，马克思是在商品生产和交换中，是在价值在货币收入形式中分配之前，对价值进行理论化的。尽管在特定的买者和卖者之间可以存在不等价交换，但是价值在经济主体之间的流动，并不会改变交换体系中存在的已经生产出来并在进行交换的总价值。伯克特认为，马克思和凯恩斯使用的不同的价值概念"必然会在'生产的货币理论'方面导致重大的差别"②。

65.6.2 价值概念对凯恩斯和马克思的生产理论的影响

迪拉德认为，因为凯恩斯的模型突出了投资作为当前有效需求的源泉，因此，它倾向于忽视资本积累的长期后果。伯克特认为，"困难远比这要更为根本。凯恩斯的作为分配范畴的价值概念阻碍了他充分地理论化货币和生产之间的关系。缺乏生产和积累的价值理论，凯恩斯事实上承认了新古典边际主义的生产和分配理论。这当然会使得凯恩斯的有效需求理论被那些试图绕开凯恩斯的'劳动价值论'的人庸俗化。结果'新古典综合'基本上是把凯恩斯对利息收入的批判作为一种哲学认识上的偏差，只把它视为是主要关注有效需求维持和通过自由裁量的货币和财政政策对宏观经济进行'微调'的《就业、利息和货币通论》中次要的问题。新古典价值理论（建立在主观给定的家户偏好和要素生产率基础之上）完整地出现了"③。

伯克特认为，凯恩斯的"劳动价值论"的分配本质以及他对新古典生产理论的接受，反映在他有关投资控制的观点中。一方面，凯恩斯说："我

① Duncan K Foley, On Marx's Theory of Money, Social Concept, May 1983, 1（1）, pp. 5–6.

② P. Burkett, Dillard on Keynes and Marx: Comment, *Journal of Post Keynesian Economics*, Vol. VIII, No. 4, Summer, 1986, pp. 623–631. In *Karl Marx's Economics: Critical Assessments*, Edited by Cunningham Wood, Vol. VII, P. 21.

③ P. Burkett, Dillard on Keynes and Marx: Comment, *Journal of Post Keynesian Economics*, Vol. VIII, No. 4, Summer, 1986, pp. 623–631. In *Karl Marx's Economics: Critical Assessments*, Edited by Cunningham Wood, Vol. VII, P. 22.

看不出任何理由来认为，现有的经济制度对已经被使用的生产要素具有严重的使用不当之处"①。另一方面，他主张为了保证充分就业的投资和产出，需要"集中控制"和"某种程度的全面的投资社会化"，尽管"重要的并不是生产工具的国有化"②。在伯克特看来，马克思的价值概念导致了完全不同的含义。马克思强调资本主义通过劳动力的买卖，把价值关系渗透到生产自身。货币资本的循环找到了有能力创造剩余价值的劳动力这种商品，这种剩余价值即使是在工人和资本家等价交换的情况下也是存在的。"剩余价值（包括地租、利息和企业利润）只有在它是商品中物化劳动的一部分时，才是功能性的和社会必要的，马克思总是嘲笑那些把剩余价值视为是对工资'不公正'的扣除的人"③。

"正是这种价值关系渗透到生产中持续地再生产了阶级关系：资本家阶级占有生产资料，工人阶级只拥有必须向资本家出卖以获得工资的劳动力……与此相反，凯恩斯的价值分配概念使他别无选择，只能把工人和资本家的存在与再生产视为是外生给定的"④。

此外，对马克思而言，价值关系渗透到生产中是一个矛盾的过程，因为等价交换的规律与资本家通过扩大生产力和强化对工人的剥削之间存在持续的张力。由于在货币经济中纯粹买卖的分离造成的危机的可能性，被这种矛盾转化为必然性。"从而，资本主义通过增长、危机和萧条的周期得以扩张，在其中扩大再生产要求的生产力、市场和制度前提被建立、动摇和破坏以更新有利可图的积累的条件"⑤。伯克特指出，对危机进行详细的讨论并不是这里的重点，但是，必须注意到马克思主义的危机理论是建立在作为商品可交换性的价值的基础之上的，也是建立在价值关系矛盾性地渗透到生产中的基础之上的。正因为如此，"马克思才能够把阶级冲突整合进技术变迁的理论中，与凯恩斯不同，他的'获得的收入'的价值概念局限于外在于生产的分配，从而在生产理论中留下了'新古典综合'能够获得新的立足

① 约翰·梅纳德·凯恩斯著，高鸿业译：《就业、利息和货币通论》，商务印书馆1999年版，第392页。

② 约翰·梅纳德·凯恩斯著，高鸿业译：《就业、利息和货币通论》，商务印书馆1999年版，第391页。

③④ P. Burkett, Dillard on Keynes and Marx: Comment, *Journal of Post Keynesian Economics*, Vol. VIII, No. 4, Summer, 1986, pp. 623 – 631. In *Karl Marx's Economics: Critical Assessments*, Edited by Cunningham Wood, Vol. VII, P. 22.

⑤ P. Burkett, Dillard on Keynes and Marx: Comment, *Journal of Post Keynesian Economics*, Vol. VIII, No. 4, Summer, 1986, pp. 623 – 631. In *Karl Marx's Economics: Critical Assessments*, Edited by Cunningham Wood, Vol. VII, P. 23.

点的空隙"①。

马克思对危机是资本主义的典型特征，是资本主义体系运动的主导形式的分析，具有革命性的含义。在这种意义上，才可以说正是资本的本质导致了危机，资本主义生产的障碍是资本自身。只有当这种阶级关系消除（劳动力不再是一种商品）时，在联合工人民主计划和执行生产、交换和分配时，这种周期性的危机才会消失。伯克特指出，与凯恩斯相比，这种分析当然也是有代价的，因为这种分析忽视了短期解决方法的提供，忽视了在社会主义和资本主义共存时的过渡期的情况。在这种意义上，伯克特赞同迪拉德的观点，"马克思的体系将会从采纳有效需求的正式理论中获益"。

伯克特接下来探讨马克思的体系采纳有效需求时可能存在的难题。他认为，把有效需求纳入马克思的分析中的困难，来自马克思关注的是资本主义的长期发展趋势。由于资本主义是通过危机发展的，它不断地超越先前建立的制度框架，改变财富"禀赋"，事实上是改变阶级结构自身。"任何对有效需求的形式化，都会丧失马克思对资本主义发展中的冲突和危机趋势进行分析时所具有的动态的特征和制度的丰富性"②。此外，存在把有效需求问题形式化到资本循环框架中的可能，尽管还没有人完全把这样一种分析整合进马克思的技术变迁理论当中。这种做的困难不是来自马克思的框架自身，而是来自"资本主义的不平衡发展，这种不平衡发展否定了用有关经济主体、财富禀赋和制度的稳定体系进行的分析"③。"这里存在着对现实和数学形式化之间的真正的权衡取舍"④。

伯克特认为，这种权衡取舍反映了作为革命者的马克思和作为改良者的凯恩斯之间的区别。马克思对资本主义发展趋势的长期分析的兴趣在于发现这些趋势对工人阶级革命潜力的影响。凯恩斯采取了技术官僚的视角，管理者的兴趣在于危机管理和在资本主义生产关系的改良，改良要"逐渐采用，从而不会隔断社会的一般传统"⑤。伯克特认为，这种不同的视角，或视野导致了凯恩斯和马克思的不同的价值概念。"凯恩斯的价值概念是改良主义

① P. Burkett, Dillard on Keynes and Marx: Comment, *Journal of Post Keynesian Economics*, Vol. VIII, No. 4, Summer, 1986, pp. 623–631. In *Karl Marx's Economics: Critical Assessments*, Edited by Cunningham Wood, Vol. VII, P. 23.

②③④ P. Burkett, Dillard on Keynes and Marx: Comment, *Journal of Post Keynesian Economics*, Vol. VIII, No. 4, Summer, 1986, pp. 623–631. In *Karl Marx's Economics: Critical Assessments*, Edited by Cunningham Wood, Vol. VII, P. 24.

⑤ 约翰·梅纳德·凯恩斯著，高鸿业译：《就业、利息和货币通论》，商务印书馆1999年版，第392页。

的、技术官僚的分配的概念，在这个概念中利息收入没有价值因为它在生产中没有发挥功能，从而不是凭本事而赚到的。马克思的价值概念是一种商品的属性，是一个革命性的、唯物主义的概念，在其中价值关系通过劳动力的买卖渗透到生产中是资本主义的典型特征，在这个概念中，剩余价值（也就是剥削）是社会必要的，是商品价值的功能性组成部分"①。在马克思那里，剥削和危机只能通过资本主义的终结而结束，这一点不像凯恩斯所设想的情形，"食利者的安乐死"将在颠覆基本的资本主义生产关系的情况下发生。

伯克特指出，政治经济学范式是一种存在内在联系的概念体系，它建立在有关经济如何运行和发展的视野或视角之上，但是不同的视野并不只是因为不同的"敏感性"或有关"正义"的思想造成的，这种不同的视野也受到阶级地位的影响。

凯恩斯的观点，采取了一种管理（技术官僚）阶级的视角，认为资本收入是资本的稀缺性造成的，资本在生产过程中没有发挥有用的作用，从而没有价值。他"没有把这种批判扩展到资本主义生产关系，因为他的价值概念纯粹是分配性。这种立场反映了公司管理者阶层的阶级利益"②。凯恩斯可能会对大量失业造成的人力成本和对财富与收入分配中存在的不平等和非正义保持着"敏感"，但是"这种'敏感性'并不适用于工人因资本主义条件下的生产而产生的异化和退化（Alienation and Degradation）。简言之，凯恩斯的'劳动价值论'是一种国家资本主义的理论"③。

马克思从阶级斗争的视角考察历史，在这种视角中经济体系通过它的生产关系来定义，也就是说通过剩余产品的生产者和占有者之间的关系来定义。马克思的价值概念是革命性的概念，这个概念产生的政治含义与从凯恩斯的改良主义的、管理阶层的视角产生的政治含义非常的不同。这"意味着只有职业经济学家在马克思和凯恩斯的不同的阶级立场之间做出有意识的选择的情况下，明显的'凯恩斯和马克思之间密切的相似之处'才能'为更好的理论提供基础'。这种选择反过来将会决定两种理论体系中的哪一种

① P. Burkett, Dillard on Keynes and Marx：Comment, *Journal of Post Keynesian Economics*, Vol. VIII, No. 4, Summer, 1986, pp. 623 – 631. In *Karl Marx's Economics*：*Critical Assessments*, Edited by Cunningham Wood, Vol. VII, P. 24.

②③ P. Burkett, Dillard on Keynes and Marx：Comment, *Journal of Post Keynesian Economics*, Vol. VIII, No. 4, Summer, 1986, pp. 623 – 631. In *Karl Marx's Economics*：*Critical Assessments*, Edited by Cunningham Wood, Vol. VII, P. 25.

作为一种综合的基础，哪一种将被批判性地融合到这个基础中"①。

65.7 迪拉德对伯克特的回应

对于伯克特对《马克思与凯恩斯：百年评价》一文所做的评价，迪拉德在《迪拉德论凯恩斯和马克思：一个回复》②中做出了新的回应。

迪拉德指出，他对伯克特接受他的文章的核心观点表示欢迎。迪拉德说伯克特"明显地接受他的文章中的核心观点——把凯恩斯和马克思的经济学解释为一种生产的货币理论——是非常重要的，因为它是以为来自非常精通马克思的经济学的学者的评价"③。迪拉德认为，对凯恩斯的货币解释非常常见，但是把货币放到马克思经济思想的中心是非常不同寻常的。比如，"'货币'在斯威齐论马克思的经典著作《资本主义发展论》中并没有出现的索引中"④。

但是很明显，伯克特批评迪拉德的一些观点的基础是马克思和凯恩斯的价值理论存在重大的区别，而且这种差别反映在了马克思和凯恩斯对生产理论的研究上。所以，迪拉德在回复文章中主要围绕"价值"和"生产"展开。

65.7.1 关于价值

对于伯克特有关价值的观点，迪拉德承认马克思和凯恩斯之间存在重大区别，但是他不赞同凯恩斯的劳动价值论只是一种分配范畴的观点。

迪拉德认为，凯恩斯的劳动价值论不是——主要不是——一种分配范畴。在凯恩斯那里，是在考察资本的本质时，劳动价值论进入了《就业、利息和货币通论》中，"《就业、利息和货币通论》中并没有一种正式的分配理论。它是一部有关生产，也就是说有关产出和就业的著作"⑤。

迪拉德说伯克特强调凯恩斯和马克思的劳动价值论之间的重要区别

① P. Burkett, Dillard on Keynes and Marx: Comment, *Journal of Post Keynesian Economics*, Vol. VIII, No. 4, Summer, 1986, pp. 623 – 631. In *Karl Marx's Economics: Critical Assessments*, Edited by Cunningham Wood, Vol. VII, P. 25.

② D. Dillard, Dillard on Keynes and Marx: Rejoinder, *Journal of Post Keynesian Economics*, Vol. 8, No. 4, Summer, 1986, pp. 632 – 636. In *Karl Marx's Economics: Critical Assessments*, Edited by Cunningham Wood, Vol. VII, pp. 28 – 31.

③④⑤ D. Dillard, Dillard on Keynes and Marx: Rejoinder, *Journal of Post Keynesian Economics*, Vol. 8, No. 4, Summer, 1986, pp. 632 – 636. In *Karl Marx's Economics: Critical Assessments*, Edited by Cunningham Wood, Vol. VII, P. 28.

"当然是正确的"①。价值理论在马克思的整个体系中居于核心地位，然而它对于凯恩斯的整个理论而言只是次要的。"凯恩斯的理论差不多完全是宏观经济学的，而马克思的理论既是微观经济学的也是宏观经济学的"②。迪拉德认为，从微观的一面看，马克思需要一种理论解释商品交换的比率，马克思用生产商品所需的社会必要劳动时间来考察这种比率。凯恩斯用来度量异质产品总产出的单位是劳动单位，也就是说工资单位。"无论是对凯恩斯还是马克思而言，价值都是在生产中创造的，都是有劳动而不是资本创造的，因为他们两个人没有一个认为资本对价值而言具有生产性。伯克特的观点，认为无论是否等价交换，价值都不从流通中产生，和凯恩斯认为一切都是由劳动生产的不相关"③。

65.7.2　关于生产

迪拉德指出，伯克特说凯恩斯完全接受了新古典生产理论，同时又默认了他认为的凯恩斯持有的是一种生产的货币理论。但是新古典理论当然没有一种生产的货币理论。新古典经济学主要是一种给定资源的价值和分配理论，在这种理论中生产能够增加（除了长期增长外）只是因为更有效率的稀缺资源的配置造成的。而与此相对，凯恩斯的核心命题是，在资本主义条件下，生产可以通过扩大有效需求而增加。需求创造了自己的生产，直至充分就业。因此，说凯恩斯接受了新古典生产理论与他的一般生产理论的见解是不符合的。

伯克特承认通过整合进来一种沿着凯恩斯的思路发展的有效需求理论马克思的体系将得以加强。但是没有什么事情是容易的，伯克特说因为资本主义的动态发展是通过危机进行的，所以把有效需求整合进马克思的体系中是困难的。对于这种认识，迪拉德是不赞同的，他认为在《资本论》中有一些令人印象深刻的段落把危机归因于"消费能力"的不足，这些段落可以被很好地用来构筑一个有效需求理论。

迪拉德指出，伯克特认为凯恩斯无法分析技术变迁问题，但是又没有给出具体的理由，只是把它和劳动价值论联系起来。迪拉德认为，无论是否有劳动价值论，无论存在什么理由，把技术变迁整合进凯恩斯的理论中并不存

①②③　D. Dillard, Dillard on Keynes and Marx：Rejoinder, *Journal of Post Keynesian Economics*, Vol. 8, No. 4, Summer, 1986, pp. 632 – 636. In *Karl Marx's Economics：Critical Assessments*, Edited by Cunningham Wood, Vol. VII, P. 29.

在逻辑上的障碍。罗宾逊夫人的《资本积累论》在一定程度上就是在没有劳动价值论的情况下进行的这种整合。迪拉德指出，"伯克特的立场暗示经济理论是制约概念灵活应用的紧身衣。如果熊彼特能够把瓦尔拉斯和马克思的不同的理论结合在一起创立一种重要的新的动态理论，那么在把凯恩斯那里最好的东西（有效需求）和马克思那里最好的东西（技术变迁）结合起来时当然不会有不可逾越的障碍"①。

　　迪拉德在对伯克特作出回应的文章的结尾，解释了他最初文章的真实意图。他指出："伯克特强调凯恩斯和马克思之间的差异，我专注于他们的相似之处。强调相似性的一个原因是突出马克思作为一个经济理论家的伟大之处。凯恩斯作为一个当代经济分析的重要贡献者，已被职业经济学家所承认。马克思并不被职业经济学家所承认。他不是被忽视了，就是被当做替罪羊。把马克思的经济学视为一种生产的货币理论，把他放在了其他包括凡勃伦和凯恩斯在内的伟大经济学家的阵营。马克思完全有能力独自站立！如果能够表明对货币在经济活动中的关键地位的认识上，其他伟大的经济学家独立地得出了和马克思相似的结论，那么作为一位经济理论家的马克思的发现的力量将会得以提高"②。

　　① D. Dillard，Dillard on Keynes and Marx：Rejoinder，*Journal of Post Keynesian Economics*，Vol. 8，No. 4，Summer，1986，pp. 632 – 636. In *Karl Marx's Economics*：*Critical Assessments*，Edited by Cunningham Wood，Vol. VII，P. 30.

　　② D. Dillard，Dillard on Keynes and Marx：Rejoinder，*Journal of Post Keynesian Economics*，Vol. 8，No. 4，Summer，1986，pp. 632 – 636. In *Karl Marx's Economics*：*Critical Assessments*，Edited by Cunningham Wood，Vol. VII，P. 31.

第66章 斯拉法体系及其评述

德赛在《马克思的复仇：资本主义的复苏和苏联集权社会主义的灭亡》一书中扼要评述了斯拉法理论体系。[1] 在整个20世纪30年代和40年代，斯拉法都在编撰大卫·李嘉图的文集。他在所编撰的《李嘉图著作和通信集》第一卷的一篇简短序言中，无意中说出了关于李嘉图的一个简单思想——利润率是由农业生产力决定的。如果在粮食经济中不考虑折扣租金，投入可以作为同一商品来计算，其产出也可以这样计算。谷物投入需要种子。如果工人仅能获得维持生存的工资，你也不妨想象他与谷物一样。因此，就像谷物的产出与投入之间的纯粹的剩余一样，利润可以独立地由价格或市场计算出来。利润率在经济中是均等的，农业的利润率是一个决定性的要素，它并不是由剥削率决定的，而是由自然和技术决定的。在德布鲁出版《价值理论》的次年，斯拉法（1960）出版了《用商品生产商品：经济理论批判绪论》。在这本书中，他概括了他在《李嘉图著作和通信集》序言中提出的观点。一个人可以独立地以价格计算某种经济的利润率（以一个投入—产出来描述），完全是作为这个体系的技术的结果。

斯拉法首先推出一个"工资—利润边界"。这预示工资率与利润率是相互关联的。当工资为零的时候，利润的最大化率是由技术条件决定的。实际的利润率一般地取决于社会和政治的条件——"阶级斗争"——因为它影响着工资。斯拉法的意思是想摧毁新古典经济学，尤其是分配的边际生产力理论。这个理论认为，生产要素的报酬——劳动和资本——取决于他们的边际生产力，即当要素投入增加一个单位时所带来的产出的增加。边际生产力理论否认了剥削的存在。斯拉法想要表明的是，由于利润率与工资的真实比率依赖于分配的结果，人们不能按照生产力来证明工资或利润的正当性。实际的利润率与其说是来自技术条件，不如说是来自分配的政治经济学。只有

---

[1] 梅格纳德·德赛著，王澄清译：《马克思的复仇：资本主义的复苏和苏联集权社会主义的灭亡》，中国人民大学出版社2006年版，第284～287页。

最大的比率和工资——利润边界是由技术决定的。

在整个 20 世纪 60 年代，这种观点引发了一系列的文章，有的赞成新古典经济学，有的反对。争论的一方是美国麻省理工学院的萨缪尔森、索洛，另一方是英国剑桥大学的罗宾逊夫人等人。这就是后来著名的"剑桥论战"。争论的问题最终演变为仅仅由利润率来测量资本的价值的可能性问题，直到 20 世纪 70 年代才差不多停止了。"斯拉法理论中真正刺痛的对象，是马克思主义者"①。

斯拉法的理论结构与移居美国的匈牙利数学家约翰·冯·诺伊曼的一篇论文非常类似。1932 年冯·诺伊曼写了一篇名为《一个一般经济均衡的模型》的论文。他认为，利润率的最大化取决于投入—产出的技术，包括机器、原料和劳动。但是当原料在生产过程中耗尽，而劳动投入在每个时期都得更新的时候，机器却是耐用的。人们应该如何解释机器的耐用性？对旧机器的估价是经济理论的难题之一。冯·诺伊曼做了一个简单的假定，在产出过程中，机器是一个有时限的旧东西，可以视为最终产出。这样产出的价值就包括旧机器的价值，当然也包括最终产品的价值，随着旧机器上的投入的减少，劳动和原料上的投入也减少。通过把旧资产不看作是一种投入，而是看成一种可以重新成为投入的产出，旧资产的问题就得以解决，这就是所谓的联合生产（joint production）。斯拉法的一位学生斯蒂德曼认为，诺伊曼和斯拉法介绍的新技术可以被用来揭露马克思的论证是反常的。一个人可以拥有负的剩余价值，但仍然可以获得确定的利润。

皮埃罗·斯拉法在《用商品生产商品》中通过提出"标准合成商品"（以下简称为"标准商品"）概念，企图恢复以劳动价值论为核心理论的古典经济学知识体系。该书不仅解决了古典价值理论中的遗留问题，更为对边际主义—新古典资本及分配理论的批判奠定了理论基础。② 斯拉法的标准商品理论体系一经面世，在经济学界立刻引起了很大反响，以琼·罗宾逊为代表的新剑桥学派立刻据此重新解读凯恩斯经济学，并对新古典综合学派展开严厉批判，从而引发了 20 世纪 60 年代中期经济学界著名的"剑桥之争"。斯拉法的《用商品生产商品》最初的影响是对新古典主义理论产生冲击。尽管这与马克思对"庸俗经济学"的分析相关，但它并没有对马克思主义

---

① 梅格纳德·德赛著，王澄清译：《马克思的复仇：资本主义的复苏和苏联集权社会主义的灭亡》，中国人民大学出版社 2006 年版，第 286 页。
② 阿莱桑德罗·隆卡吉里亚著，王漪虹译：《皮埃罗·斯拉法》，华夏出版社 2010 年版。

政治经济学自身逻辑上的一致性产生影响。到 70 年代，它对马克思主义政治经济学的影响才开始被意识到。斯拉法主义者声称，他们对马克思的分析是建设性的，他们认为马克思和斯拉法属于同一个"剩余范式"，具有相同的视角和方法论。因此他们认为，他们对马克思的批评属于"内部"的批评，实际上巩固了马克思主义政治经济学。

66.1　斯拉法体系要义

斯拉法 1960 年出版的《用商品生产商品》一书影响非常深远。斯拉法长期从事于李嘉图著作的搜集、考订、研究，花了近 30 年的时间编辑出版了十卷《李嘉图著作和通信集》。他的《用商品生产商品》，也是这种长期研究与思考的产物。他在该书的序言中说的，"中心命题在 20 年代后期已经形成，但个别论点……则在 30 年代和 40 年代早期才得到解决"[①]。该书致力于建立这样一个生产体系，以期不从边际这个概念出发，来考察工资、利润率和商品相对价格的运动变化。一般认为，该作品在经济分析史中的贡献主要有两个方面：一个是他以新古典总量生产函数为对象而为批判当时流行的边际（新古典）分析方法提供了主要基础；另一个是他重新采用古典经济学的剩余分析方法，掀起了对古典分析传统的复归。尤其是对于后一方面，很多学者都认为，斯拉法的模型不仅指出了一条研究经济问题的新途径，而且准确地阐明了将斯密、李嘉图和马克思结合为一体的方式，从而使得后人可以用"古典经济学"这个术语把三者都概括进去[②]。《用商品生产商品》的"直接目的是为了对所有那些预先就设定具有某种给定价值总量的资本作为一种'生产要素'而存在的经济而进行的批判，奠定一种具有内在逻辑的基础。"[③]

多布曾经对斯拉法的著作做出过这样的评论：斯拉法追随李嘉图的思路，重点研究的问题是能否"发现一个不变的标准，或价值尺度，使它在利润与工资的比例发生变化时不改变，李嘉图认为这个不变的价值标准是他那用'劳动'来计量的'绝对价值'；但又发现，当部门之间的资本比例

---

①　斯拉法著，巫宝三译：《用商品生产商品》，商务印书馆 1963 年版，第 7 页。

②　参见布劳格：《古典经济学》，引自《新帕尔格雷夫经济学大辞典》第 1 卷，经济科学出版社 1992 年版，第 474 页。

③　伊恩·斯蒂德曼、保罗·斯威齐著，陈东威译：《价值问题的论战》，商务印书馆 1990 年版，第 3 页。

（马克思的资本有机构成）不同时，运用这个单一尺度会发生困难。斯拉法的杰出贡献在于，凭借他的标准商品，解决了这个问题"①。

事实上，"要求回到古典传统"的斯拉法体系的构建，源自于他希望解决"不变的价值尺度"给李嘉图带来的困扰。按照李嘉图的解释，这个"尺度"不会受到由于分配变量的变动而导致相对价格的变化所带来的影响。李嘉图并没有找到这个标准，但斯拉法却通过其用商品生产商品的方程体系，试图用一种"标准复合商品"来解决李嘉图的难题。斯拉法的这部经典著作，在论述收入分配与相对价格决定时主要分了四种情况，即维持生存的生产、具有剩余的生产、联合生产和具有两种以上原始要素（如劳动、土地等）的生产。其实，整个模型所表述的，也就是对资本主义国家用消费后的净产出剩余（即超过再生产同样水平产出所需的那部分产出量）进行投资的行为分析，而这种分析受制于维持统一的工资率 w 和维持用于各类投资资本的统一的利润率 r 所需的商品和劳务的定价条件，其核心则是分析分配变量（w 和 r）与相对价格之间的关系。斯拉法体系由一系列线性生产方程组成，它要求的条件为：（1）给定每种商品的产量；（2）整个经济中资本的利润率一致；（3）实际工资率 w（或资本的利润率 r）在某种程度上是外生给定的。其中的关键是统一的资本收益率（利润率）概念，或进一步把"自然价格"定义为产生于统一利润率，并被产业间资本流动平均化的静态均衡价格，长期以来，它们都是古典分析传统中的重要概念，也是斯拉法体系所不可缺少的。

首先，斯拉法采用投入—产出的线性生产方程来表明生产的技术关系，若以 A 表示投入的技术系数矩阵，P 表示价格的列向量，则"为维持生存的生产"也就可以表示为：

$$AP = P \tag{66.1}$$

给定技术上的投入—产出系数 A，不考虑资本主义经济关系中的利润率，将有一套由部门间的交换所决定的相对价格。换句话说，"这里有唯一的一套交换价值，如果市场采用这些交换价值，会使产品的原来分配复原，使生产过程能够反复进行；这些价值直接产生于生产方法。"②

所以，在这种仅为维持生存的经济（其中的全部产品都只由工人获得

---

① Maurice Dobb, *Theories and Distribution since Adam Smith*: *Ideology and Economic Theory*, London: Cambridge University Press, 1973, P. 263.

② 斯拉法著，巫宝三译：《用商品生产商品》，商务印书馆1963年版，第9~10页。

和消费掉）中，价值完全取决于生产方法，而与收入分配的变动无关。

可以看到，在上述模型所表明的生产体系中，不仅生产没有剩余，而且原始的生产要素"劳动"也被生存"必需品"所取代；"如果这种经济所生产的，多于为更新所需要的最低数量，有一种可以分配的剩余，这个体系就会自相矛盾。"[1] 所以在上述模型的基础上，斯拉法进一步假设作为劳动投入的工资小于全部纯产品，从而在经济中存在着剩余。这样，这个"具有剩余的生产"也可以表示为：

$$(1 + r)AP = P \qquad\qquad (66.2)$$

不过，这里却并不存在工资与利润的分配问题。因为如果要假设各个部门具有统一的利润率，则剩余分配的决定必须和商品价格的决定同时进行；在这里则相反，商品的相对价格依然只取决于生产条件，而与收入分配无关。换句话说，其中的利润率 r 只是产出对投入的一个价值比率，并不是类似于古典经济传统中的统一利润率的概念。而且，这里的劳动投入是作为基本产品的实物消费品来表示的，因而劳动投入与工资直接作为生产的技术过程或者说收入分配已经用实物工资篮子给定了，从而相对价格只取决于生产的技术关系，而与收入分配无关。

事实上，把不同质的资本品加总为一个价值资本并要求获得统一利润率的概念，并不是来自生产函数在技术关系上的任何属性，而是资本主义经济关系的内在要求；这样，就需要在前面斯拉法给定的投入—产出方程中加入一个外生给定的统一利润率 r。不过，斯拉法的这一做法，是建立在他对"基本产品"与"非基本产品"加以区分的基础上的。因为在分析的过程中，斯拉法发现了"剩余出现的一个结果。以前，所有商品的地位是相同的，每种商品既是产品，又是生产资料；其结果是，每种商品直接或间接参加所有其他商品的生产，并且每种商品在价格的决定中都发生作用。但是，现在出现新类'奢侈'产品，它在生产其他产品中，既不作为生产工具之用，也不作为生存用品之用。"[2] 为此，斯拉法提出了一个区分的标准。他指出，"标准在于一种商品是否参加（无论直接地或间接地）所有商品的生产。那些参加所有商品生产的商品，我们将名之为基本产品，那些不参加的商品，名之为非基本产品。"[3] 由于这个"非基本产品"并不参加其他商品

① 斯拉法著，巫宝三译：《用商品生产商品》，商务印书馆1963年版，第11页。
② 斯拉法著，巫宝三译：《用商品生产商品》，商务印书馆1963年版，第13页。
③ 斯拉法著，巫宝三译：《用商品生产商品》，商务印书馆1963年版，第14页。

的生产，所以在生产技术方程组中去掉它也不会影响整个方程组的解。

在此基础上，斯拉法把工人的"生存必需品"即生存工资列为基本产品，从而不能在方程体系中去掉。但同时，斯拉法也认为，"在每天的生存用品之外，工资可以包括一部分剩余产品"①。也就是说，劳动参加了剩余的分配，所以工资中也包含了一部分剩余，由此引出"剩余工资"的概念，即：全部工资＝生存工资＋剩余工资。其中，剩余工资部分是可变的，而生存工资即生存必需品部分则将继续以生产资料的形式出现。不过，由于通常都是将工资视为一个整体，所以斯拉法"遵从通常习惯，把全部工资当作是可变的"。这样，所有的工资都将以投入劳动量 L 和劳动价格 w 乘积的形式（wL）出现于生产技术方程的左边。但这样做的一个后果是，"它必然会把消费的必需品贬入非基本产品的深渊"，从而"在方程左方的生产资料中不再出现"。所以，必需品将从生产技术方程中去掉，用"表明每一生产部门使用的劳动数量，以代替对应的生存用品数量"，即：

$$L_a + L_b + \cdots + L_k = 1$$

其中，L_a，L_b，$\cdots$，L_k 是在生产部门中生产 A，B，$\cdots$，K 产品分别使用的年劳动量，并且斯拉法也规定它们是社会全部年劳动量的各个部分，所以社会年劳动量等于 1。这样，斯拉法也就在方程组中引入了收入分配变量（工资率 w 和利润率 r）和投入的劳动量 L。由此，在这个劳动要素独立以后所得到的具有剩余的生产体系中，由于资本投入也要从相应的收入分配中获得利息，即这里的资本是参与收入分配的，所以斯拉法的第三个公式也就是：

$$(1 + r)AP + wL = P \tag{66.3}$$

这个公式是斯拉法模型的核心，该式清楚地表明，收入分配的变量（r 或 w）与相对价格之间有着密切的关系。通过这个模型，斯拉法也表明了一个重要问题，即一旦在异质的投入—产出方程中加入一个外生给定的统一利润率 r 的假设，则资本品的价值将随利润率的变动而变动，即商品的相对价格不可能独立于收入分配，利润率与资本的价值是同时决定的。就像斯拉法所说："因为剩余（或利润）必须按照每一生产部门间垫支的生产资料（或资本）的比例进行分配；而在两种异种物品总量之间的这一比例（换言之，即利润率），在不知道商品价格之前是不能决定的。另一方面，我们不能把剩余的分配推迟到价格决定之后，因为我们就要说明，在求出利润率之前价

---

① 斯拉法著，巫宝三译：《用商品生产商品》，商务印书馆 1963 年版，第 15 页。

格是不能决定的。结果是，剩余分配的决定，必须和商品价格的决定，通过相同的结构同时进行。"① 这时，只要任意给出一个利润率（或工资率），就会有一套相应的相对价格，即"在包括零数在内的一切工资数值，也有和统一利润率同时满足生产资料更新条件的一套价格：那就是说，总有一套 p 的正数价格。"② 因此，在生产技术方法既定的条件下，统一的利润率 r 便成为影响商品相对价格的关键因素，而"当所有生产部门的利润率是统一的，并且利润率只取决于工资水平的时候，一般来说，纯产品对生产资料的比率是因各生产部门的不同而不同的，并且主要取决于各生产部门的特殊生产情况。"③

斯拉法的第三个模型表明，收入分配变量（r 或 w）与相对价格之间存在着密切关系。在此基础上，斯拉法进一步提出的问题是，既然分配的变化会影响到相对价格的变动，那么如何才能排除相对价格变动的干扰而在纯粹技术状态下考察分配问题呢？这也正是李嘉图长期致力于解决的寻找不变价值尺度的问题，而斯拉法所要探寻的也是这样一种逻辑，即一旦澄清了收入分配与相对价格之间的变动关系，则古典剩余理论就将获得逻辑上的一致性，从而也就可以从根本上动摇新古典理论的逻辑基础。

斯拉法的分析方法是，根据矩阵 $(1+r)AP+wL=P$，"规定工资（w）的连续数值，从 1 到 0；这些数值表示国民收入的不同部分。目的是要在生产方法仍然不变的假定下，观察工资变动对于利润率和各种商品价格的影响。"④ 首先，当利润率 r = 0 时，w = 1 表示最大工资率，也就是全部国民收入都用于支付工资，根据斯拉法的"次体系"就可以发现，这时的相对价格 P 是同其劳动成本 wL 成比例的。斯拉法认为，"实际上，这样我们就回到我们开始时的线性方程体系，不同之处在于现在明确地表明劳动数量，而不用生存必需品数量来表示（斯拉法的'还原为有时期的劳动量'的方法）。在这种工资水平时，商品的相对价值是和商品的劳动耗费成比例的，就是说，和直接间接用于生产商品的劳动数量成比例。"⑤

不过，斯拉法接着又指出，"在其他的工资水平时，价值就不会真正遵从一种简单的规则。如从全部国民收入归于劳动的情形出发，我们设想工资

① 斯拉法著，巫宝三译：《用商品生产商品》，商务印书馆 1963 年版，第 12 页。
② 斯拉法著，巫宝三译：《用商品生产商品》，商务印书馆 1963 年版，第 33 页。
③ 斯拉法著，巫宝三译：《用商品生产商品》，商务印书馆 1963 年版，第 23 页。
④⑤ 斯拉法著，巫宝三译：《用商品生产商品》，商务印书馆 1963 年版，第 18 页。

减低了，一种利润率将因而产生。"① 这也就是 r＞0，在这种情况下，均衡工资率 w 就从零数开始逐步上升，而稳定状态的利润率 r 将逐步下降，产品的相对价格 P 也就会发生相应的变化，一般都将脱离有关劳动成本而随着 r（或 w）的变化而变化。所以，只有在一切行业生产资料对劳动（K/L）保持相同比例，也就是单一产品模型的特殊情况下，对各种水平的 r(w) 来说，价格才会与劳动价值成正比，即相对价格会对收入分配保持不变；而到了异质品模型，也就是现实的经济体系中，各个部门劳动和生产资料比例的不相等几乎是普遍的事实。因此，分配的变动（即工资和利润率的相对份额的变化）必然会影响到相对价格的变动，从而使得选择不同的利润率而带来技术再转折与资本倒转问题。因此，斯拉法明确指出，"工资变动造成相对价格变动的关键，在于不同生产部门中使用的劳动和生产资料的比例不相等。显然，如果在所有生产部门中这种比例是相同的，那么不管不同生产部门中生产资料的商品组成如何多种多样，都不会产生价格改变。因为，在每个生产部门中，工资的同等削减，都可以产生恰好同样多的、足以按照相同的比率支付生产资料的利润，而无须扰乱现存价格。"② 也就是说，除非不同部门的资本—劳动比率（K/L）相同，否则分配变量的变动必定会影响到相对价格。

随着工资率的逐步上升，利润率呈下降的趋势是明显的（dw/dr＜0），不过同时相对价格的变动却要复杂得多。因为一般而言，商品的相对价格要用另外一种商品作为标准来表示；但问题是，随着分配的变动，作为价值标准的商品本身的价值可能也已经发生了改变。这就是，用另外一种商品作为标准（这种商品是任意选择的）来表示一种商品的价格的必要性，这使得对于伴随分配改变而来的价格变动的研究复杂起来。任何特殊的价格变动，究竟是起于被计量的商品的特殊性，还是起于计量标准的特殊性，无法说定。因此，为了解决上述问题，斯拉法认为，如果有这样一种生产部门，其劳动与生产资料的比例处于一种临界值或平衡值（即相当于社会平均资本有机构成），那么该部门产品价值就不会再受分配变动的影响，从而它便可以作为一个价值标准来衡量其他商品相对价格随分配变化而发生的变动。显然，在该比例的生产部门中，这个利润率也就是统一的利润率。

由此斯拉法提出，假设有一个生产体系，其中各种产品作为投入的相互比例与作为产出的相互比例均相同，而对于这种按照多种组合起来的商品，

---

① ② 斯拉法著，巫宝三译：《用商品生产商品》，商务印书馆 1963 年版，第 18 页。

斯拉法指出，"将称这种类型的混合物为标准合成商品，或者简短点，称为标准商品；而称采取这种比例生产标准商品的这些方程（或者这些生产部门）为标准体系。"[1] 在这里，依据前面对基本产品与非基本产品的划分准则，斯拉法的这个"标准合成商品（standard composite commodity）"只由其中的基本产品构成，它们一起以"标准比率"进入生产，而这个标准比率与其进入自身生产过程的比率相同。这样，在这个体系中，"各个组成商品乘以它们的价格，不会影响结果。两个总量的价值的比率，不可避免地总是等于它们的几个组成部门的数量的比率。一旦商品乘以价格，如果各个价格以各种发散的方式变动，也不会扰乱这种比率。因此，在这种标准体系中，无论纯产品在工资和利润之间的分配如何变动，并且无论由此而产生的价格如何变动，纯产品对生产资料的比率会仍然相同。"[2] 也就是说，即使在与生产技术完全无关的工资的变化改变了利润率的情况下，也仍然可以不影响用标准商品来衡量的相对价格，因为"特定的比例，如标准比例，可以使一个体系成为透明体，使隐藏的东西能够显露出来，但是它们不会改变体系的数学性质。"[3] 从而，这种变化在改变价格形式时就能够同样地改变衡量尺度，而斯拉法所使用的"标准合成商品"也正是由以相同比例结合的产品组成的，它自然也就可以提供一种不变的"价值尺度"来解决困扰李嘉图的难题。

斯拉法在建立标准商品和标准生产体系的过程中，主要提出了以下观点：

第一，应当怎样来寻找中等或社会平均构成的生产部门。

马克思在论述利润通过竞争而转化成平均利润，价值转化为成本价格加上平均利润的生产价格时，认为虽然资本有机构成高的生产部门其产品的生产价格大于其价值，有机构成低的部门正好相反，具有资本的中等构成或平均构成的部门生产的商品的生产价格，是同这些商品的用货币来表现的价值完全一致或接近一致的，但是，马克思没有考虑，当这些中等构成的生产部门在生产中使用别的生产部门的产品时，由于别的生产部门本身产品的生产价格可以大于或小于其价值，会使得中等构成部门产品的生产价格与价值不一致。另外，为中等构成部门提供生产资料的别的生产部门，本身也要使用

---

[1] 斯拉法著，巫宝三译：《用商品生产商品》，商务印书馆1963年版，第25页。
[2] 斯拉法著，巫宝三译：《用商品生产商品》，商务印书馆1963年版，第27页。
[3] 斯拉法著，巫宝三译：《用商品生产商品》，商务印书馆1963年版，第28页。

再前一时期其他部门的产品，后者的生产价格与价值也未必一致……就是说，各时期产品的生产价格与价值之间的偏离，使得在整个社会上难以找出一个生产部门，其产品的生产价格与价值能做到马克思所说的"完全一致或接近一致"，即使该部门的资本有机构成恰与中等水平或社会平均水平相一致。

斯拉法没有像马克思那样把资本分成不变资本和可变资本，也没有使用资本的有机构成这个概念。和李嘉图一样，他先是假定各生产部门使用的劳动和生产资料的比例不相等，然后来考察，当工资变动（如减低了）时，利润率的变化会造成商品相对价格的一种怎么样的变动。"由于在任何一个生产部门中，削减工资所节省的数额，常取决于使用工人的数目，而在统一利润率下所需支付利润的数额，常取决于所使用的生产资料的价值总额，因此，在那些劳动对生产资料的比例很低的生产部门中，在支付工资和利润时，将出现赤字，而在另一些这种比例很高的生产部门中，则将产生剩余。"这里的"赤字"和"剩余"，意为原有生产价格小于或大于新的统一的工资和利润率所决定的生产成本。也就是说，如果不追究生产中投入的生产资料本身的价格与价值是否一致，应得到低比例的部门其产品价格上升和高比例的部门价格下降这个结论。但是，"一个生产部门的生产资料本身就是一个或更多生产部门的产品，这些产品的生产，或许使用劳动对生产资料的更低比例……其结果，两种产品的相对价格变动，不但取决于它们各自生产时所使用的劳动对生产资料的'比例'，并且取决于这些生产资料本身被生产时所使用的'比例'，还取决于这些生产资料的生产资料被生产时所使用的'比例'，等等。其结果，两种产品相对价格的变动方向，随着工资的下降，也许和我们根据它们各自的'比例'所期望的相反；此外，它们各自的生产资料的价格可以这样地变动，以致完全改变这两种产品较高和较低比例的次序……"①。因此，不能只根据各部门现有的劳动对生产资料的比例来断定其价格的相对变动方向。马克思用来划分高低有机构成生产部门的这个中等的或社会平均构成的"分界生产部门"（borderline industry），应当是：（1）生产中使用一种平衡的劳动对生产资料的比例；（2）不管追溯多远，这种平衡的比例都不变。

斯拉法认为，这样一个分界生产部门在现实生活中难以存在，但是可以人为地构成。他举了一个例子，来说明如何从现存的生产体系中，将各部门

---

① 斯拉法著，巫宝三译：《用商品生产商品》，商务印书馆1963年版，第20、21页。

的一个部分抽出来合在一起，组成一个混成的体系。这个体系只包括那些参加别的商品生产的基本产品，而不包括在生产过程中不再使用的奢侈品等非基本产品。这个体系具有一个重要特点：构成总产品的各基本产品的数量比例，等于生产过程中当作生产资料来使用的这些基本产品的数量比例。由于净产品等于总产品减去生产资料的消耗，故上述总产品与生产资料之间相同的比例关系意味着：净产品中各部门产品之比与各种生产资料使用总量之比相一致。斯拉法合成这个混成体系的例子如下：如果现有的实际生产体系是：

$$90 \text{ 吨铁} + 120 \text{ 吨煤} + 60 \text{ 夸脱小麦} + \frac{3}{16}\text{劳动} \to 180 \text{ 吨铁}$$

$$50 \text{ 吨铁} + 125 \text{ 吨煤} + 150 \text{ 夸脱小麦} + \frac{5}{16}\text{劳动} \to 450 \text{ 吨煤}$$

$$40 \text{ 吨铁} + 40 \text{ 吨煤} + 200 \text{ 夸脱小麦} + \frac{8}{16}\text{劳动} \to 480 \text{ 夸脱小麦}$$

总计　　180　　　285　　　410

那么，现在，在实际体系中抽出全部铁、$\frac{3}{5}$煤、$\frac{3}{4}$小麦，以构成一个新体系：

$$90 \text{ 吨铁} + 120 \text{ 吨煤} + 60 \text{ 夸脱小麦} + \frac{3}{16}\text{劳动} \to 180 \text{ 吨铁}$$

$$30 \text{ 吨铁} + 75 \text{ 吨煤} + 90 \text{ 夸脱小麦} + \frac{3}{16}\text{劳动} \to 270 \text{ 吨铁}$$

$$30 \text{ 吨铁} + 30 \text{ 吨煤} + 150 \text{ 夸脱小麦} + \frac{6}{16}\text{劳动} \to 360 \text{ 吨铁}$$

总计　　150　　　225　　　300

在这个被斯拉法称为标准体系的新体系中，组成产品的三种产品之比（180∶270∶360）等于这三种产品用作生产资料的比例（150∶225∶300），相应地，组成净产品的三种产品之比（30∶45∶60）也与三种生产资料之比一致。这个保持一致的比例，被叫做标准比率。

这样所组成的混成的分界部门或斯拉法所说的"标准体系"有什么用处呢？（1）按照上述标准比率，可以构成一个合成商品：1 吨铁∶1 $\frac{1}{2}$ 吨煤∶2 夸特小麦。这个合成商品，具有这样一个特点：不论劳动和利润率的变动引起现在和以往各生产时期中使用的生产资料的相对价格发生何种变动，这个合成商品的价值，相对于生产它的生产资料价值来说，始终不变。（2）这个合成商品，斯拉法叫做标准商品。由于它的上述特点，"就有一种标准，它能够使任何其他产品的价格变动孤立起来，因而可以如同在真空中一样观察它们。"① 也就是说，可以把这个标准商品作为一个李嘉图所追求的"不变的价值尺度"，来考察商品价格的相对变动。（3）在讨论马克思所说的价值向生产价格转化的问题时，标准体系与标准商品的建立，可使人不致因转化后的价格对原有价值的扭曲而看不到两者之间的联系。

第二，应当怎样来分析工资和利润之间的相互关系。

工资和利润相互之间此消彼长的关系，是李嘉图的分配理论所考察的主题。斯拉法把这个问题的研究看做是自己的任务。在《用商品生产商品》一书中，斯拉法假定全社会所有的净产品作为剩余产品，其价值为单位1。当所有净产品都归资本家所有而工资等于零时，标准体系中最大利润率用 R 来表示。当净产品分割成工资和利润两部分时，w 就是净产品中支付工资的部分，支付利润的部分相应地为（1−w）。工资和利润作了这种分配后的实际利润率就是：

$$r = R(1 - w) \tag{66.4}$$

实际利润率 r 和工资水平 w 之间此消彼长的关系在这里被表示得一目了然，这是表达式（66.5）的第一个用处。第二个用处在于，霍华德和金在他们的《马克思的政治经济学》第八章第三节中说，能用马克思的价值符号来代替式（66.5）中的有关部分，从而显示出利润率和剥削率之间的关系。斯拉法的最大利润率 R，指的是全部净产品与资本家垫付的生产资料的比例（斯拉法假定工资在生产期末支付，不作为资本预付），用马克思的价值符号来表示就是 $\sum (v+s) / \sum c$。分子是总产品 $\sum (c+v+s)$ 减去生产资料 $\sum c$ 后的净产品，分母是生产资料 $\sum c$。由于净产品是 $\sum (v+s)$，故工资在净产品中所占的部分 $w = \sum v / \sum (v+s)$。于是：

$$r = R(1 - w) = \frac{\sum (v+s)}{\sum c} \left[1 - \frac{\sum v}{\sum (v+s)} \right] = \frac{\sum s}{\sum c} \tag{66.5}$$

考虑到马克思把工资也作为可变资本在生产期初就预付出去，所以斯拉

---

① 斯拉法著，巫宝三译：《用商品生产商品》，商务印书馆1963年版，第24页。

法的 $r = \dfrac{\sum s}{\sum c}$ 与马克思的利润率公式 $r = \dfrac{\sum s}{\sum (c+v)}$ 实际上并无二异。公式

（66.4）还可进一步转化成：

$$r = \frac{\sum s}{\sum c} = \frac{\sum s / \sum v}{\sum c / \sum v} = \frac{e}{k} \qquad (66.6)$$

其中，e 是剩余价值率或剥削率，K 是资本有机构成。斯拉法的利润率公式（66.5）可以用来显示利润率和剥削率之间的内在联系，这就是霍华德和金在作了上述代入法的演算后得出的结论。

斯拉法把工资和利润作为同一个净产品的不同分割部分。这种处理，与转形问题上其他一些经济学家的处理——把工资作为资本的预付而把利润作为包括工资在内的全部预付资本的收益——有着本质上的区别。

第三，应当怎样来解出符合利润平均化要求的商品相对价格。

斯拉法认为，任何一个实际的生产体系，都能按一套乘数从各个生产部门抽出一部分，组成一个并且只有一个标准体系。米克在他的《劳动价值学说的研究》一书的"第二版导言"中，把斯拉法的标准体系用方程组表示如下：

$$
\begin{aligned}
(A_a P_a + B_a P_b + \cdots + K_a P_k)(1+r) + L_{aw} &= AP_a \\
(A_b P_a + B_b P_b + \cdots + K_b P_k)(1+r) + L_{bw} &= BP_b \\
\vdots \qquad \vdots \qquad\quad \vdots \qquad\quad \vdots \quad \vdots \qquad \vdots \\
(A_k P_a + B_k P_b + \cdots + K_k P_k)(1+r) + L_{xw} &= KP_k
\end{aligned}
\qquad (66.7)
$$

其中，A_a，B_a，…，K_a 是用于产品 A 生产中的各基本产品数量，相应地 A_b，B_b，…，K_b 是用于产品 B 生产中的各基本产品数量。P_a，P_b，…，P_k 是各基本产品的价格，r 为平均利润率，L_a，L_b，…，L_k 是用于各基本产品生产中的年直接劳动量，w 是各行业统一的单位劳动工资，A，B，…，K 为各基本产品的年产量。现在，有 K 个方程，K+2 个未知数（K 个价格加上 r 和 w）。斯拉法没有像他的前人那样任取一个商品作为价值标准，即，没有假设 $P_1 = 1$。由于他假设净产品的总价值等于单位一，故可以容易地得到下述国民收入的表达式：

$$
\begin{aligned}
&[A - (A_a + A_b + \cdots + A_k)]P_a + [B - (B_a + B_b + \cdots + B_k)]P_b \\
&\quad + \cdots + [K - (K_a + K_b + \cdots + K_k)]P_k = 1
\end{aligned}
\qquad (66.8)
$$

现在，方程数是 K+1 个，未知数仍有 K+2 个。由于斯拉法主要是考

察工资的变动引起利润率的改变会导致商品相对价格的一种怎么样的变化，故公式（66.7）和公式（66.8）中，只要知道了 w，K 个有关价格的未知数加上 r，马上可以解出来。

米克认为，斯拉法模式的重要意义在于：表明了"一个现代的马克思主义者可以怎样把马克思的原来的学说，再加以公式化并加以发展，取作他的'前提的、具体的量'的不是有关商品的'价值'，而是商品本身"[①]。斯拉法从商品生产的实物数量关系而不是从价值出发去解出商品的相对价格，无疑在转形问题的解法上另外开辟了一条道路。布拉德利（Ian Bradley）和霍伍德在他们的"皮埃罗·斯拉法的《用商品生产商品》和古典的与马克思的政治经济学的修复"一文中指出："斯拉法揭示了能存在于各种类型的经济体系中的技术、相对价格、工资和利润率之间的关系"[②]。强调商品之间由一定的技术条件所决定的投入产出的数量关系，并以此来决定商品之间的相对价格，价值在价格的这个决定过程中成了多余的中间环节或范畴，是斯拉法开创的新李嘉图主义的一种研究方法。

66.2 伊藤诚对斯拉法的联合生产的分析

斯蒂德曼的著作《按照斯拉法思想研究马克思》引起了广泛的争论。一些学者欣然接受了该书的一些具体论断，另一些学者则尝试对斯蒂德曼的具体观点做出实质性的反批判。伊藤诚在《联合生产：斯蒂德曼的遗留问题》[③] 一文中批判了斯蒂德曼的观点，并对一些围绕斯蒂德曼的观点展开的争论进行了评价。

伊藤诚首先在总体上评价了斯蒂德曼的著作，他说："斯蒂德曼的《按照斯拉法思想研究马克思》一书公开抨击了马克思的劳动价值论，支持斯拉法的价格理论。它发动了新的一轮有关价值问题的争论，并且在某种程度

[①] 米克著，陈彪如译：《劳动价值学说的研究》，商务印书馆 1979 年版，第 48 页。
[②] 该文收于布拉德利和霍伍德所编《古典政治经济学与马克思主义政治经济学》一书的第七章。伦敦：麦克米伦（MacMillan）出版社 1982 年版。引文见该书第 236 页。Piero Sraffa's Production of Commodities by Means of Commodities and the Rehabilitation of Classical and Marxian Political Economy.
[③] Makoto Itoh, Joint Production: The Issues After Steedman, In Ian Steedman, Paul Sweezy Edit: The Value Controversy, Verso Editions and NLB, 1981, pp. 163 – 172.

上难住了一些马克思主义者"[1]。尽管做出了这样的评价，但是伊藤诚还是从积极的角度看待这种争论的，他说："然而，就像过去的价值争论常常表明的那样，这一场争论也为加深对马克思价值论的理解提供了大好机会"[2]。

在上述总体认识下，为了方便对斯蒂德曼进行反批判，伊藤诚首先结合斯蒂德曼提出的一个具体的例子对他的一些重要观点进行了说明，然后对一些评价斯蒂德曼的研究进行了再评价，最后提出了自己的观点。

66.2.1　对斯蒂德曼重要观点的说明

在《按照斯拉法思想研究马克思》中，斯蒂德曼声称马克思的价值论是"多余的"和自相矛盾的。斯蒂德曼还提出了一个非常具有破坏性的论断，他认为，在某些生产过程生产出联合产品的情况下，被认为是物化劳动时间量的价值，有可能是不确定的。即使价值是可以确定的，它们也可能取负值，结果使得在利润率和价格都是正的情况下，剩余价值是负的。如果斯蒂德曼的例子是正确的，而且这个例子中所指的价值和马克思的劳动价值是一致的，那么这个判断显然会对马克思的劳动价值论造成重大打击。正是因为这个原因，很多学者从不同的角度对斯蒂德曼的这个例子进行了研究，并提出相应的反批判，伊藤诚就是这样做的，他首先对斯蒂德曼的例子进行了说明。

斯蒂德曼假设有两种不同的生产过程，它们生产联合产品 A 和 B：

过程（a）：5 个单位的商品 A 和 1 个单位的劳动生产 6 个单位的商品 A 和 1 个单位的商品 B。

过程（b）：10 个单位的商品 B 和 1 个单位的劳动生产 3 个单位的商品 A 和 12 个单位的商品 B。1 个单位的劳动的实际工资组合是 1/2 单位的商品 A 和 5/6 单位的商品 B。设 1 单位劳动的价格为 1，商品 A 和商品 B 统一的利润率分别为 p_1，p_2。那么就可以得到下面的三个同时决定的线性方程：

$$(1+r)5p_1 + 1 = 6p_1 + p_2 \qquad (66.9)$$

$$(1+r)10p_2 + 1 = 3p_1 + 12p_2 \qquad (66.10)$$

$$1 = \frac{1}{2}p_1 + \frac{5}{6}p_2 \qquad (66.11)$$

---

[1][2]　Makoto Itoh, Joint Production: The Issues After Steedman, In Ian Steedman, Paul Sweezy Edit: The Value Controversy, Verso Editions and NLB, 1981, P. 163.

这个方程组的解均为正值：

$$r = 20\%, \quad p_1 = \frac{1}{3}, \quad p_2 = 1 \qquad (66.12)$$

设一个单位的商品 A 和商品 B 中所包含的劳动量分别为 l_1，l_2，它们由下面的联立方程组决定：

$$5l_1 + 1 = 6l_1 + l_2 \qquad (66.13)$$

$$10l_2 + 1 = 3l_1 + 12l_2 \qquad (66.14)$$

这个方程组的解为：$l_1 = -1$，$l_2 = 2$。

因此，对商品 A 而言，尽管它的利润率和价格是正的，包含在它上面的价值却是负的。

如果雇佣了 6 个单位的劳动，其中 5 个单位用于第一个生产过程，1 个用于第二个生产过程，则从净产出（8 单位商品 A 和 7 单位商品 B）中去掉必要工资（3 单位商品 A 和 5 单位商品 B）之后，余下的就是剩余产品（5 单位商品 A 和 2 单位商品 B）。在这种情况下，用下面的方法计算劳动力价值 V 和剩余价值 S：

$$V = 3 \times (-1) + 5 \times 2 = 7$$

$$S = 5 \times (-1) + 2 \times 2 = -1$$

$$V + S = 6$$

因此，剩余价值是负数，而同时利润率是正的。

谢赫指出，斯蒂德曼正是从这种数字例子分析中，得到结论说："马克思的劳动价值论不仅是多余的，而且也是自相矛盾的，因此应该将它抛弃并用斯拉法的价格理论取代它"[1]。

66.2.2 对斯蒂德曼的反批判

伊藤诚指出，"斯蒂德曼的批判显然是建立在一种狭隘的观点的基础之上的"[2]。他认为，马克思的价值理论的要点是确定均衡价格，就像新古典主义经济学或斯拉法的价格理论想要做的那样。伊藤诚认为，从这样一种立场出发，分析劳动的数量当然就显得多余了，因为生产价格能够直接由有关生产技术的实际数据和实际工资来确定。然而，"这种批判并没有正确地理解

---

①② Makoto Itoh, Joint Production: The Issues After Steedman, In Ian Steedman, Paul Sweezy Edit: The Value Controversy, Verso Editions and NLB, 1981, P. 165.

马克思价值理论的本质内容"①。

伊藤诚指出，对于马克思而言，价值理论完全不是只用来决定均衡价格的手段。"它首先是一种用以阐明资本主义社会历史特定性（Historical Specificity）的理论"②。正像人们从《资本论》中所了解到的那样，马克思发现劳动过程是"人类生活的永恒的自然条件"，并且分析了这种人类社会的基本条件在资本主义社会中如何成为价值关系的社会实质。特别的，获取作为剩余价值的实质的剩余劳动的资本主义社会机制是这样一种分析的中心内容。因此，伊藤诚认为，马克思价值论的本质内容"阐明基于人类劳动的资本主义社会关系，以及它的具体形式和机制。从这个立场出发，对作为价值和剩余价值实质的劳动数量的研究是必不可少的"③。斯蒂德曼断言：一般地说，马克思的劳动价值论是多余的，表明他"不能或不愿去理解作为历史和社会科学基础的马克思的价值理论的意义和任务"④。斯蒂德曼完全忽视了马克思的价值形式的理论，跟这种缺陷有密切的关系。

伊藤诚指出，斯蒂德曼指责马克思的价值理论是自相矛盾的，正是由于他忽视了价值形式理论和片面地从技术性方面理解价值概念。斯蒂德曼以一种机械的方式从不同的生产过程的数目等于联合产品的数目这个假定出发，推算联合产品包含的劳动量或价值，并从这个解释中得出了负的价值和负的剩余价值的所谓反常现象。这种解释"忽视了在满足社会需求时哪种现有技术是主导性的。此外，在只有一种联合生产方法或联合生产方法多于联合产品的情况下，用这种解释是无法决定价值或均衡价格的"⑤。

然而，伊藤诚认为，马克思主义者对斯蒂德曼在联合生产问题上的做法的反批判相当分散，并且还难以令人满意，尽管他们几乎无一例外地都指出马克思价值理论的重要任务是揭示剩余价值的社会实质，并抵制了斯蒂德曼关于马克思的价值概念是多余的说法。

斯威齐曾批判斯蒂德曼，并正确地指出剩余价值率这一关键概念在依据价格所进行的分析中必然会消失。但是，斯威齐没有触及斯蒂德曼在联合生产问题上的观点。⑥

置盐信雄对联合生产问题的处理是，假定一种单一的生产技术生产联合

---

① ② ③ ④　Makoto Itoh, Joint Production: The Issues After Steedman, In Ian Steedman, Paul Sweezy Edit: The Value Controversy, Verso Editions and NLB, 1981, P. 165.

⑤　Makoto Itoh, Joint Production: The Issues After Steedman, In Ian Steedman, Paul Sweezy Edit: The Value Controversy, Verso Editions and NLB, 1981, P. 166.

⑥　Paul Sweezy, Marxian Value Theory and Crises, In Ian Steedman, Paul Sweezy Edit: The Value Controversy, Verso Editions and NLB, 1981, pp. 20 – 35.

产品 A 和产品 B。A 的价值介于零和最大值之间，这个最大值是当 B 的价值为零时 A 的价值。置盐信雄以一种纯技术的方式分析价值，他认为 A 和 B 的整个价值是确定的，但无法确定 A 或 B 的价值。结果当某些商品是联合生产出来的时候，包括这些商品的剩余产品的价值和工资品的价值都是无法确定的。这样一来，置盐信雄提出的只有当剩余价值率为正时，一般利润率才是正的马克思主义基本定理不再成立。置盐信雄对它进行了实质性的修正，说："剥削的存在是由劳动力是否被迫生产剩余产品决定的，利润存在的必要条件是劳动力在这种意义上受到了剥削"①。伊藤诚认为，这样就放弃了马克思价值理论的实质性内容，即分析资本家剥削雇佣工人的剩余劳动。阿姆斯特朗（P. Armstrong）、格林和哈里森（J. Harrison）也赞同在联合生产的情况下"价值不能赋予个别的商品"②。

66.2.3　伊藤诚有关联合生产的观点

伊藤诚认为，在有关联合生产的争论中"缺少的是对马克思有关价值的形式和实质的概念的正确理解。古典学派的一个根本缺陷是不去分析价值形式的发展，而仅仅把注意力集中在价值的数量分析方面。斯蒂德曼、新李嘉图主义者所表述的联合生产问题以及随之发生的论战也没有避免这样的缺陷"③。

斯蒂德曼从有多少种不同的联合产品就有多少种不同的生产技术这个假设出发，推导出负的价值和负的剩余价值。伊藤诚认为，这个假设显然是任意的。"即使实际存在不同的生产技术，也必须从中选出一种作为劳动的社会配置的标准"④。

伊藤诚重新回到斯蒂德曼的数字例子，说明了自己的具体观点。如果计算在过程（a）和过程（b）中一个单位劳动得到的净产品，在过程（a）中得到 1 单位 A 和 1 单位 B，在过程（b）中得到 3 单位 A 和 2 单位 B。那么只要环境允许，更有效率的过程（b）会成为经济生活中的普遍准则。然

---

① 转引自 Makoto Itoh，Joint Production：The Issues After Steedman，In Ian Steedman，Paul Sweezy Edit：The Value Controversy，Verso Editions and NLB，1981，P. 166.

② P. Armstrong，A. Glyn and J. Harrison，In Defence of Value：A Reply to Ian Steedman，Capital and Class，5，Summer 1978，P. 8.

③ Makoto Itoh，Joint Production：The Issues After Steedman，In Ian Steedman，Paul Sweezy Edit：The Value Controversy，Verso Editions and NLB，1981，P. 168.

④ Makoto Itoh，Joint Production：The Issues After Steedman，In Ian Steedman，Paul Sweezy Edit：The Value Controversy，Verso Editions and NLB，1981，P. 169.

而，如果过程（b）一时只能在有限范围内使用，同时过程（a）是一种占主导地位的普遍的生产条件，则过程（a）就肯定会在劳动的社会配置中被当作生产 A 和 B 的标准条件。在商品经济中，只要满足市场需求波动的普遍供给条件是过程（a），生产的 A 和 B 的市场价值就一定会按照市场生产价格理论由这个技术过程进行调节。

假定过程（a）是代表性的生产条件。由于在这个过程中一个单位劳动所获得的净产品是 1 单位的 A 和 1 单位的 B，因此一个单位的商品 A 和 1 个单位的商品 B 中所包含的劳动量合在一起一定为 $l_1 + l_2 = 1$，l_1，l_2 的取值都在 0 和 1 之间，只要它们满足方程的约束条件。伊藤诚认为，在各种社会条件下，都不存在普遍的技术法则足以确定 $\frac{l_1}{l_2} = a$ 的比值。也就是说"在联合产品之间劳动的分配具有某种基本的自由度或弹性"[1]。

伊藤诚指出，"一般地讲，只要能够适当地假定在所讨论的时期里每一个部门的代表性生产条件都是可以确定的，并且不同的部门不生产同一种产品，则当分配比值 a 被决定时，就能在生产的社会物质条件的基础上，确定分配在每一单位的联合产品上面的劳动数量……这些确定劳动在联合生产出的使用价值之间分配的比值既不仅仅取决于生产的物质系统，也不能从个别的主观效用函数中得出。作为一条普遍的经济法则，它们是由生产技术系统和社会需要联合确定的……因此这种确定总是或多或少具有一定的弹性和自由度"[2]。

伊藤诚指出，在基本的资本主义经济理论中，在联合产品中分配劳动实质的比率，"是通过利用货币的职能表达的度量商品价值的形式以一种无政府主义的方式确定的"[3]。日复一日用货币对商品的购买活动，迫使商品的所有者对他们原先任意制定的价格进行修订，因而最终会找到作为商品价值形式的价格"重心"。"货币测度商品价值形式的这种功能表现了一种在各部门之间调整劳动配置以适应社会体系物质需要的市场机制，同时也揭示了每一部门中占主导地位或具有代表性的供给技术条件。货币这种在市场上测度价值的功能同时也是根据均衡价格比率，决定在联合生产出的商品之间分

① Makoto Itoh，Joint Production：The Issues After Steedman，In Ian Steedman，Paul Sweezy Edit：The Value Controversy，Verso Editions and NLB，1981，P. 169.
②③ Makoto Itoh，Joint Production：The Issues After Steedman，In Ian Steedman，Paul Sweezy Edit：The Value Controversy，Verso Editions and NLB，1981，P. 170.

配劳动实质比率的一种机制"①。

这并不意味着商品中的价值实质能够通过流通或需求程度的变化被创造出来或得以增加。例如，在上面的例子中，联合生产出来的商品 A 和商品 B 的价值实质都介于 0 和 1 之间，而且它们的和必须为 1。"这个条件从根本上约束了市场上它们的均衡价格的形成"②。

伊藤诚指出，"在任何情况下，在雇佣工人的必要生存资料中和社会剩余产品中所包含的劳动量以及剩余价值率都总是被确定在正值的范围，即使有某些商品是联合生产出的情况也是如此。只要在联合产品之间分配劳动数量的比率是通过在市场中测定商品价值的货币的作用而决定的，上面所讲的情况就成立"③。最后，伊藤诚作了如下总结："斯蒂德曼所表述的联合生产问题，目的是证明马克思的价值理论存在不合理的地方，但它更多地暴露的是新李嘉图主义对价值理论的片面抽象的纯技术式理解存在的狭隘局限性。为了克服这种局限性，同时也是为了克服这个问题在马克思主义者中间引起的某些混乱，正确地理解马克思独特的价值的形式和实质的理论是非常必要的。从这个观点出发，解决联合生产问题必须搞清楚在联合产品之中分配劳动实质（尽管这种分配在技术上看是不确定的）的资本主义经济的历史的具体形式和机制。要做到这一点，就必须考虑在涉及贯穿历史的共同的社会经济规律时这个问题意味着什么……我的观点是，这个解决方法不仅搞清了联合生产问题，而且这个特殊的例子，也能从正面表明，资本主义是怎样在一种历史的特定方式中以一种无政府的无意识方式对待社会劳动的"④。

66.3 对斯拉法的标准商品和剥削率的评述

约翰·伊特维尔（J. Eatwell）1975 年在《经济学季刊》杂志上发表了《斯拉法先生的标准商品和剥削率》⑤ 的文章。在该文中，伊特维尔指出，皮埃罗·斯拉法关于价值理论问题的著作为有关分配理论的争论提供了一个

---

①② Makoto Itoh, Joint Production: The Issues After Steedman, In Ian Steedman, Paul Sweezy Edit: The Value Controversy, Verso Editions and NLB, 1981, P. 170.

③ Makoto Itoh, Joint Production: The Issues After Steedman, In Ian Steedman, Paul Sweezy Edit: The Value Controversy, Verso Editions and NLB, 1981, P. 171.

④ Makoto Itoh, Joint Production: The Issues After Steedman, In Ian Steedman, Paul Sweezy Edit: The Value Controversy, Verso Editions and NLB, 1981, P. 172.

⑤ John Eatwell, Mr. Sraffa's Standard Commodity and the Rate of Exploitation, *The Quarterly Journal of Economics*, Vol. 89, No. 4, 1975, pp. 543 – 555.

分析框架。斯拉法的分析包含了两个相关但是截然不同的主题：第一个是对分配的边际主义理论的批评，在对"投资逆转（Reswitching）"现象的一般性的证明中达到了顶点。第二个总的来说是对经典分配理论的一个重述，它通过采用"实物"模拟的方法分析了工资、利润和利润率之间的关系，这种方法有效地避免了价格和收入分配的相互依赖性所带来的复杂性。

伊特维尔的目的是考察斯拉法在对第二个主题的分析中所引入的标准商品的作用。由于标准商品在对一直普遍被关注的"投资逆转"现象的分析中并不是必不可少的分析工具，它的重要性在某种程度上被人们所忽略。这是非常不幸的，因为标准商品不仅可以通过洞察工资、利润和价格的复杂性而揭示出它们建立于其上的生产和分配的关系，而且可以通过建立标准商品的这种应用和马克思的劳动价值论的应用之间的直接联系在剩余创造中揭示剥削的本质。

伊特维尔讨论了标准商品在澄清收入分配和价格形成的古典理论以及揭示资本与劳动的直接对抗方面的作用，并对剥削率的传统定义提出了批评，比较了通过标准商品揭示的分配关系和隐含在资本主义生产剩余价值创造中的社会关系。这种分析重新定义了剥削率和剥削率与利润率之间的关系。

66.3.1 古典价值理论中实物类比的运用

古典经济学家对分配问题的兴趣源于他们关于社会各阶级的经济角色的基本观念。工人参加劳动并将他们的全部收入所得用于满足其消费和生存的需要；资本家积累资本、地主奢侈的消费则被认为减少了可用于积累的资金。因此，"收入在这三个阶级中的分配被认为是经济动态演变的原动力"[1]。

社会净产出被视为是一个给定的商品束。它在各个社会阶级中的分配依赖于各社会阶级在市场经济中所拥有的相对经济力量的大小，而相对经济力量的大小是由他们对生产要素的所有权决定的。除去地租问题，在一个不存在联合生产的简单模型中，构成社会净产出的商品在工资和利润之间的分配可以由下面的表达式表示：

$$s = [x - A'x] - ba'_0 x \tag{66.15}$$

其中，s，b 和 x 是商品束向量，分别代表总利润、人均工资和总产出

① John Eatwell, Mr. Sraffa's Standard Commodity and the Rate of Exploitation, *The Quarterly Journal of Economics*, Vol. 89, No. 4, 1975, P. 544.

水平；A 和 a_0 代表商品投入系数矩阵和劳动投入系数向量，A′是 A 的转置矩阵。

如果异质的商品束 s 和 b 的大小及构成的变化精确地反映了资本家对包括劳动力在内的资源的控制，那么这些商品束的组成成分必须根据它们实际交易的比率进行加权。正常的交易比率是由工资水平和利润率决定的：

$$Ap(1 + \pi) + a_0 w = p \tag{66.16}$$

其中，p 为价格向量，$p_1 = 1$（标量），$w = p′b$，π 是利润率。

利润率 π 是由总利润 s 除以用于生产过程的已经生产出来的生产资料 A′x，其中 s 和 A′x 这两个异质的商品束应该以同样的尺度度量，因此通过用自然价格对它们进行估算，从而有：

$$\pi = \frac{p′\left[1 - A′\right]x - p′ba′_0 x}{p′A′x} \tag{66.17}$$

既然（66.17）式仅仅是（66.16）式的重新整理，上面的讨论似乎就有同义重复的嫌疑。但是，如果 b 给定，而且以计价单位衡量的投入品 A′x 的价值是利润率 π 的一个已知函数，那么从（66.17）式是可解出 π 的。

但是，从（66.16）式和（66.17）式中可以清楚地看到，商品束的价值 $p′\left[1 - A′\right]x$，$p′ba′_0 x$ 和 $p′A′x$ 对利润率 π 的依赖性将会使隐含在（66.15）式中的工资和利润之间简单的"实物"权衡关系变得模糊。而且，不能找到类似于当社会净产出减去工资后与已生产的生产资料的比值以"实物"形态进行表示时，工资和利润之间所具有的那样简单的比例关系。在联合生产的情况下，这些问题变得更加严重。

一个独立于利润率 π 的价值尺度将能够洞察价格关系的复杂性。这个复杂性缘起于包括任意计价单位在内的所有价格对利润率 π 的功能性依赖。"这样一个价值尺度可以揭示价值剩余的由来，类似于（66.15）式中的商品剩余"①。

既然资本、消耗的投入品（农民的"工资"）和唯一能生产剩余的部门的净产出都可以被认为是由单一的农产品构成的，那么在重农主义理论中并不会碰到上述尺度问题。类似地，在《论利润》中，李嘉图将谷物作为进入所有其他商品生产过程中的唯一投入品，而在他研究的再生产过程中也不需要其他的投入品。这个处理方法将谷物部门的分配关系提高到整个体系的

---

① John Eatwell, Mr. Sraffa's Standard Commodity and the Rate of Exploitation, *The Quarterly Journal of Economics*, Vol. 89, No. 4, 1975, P. 545.

分配关系的"实物类比"的位置。但是，实物剩余可以来自所有生产活动的分支，而且所有部门都需要直接或间接的其他产品的投入。因此，任何用来描述一个复杂体系的分配关系的实物类比必须包括所有的既被用作生产资料又以产出品出现的适当的商品。

一个令人满意的既考虑了经济的复杂性，也具有实物类比特征的价值尺度应该是这样一种商品，即对它来说，它的产出的价值与它作为生产资料的价值之间的比率不会随着分配的变化而变化。这样一种商品也应该在生产的增加值在工资（用单位该商品表示）和利润之间的分割中具有一个简单的一对一的关系。

斯拉法指出："即使近似地具有这种必要条件的个别商品，也不大可能找到。不过，一种混合商品，或者一种'合成商品'，同样可用。或许更合用，因为它可以被'掺和起来'以适应我们的要求……彻底地满足一切要求的这种类型的完善的合成商品，要和它自己的生产资料总量一样以相同的商品组成（以相同的比例结合）——换言之，产品和生产资料两者都是同一合成商品的数量"[①]。

伊特维尔认为，斯拉法的结论的意义是相当显著的。对任何生产技术 A 来说，都存在这样一种标准商品 x^*。当把标准净产出作为计价单位时，该标准商品会使得工资和利润之间存在一种独立于价格水平的关系。"这和收入在工资与利润之间的分配在逻辑上先于和独立于价格的古典观点是一致的。此外，它避开了价格计算带来的模糊性，揭示出剩余的来源"[②]。

伊特维尔指出，这个结论并不依赖于任何关于 A 的成分的不变性的假设。即使由于可变的规模报酬或技术进步导致 A 的成分在各个时期之间是不同的，但是，在每一个时刻都有唯一的标准商品 x^*。

标准商品具有以下两个基本的特征：（1）根据标准商品度量的商品价值之间应该与它们的交易比例具有相同的比例；（2）标准商品，应该使得在包括产出、工资和生产出的生产资料的总体之间的价值变化关系，在知道 π 的变化之前进行定义。如果要说明由古典经济学家所提出的分配关系，那么这两个基本特征是价值标准必须满足的。

伊特维尔指出，一般地，并不是任意的计价商品都是恰当的，因为它不

① 斯拉法著，巫宝三译：《用商品生产商品》，商务印书馆1963年版，第24页。

② John Eatwell, Mr. Sraffa's Standard Commodity and the Rate of Exploitation, *The Quarterly Journal of Economics*, Vol. 89, No. 4, 1975, P. 548.

会满足标准（2）。建立在体现在商品中的劳动的价值能够满足标准（2），但一般不满足标准（1）。用支配的劳动度量的劳动的价值满足（1），但不满足（2）。[①]

66.3.2　剥削率

上面的讨论仅仅限于马克思所谓的生产价格方面。伊特维尔指出，"可以将斯拉法的结果和马克思用来解释利润的源泉的剥削理论联系起来"[②]。

马克思将剥削率或剩余价值率定义为剩余劳动时间和必要劳动时间之间的比率。在论证的第一阶段，马克思假定包括劳动力和货币商品在内的所有商品都是按它们的劳动价值交换的，然后，马克思用以下两种方式定义了必要劳动时间：（1）"为购买劳动力而支出的货币额 v"的价值，事实上是产出价值中工资所占的份额；（2）"必需的生活资料的价值"，也就是构成实际工资的商品的价值。但是，既然"可变资本（v）的价值等于它所购买的劳动力的价值"，那么，这两个定义并不存在模糊之处。

伊特维尔认为，"这两个定义依次对应着两种考察劳动价值和生产价格之间关系的方法"[③]。第二个定义是在德米特里耶夫的基础上，由博特凯维兹发展出来的"联立方程"解的基础。第一个定义隐含在马克思以"平均产业"形式所采用的加总方法中。伊特维尔认为，后一种方法与李嘉图提出的问题更加类似，而且，马克思在将劳动价值和生产价格联系起来时，遇到了与李嘉图在寻找合适的价值标准过程中所遇到的相似的困难。

后马克思主义讨论通常将注意力集中在马克思关于必要劳动时间的第二个定义上。这需要将工资刻画为一个给定的"必需品"商品束，这个商品束的大小和构成由社会和历史力量所决定。如果向量 b 代表"劳动者消费的实际的必需品"（它的构成为 b_i），h_i 是直接或间接物化在商品 i 中的劳动时间的数量，T 是工作日（实际上是生产周期）的长度，那么剥削率是：

$$e = \frac{T - h'b}{h'b} \tag{66.18}$$

此外，一般假定工资商品束是在生产周期开始时预付的，而且是以古典经济学家的工资基金的形式表示的，因此工资商品束就构成了生产体系中的

---

①　John Eatwell, Mr. Sraffa's Standard Commodity and the Rate of Exploitation, *The Quarterly Journal of Economics*, Vol. 89, No. 4, 1975, P. 549.

②③　John Eatwell, Mr. Sraffa's Standard Commodity and the Rate of Exploitation, *The Quarterly Journal of Economics*, Vol. 89, No. 4, 1975, P. 550.

"资本"的一部分。在这种情况下，投入系数矩阵可以以下面的形式进行修正：$\| \alpha_{ij} + z_{ij} \| = A_+$，其中 $z_{ij} = b_i \alpha_{0j}$；价格关系变为：

$$A + p(1 + \pi) = p, \quad p_1 = 1 \tag{66.19}$$

利润率 $\pi = R_+$，其中 $R_+ = (1 - \gamma)/\gamma$，$\gamma$ 是 A_+ 适当的特征值。

在市场中，包括劳动力在内的所有商品的交换比率不是以劳动价值，而是以依赖于工资和利润率之间的相互关系的价格来表示的。但是"实际上，利润是剩余价值的表现形式，而剩余价值只有通过分析才得以从利润中剥离出来"[1]。当相对劳动价值等价于价格且 b 给定时，这样的分析是相当明确的。因此，劳动价值满足上面列出的一个令人满意的价值尺度所应具备的（1）和（2）两个条件；就像剥削率一样，利润率可以不受价格变化的影响，表示为劳动价值的比率。

但是，一般来说，所有经济部门的资本有机构成并不都是相同的，从而除了当 $\pi = 0$ 时，交换比率并不等于相对的劳动价值。结果，引出了大量的问题。不再可能直接把利润率决定为劳动时间量的比率，对利润率和不同的工资率（或不同的剥削率）之间关系的考察，需要知道在每一个工资水平上工资商品束的成分之间在数量上的差异。即使不同的工资水平可以用 b 的数量上的倍数来表示（改变 A_+ 的成分），采用这种方法，也只有通过求解包括所有直接或间接用在工资品生产过程中的商品在内的联立方程组，才可以得到剥削率和利润率之间的关系。此外，一般来说，不可能简单地将不同的工资水平表示为在特定时期所购买的工资商品束 b 的倍数。假设在一个更高的工资（劳动）价值水平上，b 的构成是不同的，$\sum_i h_i \Delta b_i > 0$。根据（66.18）式，e 将会下降。如果对所有的 i，$\Delta b_i \geqslant 0$，既然特征值 γ 是 A_+ 的所有要素的严格正的连续函数，那么 γ 将会增加，$R_+ = (1 - \gamma)/\gamma$ 将会减小[2]。但是，如果对某些 i，$\Delta b_i < 0$，那么 γ 可能增加也可能减小，R_+ 可能下降，也可能增加。因此，当 e 下降时 π 可能增加，反之亦然。

尽管联立方程的方法确定了剥削和利润之间的某种关系，但是在具有同时性的联立方程的解里，剩余概念的清晰性在某种程度上变得模糊了。此外，工资品组成变化的可能成为用（66.18）式定义剥削率遇到的主要困难。虽然在各种工资水平，工资的某个部分构成了"必需品"，但是由于一

---

[1] 《马克思恩格斯文集》第 7 卷，人民出版社 2009 年版，第 56 页。

[2] 见 M. Morishima，*Equilibrium*，*Stability and Growth*，Oxford：Oxford University Press，1964，pp. 195 – 215.

种商品消费的增加和另一种商品消费的减少之间具有相互替代性，因此，不可能完全清楚地定义是工资品中的哪一部分构成了"必需品"。斯拉法考虑将工资分离为"必需（生存）"工资和"剩余"工资。他将工资单独地作为净产出（标准净产出）的一部分，"尽管这明显是出于概念上的方便的考虑，但也可能是基于逻辑一致的原因"①。

伊特维尔认为，"采用马克思的关于必要劳动时间的定义（1）和加总的方法，可以避免这个问题"②。但是，当价格并不等价于劳动价值时，必要劳动时间的两种定义不再是等价的。基于必要劳动时间定义为作为工资支付的净产出的一部分计算出来的剥削率，与将必要劳动时间定义为工人购买必需品得到的劳动价值计算出来的剥削率不再是相等的。伊特维尔认为，"用定义（1）或（2），'剥削'的形象是同样的生动，但是定义（1）比定义（2）更加可行，它可以包含对下面可能的考虑：一种情形和另一种情形（或一个工人和另一个工人）中工人购买的商品束的构成不一样，而剥削率却是相同的。此外，采用定义（1）不再必须事前知道各种工资水平下工资品的构成"③。

在讨论如何用必要劳动时间的定义（1）确切地计算剥削率之前，伊特维尔指出，应该注意到采用定义（1）必须消除增大投入矩阵 A_+ 的可能性。工资仍然可以认为是预付的（以任何计价单位度量），但是这可能导致定义利润率的（66.17）式中的分母变得非常复杂，它由在生产过程中使用的商品的价值和只用计价单位定义的价值量的和构成。由于对要讨论的问题没有多大的影响，可以假设工资支付发生在每个生产周期结束的时候。

按照定义（1）的精神一般化剥削率的定义的最简单的方法，就是避免必要劳动时间和总劳动时间度量的不同，采用总利润和工资的比率。这个比率并不受计价单位选择的影响。在给定的时间区间，净产出可以被认为是总的工作小时数，或是（按任一计价单位计算的）价值之和。

伊特维尔指出，对这个程序可能存在两方面的异议：第一，相同的利润率和相同的技术就可能和不同的利润对工资的比率相联系，这只是因为每个部门的活动程度存在差异。一般地，技术会随着产出构成的变化而变化。虽然可以说因为技术改变了，所以剥削率改变了，但是却没有理由声称仅仅产出构成变化了，而技术没有变化，就能导致剥削率的改变。第二，将剥削率

---

①②③ John Eatwell, Mr. Sraffa's Standard Commodity and the Rate of Exploitation, *The Quarterly Journal of Economics*, Vol. 89, No. 4, 1975, P. 553.

定义为利润对工资的比率包含了根据劳动过程的结果定义劳动过程的本质的问题。

伊特维尔认为，回到马克思的定义（1），将单位标准净产出视为"货币"，并根据这种"货币"度量必要劳动时间，可以有效地克服上述问题。一个生产周期花费的劳动总量和体现在单位标准净产出中的总劳动量是相等的。

假设经济按照标准比例运行，也就是：

$$A'x^*(1 + Q) = x^* \tag{66.20}$$

净产出可以被认为是许多商品束的集合，每束商品由单个人生产，而且都按照 x^* 的构成比例包含 x^* 的所有构成成分。将一个人净产出的 3/4 设定为工资，剩下的 1/4 归资本家所有。换句话说，雇用的总劳动力的 3/4 生产用于工资支付的商品束，剩下 1/4 的劳动力生产资本家占有的商品束。在这种情况下，很容易地看到，不论将工资定义为标准净产出的一个比例或者定义为一束商品，剥削率都是 1/4 除以 3/4，也就是 1/3。用标准净产出的实物单位度量，$w^* = \dfrac{3}{4}$，$e = (1 - w^*)/w^*$ 和 $\pi = Q(1 - w^*) = Q\left(\dfrac{e}{1 + e}\right)$。

但是，正如在前面看到的那样，只要工资是用标准净产出表示的，那么在实际体系中工资和利润率之间的关系和它们在标准体系中的关系就是一样的。此外，标准体系的规模是这样的，它使得在标准体系中所消耗的劳动量在数量上和实际体系中所消耗的劳动量是相同的。那么，如果以任意计价单位衡量的工资（比方说 $p_1 = 1$）是 w，而且有 $w/p'[1 - A']x^* = \dfrac{3}{4} = w^*$，那么实际体系中的利润率就等于 $R(1 - w^*)$。工资和利润率之间的关系就好像在标准体系中有 3/4 的劳动力在生产最终工人会得到的那部分净产出。换句话说，如果剥削率定义为 1 减去体现在"货币"工资中的总劳动的比例，那么这个比率和在"平均"商品或标准商品生产中的剥削率是等价的，从而它也和整体体系中的利润率是直接相关的。因此，对技术 A 来说，剥削率 $e = (1 - w^*)/w^* = 1/3$ 明确地和利润率 $\pi = R\left(\dfrac{e}{1 + e}\right)$ 相关。

根据净产出的商品构成不同于"平均"或标准比例的程度，实际体系中的总利润和工资的比率一般偏离于标准体系中的利润—工资比率。

66.3.3　马克思和斯拉法的互补性

根据上述分析，伊特维尔认为，"马克思关于必要劳动时间的定义（1）

和斯拉法设计的标准商品（担任马克思所谓'平均产业'的产品的角色）的结合既有实物类比方法所具有的长处，也有加总方法所具有的长处，既可以清晰地揭示出剥削和利润之间的关系，也建立了所定义的剥削和实际体系中收入分配之间的直接联系"①。这种分析并不需要预先知道工资的商品构成，因此驳斥了那些声称不能辨别出"实际工资束"将会破坏马克思的分析基础的人的观点。因此，这个结果是对基于剥削率的传统定义对转形问题进行分析的一个补充。但是，伊特维尔认为，"依靠传统定义并不能获得同等程度的简洁性和一般性"②。

　　根据上述结论，可以认为，在伊特维尔看来，斯拉法的分析完善了马克思的分析，而且在一定程度上解决了在马克思那里可能存在的问题。同时，斯拉法的分析如果结合进马克思对必要劳动时间的定义，会更好地解决古典学派所关心的问题。因此，可以换一种说法，在伊特维尔看来，马克思需要斯拉法，斯拉法也需要马克思。

---

①② John Eatwell, Mr. Sraffa's Standard Commodity and the Rate of Exploitation, *The Quarterly Journal of Economics*, Vol. 89, No. 4, 1975, P. 555.

第67章　对马克思和斯拉法的价值和实际工资理论的比较

自马克思和李嘉图的时代开始，劳动价值论和实际工资与利润之间的替代关系是否存在成为人们讨论的热门话题。斯拉法的著作《用商品生产商品》出版后，人们试图采用斯拉法标准商品的方式讨论这些问题。伯迈斯特（E. Burmeister）1984 年在《政治经济学杂志》上发表的《斯拉法、价值理论和实际工资决定的经济学》[①] 一文是参与这种研究的一个成果。伯迈斯特认为，尽管引入斯拉法标准商品对实际工资与利润替代关系的讨论基本上是有缺陷的，但是，在某些条件下，可以得到与完全竞争经济中一样的结论，即实际工资与利润或利息率具有负相关关系。因此，如果放弃完全竞争，工人与资本主义生产资料所有者之间的讨价还价的情况将会出现。

67.1　问题的提出

伯迈斯特一开始就指出，当且仅当经济中的资本结构满足马克思相等的资本有机构成的条件，古典的劳动价值理论才在其最纯粹的形式上成立（即在每一利润率水平上，任意两种商品的交换比率等于它们总物化劳动成本的比率）。在这些严格的条件下，以任何一种商品作为计价物度量量的实际工资同利润率线性负相关。伯迈斯特认为，"斯拉法的一个贡献就是证明了标准商品的存在。因此，如果实际工资用这种标准商品来度量，那么实际工资与利润之间存在着一种线性替代关系。因此，斯拉法使人们能够放弃严苛的资本有机构成相等的假定，建立一个不同的劳动价值论，并在它的基础上建立各种各样的剥削的概念"[②]。

---

① Burmeister, E., Sraffa, Labor Theories of Value, and the Economics of Real Wage Determination, *Journal of Political Economy*, 92, 1984, pp. 508 – 526.

② Burmeister, E., Sraffa, Labor Theories of Value, and the Economics of Real Wage Determination, *Journal of Political Economy*, 92, 1984, P. 509.

但是，伯迈斯特同时指出，经济学上也存在着一些对斯拉法标准商品方法的反对意见。他选择了其中一些进行了讨论，包括：

（1）斯拉法用来构建商品篮子的权重完全由技术所决定，没有考虑消费者的偏好。

（2）当不止一种有效的生产技术时，唯一的标准商品并不存在。

（3）除劳动之外不承认其他基本投入要素。

（4）即使仅有一种生产技术，且劳动是唯一的基本投入要素，但当存在耐用资本品时，斯拉法的标准商品通常并不存在。只有在可能的折旧模式的一个子集中，斯拉法的标准商品才有可能出现。

（5）不同的稳态均衡（绝大多数劳动价值论和斯拉法的著作的基础）的比较，都是一些假想的练习而已，因为它们没有反映经济中存在的可行的跨期选择。

伯迈斯特指出，他自己的工作就是给出一个一般性的命题，旨在表明实际工资与利率存在反向的替代关系，工人可能因高利率导致的低工资而受到剥削。伯迈斯特的文章首先说明了在完全竞争模型中这种替代关系如何能够存在。如果采用分段可微的技术，任何两个时期的消费跨期边际转换率，就在技术上决定了完全竞争条件下实际利率的确定界限。这表明，在非常一般性的条件下，实际工资与利率的反向关系在这些界限范围内存在。而且，在任何的跨期竞争路径和特殊稳定状态路径上都可以得出这些结论。这些结论对于联合生产、异质资本品和折旧模式等假定都不敏感，因此，"代表了有关竞争性经济的基本命题"[1]。

伯迈斯特认为，对于处处可微的技术，实际工资率与利率的替代关系不存在，而且，随着技术变得更加平滑，竞争路径的不确定性程度将降低。但是，在很多情况下，对竞争经济模型而言存在合理的实际工资与利率的替代关系，生产资料的所有者可能通过只提供符合有约束力的不平等条件的低工资剥削工人。同样地，工会也可以施行权力，当工资低于有约束力的条件起作用时的最高价值时，拒绝供给劳动。某种类型的博弈论解决方法可以用来处理这种不确定性。

---

① Burmeister, E., Sraffa, Labor Theories of Value, and the Economics of Real Wage Determination, *Journal of Political Economy*, 92, 1984, P. 510.

67.2　相等的资本有机构成

首先，伯迈斯特回顾了斯拉法模型中隐含的标准技术假定。考虑一个经济，其中 n 种商品由它们自身和劳动，在规模报酬不变条件下的 n 种非联合生产函数生产。最简单的情形为生产函数采用单一的里昂惕夫—斯拉法生产技术。

$$\left(\frac{a_0}{a} \right) = \begin{bmatrix} a_{01} & \cdots & a_{0n} \\ a_{11} & \cdots & a_{1n} \\ a_{n1} & \cdots & a_{nn} \end{bmatrix} c$$

其中，a_{ij} 为固定投入系数，它表明生产 1 单位商品 j 时所需要素 i 的数量，下标 0 表示劳动投入。总的物化劳动（total embodied labor inputs）投入量由如下向量给出：

$$a_0 + a_0 a + a_0 a^2 + \cdots = a_0 (I - a)^{-1} \equiv (l_1, \cdots, l_n) = l \qquad (67.1)$$

很明显，在这里，必要的总物化劳动等于在零利率或零利润率下的价格。为了看清楚这个事实，将价格等于成本的条件表示为：

$$P_j = a_{0j} W + (1 + r) \sum_{i=1}^{n} P_i a_{ij} \quad j = 1, \cdots, n \qquad (67.2)$$

这里 P_j 为商品 j 的价格；W 为事后的名义工资率；r 为利率或利润率。为了简化起见，沿着斯拉法第一部分的思路，并假定只使用流动资本的技术来展开分析。定义价格向量 $p = (p_1, \cdots, p_n) = (P_1/W, \cdots, P_n/W)$，将（67.2）式写为：

$$p = a_0 + (1 + r) p a \qquad (67.3)$$

解得：

$$p(r) = a_0 (I - (1 + r)a)^{-1} \quad 0 \leqslant r \leqslant r^* \qquad (67.4)$$

r^* 为正这个假定等价于经济具有生产性并能够在零利润时产生正的稳定状态价格 p_i。将 $r = 0$ 代入（67.4）式得到（67.1）式中总的必要的物化劳动，即：

$$p(0) = l \qquad (67.5)$$

对于正利润率，（67.4）式所给出的稳定状态均衡价格并不等于总物化劳动，即：

$$p(r) \neq l, \ r > 0 \qquad (67.6)$$

但是，相对价格则以如下形式反映必要的总物化劳动：

$$\frac{p_i(r)}{p_j(r)} = \frac{l_i}{l_j}, \ 0 \leqslant r < r^* \tag{67.7}$$

换一个角度考虑，如果相对价格独立于利润率，那么它们必然等于利润率为 0 时的相对价格水平，因此必然等于相对的必要的总物化劳动。也就是说，当相对价格独立于 r 时，有：

$$\frac{p_i(r)}{p_j(r)} = \frac{p_i(0)}{p_j(0)} = \frac{l_i}{l_j} \tag{67.8}$$

相反地，当相对价格随着利润率改变而改变时，用（67.7）式或（67.8）式表示的纯粹的劳动价值论不能成立。

因此，当且仅当相对价格不随利率或利润率 r 的改变而改变时，价格比率等于总物化劳动投入之比，正如上面（67.8）式中的形式。

"很明显，这种劳动价值论成立的充要条件相当的苛刻"[①]。这些条件可以用下面的定理进行总结：

相等的资本有机构成定理：当且仅当存在着相等的资本有机构成时，用任何计量单位表示的相对价格对于任何可行的 r 而言都保持不变。也就是说，对于任何一个行业，劳动/资本价值之比均为 r 的同一函数：

$$\frac{WL_j}{\sum_{i=1}^{n} P_i(r)K_{ij}} = \frac{a_{0j}}{\sum_{i=1}^{n} P_i(r)a_{ij}} = r^* - r, \ j = 1, \cdots, n, \tag{67.9}$$

其中，$r^* = \left(\frac{1}{\lambda^*}\right) - 1$；而 λ^* 为矩阵 a 的弗罗伯纽斯（Frobenius）根；L_j 为用于生产产品 j 的直接劳动；K_{ij} 为用于生产商品 j 所需的类型 i 的资本的数量。

现在令 $\omega_i(r)$ 表示用第 i 种商品作为计价物度量的实际工资，即定义 $\omega_i(r) = \frac{W}{P_i(r)}$，$i = 1, \cdots, n$，相等的资本有机构成的重要经济结果在于对于每一个要素价格边界，$\omega_i(r)$ 与 r 之间为线性关系。

$$\omega_i(r) = \frac{1}{p_i(r)} = \frac{a_{0i}\left[1 - \left(\frac{r}{r^*}\right)\right]}{\frac{(1+r^*)}{r^*}}, \ i = 1, \cdots, n. \tag{67.10}$$

---

① Burmeister, E., Sraffa, Labor Theories of Value, and the Economics of Real Wage Determination, *Journal of Political Economy*, 92, 1984, P. 512.

这些实际工资为从最大值 $\omega_i(0) = \dfrac{a_{0i} r^*}{(1 + r^*)}$ （$i = 1$，…，n）（在零利润

或零利率或零利润率时）开始下降，直至它们的最小值 $\omega_i(r^*) = 0$。在 $r = r^*$ 时取得最小值（在利率或利润率最大 $r = r^*$ 时）。这种关系在可以在图 67 – 1 中表示出来。

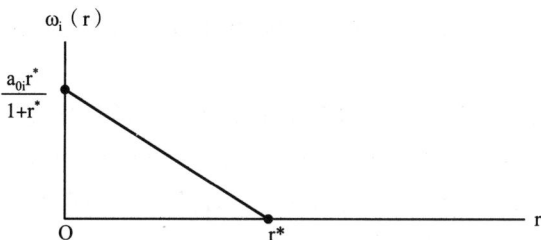

图 67 – 1 当劳动价值论有效时，实际工资 $\omega_i(r)$ 为利润率或利率 r 的线性函数

接下来，假定按照任何可行的消费束（c_1，…，c_n）来定义一个新的实际工资：

$$w = \frac{W}{\displaystyle\sum_{i=1}^{n} P_i c_i} = \frac{1}{\displaystyle\sum_{i=1}^{n} p_i c_i}$$

可以证明对于任一消费品篮子的权重而言，实际工资与利率或利润率呈如下的线性相关关系，而且保证劳动价值论是有效的：

$$r = r^*(1 - w) \tag{67.11}$$

方程（67.11）的关系在图 67 – 2 中表示。

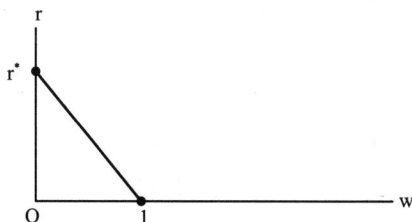

图 67 – 2 当劳动价值论有效时，对任一"一篮子"消费品权重
而言利润率 r 与实际工资 ω 的线性关系

伯迈斯特指出，许多经济学家已经认识到，在现实经济中，相对价格的

确不同于真正的劳动价值比率，不过几乎没有什么实证研究直接去测算它们的差异程度。但是，也有一些重要的研究意味着相对价格与劳动价值比率之间存在着较大的误差。

伯迈斯特指出，"有趣之处在于，相等的资本有机构成是异质资本品加总为资本有序运行指数的一个充分条件"①。

67.3 反对斯拉法标准商品的基本理由

伯迈斯特认为，"斯拉法的杰出贡献在于，通过构建一个新的工资尺度，发现了一种不同的'劳动价值论'，从而使得当相等的资本有机构成不存在时，图 67 - 2 中的线性关系仍然是有效的"②。伯迈斯特认为，特别地，斯拉法发现了一种特殊的消费篮子权重（c_1^*，…，c_n^*），并用它来定义伯迈斯特所说的"斯拉法工资"，用 w^s 表示。新的工资比率尺度由下式给出：

$$w^s = \frac{1}{\sum_{i=1}^{n} p_i c_i^*} \tag{67.12}$$

伯迈斯特指出，斯拉法的《用商品生产商品》中证明的一个重要结论为：即使相等的资本有机构成是不存在的，以及人们熟知的劳动价值论是错误的，下面的式子仍然成立：

$$r = r^* (1 - w^s) \tag{67.13}$$

相应地，人们需要的只是用 w^s 去替代图 67 - 2 中 w，"马克思基于图 67 - 2 线性关系所做的全部分析，可以在免于受到因相等的资本有机构成的假定产生的反对的情况下继续推进"③。

在研究斯拉法和马克思的关系时，经常出现的一个问题是"到底斯拉法的目的是什么"？伯迈斯特再一次提出了这个问题，他说"当然，存在一个'斯拉法的真正打算是什么'的问题"④。伯迈斯特对这个问题的回答，建立在对米克的观点的批判之上。米克写道：

"事实上，两位经济学家（马克思和斯拉法）尽力想要证明：（当工资给定时）平均利润率，从而价格比率对物化劳动比率的偏离，是由其生产

① Burmeister, E., Sraffa, Labor Theories of Value, and the Economics of Real Wage Determination, *Journal of Political Economy*, 92, 1984, P. 513.

②③④ Burmeister, E., Sraffa, Labor Theories of Value, and the Economics of Real Wage Determination, *Journal of Political Economy*, 92, 1984, P. 514.

条件代表在整个经济中占优势的产业的'平均'条件的产业中的直接和间接劳动之比支配的。马克思通过提出他的'平均'产业得出了这个结论，这种产业的'资本有机构成'等于'社会平均'构成。但是，由于在得出这个结论时，抽象掉了工资变化对'平均'产业使用的生产资料的价格产生的影响，马克思的结论只能是暂时性的、近似的结论。斯拉法证明，如果能够用他的"标准"产业代替马克思的'平均资本有机构成'产业，在完全不用抽象掉这种影响的情况下，可以得到同样的结论。从这一点来看，斯拉法的'标准'产业的本质在于试图定义'平均生产条件'，并以这样一种方式得到与马克思所寻求的结论相同的结论。"[1]

随后，伯迈斯特阐述了"为什么这种观点是不能被接受的理由"[2]。伯迈斯特指出，斯拉法的标准商品在经济分析上的有用性依赖于他的新工资尺度 w^s 在不同的条件下是否为一个合适的概念。伯迈斯特详细分析了"除非在一些非常不可能的环境下，w^s 不是一个合适的实际工资的尺度的五个原因"[3]。

第一个反对理由，斯拉法用于构造商品篮子的权重看起来完全由技术决定，与消费者的偏好无关。

和前面一样，$r^* = \left(\dfrac{1}{\lambda^*}\right) - 1$，这里 λ^* 是矩阵 a 的弗罗伯纽斯根，而 r^* 是生产性的经济足以形成非负稳态价格时的最大利率或利润率。x^* 为 a 对应 λ^* 的特征向量。斯拉法的消费篮子权重 $c^* = (c_1^*, \cdots, c_n^*)$ 定义如下：

$$c^* \equiv x^* - ax^* \qquad (67.14)$$

上述引用米克的引文中所说的"工资给定"应该理解为"给定的工资按照（67.14）中斯拉法标准商品的特殊权重进行度量"。但是，用 w^s 度量的工资与个人需要或偏好没有任何关系。斯拉法的唯一的消费篮子权重仅由技术决定。这些权重从生产技术矩阵 a 的与弗罗伯纽斯根相对应的右特征向量推导出来的。"没有经济方面的理由说明为什么这些权重应当与定义任一实际工资相关"[4]。

例如，斯拉法的标准商品可能要求给诸如钢筋这样的商品赋予较大权重，而这种商品永远不会被人消费。伯迈斯特指出，认为当假设给定的工资

① Meek, Ronald L. *Economics and Ideology and Other Essays*: *Studies in the Development of Economic Thought.* London: Chapman & Hall, 1967, pp. 177 – 178.

②③④ Burmeister, E., Sraffa, Labor Theories of Value, and the Economics of Real Wage Determination, *Journal of Political Economy*, 92, 1984, P. 515.

是用这些特殊权重计算出来时，价格比率对物化劳动比率的偏离就可以确定下来，"是荒谬的。因为除非在一些非常奇怪的情况下，任何与实际经济相关的消费篮子都不可能具有和斯拉法定义他的实际工资 w^s 相似的权重"[①]。

第二个反对理由，当可行的生产技术不止一种时，唯一的标准商品并不存在。

用 c_α^* 表示应用生产技术 α 时，斯拉法消费篮子的权重向量。很明显，当有很多生产技术 a，b，…都是可行的时，存在着许多与技术相对应的权重的集 c_a^*，c_b^*，…和斯拉法的工资尺度 w_a^s，w_b^s，…。因此，除非在所有（可行的）利率或利润率下，只有一种生产技术是最优的，否则，合适的 ω^s 将随着 r 的变化而变化。这意味着图 67－2 中的线性关系不再存在，在每处都能找到一系列的线性分割。这表明与 ω^s 对 r 的替代关系相关的剥削率将随着 r 的变化而变化。

同样地，联合生产必须被排除在外。如在传统的羊毛—羊肉例子中，当出现内在的联合生产时，在同一利润率下可能存在着许多不同的稳定状态的均衡价格向量，每一价格向量都依赖于对商品的最终需求模式。"由于斯拉法完全忽略了消费者偏好，在这种联合生产情况下，并不存在唯一的实际工资 w^s，而存在着无穷多的类似 w^s 的尺度，这依赖于最终需求的模式"[②]。

第三个反对理由，除劳动之外，不存在其他基本生产要素。

伯迈斯特认为，由于仅仅考虑经济生产的一面，本质上，斯拉法提供的是一种劳动的生产成本理论。

伯迈斯特指出，一旦认识到讨论的是生产成本，人们必须质疑把唯一的生产要素——劳动用来度量"价值"。一般而言，劳动投入系数向量 $(a_{01}, \cdots, a_{0n})$ 必须被如下矩阵取代：

$$\begin{bmatrix} b_{11} & \cdots & b_{1n} \\ \vdots & & \vdots \\ b_{m1} & \cdots & b_{mn} \end{bmatrix}$$

这里，b_{ij} 代表为生产一单位商品 $j(j=1, \cdots, n)$ 所需要的第 i 种基本要素的数量 $(i=1, \cdots, n)$。如果 $w = (w_1, \cdots, w_n)$ 是基本要素价格向量，代入 (67.4) 式得到：

① Burmeister, E., Sraffa, Labor Theories of Value, and the Economics of Real Wage Determination, *Journal of Political Economy*, 92, 1984, pp. 515 – 516.

② Burmeister, E., Sraffa, Labor Theories of Value, and the Economics of Real Wage Determination, *Journal of Political Economy*, 92, 1984, P. 516.

$$p(w, r) = wb(I - (1 + r)a)^{-1}, \ 0 \leqslant r \leqslant r^* \tag{67.15}$$

伯迈斯特提醒说，特别地，要注意到这种批评包括存在许多种异质劳动投入这一明显的现实情况，因为这些不同类型的劳动投入可能包含在矩阵 b 和对应的工资向量 w 中。"即使在 r = 0 时，在最好的情况下人们可能会得到一个有效的'基本要素成本理论'，但是这要求知道相对基本要素价格"。由于这些基本要素的价格是在一般均衡中决定的，并且不独立于需求，必须反对这样一种"基本要素成本理论"。伯迈斯特说，"对于所有仅在劳动的基础上建立一种'价值'理论的尝试，或建立一种独立于消费者的偏好和需求的价值理论而言，上述反对意见是致命的。现实经济是一个同时决定的一般均衡系统，是一个谁也无法否认的复杂事实"[1]。

第四个反对理由，即使只有一种生产技术、劳动为唯一的基本要素，但是，当存在耐用资本品时，斯拉法意义上的标准商品一般说来并不存在，只有在可行的折旧模式的子集中才可以承认标准商品的存在。伯迈斯特指出，斯拉法在《用商品生产商品》中的第一部分所做的分析，是基于离散时间的流动资本模型，在这种模型中每一种资本品在每一生产周期都被完全消耗掉。在先前的研究中，伯迈斯特已经证明了斯拉法的结论如何被一般化到指数折旧的情形。而且，伯迈斯特允许折旧率依赖于使用的情况，这使得机器工具制造行业中钢铁的折旧率大于糖果加工行业。"然而，很不幸的是，指数折旧假设只是斯拉法标准商品存在的特殊情况的一个子集。当存在多种资本品折旧的方式时，在一些利率水平下，使用过的机器价格变为零，而用于生产最终产品的生产技术将随着利率的变化而变化。这个事实意味着上述第二个批判也适用于存在耐用资本品的情况，尽管是基于不同的原因"[2]。伯迈斯特引用萨缪尔森的话说："复杂性是事物的本质，而不是均衡分析者的虚构物。只有一般均衡的现代范式——起源于斯密和李嘉图，经由瓦尔拉、费雪、帕累托、德米特里耶夫、波特凯维兹、冯·诺依曼、德布鲁、阿罗、里昂惕夫和斯拉法的改善——才能适当地分析技术和套利的现实"[3]。

第五个反对理由，稳定状态的比较分析忽视了相关的跨期经济选择问题。

伯迈斯特指出，斯拉法的标准商品和李嘉图—马克思的劳动价值论包含

---

①② Burmeister, E., Sraffa, Labor Theories of Value, and the Economics of Real Wage Determination, *Journal of Political Economy*, 92, 1984, P. 517.

③ Samuelson, Paul A, Durable Capital Inputs: Conditions for Price Ratios to Be Invariant to Profit - Rate Changes, Zeitschriffut Nrationalikonomie, 43, No. 1 (1983): pp. 1 - 20.

了对不同稳定状态均衡的比较。例如，沿着图 67 - 2 中的 w - r 线上的不同点代表不同的稳定状态，但是，"这些点并没有准确地反映碰巧发现自己处于某一个特殊的稳定状态均衡的经济中存在可行的选择集"[①]。"比较动态学"确实告诉人们如何比较初始的稳定状态与其他稳定状态，但是可能的稳定状态集并不构成经济中可行的选择。也就是说，起源于特定稳定状态或任何其他点，技术可行的动态路径集（都具有同样的起始条件）构成了经济的可行选择。这些可行路径中的一些可以在有限或无限的时间内收敛于稳定状态，但事实上，这种收敛的路径只是可行集中的一个真子集。伯迈斯特认为，无论如何，除非在反常的情况下，一个经济无法很快地从一个初始的稳定状态均衡移到另一个稳定状态均衡。从一个稳定状态转移到另一个稳定状态，将出现包含一段时间的过渡路径。因此，"劳动价值论只限于稳定状态并没有理解经济中存在的相关选择"[②]。

67.4 可行的选择和工资决定

伯迈斯特用了一个形象的比喻，说明了自己分析的重点，他说他要"脱掉稳定状态这一紧身衣，考察经济中可行的相关动态选择的一些经济特征。通过这样做，就可以勾勒出一种竞争性经济中现实的工资率决定机制"[③]。

由于伯迈斯特的兴趣在于实际工资的决定，他考察了只有劳动这一基本要素的模型。伯迈斯特关注的焦点集中在经济中的相关跨期选择上，为了阐述的方便，这种讨论最初只限于一部门经济。随后再把这种简单模型中的研究结论一般化到存在异质商品的情形。

伯迈斯特的模型中的技术相当简单。t 期开始的投入 k^t 和 l^t 在 t + 1 期开始的时候（或 t 期末）生产 y^{t+1} 的产出。产出分为 t + 1 期的消费和资本投入：

$$y^{t+1} = c^{t+1} + k^{t+1} \tag{67.16}$$

下面可行的向量集构成了生产集：

$$S^t = \{(y^{t+1}, \ k^t, \ l^t)\} \ . \tag{67.17}$$

①② Burmeister, E., Sraffa, Labor Theories of Value, and the Economics of Real Wage Determination, *Journal of Political Economy*, 92, 1984, P. 518.

③ Burmeister, E., Sraffa, Labor Theories of Value, and the Economics of Real Wage Determination, *Journal of Political Economy*, 92, 1984, P. 519.

S^t 的特征满足通常的假定。商品的现值和要素价格分别为 p^t 和 ω^t，因此，t 期的（折现）利润最大化条件简化为在给定的（p^{t+1}，p^t，ω^t）下，最大化产出的现值减去投入的现值的差额，即 $\max(p^{t+1} \cdot y^{t+1} - p^t \cdot k^t - w^t \cdot l^t)$。

如果以下条件满足，那么可行的路径 $\overline{P}$ 被视为竞争性的：对于所有的时间 t，存在价格（p^{t+1}，p^t，w^t），使得对于所有的 t，$p^t \geq 0$ 且 $p^t \neq 0$（非负商品价格）；对于所有的 t，$w^t \geq 0$ 且 $\omega^t \neq 0$（非负基本要素价格）；基本要素完全利用（$l^t \equiv 1$）；沿着路径 $\overline{P}$，相应的向量（$\overline{y}^{t+1}$，$\overline{k}^t$，$\overline{l}^t$）在这些价格下使得利润最大化；即对于所有的 t 和所有的向量（y^{t+1}，k^t，l^t）$\in S^t$，有：

$$p^{t+1} \cdot \overline{c}^{t+1} + p^t \cdot \overline{k}^{t+1} - p^t \cdot \overline{k}^t - w^t \cdot \overline{l}^t \geq p^{t+1} \cdot y^{t+1} - p^t \cdot k^t - w^t \cdot l^t$$

$$(67.18)$$

这样的竞争路径仅仅表明动态路径上的经济总是处于一般均衡状态，而稳定状态只是相当特殊的一种情况。[①]

那么，一般来说，竞争路径具有什么样的经济特征？伯迈斯特对此进行了详细考察。考虑一个遵循竞争路径 P 的经济，t 期的资本存量为 k^t，这个资本投入在 t 期的产出 y^{t+1}。考虑另外一条可行路径 $\overline{P}$，除了 $c^t \neq \overline{c}^t$，$k^t \neq \overline{k}^t$，$c^{t+1} \neq \overline{c}^{t+1}$ 外，它与 P 基本相同。也就是说，在假定的两条路径上，除了消费在 t 和 t+1 期不同、资本在 t 期不同外，其余都相同（竞争路径 P 可能代表一种稳定状态，但这种情形很特殊）。经济学常识表明如果 $\overline{c}^t$ 低于 c^t，那么这种"消费牺牲"将使得经济出现 $\overline{c}^{t+1}$ 大于 c^{t+1}。确实，这种经济直觉不仅正确，而且这两个时期消费差之比构成了价格现值比的界限。

为了使描述更加准确，必须定义 t 期和 t+1 期的跨期消费转换率。t 期和 t+1 期之间的左跨期边际转换率定义为：

$$\lim_{\Delta c^t \to 0^+} \left(-\frac{\Delta c^{t+1}}{\Delta c^t} \right) \equiv \left(-\frac{\Delta c^{t+1}}{\Delta c^t} \right)^+ \quad \Delta c^t \equiv c^t - \overline{c}^t \quad (67.19)$$

这个极限通过 Δc^t 从正的方向趋于零取得，因此，这是在 $\overline{c}^t < c^t$ 时的"消费牺牲"。同样，t 期和 t+1 期之间的右跨期边际转换率定义为：

$$\lim_{\Delta c^t \to 0^-} \left(-\frac{\Delta c^{t+1}}{\Delta c^t} \right) \equiv \left(-\frac{\Delta c^{t+1}}{\Delta c^t} \right)^- \quad (67.20)$$

左右边际转换率在图 67-3 中表示。开始时，经济在具有消费 c^t 和 c^{t+1} 的路径 P 上的 A 点。但是，另一可行路径 $\overline{P}$ 允许出现 $\overline{c}^t < c^t$ 的"消费牺

[①] 但是，应当注意避免一种错误推断，认为这样的路径仅与自由竞争保持一致。竞争路径与完全预期下的自由竞争的通常解释保持一致，而其他制度形式（如中央计划）也与竞争路径的纯粹技术定义相一致。

牲"，然后经济通过 $\bar{c}^{t+1} > c^{t+1}$ 实现收益。因此，图 67-3 中点 B 在另一可行路径 $\bar{P}$ 上，线段 AB 的斜率即为左跨期边际转换率。

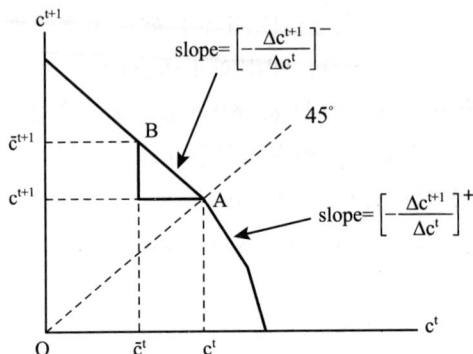

图 67-3　左跨期边际转换率

这个实验的可行选择可以用生产函数来描述：

$$c^{t+1} + k^{t+1} = G(k^t + c^t, \ k^t, \ k^{t-1}, \ l^t, \ l^{t-1}) \tag{67.21}$$

该生产函数为凹的、一次齐次函数。在任何可行路径 $\bar{P}$ 上，$dk^t + dc^t = 0$ 且 $dk^{t+1} = dk^{t-1} = dl^t = dl^{t-1} = 0$。当 $G(\cdot)$ 可微时，

$$dc^{t+1} + 0 = G_1 \cdot 0 + G_2 \cdot dk^t + 0 + 0 + 0$$

或者

$$-\frac{dc^{t+1}}{dc^t} = G_2 = \frac{p^t}{p^{t+1}} \equiv 1 + r^t$$

这里，r^t 是 t 期的利率。当 $G(\cdot)$ 不可微时，遵循方向倒数和次梯度集的著名关系，得到：

$$(1 + r^t)_{\min} \equiv \left(\frac{\Delta c^{t+1}}{\Delta c^t}\right)^- \leqslant \frac{p^t}{p^{t+1}} = 1 + r^t \leqslant \left(\frac{\Delta c^{t+1}}{\Delta c^t}\right)^+ \equiv (1 + r^t)_{\max} \tag{67.22}$$

后者给出了路径 $\bar{P}$ 上的竞争价格和利率的基本界限[①]。

现在将实际工资率 $\frac{w^t}{p^{t+1}}$ 定义为 ω^t。[②] 如果 $G(\cdot)$ 可微，那么实际工资

---

① 换句话说，在 t 和 t+1 的可行消费空间上，取舍的斜率不需要每个方向上都相同，如图 67-3 中的 A 点，竞争的利率以这些斜率为限。

② 伯迈斯特假定 ω^t 为在价格 p^{t+1} 下用于购买 t 期生产的产品事后支付的工资；因此，$\frac{w^t}{p^{t+1}}$ 是实际工资率的正确尺度。t 期初支付的用于在价格 p^t 下购买 t-1 期生产的产品的这种工资本质上没有改变，除了图 67-4 中直线段被负斜率曲线代替外。

率为:

$$\frac{\partial y^{t+1}}{\partial l^t} = \frac{\partial(c^{t+1} + k^{t+1})}{\partial l^t} = G_3 = \frac{w^t}{p^{t+1}} = \omega^t \qquad (67.23)$$

当 $G(\cdot)$ 不可微时,再由凸函数的特征得到实际工资具有有界性:

$$\omega_{min}^t \leqslant \omega^t \leqslant \omega_{max}^t \qquad (67.24)$$

由于 $G(\cdot)$ 为一次齐次,沿着每一条竞争路径上都存在着零利润。因此,当决定的实际工资率在(67.24)式的界限内时,$\omega^t + (1 + r^t)k^t = $ 常数,并且:

$$\frac{d\omega^t}{dr^t} = -k^t \qquad (67.25)$$

图 67 -4 中线段 SS 代表当选择图 66 -3 中 A 那样的点时,利率和实际工资率之间的取舍。即使经济不在稳定状态均衡时,该关系也仍然成立。

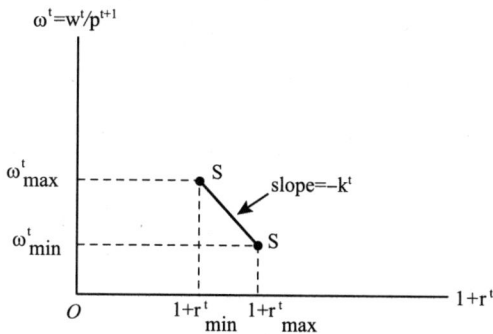

图 67 -4 跨期边际转化率中利率确定性界限

图 67 -4:当实际工资存在不定性的可能时,跨期边际转换率从技术上提供了利率的确定性界限。这些界限限定与竞争均衡相一致的实际工资范围,而不管经济是否处于稳定状态均衡。

67.5 异质性资本品情形

伯迈斯特指出,异质资本品的存在破坏了许多新古典的结论,更为重要的是在下面的分析中,上面的本质结论不再依赖于一部门经济。设生产函数为:

$$F(c^t, k^t, l^t, l^{t-1}) \qquad (67.26)$$

这里，k^t 理解为异质资本品的向量（k_1^t，…，k_n^t）。[①] 同样的，现在价格为 $p^t = (p_1^t$，…，$p_n^t)$，单一消费品 c^t 的价格用 p_c^t 表示。

第 i 种资本品的内在回报率为：

$$r_i^t = \frac{p_i^t}{p_i^{t+1}} - 1$$

除了在稳定状态均衡下，n 种资本内在回报率与消费品的内在回报率 $r^t \equiv \frac{p_c^t}{p_c^{t+1}} - 1$ 不必相等。但是，根据非常类似于前面部分的观点：

$$\frac{\partial \omega^t}{\partial r_i^t} = -\frac{p_i^{t+1}}{p_c^{t+1}} k_i^t \quad i = 1，…，n \qquad (67.27)$$

这个偏导数对于所有的 $i = 1$，…，n 与价格比 $\frac{p_i^{t+1}}{p_c^{t+1}}$ 成固定比例。因此，一般说来，实际工资与每一资本品内在回报率的关系为线性负相关。

在这种异质资本品情形下，稳定状态均衡这一假定简化了问题处理，因为此时对于所有的 $i = 1$，…，n，$c^{t+1} = c^t \equiv c$，$\omega^t = \omega^{t+1} \equiv \omega$，$k_i^{t+1} = k_i^t \equiv k$，且 $\frac{r_i^t = r^t = p_c^{t+1}}{p_c^{t+1}} - 1 \equiv r$。即在有效的稳定状态均衡下，数量为常数并且 $n+1$ 种回报率相等。利用 $p_i^t = p_i^{t+1}(1 + r^t)$ 和 $\sum_{i=1}^{n} \frac{p_i^{t+1}}{p_c^{t+1}} k_i^t = \sum_{i=1}^{n} \frac{p_i^{t+1}}{p_c^{t+1}} k_i \equiv v$

根据零利润条件：

$$\omega = c - rv \qquad (67.28)$$

因此：

$$\frac{\partial \omega}{\partial r} = -v \qquad (67.29)$$

这里，在保证资本价值 v 为常数时对偏导数进行取值。图 67-4 可以直接重新被理解为稳定状态下实际工资率与实际（消费品）利率的替代关系，这种替代关系的斜率为 $-v$，界于 r_{min} 和 r_{max} 之间。

在结论部分，伯迈斯特指出，他"已经离开斯拉法的分析很远了"[②]，这具体体现在以下几个方面：（1）不需要限制在稳定状态均衡中，任何竞争性跨期路径都是允许的；（2）由于生产集 S^t 随着时间的变化而变化，允

[①] $F(\cdot)$ 定义与 k^t 无关。

[②] Burmeister, E., Sraffa, Labor Theories of Value, and the Economics of Real Wage Determination, *Journal of Political Economy*, 92, 1984, P. 524.

许技术改变；（3）消费者的跨期消费偏好在决定实际工资率和工资率与利率替代关系的过程中发挥了作用；（4）允许联合生产和异质资本品存在。

伯迈斯特说，给定上述框架，他"验证了利率与实际工资率之间替代关系存在的条件"[①]。如图67-4所示，古典和新古典的经济直觉得到证实：当这种替代关系存在，低实际工资率伴随着高利率，反之亦然。

更为重要的是，沿着图67-4 SS的替代边界，数量不发生变化。这个事实意味着"工人和资本主义生产资料的所有者之间存在着真实的讨价还价或冲突。在这个框架内，能够叙述生产资料所有者通过提供最低的实际工资率 ω_{min}^l '剥削'工人这样的现实故事"[②]。

但是，伯迈斯特进一步指出，这里存在着对称的力量：工人也可以通过在实际工资低于 ω_{max}^l 时，以拒绝供给劳动这种方式实践工会的力量。很明显，"为了应对这种遗留下来的不确定性，需要借助于某些类型的博弈理论和阶级斗争解决方法"[③]。而且，这种不确定性与竞争路径和许多现代新古典经济学保持一致。这个问题有多重要取决于技术。随着技术变得越来越"平滑"，随着出现越来越多可行的生产技术，不确定性的范围缩小，在技术可微时，这种不确定性消失。

然而，即使工资和利润存在着短期的替代关系，以低利润的代价实现高工资这种方式在长期内能否维持还不太清楚。要更详细地讨论这个问题，需要一个更加完备的模型。但是，可以推断，资本将会从低利润的部门转移到高利润的部门。因此，相比文中推导出的短期界限，与竞争相一致的工资与利润关系的界限在长期将更加严格。因此，伯迈斯特认为，"工人和资本家之间可能存在冲突，但竞争（革命除外）把结果限制在意义明确的界限内，这些界限可能非常的小，尤其是在长期"[④]。

伯迈斯特的分析，肯定了劳动价值论和斯拉法的标准商品在非常特殊的条件下是成立的，并试图把斯拉法得到的工资和利润之间的负相关关系，置于一般均衡的理论框架下进行扩展，而且在一些限定条件下得到了比斯拉法的结论更具一般性的结论。伯迈斯特说自己"离开斯拉法的分析很远了"，在针对斯拉法时，可以认为这种"远离"包含着两层含义，在一定程度上离开了斯拉法的标准商品分析，同时也在一定意义上发展了斯拉法的分析，

①②③ Burmeister, E., Sraffa, Labor Theories of Value, and the Economics of Real Wage Determination, *Journal of Political Economy*, 92, 1984, P. 524.

④ Burmeister, E., Sraffa, Labor Theories of Value, and the Economics of Real Wage Determination, *Journal of Political Economy*, 92, 1984, P. 525.

但是如果也把"远离"的说法应用于马克思，那么更多的就只是真正地离开了马克思的分析。这点在伯迈斯特对工人和资本家之间冲突关系的分析中表现得很明显，在其中，已看不到始于劳动价值论和剩余价值的剥削概念的影子，只看到了用工资和利润存在负相关关系来反证剥削的存在。同时，在结论中，似乎伯迈斯特想强调的是，工人和资本家拥有对称的力量，他们之间有冲突，但是经济竞争又迫使他们会把这种冲突控制在一定的界限之内，因此，伯迈斯特描述的资本主义经济是承认工人和资本家之间存在冲突，但更需要合作的一种和谐的资本主义经济。

第68章 马克思和斯拉法的剩余分析比较及其论争

劳动价值论是古典经济理论的基础与核心。"劳动决定价值"的观点不是古典经济学家学首次发现的，但他们却是最早将理论研究从流通领域转向生产领域，从而将劳动价值应用于资本主义生产关系研究的最主要的经济学流派。他们的分析被马克思称为是"真正的现代经济学的开端"。所以，古典经济理论所探讨的正是资本主义生产方式的经济规律。但是，他们更多的则是从总量的角度、采用"剩余"的分析方法对以资本和劳动的雇佣关系为核心的整个资本主义经济体系进行研究。剩余理论自然成为理解马克思和斯拉法理论及其关系的重要问题。

68.1 关于剩余分析核心地位的理解

霍华德和金曾经指出，"对马克思和古典经济学家而言，政治经济学面临的基本问题就是——对有关经济剩余的起源、数量大小和增长问题的研究"①。同时，"对剩余的分析不仅是理解资本主义发展的关键，而且更重要的是，通过它可以真实地理解资本主义所有的经济结构，包括整个资本主义历史的、动态的发展脉络"②。古典学派的价值分配理论在考察国民产品在各个阶级中进行分配的问题时，所采用的是以"社会剩余"概念为中心的分析方法。该方法为从斯密到李嘉图以来的英国古典经济学家以及后来的马克思所遵循，同时也是新剑桥学派著名代表人物斯拉法所恢复和极力推崇的（斯拉法这里所说的不是剩余方法）。在古典经济学家那里，经济体系首先是一个整体，其中存在着生产、交换、分配等各种相互依赖和相互联系的关

---

① Howard, M. C., and J. E. King, *The Political Economy of Marx*, 2nd, Longman, London, 1985, P. 64.
② Bradley, I., and M. C. Howard, An Introduction to Classical and Marxian Economy, P. 6 in *Classical and Marxian Political Economy*, Macmillan, London, 1982.

系，因此古典剩余经济的分析方法也被称为"整体分析法"。正是由于这个整体的经济体系存在生产、交换、分配和积累等相互依赖和联系的基本格局，才使得人们能够在古典经济学的一系列分析中清楚地看到其对价值、分配和增长的分析之间的必然联系。正如米克所说："对斯密和李嘉图而言，资本主义的'运动规律'这一宏观经济问题，看来是议程上的主要问题；整个经济分析——包括价值和分配的基本理论——有必要审慎地以此问题的解决为导向。"①

古典经济学的价值理论和剩余分配理论是从社会关系的角度出发研究资本主义的收入分配关系，其社会产品的分配是在资本主义的条件下，以一定的方式同劳动在生产中的作用以及生产资料所有制联系在一起的。古典经济理论"关注的是整个资本主义经济体系产生社会剩余的方式，尤其是对资本家阶级获取和积累剩余起着重要支配作用的资本主义生产体系中的社会关系。"② 其中，代表古典一般均衡的"统一利润率"假定的存在，表明了资本主义生产只是为了利润，而利润来自于雇佣劳动的资本主义经济关系的特殊性质；作为社会关系代表的"价值"在马克思那里就成为揭露这种资本主义生产关系性质和矛盾的最基本的分析工具和基础。

而在新古典边际生产力分配理论中，资本、劳动、土地等生产要素分别以平等的地位相互独立，各要素根据边际生产力原理得到自己贡献的份额，这里不需要总量，也与特定的社会生产关系无关。然而，这却使得居于现代主流地位的新古典经济学脱离了真正的历史和经济现实。因为这样一来，它既不能认识到在财产分配背后的各种经济力量，也无法领悟到这种分配对价格、工资和利润本身的功能作用。如霍奇森所言，"生产要素的相对稀缺性的确是个问题。但这种稀缺不是一种自然现象，而是一种社会现象，它取决于财产的分配。这种社会状况的稳定程度又决定了在此基础上收入分配关系的稳定程度。"所以，"如果忽略了在资本主义制度中财产的分配以及它对收入分配的作用……新古典主义经济学就找不到一个坚实的目标作其自身的公理和分析的立脚点了"③。

根据后凯恩斯经济学家加雷格纳尼（P. Garegnani）的研究，这种被称为

---

① Meek, R., *Economics and Ideology and Other Essay*, Chapman and Hall, London, 1967, P. 187.

② Walsh, V., and H. Gram, *Classical and Neoclassical Theories of General Equilibriume*, Oxford University Press, Oxford, 1980, P. 9.

③ Hodgson, G., *Capitalism, Value and Exploitation*, Martin Robertson, London, 1982, P. 36.

早期古典学派观点的"剩余"理论，起源于配第和坎蒂隆（R. Cantillon）等经济学家，在魁奈 1758 年的《经济表》中首先得到系统表述，并在斯密、李嘉图等古典学者手中占据统治地位。后来，当经济分析的主流向其他方向变化时，这种分析方法又为马克思所接受并发展。加雷格纳尼认为，在非工资收入的决定之前，可以事先假定已知下列三方面情况：（1）实际工资 w：即由几种商品的数量所组成的工资率；（2）社会产品 Y：即一年生产商品的产出量；（3）生产的技术条件 T。另外，已知社会产品和技术条件，也蕴含着已知所雇佣劳动者的人数 L（对某一种社会实物产品而言，图 68 - 1 中的劳动就业量就取决于工资率 w）。这样，用已知实物工资率乘以就业劳动人数，即可以得出归属于劳动者的产品份额，或称作"必要消费"。如图 68 - 1 所示。

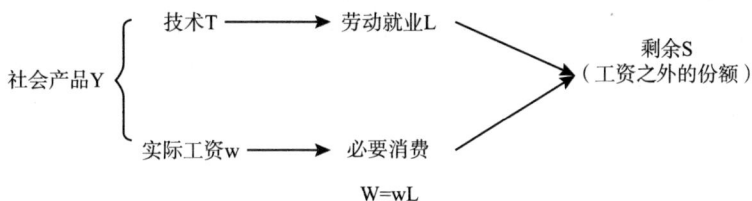

图 68 - 1 剩余理论"核心"的表示式

图 68 - 1 的箭头表明在核心之内所研究对象的依存关系。[1]

上述剩余分析方法是建立在把年社会产品区分为两部分的基础之上：一部分是社会再生产所必要的部分，另一部分是可以为社会自由处置的部分，并构成了它的"纯产品"或"剩余"——社会产品除去工人必要的基本生活资料和生产资料的更换以后所剩余的部分[2]。这里的剩余，作为归属于工人之外社会各阶级的产品份额，就是从产品中减去必要消费之后得到的余额（为简便起见，已扣除生产资料的补偿额）。

罗宾逊曾经指出，这种古典剩余传统的"'扣除额'理论是和 19 世纪后期提出的新古典分配理论十分不同的，在后一种理论中，工资和每人平均产量是一种函数关系。"[3]

① Garegnani, P., Value and distribution in the classical economists and Marx, *Oxford Economic Papers*, 36, 1984, pp. 291 - 325.

② Dobb, M. H., *Theories of Value and Distribution Since Adam Smith*, Cambridge University Press, Cambridge, 1973, P. 3.

③ 罗宾逊、伊特韦尔著，陈彪如译：《现代经济学导论》，商务印书馆 1997 年版，第 18 页。

对于以特定资本主义经济关系为研究对象的古典学派和马克思经济学而言，当资本主义的生产目的是为了获得利润而采用雇佣劳动的形式时，资本就不再是新古典理论中与土地、劳动并列的普通的生产要素，而是一种支配劳动的手段，即资本是一笔对货币工资的预付。而资本家之所以用货币购买资本品或生产资料，也只是对生产资本品的劳动和以前劳动工资的预付，其目的都是为了获取利润，从而存在着一种"自然利润率"，并由此建立起古典一般均衡模型。这种自然利润率来自于这样一点，即除非能够获取利润，否则资本家绝不会为工人垫付工资。因此，在古典学派和马克思的经济理论中，就需要一种由社会关系决定的利润率或工资率，而这种利润率并不依赖于技术，或与技术关系是无关的。这样，在这种统一利润率原则的支配下，资本家为获取更高利润而在相互之间进行的竞争，就使得资本在各部门间不断自由流动，从而形成统一利润率。在古典学派理论中，存在着一种不依赖于技术关系（偏好与生产力）的价值资本，作为预付来购买劳动和各种异质的资本品，从而存在着按价值资本获取统一利润率的要求。

斯拉法主义者声称，他们对马克思的分析是建设性的，他们认为斯拉法和马克思具有相同的视角和方法论，同属于一个"剩余范式"。因此，他们认为他们对马克思的批评是属于"内部"批评。马克思主义政治经济学实际上得到了加强。因此，斯拉法的著作提供了一个牢固的基础，使剩余范式得以发展，并使马克思主义的真正洞察力得以建立。对"斯拉法主义者来说，马克思本人的价值理论的重要性纯粹是历史方面的：它是李嘉图经济学衰微之后剩余范式得以保留的扩张和主要媒介"①。

米克和多布察觉到马克思和斯拉法之间的某些相似之处。他们各自根据斯拉法的著作重写了经济学史，认为至少从 18 世纪开始，经济理论就在两种传统中发展：供求方法和剩余方法。多布认为冯·诺伊曼和斯拉法是 20世纪发展剩余方法的主要人物。他们都曾试图把马克思严格地界定在古典政治经济学的传统中。很显然，瓦尔拉斯关于经济关系的观点从一般意义上看与一般利润率的存在是不一致的。由于这一原因，包括资本物品供给价格上的不均等收益率在内的内部暂时均衡和短暂均衡的观点，开始替代了长期的重力中心，而这一个中心以前曾在两种传统中支配着价格理论家的分析。结合着对新古典主义理论其他形式的批判，斯拉法主义经济学家认为，剩余范

---

① M. C. 霍华德，J. E. 金著，顾海良等译校：《马克思主义经济学史：1929～1990》，中央编译出版社 2003 年版，第 294 页。

式是政治经济学唯一连贯的方式。这里的逻辑很清晰，按照斯拉法主义者的观点，马克思属于剩余范式，属于古典政治经济学，在某种程度上，应该被看做是斯拉法《用商品生产商品》的特例。

马克思主义者反对把马克思并入到剩余范式中，经常声称斯拉法主义者及其前辈本身都是庸俗经济学家。他们认为马克思主义经济学是独一无二的，它与新古典分析之间有着明显的区别。

许多马克思主义者指责多布和米克贬低了马克思对古典政治经济学批判的意义。马克思把一系列质的特征和量的内容并入到他的价值范畴中。马克思的概念试图用古典政治经济学中所缺乏的一种明确的方式来揭露商品生产体系的社会关系。马克思主义者对斯拉法的批判提出了两个极为深刻的问题：

（1）斯拉法的批判采用了一种特殊手法，由此决定联合生产方式生产的商品之间具体劳动的分配，马克思没有发表过这种见解。斯拉法主义者把太多的东西塞到他们的结论中，但却没有表明他们对马克思的价值的量的分析的理解是恰当的。

（2）科学分析仅仅是马克思主义努力成为批判性理论的一个基本元素，该理论以转换现存秩序为目标。在斯拉法的框架中，没有什么东西能够弥补由于排除对剩余价值概念的所有考虑而造成的思想政治损失。①

哈恩（F. H. Hahn）断言，在《用商品生产商品》中，不存在与新古典一般均衡理论的结论相矛盾的命题，认为新古典理论自身可以得出斯拉法的结论，并进一步揭示了推广这些结论所必需的限定性假设条件，因此把斯拉法经济学看做是新古典主义理论的一个特例。哈恩认为，利润最大化行为与斯拉法主义者所想象的均衡，即包括资本品再生产价格上利润率的平均化，是不一致的。竞争性均衡涉及所有资产都有一个相同的回报率，但是新古典主义理论认为，只有在特殊的条件下，资本品价格才会与它们的生产成本相等。② 根据哈恩从新古典角度对斯拉法的认识，可以推论，把马克思和斯拉法等同，或者认为马克思的结论是斯拉法的特例显然是错误的。

另外，罗宾逊夫人严厉批评了斯拉法的均衡方法论。她声称，从马克思

---

① M. C. 霍华德，J. E. 金著，顾海良等译校：《马克思主义经济学史：1929～1990》，中央编译出版社 2003 年版，第 297 页。

② E H. Hahn, "Revival of Political Economy: The Wrong Issues and the Wrong Argument", Economic Record, 51, 1975, pp. 36G - 4; "The Neo - Ricardians", *Cambridge Journal of Economics*, 6, 1982, pp. 353 - 372.

那里学到的一个教训就是"必须依据历史来思考，而不是依据均衡来思考"①，经济学是从一个"不可改变的过去"转向"未知的将来"，生产的无政府状态使得协作的地域性失败。在她看来，分析长期均衡的最基本的理论基础只能是马克思的再生产模型。②

68.2　斯拉法的标准商品概念与马克思的剩余概念

斯拉法《用商品生产商品》出版后，有关斯拉法和马克思之间的关系成为学术讨论的重点问题。1986年，《政治经济学史》杂志集中刊登了一组讨论文章，波尔塔（P. L. Porta）发表了《理解斯拉法标准商品的意义：对马克思剩余概念的注释》一文，格罗内韦根（P. Groenewegen）、多斯塔莱（G. Dostaler）和法卡雷洛（G. Faccarello）分别在另外三篇文章中，对波尔塔文章的重要观点进行了评价，随后波尔塔对他们又进行了回复。

68.2.1　波尔塔关注的主要问题

波尔塔在《理解斯拉法标准商品的意义：对马克思剩余概念的注释》中指出，斯拉法的标准商品研究通常被认为是和李嘉图对价值的分析联系在一起的。因此，有些人认为，标准商品研究对当代经济理论而言，并不是一种特别有原创性和富有成果的理论发现，经常会有人评价说标准商品研究并不算是一种突破性的理论贡献。

但是，在斯拉法自己看来，标准商品的意义是非常明显的。斯拉法在《用商品生产商品》的附录中说，"也许应该说，只有当标准商品体系以及基本产品和非基本产品之间的区别在这个研究中浮现出来时，对李嘉图学说的上述解释才成为一种当然的结论"③。用波尔塔的话说，在斯拉法看来，"他对李嘉图体系的形成阶段的整体解释是作为他早期对标准商品的研究的结果形成的"④。

波尔塔的文章的核心在于解决他认为相当重要的两个问题中的一个，这

---

① J. Robinson, "Foreword" to J. A. Kregel, *The Reeonslruelion of Political Economy*, London：Macrnillan, 1973, P. x.

② J. Robinson (ed.), *Afler Keynes*, Oxford：Blackwell, 1973, P. 5.

③ 斯拉法著，巫宝三译：《用商品生产商品》，商务印书馆1991年版，第94页。

④ P. L. Porta, Understanding the Significance of Piero Sraffa's Standard Commodity：A Note on the Marxian Notion of Surplus, History of Political Economy, Vol. 18, No. 3, Fall 1986, pp. 443 – 454. In *Karl Marx's Economics：Critical Assessments*, Edited by Cunningham Wood, Vol. Ⅶ, P. 69.

两个问题是："把标准商品概念应用于李嘉图的体系是可以被加以批评的；此外，能够证明标准商品的设计是用以解决马克思的问题的"①。波尔塔主要研究的是第二个问题。

68.2.2　波尔塔理解的斯拉法和马克思的联系

波尔塔指出，李嘉图"适当中数（just mean）"②的概念是为了建立一个反例，证明无法找到不变的价值尺度。只是到了后来，随着马克思对李嘉图的解读的出现，李嘉图有关价值问题上的疑虑才被解释为适合于剩余分析。波尔塔认为，技术的报酬递减和分配变化之间的联系并不是困扰马克思的问题，"在马克思的理论中，与价值和分配相联系的真正根本性的问题是找到，一种不随产出分配的变化而变化的价值尺度"③。波尔塔认为，在李嘉图自己的分析中，这只是问题的一个方面，而且他对这个问题自身不是很感兴趣。李嘉图认为，不变的价值尺度是无法决定的，从而后来把有关分配的实际问题作为自己的分析的中心，在这种分析中，报酬递减规律发挥了重要作用。

波尔塔指出，马克思剩余理论的一个重要出发点是对重农主义体系的分析。在马克思看来，重农主义的伟大之处在于从生产而不是从流通中得出价值和剩余价值，从而区别于重商主义，从一个具有自治性和独立于流通的领域开始他们对经济的分析。

波尔塔认为，马克思理论构建（至少就马克思的剩余方法的逻辑基础而言）的另外重要一步是他的价值理论。在马克思看来，商品是价值的凝结。在波尔塔看来，"马克思明显地赋予他自己的价值理论一种加总功能（aggregative function），从而使这种理论自身成为一种构建一种新的、更具一般性的'经济表'，但是这是以与流行于英国'古典'经济学家中的价值概念的分离为代价的"④。波尔塔进一步指出，对流通的分析在很大程度上

---

① P. L. Porta, Understanding the Significance of Piero Sraffa's Standard Commodity：A Note on the Marxian Notion of Surplus, History of Political Economy, Vol. 18, No. 3, Fall 1986, pp. 443 – 454. In *Karl Marx's Economics：Critical Assessments*, Edited by Cunningham Wood, Vol. Ⅶ, P. 69.

② 斯拉法主编，郭大力、王亚楠译：《李嘉图著作和通信集》第1卷，商务印书馆1962年版，第37页。

③ P. L. Porta, Understanding the Significance of Piero Sraffa's Standard Commodity：A Note on the Marxian Notion of Surplus, History of Political Economy, Vol. 18, No. 3, Fall 1986, pp. 443 – 454. In *Karl Marx's Economics：Critical Assessments*, Edited by Cunningham Wood, Vol. Ⅶ, P. 70.

④ P. L. Porta, Understanding the Significance of Piero Sraffa's Standard Commodity：A Note on the Marxian Notion of Surplus, History of Political Economy, Vol. 18, No. 3, Fall 1986, pp. 443 – 454. In *Karl Marx's Economics：Critical Assessments*, Edited by Cunningham Wood, Vol. Ⅶ, pp. 70 – 71.

对马克思而言是不相干的：剩余价值不可能从流通中产生。从而，"在很大程度上，马克思倾向于比较生产和流通领域，并避开由古典分析建立的两者之间存在的根本性的相互依赖"①。

波尔塔认为，只有意识到了马克思赋予价值理论的独特的重要性，才能真正理解他对李嘉图预先假定一个一般的利润率的著名的批评。"很明显，根据马克思的观点，在人们认为李嘉图过度抽象的地方，他事实上倾向于对李嘉图做出相反的指责——缺乏抽象，因为李嘉图没有能够从商品的价值中抽象出价值，一般利润率只是竞争强加于李嘉图的一个事实。换句话说，在马克思的用语的含义上，李嘉图可以被指责为是庸俗的，因为李嘉图只是把自己的观点建立在市场日常所发生的表面现象的基础之上"②。在说明了马克思和李嘉图的这种区别之后，波尔塔进一步指出，在某种意义上，上述来自马克思的批判只是重复了他认为李嘉图未能区分价值和价格的批判，但是波尔塔认为，事实并不是这样，"这种批判并不适用于李嘉图，因为李嘉图的理论从未假定一种统一的利润率是人们日常体验的一部分。统一的利润率可能在李嘉图那里根本就不存在，即使市场力量（使用斯密对自然和市场价格所做的区分进行解释）总是在无休止地发挥作用以得到这个结果……李嘉图只是在为了论证完美的价值尺度是不存在的时候，才预先假定统一利润率的存在"③。

在分析马克思的剩余理论的出发点，以及马克思价值理论的重要性和马克思与李嘉图有关一般利润率的观点的不同之后，波尔塔重点分析了马克思和李嘉图的差异，以及斯拉法到底是为了解决他们两个哪一个提出的问题才进行"标准商品"模型的。

波尔塔认为，与前面提到的问题相关的一个纯粹逻辑的问题是，无论是马克思还是李嘉图，都必须使用比较静态的术语论证他们的观点，也就是说，他们分析均衡的位置，而不是分析达到均衡的过程。波尔塔说，"李嘉图预先假定一般利润率的存在，考察他们对均衡价格的影响，马克思预先假定劳动价值论并去检视劳动价值论对均衡利润率意味着什么。"④ 波尔塔认为，博特凯维兹所持的这两种推理在逻辑上等同的观点是正确的。波尔塔认为，"李嘉图的立场可以被视为是对应于解释市场的运行趋于统一利润率的

---

①②③④　P. L. Porta, Understanding the Significance of Piero Sraffa's Standard Commodity：A Note on the Marxian Notion of Surplus, History of Political Economy, Vol. 18, No. 3, Fall 1986, pp. 443 – 454. In *Karl Marx's Economics：Critical Assessments*, Edited by Cunningham Wood, Vol. Ⅶ, P. 71.

动态原理，但是一开始，马克思的立场与这种原理之间并不存在对应性，尽管对马克思而言，市场机制最终必然趋于均等利润率"①。波尔塔以这种判断作为考察李嘉图、马克思和斯拉法三者之间复杂关系的基础。波尔塔说，"然而，这种区别并不是对选择这种而不是那种程序的理由，那些采用李嘉图程序的学者，如德米特里耶夫、博特凯维兹和斯拉法觉得不必为两种程序在逻辑上等同而致歉。人们也可论争一个马克思的问题并从统一利润率出发，这是一个没有什么其他含义的逻辑起点问题。因此，马克思的转形和李嘉图的'平均中数'可以而且经常被用相同的数学工具加以分析，它们是同一个数学问题的不同方面"②。但是，波尔塔还是指出了它们在经济学含义上的差别，他说："从它们的经济解释上看，它们对应着非常不同的问题。数学分析上的相似性只是有助于解释为什么给马克思穿上李嘉图的外衣那么常见"③。同时，波尔塔指出，"对李嘉图的马克思式解读在斯拉法的杰出著作中达到了顶峰"④。波尔塔认为"斯拉法的简洁而紧凑的辩解主要是为了提供马克思从重农学派的（谷物 corn）数量剩余，通过劳动价值，到价格体系的旅程中被忽视的联系。斯拉法的优势在于，他能够通过李嘉图体系形成的年代去描述这个旅程本身，用这种方法，斯拉法的程序几乎避免了任何需要参考价值体系的方面，并把这个任务留给其他那些坚持认为经济学中的剩余方法必须建立在某些可以依赖的基础之上的学者⑤"

　　波尔塔认为，在马克思那里，真正困难的问题是转形问题。因此，在分析了价值之后，为了真正构建令人满意的剩余方法，仍然需要把分析深入一步。"在他的价值体系'转化'为他的（新的）价格体系时，'平均构成商品'进入了马克思的考虑之中"⑥。波尔塔指出，在马克思的表述中，资本构成为平均资本构成的部门的商品的生产价格对应于它们的价值。波尔塔说，"我们可以把这视为是利润和剩余价值相一致的一种数学极限。马克思在《资本论》第一卷中引入的整个体系有着相等的剩余价值率只是第一近似。事实是这样的：由于所有生产领域的利润率相等——也就是说等于平均构成部门流行的利润率——总利润必然等于总剩余价值，总生产价格必然等

　　① P. L. Porta, Understanding the Significance of Piero Sraffa's Standard Commodity: A Note on the Marxian Notion of Surplus, History of Political Economy, Vol. 18, No. 3, Fall 1986, pp. 443 – 454. In *Karl Marx's Economics*: *Critical Assessments*, Edited by Cunningham Wood, Vol. Ⅶ, pp. 70 – 71.

　　②③④⑤⑥ P. L. Porta, Understanding the Significance of Piero Sraffa's Standard Commodity: A Note on the Marxian Notion of Surplus, History of Political Economy, Vol. 18, No. 3, Fall 1986, pp. 443 – 454. In *Karl Marx's Economics*: *Critical Assessments*, Edited by Cunningham Wood, Vol. Ⅶ, P. 72.

于价值总和"①。波尔塔指出，一定要注意到在这里马克思赋予"平均构成概念"的"建构能力（constructive capacity）"②。

波尔塔说，"重农主义模型（剩余率是由同一种商品的物质量的比率决定的）保留了马克思的理想表述，这正是他随后的宏观经济学（无论是用劳动价值术语，还是用平均构成部分的产品的术语）意欲表述的，正是因为这个原因，在马克思从价值向价格的转化中，平均商品具有了独特的重要性。事实上，这也是为什么转形问题自身是重要的原因"③。"从分析的视角看，价值体系的迂回的确是没有多大必要，但是从遵循'经济表'宏观经济学的内在逻辑看，这种迂回是必要的。马克思的体系有一种避开同时决定利润率和价格的逻辑必然性的内在需要"④。分析到这里，波尔塔得出了他的一个重要结论，"从而，在斯拉法的意义上，对'不随产出分配变化而变化的价值尺度'的寻找，只有在马克思的语境中才能获得充分的含义，在这里它指的是独立于价格体系的分配变量的决定。合成商品——标准商品——取代了重农主义的农业产出。斯拉法真正为马克思的问题提出了一种可能的解决方法"⑤。

68.2.3　波尔塔提出的斯拉法对马克思的"帮助"

波尔塔指出，在评价李嘉图有关由相等的资本生产的商品的价值不相等的问题时，马克思注意到李嘉图的观点并不必然意味着价值改变了它们的本质：它只是意味着价格偏离了价值。在马克思看来，李嘉图没有意识到这一点，以至于不合理地把成本价格等同于价值。正是因为这种错误等同的结果，一个对李嘉图而言是根本性的问题才呈现出一种"特殊情况"的形式，也就是说，分配变化，价格就会被修正。然而，李嘉图以一种"例外"的形式引入的东西，不久之后在马尔萨斯、托伦斯和"庸俗方法"那里变成了一种规则。李嘉图的优点在于他有关价值和成本价格之间的"区别"的直觉，假定他不是用他自己"片面的方式"分析这一点，他将会找到一般性的解决方法，而不是开启对这种"区别"进行"庸俗"解释的道路。

换句话说，在波尔塔看来，李嘉图谈到了价值尺度问题，然而，很容易

　　①② 　P. L. Porta, Understanding the Significance of Piero Sraffa's Standard Commodity：A Note on the Marxian Notion of Surplus, History of Political Economy, Vol. 18, No. 3, Fall 1986, pp. 443 – 454. In *Karl Marx's Economics：Critical Assessments*, Edited by Cunningham Wood, Vol. Ⅶ, P. 72.
　　③④⑤ 　P. L. Porta, Understanding the Significance of Piero Sraffa's Standard Commodity：A Note on the Marxian Notion of Surplus, History of Political Economy, Vol. 18, No. 3, Fall 1986, pp. 443 – 454. In *Karl Marx's Economics：Critical Assessments*, Edited by Cunningham Wood, Vol. Ⅶ, P. 73.

看出来，李嘉图的解释会使人们质疑（劳动）决定价值的原理。对于后一个原理，马克思渴望给出一个决定的观点，并表明他自己的劳动价值论提供了一个更好的一般性的见解。重农主义者的物质剩余方法（马克思自己的劳动价值论是一般化这种方法的第一步）明显具有马克思所希望的那种决定性。在这里，人们能够看出"让剩余方法的发展超越马克思的价值体系的重要性"[1]。波尔塔认为，斯拉法的重要性和原创性正在于对这种"超越"做出的贡献。

波尔塔认为，马克思在对转形问题的更一般性的表述中如何用复合商品取代"谷物"有其自己的观点是可能的。但是对这个问题的解决并不像通常想象的那么简单。"斯拉法的优点在于他对找到一种复合商品证明马克思的方法上所作出的贡献"[2]。

波尔塔接下来通过对转形问题的考察说明了上述观点。假定 X 是斯拉法标准体系的总产出向量，设定通过使标准净产出等于 1 规范化马克思的生产价格体系，可以得到：

$$p(I - A)X = 1 \tag{68.1}$$

其中，p 为价格向量；A 为直接商品投入系数矩阵。

设定包含在总产出的直接劳动数量为 1，或者：

$$IX = 1 \tag{68.2}$$

其中，I 为直接劳动投入向量。IX 也等于包含在对应的净产出中的总的劳动数量（价值）。设定 $I(I - A)^1 = v$，（68.2）式变为：

$$v(I - A)X = 1$$

因此，在上述情形下，无论是用价格表达还是用价值表达，净产出都是相同的。诉诸标准商品 X 的优点在于这样一个事实，即它是一个净产出向量的纯量倍数。因此，对净产出而言成立的观点对总产出而言也是成立的。

此外，给定工资是由标准商品构成的（无论净产出在资本家和工人之间如何分配），支付工资后剩下就是一定比例的标准净产出，这个数量无论用价值还是用价格计算都相同的：总利润等于总剩余价值。利润率自身同样可以用价值或价格术语表达。斯拉法提出的"谷物"和标准商品之间的类

---

① P. L. Porta, Understanding the Significance of Piero Sraffa's Standard Commodity: A Note on the Marxian Notion of Surplus, History of Political Economy, Vol. 18, No. 3, Fall 1986, pp. 443 – 454. In *Karl Marx's Economics: Critical Assessments*, Edited by Cunningham Wood, Vol. Ⅶ, P. 73.

② P. L. Porta, Understanding the Significance of Piero Sraffa's Standard Commodity: A Note on the Marxian Notion of Surplus, History of Political Economy, Vol. 18, No. 3, Fall 1986, pp. 443 – 454. In *Karl Marx's Economics: Critical Assessments*, Edited by Cunningham Wood, Vol. Ⅶ, P. 74.

比现在完成了。"这是一个如果不通过马克思对李嘉图的解读就无法被李嘉图的学者所发现的类比，而对马克思对李嘉图的解读而言，这种类比提供了解读中缺失的论证。如果我们打算把马克思视为一个公认的政治经济学的批判者和有关经济学是什么（也就是说剩余方法）的特定概念的创造者（Inventor），那么这种在马克思那里缺失的论证的重要性就能够得到最好的理解。假如是这样的话，斯拉法的分析的优点在于发现了一种马克思的方法有效发挥作用的情形，当然标准体系只是这些情形中的一种"①。

波尔塔指出，不能抛弃马克思的价值和转形分析。如果抛弃了这些分析，"剩余方法的整个基础变得更加难以评价，斯拉法的体系只是成为一般均衡分析中的一个特例"②。

68.2.4 通过剩余方法建立的斯拉法和马克思的联系

波尔塔认为，无论是从一个体系中成本的概念是"客观的"（即在生产中使用物品的数量）的角度看，还是从净产品或剩余产品被认为是产出和消费之间的差异的角度看，马克思都是剩余方法的奠基人。波尔塔指出，"在发展自己的剩余方法，并从以前的经济学家那里寻找发展这种方法的种子时，马克思对经济学的历史给出了强有力的解释，尤其是对重农主义和英国学派，以及许多其他经济学家。斯拉法说明了剩余概念可以推广到多远，以及在'不引入价格的扰动因素'的情况下是能够应用的。斯拉法用的全是李嘉图的话（尽管他并没有分析李嘉图的分配问题，像前面已经说过的，这是一个有着不同本质的问题）做到了这一点，斯拉法的研究有双重优点：（1）重新复活了马克思把古典经济学家视为剩余方法的先驱者的方式；（2）置身于有关价值的形而上学和剥削概念的教条式的争论之外"③。波尔塔认为，从斯拉法的研究对马克思所具有的意义而言，他以上述方式"成功地使马克思的经济学概念变得更加精确，而且有力地抬

---

① P. L. Porta, Understanding the Significance of Piero Sraffa's Standard Commodity：A Note on the Marxian Notion of Surplus, History of Political Economy, Vol. 18, No. 3, Fall 1986, pp. 443 – 454. In *Karl Marx's Economics*：*Critical Assessments*, Edited by Cunningham Wood, Vol. Ⅶ, P. 74.

②③ P. L. Porta, Understanding the Significance of Piero Sraffa's Standard Commodity：A Note on the Marxian Notion of Surplus, History of Political Economy, Vol. 18, No. 3, Fall 1986, pp. 443 – 454. In *Karl Marx's Economics*：*Critical Assessments*, Edited by Cunningham Wood, Vol. Ⅶ, P. 75.

高了马克思经济学的身价"①。

显然，剩余方法本身不是不可争论的。但是，波尔塔认为，必须强调的是，"说斯拉法拒绝并认真地修正了马克思的概念体系，是毫无根据的。斯拉法服务于马克思的分析目标，但是他不是穿着现代外衣的马克思。在斯拉法那里，没有马克思主义的新科学，也不存在对马克思的实质性批判。"②

为了进一步澄清上述认识，波尔塔给出了一个关于剥削问题的具体例子。他说，"斯拉法并没有分析剥削问题这一事实，既不意味着他反对这个概念，也不表明他的分析意味着一种新的剥削概念"③。波尔塔对一些学者有关剥削问题的研究进行了评价。内尔（E. Nell）把剩余定义为一种它的分配不依赖于交换原理的净产出。④ 波尔塔认为，内尔的观点意味着剩余方法只是开辟了一个提出一种交换原理的替代原理的领域，但是对这种替代方法本身并没有说出什么实质性的内容，也就是说，没有积极地提出一个分配理论。加雷格纳尼说剥削的存在源自一个纯粹的事实，即劳动者无法占有全部的产出⑤。波尔塔说："这又是一种试图给马克思的说法以新含义的尝试，这里作者也只是在用分配理论回避问题"⑥。

对剥削问题，布劳格曾说过，剥削概念不能只简单地归结为这样一种表述："资本主义体系通常生产出并没有交给工人的正的净产出"⑦。波尔塔认为，剥削概念和对属于劳动的产出的"扣除"有关，剥削的存在要求首先建立分配正义。"剥削必须用劳动价值的术语定义，而且它的经济意义仍然建立在马克思的劳动价值论的基础之上。所有这一切和斯拉法的分析都不存在分歧"⑧。

因此，在文章的结尾，波尔塔再一次强调，"斯拉法和马克思之间的关系是这样的：斯拉法在搬开一块对马克思而言太重的石头上做出了决定性的贡献（尽管在他之前的一些人也尝试这样做）。但是认为斯拉法的分析破坏

①②③ P. L. Porta, Understanding the Significance of Piero Sraffa's Standard Commodity：A Note on the Marxian Notion of Surplus, History of Political Economy, Vol. 18, No. 3, Fall 1986, pp. 443 –454. In *Karl Marx's Economics：Critical Assessments*, Edited by Cunningham Wood, Vol. Ⅶ, P. 75.

④ Nell, Edward J, Theories of growth and theories of value, Economic Development and Cultural Change 16, 1977, pp. 15 –26.

⑤ Garegnani Pierangelo, Marx e gli Economisti Classici, Torino, 1981, P. 88.

⑥⑧ P. L. Porta, Understanding the Significance of Piero Sraffa's Standard Commodity：A Note on the Marxian Notion of Surplus, History of Political Economy, Vol. 18, No. 3, Fall 1986, pp. 443 – 454. In *Karl Marx's Economics：Critical Assessments*, Edited by Cunningham Wood, Vol. Ⅶ, P. 76.

⑦ Mark Blaug, A Methodological Appraisal of Marxian Economics, North Holland, 1981.

了马克思的体系或改变了它的设计是完全没有根据的"①。

因为在处理李嘉图、马克思、斯拉法的关系上存在着相互对立的观点，波尔塔的论文发表后引起了广泛的争议。

68.3 格罗内韦根对波尔塔观点的评论

格罗内韦根在《对波尔塔教授关于〈理解斯拉法标准商品的意义〉的评论》中，对波尔塔把马克思看做是剩余分析的奠基人的观点进行了批评，他认为，剩余分析在古典经济学中早已存在，它不仅仅出现在重农主义者、斯密和李嘉图的文献中，而且在更早的配第和坎蒂隆的著作中也出现了，把马克思看做是剩余分析的奠基人的观点是不真实的。

格罗内韦根在评论波尔塔的论文中，首先概括了他所理解的波尔塔的文章的两个重要观点：（1）斯拉法对李嘉图的解释，尤其是他赋予李嘉图的谷物比率利润理论，是斯拉法自己非常关注，并发现的标准体系的概念和基本品与非基本品区分的直接结果。格罗内韦根指出，波尔塔认为"标准体系的概念和李嘉图的问题无关，它事实上只是对马克思的问题的解决"②。（2）波尔塔识别出了古典政治经济学中的剩余方法，并把它解释为完全是源自马克思。

对上述两种认识，格罗内韦根都不赞同，他从如下两个方面对波尔塔进行了反驳：第一，李嘉图的"谷物—比率利润理论（corn-rate profit theory）"与标准商品（standard commodity）的关系；第二，马克思是剩余方法（surplus approach）的创建者吗？

68.3.1 李嘉图的"谷物比率利润理论"和"标准商品"

格罗内韦根在分析这个问题的一开始就指出，"在文献中，李嘉图在他早期的利润和分配理论研究中是否依赖于简化的'谷物比率利润理论'是

---

① P. L. Porta, Understanding the Significance of Piero Sraffa's Standard Commodity：A Note on the Marxian Notion of Surplus, History of Political Economy, Vol. 18, No. 3, Fall 1986, pp. 443 – 454. In *Karl Marx's Economics：Critical Assessments*, Edited by Cunningham Wood, Vol. Ⅶ, P. 76.

② P. Groenewegen, Professor Porta on the Significance of Understanding Sraffa's Standard Commodity and the Marxian Notion of Surplus：A Comment, History of Political Economy, Vol. 18, No. 3, Fall 1986, pp. 455 – 462. In *Karl Marx's Economics：Critical Assessments*, Edited by Cunningham Wood, Vol. Ⅶ, P. 81.

一个引起很大争议的问题"①。格罗内韦根早在 1972 年就表达过对这个问题的看法②，他在部分程度上强调一些当代的间接证据支持斯拉法的解释性假定，而这些解释性假定可能在斯拉法著名的为《李嘉图著作与通信集》第一卷所写的导言中没有被充分地强调。格罗内韦根进一步指出，同时，当代的、间接的证据也表明内在于标准商品方法中的简化的可能的有用性，以及物质利润率的设计在托伦斯（R. Torrens）1815 年后的著述中并不存在。格罗内韦根指出，毋庸置疑，不像斯拉法，托伦斯不可能被马克思引向这一观点。格罗内韦根进行上述论争的目的在于说明"在许多学者对斯拉法对李嘉图早期利润理论的解释进行的批判中，这些间接证据中没有一个能被这些批判有效地反驳"③。也就是说，格罗内韦根不赞同波尔塔做出的斯拉法对李嘉图的解释是偏离了李嘉图本意的判断。

格罗内韦根进一步指出，波尔塔认为斯拉法对标准商品的发展和对基本品与非基本品的区分在与解释李嘉图时具有的时间上的优先性，造成了在使用这些发现解释李嘉图时的困难的推理，是有问题的。格罗内韦根指出，在经济思想史中许多解释性假定，在后来不是被文本或其他可以得到的证据证实了，就是被否定了。李嘉图成熟的分配分析里隐含的价值假定的特定本质使得需要对波尔塔的观点，即马克思和李嘉图的价值理论"纯粹逻辑方面的问题"进行反思。这与波尔塔认为的马克思和李嘉图有意识地决定"使用比较静态的术语"或"比较静态条件"的观点有关。格罗内韦根对这种认识也有不同的意见，他认为这最好表达这样一种"有意识的决定"，即"在他们分析工资和利润时抽象掉在经济中发生影响的次要的和暂时性的因素"④。这种考察也把注意力引向了波尔塔简单提及的转形问题的一些被忽视了的特征。

---

① P. Groenewegen, Professor Porta on the Significance of Understanding Sraffa's Standard Commodity and the Marxian Notion of Surplus: A Comment, History of Political Economy, Vol. 18, No. 3, Fall 1986, pp. 455 – 462. In *Karl Marx's Economics*: *Critical Assessments*, Edited by Cunningham Wood, Vol. Ⅶ, pp. 81 – 82.

② P. Groenewegen, Three notes on Ricardo's Theory of Value and Distribution, Australian Economic Papers 11. 18 June, 1972, pp. 44 – 64. .

③ P. Groenewegen, Professor Porta on the Significance of Understanding Sraffa's Standard Commodity and the Marxian Notion of Surplus: A Comment, History of Political Economy, Vol. 18, No. 3, Fall 1986, pp. 455 – 462. In *Karl Marx's Economics*: *Critical Assessments*, Edited by Cunningham Wood, Vol. Ⅶ, P. 82.

④ P. Groenewegen, Professor Porta on the Significance of Understanding Sraffa's Standard Commodity and the Marxian Notion of Surplus: A Comment, History of Political Economy, Vol. 18, No. 3, Fall 1986, pp. 455 – 462. In *Karl Marx's Economics*: *Critical Assessments*, Edited by Cunningham Wood, Vol. Ⅶ, pp. 82 – 83.

格罗内韦根认为，李嘉图特别清楚自己所思考的让人满意的分配分析所要求的抽象的本质。在不考虑暂时的、偶然的原因的情况下，"分析调节自然价格、自然工资和自然利润的规律"，这种方法是与李嘉图把自然价格定义为"不受暂时或偶然原因扰动"的价格相一致的。这正如波尔塔所表明的那样，能够使李嘉图可以根据统一利润率去分析分配。格罗内韦根认为，马克思在讨论市场价格、市场价值和生产价格之间的关系时使用了相似的抽象过程。斯密很早就做出了同样的区分，李嘉图参考了斯密的分析，在重农主义者中，如果不是配第，就是坎蒂隆最早做出了这种区分。格罗内韦根认为，所有这些古典传统的代表人物都心怀同样的目标，即摆脱那些从含义上看不易进行理论分析，却又使分析变得复杂的因素。

格罗内韦根认为，对李嘉图而言，不存在价值向生产价格的转形问题，因为他认为这两者是相等的。他认为相对劳动数量可以用来解释"商品相对价值的变化"，而且，在一定的限定条件下，这使得他认为他好像得到了不变的价值标准，尽管他认为这种标准可能是无法构建出来的。与李嘉图恰恰相反，马克思认为价值向价格的转形是资本主义分析的一个重要特征，如果没有这一点，就无法很好地解释资本主义的剥削本质。然而，正像波尔塔正确指出的那样，对马克思而言，转形问题不只是一个数学问题，虽然作为一个数学问题，它看起来和李嘉图因商品生产时期不同而造成的劳动价值和成本价格的偏离的问题很相似。格罗内韦根认为，在马克思看来，转形问题有经济的、历史的，甚至哲学的维度，其中很多维度都没有被真正认真地分析过。米克（1976）评价了"历史的"转形问题的方面，多布（1955）对转形问题的经济维度提出了有趣的见解，至于在这个抽象过程中转形问题从本质到表象的运动的哲学方面，马克思通过发展黑格尔的见解进行了分析。格罗内韦根认为，"在这个没有完成的有关转形问题的研究议程中，应当注意的是，《资本论》第三卷（因为非常重要的第 10 章不得不由恩格斯来增补）不是马克思自己完成的"①。这个特别说明的隐含意很清晰，也就是说用波尔塔的文本研究的方式，按照波尔塔的论证逻辑，说明如果非要坚持斯拉法是解决了马克思的问题，那也可以说他实质上是解决了恩格斯的问题。

---

① P. Groenewegen, Professor Porta on the Significance of Understanding Sraffa's Standard Commodity and the Marxian Notion of Surplus: A Comment, History of Political Economy, Vol. 18, No. 3, Fall 1986, pp. 455 – 462. In *Karl Marx's Economics: Critical Assessments*, Edited by Cunningham Wood, Vol. Ⅶ, P. 83.

格罗内韦根认为，波尔塔的观点"独立于价格体系的分配变量的决定……只有在马克思的语境中才获得它最充分的含义"，甚至是在李嘉图那里也难以成立。这种观点忽视了，李嘉图自己经常引用的 1820 年 6 月 13 日给麦克库洛赫（J. R. McCulloch）的一封信，在这封信中，李嘉图重复了他早期的观点："地租、工资与利润这几个大问题……和价值理论并没有本质上的联系"。斯拉法在讨论"李嘉图自己体系的形成过程"时，明确地引用了这封信。①

68.3.2　马克思是剩余方法的创始人吗

格罗内韦根认为，波尔塔对斯拉法的批判，看起来是在否定对经济学而言在马克思之前存在剩余方法的主张，从而证实了哈奇森表达的观点，即斯拉法对李嘉图著作的编辑更像是莫斯科国家出版社，而不是皇家经济协会（royal economic society）的事业。格罗内韦根说："考虑到大量的证据表明剩余方法不仅存在于重农学派、斯密和李嘉图等的经典文献中，而且可以追溯到佩第、坎蒂隆的著作，上述立场是很难成立的"②。

加列格纳尼对剩余方法的分析基础进行了清晰的说明，他的解释关注了两种名义上不同但本质上相同的决定剩余的方法。加列格纳尼认为，这两种方法分别是价格方程法和剩余方程法。加雷格纳尼认为，这种早期研究价值和分配的方法（与供给和需求方法相比）以最简单的形式出现在魁奈的《经济表》中，从斯密到李嘉图开始在英国古典经济学家中占据主导地位，然后被马克思接受并加以发展。格罗内韦根认为，"加雷格纳尼的观点明显和波尔塔对剩余方法的描述相冲突，后者认为剩余方法是马克思的智力创造，并被斯拉法和他的追随者加以发展"③。加雷格纳尼指出，剩余方法的一个关键特征在于工资的决定独立于社会产出的决定，这种特征出现在很多古典著作中，这些著作用通常的生存水平去解释劳动的"必要价格"④。加雷格纳尼很大程度上根据李嘉图和马克思的文本证明了基本的剩余决定方程（社会产出 – 必要消费 = 剩余（除工资外的份额）），此外，要能够对方程中

---

① 斯拉法主编，郭大力 王亚南译：《李嘉图著作和通信集》，商务印书馆 1962 年版，第 42 页。

②③ P. Groenewegen, Professor Porta on the Significance of Understanding Sraffa's Standard Commodity and the Marxian Notion of Surplus: A Comment, History of Political Economy, Vol. 18, No. 3, Fall 1986, pp. 455 –462. In Karl Marx's Economics: Critical Assessments, Edited by Cunningham Wood, Vol. Ⅶ, P. 84.

④ Garegnani, 1984, Value and Distribution in the Classical Economics in Marx, Oxford Economic Papers, pp. 295 – 296.

的数量进行度量，因为一般说来，它们不能被看作是实物量。从而，除了在简化的情况下，比如存在争议的李嘉图的"物质利率润"，用价值术语对它们进行度量变得非常必要。格罗内韦根认为，"必须承认，对这个问题和它的解决的完全认识，要等到1960年斯拉法的研究的出现。但是，不难证明，对内在于分配的剩余方法中的分析性问题和这个问题的解决方法的复杂性的理解，是在逐渐深入的"①。

另外，可证实的事实表明，一些早期的经典文献认识到经济剩余概念的意义，并概念化了与经济剩余相关的问题，这表明波尔塔所主张的观点——剩余方法作为马克思的想象构造的东西，才进而成为古典政治经济学的特征——是难以成立的。事实上，不难发现，配第于1662年在非常简单的条件下提出了第一个剩余方法模型，坎蒂隆在1755年进一步发展了这种方法。

格罗内韦根指出，从上述分析可以知道，剩余方法作为古典文献的一个特征，并不是后来的评论者（斯拉法没有明确地加以评价，马克思在一定程度上进行了评价）的发明。"价值和分配的剩余方法以及经济增长是古典政治经济学的基本特征，这点使得它与后来的供给和需求传统明显区别开来"②。

68.4 多斯塔莱对波尔塔观点的评论

马克思的《资本论》第一卷在1867年出版，晚了李嘉图的《政治经济学及赋税原理》半个世纪。《资本论》的出版"标志着政治经济学历史上最精彩和最生动的争论之一开始了"③。多斯塔莱认为，"这个争论以马克思和李嘉图理论之间的关系为中心，在1960年斯拉法的《用商品生产商品》出版后，这个争论呈现出一种新的面貌"④。一些人坚持认为，通过完善李嘉

① P. Groenewegen, Professor Porta on the Significance of Understanding Sraffa's Standard Commodity and the Marxian Notion of Surplus: A Comment, History of Political Economy, Vol. 18, No. 3, Fall 1986, pp. 455 – 462. In *Karl Marx's Economics*: *Critical Assessments*, Edited by Cunningham Wood, Vol. Ⅶ, P. 85.

② P. Groenewegen, Professor Porta on the Significance of Understanding Sraffa's Standard Commodity and the Marxian Notion of Surplus: A Comment, History of Political Economy, Vol. 18, No. 3, Fall 1986, pp. 455 – 462. In *Karl Marx's Economics*: *Critical Assessments*, Edited by Cunningham Wood, Vol. Ⅶ, P. 86.

③④ G. Dostaler, Understanding the Significance of Piero Sraffa's Standard Commodity: A Note on the Marxian Notion of Surplus 'From Marx to Sraffa': Comments, History of Political Economy, Vol. 18, No. 3, Fall 1986, pp. 463 – 469. In *Karl Marx's Economics*: *Critical Assessments*, Edited by Cunningham Wood, Vol. Ⅶ. P. 89.

图的体系，斯拉法的著作使得马克思的分析过时了。另一些人则像波尔塔一样，认为这部著作并没有挑战马克思分析中一般观点的有效性，而且完善和坚持了马克思的分析框架。多斯塔莱在《理解斯拉法标准商品的重要性》①一文中，对马克思和政治经济学之间的关系、马克思理论中的某些观点和斯拉法模型之间的关系进行了反思。

68.4.1 马克思和政治经济学研究的复杂性

多斯塔莱指出，尽管这场争论中的几种立场，在19世纪末和20世纪初已经被清晰地定义了，但是，人们之间还是不争议不断。多斯塔莱认为，争议不断的原因，"不在于人们记性不好，或者研究者能力不足，而在于对政治经济学本质的不同理解"②。他认为，政治经济学学科的历史中贯穿了一些重要的争议。这个学科的演化既不是线性的，也不是累积性的，毫无疑问，其他学科或者说所有学科都是如此。另外，多斯塔莱相信，这种演化不是一系列从一种分析范式向另一种分析范式转换的革命的结果。

从诞生之日起，政治经济学就以用多种方法研究经济事实和对经济事实进行多样化的解读的共存为特征，在某些方面它们互相补充，在另外一些方面它们又互相冲突。多斯塔莱认为，波尔塔教授在他的文章中把人们的注意力引向两种不同的方法："一是所谓的主流方法，这种方法的根源在于希腊哲学，它集中关注三重问题：即需要—商品—满足；二是剩余分析方法"③。后一种方法，已有差不多超过百年的历史，马克思是这种方法的开创者。多斯塔莱指出，剩余方法要远比波尔塔所描述的复杂，这是因为建立在剩余基础上的方法要先于马克思。另外，至少还应当增加第三种方法，即所谓的货币或流通方法。在多斯塔莱看来，第三种方法是对由重商主义者、一部分重农主义者、凯恩斯、某种程度上的马克思奠定了其分析基础的方法的适当的划分。

多斯塔莱认为，正是由于方法上的复杂性，"因而，把某个人的著作和

①② G. Dostaler, Understanding the Significance of Piero Sraffa's Standard Commodity: A Note on the Marxian Notion of Surplus 'From Marx to Sraffa': Comments, History of Political Economy, Vol. 18, No. 3, Fall 1986, pp. 463 – 469. In *Karl Marx's Economics*: *Critical Assessments*, Edited by Cunningham Wood, Vol. Ⅶ. P. 89.

③ G. Dostaler, Understanding the Significance of Piero Sraffa's Standard Commodity: A Note on the Marxian Notion of Surplus 'From Marx to Sraffa': Comments, History of Political Economy, Vol. 18, No. 3, Fall 1986, pp. 463 – 469. In *Karl Marx's Economics*: *Critical Assessments*, Edited by Cunningham Wood, Vol. Ⅶ. P. 90.

某个流派同不同的方法联系起来并不是不可能，这就是为什么对政治经济学历史的研究如此复杂、充满'无休止'的争议，和为什么对某些作者的思想的解释总是不确定的原因"①。此外，多斯塔莱指出，"马克思的著作已经造成而且仍在引起最具分歧和争议的解读"②。

多斯塔莱认为，根据波尔塔所提出的问题，可以区分出三种不同的解读马克思的类型。

根据第一种类型，马克思是古典传统，尤其是李嘉图传统的延续者，这种解读是建立在用物质的或包含的劳动的术语解释价值理论的基础之上的。这种解读要么被接受了，要么像大多数斯拉法的弟子们所做的那样拒绝了它。

根据第二种类型，这种解读建立在抽象劳动概念作为价值理论质的解释的基础之上，强调马克思和古典思想之间的断裂（break）。这种解读中设想的价格和价值之间的数学对应通常不被人们接受。与这种解读方法相联系的一些作者引入了一种"非正统"的解读，非正统的解读拒绝商品货币和劳动力商品的概念，为反对所有的价值的数量概念奠定了基础。他们认为，货币是社会分析的出发点。

第三种类型可以被称为马克思式的新古典主义（Marxist-neoclassical）或瓦尔拉斯式的马克思主义（Walrasian – Marxist），这种类型试图在马克思的著作中探寻一般均衡理论的踪迹。在理论的另一极，可以找到正统马克思主义倾向，这种倾向认为，马克思是正确的，而斯拉法、李嘉图或凯恩斯和瓦尔拉斯或萨缪尔森一样，皆被视为错误的。自相矛盾的是，他们对马克思价值理论的解读完全是李嘉图式的。

多斯塔莱指出，"注意到上述每一种解读方法都可以从《资本论》的文本中找到支持它们的具体解读的内容，文本本身提供了几种迥然不同且存在争议的分析。马克思既把自己的分析建立在剩余的实物视角基础之上，也把自己的分析建立在流通的货币视角基础之上"③。多斯塔莱认为，"试图寻找《资本论》中唯一的问题是徒劳的"，他相信，"如果在马克思的书中存在某

①② G. Dostaler, Understanding the Significance of Piero Sraffa's Standard Commodity：A Note on the Marxian Notion of Surplus 'From Marx to Sraffa'：Comments, History of Political Economy, Vol. 18, No. 3, Fall 1986, pp. 463 – 469. In *Karl Marx's Economics*：*Critical Assessments*, Edited by Cunningham Wood, Vol. Ⅶ. P. 90.

③ G. Dostaler, Understanding the Significance of Piero Sraffa's Standard Commodity：A Note on the Marxian Notion of Surplus 'From Marx to Sraffa'：Comments, History of Political Economy, Vol. 18, No. 3, Fall 1986, pp. 463 – 469. In *Karl Marx's Economics*：*Critical Assessments*, Edited by Cunningham Wood, Vol. Ⅶ. pp. 90 – 91.

种统一性，这种统一性可以在马克思社会研究的整体方法（holistic approach）中找到，而不是在'市民社会的解剖学'中找到，在研究'市民社会的解剖学'时马克思借鉴了几个不同学派的观点"①。

68.4.2 马克思和斯拉法：一些问题的比较

斯拉法通常被视为李嘉图的继承者，在这种意义上他的弟子经常被称为新李嘉图主义者。因此，考虑到斯拉法分别具有前面提到的第一种和第二种类型的部分特征，可以假定，斯拉法要么是在完善李嘉图—马克思传统，要么是在说明马克思主义和古典理论之间的差异。多斯塔莱认为，波尔塔教授的创意在于，"他在一定程度上糅合了这两种解读类型，他视斯拉法继续了马克思的工作，完善了马克思的理论大厦，而丝毫没有改变马克思的理论本质。另外，马克思被认为突破了古典政治经济学和李嘉图。因此，人们通常所假定的李嘉图和斯拉法之间的关系受到了质疑"②。多斯塔莱认为，在波尔塔那里，"这种充满创意的立场，是通过对标准商品及其与转形问题的联系的有趣的分析得到支持的。"随后，多斯塔莱讨论了与波尔塔的分析相关的几个问题。

第一，关于重农主义的遗产。

多斯塔莱指出，强调重农主义者的影响是正确的。斯拉法在他的《用商品生产商品》的附录"参考文献"中给了重农主义者公正的评价，就像马克思在《剩余价值理论》里所做的一样。根据波尔塔的观点，这种遗产的关键要素就是魁奈和他的弟子把剩余归于生产领域。斯拉法提供了重农主义者的小麦剩余和价格体系之间缺少的一环。多斯塔莱认为，"这种解释看起来是有问题的。因为在我看来《经济表》最根本性的贡献在于它对经济活动循环流的说明，对再生产，进而流通和生产的接合而不是它们之间分离的说明"③。多斯塔莱指出，无论如何，正是受《经济表》的启发，马克思才提出了他自己的再生产图式。斯拉法自己注意到，可以从魁奈那里找到"生产和消费体系作为一种循环过程的最初图景"④。在多斯塔莱看来，"这种研究经济的视角要求把劳动价值论作为'加总算子'（aggregator），从而

①②③ G. Dostaler, Understanding the Significance of Piero Sraffa's Standard Commodity: A Note on the Marxian Notion of Surplus 'From Marx to Sraffa': Comments, History of Political Economy, Vol. 18, No. 3, Fall 1986, pp. 463 - 469. In Karl Marx's Economics: Critical Assessments, Edited by Cunningham Wood, Vol. Ⅶ. P. 91.

④ Sraffa, P. (1960), Production of Commodities by Means of Commodities (Cambridge: CUP), P. 93.

避免把剩余仅限于农业中。这种认识远远不是那么明显的。相反，可以假定，这种模型中的价值一开始就是货币。有点自相矛盾的是，这后一种假定是对重商主义思想的继承，而且是沿着凯恩斯方向前进的。以这种方式，人们提出了一种对凯恩斯和马克思的流通模型的解读。这种解读方式与剩余解读相差甚大，而且也许同样令人信服"①。

第二，关于劳动价值。

多斯塔莱认为，波尔塔在这个主题上的观点是清晰的。通过引用马克思的观点，波尔塔表明价值是一种物质，这种物质是劳动。另外，只有以这种方式，人们才能解释马克思的等式。波尔塔赞扬斯拉法置"身于有关价值的形而上学和剥削概念的教条式的争论之外"②。多斯塔莱指出，尽管如此，人们仍然难以否认即使是在马克思自己文本的基础上，马克思的价值理论仍可以被赋予非常不同的解释。"包含的劳动"版本是许多版本中的一种，它招来了很多的批评，它不仅仅是形而上学的。而且"在分析经济时，它既允许以社会为轴心的分析，也赞同与这种分析相对应的物质—技术分析"③。多斯塔莱认为，尽管"抽象劳动"也经常招致不同的批评，也有不同的解释，但是，抽象劳动更有利于揭示资本主义制度社会关系的本质。多斯塔莱指出，最重要的是，这里讨论的问题不是这种或那种版本的劳动价值论谁更优越，而是它在斯拉法模型中的多余性。多斯塔莱认为，波尔塔明确地意识到这一点，"奇怪的是波尔塔继续视这种理论对剩余理论而言是必不可少的。斯拉法在自己的模型中不要求任何'客观的'或'实质性'的价值理论。从这点来看，李嘉图和马克思是一个阵营，斯拉法可能和魁奈一起属于另一个阵营"④。

第三，关于转形问题。

转形问题在波尔塔的注释里占据了重要的位置。像其他一些评论者一样，虽然以一种不同的方式，但波尔塔在斯拉法的分析体系里发现了对这个问题的一种解决方法。多斯塔莱指出，这个问题是马克思去世之前一直关注的主要问题。多斯塔莱推测，马克思去世前没有出版《资本论》第

---

①③④　G. Dostaler, Understanding the Significance of Piero Sraffa's Standard Commodity: A Note on the Marxian Notion of Surplus 'From Marx to Sraffa': Comments, History of Political Economy, Vol. 18, No. 3, Fall 1986, pp. 463 – 469. In *Karl Marx's Economics*: *Critical Assessments*, Edited by Cunningham Wood, Vol. Ⅶ. P. 92.

②　P. L. Porta, Understanding the Significance of Piero Sraffa's Standard Commodity: A Note on the Marxian Notion of Surplus, History of Political Economy, Vol. 18, No. 3, Fall 1986, pp. 443 – 454. In *Karl Marx's Economics*: *Critical Assessments*, Edited by Cunningham Wood, Vol. Ⅶ, P. 75

三卷可能就是因为马克思并不满足于自己的解决方法。人们也很难看出这个问题和魁奈《经济表》之间的联系。另外，很清楚的是，"对马克思而言，这个问题源自对李嘉图的批判性阅读"①。多斯塔莱认为，波尔塔清楚地分析了李嘉图与马克思提出统一利润率问题的方式之间的联系。然而，他不同意波尔塔把寻找独立于分配的价值尺度视为马克思关注的首要问题。多斯塔莱认为，马克思试图在利润率均等的基础上统一他的价值理论和价格决定理论，从而表明利润是剩余价值的转形。另外，马克思在两封给恩格斯的信中提到，剩余价值与它采取的形式（利润、租金、利息……）不同，剩余价值分析是他自己的一个主要发现。

　　马克思能够达到这个目标吗？多斯塔莱简单回顾了转形问题的争论。从恩格斯在1885年发起挑战开始，转形问题的争论就开始了。多斯塔莱认为，莱克西斯和施米特的反应类似于后来使用杜冈—巴拉诺夫斯基和博特凯维兹的著作的人的反应。德米特里耶夫提出了一种受到李嘉图启发的模型，并成为博特凯维兹对马克思进行"修正"的基础。多斯塔莱指出，他不打算对争论的技术细节进行详细的讨论，他"只是想强调，这些研究都消除了马克思的价值理论"②。博特凯维兹清楚地强调了他自己的方法和李嘉图的演绎方法之间的联系，同样清楚地公开抨击了马克思的"价值实质"概念。因此，"说德米特里耶夫和博特凯维兹的模型的马克思的特征而不是李嘉图的特征似乎是不正确的。另外，如果不把他们视为是新李嘉图主义的实际创始人的话，可以把这些作者视为是斯拉法的先驱"③。

　　有关转形问题，多斯塔莱的观点是明确的，他认为"就传统地提出这个问题的方式而言，不可能找到令人满意的解决方法"④。尤其是，多斯塔莱不相信"标准商品证明了马克思的转形问题的解决方法的正确性，提出了对人们长期等待的价格和价值之间的相等和剩余价值与利润之间的相等的

　　①　G. Dostaler, Understanding the Significance of Piero Sraffa's Standard Commodity: A Note on the Marxian Notion of Surplus 'From Marx to Sraffa': Comments, History of Political Economy, Vol. 18, No. 3, Fall 1986, pp. 463 – 469. In *Karl Marx's Economics: Critical Assessments*, Edited by Cunningham Wood, Vol. Ⅶ. P. 92.

　　②③④　G. Dostaler, Understanding the Significance of Piero Sraffa's Standard Commodity: A Note on the Marxian Notion of Surplus 'From Marx to Sraffa': Comments, History of Political Economy, Vol. 18, No. 3, Fall 1986, pp. 463 – 469. In *Karl Marx's Economics: Critical Assessments*, Edited by Cunningham Wood, Vol. Ⅶ. P. 93.

证明"①。下面一句话可以表明多斯塔莱对转形问题研究的总体观点，他说："事实上，人们不必徒劳地寻找圣杯"②。

多斯塔莱认为，马克思整合两种不能调和的逻辑的尝试是不成功的。"'技术上正确的'解决方法，比如博特凯维兹的解决方法意味着对传统的马克思价值理论的抛弃"③。多斯塔莱指出，如果打算不惜一切代价阻止批判的潮流，并尽力保持马克思模型的统一性，还有两条出路："第一条是对模型进行根本的修正，那么实质价值（进而劳动力和商品货币）的概念将被消除。所谓这个模型的异端的方面，尤其是生产的货币理论将被保留；第二条是加强对生产和实物剩余的分析，从而完善李嘉图的框架，这是斯拉法所采取的方式"④。

多斯塔莱认为，这两种方式并不必然是完全无法调和的。它们"也许是对不同问题做出的反应。或者简单地说，它们允许对不同现象进行解读"⑤。对经济权力占有者和工人之间关系的兴趣是现象之一。这两种方式都把这看成是一种权力和剥削之间的关系。"马克思认为最好用他的公式 $\frac{S}{V}$ 去说明这种关系，斯拉法主张用从标准商品研究中推断出的等式 $r = R(1 - w)$ 来描述同样的现象"⑥。另外，斯拉法认为他自己更接近马克思，而不是那些他提到的资本主义现实的伪装者。多斯塔莱认为，在这里，"李嘉图、马克思和斯拉法，在这个名单中也必须加入凯恩斯，他们之间关键的共同点在于：他们批判的不是政治经济学，而是马克思所说的'庸俗经济学'。对于其他人而言，这些作者提出了不同的分析资本主义现实的工具，其中的一些分析可能是相互矛盾的。对于试图在这些作者中间寻找到一种精确的模型，使他们更接近一直都不存在的'真理'的人而言，这种寻找势必是徒

---

① 多斯塔莱在这里使用的"剩余价值和价格的相等"应为"剩余价值和利润的相等"（编者注）。G. Dostaler, Understanding the Significance of Piero Sraffa's Standard Commodity：A Note on the Marxian Notion of Surplus 'From Marx to Sraffa'：Comments, History of Political Economy, Vol. 18, No. 3, Fall 1986, pp. 463 – 469. In *Karl Marx's Economics：Critical Assessments*, Edited by Cunningham Wood, Vol. Ⅶ. P. 93.

②③④⑤ G. Dostaler, Understanding the Significance of Piero Sraffa's Standard Commodity：A Note on the Marxian Notion of Surplus 'From Marx to Sraffa'：Comments, History of Political Economy, Vol. 18, No. 3, Fall 1986, pp. 463 – 469. In *Karl Marx's Economics：Critical Assessments*, Edited by Cunningham Wood, Vol. Ⅶ. P. 93.

⑥ G. Dostaler, Understanding the Significance of Piero Sraffa's Standard Commodity：A Note on the Marxian Notion of Surplus 'From Marx to Sraffa'：Comments, History of Political Economy, Vol. 18, No. 3, Fall 1986, pp. 463 – 469. In *Karl Marx's Economics：Critical Assessments*, Edited by Cunningham Wood, Vol. Ⅶ. P. 94.

劳的"①。

68.5　法卡雷洛对波尔塔观点的评论

法卡雷洛②对波尔塔《理解斯拉法标准商品的重要性》一文进行了评论。他指出，虽然斯拉法自己认为标准体系"纯粹是辅助性的构造物"，但标准体系却强烈地吸引了广泛范围的经济学家，而无论他们具体的理论倾向是什么。法卡雷洛认为，很明显的，标准体系本身表明它是一种新奇的分析工具，以致人们几乎不能准确地理解它被设计出来服务的主要目的是什么。更为奇怪的是，"标准体系作为一种不变的价值尺度的主要功能，在当代理论著作中很少利用，事实上，它只是被归入经济思想史学者的著作中"③。法卡雷洛认为，波尔塔的文章在一定程度上挑战了这种观点。波尔塔认为斯拉法的理论构建的目标在于精确解决这样一个问题：在收入分配变化的情况下寻找不变的价值标准。然而，这一问题不是李嘉图的而是马克思的。

法卡雷洛认为，波尔塔的观点"从表面上看，似乎是有说服力的，但它经不起推敲"④。法卡雷洛同意"标准商品可以应用于一些马克思主题的语境中，比如那些在收入分配理论中和生产价格决定理论上遇到的问题，而不是用于解决李嘉图自己的问题中"⑤。同时，法卡雷洛认为，即使是上面这个存在保留的结论，也只是"从当前的理论观点中得出的，而不应当被视为是对斯拉法思想形成进行的历史考察的结果"⑥。法卡雷洛之所以做出这样的判断，是因为他认为在这里，存在着一个常见的问题，"即一套分析工具或概念对当代分析所具有的实际意义与它的历史和学术起源的实际意义

---

①　G. Dostaler, Understanding the Significance of Piero Sraffa's Standard Commodity: A Note on the Marxian Notion of Surplus 'From Marx to Sraffa': Comments, History of Political Economy, Vol. 18, No. 3, Fall 1986, pp. 463 – 469. In Karl Marx's Economics: Critical Assessments, Edited by Cunningham Wood, Vol. Ⅶ. P. 94.

②　G. Faccarello, Understanding the Significance of Piero Sraffa's Standard Commodity: A Note on the Marxian Notion of Surplus: 'Understanding Sraffa's Standard Commodity': A Comment, History of Political Economy, Vol. 18, No. 3, Fall 1986, pp. 471 – 478. In Karl Marx's Economics: Critical Assessments, Edited by Cunningham Wood, Vol. Ⅶ. pp. 96 – 103.

③④⑤⑥　G. Faccarello, Understanding the Significance of Piero Sraffa's Standard Commodity: A Note on the Marxian Notion of Surplus: 'Understanding Sraffa's Standard Commodity': A Comment, History of Political Economy, Vol. 18, No. 3, Fall 1986, pp. 471 – 478. In Karl Marx's Economics: Critical Assessments, Edited by Cunningham Wood, Vol. Ⅶ. P. 96.

之间总可能存在差异"①。简单地说，法卡雷洛这里提出的问题是："无法理解为什么要放弃斯拉法标准商品的李嘉图起源的观点"②。

法卡雷洛指出，波尔塔的数学结论是正确的，但是他对波尔塔的分析的重要性是难以无条件接受的。在法卡雷洛看来，"转形问题既不是历史地形成的，也不能用标准体系或任何其他与标准体系相似的体系从分析的角度加以解决"③。另外，法卡雷洛认为，也不应当把李嘉图对"平均商品"的寻找，视为是对寻找"绝对"或"真实价值"意义上的不变价值标准的补充，同斯拉法主要进行的对不随收入分配的变化而变化的价值标准的寻找混淆起来。在文章中，法卡雷洛简单地评价了波尔塔的观点，认为在"价值体系迂回"和所谓的平均生产领域上，魁奈很大程度上影响了马克思。法卡雷洛不赞同波尔塔关于李嘉图对寻找完美的价值标准漠不关心的观点。另外，他还讨论了一个主要问题，即平均领域对马克思的体系而言在分析上具有的重要性。

法卡雷洛指出，众所周知，魁奈的著作在很大程度上影响了马克思思想的演变，魁奈著作中的许多思想可以从《资本论》中找到。然而，"与众不同的是，宣称魁奈的影响在《资本论》第三卷中表现得更充分，而且事实上通过平均生产条件的概念在解决著名的转形问题上发挥了重要的作用"④。法卡雷洛指出，"鉴于这一不同寻常的断言，并没有参考任何具体的历史资料和文本注释"，在法卡雷洛看来，"它只能是建立在对斯拉法标的准商品和传统的马克思对魁奈《经济表》的解释的类比的基础之上做出的，缺乏进一步的证据支持这个断言"⑤。因而，法卡雷洛认为，"这一断言暂且只能视为一种简单的假定，其有效性依赖于下述问题是否成立：标准商品和平均生产条件之间存在一致性吗？'平均产业'在劳动价值向生产价格的转形过程中真的发挥了重要作用吗？"⑥

法卡雷洛认为，魁奈对马克思的影响主要可以在《资本论》第二卷中找到，主要体现在马克思的"再生产图式"和社会资本"形态变化"的分

---

① G. Faccarello, *Understanding the Significance of Piero Sraffa's Standard Commodity*：*A Note on the Marxian Notion of Surplus*：'*Understanding Sraffa's Standard Commodity*'：*A Comment*, History of Political Economy, Vol. 18, No. 3, Fall 1986, pp. 471 – 478. In *Karl Marx's Economics*：*Critical Assessments*, Edited by Cunningham Wood, Vol. Ⅶ. P. 96.

②③④⑤⑥ G. Faccarello, *Understanding the Significance of Piero Sraffa's Standard Commodity*：*A Note on the Marxian Notion of Surplus*：'*Understanding Sraffa's Standard Commodity*'：*A Comment*, History of Political Economy, Vol. 18, No. 3, Fall 1986, pp. 471 – 478. In *Karl Marx's Economics*：*Critical Assessments*, Edited by Cunningham Wood, Vol. Ⅶ. P. 97.

析中。此外，法卡雷洛认为有很多关于他自己的这个假定的文本证据。

法卡雷洛指出，"值得注意的是，就证明重农学派的学说对马克思的直接和最初的影响而言，需要讨论的主题不要求对马克思的价值和价格理论进行详细的阐述和具体的说明"①。举例子说，在阐明简单再生产和扩大再生产的实现条件时，并不要求任何有关剩余价值总量在不同生产领域分配的具体方式的假定。在马克思逝世后，围绕强加的两大部门利润率的相等和隐含的生产剩余价值部门的自发性投资的假定，引起了广泛的争议。法卡雷洛认为，波尔塔的主张，即与流通分析相比，生产分析具有十分重要的意义，是正确的。但是即使如此，人们似乎也很难接受波尔塔所说的：从分析的视角看，价值体系的迂回的确是没有多大必要，但是从遵循《经济表》宏观经济学的内在逻辑看，这种迂回是必要的。法卡雷洛认为，在斯拉法在脑海中孕育"标准商品"思想的时候，他受到马克思对重农主义者解释的影响当然是可能的。然而，这是一个迥然不同的问题，它必然远离了马克思对魁奈的思想传承。

法卡雷洛认为，就斯拉法自己的思想形成史而言，他的标准体系可能存在"魁奈联系"。然而，这只不过是一个假定。即使是斯拉法在剑桥所发表的讲座中的某些注释可以部分支持这一观点，但它还不足以消除斯拉法和李嘉图之间的联系的观点，因为这方面更为有力的证据的确存在。但是，法卡雷洛承认，他赞同波尔塔对斯拉法对李嘉图《论利润》所做解释的批判。法卡雷洛自己和其他一些学者也认为，所谓的"谷物利润模型"事实上只不过是马尔萨斯对李嘉图命题错误解释的结果。

法卡雷洛认为，对"谷物利润模型"的错误归属（归于李嘉图），以及在斯拉法写下关于《大卫·李嘉图著作和通信集》的著名导言时心中已有标准体系的事实，也几乎不能损害下述观点："从历史的视角看，标准商品是试图对李嘉图极度渴望寻找的完美的价值度量所做的回答"②。在法卡雷洛看来，"波尔塔认为'平均商品'的构建对李嘉图而言是不重要的，走得太远了！"③ 波尔塔认为，李嘉图努力提出"适当中数"的唯一目标，是

①② G. Faccarello, *Understanding the Significance of Piero Sraffa's Standard Commodity*: *A Note on the Marxian Notion of Surplus*: '*Understanding Sraffa's Standard Commodity*': *A Comment*, History of Political Economy, Vol. 18, No. 3, Fall 1986, pp. 471 –478. In *Karl Marx's Economics*: *Critical Assessments*, Edited by Cunningham Wood, Vol. Ⅶ. P. 98.

③ G. Faccarello, *Understanding the Significance of Piero Sraffa's Standard Commodity*: *A Note on the Marxian Notion of Surplus*: '*Understanding Sraffa's Standard Commodity*': *A Comment*, History of Political Economy, Vol. 18, No. 3, Fall 1986, pp. 471 –478. In *Karl Marx's Economics*: *Critical Assessments*, Edited by Cunningham Wood, Vol. Ⅶ. P. 98 –99.

要证明"适当中数"本身的决定是不可能的。法卡雷洛认为，这种牵强的结论"是以一种最经济的方式得到的：波尔塔是从李嘉图的实际失败中得出这一点的。如果李嘉图没有成功，这就表明他完全对这个问题不感兴趣"①。法卡雷洛认为，这种推理方式非常值得怀疑，这有点像波尔塔的其他陈述一样，比如"李嘉图的理论从来没有假定我们的日常体验中存在统一利润率"，这个在《政治经济学及赋税原理》中所做出的假定，再一次只是为了证明寻找完美价值尺度的不可能性。法卡雷洛认为，"即使是这种妄想式的寻找被证明是无法得到任何结果的思想线路，也不能说它和李嘉图的分配理论毫无关联，至少在李嘉图看来不是如此"②。波尔塔自己对于李嘉图的寻找和统一利润率假定的认识加在一起，使波尔塔忽视了李嘉图从货币著作到1823年的重要手稿中对价值问题的再三关注。

因此，法卡雷洛的观点是，"斯拉法的标准商品参考了马尔萨斯对李嘉图的理解、马克思对魁奈的解释，尤其是他自己对李嘉图寻找'完美的'价值尺度的重新评价"③。但是，法卡雷洛认为，从历史的视角看，标准商品并不对应于马克思的劳动价值向生产价格的转形，也就是说，"它不能作为《资本论》第一卷和第三卷之间的理论桥梁"④。法卡雷洛指出，人们很难相信斯拉法对李嘉图的解释，即寻找不随收入分配变化而变化的价值标准的方法，首先而且只适用于马克思。此外，如果真像波尔塔认为的那样，"马克思的体系有一种避开同时决定利润率和价格的逻辑必然性的内在需要"⑤。那么，对转形问题而言，这种认识是危险的，因为像当代的争论所表明的那样，如果没有利润率和价格的同时决定，马克思的剥削理论将会消失。

此外，法卡雷洛认为，从理论的视角看，马克思的推理主要是在把经济视为一个整体的层面上进行的，是沿着麦克库洛赫的而非李嘉图的思路展开

---

①②③　G. Faccarello, *Understanding the Significance of Piero Sraffa's Standard Commodity*: *A Note on the Marxian Notion of Surplus*: '*Understanding Sraffa's Standard Commodity*': *A Comment*, History of Political Economy, Vol. 18, No. 3, Fall 1986, pp. 471 – 478. In *Karl Marx's Economics*: *Critical Assessments*, Edited by Cunningham Wood, Vol. Ⅶ. P. 99.

④　编者按：原文为"第二卷"和"第三卷"之间的理论桥梁。G. Faccarello, *Understanding the Significance of Piero Sraffa's Standard Commodity*: *A Note on the Marxian Notion of Surplus*: '*Understanding Sraffa's Standard Commodity*': *A Comment*, History of Political Economy, Vol. 18, No. 3, Fall 1986, pp. 471 – 478. In *Karl Marx's Economics*: *Critical Assessments*, Edited by Cunningham Wood, Vol. Ⅶ. P. 99.

⑤　P. L. Porta, Understanding the Significance of Piero Sraffa's Standard Commodity: A Note on the Marxian Notion of Surplus, History of Political Economy, Vol. 18, No. 3, Fall 1986, pp. 443 – 454. In *Karl Marx's Economics*: *Critical Assessments*, Edited by Cunningham Wood, Vol. Ⅶ, P. 73.

的。通过定义整体利润率，马克思在转形演绎一开始就假定了两个著名的总量相等是成立的：一方面，剩余价值总量等于利润总量，另一方面，价值总量等于生产价格总量。因而，法卡雷洛认为"事实是，马克思研究转形问题的方法不依赖于假定存在'平均生产领域'。马克思也没有表明不同产业的利润率都等于流行于平均资本有机构成领域的利润率"①。的确，在《资本论》第三卷第十章中，马克思试图描述利润率均等化的"真实"过程，而不只是"逻辑"过程。法卡雷洛认为，"马克思的这种尝试失败了，因为他经常混淆两种不同层次的分析：价值和价格之间的联系的分析（亦即两种自然价格理论之间的联系）和对市场价格围绕自然交换比率波动的'引力中心'的分析"②。因此，法卡雷洛认为，"在这里，马克思的分析存在严重的缺陷，所有与它相关的问题都悬而未决"③。法卡雷洛这里谈论的问题指的是价值向价格转形的问题。

法卡雷洛指出，他并不是在否认马克思的确在某些时候考虑了平均生产领域存在的假定。"但这只是在对转形进行描述后才发生的，而且是在马克思注意到对他的转形图式可能产生的反对之后才存在的，因此才会在恩格斯把他的手稿出版后引起巨大的争议"④。法卡雷洛认为，"平均资本有机构成"产业的存在符合这样的思路，它是马克思在这一阶段阐述的许多假定中的一个，是为了支持他最初的推理的。法卡雷洛指出，"'平均产业'假定不比其他任何一个替代性的假定更加真实和合理，它也绝不是分析中必不可少的第一步，而是为了使整个推理成立的特设的和事后的条件"⑤。此外，很容易证明这些不同的条件为什么是不充分的，因为它们都预先假定了需要证明的马克思的转形程序的有效性。

根据法卡雷洛的观点，上诉分析也说明了为何"平均产业"假定与寻找不变的价值尺度之间没有任何的联系。"在这两个不同的理论问题之间，只存在形式上的相似性"⑥。因而，波尔塔的观点，认为"对'不随产出分配变化而变化的价值尺度'的寻找，只有在马克思的语境中才能获得充分的含义，在这里它指的是独立于价格体系的分配变量的决定"⑦，是不正确

①②③④⑤⑥　G. Faccarello, *Understanding the Significance of Piero Sraffa's Standard Commodity：A Note on the Marxian Notion of Surplus：'Understanding Sraffa's Standard Commodity'：A Comment*, History of Political Economy, Vol. 18, No. 3, Fall 1986, pp. 471 – 478. In *Karl Marx's Economics：Critical Assessments*, Edited by Cunningham Wood, Vol. Ⅶ. P. 100.

⑦　P. L. Porta, Understanding the Significance of Piero Sraffa's Standard Commodity：A Note on the Marxian Notion of Surplus, History of Political Economy, Vol. 18, No. 3, Fall 1986, pp. 443 – 454. In *Karl Marx's Economics：Critical Assessments*, Edited by Cunningham Wood, Vol. Ⅶ, P. 73.

的。法卡雷洛认为，这再次将两种不同的问题混淆了。

另外，法卡雷洛认为，对平均构成领域假定和标准体系之间的"同化"，并不是不证自明的。因为"进入斯拉法标准体系的'基本'处理的产业，正是那些'极端'的产业（在它们要么有高于要么有低于平均构成的意义上理解）"①。

法卡雷洛认为，从历史的视角看，"标准商品思想的出现明显和李嘉图有关不变价值尺度的一系列问题相联系，至少在斯拉法的意义上是如此。那么为什么斯拉法（假如不是搞恶作剧的话！）要在这个问题上误导他的读者呢？"②

法卡雷洛指出，经过20多年的理论讨论之后，到今天才能够得出结论：斯拉法假定的李嘉图的遗产破产了，也就是说标准商品并没有解决它原先明确地想要解决的问题，这是思想史上一个具有讽刺性的结果。法卡雷洛特别提到了弗莱切在这个领域进行研究得出的两个重要结论：一方面，标准商品只实现了（合成）商品作为不变价值尺度的两个必要条件中的一个③；另一方面，与新李嘉图主义者坚持的不同，标准体系对收入分配分析并无什么特殊的帮助。④"综合起来，斯拉法的李嘉图遗产事实上是一个死胡同"⑥。

法卡雷洛说"如果斯拉法的标准体系的确解决了什么问题的话，它将可能是马克思的而不是李嘉图的问题。事实上，从这种观点看，事情明显地看起来要美好一些。斯拉法对价格的分析毫无疑问源自19世纪末和20世纪初，由德米特里耶夫、波特凯维兹等提出的观点"⑤。

亚伯拉罕—弗洛伊斯和贝莱比（G. Abrahanm – Frois & E. Berrebi, 1979）利用宫尾（T. Miyao）对"一般化标准商品"⑦研究的结果，证明任

① G. Faccarello, *Understanding the Significance of Piero Sraffa's Standard Commodity*: *A Note on the Marxian Notion of Surplus*: '*Understanding Sraffa's Standard Commodity*': *A Comment*, History of Political Economy, Vol. 18, No. 3, Fall 1986, pp. 471 – 478. In *Karl Marx's Economics*: *Critical Assessments*, Edited by Cunningham Wood, Vol. Ⅶ. pp. 100 – 101.

②⑤⑥ G. Faccarello, *Understanding the Significance of Piero Sraffa's Standard Commodity*: *A Note on the Marxian Notion of Surplus*: '*Understanding Sraffa's Standard Commodity*': *A Comment*, History of Political Economy, Vol. 18, No. 3, Fall 1986, pp. 471 – 478. In *Karl Marx's Economics*: *Critical Assessments*, Edited by Cunningham Wood, Vol. Ⅶ. P. 101.

③ Flaschel P., Sraffa's Standard Commodity: No Fulfillment of Ricardo's Dream of an 'Invariable Measure of Value', Paper Presented at the European Meeting of the Econometric Society, Madrid, 1984.

④ Flaschel P., The Standard Commodity and the Theory of Income Distribution: a Critical Note, Australian Economic Papers (June), 1984, pp. 123 – 129.

⑦ Miyao T., A Generalization of Sraffa's Standard Commodity and Its Complete Characterization, International Economic Review, 1977, No. 1, pp. 151 – 162.

何一个标准体系都构成了一种马克思的转形图式在其中是有效的生产结构。① 法卡雷洛认为，波尔塔的例子只是这种一般性结论的一个特例。"只是在这种有限的意义上，可以认为斯拉法的构建解决了马克思的问题，但是正如它（负面地和意外地）证明了李嘉图对不变价值尺度的寻找具有荒谬的特征一样，它也给马克思有关清晰的价值—价格关系的梦想设定了严格的界限"②。鉴于上述事实，法卡雷洛认为，无法准确地看出斯拉法的分析如何"成功地使马克思的经济学概念变得更加精确，而且有力地抬高了马克思经济学的身价"③。因为"就标准商品而言，这是一种高估。就价格体系而言，如果斯拉法的体系不被视为是一般均衡理论的一个特例的话，那么就必须具体说明剩余方法的特性"④。仅在上述这种认识上，法卡雷洛赞同波尔塔的观点，但他们之间又可能会产生新的争论。

　　法卡雷洛认为，"波尔塔的一般态度看起来并不是连贯的。如果斯拉法对李嘉图的解释被放弃了，那么为什么不用类似的态度来对待斯拉法对马克思的解释呢？"⑤。在一篇更早一些的文章中，波尔塔根据它们的写作方式：从当代经济学的视角或从经济思想史的视角，对古典理论分析进行了区分。波尔塔说："寻找我们倾向的理论先驱是十分合理的，但是，这种研究一定不能和对作者自己的体系的内在结构所做的理论重建混淆起来：经济思想史学家主要关心的正是体系的逻辑"⑥。法卡雷洛认为，波尔塔正确地把这种终极性的原则应用到了对李嘉图思想的研究中，但是在他研究马克思的思想时，却放弃了这个原则，而不幸地接受了斯拉法文本解读中的原则。此外，法卡雷洛指出，波尔塔认为的"马克思明显地赋予他自己的价值理论一种加总的功能"⑦，远不是不证自明的。"恰恰相反，可以认为这并不是马克思理论的唯一的功能，这种加总的功能对马克思而言只有很小的意义。在马克

　　① G. Abrahanm - Frois and E. Berrebi, *Etalons Et 'Transformation'*: *Pour Clore Un Débat*. Econometrica, Vol. 47, No 5, 1979, pp. 1307 - 1309.

　　②④⑤ G. Faccarello, *Understanding the Significance of Piero Sraffa's Standard Commodity*: *A Note on the Marxian Notion of Surplus*: '*Understanding Sraffa's Standard Commodity*': *A Comment*, History of Political Economy, Vol. 18, No. 3, Fall 1986, pp. 471 -478. In *Karl Marx's Economics*: *Critical Assessments*, Edited by Cunningham Wood, Vol. Ⅶ. P. 102.

　　③ P. L. Porta, Understanding the Significance of Piero Sraffa's Standard Commodity: A Note on the Marxian Notion of Surplus, History of Political Economy, Vol. 18, No. 3, Fall 1986, pp. 443 - 454. In *Karl Marx's Economics*: *Critical Assessments*, Edited by Cunningham Wood, Vol. Ⅶ, P. 75.

　　⑥ Porta, P. L. , *I Fondamenti Ricardiani Del Marxismo*, *Giornale Degli Economisti e Annali Di Economia*, Vol. 6, 1982, P. 737.

　　⑦ P. L. Porta, Understanding the Significance of Piero Sraffa's Standard Commodity: A Note on the Marxian Notion of Surplus, History of Political Economy, Vol. 18, No. 3, Fall 1986, pp. 443 - 454. In *Karl Marx's Economics*: *Critical Assessments*, Edited by Cunningham Wood, Vol. Ⅶ, pp. 70 -71.

思的著作中，'劳动'、'价值'和'价格'之间的关系，比通常人们所认为的更加精确，更加复杂，形式也更加多样，对这种联系的分析把人们引向对《资本论》的新理解"。但是，"不用说，这样一种分析要求人们停止透过扭曲的斯拉法主义者、新古典主义和……马克思主义者的眼镜去阅读马克思。通过外部视角去完成对理论著作的重新阐述时，这种工作很少取得进步，可能只有这样的情形经常引起的争议恰好导致提出了新的问题除外。可能会让人感到奇怪，只有通过复活恰当的且在某种程度上不可彼此化约的相互关联的一系列问题时，经济思想史学家才可能扩大当代分析的范围"①。

68.6 波尔塔对各种评论的回复

波尔塔对几位作者的评论文章中反映出来的观点，在一篇专门的文章②中进行了回复和再评价。

在围绕波尔塔研究标准商品的文章展开的争论中，不同作者总会提到李嘉图、马克思的不同时期的文本，以及对相同文本进行的不同解释。波尔塔在回复文章的开篇，指出自己研究斯拉法的标准商品的文章主要依赖于两个基本文本："（1）马克思在《剩余价值理论》第一册中对重农主义的分析；（2）斯拉法自己亲笔撰写的有关高级价值理论的演讲的文本"③。此外，波尔塔还提出了另外一个更加一般性的结论，"必须既通过斯拉法所说的，也通过斯拉法没有说的，他只是保持沉默的东西，来理解斯拉法。我发现包围着一些人的困难正是他们偶尔忘记了这一简单的原则"④。也就是说，波尔塔基本上不赞同先前几位学者对他的观点存在的批评意见，他认为自己可能只是说出了斯拉法保持沉默的东西，而且这种猜测是能够以斯拉法的有关文本为基础的。在指出上述两点之后，波尔塔开始对有关的批评意见进行详细的回复。

---

① G. Faccarello, *Understanding the Significance of Piero Sraffa's Standard Commodity: A Note on the Marxian Notion of Surplus: 'Understanding Sraffa's Standard Commodity': A Comment*, History of Political Economy, Vol. 18, No. 3, Fall 1986, pp. 471–478. In *Karl Marx's Economics: Critical Assessments*, Edited by Cunningham Wood, Vol. Ⅶ. P. 102.

② P. L. Porta, Understanding the Significance of Piero Sraffa's Standard Commodity: A Rejoinder, History of Political Economy, Vol. 18, No. 3, Fall 1986, pp. 471–478. In *Karl Marx's Economics: Critical Assessments*, Edited by Cunningham Wood, Vol. Ⅶ. pp. 104–109.

③④ P. L. Porta, Understanding the Significance of Piero Sraffa's Standard Commodity: A Rejoinder, History of Political Economy, Vol. 18, No. 3, Fall 1986, pp. 471–478. In *Karl Marx's Economics: Critical Assessments*, Edited by Cunningham Wood, Vol. Ⅶ. P. 104.

波尔塔认为法卡雷洛的问题一定程度上在于他低估了上述两个文本的重要性。尤其是斯拉法的演讲的重要性，这个演讲可以提供理解斯拉法思想发展的线索。波尔塔指出，在剑桥演讲中，斯拉法的确提到了提到了今天人们所说的"剩余方法"，而且斯拉法事实上也认为对这种方法的讨论将把人们引向配第。波尔塔指出，斯拉法并不需要重述马克思讲述过的故事，这个故事的确是从配第开始的，以证明 G 的观点：研究经济问题的剩余方法在古典文献中就是可以识别的，并不是什么新奇的东西。波尔塔肯定了 G 的这种主张，他认为，如果谁认为这是新奇的，那么他必然对马克思自己的学习和严谨性是无知的。波尔塔说："任何被接受的东西都是按照接受者的方式而被接受的是自然的，而且下面的认识不是一个纯粹文字问题：如果经济学家不是在追求自己的理论兴趣的过程完成了自己的著作，在经济学领域，历史分析甚至都不可能存在。因此，遵循马克思的剩余方法的概念并没有什么错误。我只是在强调尽管为我们自己的观点寻找一个理论先驱完全是合理的（就如同马克思所做的那样），但是不能把这种工作误以为是对某种体系内在逻辑的重建。就李嘉图的情况而言，尽管在马克思对李嘉图的解释仍然很流行时，做到这一点是非常困难的，但为了完成后一项任务，我们必须在一定程度上准备忘记马克思对斯拉法的概括。"①

波尔塔的意图非常清晰，并没有人会认为剩余方法是从马克思那里开始的，但是马克思的剩余方法是特殊的，是斯拉法试图加以完善的剩余方法，也就是说马克思才是斯拉法真正的理论先驱。波尔塔进一步指出，"如果我们理解李嘉图自己的著作时，要求远离马克思对李嘉图的著作的解读而不是像常见的那样从马克思的解读出发，我希望指出，在理解斯拉法的著作时恰恰要走一条相反的道路。我们事实上需要比通常所做的更加近距离地观察马克思对李嘉图的解读以理解斯拉法"②。

波尔塔指出，认为斯拉法是一个"新李嘉图主义者"的观点非常流行。对于这种等同，需要进行重新思考并引入一些原来没有被认识到的限定条件。多斯塔莱坚持，价值理论扮演了马克思和斯拉法的理论分界线的角色，因为多斯塔莱说：李嘉图和马克思是一个阵营，而斯拉法是另一阵营。对这

①　P. L. Porta, Understanding the Significance of Piero Sraffa's Standard Commodity：A Rejoinder, History of Political Economy, Vol. 18, No. 3, Fall 1986, pp. 471－478. In *Karl Marx's Economics*：*Critical Assessments*, Edited by Cunningham Wood, Vol. Ⅶ. pp. 104－105.

②　P. L. Porta, Understanding the Significance of Piero Sraffa's Standard Commodity：A Rejoinder, History of Political Economy, Vol. 18, No. 3, Fall 1986, pp. 471－478. In *Karl Marx's Economics*：*Critical Assessments*, Edited by Cunningham Wood, Vol. Ⅶ. P. 105.

种观点，波尔塔认为，"虽然我对从斯拉法的著作中诞生的马克思的形象有很多话要说，但是我要先理解多斯塔莱的一些重要观点预先提出几个评论"①。

波尔塔在提出有关评论的开始指出，"价值和分配"这个表达概述了一系列当前被认为属于李嘉图和马克思的共同之处的问题。但是预言上的相似性必须引起警惕，因为这个表达只是马克思自己阅读李嘉图的副产品。"价值和分配理论在李嘉图和马克思那里完全是不同的东西"②。因此，根据波尔塔的观点，李嘉图和马克思并不是属于同一个阵营，那么一个问题出现了，斯拉法属于哪一个阵营？

波尔塔引用斯拉法为《大卫·李嘉图著作和通信集》所写的著名导言中的观点展开了进一步的分析。他认为，斯拉法在导论中对李嘉图的解释明显是建立在对价值"法则"和"尺度"的区分基础之上的。斯拉法的观点是，在从《原理》一书的第一版到第三版中，李嘉图在价值理论上并不存在什么"退却"，李嘉图也没有怀疑过价值决定的法则，他相当关心的是一个完全不同的问题：找到一种不变的价值尺度。"正是在这个问题上，李嘉图改变了它的想法，这可以说明为什么《原理》各版中'改动最大'而又最为'错综复杂'的是第一章'论价值'"③。波尔塔认为斯拉法对这个问题的分析提出了新的问题，并提供了有关他受到马克思的启发的进一步的具体的提示。

波尔塔指出，博特凯维兹在自己论述马克思的价值和价格的文章中，强调德米特里耶夫的分析具有马克思的特征。尽管德米特里耶夫小心翼翼地不提及马克思，并表现得像是自己的分析完全来自于李嘉图。波尔塔认为，博特凯维兹发现这是完全属于马克思框架的理论构建。

波尔塔指出，"在马克思的剩余方法概念中有三个非常重要的步骤：（1）谷物比率利润理论；（2）劳动价值论；（3）对'平均构成'的寻找。那么，一个问题出现了，这三个步骤属于一个单一连贯的体系吗？"④ 波尔塔在对这个问题的回答中评价了先前对他的文章进行了评论的作者的观点，他说："格罗内韦根对上面的问题的回答是：是，它们属于李嘉图；法卡雷洛的回答是：

①②③　P. L. Porta, Understanding the Significance of Piero Sraffa's Standard Commodity：A Rejoinder, History of Political Economy, Vol. 18, No. 3, Fall 1986, pp. 471 – 478. In *Karl Marx's Economics*：*Critical Assessments*, Edited by Cunningham Wood, Vol. Ⅶ. P. 105.

④　P. L. Porta, Understanding the Significance of Piero Sraffa's Standard Commodity：A Rejoinder, History of Political Economy, Vol. 18, No. 3, Fall 1986, pp. 471 – 478. In *Karl Marx's Economics*：*Critical Assessments*, Edited by Cunningham Wood, Vol. Ⅶ. P. 106.

否，它们部分程度上属于马尔萨斯，部分程度上属于马克思，部分程度上属于李嘉图。我自己的回答是：是，它们必然属于马克思"①。

波尔塔认为，谷物比率利润理论不应归于李嘉图，格罗内韦根提醒他注意一些新的研究提供的证据，但是波尔塔指出："这些贡献未能给出决定性的证据表明李嘉图在任何阶段持有谷物比率利润理论"②。波尔塔认为，谷物模型是在一个非常特殊的应用中给出暗示的，随后偶尔被李嘉图提及，作为一种便利的、易处理的例子使用，而且主要是用来作为批评他的对手的反例，尤其是批评来自于商业的利润可能占据主导地位。波尔塔认为批判把谷物模型归于李嘉图的主要意义在于说明，从谷物模型到标准商品的整个论争思路的李嘉图主义基础缺少一个重要的基础。但是，有两个人可以提供这种缺乏的逻辑线索：马尔萨斯和马克思，波尔塔认为 F 选择了马尔萨斯。

波尔塔认为这里讨论的整个论争思路不属于李嘉图，而必须在马克思的传统中加以理解。波尔塔说："我的结论是一种常见的有关标准商品的李嘉图起源的观点是错误的"③。对于一些马克思主义者强烈地反对一般性的从新李嘉图主义和特别是斯拉法的著作中形成的马克思的形象，波尔塔认为这种反对在很大程度上是可以证明的。但是，即使如此，他们仍然很难否定斯拉法的确抓住了马克思著作的一个方面。波尔塔认为，"真正的区分点在于，尽管在李嘉图自己的体系中存在连贯一致的内在逻辑，但是他并没有构建性地使用平均商品的概念，马克思却在论争中构建性地使用了这个概念"④。波尔塔认为，正是这一点才是他在这种情况下讨论马克思的工具。"事实上，它是唯一的理解标准商品是斯拉法的突出的原创性贡献之一的方式，从而避开了（斯拉法认为它是充满启发性的）讨论它是不重要的和次要的这种尴尬"⑤。

波尔塔在回复文章的最后指出："如格罗内韦根建议的那样，莫斯科国家出版社现在将会意识到他们让斯拉法编辑李嘉图的机会，而无论是皇家经济协会的总裁还是秘书长在那时都不可能预见到，很可能斯拉法会选择让马克思穿上李嘉图的外衣对马克思进行伪装。在任何意义上这都不是

①② P. L. Porta, Understanding the Significance of Piero Sraffa's Standard Commodity：A Rejoinder, History of Political Economy, Vol. 18, No. 3, Fall 1986, pp. 471 – 478. In *Karl Marx's Economics：Critical Assessments*, Edited by Cunningham Wood, Vol. Ⅶ. P. 106.

③④⑤ P. L. Porta, Understanding the Significance of Piero Sraffa's Standard Commodity：A Rejoinder, History of Political Economy, Vol. 18, No. 3, Fall 1986, pp. 471 – 478. In *Karl Marx's Economics：Critical Assessments*, Edited by Cunningham Wood, Vol. Ⅶ. P. 108.

源自不公正和不诚实。斯拉法只是给我们提供了一个最吸引人的证实马克思的观点的尝试，即剩余价值的视角涵盖了广泛的体系。从而并不让人对李嘉图是如此的不公正这一点感到惊讶，李嘉图的情况仍然需要进一步的讨论"①。

① P. L. Porta, Understanding the Significance of Piero Sraffa's Standard Commodity: A Rejoinder, History of Political Economy, Vol. 18, No. 3, Fall 1986, pp. 471 – 478. In *Karl Marx's Economics*: *Critical Assessments*, Edited by Cunningham Wood, Vol. Ⅶ. P. 108.

第69章 马克思与李嘉图、
斯拉法的比较研究

在西方学者对马克思和斯拉法经济学比较研究的各种观点中，大多会涉及李嘉图。对斯拉法《用商品生产商品》所表述的理论观点，有的给其贴上了新李嘉图主义的标签，有的给其贴上了李嘉图—斯拉法主义的标签。再进一步联系马克思经济学时，也有认为从李嘉图到马克思、再到斯拉法的分析路径的关联性，出现了诸如沟通马克思与李嘉图和斯拉法的理论探索。当然，在对这些问题的理解中，赞同者有之，反对者也层出不穷，也不乏"折中者"和调和者。在西方经济学界，这些论争多见于20世纪70年代中期之后。

69.1 米克和多布关于"沟通"马克思与
李嘉图、斯拉法的观点

米克试图沟通斯拉法和马克思，他在1973年为《劳动价值学说研究》第二版所写的导言中，明确地提出了自己的基本观点，"说明斯拉法体系的某些基本因素是怎样能设想来为现代马克思主义者加以修改和使用。"① 米克提出了一组五个马克思—斯拉法商品生产模式，并赋予这些模式马克思主义的历史内涵，将它们同马克思所分析的不同层次相对应。第一个模式：米克称为"前资本主义的维持生计的经济模式"；第二个模式：生产有了剩余，但是还没有资本家，剩余全部归劳动者分配；第三个模式：出现了资本家，剩余归资本家所有，但是利润率还没有平均化；第四个模式：资本家的竞争导致了资本的转移和平均利润率的形成；第五个模式：工人联合起来迫使资本家把一部分剩余归还给工人，工资除了维持生计的部分外，还包含了一定的剩余。米克认为："一个现代马克思主义者可以怎样把马克思的原来

---

① 米克著，陈彪如译：《劳动价值学说研究》，商务印书馆1979年版，第39页。

的学说，加以公式化和加以发展，取做他的'前提的、具体的量'的不是有关商品的'价值'，而是商品本身。"① "同马克思的体系所做的一样，它（斯拉法体系）从限制阶级收入水准的'前提的、具体的量'入手；它的基本观点，即关于决定变量的顺序和方向的观点，与马克思的体系是一致的；它恰恰同样适用于'历史的、逻辑的'研究方法；而且，它另外还有一个很大的优点，即它内含对'转形问题'的解法。在质量方面，至少可以争辩的是，斯拉法的程序所反映的基本观点正是马克思试图用他的劳动学说来表达的这种观点：价格和收入最终是由生产关系来决定的。但斯拉法的程序比马克思的程序更为清楚和有效"②。米克总结道："斯拉法对其'标准'部门中利润率与生产条件之间的关系所做的精确假定，与马克思对其'平均资本有机构成'部门中利润率与生产关系所做的假定是相同的……从这一观点看，斯拉法的'标准部门'从本质上讲是试图用这样一种方式来界定'平均的生产条件'以得出与马克思一直在寻求的结论完全相同的结论"③。

在对斯拉法和马克思之间的关系研究中，另一位极为重要的人物是多布。在斯拉法的著作出版之后，米克和多布很快就察觉到在马克思和斯拉法之间存在着相似之处。他们认为，至少从 18 世纪开始，经济理论就在两种传统中发展：供求范式和剩余范式。多布认为，亚当·斯密是一个重要人物，这两种传统都可以在斯密的理论中找到源泉。李嘉图和马克思在 19 世纪发展了剩余方法，而博特凯维兹、里昂惕夫、冯·诺依曼和斯拉法则是 20 世纪发展剩余方法的重要人物。多布认为，"《用商品生产商品》对马克思作了证明，这个证明不亚于该书对新古典主义经济学诅咒似的控告"④。斯拉法主义者认为，他们对马克思的分析是建设性的，斯拉法和马克思属于同一个"剩余范式"，具有相同的视角和方法论。因此，斯拉法主义者认为，他们对马克思的批判是来自"内部"的批判，马克思主义经济学实际上会因为这种批判得到加强。总的说来，他们认为，斯拉法的著作提供了一个牢固的基础，使剩余范式得到发展，并使马克思主义的真正洞察力得以建立。多布也持有这种观点。正是因为多布和米克所进行的这种沟通的努力，

① 米克著，陈彪如译：《劳动价值学说研究》，商务印书馆 1979 年版，第 48 页。
② 米克著，陈彪如译：《劳动价值学说研究》，商务印书馆 1979 年版，第 50~51 页。
③ Ronald L. Meek：*Economics and Ideology and Other Essays：studies in the development of economic thought*. London：Chapman and Hall，1967，pp. 177 - 178.
④ M. C. 霍华德，J. E. 金著，顾海良等译校，《马克思主义经济学史：1929~1990》，中央编译出版社 2003 年版，第 266 页。

使得其他马克思主义者指责他们两人在某种程度上贬低了马克思经济学。保罗·斯威齐就对多布提出过批评。"马克思的理论确实是建立在李嘉图理论基础之上的，并且在多个方面发展了李嘉图的理论。但与李嘉图完全不同，马克思认为他的任务是建立对整个资本主义秩序全面的、不妥协的批判，包括对整个资本主义秩序的运动方式竭尽全力的全面的、不妥协的批判。为了完成这一任务，他开辟了一个全新的领域，建立了一种既反对古典经济学，又反对新古典经济学的传统。就我看来，使用李嘉图—马克思传统这种说法，既会误导资产阶级经济学家，也会误导马克思主义经济学家……在多布看来，斯拉法就是他所说的传统在当代的化身，斯拉法著作书名本身就与马克思的方法截然不同。马克思没有着重考虑'用商品生产商品'，他的主题是用人类劳动生产商品"①。

69.2　斯蒂德曼论李嘉图、马克思和斯拉法

在 1979 年社会主义经济学家伦敦研讨会上，斯蒂德曼递交了《论李嘉图、马克思和斯拉法》② 一文。斯蒂德曼的文章的目的非常简单，在一定程度上可以认为是对《按照斯拉法思想研究马克思》一书主要观点的精练概括。斯蒂德曼一开始就从政治经济学对严肃的政治思想所具有的重要意义的角度切入，说明了文章的根本目的是证明劳动价值论的"多余性"。

斯蒂德曼说："所有严肃的政治思想，不管其倾向如何，都是直接或间接地建立在某种理论基础之上的；而政治经济学理论又总是构成这种理论基础的重要组成部分。不管是赞成还是反对，不管是公开的还是隐蔽的，对待左翼的政治态度，总是包含着对马克思的政治经济学的态度在里面。因此，本文将简明扼要地列举一些最近的论据，证明马克思政治经济学中某些重要的方面，可以完全与任何'劳动价值论'无关。由于劳动价值论所引起的根深蒂固的困难总是（也是很自然地）构成严肃认真地思考马克思政治经济学的障碍，所以很明显，这种证明具有重大的意义"③。

---

① Paul. M. Sweezy, Review（Theories of value and distribution since Adam Smith: Ideology and economic theory, By Maurice Dobb, New York and London: Cambridge University Press, 1973）, *Journal of Economic literature*, 1974, 12, P. 483.

② Ian Steedman, Rdicardo, Marx, Sraffa, In Ian Steedman, Paul Sweezy Edit: The Value Controversy, Verso Editions and NLB, 1981, pp. 11 – 19.

③ Ian Steedman, Rdicardo, Marx, Sraffa, In Ian Steedman, Paul Sweezy Edit: The Value Controversy, Verso Editions and NLB, 1981, P. 11.

斯蒂德曼认识到一些马克思主义者不可能赞同他的观点，不愿意承认劳动价值论是多余的，但是他指出"现在已普遍认为，证明这一点从逻辑上说是无懈可击的"①。根据当时众多的马克思主义者对待斯蒂德曼研究成果的态度看，认为逻辑上斯蒂德曼的论证是正确的马克思主义者的数目众多。

随后斯蒂德曼主要阐述了"价值的非劳动理论"，然后简略地回答了对他所提出的方法的某些质疑，最后，对某些更为广泛的含义做了一些提示。

69.2.1　关于剩余方法和劳动价值论关系的认识

斯蒂德曼首先回顾了历史上存在的批判劳动价值论的重要观点，并把斯拉法的分析和这种批判之间的联系放在突出的地位。

斯蒂德曼认为，对马克思政治经济学的批判中最有影响的要算奥地利经济学家庞巴维克（也包括英国经济学家威克斯蒂德（P. H. Wicksteed），威克斯蒂德曾把萧伯纳（Shaw Bernard）转变为一个杰文斯经济学者，他的思想在费边主义思想中发挥了重要作用）了，庞巴维克和威克斯蒂德所发动的批判，基于一种从根本上不同于马克思（也不同于马克思利用过他们著作的重农学派、亚当·斯密以及李嘉图）的经济理念观点。斯蒂德曼认为，"马克思和他的古典先驱一样，把经济过程想象为某种剩余产品的创造，这些在满足了投入置换和工人消费的需要之后的剩余产品，被作为利润、利息以及地租占有了。与此相反，庞巴维克和威克斯蒂德将经济过程看作是各种不同的'要素'之间相互合作而进行的生产，在劳动和其他'要素'之间不存在任何不对称的因素。因而，对马克思的整个分析的批判，强烈地与否定'劳动价值论'并采纳后一种对经济过程的看法联系在一起"②。

但是，也有"并不想完全推翻有关经济过程的剩余占有观点的作者，对马克思的论点进行了批判"③。斯蒂德曼指出的这种学者的代表人物是俄国经济学家德米特里耶夫和波兰统计学家和经济学家博特凯维兹。他们的研究特点在于："一方面在剩余方法的框架内证明马克思对利润和价格的分析存在缺陷，另一方面也表明这种缺陷可以在不抛弃这种一般方法的前提下加

---

① Ian Steedman, Rdicardo, Marx, Sraffa, In Ian Steedman, Paul Sweezy Edit: The Value Controversy, Verso Editions and NLB, 1981, P. 11.
②③ Ian Steedman, Rdicardo, Marx, Sraffa, In Ian Steedman, Paul Sweezy Edit: The Value Controversy, Verso Editions and NLB, 1981, P. 12.

以修正"①。

接下来是 1960 年斯拉法出版的《用商品生产商品》一书。斯蒂德曼认为，斯拉法的著作的"直接目的，是为对所有那些预先就设定作为一种'生产要素'的资本具有给定的价值总量的经济理论进行的内在逻辑批判奠定一种基础"②。

为什么有着这样一个明确目的的著作，会对马克思经济思想的研究产生重大的影响呢？斯蒂德曼指出，人们不久就意识到，"斯拉法的著作不仅就其直接目的而言是成功的，而且为明确地证明在剩余方法框架之内对工资、利润以及价格进行的理论分析是完全独立于'劳动价值论'的；而且，事实上，任何有关价值的劳动理论只是对以剩余为基础的理论的发展构成了障碍"③。因而，斯拉法的著作具有了另一层重要的含义：通过斯拉法的著作，可以清楚地认识到"常见的把对'劳动价值论'的反对与对经济过程的'剩余占有'理论的反对等同起来——从庞巴维克和威克斯蒂德的著作中人们很自然地会得出这样的等同——是错误的。对任何一种'劳动价值论'的否定，都可以遵循德米特里耶夫、博特凯维兹以及斯拉法的研究，坚定地扎根于剩余方法的框架内"④。斯蒂德曼在《按照斯拉法思想研究马克思》一书中，对从德米特里耶夫到斯拉法的历史线索进行了进一步的说明，他说："人们或许会有疑问，'按照德米特里耶夫思想研究马克思'或'按照博特凯维兹思想研究马克思'难道不是更适合作本书的标题？要知道，斯拉法的著作标志着一个转折点，它提供了一个更为严格和更为科学的分析结构，在这一分析体系中德米特里耶夫和博特凯维兹的开创性的理论模型仅是（重要的）特例而已"⑤。

69.2.2　按照斯拉法理解的剩余理论

斯蒂德曼在分析斯拉法之后的剩余理论时，首先说明了他对劳动价值论的理解。

---

①② Ian Steedman, Rdicardo, Marx, Sraffa, In Ian Steedman, Paul Sweezy Edit: The Value Controversy, Verso Editions and NLB, 1981, P. 12.

③ Ian Steedman, Rdicardo, Marx, Sraffa, In Ian Steedman, Paul Sweezy Edit: The Value Controversy, Verso Editions and NLB, 1981, pp. 12 - 13.

④ Ian Steedman, Rdicardo, Marx, Sraffa, In Ian Steedman, Paul Sweezy Edit: The Value Controversy, Verso Editions and NLB, 1981, P. 13.

⑤ 扬·斯蒂德曼著，吴剑敏、史晋川译：《按照斯拉法思想研究马克思》，商务印书馆1991年版，第15页。

斯蒂德曼指出："在非经济学家①中，常常把'劳动价值论'归结为下述命题：'在通常的资本主义条件下，商品的相对价格趋于等于生产这些商品所需要的劳动时间的相对数量'"②。斯蒂德曼认为，这样一种对劳动价值论的解释，是站不住脚的，也不会有严肃的经济学家会满足于这样一种理论。不管是斯密、李嘉图还是马克思，"都不曾认为在发达的资本主义条件下商品是按其包含劳动的比例相互交换的。事实上，他们每个人都明确地否认了这一点。尤其是马克思，他特别在《资本论》第三卷第二篇中解释了为什么说商品并不是按这种比例进行交换的。尽管马克思的解释是有缺陷的，但是就这个问题来说，他毕竟试图提出一种解释"③。斯蒂德曼认为，如果仍然要坚持"劳动价值论"，那么就必须把上述认识修正为："在资本主义条件下，利润率和正常价格可以根据劳动量加以解释。粗略地讲，马克思坚持的正是这种看法"④。斯蒂德曼这里的用意是想把对劳动价值论的讨论引向对利润率的分析，但是他在这里提出的基本认识是正确的（尽管忽视了劳动决定价值的一面，纯粹从量的角度讨论劳动价值论），另外，之所以说基本是正确的，还因为这种说法是高度概括性的。

接下来斯蒂德曼对利润率进行了详细的分析。他指出，马克思认为如果工资与非工资资本一道预付，则利润率 r 由下式决定：

$$r = \left(\frac{S}{C + V} \right)$$

其中，S、C 以及 V 分别表示为生产归属资本家的商品，替换消耗掉的生产资料，以及工人工资所能得到的商品，而直接或间接所需要的劳动总量。随后，马克思用这个表达利润率的公式证明，除非是巧合，商品价格并不和生产它们所需的劳动数量成比例。但是，如果说价格并不与劳动含量成正比，那么依据劳动含量确定剩余产品和全部所用资本而得到的比值 $\left(\frac{S}{C + V} \right)$，就不会和依据价格确定剩余产品和全部所用资本所得的比值相等（巧合除外），而后者才恰恰应被认为是利润率。这也就是说，与马克思的论证相反，依据劳动价值决定的 $\left(\frac{S}{C + V} \right)$ 并不是利润率，马克思有关利润率

---

① 这里的"非经济学家（Non-economists）"明显具有讽刺的意味，这种称谓的使用再次表明在有关马克思经济学的论争中，科学的分析和强烈的情绪共存的情形。

②③ Ian Steedman, Rdicardo, Marx, Sraffa, In Ian Steedman, Paul Sweezy Edit: The Value Controversy, Verso Editions and NLB, 1981, P. 13.

④ Ian Steedman, Rdicardo, Marx, Sraffa, In Ian Steedman, Paul Sweezy Edit: The Value Controversy, Verso Editions and NLB, 1981, pp. 13 - 14.

和正常价格的论述存在着内部不一致。

斯蒂德曼认为，"从形式上来讲，马克思的错误在于，试图首先确定利润率，然后再得出商品的正常价格（或者马克思所说的'生产价格'）；而事实是利润率和生产价格在理论中必须同时加以确定"①。假设遵循剩余方法的精神（直接目的是考察利润与价格，当然在任何更根本的意义上它们都不是给定的），并且给定每一行业包括劳动时间在内的产出和投入的数据，以及构成实际工资的商品组合。斯蒂德曼认为，从这些实物数据出发，人们可以证明如下三个事实：第一，用这些数据足以近似地确定利润率和生产价格。第二，事实上利润率并不是和所有这些数据都相关，而是仅仅取决于实际工资以及工资品的直接或间接的生产条件。不进入实际工资的商品组合中的商品，并且不用于生产进入工资品生产的商品的生产条件，对利润率没有影响。第三，在确定利润率和生产价格时，物化劳动量不起任何必不可少的作用：即使是在以剩余为基础的理论中，物化劳动量也完全是多余的。斯蒂德曼认为，不用深入到论证的技术细节就可以很容易地看出这一点。"生产一种商品所需的（直接的或间接的）物化劳动量，完全可由实物数据来确定。而且这同一批数据足以确定利润率和生产价格，因此物化劳动量必然是多余的"②。

斯蒂德曼进一步指出，事实上，人们会发现这种劳动数量不仅是多余的，而且当进而讨论诸如资本家在竞争压力下对不同的生产方法做出选择的问题，固定资本分析，以及研究在石油提炼、化学工业中具有极重大意义的使用同时可获得几种不同产品的生产过程这种现象时，这种劳动量的定义是有很大缺陷的，或者会具有使人困惑的性质（如变成负的）。斯蒂德曼认为，"所有这些当代资本主义经济的重要的复杂问题，在它们影响利润率及生产价格的限度内，都可以在实物量版本的剩余方法中加以分析，而错误定义的或负的物化劳动量，明显不可能对这种分析做出什么贡献"③。

69.2.3　实物量剩余方法对马克思的政治经济学有帮助吗

斯蒂德曼明显意识到了上面这个问题的存在，也就是说一旦确立了研究利润和价格的剩余方法，绝对不需要任何"劳动价值论"，很自然地会问这

---

① Ian Steedman, Rdicardo, Marx, Sraffa, In Ian Steedman, Paul Sweezy Edit: The Value Controversy, Verso Editions and NLB, 1981, pp. 14 – 15.

②③ Ian Steedman, Rdicardo, Marx, Sraffa, In Ian Steedman, Paul Sweezy Edit: The Value Controversy, Verso Editions and NLB, 1981, P. 15.

种"实物量"版本的剩余方法是否能够对马克思主义传统中的作者们所致力解决的那些问题有所帮助。斯蒂德曼以四个具体问题为例（劳动的异质性；劳动过程；利润率下降的趋势；剥削）简单探讨了这个问题。

对于异质劳动问题，斯蒂德曼指出，运用直接和间接劳动量的马克思主义理论，总是被下面的问题所困扰：怎样处理不同类型的劳动，如熟练劳动和非熟练劳动？能否将它们从这一种劳动"化简"为另外一种劳动，然后将其相加？斯蒂德曼认为，"对于实物量版本的剩余分析而言，这类问题纯粹是多余的"①。斯蒂德曼的这种判断非常容易理解，因为在实物量剩余方法中，异质的劳动可以被简单地视为是不同类型的"商品"或"投入"。

对于劳动过程问题，斯蒂德曼没有进行展开，他只是承认实物量方法本身并未涉及在讨论劳动过程时马克思主义经济学家所关注的一切还差得远，但是它"显然提供了一个能用于理顺这类讨论的明确的框架，并且至少表达出了某些讨论的结果"②。在劳动过程问题上，斯蒂德曼承认这种方法对讨论劳动过程问题帮助不大，但是又认为它为这种讨论提供了一个框架。至于如何在这个框架中分析劳动过程，斯蒂德曼在这里或者其他地方都没有进行详细的说明。

对于利润率下降趋势问题，斯蒂德曼的论证变换了方式，他承认"实物量方法当然不可能对马克思主义者有关'利润率下降趋势'的讨论有太大的帮助"③。但是，斯蒂德曼认为，事实上根本不需要在这方面帮助马克思主义经济学家，因为"马克思自己关于这个问题的讨论实际上是完全没有说服力的，这一点长久以来就是公认的事实"④。斯蒂德曼在这个问题上的判断，充分显示了他是如何忽视存在大量有关利润率下降趋势的争论这一事实的。

对于剥削问题，斯蒂德曼首先指出了一个事实：在马克思主义的讨论中，总是极为强调"剥削"。斯蒂德曼特别突出了"剥削"这个词具有的多重含义，他主要分析的是"剥削"的技术性含义。按后一种含义，"剥削"是指这样一种事实，"即工人付出了比仅仅要求生产出他们的实际工资所得（以及替换因此而在生产中用掉的生产资料）要多的劳动。其差额，或'剩余劳动'用于生产（净）归于资本家的商品（并替换相应的生产资料）"⑤。

---

①②③④ Ian Steedman, Rdicaido, Marx, Sraffa, In Ian Steedman, Paul Sweezy Edit：The Value Controversy，Verso Editions and NLB，1981，P. 16.

⑤ Ian Steedman, Rdicaido, Marx, Sraffa, In Ian Steedman, Paul Sweezy Edit：The Value Controversy，Verso Editions and NLB，1981，P. 16.

对于这种技术性的"剥削"定义而言，斯蒂德曼认为，"实物量版本的剩余方法自然不会否认'剩余劳动'的存在；事实上它还为明晰地思考'剩余劳动'的数量提供了必不可少的基础。然而，它也的确清楚地表明这样一个事实：即（狭义定义的）剥削的存在与利润的存在无非是同一块硬币的两个方面：一个是用'劳动'，另一个是用'货币'来表示物质剩余"。①斯蒂德曼指出，"马克思主义的作者们常常认为通过把利润和（狭义的）剥削联系起来，就解释了利润的存在。但他们并没有做到这一点，他们只是简单地意识到了表达剩余产品存在的两种方式而已！解释利润的存在和解释（狭义的）剥削其实是一回事。这里的任务是要讲清楚为什么在实际工资和生产条件之间存在着，而且总是存在着这样一种关系，使剩余产品、利润和（狭义的）剥削能够持续地存在"②。因此，在斯蒂德曼这里，剩余价值只是剩余产品或物质剩余的货币表达，物质剩余和剩余价值是一回事。

随后斯蒂德曼分析了为什么很多理论对马克思主义者不具有吸引力的原因，他说："当然，很多理论吸引不了马克思主义者的原因，在于它们老是用什么'资本稀缺'、'时间偏好'以及诸如此类的概念来解释这种持续的关系。但是，如果马克思主义者打算拿出一种更高超的理论来的话，作为一个前提条件，他们必须停止想象（狭义的）剥削的存在就解释了利润的存在，因为事实上并不如此"③。其实斯蒂德曼的理论也无法吸引马克思主义者，因为他只不过在"资本稀缺"、"时间偏好"之外增加了一个"物质剩余"的概念，仅从物质剩余的角度无法解释清楚，为什么在资本主义经济中"剩余产品、利润和（狭义的）剥削能够持续地存在""这样一种关系"。总起来看，在斯蒂德曼那里，实物量版本的剩余方法，在异质劳动问题上，对马克思主义帮助很大，在劳动过程问题上，对马克思主义有一定帮助，在利润率下降趋势问题上，不需要提供任何帮助，因为没有必要把一个错误的论断继续推向深入，在剥削问题上，实物量剩余方法本身能够提供一种取代马克思的（狭义）剥削理论的理论。这种"帮助"、"证明其错误"和"取代"的态度显然难以令马克思主义者满意，斯蒂德曼预见到了这种情况，所以他对马克思主义对他的观点可能做出的反应预先进行了回应。④

---

①②③　Ian Steedman, Rdicardo, Marx, Sraffa, In Ian Steedman, Paul Sweezy Edit：The Value Controversy, Verso Editions and NLB, 1981, P. 17.
④　这和他在《按照斯拉法思想研究马克思》一书中的做法差不多。

69.2.4　对马克思主义者的可能反应的回应

斯蒂德曼指出，对于实物量剩余方法以及与之相联系的对"劳动价值论"的否定，可能很自然地会引起一些争议，需要对之进行简单的分析。

首先，可能出现的问题是："人们怎能满足于一个把多种可能的生产方法和实际工资都当作既定的理论？"，斯蒂德曼的回答是：没人能满足，也不该满足。有关利润率和生产价格的实物剩余分析，不过是"有关资本主义经济运行的一个更全面的理论的一个重要部分。这种分析是不充分的这一点，改变不了它是重要的这一事实"①。斯蒂德曼的回答是没有人能够要求一种理论能够解决所有的问题，但在马克思主义者看来，问题的关键并不在于一种理论的全面性，而在于这种物质剩余分析是否能够真正有助于理解资本主义经济的基本关系。

其次，通常是由马克思主义者提出的问题，斯蒂德曼认为可以这样来表述："你反复提到物化的劳动数量而闭口不谈'价值'，这就无意之中暴露了一个事实，即你只证明了李嘉图而非马克思的劳动价值论是无足轻重的。马克思所用的'价值'一词的含义要广泛得多，而不仅限于生产某一商品时所需的直接与间接劳动。因此，你的批判无损于马克思的理论"②。对于这种质疑，斯蒂德曼指出了两点：一是在马克思的著作中，"价值"一词的确经常用以表达比"物化的劳动量"更多的含义；二是马克思同时也的确经常在这种简单的意义上使用"价值"一词。在这两个事实的基础上，斯蒂德曼指出："如果仅仅为了'拯救'马克思的价值论，马克思主义者们就去切断马克思的'价值'概念与物化劳动量之间的一切联系，那么他们就会在解释马克思的许许多多非常明确的论断以及保留马克思的价值论中有意义的内容方面遇到极大的困难。看来，马克思价值论的捍卫者们还得在将其暴露给上面进行过的批判与抹掉其一切实质性内容之间，找到一条中间道路才行"③。

最后，实物剩余分析能否对理解货币的复杂性、有效需求的波动、长期变化分析等问题有所裨益。斯蒂德曼再次指出，指望一种分析的一个方面解决一切问题是不可能的！但是，也不要急着得出结论说对利润率的分析及其近似的确定对理解资本主义经济中的主要长期变化，如某种重大技术进步的

---

①②③　Ian Steedman, Rdicardo, Marx, Sraffa, In Ian Steedman, Paul Sweezy Edit: The Value Controversy, Verso Editions and NLB, 1981, P. 18.

出现所造成的效应没有关系。"所有这类进展对利润、工资、相对价格所造成的可能后果，都应该耐心地加以分析研究才对"①。

在上述分析的基础上，斯蒂德曼给出了自己明确的结论和建议："古典经济学家和马克思的剩余理论能够不依仗着'劳动价值论'，这一事实本身自然并不具有任何直接的狭隘的党派政治意义；然而对属于左翼的所有人来说，它的的确确有着更广泛的含义。一方面，这意味着不能再认为拒绝'劳动价值论'就必然意味着接受了'资本（边际）贡献'的思想，从而不应再原谅夸夸其谈什么'劳动价值论'了……另一方面，划清剩余占有理论和'劳动价值论'之间的界限的做法，肯定对所有那些受前者吸引，而怀疑后者的人是一种鼓舞。与其让劳动价值论绕着脖子阻碍思考，不如干脆将它丢在一边，而集中精力发展一种内部连贯一致的资本主义发展理论。除了其他来源外，这种理论可以从生产和分配的剩余分析以及有效需求理论中吸取很多东西"②。

69.3　斯拉法思想的系统化及其对马克思观点的证明

霍瓦特（B. Horvat）在《经济分析和工人的管理》杂志上了发表了《斯拉法思想的系统化及其对马克思观点的证明》③ 的文章。该文一开始就直接指出，"为了分析独立于价格的分配关系，斯拉法提出了标准商品的概念；为了分析独立于市场价格的资本家的剥削，马克思遇到了转形问题……这两种程序表面上毫无共同之处。但是，实际上，它们还是存在共同之处的"④。霍瓦特认为，"统一两者的概念是统一的资本有机构成。除此之外，斯拉法的目标可以以三种不同的方式得到，马克思的转形问题也不是必然无法解决的，马克思的两个条件——总价值等于总价格，总剩余价值等于总利润——是可以同时被满足的"⑤。

霍瓦特认为，这两个问题以下述方式相联系。通过利用价格—数量关系

①② Ian Steedman, Rdicardo, Marx, Sraffa, In Ian Steedman, Paul Sweezy Edit: The Value Controversy, Verso Editions and NLB, 1981, P. 19.

③ B. Horvat, Sraffa Systematized and Marx Vindicated, Economic Analysis and Workers' Management, Vol. XXI, No. 3, 1987, pp. 289 – 297. In Karl Marx's Economics: *Critical Assessments*, Edited by Cunningham Wood, Vol. Ⅶ, pp. 224 – 232.

④⑤ B. Horvat, Sraffa Systematized and Marx Vindicated, Economic Analysis and Workers' Management, Vol. XXI, No. 3, 1987, pp. 289 – 297. In Karl Marx's Economics: *Critical Assessments*, Edited by Cunningham Wood, Vol. Ⅶ, P. 224.

的二元特征，可以以两种不同的方式得到斯拉法的利润和工资之间的线性关系：通过找到 A（价格）的左特征向量和找到 A（数量）的右特征向量。如果价格是通过添加与工资成比例、等于物质成本的利润形成的，马克思的转形问题可以以一种自然的方式被解决。"斯拉法和马克思的问题变成了给价格体系添加一个统一的资本有机构成问题，而这个条件远远不像想象的那么严格"[①]。霍瓦特的模型包含流动资本和单一产品产业。价格—数量关系的对偶性可以被分解为两个问题：最初的问题是价格推导，它的对偶问题是推导出一个与价格一致的数量。

69.3.1 最初的问题

考虑一个只使用流动资本，进行简单再生产且没有技术变化的经济，忽略后两个特征，利润率是正的，$\pi > 0$，因为经济按照资本家的原则运转。这些假设对马克思和斯拉法来说都是普通的假设。A 是通常的投入系数矩阵，p 是价格行向量，w 是工资率，λ 是劳动系数行向量。从而，价格方程为：

$$pA(1 + \pi) + w\lambda = p \qquad (69.1)$$

如果系统是非线性的话，就会有很多有趣的经济结果。首先，如果知道价格，且价格是唯一的，工资将会是利润的线性函数：$w = \dfrac{p(I - A)1}{\lambda 1} - \pi \dfrac{pA1}{\lambda 1}$，1 是加总向量，唯一的价格集用 p^* 标示，其次，价格必须是正的，在某些条件下它们是唯一的。最后，作为结果，资本有机构成成为唯一重要的分析概念。

方程（69.1）可以以三种不同的方式加以改造。首先遵循斯拉法的方法，让 $w = 0$，得到一个有最大利润率的体系：

$$p^* A(1 + \pi) = p^*, \quad w = 0 \qquad (69.2)$$

A 是非负的，且不可分解，那么它将会有唯一的主导特征值 $\dfrac{1}{1 + \pi}$，从而有与之相联系的唯一的正的价格特征向量，$p > 0$，在所有产业 π 是一致的净产品和成本（资本）之间的比率，从公式（69.2）直接可得：

---

① B. Horvat, Sraffa Systematized and Marx Vindicated, Economic Analysis and Workers' Management, Vol. XXI, No. 3, 1987, pp. 289 - 297. In *Karl Marx's Economics: Critical Assessments*, Edited by Cunningham Wood, Vol. Ⅶ, P. 224.

$$p^*(I - A) = \pi p^* A \qquad (69.2a)$$

第二种可能，考虑一个非资本家变量，使利润等于零，这将导致最大工资 W：

$$p^* A + W\lambda = p^*, \quad \pi = 0 \qquad (69.3)$$

这意味着价格将是劳动时间价格，如果最大工资等于 1，那么价格恰好是劳动价格（马克思的价值）。用马克思的术语 $p^* A = C$ 是不变资本，$W\lambda = V$ 是可变资本。如果假定存在统一的资本有机构成：

$$p^* A = \omega W\lambda \qquad (69.4)$$

那么，在成本和净产出之间再一次存在一个比例，比率为 $\omega = \dfrac{1}{\pi}$。

方程（69.1）现在变为：

$$p^* A\left(1 + \frac{1}{\omega}\right) = p^* \qquad (69.5)$$

由于 A 和以前一样，价格作为它的特征向量，不发生变化，那么可得：

$$\pi = \frac{1}{\omega} \qquad (69.6)$$

斯拉法的最大利润等于马克思的统一的资本有机构成的倒数。

统一的资本有机构成产生 w，π 之间的线性关系，使方程（69.1）、方程（69.2）、方程（69.3）中的单位净产出相等，得到：

$$p^* A\pi + w\lambda = p^* A\pi = W\lambda \qquad (69.7)$$

消去 λ，得到：

$$\pi = \pi\left(1 - \frac{w}{W}\right) \qquad (69.8)$$

如果规范化 $W = 1$，方程（69.8）就成为斯拉法的方程 $\pi = \pi(1 - w)$，w 表示最大工资 W 的一个比例。

69.3.2 对偶问题

从数量方程开始：

$$AX + x = X \qquad (69.9)$$

因为 A 是生产性的，任何最终产出向量 x 都可以被生产出来。使用可用的自由度，使最终产出与中间产出成比例（从而与总产出成比例）：

$$AX(1 + R) = X \qquad (69.10)$$

$\dfrac{1}{(1 + R)}$ 是矩阵 A 的一个特征值，X 是与之相联系的特征向量。唯一正的 X 与最大特征值相对应，从而 R = π，由于价值加总和最终产出的价值相同，因此：

$$R = \frac{x_i}{X_i - x_i} = \frac{p_i x_i}{p_i(X_i - x_i)} = \frac{\sum p_i^* x_i}{\sum p_i^*(X_i - x_i)}$$

$$= \frac{p^* x}{p^* AX} = \frac{p^*(I - A)X}{p^* AX} = \pi = \frac{1}{\omega} \tag{69.11}$$

标准比率 R 等于想象的最大利润率，而且都等于统一的资本有机构成的倒数。

如果这个体系是由不同产业以总产出和中间产出成比例（产出的价值和投入的价值成比例）的方式构成的，那么所有的产业有同样的资本有机构成，这会导致 π，w 之间的线性关系。这样一种体系斯拉法称之为标准体系。它的活动水平 X 作为技术矩阵 A 的特征向量被决定。标准比率 R 独立于价格，如果工资和利润之间的分配发生变化，同样的比率 π 不会变化，也就是说，在标准体系中分配独立于价格。

69.3.3 一致的增长

假定工资一直保持在生存水平，这是古典经济学家的标准假设，工资固定，偏好不变，工资商品可以被包含在再生产矩阵 A 中。结果，利润表现为唯一的剩余或净产出，这也是古典经济学家通常做出的假定。加入所有的利润被用于投资的假定，那么就可以得到冯·诺伊曼增长模型。如果这个经济要以最大比率增长，那么就必须没有浪费。换句话说，经济必须有适当的物质结构。这个结构相当简单：在同样的产业中，将被完全用于投资的最终产出必须具有和中间产出一样的关系 R，即经济必须以 $\overline{\pi} = \overline{R}$ 的比率增长。适当的物质结构的要求使得统一的资本有机构成成为必要条件，而不再是充分条件。标准比率 $\overline{R}^*$ 现在既是必要的，也是充分的。

即使是最不道德的资本家也不能总是把工人的工资压在最低生存水平上，事实上，给定技术，我们可能会打算最大化工资。如果劳动力以比率 r 增长，显然这是体系增长的最大可能比率，如果工资用工资商品 y 的价值表达：

$$w = py \tag{69.12}$$

通常的价格方程被改造为：

$$pA(1 + r) + py\lambda = p \tag{69.13}$$

根据佩龙—弗罗伯纽斯（Perron – Frobenius）定理，可以得到增长率和人均消费之间的线性关系：

$$r = R\left(1 - \frac{py}{pY}\right) \tag{69.14}$$

其中，Y 是人均最终产出向量。只要工资商品的结构不变，y 就和 Y 成比例，从而进一步的简化是可能的。假定 y_s 是生存工资商品集，规范化它之后得到：

$$py_s = c_s = 1 \tag{69.15}$$

现在 $r – py$ 的关系转化为：

$$r = R\left(1 - \frac{c}{C}\right) \tag{69.16}$$

其中，C 是最大可能生存商品篮子的数量，c 是实际消费的生存商品篮子的数量，很明显，C 也是对体系生产力的度量。霍瓦特随后用对偶的数量关系研究了消费和增长之间的关系。

69.3.4 对马克思的证明

霍瓦特认为，马克思像其他古典经济学家（不像斯拉法）把工资视为是预付的，也就是说作为投资的可变资本。结果，价格方程变为：

$$(pA + w\lambda)(1 + \pi) = p \tag{69.17}$$

假定劳动价格（$\pi = 0$）和统一的资本有机构成（$pA = \omega(w\lambda)$），就得到如下熟悉的关系：

$$p^* A = \frac{\omega}{1 + \omega} p^* \tag{69.18}$$

由于收入分配不影响 p^*，价值向价格的转形可以很容易地实现。事实上，价格和价值是相同的。为了证明这一点，可以考虑一个相应的价值体系：

$$\nu A + \omega\lambda(1 + \mu) = \nu \tag{69.19}$$

其中，v 是价值向量，μ 是剩余价值率。消去剥削（$\mu = 0$），两个方程（69.17）（$\pi = 0$）和（69.19）（$\mu = 0$）变为同一的。

由于 $p^* = v^*$，在两个方程中进行变形可得：

$$(p^* A + w\lambda)\pi = w\lambda\mu \tag{69.20}$$

由于 $p^* A = \omega(w\lambda)$，进行一次替换，可得：

$$\mu = (\omega + 1)\pi \tag{69.21}$$

这表明剩余价值率（剥削率）和利润率成比例，资本有机构成加1表示这个比例因子。霍瓦特认为，"这就是马克思版本的斯拉法线性关系"[1]。

霍瓦特指出，马克思给转形问题的解决增加了两个条件：总生产价格等于总价值，总利润等于总剩余价值。从波特凯维兹开始，这两个条件就被认为在一般情况下是无法同时成立的。霍瓦特认为，"如果不存在统一的资本有机构成，的确会如此"[2]。波特凯维兹和他的追随者们用可变资本V代替$V = w\lambda$，从而他们忽略了一个额外的内在于体系中的自由度。如果这个自由度被利用了，资本有机构成可以是统一的。"从而马克思的问题总是有解"[3]。证明很简单，由于$p^* = v^*$，第一个条件可以被满足，由（69.20）式第二个条件可以被满足。两个条件不仅在简单再生产的情况下成立，而且在具有统一的增长率的扩大再生产的情况下也成立。

霍瓦特指出，对马克思进行一个有趣的再解释是可能的。马克思假定在停滞的前资本主义社会，生产者不是受利润驱动的，而是坚持给工作以同样的报酬。从而，相对价格和相对劳动价值之间的一致性由下式给出：

$$pA + W\lambda = p = v \tag{69.22}$$

当资本家出现在市场上时，利润、工资和剩余价值进入价格形成，但仍要获得同样的竞争性价格。换句话说，价值向价格的转形只改变所有权关系和随后的收入分配，技术、生产力和收入保持不变。

$$(pA + w\lambda)(1 + \pi) = p = pA + w(1 + \mu)\lambda \tag{69.23}$$

方程（69.20）描述了剩余价值向利润的转化，但是方程（69.23）并不保证整个经济的π，w，μ是统一的。它们也不能被随意地固定下来，因为某些价格可能为负。然而，如果中世纪的工匠和现代的工匠遵循同样的定价法则，把与他们的劳动成本成比例的利润加入到价格中，以弥补物质投入的成本，且整个经济的比率是统一的：

$$pA = \omega(W\lambda)$$

从方程（69.18）可知作为结果的价格是可行的。由A，λ描述的技术保持不变。所需的只是一个定价原则。剩余价值率向利润率的转变由方程（69.21）给出。

霍瓦特指出，"我不知道是否中世纪的工匠使用统一的w原则为他们的

①②③ B. Horvat, Sraffa Systematized and Marx Vindicated, Economic Analysis and Workers' Management, Vol. XXI, No. 3, 1987, pp. 289 – 297. In *Karl Marx's Economics: Critical Assessments*, Edited by Cunningham Wood, Vol. Ⅶ, P. 230.

消费者设定价格。然而，这样一个假定并不比（甚至程度还要低些）新古典分配理论所要求的线性均质的世界的基本假定更牵强"①。

最后，霍瓦特给出如下结论："以同样的方式，李嘉图试图寻找不变的价值标准，马克思试图寻找一种转形程序，这种程序能够使净产出（利润、剩余价值）和总产出无论是用生产价格还是用价值表示，都保持不变。收入分配不改变构造出来的合成商品的价值的含义，斯拉法提出的标准商品的概念解决了李嘉图的问题。马克思的问题在通过给不存在技术变化的经济中加入统一的资本有机构成得以解决。但两种解决都不是理想的：标准商品不是完全不变的，转形程序也不具有充分的一般性。不过它们是有用的"②。

---

①② B. Horvat, Sraffa Systematized and Marx Vindicated, Economic Analysis and Workers' Management, Vol. XXI, No. 3, 1987, pp. 289 - 297. In *Karl Marx's Economics: Critical Assessments*, Edited by Cunningham Wood, Vol. VII, P. 231.

第70章 后斯拉法—马克思的
分析及其论争

自斯蒂德曼的《按照斯拉法思想研究马克思》于 1977 年发表后，关于马克思和斯拉法的比较研究再起波澜，这时离开斯拉法《用商品生产商品》一书的发表已经过去了近 20 年。20 世纪最后 20 余年，关于马克思和斯拉法的比较研究有新的拓展，其中，在 20 世纪 80 年代展开的"后斯拉法—马克思的分析"及其论争有着较为广泛的影响。当然，在这一论争中提出的诸多理论问题，并没有完整的答案。有关马克思和斯拉法比较研究的很多问题，在 21 世纪的西方经济学界还在继续，还在沿着 For（保卫）或 Against（反对）的基本方向在前进。

70.1 按照马克思思想研究斯拉法

斯拉法的《用商品生产商品》是属于马克思经济思想的传统吗？对这一问题存在着不同的回答。回答绝对是的或绝对不是的都存在，可能做出这两种极端回答的学者，都自称是马克思主义者。库尔兹（H. D. Kurz）在《澳大利亚经济学论文》杂志上发表了《按照马克思思想研究斯拉法》① 一文。该文主要是针对对斯蒂德曼的《按照斯拉法思想研究马克思》的评价展开的。库尔兹说，"这篇评论文章尝试通过评价斯蒂德曼的著作，澄清斯拉法的著作以及与之相'对应'的马克思的全部作品中相关内容之间的关系"②。库尔兹对斯蒂德曼的总体认识是，"尽管斯蒂德曼的著作在逻辑上是正确的，而且极具启发性，但是在他的著作并没有适当地说明斯拉法的剩余理论直接来源于马克思的意义上，这部著作是不完整的。换句话说，《按照

---

① H. D. Kurz, Sraffa After Marx, Australian Economic Papers, Vol. 18（32）, June 1979, pp. 52 - 70. In *Karl Marx's Economics*: *Critical Assessments*, Edited by Cunningham Wood, Vol. Ⅲ, pp. 615 - 635.

② H. D. Kurz, Sraffa After Marx, Australian Economic Papers, Vol. 18（32）, June 1979, pp. 52 - 70. In *Karl Marx's Economics*: *Critical Assessments*, Edited by Cunningham Wood, Vol. Ⅲ, P. 615.

斯拉法思想研究马克思》缺乏令人满意的对'按照马克思思想研究斯拉法'的研究"①。库尔兹指出，"从经济思想史的角度看，斯拉法和马克思的分析比斯蒂德曼'建立在斯拉法基础上的马克思批判'有更多共同之处，他忽视了能够把两种方法统一在一起的因素，而强调那些使两种方法分离的因素，由此导致了斯拉法对马克思有太大的恩惠这样一种错觉。"②

库尔兹首先对斯蒂德曼的著作的目的进行了探讨，对斯蒂德曼的著作中的主要结论进行了批判性概括；接着分析了斯拉法对马克思转形问题解决方法的完善，并对标准商品分析方法与价值方法之间的联系进行了讨论；然后对斯蒂德曼负劳动价值现象进行了分析，因为这是斯蒂德曼反对劳动价值论的最重要的证据。

有关斯蒂德曼的著作的主要目的，库尔兹认为，《按照斯拉法思想研究马克思》是一个听起来很不错而且可能会很畅销的书名，但是"它会引起一些该著作本身并不能满足的期望"③。库尔兹指出，斯蒂德曼"故意只分析马克思著作中专注于价值—价格问题的内容。他不去阐述尽管这种分析存在缺陷，但马克思的这种分析对其余问题的研究和马克思的分析中更加重要的部分具有的含义，尤其是马克思的资本主义运动规律理论。他也不去证明斯拉法类型的方法，在构建有关当代资本主义理论方面优于马克思的方法。因此，读者不能期望提高对资本主义经济运行和发展的理解。在这本著作中，也找不到什么没有被马克思或多或少以一种令人满意的方式得到的重要的结果"④。库尔兹认为，倘若他是某种类型的马克思主义者的话，斯蒂德曼不想（当然是不能）改变读者的世界观。库尔兹认为，斯蒂德曼的著作，是写给那种忽视或反对隐含在斯拉法的著作中的对马克思的价值推理进行的批判的那种类型的新马克思主义者的。斯蒂德曼说："他们不正视因而也不能合理地驳倒以斯拉法为基础的对马克思的批判，理由很简单，因为它是正确的。于是，那些自诩为马克思的'捍卫者'现在变得讳言这种批判了"⑤。斯蒂德曼认为，他们的态度是"非马克思主义"的，因为，"马克思鄙视那些企图逃避无情的思想批判的人；任何人都不能用回避问题的方式来'捍

---

① H. D. Kurz, Sraffa After Marx, Australian Economic Papers, Vol. 18 (32), June 1979, pp. 52 – 70. In *Karl Marx's Economics*: *Critical Assessments*, Edited by Cunningham Wood, Vol. Ⅲ, P. 615.

②③④ H. D. Kurz, Sraffa After Marx, Australian Economic Papers, Vol. 18 (32), June 1979, pp. 52 – 70. In *Karl Marx's Economics*: *Critical Assessments*, Edited by Cunningham Wood, Vol. Ⅲ, P. 616.

⑤ 扬·斯蒂德曼著，吴剑敏、史晋川译：《按照斯拉法思想研究马克思》，商务印书馆1991年版，第11页。

卫'马克思"①。斯蒂德曼称他们为"蒙昧主义者"，斯蒂德曼认为，"蒙昧主义者"破坏了马克思主义的力量和吸引力，因为它们没有意识到以斯拉法为基础的对马克思的批判远不是纯粹轻视性的或负面的，事实上这种批判破坏的只是马克思的理论中虚弱的东西，而为其余的部分提供了更好的基础。"'给马克思穿上斯拉法的鞋子'是斯蒂德曼的解决方法"②。也就是说，斯蒂德曼认为，用斯拉法对利润和生产价格的分析取代马克思在价值基础上进行的分析，这会导致一种既体现了旧理论的力量，又摆脱了它的不足的一种新理论，从而证明了马克思的唯物史观。斯蒂德曼是这样说的："如果说对资本主义社会进行唯物主义的分析还依存于马克思的价值理论的话，那只能是从否定的意义上来理解的，即继续依附于后者只是前者发展的一个主要桎梏。这种说法一点都不过分"③。

库尔兹认为，"斯蒂德曼希望所有的马克思主义者都接受这种立场。他充满了乐观"④。

70.1.1 对斯蒂德曼的基本模型和主要结论的分析

库尔兹认为，斯蒂德曼用来攻击"蒙昧主义者"的第一件武器是他清晰明白的语言和他以一种简单和充满启发性的方式处理极为复杂的问题（如固定资本和联合生产）的能力。他的第二件武器是他采用的斯拉法类型的分析所具有的逻辑上的严格性。

人们显然会怀疑斯拉法的贡献能否作为批判马克思的价值分析的基础，因为斯拉法的根本目标在于为边际价值和分配理论的批判奠定基础。斯拉法的批判集中关注了新古典作者假定的"资本"概念，新古典理论只是把"资本"作为一种能够独立且先于分配的决定被度量的数量。斯蒂德曼的基本命题是马克思在他的数量分析中也坚持了一种假定的资本概念，也就是说，把资本定义为"死"劳动，这种"死"劳动作为一种物质量，独立于实际工资和利润率。从而马克思也应当遭到内在于斯拉法的著作中的批判。明显地，斯拉法自己并没有提到马克思的分析是他的批判目标。"从而不可

---

① 扬·斯蒂德曼著，吴剑敏、史晋川译：《按照斯拉法思想研究马克思》，商务印书馆1991年版，第3页。

②④ H. D. Kurz, Sraffa After Marx, Australian Economic Papers, Vol. 18 (32), June 1979, pp. 52 – 70. In *Karl Marx's Economics: Critical Assessments*, Edited by Cunningham Wood, Vol. Ⅲ, P. 617.

③ 扬·斯蒂德曼著，吴剑敏、史晋川译：《按照斯拉法思想研究马克思》，商务印书馆1991年版，第181页。

能预先假定斯拉法自己将会得到和斯蒂德曼相同的结论，事实上，非常值得怀疑的是他是否会得出这样的结论。《按照斯拉法思想研究马克思》是用词不当"①。

在对斯蒂德曼的基本假设作了简单概括后，依据斯拉法和斯蒂德曼的分类，库尔兹在区分单一产品行业和多产品行业体系的基础上，概论了斯蒂德曼的主要观点。

在单一产出体系中，斯蒂德曼的主要结论包括：

（1）在一个有流动资本的体系中，只有基本产业的生产条件和付给工人的实际工资（都是用商品的物质数量来规定）足以确定利润率和一个（严格正和唯一的）产出的相对价格集。

（2）商品的价值，即生产它所使用的直接或间接的劳动时间，是由在给定实际工资的情况下与选择的生产方法相关的物质数据决定的。价值量从生产条件中得出，而生产条件又依赖于收入分配，从而价值量也依赖于收入分配，斯蒂德曼认为利润率的决定从逻辑上看先于任何价值量的决定。因此，不存在"转形问题"，马克思的"转形问题"解决方法存在内在的不一致。一般说来，与马克思假定的相反：（a）用价值度量的利润率不同于用价格度量的利润率；（b）两个总量相等不能成立；（c）非基本品产业，从而资本家对剩余价值的使用，无论如何在利润率的决定不发挥作用。

库尔兹对上述两点进行了评价，他指出："利润率的决定从逻辑上看并不先于价值的决定。根据斯拉法的观点，在价格、价值和利润率决定之前，两个量被假定为已知的：（a）实际工资；（b）社会产出，也就是说一年之中生产的所有商品的数量，以及这种生产的技术条件。给这些物质参数附加一个利率最大化的标准，所有人们感兴趣的变量，比如利润率和价值量，是同时决定的。在分析的开始偏好于计算某些特定的变量，并不意味着建立了一种逻辑上的优先性"②。

此外，库尔兹认为，斯蒂德曼采用了博特凯维兹对转形问题的分析，但是两者之间的分析存在一个唯一的、重要的区别。博特凯维兹不变资本是由一种商品构成的，斯蒂德曼允许异质资本品的存在，这无法掩盖一个事实，他和马克思一样，把一个部门的不同的生产资料加总为一个单一的价值量。

---

① H. D. Kurz, Sraffa After Marx, Australian Economic Papers, Vol. 18 (32), June 1979, pp. 52 – 70. In *Karl Marx's Economics*：*Critical Assessments*, Edited by Cunningham Wood, Vol. III, P. 617.

② H. D. Kurz, Sraffa After Marx, Australian Economic Papers, Vol. 18 (32), June 1979, pp. 52 – 70. In *Karl Marx's Economics*：*Critical Assessments*, Edited by Cunningham Wood, Vol. III, P. 618.

（3）商品的价值，从而剥削率即使在价格和利润率完全决定的情况下也可能无法决定。这是发生在两种技术的转换点（switch-points）的情况。另外，如果存在对生产方法的选择，与马克思的假定相反，高（低）的实际工资（低（高）的利润率）可能和高（低）的剥削率联系在一起。然而，利润率当且仅当存在剥削时才为正的（基本的马克思主义定理）。

对于单一产品产业中斯蒂德曼的这一结论，库尔兹的评价是，"在严格的斯拉法模型中，不可能存在无法决定的价值。给定充分定义的物质和劳动投入—产出的数量体系。商品的价值是由生产一单位这种商品所必需的平均数量的劳动决定的。无论体系是否处于两种技术的转换点上，这都是成立的。"① 此外，库尔兹认为，马克思完全意识到了"在动态的背景下，随着劳动生产率的提高，实际工资和剥削率可能都会提高"②。

在多产品行业中，斯蒂德曼提出以下观点：

（4）在有固定资本或纯粹联合生产的体系中，如果生产方法的数量等于产出类型的数量（1）仍然成立，（2）需要做出修正，从而考虑以马克思的加总方法定义的劳动价值可能无法决定的情况。当它们能够决定时，它们中的一些可能为零甚至是负的。这提出了负剩余价值和正利润的抽象的可能，从而造成了和基本的马克思主义定理之间的矛盾。除此之外，（3）仍然成立。

库尔兹认为，有关联合生产问题，恰恰是后来的马克思主义者需要加以发展的内容。他认为，马克思没有提出联合生产的理论，也没有证据表明马克思认为需要通过求解一些同期方程式去计算价值。但是"这并不意味着我们对联合生产不感兴趣，作为现实中的一种主要的生产形式，联合生产必须被仔细地加以研究，这意味着需要对马克思的与单一产品产业相联系的价值概念进行适当的再解释。"③ 库尔兹在随后的分析中对这点进行了探索。

（5）冯·诺伊曼的分析尽管非常抽象，但它表明，在一个半稳定的均衡经济中，数量和价格数量的决定不用参考任何价值数量。

库尔兹对斯蒂德曼的这个观点进行了评价，他指出，众所周知，所谓的扩大再生产的"马克思—冯·诺伊曼模型"（森岛通夫的）按照斯拉法的方式展示了标准的比例关系。在积累率与利润率相等（积累的黄金法则）的

①②③ H. D. Kurz, Sraffa After Marx, Australian Economic Papers, Vol. 18（32）, June 1979, pp. 52 – 70. In *Karl Marx's Economics*: *Critical Assessments*, Edited by Cunningham Wood, Vol. Ⅲ, P. 619.

条件下，总产出和总投入（包括必需的工资品）的物质构成是一致的。这两个量的比率是独立于无论用价格还是价值去估算不同的商品的值，在这种情况下，用价值术语度量的利润率等于用价格术语度量的利润率，这是一种严格意义上的马克思的结论。

（6）斯拉法类型的模型中，技术进步本身从来就不是利润率下降的原因。不诉诸不可再生资源，比如土地，那么利润率只有在实际工资上升的情况下，才可能下降。

库尔兹引用了一些其他学者的研究结论，认为许多相关研究否定了斯蒂德曼的这个观点。比如，舍福尔德（B. Schefold）证明了机械化，即增加每单位产出的机械投入，同时增加了实物的数量，减少了劳动的数量，必然会降低最大利润率。[1] 谢赫使用舍福尔得到的结论进一步证明，如果这种模式的机械化成为技术进步的主要模式，那么迟早实际利润率必然下降。[2]

（7）延长和加速劳动过程，以及节约物质投入的压力的增大对利润率的影响可以在斯拉法类型的分析中加以研究。

（8）在斯拉法的物质数量框架中，为了决定利润率，对异质劳动而言，不需要把一种劳动时间"简化"为另一种劳动时间。给定利润率，在工资率不同的情况下，一个产业的工资率同所有其他产业的工资率呈反向联系。

针对这两个结论，库尔兹认为，隐含在斯蒂德曼劳动简化问题不重要的观点中的是，按照鲍尔斯和吉蒂斯[3]的精神对价值概念的重新定义。在这种情况下"价值不再是一个单一量（标量），而成为一种对应着不同类型劳动的多重量（矢量）"[4]。

70.1.2　斯蒂德曼反复强调的唯物主义到底是什么

斯蒂德曼在《按照斯拉法思想研究马克思》的结论部分说："马克思的价值理论——它并不是马克思理论体系中的无足轻重的内容——必须摒弃"[5]。在做出这种结论的过程中，斯蒂德曼又不厌其烦地强调，以斯拉法

① B. Schefold, Different forms of Technology Progress, *Economic Journal*, Vol. 86, 1977.

② A. Shaikh, Political Economy and Capitalism: Notes of Dobb's Theory of Crises, *Cambridge Journal of Economcis*, Vol. 2, 1978. 谢赫的具体分析参见"利润率下降趋势规律"一篇。

③ S. Bowles and H. Gintis, The Marxian Theory of Value and Heterogeneous Labour: A Critique and Reformulation, Cambridge Journal of Economics, Vol. 1, 1977.

④ H. D. Kurz, Sraffa After Marx, Australian Economic Papers, Vol. 18 (32), June 1979, pp. 52 - 70. In *Karl Marx's Economics: Critical Assessments*, Edited by Cunningham Wood, Vol. Ⅲ, P. 620.

⑤ 扬·斯蒂德曼著，吴剑敏、史晋川译：《按照斯拉法思想研究马克思》，商务印书馆1991年版，第181页。

为基础的对马克思的批判，就其本质而言，"不意味着将马克思的整个政治经济学作为反对的偶像而加以摒弃"，书中研究的问题也没有穷尽马克思的内容，但是却有助于"利用马克思的许多独立于他的价值分析的理论见解"[1]。

对于斯蒂德曼的结论，可以提出一个重要的疑问，斯蒂德曼一再指出的"他的分析完全和马克思的唯物主义分析相一致的理由是什么呢?"[2] 库尔兹对这个问题进行了探讨。库尔兹说，"不幸的是，斯蒂德曼从来没有充分地说明他的唯物主义的概念（唯物主义分析的必然属性），在斯蒂德曼那里，看起来从诸如生产条件和实际工资的客观数据出发，而不是诉诸如'效用'之类的主观概念，就是唯物主义"[3]。也就是说斯蒂德曼对唯物主义的理解远远区别于马克思对唯物主义解释。另外，必须认识到，在有联合生产和（或）不可再生资源的体系中，技术的使用，利润率，商品的价值和价格都取决于体系的活动水平，进而取决于"需求"，即使在每一种生产方法的规模报酬不变的情况下也是如此。因此"'需求'必然进入分析的第二个阶段"[4]。也就是说，库尔兹认为，在结束了抽象的理论分析后，进入对资本主义现实的分析时，按照斯蒂德曼的理解，必然会涉及对"需求"的分析。但是，库尔兹指出，"如果接受马克思的构想，新古典主义的效用最大化家户的寓言不可能被认真地对待"[5]。因为，马克思认为社会经济形态的演化是自然历史过程，资本主义是一种社会状态，在这种社会中，生产过程支配了人自身，而不是人控制生产过程。从而，如果严格地遵循马克思的精神，个体的需求、兴趣和偏好是由社会自身系统地造成的，而不是完全主观的，纯粹地来自人的大脑。因此，斯蒂德曼反复强调的，在抛弃劳动价值论的情况下，仍能完成对资本主义的唯物主义的分析成了一种幻想。

70.1.3　斯拉法和转形问题

在围绕基本模型对斯蒂德曼的重要结论进行评论后，库尔兹选择了最具争议性的"转形问题"对斯蒂德曼的观点展开进一步的探讨。

许多人们总是宣称劳动价值论已经死亡，库尔兹不同意这种观点。他认

---

① 扬·斯蒂德曼著，吴剑敏、史晋川译：《按照斯拉法思想研究马克思》，商务印书馆1991年版，第180页。

②③④⑤ H. D. Kurz, Sraffa After Marx, Australian Economic Papers, Vol. 18 (32), June 1979, pp. 52 – 70. In *Karl Marx's Economics*: *Critical Assessments*, Edited by Cunningham Wood, Vol. Ⅲ, P. 621.

为："过些日子，死亡的往往是对劳动价值论的批判，而劳动价值论自身却活下来了。由于有压倒性的历史证据支持这一事实，我相信斯蒂德曼也不是一个例外"①。另外，库尔兹指出，出现这种奇怪现象的部分原因在于，为马克思劳动价值论挖掘坟墓的人，"只是在挖坑而不是为了埋葬什么尸体"②。对这一点而言，斯蒂德曼同样不是一个例外。

斯蒂德曼专注于对劳动价值论的批判，他认为转形问题是个"原本并不重要的问题"，尽管在这个问题上"马克思主义经济学家已经浪费了许多时间和精力"③。大量的研究转形问题的文献仍然层出不穷，这就提出了一个问题：到底是什么让它如此有吸引力？库尔兹认为，转形问题的吸引力在于"价值推理在说明资本主义体系的某些重要属性，尤其是阶级对抗时，所具有的巨大的透明性"④。库尔兹的"透明性"也就是说，人们能够通过马克思的价值推理更好地理解资本主义的本质，而不是受到表面现象的诱惑。库尔兹说："通常把斯拉法的方法误解为一种'利润的加成理论'，即利润来自资本的所有者索取的和他的资本成比例的费用，已经表明一些斯拉法马克思主义者的批判无法应对丧失劳动价值论造成的损失，而产生的深深的混乱"⑤。库尔兹认为，至少在一定程度上，造成这种混乱的原因在于斯拉法剩余方程方法缺乏透明性。库尔兹认为，斯拉法不从价值开始他自己的分析，看起来似乎是一些人"不能恰当地理解他的著作的主要障碍"⑥。

马克思说过："在形式上，叙述方法必须与研究方法不同。研究必须充分地占有材料，分析它的各种发展形式，探寻这些形式的内在联系。只有这项工作完成以后，现实的运动才能适当地叙述出来。这点一旦做到，材料的生命一旦在观念上反映出来，呈现在我们面前的就好像是一个先验的结构了。"⑦库尔兹引用了马克思这段话，并指出："如果没有充分的想象力，人们不可能理解这两种形式之间的辩证关系不仅是马克思的《资本论》的特

---

①② H. D. Kurz, Sraffa After Marx, Australian Economic Papers, Vol. 18（32）, June 1979, pp. 52 - 70. In *Karl Marx's Economics*：*Critical Assessments*, Edited by Cunningham Wood, Vol. Ⅲ, P. 621.

③ 扬·斯蒂德曼著，吴剑敏、史晋川译：《按照斯拉法思想研究马克思》，商务印书馆1991年版，第17页。

④⑤⑥ H. D. Kurz, Sraffa After Marx, Australian Economic Papers, Vol. 18（32）, June 1979, pp. 52 - 70. In *Karl Marx's Economics*：*Critical Assessments*, Edited by Cunningham Wood, Vol. Ⅲ, P. 622.

⑦ 《马克思恩格斯文集》第5卷，人民出版社2009年版，第21~22页。

征，而且细节上作必要的修改，也是斯拉法《用商品生产商品》的特征"①。

库尔兹是以"通过对马克思生产价格理论的批判性考察的结果，重建斯拉法的剩余方程方法"②，完成对斯蒂德曼的批判的。

库尔兹在分析这个问题时，进行了一个较为详细的思想史的回顾，尝试在这种回顾中考察马克思和斯拉法的理论特色，并分析与转形问题相关的一些重要观点。

在古典和马克思的理论中，剩余被定义为超过必须支付给工人的产出份额的社会产品。工人的给定人均实际工资，生产给定产出需雇佣的工人的数量，社会剩余的物质量和构成就决定下来了。利润率是用社会剩余和社会资本之间的比率表达的。在一个有流动资本的简单经济中，社会资本是由预付的工资品（可变资本）和耗费的生产资料（不变资本）构成的。"一般说来，剩余和资本都是异质商品束组成的。然而利润率是一个同质量的比率，从而需要一种价值尺度。由于解释利率是研究的基本目标，度量标准必须不依赖于利润率。如果不是这样，以剩余为基础的利润率理论将陷入循环论证的危险中"③。

库尔兹指出，李嘉图的主要优点在于他用劳动时间决定价值。通过假定商品是根据生产它们所需的必要劳动量进行交换的，李嘉图避开了循环论证的危险，提出一个相对令人满意的利润率理论。李嘉图发现的实际工资和利润率之间的反向关系，粉碎了斯密有关资本主义社会和谐观点的理性基础。

"马克思发展了自己的利润理论作为对李嘉图的理论的批判"④。库尔兹认为，马克思赋予价值理论的功能，基本上和李嘉图的相同，使它服务于独立于社会产出分割为工资、利润和地租而度量社会产出的目标。从而，体现在不同商品中的劳动数量被用来决定剩余、社会资本和利润率的（价值）量。库尔兹指出，如果独立于利润率的价值标准找到了，那么在社会剩余和社会资本作为物质加总量已知的情况下，利润率可以明确地确定下来。

然而，价格并不和劳动价值成比例，这是李嘉图已经指出来的。虽然李嘉图清楚地看到，一般说来，价格会偏离价值，但是他非常自信这个现象并不会危及他的以价值为基础的利润决定。但是，李嘉图并不能对此做出严格

①②③ H. D. Kurz, Sraffa After Marx, Australian Economic Papers, Vol. 18 (32), June 1979, pp. 52 – 70. In *Karl Marx's Economics*：*Critical Assessments*, Edited by Cunningham Wood, Vol. III, P. 622.

④ H. D. Kurz, Sraffa After Marx, Australian Economic Papers, Vol. 18 (32), June 1979, pp. 52 – 70. In *Karl Marx's Economics*：*Critical Assessments*, Edited by Cunningham Wood, Vol. III, P. 623.

的证明。库尔兹认为，马克思从李嘉图那里继承了这个未解决的问题。很明显地，马克思认为自己找到了解决李嘉图那里存在的难题的答案。那么商品为什么不按照它们当中包含的劳动数量交换呢？库尔兹认为，在马克思那里，造成这种情况的原因是二重的：首先，不同的商品通常是由有着不同有机构成的资本生产出来的；其次，在资本主义经济中，有一种不同产业之间利润率趋于统一的趋势。然而这两种现象之间呈现出一种矛盾的关系。马克思试图解决这种矛盾。马克思认为，价格偏离于价值只是反映了剩余价值从低有机构成产业向高有机构成产业的再分配。

库尔兹在一个简单的两部门经济中，描绘了马克思的转形问题"算法"。用公式表示如下：

$$r = \frac{s}{c+v} = \frac{\sum s_i}{\sum (c_i + v_i)} \ (i=1,\ 2) \tag{70.1}$$

方程（70.1）为利润率的方程，这个利润率适用于每一个部门使用的资本，资本使用生产价格术语计算。由于竞争将会导致利润按与不变和可变资本的价格成比例而不是与它们的价值成比例分配，根据马克思的假定可以得到：

$$p_1 = (1+r)(c_1 p_1 + v_1 p_2) \tag{70.2}$$
$$p_2 = (1+r)(c_2 p_1 + v_2 p_2)$$

此外，总生产价格等于它们的总价值，得到：

$$\sum p_i = \sum (c_i + v_i + s_i) \tag{70.3}$$

库尔兹认为，在上面设定的模型中四个方程式决定三个未知数：利润率和两个生产价格。这个体系被过度决定了，那么哪一个方程式多余的呢？库尔兹认为，方程（70.2）是必不可少的，方程（70.3）包含了根本性的马克思的规范化假设，因此"利润率决定的方程是多余的"[1]。方程（70.2）和方程（70.3）足以决定生产价格和统一的利润率，另外，一般说来，这样决定的利润率将会不同于由方程（70.1）决定的利润率。因此，库尔兹认为方程（70.1）不仅是多余的，而且是不正确的。库尔兹的理解是，"出现这种情况的原因在于社会剩余和社会资本被'转化'为价格量。一般说来，这两个总量是由不同的商品束构成的，这些商品的价值转化为生产价格

---

① H. D. Kurz, Sraffa After Marx, Australian Economic Papers, Vol. 18 (32), June 1979, pp. 52 – 70. In *Karl Marx's Economics*：*Critical Assessments*, Edited by Cunningham Wood, Vol. Ⅲ, P. 624.

将会对两个总量产生不同的影响。这也是为什么剩余价值的'再分配'影响了它自己的大小以及社会资本从而利润率的大小，利润率为两个总量之间的比率"①。库尔兹认为，马克思能够连贯一致地解决转形问题，如果他把自己的主张推向深入的话，也就是说用价格术语计算预付的资本。

随后，库尔兹分析了斯拉法和马克思之间的联系。他认为"斯拉法一般化了（修正了）马克思的方法，把它扩展到有许多生产资料和许多消费品的情形"。用 c_{ij} 表示以不变资本形式表示的于生产商品 j 使用的商品 i 的数量的价值，l_i 是直接劳动数量，也就是新创造的价值。商品 j 的价值为 $\sum c_{ij} + l_i$，p_j 为商品 j 的价格，w 为（统一的）劳动力价格或单位劳动时间的工资比率，相应地得到：

$$p_i = (1 + r)(c_{11}p_1 + c_{21}p_2 + \cdots + c_{n1}p_n + wl_1) \qquad (70.2^*)$$

另外劳动力的价格是由下面的方程决定的：

$$w = v_1 p_1 + v_2 p_2 + \cdots + v_n p_n \qquad (70.4)$$

其中，$\sum v_i$ 是生产给定的实际工资（由社会地和历史地决定的 n 种商品的数量构成，其中一些可以为零）所必需的劳动数量。库尔兹认为，很明显，$\sum v_i$ 等于马克思的单位劳动时间代表的可变资本。（70.2^*）式、方程（70.3）和方程（70.4）完全能够决定所有的价格、货币工资率和利润率。

库尔兹认为，根据上述分析可以发现在斯拉法对转形问题进行的一般性解决中最终的一个步骤。"这最终的一步是直接用它们的物质单位而不再用物化劳动去度量一个产业中不变资本的不同要素和标准工资品篮子中的各种要素"②。库尔兹认为，这种解决转形问题的程序的优点在于，可以把分析建立在每一种生产方法的技术信息的基础之上，同时在不知道方程（70.2^*）的特定的解时，用物化劳动作为尺度是不可能的，而方程（70.2^*）的解和 w = 1，r = 0 相联系，因为"在最大化工资水平上（对应于利润率为零）价格和价值是一致的"③。库尔兹认为，很明显，商品投入的价值（不像它的物质数量）既取决于生产它的方法，也取决于生产它的直接和间接的生产资料的生产方法。

①② H. D. Kurz, Sraffa After Marx, Australian Economic Papers, Vol. 18（32），June 1979, pp. 52 – 70. In *Karl Marx's Economics：Critical Assessments*, Edited by Cunningham Wood, Vol. Ⅲ, P. 625.

③ H. D. Kurz, Sraffa After Marx, Australian Economic Papers, Vol. 18（32），June 1979, pp. 52 – 70. In *Karl Marx's Economics：Critical Assessments*, Edited by Cunningham Wood, Vol. Ⅲ, P. 625.

在上述分析的基础上，库尔兹认为，"斯拉法分析的来源非常清晰，毫无疑问，斯拉法的《用商品生产商品》属于马克思经济思想传统。"① 库尔兹认为，斯拉法以一种令人印象深刻的方式证明，对由马克思提供的材料进行适当的精心阐述，最终会产生一种正确的利润率理论。然而，在这种分析的路途上，斯拉法发现如果要充分地解释利润和价格，必须而且事实上也能够离开价值模式，并把分析建立在描绘经济的物质量的基础之上。库尔兹认为，有关斯拉法的贡献的"非马克思主义"特征的（错误的）命题是从这样一种印象得出来的，即认为在价格方程（70.2*）中利润是对包含工资在内的生产成本的加成，这引起了另一误解，利润可以独立于工资决定。库尔兹认为，斯拉法事实上彻底地破坏了这样一种"庸俗"学说的基础，使工资率和利润率之间存在一种反向关系。同时决定的方程体系的复杂本质使得这一点不是很容易被认识到，但是，存在一个简单的设计使得资本主义经济的这种基本属性变得清晰可见。库尔兹认为，这种设计就是标准商品。

库尔兹指出，上面的分析也许会造成这样一种印象，即马克思有关利润率的决定独立于生产价格体系的观点是错误的，"事实上不是这样，它是正确的。这一点第一次被斯拉法的充满启发性的标准商品的发明所证明"②。构建标准商品体系的问题等同于找到一套合适的乘数，这些乘数分别应用于不同商品的生产方程，乘数必须使得出的各种商品数量彼此的比例，即各种商品生产的比例和它们参加生产资料总量的比例相同。如果工资用这种唯一的合成商品表达，"利润率是作为商品的数量之间的一种比率而出现的，不论它们的价格如何"③。如果 R 是标准比率或最大利润率，则利润率为：

$$r = R(1 - w) \tag{70.5}$$

库尔兹认为，"事实上，可以说方程（70.5）是马克思的方程（70.1）的现代表达，在两个方程中利润率是唯一的未知数，而且都被表达为独立于价格的两个量的比率"④。

通过上述分析，库尔兹认为，斯拉法贡献的马克思主义特征已经充分显现出来了。他认为无论是根据科学发展的历史还是马克思和斯拉法的研究结果之间的根本的一致性来看，斯蒂德曼的观点："马克思的价值分析通常是

---

① ② H. D. Kurz, Sraffa After Marx, Australian Economic Papers, Vol. 18 (32), June 1979, pp. 52 – 70. In *Karl Marx's Economics*: *Critical Assessments*, Edited by Cunningham Wood, Vol. Ⅲ, P. 626.

③ 扬·斯蒂德曼著，吴剑敏、史晋川译：《按照斯拉法思想研究马克思》，商务印书馆1991年版，第27页。

④ H. D. Kurz, Sraffa After Marx, Australian Economic Papers, Vol. 18 (32), June 1979, pp. 52 – 70. In *Karl Marx's Economics*: *Critical Assessments*, Edited by Cunningham Wood, Vol. Ⅲ, P. 627.

内在地不一致的，完全不能提供那种马克思所企求的对资本主义经济的基本特征的阐述"①，是"不成立的"②。随后，对于斯蒂德曼提出的负劳动价值问题，库尔兹也投入了较大的精力予以了批判。库尔兹认为，斯蒂德曼赋予一些商品负劳动数量，"是斯蒂德曼隐含的假设所有的活劳动拥有相同的创造新价值的能力的结果。奇怪的假定导致奇怪的结论"③。如果把马克思的价值概念应用于斯蒂德曼的具体的数字例子中，基本的马克思主义定理就会"重新复活"④。另外，即使不接受这种对马克思的价值概念的使用方法，基于马克思的竞争和剥削概念，仍然可以得到斯蒂德曼的例子并不构成对基本的马克思主义定理的否定的结论。就竞争而言，斯蒂德曼的数字例子无法解释是什么阻止了劳动向更好的生产过程的转移，此外，在生产工资品所必需的劳动时间小于总劳动时间的意义上，斯蒂德曼的数字例子中是存在剥削的。库尔兹在指出上述三点的基础上，坚持认为斯蒂德曼的例子并不构成对基本的马克思主义定理的否定。

70.1.4 对斯蒂德曼著作的总体评价

库尔兹在文章的结尾部分指出，"斯蒂德曼的著作是一部好的著作。但是如果他能花更多的时间在彻底和正确地解释马克思的一般分析，尤其是马克思的价值和剥削概念上，《按照斯拉法思想研究马克思》将会是一部更好的著作。如果他更好地把对斯拉法著作的（李嘉图和）马克思的根源的充分研究结合进来，他就不会过分强调斯拉法类型的分析给马克思政治经济学带来的冲击。事实上，这种研究会使他强调马克思对价值和价格问题的分析对斯拉法方法的起源的影响。"

另外，还有一个重要的问题，"一方面，即使是斯拉法的论著的狂热的崇拜者也必须承认，在斯拉法那里人们不可能知道更多关于资本主义体系的运行及其运动规律的事情，但是，没有马克思人们知道的将会大大减少。"⑤

---

① 扬·斯蒂德曼著，吴剑敏、史晋川译：《按照斯拉法思想研究马克思》，商务印书馆1991年版，第181页。

② H. D. Kurz, Sraffa After Marx, Australian Economic Papers, Vol. 18（32），June 1979, pp. 52 - 70. In *Karl Marx's Economics*：*Critical Assessments*, Edited by Cunningham Wood, Vol. Ⅲ, P. 627.

③ H. D. Kurz, Sraffa After Marx, Australian Economic Papers, Vol. 18（32），June 1979, pp. 52 - 70. In *Karl Marx's Economics*：*Critical Assessments*, Edited by Cunningham Wood, Vol. Ⅲ, P. 628.

④ H. D. Kurz, Sraffa After Marx, Australian Economic Papers, Vol. 18（32），June 1979, pp. 52 - 70. In *Karl Marx's Economics*：*Critical Assessments*, Edited by Cunningham Wood, Vol. Ⅲ, P. 631.

⑤ H. D. Kurz, Sraffa After Marx, Australian Economic Papers, Vol. 18（32），June 1979, pp. 52 - 70. In *Karl Marx's Economics*：*Critical Assessments*, Edited by Cunningham Wood, Vol. Ⅲ, P. 633.

库尔兹也对斯蒂德曼的积极意义做出了评价，他认为"斯蒂德曼配得上称为是有关马克思的全部著作的范围和内容的马克思主义讨论中的'魔鬼辩护士'①，对有些人来说，为了拥有朋友，你不需要敌人，这是事实，同样也是事实的是，对需要敌人的马克思主义来说，为了不至于使自己退化成一种类似宗教的学说，的确需要像斯蒂德曼这样的朋友"②。

70.2 后斯拉法——马克思主义的价值分析

在斯蒂德曼的著作《按照斯拉法思想研究马克思》问世后，围绕这本著作产生了很多新的文献，它们或者为这本著作辩护，或者对它进行详尽的再分析，或者批判并反对书中的某些基本观点。班德亚帕德耶（P. Bandyopadhyay）在《科学与社会》杂志上发表的《后斯拉法——马克思主义的价值分析》一文认为，他"既不是对那些对该著作进行的批判做出反批判，去维护后斯拉法主义的某些观点，也不打算对这本通常被贴上新李嘉图主义标签的后斯拉法主义著作的积极的方面做出全面的探讨，他的文章的目标是提出一些接受后斯拉法主义放弃劳动价值论的建议的一般基础，并在没有劳动价值论的基础上进一步重建马克思主义的分析。"③ 班德亚帕德耶主要围绕以下的问题展开讨论，"即劳动价值论对于理解资本主义经济的一些基本特征而言是不是必需的？"④

班德亚帕德耶指出，"一些马克思主义者主张财产和生产关系的量的一面和质的一面是不可分离的，放弃劳动价值论将会导致放弃马克思的分析所具有的社会关系的一面"⑤。班德亚帕德耶认为，在马克思那里，的确存在着一个用劳动时间术语分析价值关系的价值空间，和一个与此相分离的存在一般利率润的生产价格空间（或者说一个价格和利润空间），这两种尺度都进一步区别于市场价格，市场价格随瞬时的市场态势的变化而波动。班德亚

---

① 欧洲中世纪时的教会里有一种"魔鬼辩护士"（Advocatus Diaboli）。那时候的神学者，提出了理论，必须请另外一个人，就敌对立场提出反驳。真理要透过反驳，才无懈可击，才告完成。这些提出反驳的人，形式上好像站在新的立场讲话，所以叫"魔鬼的辩护士"。

② H. D. Kurz, Sraffa After Marx, Australian Economic Papers, Vol. 18（32），June 1979, pp. 52 - 70. In *Karl Marx's Economics：Critical Assessments*, Edited by Cunningham Wood, Vol. Ⅲ, P. 633.

③④ P. Bandyopadhyay, Value and Post - Sraffa Marxian Analysis, Science and Society, Vol. 48, No. 4, Winter 1984 - 1985, pp. 433 - 438. In *Karl Marx's Economics：Critical Assessments*, Edited by Cunningham Wood, Vol. Ⅵ, P. 96.

⑤ P. Bandyopadhyay, Value and Post - Sraffa Marxian Analysis, Science and Society, Vol. 48, No. 4, Winter 1984 - 1985, pp. 433 - 438. In *Karl Marx's Economics：Critical Assessments*, Edited by Cunningham Wood, Vol. Ⅵ, P. 96.

帕德耶认为，马克思试图"展示了一种由相互关联的价值、价格（生产价格）和市场价格三个领域构成的调节或控制的等级结构，其中价值是最根本和最基本的调节者，它通过价值规律发挥作用。"① 班德亚帕德耶认为，这就引出了一个具体的问题，即"价值关系和价格—利润关系之间到底是因果意义上的序贯关系还是同时关系呢？如果是同时关系，那么它们之间的相互关系是一种分层有序的抽象层次关系，还是它们代表着不同的分析而不是同一分析中不同的层次呢？马克思主义者对后斯拉法马克思主义分析的批判在这个问题上并没有形成统一的答案，而这使得做出一个统一的相反的反应成为一种困难"②。

班德亚帕德耶认为，后斯拉法马克思主义者用非常不同的方法研究价值估算、价格和利润，并对上面的问题提出了一系列的答案，包括两种分析空间是不同的；劳动价值论意义上的"价值规律"并不调节资本主义的动态发展；当商品用于生产商品时，投入和产出的交换价值是同时决定的。坚持劳动价值论的正统马克思主义者必须证明，不仅劳动价值是可计算的（在不存在联合生产带来的复杂性的情况下，这是不存在争议的），而且在解释资本主义经济的价格、利润和积累时它们是必需的。班德亚帕德耶认为，这个一般性的问题包含了一个常见的马克思主义者的观点，"价值和价格之间的关系是一种本质和现象的关系，在马克思的意义上，反对劳动价值论就是向'庸俗经济学'分析的退化"③。

班德亚帕德耶指出，后斯拉法马克思主义最简洁的主张可以概括如下：

第一，劳动价值论中价值量可以从生产的社会技术条件的物质数据中（包括单位时间消耗的劳动和实际工资率）得到。

第二，商品的生产价格和一般利润率同样可以直接从上述物质数据中得到，因此，为了知道价格和利润量，不需要知道价值量。

第三，给定社会的财产和生产关系，在资本主义中，所有者是资本家，存在能够通过拥有和控制生产资料决定在哪里生产、如何生产和生产什么资本家与只能通过适应资本家的决策并把这种适应作为得到工资的条件的工人之间的社会分离；在这种情况下，资本家对工人的剥削可以用净产出在资本

① P. Bandyopadhyay, Value and Post - Sraffa Marxian Analysis, Science and Society, Vol. 48, No. 4, Winter 1984 - 1985, pp. 433 - 438. In *Karl Marx's Economics*: *Critical Assessments*, Edited by Cunningham Wood, Vol. Ⅵ, pp. 96 - 97.

②③ P. Bandyopadhyay, Value and Post - Sraffa Marxian Analysis, Science and Society, Vol. 48, No. 4, Winter 1984 - 1985, pp. 433 - 438. In *Karl Marx's Economics*: *Critical Assessments*, Edited by Cunningham Wood, Vol. Ⅵ, P. 97.

家和工人之间的分配比例的比率来度量，也可以用劳动时间度量，从而必要劳动和剩余劳动可以被认识和加以度量。

第四，在一定财产和生产的社会关系中，劳动过程的某些特征发生量上的变化是可能的，比如工作日的长度，工作强度和物质投入的节约，这些量上的变化可以在物质生产数据的框架中加以分析，至少在分析它们对利润率和具体的实际工资的影响时是如此。

第五，异质劳动（无论区别在于具体活动还是技能水平）可以不被转化为同质简单劳动的情况下进行分析，只要不同类型的劳动可以用不同的工资率来标示，无论这种工资率是用货币商品还是用商品篮子来标示，它们都是物质地规定了的。

第六，同样的，在技术条件给定的情况下，流通中的纯粹成本，包括某种类型的非生产性劳动（也就是说不增加净产出），可以被纳入到上述分析中，它们对利润率的影响可以被揭示出来。也就是说，上述分析框架可以保证生产性和非生产性劳动之间的区分是成立的。

对于上述观点，班德亚帕德耶指出，"所有上述结论都可以从一种分析模式中得到，这种分析模式源自斯拉法著作，并做了相当大的扩展，从而表明斯拉法的著作可以被进一步的扩展以考察更多的复杂情况，而无须放弃这种方法"①。

班德亚帕德耶随后用较长的篇幅解释了为什么后斯拉法——马克思主义是对资本主义经济的分析。他指出："后斯拉法马克思主义的主张（第四条除外）都是和资本主义经济相关的。同时，在某一时点生产的社会技术条件给定的情况下，所有方面都是同时决定的，所有市场都出清了（也就是说生产出来的所有商品都是社会必要的）"②。班德亚帕德对第四条进行了进一步的解释。他认为，劳动过程中发生的量上的变化会改变生产的物质数量，这种改变取决于变化的因素和变化的方向，会对利润率，用剩余劳动对必要劳动的比率产生影响。"也就是说，劳动过程的变化改变了生产的社会技术条件数据的量的规定，但是仍然可以在这种数据框架下处理。这些变化的决定，在给定工人和资本家的相关资源和目标的情况下，可以在财产和生

---

①② P. Bandyopadhyay, Value and Post – Sraffa Marxian Analysis, Science and Society, Vol. 48, No. 4, Winter 1984 – 1985, pp. 433 – 438. In *Karl Marx's Economics*: *Critical Assessments*, Edited by Cunningham Wood, Vol. Ⅵ, P. 98.

产的社会关系以及作为它的结果的策略性互动中加以研究"①。

此外，班德亚帕德耶指出，对"一个对后斯拉法马克思主义分析的本质存在的令人困惑的误解需要一开始就消除掉"②，那就是这种分析关注的主要是收入分配问题，而马克思的价值理论是从扎根于生产过程的剥削的分析发展而来的。如果认为后斯拉法—马克思主义主要分析的是收入分配问题，那就意味着后斯拉法—马克思主义者把他们的分析局限在流通过程，而不是生产过程，分析的是收入分配而不是剥削关系。班德亚帕德耶认为，这种判断主要是建立在斯拉法把它的净产出等同于总产出减去所有的物质投入的定义上，然后考虑这种净产出在得到利润和得到工资的群体之间的不同的分配方式，从而分离出分配变化对生产价格的影响。

班德亚帕德耶指出，必须记住的是，斯拉法的这种分析只是为了研究一些非常特殊的问题：主要是在一般性的商品生产经济中，是否能够在不使用边际分析的（尤其是用需求表表达边际消费效用）情况下得到均衡价格和利润。可以证明只有在所必需的最终产出的数量是给定的情况下才可以做到这一点。马克思的劳动创造价值的前提条件是劳动的产出有使用价值。不需要的商品不影响价值账户，因为花费在这种商品上的劳动是浪费。班德亚帕德耶认为，这意味着从加总的角度看，当考虑总社会产出时，相关的是生产出来的商品数量是有使用价值的商品的数量。班德亚帕德耶认为，"斯拉法的假定和马克思的一样，此外也不把萨伊定律假定为市场经济的一般特征。在引入和使用利润和工资率的概念，并展示他们之间的线性反向关系时，斯拉法隐含地事先假定了资本主义的生产关系。把工资作为得到的净产出的一部分仅仅是为了一种分析上的便利。"③

班德亚帕德耶认为，马克思指出，隐含在不同的生产关系中的是不同的分配过程，人们不能把任何一种他们自己渴望的分配方式和一种给定的生产关系相等同。收入分配取决于社会生产关系。斯拉法对工资从零到包括全部净产出的分析并不是在表明工资率可以在这个限度内被随意地实际地建立起来。他只是想表明，"给定合适的尺度，工资和利润之间是一种反向的、对

---

① P. Bandyopadhyay, Value and Post - Sraffa Marxian Analysis, Science and Society, Vol. 48, No. 4, Winter 1984 - 1985, pp. 433 - 438. In *Karl Marx's Economics*: *Critical Assessments*, Edited by Cunningham Wood, Vol. Ⅵ, P. 98.

②③ P. Bandyopadhyay, Value and Post - Sraffa Marxian Analysis, Science and Society, Vol. 48, No. 4, Winter 1984 - 1985, pp. 433 - 438. In *Karl Marx's Economics*: *Critical Assessments*, Edited by Cunningham Wood, Vol. Ⅵ, P. 99.

抗的关系"①。

班德亚帕德耶进一步指出，"斯拉法著作含义之一在于，他不想从马克思对生产和流通的隔离分析中得出一些跨期的含义。许多正统马克思主义者给人们传递了这样一种印象，即价值（包括剩余价值）首先被生产出来，然后，剩余价值被重新分配得到一般利润率。这是一个诱惑，它会导致所谓的'投入转形'问题：未能把方程两边的所有价值转化为生产价格"②。

对于这种认识也存在不同的意义，比较典型的是梅迪奥，他认为这种同时表述会导致人们远离后斯拉法分析，因为这种分析是存在局限的，它没有提供对利润起源的因果说明。梅迪奥明确地意识到，对于一个有关资本主义以及它的动态发展的理论而言，到底需要的是什么。一个好的利润理论必须和一种相对价格理论相一致，后者是对现实的合理的近似。梅迪奥进一步指出，尽管一个与相对价格缺乏联系的利润理论无法解释资本主义经济，人们仍然可以得到确定性的、事实上是正确的价格理论，而且这种价格理论无须对利润的起源和本质做任何特定的说明。梅迪奥引入了资本主义生产关系下工人的"双重自由"，说明了没有价值和剩余价值，把工作日分为必要劳动和剩余劳动将无法建立起来。③ 在另外一篇文章中，梅迪奥重新回到这个问题，明确地提出了理论对利润率进行因果解释的问题。他认为劳动价值分析提供了利润的因果解释，而斯拉法类型的分析只是建立了生产价格，而为了做到这一点只是预先假定了利润的存在。在梅迪奥看来，超过物质投入和劳动人口再生产所需的净剩余产出的存在并不是对利润率的充分解释，这种"剩余产出"可以存在于许多不同的社会中，因而不是对资本主义经济利润的特别说明。因此，后斯拉法马克思主义分析无法解释利润并说明它的源泉在于剥削。④

班德亚帕德耶指出，对于梅迪奥的指责，后斯拉法马克思主义者通常并没有与之进行争论。引起争论的是一个相反的主张，即 "马克思的劳动价

① P. Bandyopadhyay, Value and Post – Sraffa Marxian Analysis, Science and Society, Vol. 48, No. 4, Winter 1984 – 1985, pp. 433 – 438. In *Karl Marx's Economics*: *Critical Assessments*, Edited by Cunningham Wood, Vol. Ⅵ, P. 99.

② P. Bandyopadhyay, Value and Post – Sraffa Marxian Analysis, Science and Society, Vol. 48, No. 4, Winter 1984 – 1985, pp. 433 – 438. In *Karl Marx's Economics*: *Critical Assessments*, Edited by Cunningham Wood, Vol. Ⅵ, P. 100.

③ Alfredo Medio, *Profits and Surplus – Value*: *Appearance and Reality in Capitalist Porduction*, in E. K. Hunt and Jesse G. Schwartz, eds., *A Critique of Economic Theory*, Harmondsworth, 1972.

④ Alfredo Medio, *Neoclassicals*, *Neo – Ricardians and Marx*, in Jesse Schwartz ed., *The Subtle Anatomy of Capitalism*, Santa Monica, 1977.

值论和价值计算是否的确提供了对利润的因果解释"①。班德亚帕德耶指出，后斯拉法主义者认为，马克思也未能提供这种解释，因为马克思的劳动价值论和价值计算无法提供一个一般性的价格和利润的有效决定。从而，斯蒂德曼在《按照斯拉法思想研究马克思》中，明确地指出了梅迪奥指出的问题，但是却把问题指向了森岛通夫命名的基本的马克思主义定理：正利润的存在和正剩余价值的存在相联系。斯蒂德曼的观点是，这种联系是同时分析的一个特征，这种关系中的一方并不能因果性地解释另外一方。这种观点的力量可以通过否定同时性得以消除，即表明劳动价值首先被创造出来，生产价格是在下一个时间环节形成的。班德亚帕德耶的观点是，"如果后斯拉法马克思主义者坚持同时分析的观点是正确的，那么就没有必要建立劳动价值与价格和利润之间的一般性的和系统的关系"②。

班德亚帕德耶指出，为了进一步分析上面的问题，需要对马克思的《资本论》和斯拉法的《用商品生产商品》进行进一步的比较研究，尤其是他们的出发点和最初的主张。班德亚帕德耶给出了自己分析。他指出，马克思从对商品形式的分析开始，在辩证阶段的背景下阐述了价值形式，进而到一般等价物和货币商品的出现，并把相对价值表示为货币交换价值。这也就是说"马克思在没有分析用商品生产商品的情况下解释了交换关系结构的一些特征。在理论发展的开始，马克思就已经宣称生产一种商品所需的社会必要劳动时间是商品价值，进而交换价值的决定因素"③。

在班德亚帕德耶看来，马克思寻找的是从量上表达商品的共同属性的交换价值，一种独立于它们在一种关系结构中的位置而又隶属于商品的"实质或基质"（substance or substrate），也就是说一种隶属于它们是产品而不是商品的规定。商品有交换价值这一共同属性是严格地从关系的角度定义的。班德亚帕德耶认为，马克思想知道是什么决定了这种交换价值，并坚持无论如何它是内在于商品中的。这是一个价值的实质和内容的问题。马克思主张在简单商品生产条件下，交换价值就是它们的社会必要劳动价值，在资本主义生产中，价格将不等于劳动价值，这是因为剥削和不同的资本有机构成造成的，但是却不会改变价值。

---

① P. Bandyopadhyay, Value and Post – Sraffa Marxian Analysis, Science and Society, Vol. 48, No. 4, Winter 1984 – 1985, pp. 433 – 438. In *Karl Marx's Economics: Critical Assessments*, Edited by Cunningham Wood, Vol. Ⅵ, P. 100.

②③ P. Bandyopadhyay, Value and Post – Sraffa Marxian Analysis, Science and Society, Vol. 48, No. 4, Winter 1984 – 1985, pp. 433 – 438. In *Karl Marx's Economics: Critical Assessments*, Edited by Cunningham Wood, Vol. Ⅵ, P. 101.

马克思认为，交换价值偏离劳动价值的两个来源是：第一，剥削，在假定统一剥削率存在的情况下，这种偏离和剥削率成比例；第二，资本有机构成，这种偏离主要是为了按比例的分配剩余价值要求形成一般利润率。马克思认为，这两种导致偏离的根源在简单商品生产条件下是不存在的，它们和资本主义生产紧密地联系在一起。

班德亚帕德耶随后对斯拉法的著作进行了分析。在斯拉法论述简单再生产的时候，即生产"足以维持自己"的情况时，不存在剩余产出，所有的产出都是生产中的必要投入。商品的交换比率是决定性的，唯一的。每一种商品都可以被视为是标准商品，其他商品的相对价值可以用它来表示。这使得能够用一种单一的商品表示产出的总价值，假定所有的生产过程要求劳动投入，视总社会劳动为一单位，就能够知道进入每一种生产中的总社会劳动的部分，那么很明显，以这种方式得到的商品的相对劳动价值必然等于它们的交换比率。因为假定了总社会劳动制造了社会总产品，而且生产数据表明所有的产出都以特定的数量用于生产中了。班德亚帕德耶指出，"但是我们也可以得到商品交换比率，而无须知道任何有关劳动的事情。交换比率是由没有剩余的商品经济的固定的生产要求决定的。这里不存在分配或配置的选择问题。"①

斯拉法随后考察了存在剩余产品的情况。在这种情况下，一个迫切的问题——交换比率——不再在不考虑不同生产过程中剩余产品的分配时被决定了。进一步的可能是剩余可以被用于生产一种新的商品，但是该商品并不作为必需的投入进入任何其他商品的生产中，也就是斯拉法所说的"奢侈产品"。剩余的存在提出了一个问题，即如何使用它的问题。在知道如何使用剩余之前，必须知道谁决定它的使用，这就把人们引向了财产和生产关系问题。如果没有对剩余的分配做具体的说明，那么交换比率就仍然是无法决定的。剩余的存在使得能够按照是否进入生产对商品进行基本品和非基本品的区分。班德亚帕德耶指出，在这里斯拉法第一次提到了劳动，指出在"足以维持自己"的经济中社会劳动处于生存水平，现在剩余产出的一种可能的使用是提高工人的消费水平。

正是在这个时候，斯拉法引入了利润和工资的概念，开始在资本主义财

---

① P. Bandyopadhyay, Value and Post – Sraffa Marxian Analysis, Science and Society, Vol. 48, No. 4, Winter 1984 – 1985, pp. 433 – 438. In *Karl Marx's Economics: Critical Assessments*, Edited by Cunningham Wood, Vol. Ⅵ, P. 102.

产和生产关系条件下讨论剩余的占有问题。为了说明无论生产结构如何，利润和工资之间（只要它们都是用"标准商品"表示的）的反向关系，他进一步发展了标准商品的概念。班德亚帕德耶指出，重要之处在于剩余产出，正是它改变了不存在剩余的生产的最初条件给定的交换比率。"斯拉法差不多主要关注的是在一个连贯一致的商品生产和交换经济（其中利润—工资是存在的）中利润、工资和剩余（或者净产出或者国民收入）之间的关系，对相对价格（生产价格）的兴趣只是为了表明在考察利润、工资和国民收入的关系时存在这种连贯性和一致性"①。斯拉法提到了整个剩余产出归工人所有，并由他们配置以增加消费的情形，但是斯拉法并没有对此做进一步的展开。斯拉法说这意味着重新回到了最初的方程体系，即没有剩余的体系。班德亚帕德耶对此有另外的理解，他说："现在工人的消费不再处于生存水平，而且明显是由商品表示的。在这里，像前一种体系一样，交换比率（或交换价值）可以直接从等于社会劳动内容的生产结构中得到。换句话说，一旦知道了剩余是如何分配并被配置于消费的，剩余造成的问题就得到了解决"②。

班德亚帕德耶认为，斯拉法的分析的一个优点在于他"暗示了作为讨论价值和交换价值的分析上的先决条件，对有剩余和没有剩余的生产和交换进行比较所具有的重要意义"③。而资本主义生产必然要求把有剩余产出作为前提。班德亚帕德耶指出，马克思在任何地方都没有讨论这样一个问题，这可能是因为马克思讨论商品的两个方面的方式造成的。马克思讨论了"使用价值和交换价值，而没有考虑商品的生产性使用"④。

假定马克思提出了类似斯拉法那样的问题，那么马克思就不得不考虑剩余产出的各种使用。班德亚帕德耶认为，在马克思那里，对可交换的产出的生产性使用的考虑，在马克思那里，只是在发展出货币商品，通过货币积累到一些人手中，并且工人开始同生产资料相分离得到资本的货币形式后才开始的。在这一阶段，马克思证明价值增加不可能从流通中产生，而必须考虑对各种商品的生产性使用。在这种情况下，才有了明显的对剩余产出的考虑，即剩余价值。班德亚帕德耶认为，这是因为马克思已经假定了一种估算价值和交换价值的理论，现在所需的只是把它应用于资本主义生产关系。在

---

①②③④　P. Bandyopadhyay, Value and Post - Sraffa Marxian Analysis, Science and Society, Vol. 48, No. 4, Winter 1984 - 1985, pp. 433 - 438. In *Karl Marx's Economics: Critical Assessments*, Edited by Cunningham Wood, Vol. Ⅵ, P. 103.

马克思那里剩余产出等同于剩余价值。但是，这里忽视了对总产出对应于生产过程的一个方面的考虑，也就是说可以在不涉及资本价和雇佣工人的范畴，或者说不涉及任何其他通过剥削彼此联系的社会阶级的情况下讨论剩余产出，就像鲁宾逊不考虑劳动者和非劳动者的区分时的情况一样。"剩余产出并不必然意味着剥削，尽管它是剥削成为可能的一个必要条件"①。

班德亚帕德耶认为，马克思只分析价值的本质要素，而且暗示在鲁滨逊或共产主义经济中不存在价值估算的形式问题，"有一点误导"②。上述情况只有在寻求的有用结果在水平或数量上是不变或固定的时候是如此。随着剩余产出可能出现，就存在价值估算问题了，也就是说如果在更多休闲和更多消费（或者产出的增长）之间分配潜在剩余的问题，无论人们的选择是什么，都会改变最初的生产条件。

班德亚帕德耶指出，在这里不必有交换价值，但是，为了进行比较和不任意地进行选择，的确存在某种选择和某些形式的价值估算。给定消费水平，人们将会选择与生产相关的一系列有用产品的最小必要劳动数量。因为人们将会按照与技术相关的劳动时间来比较不同的技术，最优的是那种最小化必要生产性劳动的技术。

班德亚帕德耶认为，在资本主义生产中，与鲁滨逊经济相比，生产关系标志着一种不同的价值估算形态。因为从资本家的视角看，这里的问题是相关的剩余产出整个归属资本的部分与归属工人的部分的对抗，这是一种外在于资本家之间的交换的分配关系，是围绕实际工资水平和雇佣劳动数量展开的斗争的焦点。但是由于分离地占有资本并生产不同的商品，这些产出是交换结构的一部分，相关的剩余产出通过资本主义生产的产出的等价交换被不同的商品生产资本得到。也就是说，在存在统一的利润率，产出交换是按照均等化利润率的交换比率交换时就实现了等价交换。因此，生产和交换商品的资本的分离和竞争，价值形式就是生产价格，当对所有彼此分离的资本的生产性使用是等价时，生产价格就是商品的交换价值。这种等价性是通过货币资本在不同生产部门之间的持续流动实现的。

班德亚帕德耶指出，现在很清楚的是，"在马克思的术语中，'生产价

①② P. Bandyopadhyay, Value and Post – Sraffa Marxian Analysis, Science and Society, Vol. 48, No. 4, Winter 1984 – 1985, pp. 433 – 438. In *Karl Marx's Economics: Critical Assessments*, Edited by Cunningham Wood, Vol. Ⅵ, P. 104.

格'是交换价值而不只是'价格形式'"①。以上述方式就可以弄明白，如
果生产体系以资本主义生产关系为标志，那么剩余产出在资本家和非资本家
（主要是工人）之间的分配就是一个具有根本意义的数据。它也表明"生产
体系的动态变化既取决于资本家和工人之间的阶级斗争的形式，也取决于资
本家试图增加自己对净产出占有份额的资本家之间的竞争的形式。这两个领
域的斗争都和使用技术的变化、产出的商品构成、扩大再生产的比率、就业
水平和相对价格等有关。这些动态问题为后斯拉法马克思主义分析建立了明
确的科学研究计划"②。

从而，班德亚帕德耶认为，后斯拉法主义分析的特征可以概括为："把
交换定位于，并从属于生产和生产关系。一组确定的生产关系和生产结构以
及它们瞬时的量分析，必须在作为结果的交换价值被决定之前给定"③。

班德亚帕德耶指出，在马克思那里，价值和交换价值是由花费的社会必
要劳动时间决定的，由于资本有机构成的不同，交换价值被转化为生产价
格，根据偶然的市场条件生产价格被修正为市场价格。等价交换随着交换价
值一起建立，相等的利润率要求交换价值转化为生产价格。班德亚帕德耶认
为，针对这种分析，可以提出一个问题：在马克思的交换价值的层面上，等
价交换的双方是谁？不可能是资本家，因为对他们而言等价交换的条件是交
换按生产价格发生。一个可能的答案是处于工资关系中的工人和资本家。但
是因为只有一种商品被包含在交易中，这不可能是一个令人满意的答案。

班德亚帕德耶认为，在后斯拉法马克思主义的分析中，不会出现类似的
问题。交换的双方是商品的资本家生产者，交换价值是由生产的社会技术条
件的数据和实际工资率决定的生产价格。与此相关的交换结构可以被充分地
加以描述，而工人和他们的工资不被认为是交换结构中的一个要素，而是交
换价值决定的一个外生条件。他们是一个条件是因为他们是生产所需的，必
须在一定的工资水平上被雇佣。在这种分析中，劳动不再是一种虚弱的象
征，而是一种力量。

分析进行到此，班德亚帕德耶重新提出了一个一直存在的问题：什么决
定了价值量？他的回答是："价值量取决于生产的社会关系结构。在私人

---

① P. Bandyopadhyay, Value and Post – Sraffa Marxian Analysis, Science and Society, Vol. 48,
No. 4, Winter 1984 –1985, pp. 433 –438. In *Karl Marx's Economics*: *Critical Assessments*, Edited by Cun-
ningham Wood, Vol. Ⅵ, P. 104.

②③ P. Bandyopadhyay, Value and Post – Sraffa Marxian Analysis, Science and Society, Vol. 48,
No. 4, Winter 1984 –1985, pp. 433 –438. In *Karl Marx's Economics*: *Critical Assessments*, Edited by Cun-
ningham Wood, Vol. Ⅵ, P. 105.

（也就是说资本）拥有生产资料的交换经济中，它取决于与资本家相关的净剩余或剩余产出是如何被分配的"①。

班德亚帕德耶分析了与资本主义不同的财产和生产关系结构。比如，在不存在私有制的共产主义经济中，给定产出的社会有用产品构成，产出的价值估算将是依据社会必要劳动花费进行的。换句话说，给定定义良好的产出的产品构成和生产的技术条件，以及劳动在生产部门之间的必要的配置，产出的价值将等于它们的劳动价值。"这等同于不存在分配斯拉法的剩余产出问题"②。班德亚帕德耶指出，很可能把这种情况下的产出叫商品，把价值叫做交换价值是不适当的。在任何意义上，这都是一种区别于存在私有制的体系。在这种体系中，生产者的目标是最小化生产一定数量的有使用价值或有用性的产出的社会必要劳动时间。从而在两种体系的比较中，得到了"为使用而生产"和"为利润而生产"的区别。

班德亚帕德耶在文章的结论部分说道：通过上述分析可以得出一个判断："马克思的价值规律在资本主义经济中没有调节作用。它将表明那些赞同马克思的观点和反对马克思的观点的人之间爆发的不断的争论源自这样一个事实，即马克思在没有对不同的社会财产和生产关系的具体影响给予应有的考虑的情况下，把两种估算价值的形式交织到了一起。这个问题出现的根源在于马克思不正确地使用了来自假定的简单商品生产的概念，或者说没有充分地用财产和生产关系以及生产过程的结构对该概念进行详细的说明。这进一步可以回溯到相对于生产结构自身，他没有比较有剩余和没有剩余的生产"③。

班德亚帕德耶认为，马克思的价值理论提供了一种标准，一种从集体主义的视角，在同生产力的联系中判断生产的社会效率的标准。

70.3 谢赫对新李嘉图主义的评述

谢赫在1979年社会主义经济学家伦敦研讨会上递交了《代数学的贫困》④ 一文。这篇文章在一种特定的背景下研究了新李嘉图主义和马克思之

---

①②③ P. Bandyopadhyay, Value and Post - Sraffa Marxian Analysis, Science and Society, Vol. 48, No. 4, Winter 1984 - 1985, pp. 433 - 438. In *Karl Marx's Economics: Critical Assessments*, Edited by Cunningham Wood, Vol. Ⅵ, P. 106.

④ Anwar Shaikh, The Poverty of Algebra, In Ian Steedman, Paul Sweezy Edit: The Value Controversy, Verso Editions and NLB, 1981, pp. 266 - 300.

间的关系。谢赫在文章的开篇指出了这种背景，在正统社会科学中非常流行的是指出"贫困的终结、异化的终结和意识形态的终结"①。但上述乐观只是表现在理论中，在现实中，则是另外一种情形。不断发生的严重的资本主义经济危机，给正统经济学以毁灭性的打击，它的整个基础都受到了马克思曾说过的那种现实的"实际批判"。与此同时，随着现实的"实际批判"，正统经济学的地位理所当然的在衰落，而对"马克思和马克思主义经济学的兴趣迅速复兴"②。"勉强地说，现在我们都是马克思主义者了"③。

谢赫认为，马克思和马克思主义经济学之间有相当大的不同。马克思用了25年以上的时间来写作《资本论》这部巨著，而按照他的计划，甚至作为他这部巨著的核心部分，也从未真正地完成。自他逝世后一百多年以来，马克思主义经济学发展得很不稳定和平衡，马克思主义经济学研究"只是零星和马克思本人的著作联系在一起"④。结果"这里一个方程式，那里一个再生产图式，到处都是辩证的阶级斗争，用手中已有的材料去乱补空。这些材料，很大程度上是从正统经济学那里拿过来的"⑤。结果是原来的马克思主义理论和资本主义现实之间的关系，"却微妙而持续地被马克思主义同资产阶级理论之间的一种新的关系所取代"⑥。因此，"勉强地说，现在我们都是凯恩斯主义者了"⑦。

在大的现实的理论背景中和马克思主义经济学发展的历史背景下，谢赫认为，对马克思尤其是《资本论》的兴趣的复兴，必然会给"马克思主义经济学提出一个极大的难题：怎样才能把马克思的概念结构，特别是他的价值论吸收到已有的、其绝大部分分析恰恰缺少这类概念的'马克思主义'经济学中去？"⑧

谢赫在回答这个问题前，首先指出了解决这个难题存在的困境，而在对这种困境的分析中也反映出谢赫对马克思的经济学的一些总体认识。他指出："如果《资本论》的理论结构的确是科学的，那么它就是建立在一个概念体系的基础之上，即所有的概念都是相互关联和相互依赖的……而且，每

①②③④ Anwar Shaikh, The Poverty of Algebra, In Ian Steedman, Paul Sweezy Edit：The Value Controversy, Verso Editions and NLB, 1981, P. 266.

⑤ Anwar Shaikh, The Poverty of Algebra, In Ian Steedman, Paul Sweezy Edit：The Value Controversy, Verso Editions and NLB, 1981, pp. 266 – 267.

⑥ Perry Anderson, Considerations on Western Marxism, London, NLB, 1976, P. 55. 参见中文版：佩里·安德森著，高铦等译：《西方马克思主义探讨》，人民出版社1981年版，第72页。

⑦⑧ Anwar Shaikh, The Poverty of Algebra, In Ian Steedman, Paul Sweezy Edit：The Value Controversy, Verso Editions and NLB, 1981, P. 267.

一个概念不仅在与其他概念的联系中有自己的位置，而且都具有各自特殊的作用：这些作用影响到揭示出的事实和得出来的结论。每一个概念都使它的存在被意识到，因而它的缺少同样会被意识到。举例来说，不可能把价值概念加到一个已经存在的而且事实上建立在缺少这样一个概念的分析中去：这两者不能同时并存"①。

那么是否有摆脱上述困境的方法或者指南呢？谢赫给出了一种选择，他认为实际上只有两种基本的摆脱这种困境的出路。"或者是必须证明《资本论》的概念体系，确实能够被加以扩展和具体化来处理已有的论断和历史证据；或者是必须说明当前被定义为马克思主义经济学的主要理论，事实上是建立在一种更优越的结构的基础之上的，而马克思的概念如果是'适用的'，则必须加以重新表述，以适应这样一个结构"②。谢赫指出，在前一种情况下，马克思主义经济学不可避免地要进行修正，这种修正可能是根本性的，以便它被批判性地吸收到马克思的概念结构中去。在后一种情况下，马克思的概念结构本身要被修正，甚至很多内容要被推翻，因为这些内容与当前所接受的理论不一致。

至此，谢赫已为后文对新李嘉图主义的分析开启了大门。他这篇文章写作的年代，正是新李嘉图主义在产生广泛而深刻的影响的时期，因此，他眼中的"当前所接受的理论"或被视为是马克思主义经济学的当前的"主要理论"指的是新李嘉图主义。既然他认为存在两种解决困境的选择，那么新李嘉图主义选择的是哪一条道路呢？谢赫指出："新李嘉图主义者们当然采取的是后一种立场"③。因为李嘉图主义者们争辩说，"他们的理论框架要比马克思的严格得多，在这个框架中他们能够很容易地处理众多的涉及生产价格的问题，而根本不用借助于价值分析。从这点出发，他们坚持认为，价值概念本身就是多余的。更糟糕的是，它还和价格分析不一致，因为价值量一般讲都不同于价格量"④。基于上述看法，李嘉图主义者们得出结论说："必须抛弃价值概念，就像必须抛弃马克思的其他论断一样，比如生产性和非生产性劳动，以及利润率下降等。余下的适合他们的框架的部分，被称为马克思理论的'精髓'，这些'精髓'当然很容易整合进李嘉图—马克思—

① Anwar Shaikh, The Poverty of Algebra, In Ian Steedman, Paul Sweezy Edit: The Value Controversy, Verso Editions and NLB, 1981, P. 267.
②③④ Anwar Shaikh, The Poverty of Algebra, In Ian Steedman, Paul Sweezy Edit: The Value Controversy, Verso Editions and NLB, 1981, P. 268.

斯拉法—凯恩斯—卡莱茨基传统的现代框架中"①。

谢赫明确表明自己持有与新李嘉图主义相反的立场。他说："我认为，就其整体结构而言，马克思的分析要远优于在新李嘉图主义者扁平的概念空间中所能想象到的任何东西。他们把许多论断的严格性建立在代数学的基础之上，事实上，正是他们自鸣得意的代数学恰恰成为他们的最大的弱点"②。谢赫认为，新李嘉图主义的代数运算，是和取自马克思称之为庸俗经济学的一系列概念直接连接在一起的：均衡，作为一种成本的利润，尤其糟糕的是完全竞争的概念及其连带的一切。谢赫认为，"不是使用代数学本身，而是使用这些概念（它们的辩护和意识形态的根源是众所周知的）产生了他们的基本结论。只要证明一旦提出不同的问题，同样的代数运算会产生不同的答案从而得到非常不同的结论，这一点就变得非常明显了"③。谢赫认为，之所以会提出不同的问题"恰恰是因为马克思的方法和概念体系，他对价值规律的科学分析是如此的不同于庸俗经济学"④。

从上述分析可以看出，谢赫认为，新李嘉图主义事实上受到了正统经济学的影响，正统经济学总是强调研究的"严格性"，新李嘉图主义在追求这种严格性的同时，放弃了马克思的概念体系中重要的概念，采用了正统经济学的主要概念，从而使自己更加接近于庸俗经济学。但谢赫认为，新李嘉图主义分析并不需要完全放弃，他说新李嘉图主义的"真正的贡献才能被充分地利用，只要他们抛弃投运进他们当中的庸俗概念。因为，'批判'这个词向来意味着批判性地占有知识"⑤。为了完成对新李嘉图主义知识的"批判性占有"，谢赫首先勾勒了马克思的论述的结构，以突出为什么劳动时间是交换关系的调节原则，以及这种调节发生的方式。这种概括事实上为谢赫的"批判性"研究提供了基础。随后，谢赫叙述并批判性地考察了以斯蒂德曼的著作为代表的新李嘉图主义者的主要论断。而这一部分的论述是沿着前面所勾画的轮廓进行的。鉴于新李嘉图主义者已经产生了较大的影响，在文章的结论部分，谢赫对新李嘉图主义者，以及那些被新李嘉图主义的代数运算所降服的某些马克思主义者（在被迫修改价值量概念的同时把价值概念自身也一起否定掉了）进行了直接的评价。谢赫说，他这样做的目的，

①② Anwar Shaikh, The Poverty of Algebra, In Ian Steedman, Paul Sweezy Edit：The Value Controversy, Verso Editions and NLB, 1981, P. 268.

③④⑤ Anwar Shaikh, The Poverty of Algebra, In Ian Steedman, Paul Sweezy Edit：The Value Controversy, Verso Editions and NLB, 1981, P. 269.

"是为了从这些人的误解当中把马克思'拯救'出来"①。

因此，谢赫在这里明显是想消除新李嘉图主义的不良影响，重新恢复马克思的价值理论的地位。这可能就是为什么有一些学者认为谢赫是"原教旨马克思主义者（Fundamental Marxist）"的重要原因，比如谢泼德（E. Sheppard）等就指出，"原教旨主义马克思主义之所以是原教旨主义者，就在于他们维护劳动价值论"②，这其中就包括谢赫，最初原教旨主义者只是反对斯蒂德曼价值多余性的观点，后来就采取了对新李嘉图主义进行严格的批判的立场。③ 下面我们对谢赫的分析作一个详细的展开。

70.3.1 马克思论述的基本结构

第一，社会再生产中劳动的作用。

在所有的社会中，满足人类需求和欲望所要求的目标，意味着按特殊的比例和数量对社会的生产性活动及其劳动时间进行某种配置，否则社会本身的再生产是不可能的。如果社会要被再生产出来，人对自然的关系必须被再生产出来。而且，人对自然的关系存在于且通过一定的人与人之间的关系而存在，这些是确定社会生活再生产方式的同一组关系的两个方面。"物质财富的生产与社会关系的再生产是联系在一起的"④。

谢赫认为，所有这些都意味着劳动不是独立起作用的。相反，劳动是一种人与自然的关系，在这种关系中人们主动地、自觉地利用自然来达到自身的目的。这里的要点是"生产过程就是劳动过程，这种过程是基本的人类活动，没有这个过程社会的再生产是不可能的"⑤。在所有的阶级社会中，劳动还具有另外一面，因为在这些条件下剩余劳动的榨取和由此而来的剩余产品的创造，构成了阶级关系再生产的物质基础。

因此，马克思的论点是，"对于社会再生产的调节来说，劳动时间是具有根本性的东西：劳动的实现生产出使用价值和社会关系；剩余劳动的实现再生产出剩余产品和阶级关系"⑥。

① Anwar Shaikh, The Poverty of Algebra, In Ian Steedman, Paul Sweezy Edit：The Value Controversy，Verso Editions and NLB，1981，P. 269.

②③ Eric Sheppard, Trevor J. Barnes, Claire Pavlik, The Capitalist Space Economy：Geographical Analysis after Ricardo, Marx and Sraffa, Unwin Hyman Ltd, 1990, P. 10.

④ Anwar Shaikh, The Poverty of Algebra, In Ian Steedman, Paul Sweezy Edit：The Value Controversy，Verso Editions and NLB，1981，pp. 269 - 270.

⑤⑥ Anwar Shaikh, The Poverty of Algebra, In Ian Steedman, Paul Sweezy Edit：The Value Controversy，Verso Editions and NLB，1981，P. 270.

第二，资本主义社会调节中劳动的作用。

资本主义生产，像每一种其他阶级社会中的生产一样，通过劳动时间受到根本调节。但是，资本主义生产具有特殊性，那就是它建立在广泛的商品生产的基础之上，就是说构成社会再生产的物质基础的大量产品，是在和社会需要没有直接联系的情况下生产出来的，只是利润动机在发挥作用。

在这样的社会生产中，"每一个表面上看是个人的独立的劳动，必须事先假定存在着一种劳动的社会分工。此外，为了使这种事先的假定能够在实践中实现，私人的明显具有无政府主义特征的劳动必须以某种方式在事实上能够融入到某种劳动的社会分工中"①。

交换是使每一种表面上独立的私人劳动过程与劳动的社会分工中内在的相互依赖相结合的领域。在马克思看来，在交换领域中，商品生产的矛盾"被暴露出来并得到解决"。

谢赫提醒要注意上面的分析意味着，在交换领域中，生产本身内在的矛盾，私人劳动和劳动社会分工之间的矛盾被暴露出来。正是在交换中，资本家通过价格和利润的中介第一次听到好的或坏的消息。与此同时，由于这一矛盾内在于社会分工本身，矛盾的解决也就意味着社会劳动时间对交换的结果——价格和利润的支配作用。由此可以得到两重关系："作为再生产直接调节者的价格和利润，以及作为价格和利润，从而也是再生产的内部调节者的劳动时间。这种双重关系作用的发挥就是马克思所说的价值规律，并且正是因为马克思对劳动时间在社会再生产中的作用所进行的分析，价值规律才是建立在劳动价值论的基础之上的"②。

第三，抽象劳动和价值。

谢赫指出，从上面的分析中，我们已经看出劳动时间是如何以一种根本性的方式进入到对交换价值的调节中的。在所有的社会形态中，具体的（即特定的）劳动类型规定了产品的类型。他们的劳动的具体性质决定了他们生产出来的使用价值的具体形态。然而，商品生产是为交换而生产，而在交换时一定种类的商品的具体性质在交换过程本身被抽象掉了。因此它们的具体差别让位于一种共同的社会属性，一种可以"定量的价值"，也就是马克思所说的交换价值。所以作为商品，使用价值又有了一种附加的方面，即

---

① Anwar Shaikh, The Poverty of Algebra, In Ian Steedman, Paul Sweezy Edit: The Value Controversy, Verso Editions and NLB, 1981, P. 271.

② Anwar Shaikh, The Poverty of Algebra, In Ian Steedman, Paul Sweezy Edit: The Value Controversy, Verso Editions and NLB, 1981, P. 272.

具有交换价值。

作为一种产品，某种使用价值是具体劳动的结果。这意味着使不同的使用价值相等，从而抽象掉它们的具体性质的社会过程，同时是抽象掉生产这些使用价值的劳动的具体性质的社会过程。相应地，同一组社会关系不但赋予了使用价值以交换价值的共同的量的属性，而且也赋予生产这种具体使用价值的劳动以产生某种共同的抽象数量的能力。因此，当劳动的目的在于生产商品时，它也得到一个附加的方面：它具有抽象劳动的性质，并且从这个观点看，所有生产商品的劳动在质上都变得相像，而且可以进行量上的比较。"因为只有实际从事商品生产的劳动才具有抽象劳动的性质，所以只有这种生产商品的劳动时间规定商品的交换价值。而且，由于从一种社会的观点来看，生产一种商品的全部劳动时间包括直接的和间接的劳动时间，马克思称这全部劳动时间为商品交换价值的内在尺度，商品的劳动价值"①。

因此，谢赫指出："重要的是这里要强调，上面描述的抽象过程是一种真实的社会过程。抽象劳动是人类劳动在商品生产中所具有的性质，正因为如此，它只存在于商品生产中。抽象劳动并不是人们所选择的精神的产物，而是真实社会过程在思想中的反映。这反过来意味着抽象劳动，因而价值都是真实的"②。生产商品的劳动创造价值，而价值物化在商品形式中，谢赫对马克思的抽象劳动和价值的这种解读，在他对新李嘉图主义的批判中发挥了重要的作用。

谢赫认为还有一个问题需要考虑：即抽象劳动源于使用价值变为商品的过程。但是这个过程有两种可能的形式，它们会对抽象劳动产生不同的含义。

设想生产出的产品不是为了交换，而是为了直接使用。现在，假如这些产品中的一部分偶尔遇到交换的机会。在这种情况下，这些使用价值只是在交换发生时变为商品，这进而意味着只是在交换本身的瞬间生产它们的具体劳动才抽象化，获得抽象劳动的附加性质。因此，非商品生产只涉及具体劳动和使用价值，其中的一部分只有在交换中才分别表现为抽象劳动和商品。

在商品生产的情况下就完全不一样了。这里使用价值是作为商品生产的，而且整个生产过程的性质取决于这样一个事实，即对于生产者来说商品的交换价值是问题的中心。这种使用价值就其本来的概念来讲就是商品，并且从一开始劳动就既是具体的又是抽象的。因此，"在商品生产中涉及的劳

---

①② Anwar Shaikh, The Poverty of Algebra, In Ian Steedman, Paul Sweezy Edit: The Value Controversy, Verso Editions and NLB, 1981, P. 272.

动生产价值，而交换只是以货币形式实现了它"①。谢赫认为，只有如此，"马克思才能够区分在商品生产中产生的价值和剩余价值量，以及通过交换实现的一般来讲不同于这种数量的数量。后面会回来重新讨论这一点，因为马克思的捍卫者们在这个问题上被绊倒了"②。

第四，货币和价格。

谢赫指出，前面的分析意味着，"货币对于发达的商品生产来讲是绝对必不可少的一个方面"③。交换是人们把不同的使用价值相互等同的过程，而货币则是这种等同借以表现自身的必要媒介，通过这一媒介，私人劳动实现了相互之间的连接。因此，每一种商品的价格都是一种货币价格，是它的定量价值的黄金尺度。它是马克思所说的交换价值的外部尺度，因而也是价值在交换中所采取的形式。

谢赫认为，因为价格是价值在交换领域中的货币表现，它的确定总是要比价值更复杂。即使在价格与价值成比例这种最简单的情况下，商品的货币价格仍然是由商品的价值相对于价格标准（如一盎司黄金）的价值所决定的一定数量的货币，因而"已经是经过转化了的商品的价值了。所以价格运动并不需要平行于商品价值的运动"④。例如，如果黄金的价值下跌的更快的话，甚至当商品价值下跌时价格也可能上升。

谢赫指出，当马克思在《资本论》中逐步展开他自己论述的时候，价格形式的相对复杂性变得越来越大。在《资本论》第一卷中，一般把价格当作价值的简单价格形式，而工资分为计时工资和计件工资，已经表现出劳动力价值的更为复杂的形式。在《资本论》第二卷中，流通和周转成本给价格形式的确定又增添了新的因素。最后在《资本论》第三卷中，生产价格的出现和剩余价值分为利润、地租和利息进一步使价格形式具体化，这时个别价值和平均价值之间的区分具体化了价值量的确定，通过它们从而也使价格量的确定更加复杂了。谢赫指出，在这里，"必须看到价格—价值关系的不断增加的复杂性并不是什么缺陷。因为价格量是再生产的直接调节者，所以在价值规律中必须包含一个有关价格现象——直至它们最具体的决定——的结构的理论。否则的话价值规律就仍很抽象，很难用它来把握系统

---

①②③　Anwar Shaikh, The Poverty of Algebra, In Ian Steedman, Paul Sweezy Edit: The Value Controversy, Verso Editions and NLB, 1981, P. 274.

④　Anwar Shaikh, The Poverty of Algebra, In Ian Steedman, Paul Sweezy Edit: The Value Controversy, Verso Editions and NLB, 1981, pp. 274 – 275.

的现实运动"①。

另外，由于价格数量本身是由劳动的社会必要分配所调节的，不同价格形式范畴的展开必然关系到社会必要劳动时间的数量问题，后者的大小和变动决定和调节所有这些价格现象。谢赫说，人们必须认识到价格数量表现为相对于价值的可变性（复杂性）的相对自主运动，同时，也必须认识到"这些变动的界限以及这种界限与社会劳动时间之间的联系"②。必须注意到，当马克思不断地深入揭示价格现象范畴复杂性的增加时，他从来也没有忘记这些现象是由价值规律支配着的：

"1. 价值规律支配着价格的运动，生产上所需要的劳动时间的减少或增加，会使生产价格降低或提高……

2. 决定生产价格的平均利润，必定总是同一定资本作为社会总资本的一个相应部分所分到的剩余价值量接近相等……既然商品的总价值调节总剩余价值，而总剩余价值又调节平均利润从而一般利润率的水平——这是一般的规律，也就是支配各种变动的规律——，那么，价值规律就调节生产价格。"③

马克思注意到把价格和价值之间的不同，即两者之间的关系仅仅看作是一种区分，是无意义而又便利的做法："生产价格包含着平均利润……实际上这就是亚·斯密所说的'自然价格'，李嘉图所说的'生产价格'、'生产费用'……不过他们中间谁也没有说明生产价格同价值的区别，——因为从长期来看生产价格是供给的条件，是每个特殊生产部门商品再生产的条件。我们也理解了，为什么那些反对商品价值由劳动时间，由商品中包含的劳动量来决定的经济学家，总是把生产价格说成是市场价格围绕着发生波动的中心。他们所以会这样做，因为生产价格是商品价值的一个已经完全表面化的，而且乍看起来是没有概念的形式，是在竞争中表现的形式，因而是存在于庸俗资本家的意识中，因而也存在于庸俗经济学家的意识中的形式。"④

第五，社会必要劳动时间的两方面内容。

在任何社会中，社会劳动时间的必要分配都有两个不同的方面，而这又反过来赋予社会必要劳动时间两种不同的含义。

一方面，在一定的生产条件下，某一类型的使用价值的生产需要一定数量的社会劳动时间。谢赫举了一个例子，假设生产5万码亚麻布需要10万

---

①② Anwar Shaikh, The Poverty of Algebra, In Ian Steedman, Paul Sweezy Edit: The Value Controversy, Verso Editions and NLB, 1981, P. 275.

③ 《马克思恩格斯文集》第7卷，人民出版社2009年版，第200~201页。

④ 《马克思恩格斯文集》第7卷，人民出版社2009年版，第220~221页。

小时的社会劳动时间（直接或间接地），那么平均来讲生产一码亚麻布需要
2小时社会必要劳动时间。

但是假如对亚麻布的社会需求实际上只有4万码，那么在其他条件相同
的情况下需要直接和间接分配给亚麻布生产的整个社会劳动时间将是8万
小时。

谢赫认为，这样就可以看出社会必要劳动时间的两种含义了。第一个意
思是在给定的生产条件下消耗的实际劳动时间的总量（10万小时）。联系实
际的总产出（5万码）定义了每单位产品所需要的平均劳动时间（每码2小
时）。第二种含义，则是指在这一部门中为了满足表现出来的社会需要而要
求的整个劳动时间（8万小时）。

谢赫进一步指出，在商品生产中，社会必要劳动时间的这两个方面有着
进一步的含义。

开始时，第一个方面定义了产品的整个价值（10万小时）以及商品的
单位社会价值（2小时）。后者是生产一单位的商品的抽象社会必要劳动时
间的平均值。这个单位社会价值成为调节价格的基础，马克思用这个词的意
思是指作为商品的市场价格重心的价格。在《资本论》第一、二卷中，这
个调节价格被认为是商品的直接价格（与单位社会价值成比例的价格）。在
《资本论》第三卷中，在价值形式被进一步展开以后，生产价格取代了直接
价格成为市场价格的重心。用直接价格作为调节价格，并进一步假设1元代
表1小时的抽象劳动时间。由于一码亚麻布的单位社会价值是2小时，它的
直接价格就是2元。

"社会必要劳动时间的第二个方面规定了调节价格和市场价格之间的关
系"①。实际生产的亚麻布是5万码，代表了生产中创造的10万小时价值。
这里的调节价格按照假设即为直接价格，为每码2元。现在假如在这个调节
价格上，对这种产品表现出的社会需求即有效需求只有4万码亚麻布，只代
表着8万小时的劳动时间。整个用于亚麻布生产的实际劳动时间要大于满足
有效需求所要求的社会必要的劳动数量，这个事实意味着商品的市场价格将
低于每码2元的直接价格，例如，可能为每码1.5元。

社会必要劳动时间在第一种意义上确定整个价值和商品的单位社会价
值，并且通过后者得到商品的调节价格。在第二种意义上，社会必要劳动时

---

① Anwar Shaikh, The Poverty of Algebra, In Ian Steedman, Paul Sweezy Edit：The Value Contro-
versy, Verso Editions and NLB, 1981, P. 277.

间在另一方面又确定调节价格和市场价格之间的关系。如果要想确切地理解社会劳动时间是怎样支配和调节交换过程的，必须牢记这两层意思。谢赫指出，后面将会看到由于没有把社会劳动时间的这两个真实的方面区分开来，从而没有能够认识到马克思本人在这两方面所做的区分，使某些马克思主义者感到如此的困惑，以至于他们到头来把价值量的概念（区别于价格）也一块丢掉了。

70.3.2　对新李嘉图主义者的批判

谢赫把由斯蒂德曼总结出的新李嘉图主义者的主要论点分为四个主要的类型，然后依次加以讨论。

第一，关于多余性的论点。

谢赫用图 70－1 表示新李嘉图主义者提出的第一种主要论断：

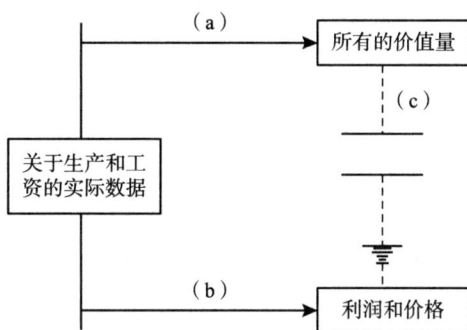

图 70－1　新李嘉图主义者提出的论断示意图

对于图 70－1 斯蒂德曼做出如下的评价："近八十年来，已有许许多多背景各异的作家以各种方式和途径考察了由博特凯维兹、斯拉法和我们这里所提出的这种利润和价格理论，他们的结论都是相同的，他们从来没有在这种理论中找到逻辑的错误"[①]。

斯蒂德曼对此论点的解释如下：左边的方框代表实物生产数据和实际工资，这些"足以决定利润率……以及所有的商品的生产价格"，由标有（b）的路径表示，同时，"只要生产条件已知，各种商品中所包含的劳动数量也就完全能够被决定"，如路径（a）所示。由此立即得到一个结论，就是劳

---

① Anwar Shaikh, The Poverty of Algebra, In Ian Steedman, Paul Sweezy Edit: The Value Controversy, Verso Editions and NLB, 1981, P. 277.

动价值"在利润率（或生产价格）的决定中不起本质的作用"①。换句话说，在分析交换关系时，价值是多余的。

谢赫特别指出"决定"一词出现的次数很多：实际生产数据"决定"价值，并且与实际工资结合在一起也"决定"生产价格。谢赫提出了一个问题：什么决定实际生产数据？

谢赫认为，在马克思那里答案很清楚：是劳动过程。正是人的生产性活动，劳动的实际付出，使"投入"转化为"产出"，只有成功地进行了这种劳动才谈得上任何实际生产数据。而且，如果劳动过程是生产商品的过程的话，那么这是一个价值以使用价值的形式物化的过程。这样，"投入"和"产出"都是物化价值的使用形式，谢赫认为，"可以说在真正的过程中是价值'决定'了'实际生产数据'"②。

谢赫指出，在实际的再生产过程中，使用价值的生产先于它们的交换。的确，交换本身是一个在生产这些使用价值时涉及的不同劳动时间彼此相遇，并通过货币价格的媒介，最终接合进劳动的社会分工的过程。谢赫用图70－2表明他的观点：它和图70－1形成对照。

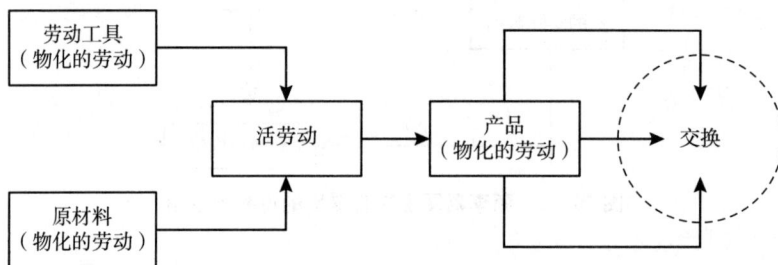

图70－2　谢赫的论断示意图

谢赫认为，新李嘉图主义者的分析有两个根本性的弱点。首先，尽管他们极力加以否认，他们总是倾向于把生产看做一种技术过程，当作实物数据而不是人类劳动对象化在使用价值上的劳动过程。因此，"新李嘉图主义强调的重点是分配：一旦把劳动过程看成一种技术过程的话，则只有'分配'

---

① 扬·斯蒂德曼著，吴剑敏、史晋川译：《按照斯拉法思想研究马克思》，商务印书馆1991年版，第2页。
② Anwar Shaikh, The Poverty of Algebra, In Ian Steedman, Paul Sweezy Edit：The Value Controversy, Verso Editions and NLB, 1981, P. 280.

才显得真正具有社会性"①。其次，他们一般都混淆了实际过程和它在思想中的反映。正如人们所看到的，在实际过程中社会劳动时间在真正地调节着交换。实物数据不过是对真正的决定因素的概念性总结，如果随后用这些数据在概念上计算价值，只不过是在思想中掌握了他们的实际量而已。谢赫认为，这"不过是对既定的存在的确认。在唯物主义世界观中这是一个基本点，而新李嘉图主义者们八十多年来一直未能区分真实的和概念的决定因素，这暴露出他们长期依赖的是唯心主义的方法"②。

第二，关于不一致性的论断。

在新李嘉图主义的图70-1中，从价值量到利润和价格的路径（c）是虚线，用来表示价值的多余性。不仅如此，它还是断裂，为的是表达新李嘉图主义者的下面这个断言："一般情况下，人们不能用由通常的价值图式提出的价值量来解释利润和价格等"③。

谢赫认为，这个论断有两个基本的要素。第一个是重述了所谓的多余性，斯蒂德曼坚持认为，由于他能由实际数据计算出价值和价格的大小，因而前者不能够决定后者。第二个要素更具实质性，这一点和"转形问题"有密切关系。

抽象掉固定资本和联合生产，考虑代表一定的价值总和与剩余价值总和的给定的一批使用价值。然后，如果价格与价值成比例（为了阐述的方便，设1元代表1小时价值），这批使用价值在交换中将表示为直接价格和直接利润的总和。在这种情况下，所有的货币数量与对应的价值数量成比例。

现在考虑同一批使用价值（因而同一价值与剩余价值的总和）按生产价格交换。也就是说，考虑价值本身的形式变化：从直接价格变到生产价格。因此生产价格转化为直接价格，并且由于后者本身是价值货币（转形）形式，所以生产价格是双重转形的价值。

价格总和与价值总和之间的关系决定货币价值。如果为了简化分析而使货币价值保持不变，生产价格的总和将等于直接价格的总和。换句话说，货币价格总和将在转形过程中保持不变。然而个别的生产价格（转形的直接价格）将不同于个别的直接价格。谢赫认为，严格地说，应该把这些差别称为"生产价格对直接价格的偏离。"但这个词用起来很不方便，简单的方法是沿

---

①② Anwar Shaikh, The Poverty of Algebra, In Ian Steedman, Paul Sweezy Edit: The Value Controversy, Verso Editions and NLB, 1981, P. 281.

③ 扬·斯蒂德曼著，吴剑敏、史晋川译：《按照斯拉法思想研究马克思》，商务印书馆1991年版，第34页。

用马克思的用法称其为"价格与价值"和"利润与剩余价值"的偏离。

显然，仅仅交换比率的变化不能够改变被分配了的使用价值的总和。正如马克思所指出的那样，交换比率的变化既不能改变价值总额，也不能改变剩余价值总额；它所能产生的只是这些总额的不同种类的划分。"但不能得出结论说这些总额的货币表示是不变的：即使货币价值不变因而价格总额不变，转形的利润总额（对应于生产价格）一般地不同于直接利润总额"①。问题在于，既然商品流通既不创造也不消灭价值（假设全部产品都卖出了），利润怎么会不同于剩余价值呢？

当一种商品以它的直接价格卖出时，卖者和买者分别以商品形式和货币形式交换相同的价值。但是当价格偏离价值时，在交换过程中就会发生价值的转移。价值和剩余价值产生于生产，在流通中表现为货币数量。由于流通量要更为具体，它们的决定必然要比价值量的决定更为复杂，因为它们不仅表现价值的生产条件，而且也表现其流通条件。这样，流通领域的相对独立性自身必然表现为价格量对价值量的相对独立性。换句话说，利润不仅依赖于剩余价值的多少，而且依赖于特殊的流通方式。流通相对独立于生产的概念不仅意味着利润能够独立于剩余价值而变化，而且意味着这种独立性是受到严格限制的。因此，有必要表明价值范畴本身是怎样限定它们的货币表现的变化范围的。

谢赫指出，"相对独立的观念，在界限之内的变化的观念，在新李嘉图主义的讨论中当然绝不会出现……他们总是坚持认为流通中价值与其表现形式之间的差别意味着某种不一致性，意味着两者之间内部联系的完全断裂"②。

斯蒂德曼只注意到货币利润率一般不同于价值利润率，由此他断言"后者既不衡量资本主义经济中的利润率，也不衡量在这种经济中积累的潜力。"③ 谢赫认为，斯蒂德曼的说法"不是什么代数学，而是他的方法发出的怪调。恰恰是由于它通常是用代数演算做庇护所而回避方法问题，它更像是一种蒙昧主义者的话语"④。

谢赫进一步指出，"在资产阶级社会科学中，抽象倾向于理想化，而不

① Anwar Shaikh, The Poverty of Algebra, In Ian Steedman, Paul Sweezy Edit: The Value Controversy, Verso Editions and NLB, 1981, P. 283.

②④ Anwar Shaikh, The Poverty of Algebra, In Ian Steedman, Paul Sweezy Edit: The Value Controversy, Verso Editions and NLB, 1981, P. 290.

③ Ian Steedman, Marx After Sraffa, London, NLB, 1977, P. 205.

是典型化。当马克思提到现实矛盾的再生产时，他指的是资本主义的商品生产，一种必然要通过试错法才能产生的再生产过程，这时他总是谈论一种带有倾向性的调节过程，在这个过程中一种类型的偏差和错误不断地产生出相反类型的偏差和错误"①。而新李嘉图主义者则"安全地躲进均衡分析之中，在某种类似完全竞争的假定的基础上行动。这些概念并不仅仅是使资本主义现实理想化，而且系统地从意识形态上掩盖了这种现实。他们对新李嘉图主义分析引以为傲的地方恰恰凸显了这个思想流派的局限性。新李嘉图主义之所以在反对新古典主义理论的斗争中取得了那样大的成功，看来不仅是因为它比其对手要强一些，而且也因为它与之是如此的相似"②。

第三，关于首要性的论点。

谢赫指出，他自己认为价值利润率和货币利润率之间量上的差别，"没有也不应该掩盖两者之间更根本的定性和定量关系"③。斯蒂德曼自然看不到这点，因为他的方法并没有赋予他相对独立性的概念。但是，谢赫说，斯蒂德曼会做如下的回应："现在假设这两种利润率不同，哪一个更为有意义呢？哪一个将影响资本家的决策和行为呢？哪一个将是一个竞争经济中的各部门间的一般利润率呢？"④ 斯蒂德曼自己给出的回答是："答案是不言自明的，影响决策和趋于均等化的是货币利润率。资本家既不知道也不关心马克思所用的'价值利润率'……其内涵是清楚的：在资本主义经济中 $\dfrac{S}{(C+V)}$ 不是一个有意义的利润率，而且它也不等于实际的货币利润率"⑤。

谢赫认为，这里的论断有三个层次：

第一个层次，斯蒂德曼注意到所有实际决策的做出依据的都是货币量。当然，马克思也是将此作为出发点的。货币价格和利润是再生产的直接调节因素，而价值规律的根本目标就是要发现它们的内在规律。

第二个层次，斯蒂德曼继续说由于价值利润率"不为资本家所知"，与他们"无关"，它"并不是资本主义经济中有意义的利润率"。谢赫说："只有'为资本家所知'的才是有意义的，这一说法真是出乎寻常，因为这相当于说表象有意义，而实质却无意义！斯蒂德曼一下子把所有的科学都丢到

① Anwar Shaikh, The Poverty of Algebra, In Ian Steedman, Paul Sweezy Edit: The Value Controversy, Verso Editions and NLB, 1981, pp. 291 - 292.

②③ Anwar Shaikh, The Poverty of Algebra, In Ian Steedman, Paul Sweezy Edit: The Value Controversy, Verso Editions and NLB, 1981, P. 292.

④⑤ 扬·斯蒂德曼著，吴剑敏、史晋川译：《按照斯拉法思想研究马克思》，商务印书馆1991年版，第18页。

九霄云外去了"①。

第三个层次，涉及更为深入的问题。谢赫认为，资本家知道价格和利润在不停地波动，在任何时候都不会有均衡的利润率，生产价格也同样如此。由此可知价格、个别的利润率，甚至是平均利润率（资本家正是基于这些而决策的）是绝不会等于生产价格和均衡利润率的。均衡利润率当然"不为资本家所知"，因此与他们"无关"。谢赫通过这种方式的比较表明："如果有人说生产价格和均衡利润率支配和调节着不断波动的市场价格和利润率，它们虽然本身并不在流通中存在，但却是重要的，那么同样可以说由于价值和价值利润率又在支配和调节着生产价格和均衡利润率，它们甚至更为重要。而这正是马克思一直要说的话"②。

谢赫认为，斯蒂德曼的错误就在于他"整个地陷入到均衡概念之中"③。谢赫说："如果假定在私人独立从事的劳动和劳动的社会分工之间不存在矛盾，因而私人劳动和劳动的社会分工的接合是即刻的、直接的，那么同样可以假定在流通中可直接得到生产价格和均衡利润率。但是这样一来就抹掉了资本主义的特殊矛盾。一旦用均衡取代倾向性调节，就是从典型化的抽象转向了理想化的抽象，而这正是庸俗经济学的特征"④。

第四，关于技术选择的论点。

谢赫认为，"新李嘉图主义对倾向性调节和均衡的混淆，以及对竞争斗争和完全竞争的混淆，在分析所谓的技术选择问题时体现得更为明显"⑤。

斯蒂德曼注意到，在某一特定的行业中，资本家们常常有可能不止一种生产方法。他认为，资本家们要选择的是依据现有的工资和价格估算能得到最高利润率的那种方法。除非某种方法可以获得比他们目前的利润率还要高的利润率，否则不会被采用；并且由于现有利润同样地等于一般利润率，因此只有新方法得到的利润率高于一般利润率才会被采用。由此可以得出的结论是采纳一种新的方法事实上是在现有利润率（它们按假定都等于一般利润率）上加上一种新的、更高的利润率，因而最终的结果是提高了一般利润率本身。

从新李嘉图主义的观点看，这意味着如果了解所有行业中所有可能的方法，就可以得到每个行业使用一种方法的不同组合，并且断言在实践中按给

---

　　①② Anwar Shaikh, The Poverty of Algebra, In Ian Steedman, Paul Sweezy Edit：The Value Controversy, Verso Editions and NLB, 1981, P. 293.

　　③④⑤ Anwar Shaikh, The Poverty of Algebra, In Ian Steedman, Paul Sweezy Edit：The Value Controversy, Verso Editions and NLB, 1981, P. 294.

定的实际工资而采用的特殊的组合将会是获得最高可能的一般利润率的那种组合。所以，有关实际工资和可能的方法的组合的知识，使斯蒂德曼自认为有能力确定会取得最高一般利润率的组合。因此，他得出结论说："只有当人们知道了所使用的是什么生产方法后，才能确定商品或商品总量的价值。生产方法的选择本身是在利润最大化过程中被决定的。因此，人们只有在利润率决定后才能知道价值，利润率的决定在逻辑上先于价值量的决定——毫不奇怪，价值的决定对利润率的决定没有任何影响"①。

对于斯蒂德曼的这种观点，谢赫指出，"从一开始，只要了解到市场价格和利润率绝不会精确地等于生产价格和一般利润率，那么有关把问题归结为选择具有最高一般利润率的组合的全部过程也就无从谈起了"②。

谢赫认为，在斯蒂德曼的逻辑中还有一个更基本的错误。考虑以下事实：当资本家对生产方法进行估价的时候，他们不仅仅基于工厂、设备、材料和劳动力的预期价格，而且也基于和这个方法相联系的劳动过程的预期表现（它将决定"投入"与"产出"之间的预期关系），最后还基于估计的销售条件。因此，"他们所估计的利润本身是建立在生产中潜在创造的价值和剩余价值基础之上的潜在利润，以及对它们在流通中所实现的估计。因此，可以说即使是在思想中，还是剩余价值调节利润。而且要使这种潜在的东西实现，就必须生产出实际的价值和剩余价值并实现它们，所以在实践中也是剩余价值调节利润"③。

谢赫认为，新李嘉图主义者所描述的评估生产方法的过程也是错误的。斯蒂德曼指出"每一产业部分的资本家都将寻求采用能使成本极小化和利润极大化的生产方法"④从表面上看，这个说法类似于马克思提出的竞争会驱使资本家增加劳动生产率以降低生产成本价格的观点。但是，当斯蒂德曼说到"成本"时，他指的是价格，即成本价格加利润。换句话说，新李嘉图主义的分析是"基于把利润当作一种生产成本的做法"⑤。谢赫指出，"只

　①　扬·斯蒂德曼著，吴剑敏、史晋川译：《按照斯拉法思想研究马克思》，商务印书馆1991年版，第49页。

　②　Anwar Shaikh, The Poverty of Algebra, In Ian Steedman, Paul Sweezy Edit: The Value Controversy, Verso Editions and NLB, 1981, P. 296.

　③　Anwar Shaikh, The Poverty of Algebra, In Ian Steedman, Paul Sweezy Edit: The Value Controversy, Verso Editions and NLB, 1981, pp. 296 - 297.

　④　扬·斯蒂德曼著，吴剑敏、史晋川译：《按照斯拉法思想研究马克思》，商务印书馆1991年版，第48页。

　⑤　Anwar Shaikh, The Poverty of Algebra, In Ian Steedman, Paul Sweezy Edit: The Value Controversy, Verso Editions and NLB, 1981, P. 297.

要还利润以其本来面目，把它当作在所有的成本之外的东西，那么就能看出新李嘉图主义者认为的利润率下降不可能是由于有机构成提高造成的说法也是错误的"①。

70.3.3 对新李嘉图主义特征及其影响的评价

谢赫在文章的结论部分，结合对新李嘉图主义的研究，讨论了马克思主义的现代发展问题，并概括了新李嘉图主义的特征及其真正的贡献，然后结合一个具体的例子，说明了新李嘉图主义产生的影响及其对待新李嘉图主义的正确的态度。

谢赫指出："马克思主义必须考虑对它进行的所有的现代发展。但是对它们的考虑绝不仅仅是采纳它们这么简单，而是涉及去掉它们借以表现自身的资产阶级的框架，检验它们隐藏的前提，把它们重新置于马克思主义的领域（只有在可能的情况下）中。马克思主义领域是无法单单凭对正统经济学前提的代数学变换或社会学转化来得到的。事实上，马克思主义者必须，而且确实有自己立足的基点"②。

谢赫指出，"以斯拉法为基础的"新李嘉图主义传统颇受"尊重"。新李嘉图主义的"根源很容易在（左翼）凯恩斯主义中理出来，它在数理经济学中的庇护所也不难被发现"③。但是，谢赫认为，新李嘉图主义学派的论点不容忽视，必须把它的真正贡献与仅仅具有受人尊敬的假象的部分区分开来。他自己正是这样做的。

因此，谢赫结合他对马克思的本意的理解，概括了新李嘉图主义的特征及其真正的贡献。他指出，新李嘉图主义说，马克思的价格概念不仅对分析资本主义是必要的，而且和涉及的现实关系是不相容的。谢赫通过说明劳动是怎样和为什么紧密地和马克思的价值概念联系在一起，对新李嘉图主义做出批判，并对新李嘉图主义的具体的论断进行了分析，即"价值概念的多余性，它们和价格的不一致性，以及后者对前者所具有的首要性"④。谢赫自己使用了和新李嘉图主义同样的代数公式，证明"有大量问题和结果，新李嘉图未能准确地发现，因为他们仅仅抓住正统经济学的结构不放"⑤。谢赫说："价值概念，包括价值量，阐明了对整个价格关系的定性和定量分

①② Anwar Shaikh, The Poverty of Algebra, In Ian Steedman, Paul Sweezy Edit: The Value Controversy, Verso Editions and NLB, 1981, P. 297.

③④⑤ Anwar Shaikh, The Poverty of Algebra, In Ian Steedman, Paul Sweezy Edit: The Value Controversy, Verso Editions and NLB, 1981, P. 298.

析，解释了新李嘉图主义者只看到差别的地方的关系和因果。价格概念开启和组织了分析，从而明确地展示了它的科学力量"①。

在谢赫看来，新李嘉图主义对马克思的价值理论的批判是站不住脚的。那么新李嘉图主义的真正贡献在哪里呢？谢赫指出，"不管新李嘉图主义有什么缺点，但他们认真地面对了价值量和价值形式之间的关系。由于这种关系的复杂性，以及他们自己的概念结构上的弱点，使他们错误地得出两者之间不相容的结论。但是，他们至少面对了这个问题，并公开得出了必须把价值量从马克思主义的分析中剔除出去的结论"②。因此，在谢赫看来，新李嘉图主义的真正贡献是提出了一个需要关注的问题。

谢赫顺道批判了一些马克思主义者的不正确的态度。他指出："通过简单地否认问题的存在的办法来'拯救'马克思的确很容易！这样做最大的好处在于在既能批判新李嘉图主义明显的概念缺陷外，还不用去对付他们所提出的困难问题，但是，这样做只不过用否定问题存在的方式把价值量问题从马克思那里剔除出去了"③。

谢赫进一步以希默尔魏特和莫宏在《真实的抽象和异常的假定》④一文为例，分析了这种通过"取消问题"的方式"解决问题"可能造成的后果。谢赫指出，希默尔魏特和莫宏完全接受了新李嘉图主义关于价值概念多余和自相矛盾的观点，认为只要价值被视为是"凝结的劳动"，上述观点就是"相当有根据的"。希默尔魏特和莫宏"完全向新李嘉图主义的猛攻投降了"⑤。

但是，希默尔魏特和莫宏又希望保留价值的概念，那么剩下的出路"只有一条：重新定义价值本身"⑥。谢赫认为，这正是希默尔魏特和莫宏的文章中的第二条主线。希默尔魏特和莫宏认为，价值是抽象的社会必要劳动时间，而"社会劳动时间只有在市场交换中才是有效的"。因此，价值除了价格外不可能有其他量，因为只有当"商品在市场上实际交换时"它才是存在的。

谢赫的观点是，如果价值就是价格，剩余价值就是利润，自然也不会有两个方面的任何脱节的问题了。谢赫认为，希默尔魏特和莫宏的问题在于，

---

① Anwar Shaikh, The Poverty of Algebra, In Ian Steedman, Paul Sweezy Edit: The Value Controversy, Verso Editions and NLB, 1981, P. 298.

②③⑤⑥ Anwar Shaikh, The Poverty of Algebra, In Ian Steedman, Paul Sweezy Edit: The Value Controversy, Verso Editions and NLB, 1981, P. 299.

④ Suman Himmelweit, Simon Mohun, Real Abstractions and Anomalous Assumptions, In Ian Steedman, Paul Sweezy Edit: The Value Controversy, Verso Editions and NLB, 1981, pp. 224 – 265.

"除了明显地急于摆脱新李嘉图主义的结论，他们否认在价值和实现的价值之间有力的区分，是由于他们未能认识到马克思的两个关键论点，即有关抽象劳动和社会必要劳动的观点"[1] 希默尔魏特和莫宏回避了"价值与实现的价值之间的不同，以及它们的相互关系"[2]。的问题。而"如果不允许追溯生产的价值和实现的价值之间的差别，那么剩余价值当然就不再和任何剥削率相联系。从而，它只不过是流通中的附带现象。这样的话，一开始对新李嘉图主义的假投降到头来就变成了真正的溃败"[3]。

---

[1][2][3] Anwar Shaikh, The Poverty of Algebra, In Ian Steedman, Paul Sweezy Edit: The Value Controversy, Verso Editions and NLB, 1981, P. 300.

中英文人名对照表

A

亚伯拉罕－弗洛伊斯	Abrahanm－Frois，G.
阿多诺	Adorno，T. W.
阿波罗	Alberro，J.
阿尔卡利	Alcaly，R.
亚历山大	Alexander，S. S.
阿尔都塞	Althusser，L.
阿玛尔戈里	Amariglio，J.
阿奎那	Aquinas，T.
阿姆斯特朗	Armstrong，P.
阿诺	Arnon，A.
阿罗	Arrow，K. J.
阿特韦尔	Attewell，P. A.

B

巴里巴尔	Balibar，E.
班德亚帕德耶	Bandypadhyay，P.
巴兰	Baran，P.
鲍威尔	Bauer，O.
鲍莫尔	Baumol，W. J.
倍倍尔	Bebel，A.
D. 贝尔	Bell，D.
P. 贝尔	Bell，P.
边沁	Bentham，J.
伯恩施坦	Bernstein，E.
贝莱比	Berrebi，E.

考斯塔	Costa, D.
克罗蒂	Crotty, J.
库伦博格	Cullenberg, S.

D

达里蒙	Darimon, A.
达雷尔	Darrell, J.
达尔文	Darwin, C.
德布鲁	Debreu, G.
出口雄三	Deguchi, Y.
德赛	Desai, M.
迪金森	Dickinson, H. D.
迪拉德	Dillard, D.
迪奥斯	Dios, E. S. Ee
德米特里耶夫	Dmitriev, V. K.
多布	Dobb, M.
柳东民	Dong – Min Rieu
多斯塔莱	Dostaler, G.
杜梅尼尔	Duménil, G.
杜菲尔德	Duffield, J.

E

伊特韦尔	Eatwell, J.
爱德华兹	Edwards, R. C.
厄巴尔	Ehrbar, H.
艾略特	Elliott, J. E.
埃尔斯特	Elster, J.
恩格斯	Engels, F.
艾里	Erlich, A.

F

法卡雷洛	Faccarello, G.
樊弘	Fan – Hung
法杰恩	Farjoun, E.

费登堡	Fichtenbaum，R.
法因	Fine，B.
法尔曼	Fireman，P.
弗兰彻	Flaschel，P.
弗利	Foley，D.
弗里曼	Freeman，A.

G

加尔布雷斯	Galbraith，J. K.
甘迪	Gandy，R.
甘斯曼	Ganssmann，H.
加雷格纳尼	Garegnani，P.
盖尔德伦	Gelderen，J. von
格塞尔	Gesell，Silvio
吉尔曼	Gillman，J. M.
格利切	Glich，M.
格林	Glyn，A.
D. 戈登	Gordon，D.
S. 戈登	Gordon，S.
高赫	Gough，Ian
格拉姆	Gramm，W. S.
葛兰西	Gramsci，A.
格雷	Gray，J.
格罗内韦根	Groenewegen，P.
格罗尔	Groll，S.
格罗斯曼	Grossman，H.
格利	Gurley，J. G.

H

哈伯勒	Haberler，G.
哈恩	Hahn，E，H.

哈考特	Harcourt, G. C.
哈达赫	Hardack, G.
哈里斯	Harris, D. J.
哈里森	Harrison, J.
哈罗德	Harrod, R. F.
D. 哈维	Harvey, D.
P. 哈维	Harvey, P.
哈耶克	Hayek, F. von
黑格尔	Hegel, G.
海尔布伦纳	Heibroner, R. L.
海恩	Hein, E.
海因里希	Heinrich, M.
希克斯	Hicks, J. R.
希法亭	Hilferding, R.
希默尔魏特	Himmelweit, S.
辛德斯	Hindess, B.
赫斯特	Hirst, P.
希克森	Hixson, W. F.
霍阿思	Hoaas, D. J.
霍布森	Hobson, J. A.
霍奇斯	Hodges, D.
霍奇森	Hodgson, G.
H. 霍兰德	Holländer, H.
S. 霍兰德	Hollander, S.
霍瓦特	Horvat, B.
霍华德	Howard, M. C.
汉弗莱斯	Humphries, J.
亨特	Hunt, E. K.
哈奇森	Hutchison, T. W.

I

伊藤诚	Itoh, M.

J

雅各布	Jacoby，R.
杰菲	Jaffe，W.
詹森	Jensen，H. E.
杰索普	Jessop，B.
约翰逊	Johnson，L. E.

K

卡尔多	Kaldor，N.
卡莱茨基	Kalecki，M.
卡门卡	Kamenka，E.
康德	Kant，I.
考茨基	Kautsky，K.
川上	Kawakami，S.
肯维	Kenway，P.
凯恩斯	Keynes，J. M.
金	King，J. E.
克莱因	Klein，L. R.
克莱曼	Kliman，A.
康德拉基耶夫	Kondratiev，N.
柯尔施	Korsch，K.
科茨	Kotz，D. M.
克劳斯	Krause，U.
克雷格尔	Kregel，J. A.
屈内	Kühne，K.
库尔兹	Kurz，H. D.

L

拉克劳	Laclau，E.
莱伯曼	Laibman，D.
兰切斯特	Lancaster，K.
兰格	Lange，O.
弗拉希尔	Laschel，P.
拉斯基	Laski，H. J.

拉沃伊	Lavoie, D.
劳	Law, J.
里德比特	Leadbeater, D.
莱伯威茨	Lebowitz, M.
莱德勒	Lederer, E.
莱尔	Lehr, J.
勒纳	Lerner, A.
列宁	Lenin, V. I.
里昂惕夫	Leontief, W. W.
莱克西斯	Lexis, W.
利皮兹	Lipietz, A.
洛里亚	Loria, A.
卢卡奇	Lukács, G.
卢森堡	Luxemburg, R.

M

马考维	Machover, M.
梅吉	Mage, S.
马尔萨斯	Malthus, T. R.
曼德尔	Mandel, E.
曼德尔鲍姆	Mandelbaum, K.
马尔库塞	Marcuse, H.
马格林	Marglin, S.
马歇尔	Marshall, A.
马克思	Marx, K.
马特哈伊	Matthaei, J.
马蒂克	Mattick, P.
马提亚斯	Matyas, A.
梅	May, K.
梅耶	Mayer, G.
麦克库洛赫	McCulloch, J. R.
麦克高伦	McGlone, T.
麦肯纳	McKenna, E.

欧扎希	Orzech, Z. B.

P

帕尼科	Panico, C.
帕累托	Pareto, V.
帕里吉斯	Parijs, P. V.
帕尔乌斯	Parvus.
帕西内蒂	Pasinetti, L.
帕廷金	Patinkin, D.
帕尔曼	Perlman, M.
佩罗	Perlo, V.
佩斯基	Persky, J.
普列汉诺夫	Plekhanov, G. V.
波兰尼	Polanyi, K.
波洛克	Pollock, F.
波尔塔	Porta, P. L.
普兰查斯	Poulantzas, N.
蒲鲁东	Proudhon, P. J.

Q

魁奈	Quesnay, F.

R

兰森	Ransom, B.
莱切	Reich, M.
雷斯尼克	Resnick, S. A.
李嘉图	Ricardo, D.
罗伯茨	Roberts, B.
罗宾逊夫人	Robinson, J.
罗切	Roche, J.
洛贝尔图斯	Rodbertus, J. K.
罗根	Roegen, N. G.
罗默	Roemer, J. E.
罗尔	Roll, E.

史密斯	Smith，H.
桑巴特	Sombart，W.
萨默维尔	Somerville，H.
索罗	Soro，R. A.
索斯沃斯	Southworth，G.
索厄尔	Sowell，T.
施皮特霍夫	Spiethoff，G.
斯拉法	Sraffa，P.
斯大林	Stalin，J. V.
斯蒂德曼	Steedman，I.
斯坦德尔	Steindl，J.
斯蒂贝林	Stiebeling，G. C.
斯通	Stone，K.
斯特雷奇	Strachey，J.
司徒卢威	Struve，P. B.
苏利夫	Sutcliffe，B.
斯威齐	Sweezy，P.

T

武中谷	Takeshi Nakatani
栉田	Tamizo Kushida
汤普森	Thompson，E. P.
涂奈克	Tonak，A.
图克	Tooke，T.
托伦斯	Torrens，R.
都留重人	Tsuru，S.
塔克	Tucker，R. C.
杜冈－巴拉诺夫斯基	Tugan－Baranowsky，M. I.

U

宇野弘藏	Uno Kozo

V

凡勃伦	Veblen，T.
维尼奇亚尼	Veneziani，R.

费瑟尔	Visser, H.
沃尔佐夫	Vorontsov, V.

W

沃克	Walker, A.
瓦尔拉斯	Walras, L.
沃德	Ward, E.
韦伯	Weber, M.
威克斯	Weeks, J.
韦斯科夫	Weisskopf, T. E.
魏茨泽克	Weizsacke, C. C. von
威尔斯	Wells, A.
维克塞尔	Wicksell, K.
威克斯蒂德	Wicksteed, P. H.
维塞尔	Wieser, F. von
E. 威尔逊	Wilson, E.
威尔逊	Wilson, J. D.
温特尼茨	Winternitz, J.
沃尔弗	Wolf, J.
乌尔夫	Wolfe, D. A.
沃尔夫	Wolff, E. D.
沃夫森	Wolfson, M.
沃夫斯岱特	Wollfstetter, E.
赖特	Wright, E. O.

Y

耶菲	Yaffe, D. S.

后　记

　　从 2004 年开始筹划到现在定稿，《百年论争——20 世纪西方学者马克思经济学研究述要》编写工作历经十年。花费这么长的时间，主要是因为编写工作的艰难。一是"百年论争"涉及的理论问题芜杂丛生，刚开始时确实难以理出头绪。经过多年探索，最后还是以马克思《资本论》的理论体系为基础，紧扣百年来西方学者论争的主要问题，形成了现在呈现的十大基本理论问题。这些基本理论问题，不仅是百年来西方学者对马克思经济学研究的热点问题，而且也是延绵不断直至今天还时有论争的问题。二是在"百年论争"的各个基本理论问题内容的选择上，卷帙浩繁，如何选取其中较有价值的材料，特别是选取那些有助于我们对马克思经济学研究和教学需要的材料，一直困扰着我们，有时候不得不推倒既有的方案，从头再来。现在选取的这些材料，是我们多次斟酌后的选择，实在地讲，也是限于我们学识眼界的一种选择，在系统性和周全性上还有很大的差距。三是对各个基本理论的述评如何得当，也是我们一直以来思考的问题，最后还是定位于"述要"而不是"述评"。我们的想法是，"百年论争"的所有问题，还是要以搞清问题本身为主，对问题本身如何评价尽量简略。在编写过程中，我们深有感悟的是，对国外学者著述摘选本身，实际上已经包含了我们对这些问题的评价。四是在材料的译编和校核上也难题颇多，由于十个基本理论问题涉及面广，学术背景和学术范式多有差异，再加上多年来，我们对西方学者之间关于马克思经济学理论相互论争问题关注甚少，国内可以借鉴的资料也不多，更是增加了资料编译的难度。现在虽然竭尽全力，也难免有某些缺憾或讹误。五是在全书结构的编排上，更无类似著述可以借鉴，几经斟酌、修改，最后形成现在的十篇 70 章。由于资料选取的原因，每一章的篇幅不尽匀称，资料选择上有所交叉和结构编排上略显遗憾，有时也难以避免。

　　《百年论争——20 世纪西方学者马克思经济学研究述要》编写的初衷，

是为了有助于高校马克思主义经济思想史教学和研究工作。现在看来，对于马克思主义发展史或者马克思主义政治经济学的教学和研究也会有意义的，对于马克思主义理论相关学科的研究也可能有裨益。

《百年论争——20世纪西方学者马克思经济学研究述要》十年编写过程，常庆欣博士勤勉工作，做了大量的编译、校订以及组织译稿等方面的工作。在这一过程中，他也由当年的武汉大学经济管理学院的博士研究生，成长为中国人民大学马克思主义学院的副教授，发表了一批关于20世纪马克思主义经济思想史的研究成果。

《百年论争——20世纪西方学者马克思经济学研究述要》编写工作得到诸多同仁的关心和帮助。编写工作启动之初，得到过颜鹏飞教授和余永跃教授的支持。在一些理论问题的理解上，得到过张雷声教授的帮助。崔小勇、何昌福、孙丽丽、曾召国、鲍金红、杜婷、王声、刘和旺、吴文劲、安惠、戈国莲、刘明松等参加了本书初稿的编译工作。刘和旺、刘会闯等参与了本书部分初稿的核校。武汉大学2008级经济学基地班同学们，在选修2011年武汉大学经济系《外国经济思想史》课程期间，对本书部分初稿也做过一些核校工作，在此一并表示衷心感谢。

《百年论争——20世纪西方学者马克思经济学研究述要》得到国家出版基金资助项目的支持，特别是得到经济科学出版社的支持。经济科学出版社总编吕萍女士更是给予长期的、友好的支持和指导，财经分社社长柳敏以及责任编辑于源、孙丽丽、段小青、李晓杰、于海汛、王娟等，为本书的顺利出版精心谋划、辛勤劳作，在此也表示衷心感谢。

十年耕耘、一时收获，反而心情多有忐忑，常为其中可能出现的瑕疵不安。真诚地希望读者们能给予指导、指正。

顾海良

2014年10月22日于北京